머리말

인성교육은 오늘날 교육에서 가장 중요하게 다루어지는 영역이다. '인성의 부재'는 최근 수년간 우리 사회에 심화되고 있는 학교 내 따돌림, 아동학대, 군대 내 폭력, 우울증, 자살, 이혼율 급증 등의 문제로 드러났으며, 점점 비인간적이고 이기적인 양상을 띰에 따라 소수의 피해자와 가해자에 국한되었던 경계를 넘어 전 국민적으로 '인성의 부재'를 우려하는 수준에 이르렀다.

이러한 사회문화적 위기를 반영하듯 2014년 12월 29일에 인성교육을 의무로 규정하는 세계 최초의 법안이 국회에서 만장일치로 통과하여 2015년 7월 21일부터 '인성교육진흥법'이 본격 시행되었다. 인성교육진흥법의 시행은 현대의 사회문화적 갈등과 한계를 인성교육을 통해 근본적으로 검토하고 올바른 인성(人性)을 기르도록 인성교육을 일반화하려는 노력에서 일정 부분 시사점을 찾을 수 있으나, 여전히 현장에서는 인성의 개념이나 덕목이 정립되지 않고 교사와 학생들에게 인성교육이 추상적으로 받아들여짐에 따라 혼란이 가중되고 있는 상황이다.

필자는 지난 2005년부터 인성교육의 필요성과 현시대 교육의 한계점에 주목하여, 인성 즉 사람의 성품을 깊이 연구하였고 '성품'을 키워드로 삼아 구체적인 개념과 실천 방안을 담은 '12성품교육'을 창안하여 실시해 왔다. 12성품교육은 태아에서 노인에 이르기까지 대상별·연령별 평생교육과정으로 체계화한 인성교육으로, 교육내용으로는 공감인지능력과 분별력이라는 두 가지 기본 덕목을 바탕으로 이를 확장한 경청, 긍정적인 태도, 기쁨, 배려, 감사, 순종, 인내, 책임감, 절제, 창의성, 정직, 지혜의 열두 가지 좋은 성품을 구체적으로 가르친다.

이 책의 구성은 크게 인성교육의 이론과 실제의 두 파트로 되어 있다.

제1부 '이영숙 박사의 12성품-이론'은 제1장에서 제7장의 내용으로, 제1장은 '성품, 좋은 성품, 성품교육, 12성품교육'의 기본 개념을 다루었다. 제2장은 관계주의 문화, 유교 문화,

정(情) 문화 그리고 한(恨) 문화의 영향을 받은 인간의 성품과 인성문제를 조명하고 좋은 인성을 키우는 문화를 만드는 해결책이 무엇인지 제시하였다. 제3장은 행복한 인간관계를 맺는 'TAPE 요법' 4단계를 다루었으며, 제4장은 인성교육의 역사와 12성품교육의 효과성을 살펴보았다. 제5장은 교육사조 및 교육철학, 교육이론들을 검토하여 12성품교육의 배경을 제시하였고, 제6장은 12성품교육에서 추구하는 인간관, 교육관, 지식관과, 12성품교육의 아홉 가지 특색을 설명하였다. 제7장은 12성품교육의 기본 덕목인 공감인지능력과 분별력에 대해 다루었다.

제2부 '이영숙 박사의 12성품–실제'는 제8장에서 제13장의 내용으로, 제8장은 12성품교육의 두 가지 기본 덕목과 연계하여 열두 가지 좋은 성품에 관해 통합적 관점을 제시하였다. 제9장, 제10장은 각각 공감인지능력을 키우는 여섯 가지 좋은 성품(경청, 긍정적인 태도, 기쁨, 배려, 감사, 순종)과 분별력을 키우는 여섯 가지 좋은 성품(인내, 책임감, 절제, 창의성, 정직, 지혜)을 설명하였고 제11장, 제12장은 태아기, 영아기, 유아기, 아동기, 청소년기, 청년기, 성인기, 노년기에 맞는 연령별·대상별 성품교육 모형과 특징 및 효과를 폭넓게 다루었다. 마지막으로 제13장은 통일을 위한 인성교육에 관해 살펴보았다.

특별히 제1부와 제2부 중간 또는 말미에 '성품 특강' 내용을 추가로 구성하여 동시대 인성교육의 주요 이슈와 최근 정보 및 새로운 관점 등을 다루었다.

또한 이 책은 총 60개의 각 강마다 '성품 생각하기, 성품 꿈꾸기, 성품 빚기, 성품 빛내기, 성품 다듬기'의 순서로 내용이 구성되어 있어 학습의 기승전결을 유지하도록 돕는다.

'성품 생각하기'는 각 강의 주제를 본격적으로 학습하기 전에 관심과 중요성을 고취하도록 흥미로운 연구 결과들을 제시하였고 '성품 꿈꾸기'는 교육목표를 일목요연하게 정리하여 통합적이고 세부적으로 주제에 접근하도록 하였다. '성품 빚기'는 주제를 체계적으로 쉽게 이해하도록 연구사례와 예시를 통해 내용을 충실히 설명하였고 '성품 빛내기'는 실제 삶이 변화된 성품교육 사례를 바탕으로 자신의 성품을 반추하고 현실에 대입하여 좋은 성품을 결단하도록 하였다. '성품 다듬기'는 각 강의 주요 내용을 정리하고 체계화하도록 구성하였다. 또한 제11장, 제12장은 특별히 '성품 연습하기'를 추가하여 각 강마다 주제에 맞는 인성교육을 가정과 학교에서 직접 실천해 봄으로써 좋은 성품을 키우도록 교육내용을 제공하였다.

이 책은 교사, 부모를 위한 인성교육 과정 또는 학부와 대학원 과목에서 인성교육을 체계적으로 접하고자 할 때 효과적으로 활용할 수 있다. 또한 12성품교육의 각 성품별·대상별·연령별 평생교육과정을 대표하는 내용과 기본 관점 및 다양한 현상에 대한 이해를 포괄하여 구성했으므로 인성교육을 시작하는 모든 이들에게 본질적인 이해를 돕는 훌륭한 길잡이가 되리라 확

이영숙 박사의

12
성품론

| 이영숙 지음 |

인성교육의 이론과 실제

Σ 시그마프레스

이영숙 박사의 12성품론

발행일 | 2016년 9월 9일 1쇄 발행
　　　　2020년 9월 25일 2쇄 발행

저　자 | 이영숙
발행인 | 강학경
발행처 | ㈜시그마프레스
디자인 | 강경희
편　집 | 김성남

등록번호 | 제10-2642호
주소 | 서울특별시 영등포구 양평로 22길 21 선유도코오롱디지털타워 A401~402호
전자우편 | sigma@spress.co.kr
홈페이지 | http://www.sigmapress.co.kr
전화 | (02)323-4845, (02)2062-5184~8
팩스 | (02)323-4197

ISBN | 978-89-6866-802-9

＊ 책값은 뒤표지에 있습니다.
＊ 이 도서의 국립중앙도서관 출판예정도서목록(CIP)은 서지정보유통지원시스템 홈
페이지(http://seoji.nl.go.kr)와 국가자료공동목록시스템(http://www.nl.go.kr/
kolisnet)에서 이용하실 수 있습니다.(CIP제어번호 : CIP2016021443)

신한다.

　주목할 것은 '12성품교육의 이론과 실제'가 인성교육 분야에서는 최초로 한국교육학술정보원(KERIS)의 승인을 받음으로써 대한민국 초·중·고 교사들을 위한 직무연수용 콘텐츠로 적합 판정을 받아 원격교육을 실시하고 있는 점이다. 이 책과 더불어 원격교육 강의 콘텐츠를 통해 인성교육의 진수를 맛볼 수 있다.

　지난 15년간 12성품교육을 통해 일궈 온 인성교육의 효과와 성공을, 이제 좋은 인성을 고민하는 교사, 부모, 학생들도 함께 누리며 공감할 수 있기를 기대한다. 이 책을 통해 12성품교육의 이론과 실제에 대한 지식과 방법론을 기반으로 인성교육의 지침을 충실히 정립하여 대한민국과 세계 곳곳에서 우리가 꿈꿔 온 행복한 가정, 행복한 학교, 행복한 사회가 조성되기를 진심으로 바란다.

　이 책이 나오기까지 원고 정리와 교정을 도와준 LYS교육개발연구소 연구원들에게 고마운 마음을 전하며, 또 이 책이 출판되도록 심혈을 기울여 준 ㈜시그마프레스와 편집부 직원 여러분에게 감사드린다.

2020년 9월, 신봉동 산자락에서
저자 이영숙 드림
(ysmealal@hanmail.net)

차례

제**12**장   연령별 성품교육의 특징 및 효과

✚   성품 특강

제**13**장 통일을 위한 인성교육

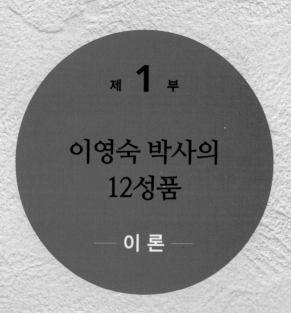

제 **1** 부

이영숙 박사의 12성품

─ 이 론 ─

제**1**장

제**2**장
제**3**장
제**4**장
제**5**장
제**6**장
제**7**장
+
제**8**장
제**9**장
제**10**장
+
제**11**장
제**12**장
+
제**13**장

제**1**장

성품교육이란 무엇일까요?

01강 이제 키워드는 성품이다

성품 생각하기

: 성품, 유전일까? 환경일까?

연합뉴스는 지난 2010년 12월 6일 자 기사를 통해 아이들에게서 나타나는 우울증이나 반사회적 행동의 주요 원인은 유전이 아닌 것으로 보인다는 뉴질랜드 오타고대 연구팀의 연구 결과를 인용하여 보도했다. 이 연구팀은 영국과 미국에서 자연 임신과 시험관 수정을 통해 태어난 4~6세 사이의 아이들 1,000명의 부모들을 대상으로 설문조사 방식으로 연구를 진행한 결과, 아이들이 보이는 반사회적 행동의 주요 원인이 유전이라는 그동안의 시각은 잘못됐을지 모른다는 결론에 도달했다. 이 연구팀의 연구 결과를 요약하면 다음과 같다.[1]

"자연 임신으로 태어난 자녀와 부모, 인공수정을 통해 태어난 자녀와 부모 사이에 행동상의 연관성이 똑같은 것으로 나타났다. 이는 결국 부모와 자녀 사이에 유전적 관련성 때문에 반사회적 행동이 나타나는 것으로 볼 수 없다는 것을 의미한다. 유전자보다는 부모가 자녀를 키울 때의 교육방식이 긍정적이냐 아니면 부정적이냐가 아이들의 정신건강 문제에 더 큰 영향을 미칠 수 있는 것으로 나타났다. 따라서 아이들의 행동과 관련해 생물학적 부모에게서 물려받은 유전자를 탓하기보다 아이들이 살고 있는 환경에 더 많은 관심을 보여야 할 것이다. 그리고 아이들을 보호하려면 나쁜 환경을 빨리 고쳐 주는 것이 중요하며, 부모들의 나쁜 성격을 닮지 않도록 도와주는 것도 필요하다. 또 부모들이 자녀들에게 적대적이면 아이들의 행동도 더 공격적으로 된다."

1　연합뉴스. 2010. "아이들의 반사회적 행동, 유전 아니다". 12월 6일.
　　http://news.naver.com/main/read.nhn?mode=LSD&mid=sec&sid1=103&oid=001&aid=0004804189

성품 꿈꾸기

1. 인성, 도덕성의 개념을 알고 현대 인성교육의 한계점을 진단할 수 있다.
2. 성품의 정의를 설명할 수 있다.
3. 기질과 성격, 성품의 차이를 설명할 수 있다.

성품 빚기

01. 인성, 도덕성이란

오늘날 교육 영역에서 가치, 옳음, 덕의 개념은 인성, 도덕성이라는 단어로 통용되고 있다. 흔히 인성(人性)을 교육한다고 할 때 그 의미는 "지식을 많이 소유한 인간을 기르는 것이 아니라 오히려 인성을 갖춘 '인간다운' 인간을 기르는 일에 관심을 집중해야 한다"[2]는 쪽에 가깝다. 도덕성의 개념도 관점과 접근법에 따라 다음 세 가지 의미로 다르게 이해된다.[3]

첫째, 사회학적 관점에서의 도덕성은 "사회문화적으로 결정된 행위 규범의 내면화와 이를 준수하는 행위"인 계약관계로서의 의미로 규정한다.

둘째, 심리학적 관점에서의 도덕성은 "개인과 환경의 상호작용을 통해 습득된 규범체계, 양심에 따른 행위나 양식 혹은 인지발달에 따른 도덕 판단구조"로 규정한다.

셋째, 인격교육론자들은 아리스토텔레스가 강조한 덕론·습관·행위의 관점으로 도덕성을 "욕구나 충동을 제어하는 힘이자 도덕적 요소를 저해하는 행동 및 동기의 결여를 보완하는 덕 곧 탁월성" 등의 욕구조절능력으로 규정한다.[4]

관점에 따른 도덕성 개념의 차이를 정리하면 〈표 1〉과 같다. 그동안 이러한 인성, 도덕성의 개념은 추상적일 뿐 아니라 단순히 심리적 요소의 결합에 그친다는 점에서 실제 교육현장에서 적용하는 데 한계가 있었다. 특히 지금까지의 인성교육이 다분히 지식을 강조하는 교과목 형태로 진행됨으로써 학교폭력·왕따·중독·성폭행·우울증·자살 등 실제 위기상황이 발생할 경우 습득된 인성을 실천하도록 동기를 유발하고 효과적 인 지침을 제공하는 데 불리했다. 무엇보다 우리나라의 인성교육이 갖는 가장 큰 모순은 학교에서 가르치는 도덕, 윤리 과목을 비롯해 인성교육으로 분류할 수 있는 교육의 실체를 보면 그 이론과 철학이 서구중심이어서 우리

---

2 장성모 (1996). 인성의 개념과 인성교육. 초등교육연구, 10(1), 119-134.
3 서강식 (1996). 도덕교육목표로서의 도덕성에 관한 연구. 한국교육, 23(1), 61-84.
4 최신일 (2008). 인간, 인격 그리고 인격교육. 초등도덕교육, 27, 185-206.

제1장
제2장
제3장
제4장
제5장
제6장
제7장
＋
제8장
제9장
제10장
＋
제11장
제12장
＋
제13장

＜ 표 1 관점에 따른 도덕성 개념의 차이

관점		도덕성 개념
사회학적 관점	계약관계로서의 의미로 규정	● 사회문화적으로 결정된 행위 규범의 내면화와 이를 준수하는 행위
심리학적 관점	규범과 양심을 따르는 행위의 의미로 규정	● 개인과 환경의 상호작용을 통해 습득된 규범체계, 양심에 따른 행위나 양식 ● 인지발달에 따른 도덕 판단구조
인격론자들의 관점	욕구조절능력의 의미로 규정	● 욕구나 충동을 제어하는 힘 ● 도덕적 요소를 저해하는 행동 및 동기의 결여를 보완하는 덕 (탁월성)

문화와 한국인의 정신적 · 심리적 · 행동적 특징을 배제한 측면이 적지 않았다는 사실이다.

실제로 인성 또는 성품은 한 나라의 문화 속에서 체험적으로 양성되게 마련이다. 그럼에도 불구하고 우리는 그동안 문화와 인간의 정서에 맞는 인성교육을 연구하고 이론화하는 데 둔 감했다. 도리어 서구문화 속에서 형성된 인성교육의 체계를 도입하여 그대로 우리 교육현장에 이식한 데 불과했다. 따라서 인성교육이 효과적이지 못했을 뿐 아니라 산적한 문제들에 직면 했다.

: 02. 성품이란

성품은 "한 사람의 생각, 감정, 행동의 표현"[5]이다. 이러한 정의는 기존의 추상적 의미로 이해 되어 온 '성품'의 개념을 보다 구체화한 것으로 필자는 이에 따라 성품교육을 위한 실제적인 교 육내용과 실천방안들을 내놓음으로써 인간의 내면과 외면 모두를 통해 성숙한 인격의 표현이 가능하도록 했다. 곧 성품은 생각(thinking), 감정(feeling), 행동(action)의 세 가지 요소로 구분되 며, 이러한 성품의 발달은 일률적이거나 획일적 또는 개별적으로 분리되지 않고 다음 〈그림 1〉 과 같이 경험 안에서 상호작용을 통해 성장한다.[6]

성품(character)의 어원은 고대 그리스어 'to mark' 곧 '새겨진 것'이라는 의미에서 비롯한다. 즉 성품은 한 사람의 일관되고, 예측 가능하며, 변하지 않는 성향으로, 성격의 깊이에 작용하고 행동과 태도 및 가치를 통합하는 원리를 제공한다.[7]

---

5 이영숙 (2005). 부모 · 교사를 위한 성품교육 지도서-경청. 서울: 아름다운 열매.

6 이영숙 (2007). 이제는 성품입니다. 서울: 아름다운 열매.

7 Lapsley, D. K., & Narvaez, D. (2006). Character Education. In Vol. 4(A Renninger & I. Siegel, volume eds.), Handbook of Child Psychology(W. Damon & R. Lerner, Series Eds.), New York : Wiley, 248-296.

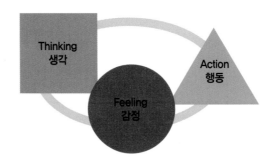

그림 1 한 사람의 생각, 감정, 행동의 표현으로서의 성품(저작권 제C-2014-008454호)

03. 기질과 성격, 성품의 차이

흔히 성품의 개념을 성격(personality)과 혼용하는데 기질, 성격, 성품 이 셋은 분명한 차이가 있다.

기질은 부모로부터 물려받은 유전적 요소이다. 다시 말해 부모의 DNA가 자녀에게 유전적으로 전달되어 내성적, 외향적, 다혈질, 담즙질, 우울질, 점액질 등으로 형성된 성향이다.

성격은 유전적 요소인 기질이 겉으로 드러나 타인에게 나타나는 양식이다. 성격은 특징적이고 지속적이며 안정적인 방식으로 생각하고, 느끼고, 믿게 되는 개인의 고유한 특질이다.

성품은 "자신의 타고난 기질과 성격 위에 경험과 교육의 요소들을 포함한 환경적 영향에 의해 내면의 덕을 형성함으로써 균형 잡힌 상태"[8]를 의미한다.

삶을 살아가는 전반적인 전략으로 생각·감정·행동 속에 표현되고 드러나는 기질과, 사람들마다 타고난 성격은 모두 IQ처럼 고정된 것 같다. 그러나 타고난 기질과 성격 위에 더 좋은 가치와 경험들을 교육하면 성격도 품위 있게 바뀔 수 있는데, 이것이 바로 성품이다.

이러한 성품은 도덕적이고 윤리적인 성격을 띠며, 윤리적 결정과 행위에 영향을 주는 일련의 신념과 도덕적 가치들로 구성된다. 또한 성품은 일종의 성격이라는 자기표현 방식의 바탕을 제공한다는 점에서 성격보다 더 근본적이고 총체적인 의미를 내포하는 덕의 개념이라고 할 수 있다.

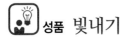 성품 빛내기

학교 문화를 바꾸는 성품교육

이영숙 박사의 12성품교육을 실시한 학교들 중에 경기도 안양시의 한 중학교가 있다. 폭력조직 때문에 몸살을 앓고 있어, 우리는 기쁨의 성품과 배려의 성품을 각각 8주간씩 수업하기로

---

8 이영숙 (2005). 부모·교사를 위한 성품교육 지도서-경청. 서울: 아름다운 열매.

했다. 변화는 놀라웠다. 기쁨의 성품을 갖기 시작하면서 아이들의 자존감이 향상됐고 행복지수가 높아졌다. 배려의 성품은 나눔과 소통의 분위기를 만들어 냈다. 그러면서 학교폭력 문제가 가라앉기 시작했는데, 이 학교의 교장선생님은 인성교육의 힘을 절감하고 계속해서 성품교육을 실시하여 학교 문화를 바꿀 것이라고 말했다. 많은 학교들이 자살, 우울증, 학교폭력, 왕따 등의 문제로 고민하지만 그 방안을 찾지 못하고 있다. 이제 그 해답은 성품교육이라고 말할 수 있다. 좋은 성품을 교육함으로써 우리는 학교 문화를 바꿀 수 있다는 확신을 가졌다.[9]

성품 다듬기

: '성품'은

인성교육, 도덕교육이란 단어와 통용돼 추상적 개념으로 그치거나 서양의 이론과 교육철학에 편중돼 있어 실제 교육의 현장에서는 적용하기 어려운 한계점이 있었다.

성품이란, 한 사람의 생각, 감정, 행동의 표현(이영숙, 2005)을 말한다.

: 훈련과 연습으로 계발되는 '성품'

자신의 타고난 기질과 성격 위에 경험과 교육의 요소들을 포함한 환경적 영향에 의해 내면의 덕을 형성함으로써 균형 잡힌 상태(이영숙, 2005)를 유지하는 좋은 성품을 만들도록 하자.

02강 좋은 성품이란 무엇일까?

성품 생각하기

: 성격, 좋은 성품으로 바꿀 수 있는 걸까?

타고난 성격은 바뀌지 않는다고 한다. 그러나 성격도 시간이 흐르면 달라지는 것이고 달라지게 할 수 있다. 영국 맨체스터대 심리과학대학 연구팀이 이 사실을 증명했다고 코리아메디컬닷컴이 2012년 3월 7일 자 보도를 통해 밝혔다.

이 보도에 따르면 연구팀을 이끈 크리스 보이스 박사는 "경제학 분야에서 이뤄진 행복 관련

9　이영숙 (2012). 성품, 향기 되어 날다. 서울 : 좋은나무성품학교. 192-193.

연구들은 더 많은 수입, 결혼, 직업 등 외부 환경이 달라지는 것이 행복에 미치는 영향을 살피는 데 주로 집중되어 있다. … 그러나 성격은 바뀌지 않고 바꿀 수도 없다는 믿음 때문에 성격이 미치는 영향에 대해서는 무시해 왔다. 우리 연구는 성격도 바꿀 수 있고, 바뀌는 것이라는 사실을 보여 준다. 성격은 수입 증가보다 더 잘 바꿀 수 있을 뿐 아니라 행복해지는 데도 영향을 미친다"고 말했다.

  이 연구팀은 호주의 성인 7,500명을 대상으로 4년을 두고 시작과 끝 시기에 인생의 만족도와 성격에 관해 설문조사를 실시했다. 설문 내용은 성격에 관한 다섯 가지 요소를 살펴서 측정하는 것으로, 새로운 경험에 대한 개방성, 성실성, 외향성, 쾌활함, 예민함 등이었다. 4년을 전후로 하여 성격의 차이를 조사하고, 수입, 고용상태, 결혼 여부 등 외부 변화 요인들과 어떤 관련을 갖는지 살펴봤더니, 조사 대상자들의 성격은 4년 동안 다른 외부 요인만큼 변한 것으로 드러났다. 게다가 성격의 변화에 따라 인생에 대한 만족도, 곧 행복지수도 달라지는 것을 예측할 수 있었다.[10]

  인성교육 곧 성품교육은 이같이 타고난 성격도 교육과 경험을 통해 품위 있게 달라질 수 있다는 전제에서 출발한다.

성품 꿈꾸기

1. 좋은 성품의 의미를 설명할 수 있다.
2. 성품의 다섯 가지 특색을 설명할 수 있다.

성품 빚기

: 01. 좋은 성품이란

개인의 생각, 감정, 행동이 총체적으로 표현되는 성품은 일반적으로 '좋은'이란 형용사와 함께 긍정적인 의미로 인식된다. 좋은 성품이란 "갈등과 위기 상황에서 더 좋은 생각·더 좋은 감정·더 좋은 행동으로 문제를 해결하는 능력"[11]으로, "어떠한 환경에서도 항상 옳은 일을 선택할 수 있는 결단력"[12]이다. 좋은 성품은 규범적이고, 가치지향적인 개념이어서, 더 좋은 가치와

10 코리아메디컬닷컴. 2012. "성격 안 바뀐다고?…4년만 지나도 달라져". 3월 7일. http://www.kormedi.com/news/article/1203059_2892.html
11 이영숙 (2005). 부모·교사를 위한 성품교육 지도서-경청. 서울: 아름다운 열매.
12 이영숙. op.cit.

옳은 일을 지향하는 인격의 총체적인 표현이다. 따라서 좋은 성품이 곧 좋은 인격이다.

좋은 성품은 어떻게 만들어질까? 좋은 성품은 타고나는 것이 아니다. 좋은 성품은 삶의 구체적인 상황에서 배우고 훈련해야 얻을 수 있는 인격적 결단이므로, 배우고 훈련하는 과정을 통해 완성된다. 이런 점에서 좋은 성품 곧 좋은 인성은 여전히 미완성의 상태이므로 교육의 가능성 또는 희망을 열어 놓고 있다.

02. 성품의 특색

그러면 우리 삶 속에서 좋은 성품은 어떠한 모습으로 나타날까? 다섯 가지 구체적인 모습으로 나타난다.

첫째, 좋은 성품은 눈에 보인다. 위기와 갈등에 직면했을 때 좋은 성품은 구체적으로 드러난다. 즉 삶이 어려운 상황에 처하거나, 안팎으로부터 압박을 받을 때 어떻게 반응하느냐 하는 것이 바로 그 사람의 성품이다. 또 평소에 사용하는 말과 생각, 표현방법과 태도를 통해 드러난다.

둘째, 좋은 성품은 다양한 인간관계로 나타난다. 모든 인간관계는 성품의 영향을 받는데, 좋은 성품은 좋은 관계를 만들도록 이끈다. 나아가 좋은 성품을 가진 지도자를 배출함으로써 한 사회 또는 공동체를 기쁘게 만들어 준다. 실제로 많은 공동체의 구성원들은 지도자로부터 좋은 성품과 관련된 지도력을 갈망하는 것으로 나타났다.

미국경영자협회 후원으로 제임스 쿠제스(James Kouzes)와 배리 포스너(Berry Posner)가 경영자 약 1,500명을 대상으로 "당신의 지도자로부터 보고 싶은 모습은 무엇입니까?"라고 질문한 결과 응답자 대다수는 '덕, 진실성, 좋은 성품' 등 성품과 관련된 사항을 요청한 것으로 나타났다. 좋은 성품을 갖춘 지도자는 구성원들을 옳은 길로 인도하고 많은 사람의 유익을 위해 자신을 희생할 줄 알며 자신의 역할을 성실하게 감당한다. 곧 좋은 성품은 인간관계에서의 성공을 바탕으로 삶의 여러 영역에서 아름다운 결실을 맺는다.

셋째, 좋은 성품은 습관을 통해 드러난다. 좋은 성품을 지니고 있다는 말은 좋은 습관을 지니고 있다는 의미와 상통한다. 습관은 오랫동안 무의식적으로 행해 온 기억들이 모여 형성된 '기억 더미'이다. 매일 무의식적으로 또는 반복적으로 행한 버릇들이 습관으로 굳어져 우리의 삶을 지배하고, 이 습관에 이성의 작용이 더해져 결국 성품이라는 안정적이고 지속적인 상태로 자리 잡는다. 그렇다면 몸에 밴 나쁜 습관을 어떻게 바꿀 수 있을까? 세 살 버릇 여든까지 간다는 말처럼 습관이 되어 버린 버릇은 바꾸기가 어려워서 다만 새로운 습관으로 대체할 수 있을 뿐이다. '나쁜 습관'을 '좋은 습관'으로 대체하는 방법 역시 특별한 지름길이 없다. 날마다 '좋은 습관'을 연습하는 과정을 밟아 나가는 수밖에 없다. 이것이 바로 성품교육의 시작이다. 좋은 생각이 무엇인지 알고 선택하는 것이 좋은 성품을 만들어 가는 길이다.

넷째, 좋은 성품은 예절과 매너를 통해 나타난다. 글로벌화된 현대 사회는 무엇보다 예의 바른 사람을 주목한다. 예의가 곧 경쟁력이라는 말이다. 물론 예의는 어느 날 갑자기 생겨나지 않는다. 아리스토텔레스가 "한 사람의 우수성은 오랜 세월 동안 계속된 반복적인 습관을 통해 길러진다"고 주장했듯이, 좋은 생각이 좋은 행동으로 표현되고, 그 행동을 반복할 때 좋은 습관이 되며, 그 습관이 비로소 예의 바른 사람을 만든다. 예의는 다른 사람을 존중하는 표현이자 타인을 배려하는 마음이며, 마음속에 있는 친절을 행동으로 드러내는 성품이다.

다섯째, 좋은 성품은 말을 통해 나타난다. 19세기 영국의 낭만파 시인 바이런(Baron Byron)은 "말은 사상이다. 작은 잉크 방울이 안개처럼 생각을 적시면 거기에서 수백, 수천의 생각이 가지를 치고 나온다"고 했다. 사람의 말 속에 성품이 들어 있고, 그 사람의 생각이 고스란히 담겨 있다. 그래서 미국의 교육자 부커 T. 워싱턴(Booker T. Washington)은 "사람을 만들어 내는 것은 상황이 아니라 성품"이라고 말했다.

좋은 성품이 좋은 인생을 만들어 간다. 그리고 이 좋은 성품은 가르침과 꾸준한 훈련으로 계발할 수 있다.

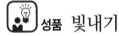 **성품 빛내기**

: 사고의 슬픔을 감사의 기쁨으로 만든 성품교육

전북 전주에 있는 좋은나무성품학교 김도건 어린이의 이야기이다. 도건이가 놀이터에서 그네를 타고 있었는데, 갑자기 어린 여자아이가 도건이가 타는 그네 가까이로 달려드는 바람에 그만 꽝 하고 충돌해 버렸다. 여자아이의 눈썹 주변이 심하게 찢어져 안쪽 근육과 뼈가 보일 정도였다. 그래도 다행인 게 그때 마침 도건이의 엄마 아빠가 함께 놀이터에 나와 있어서, 둘은 급하게 피가 나는 아이를 안고 병원 응급실로 뛰었다. 병원에 가는 동안 차 안에서 도건이는 여자아이가 자기 때문에 다쳤다며 엉엉 울었다. 사고라는 게 늘 그렇지만 순식간이라 부부는 너무 놀랐고 어른보다 더 놀라서 울고 있는 아이들을 어떻게 진정시켜야 할지 막막했다. 응급실에 도착하자 여자아이는 스무 바늘 이상을 꿰매는 큰 수술을 받았다. 수술이 끝나 갈 무렵 여자아이의 엄마가 도착했고, 부부는 아이 엄마에게 자초지종을 설명했다. 그런데 여자아이 엄마의 반응이 너무나 뜻밖이었다. 오히려 도건이를 쓰다듬으면서 "괜찮아 도건아, 네 잘못이 아니야. 그 상황에선 누구라도 그네를 멈출 수 없었을 거야. 그리고 눈이 안 다쳤으니 얼마나 다행이니, 그렇지?" 하고 말해 주었다. 도건이도 도건이의 엄마 아빠도 그 말을 듣고 한편으로는 고맙고 한편으로는 놀랐다. 대체 아이를 어떻게 단속했느냐고 비난할까 봐 두려웠는데, 세상에 아이가, 그것도 여자아이가 그렇게 다쳤는데도 흥분하지 않고 상황을 담담하게 받아들이면서 오히려 눈이 다치지 않아 감사하다고 말할 수 있는 부모가 몇이나 되겠는가? 수술이 다 끝나자 도건이가 먼저 의사선생님께 달려가서 아이가 어떻게 되었는지 물었다. 의사선생님은 수술은 잘되었으니 걱정하지 말라고 했고, 모두가 한시름을 놓을 수 있었다. 그리고 이튿날 오후 도건이 선생님으로부터 전화가 걸려왔는데, 어제 다친 아이가 도건이처럼 성품교육을 받은 은찬이라는 아이였다고 말했다. 그날 저녁 은찬이 어머니가 전화를 걸어서는 "어제 많이 놀라셨죠? 은찬이 치료받고 잘 놀고 있으니 걱정 마세요. 도건이 혼내실까 봐 그러지 마시라고 전화드렸어요. 눈이 안 다치길 정말 다행이잖아요" 하고 말해 주었다고 한다. 참 훌륭하지 않은가? 나보다 남을 먼저 생각하는 은찬이 어머니의 성품에 도건이 엄마 아빠는 또 한 번 놀라지 않을 수 없었다. 그러니까 은찬이 어머니는 긍정적인 태도와 감사로써 위기의 상황을 잘 넘어갈 수 있었던 것이다. 우리는 은찬이 어머니를 통해 좋은 성품을 가진 사람들이 살아가는 세상이 얼마나 평화로운지를 깨닫게 된다. 오늘도 성품의 물결이 흘러 넘쳐서 감동의 물결로 출렁이는 세상이 되기를 꿈꾸어 본다.[13]

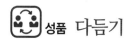

성품 다듬기

: '좋은 성품'이란

'갈등과 위기 상황에서 더 좋은 생각, 더 좋은 감정, 더 좋은 행동으로 문제를 해결하는 능력'(이영숙, 2005)이다.

: 눈에 보이는 '좋은 성품'은

다양한 인간관계와 습관, 예절(매너), 그리고 일상에서 우리가 사용하는 말(언어)을 통해 우리의 삶에 구체적으로 드러난다. 그러므로 일상생활 속에서 좋은 성품을 가꾸어 나가 보도록 하자.

13 이영숙 (2012). 성품, 향기 되어 날다. 서울 : 좋은나무성품학교. 159-161.

03강 성품교육을 위한 준비

성품 생각하기

: 좋은 생각, 좋은 감정, 좋은 행동, 어떻게 습관이 될 수 있을까?

기존의 습관을 버리고 새로운 습관에 적응하는 데에는 얼마의 시간이 필요할까? 최소 두 달 이상의 긴 시간이 필요하다고 코리아메디컬닷컴이 2014년 4월 16일 자 기사로 보도했다.

이 기사에 따르면 성형외과의사인 맥스웰 몰츠 박사는 1950년대 환자들을 치료하던 중 한 가지 이상한 패턴을 발견했는데, 그것은 환자들이 성형수술을 받고 난 뒤 그들의 새로운 얼굴에 익숙해지는 데 21일 정도의 시간이 소요된다는 점이었다. 다리나 팔을 절단한 환자들도 마찬가지여서 팔이나 다리가 아직 붙어 있는 것으로 착각하는 '환각지'를 경험하고 21일이 지난 뒤부터 비로소 잘려 나간 신체에 적응하게 되었다는 것이다. 몰츠 박사는 이번에는 환자들이 보여 준 결과를 자신에게도 실험해 보았는데 역시 기존의 습관을 버리고 새로운 행동에 적응하는 데 21일가량이 걸렸다.

이와 더불어 유럽사회심리학저널(*European Journal of Social Psychology*)에 실린 영국 런던대 심리학과 연구팀의 조사 결과도 흥미롭다. 이 조사 결과는 몰츠 박사의 결과와 좀 다른데, 습관 수정에는 이보다 많은 시간이 필요하다는 것이다.

이 연구팀은 96명의 실험참가자들을 대상으로 12주간 그들의 생활습관을 관찰하는 실험을 했다. 실험참가자들은 각자 고치고 싶은 습관을 선택하고 12주간 자신이 새로운 습관을 행했는지의 여부를 체크했다. 또 이 습관을 의식적으로 했는지 아니면 자동적으로 실천했는지의 여부도 기록했다. 그들이 바꾸고자 한 습관은 점심에 물 한 병 마시기처럼 단순한 습관에서 저녁식사 전 매일 15분간 달리기처럼 좀 더 난이도가 있는 습관까지 다양했다. 그리고 12주가 지난 뒤 연구팀이 이들의 데이터를 수집해 분석했더니 새로운 행동에 적응하는 데 걸린 시간은 평균 66일, 그러니까 최소 두 달 이상이었다.[14]

이런 연구 결과를 통해서 우리는 좋은 성품이 습관으로 자리 잡는 데는 꾸준히 정착해 가는 시간이 필요하다는 사실을 알게 된다. 그러므로 성품교육은 좋은 훈련의 과정을 포함하며, 이를 통해 좋은 습관으로 정착된다.

---

14 코리아메디컬닷컴. 2014. "새로운 습관 3주면 적응? 최소 2달 걸린다!". 4월 16일.
http://news.naver.com/main/hotissue/read.nhn?mid=hot&sid1=103&cid=3118&iid=900576&oid=296&aid=0000018737&ptype=021

성품 꿈꾸기

1. 성품교육의 정의를 설명할 수 있다.
2. 성품교육의 세 가지 기본 방침을 설명할 수 있다.

성품 빚기

01. 성품교육의 정의

성품교육이란 "교육을 통해 생각, 감정, 행동에 각각 의미 있는 영향을 주어 바람직한 변화를 도모하는 과정"[15]이다. 성품교육의 핵심인 '성품'은 세 가지 요소 곧 생각, 감정, 행동으로 구성되고 이 세 가지 요소는 일률적으로 또는 획일적으로 분리되어 따로따로 발달하는 게 아니라 다양한 경험 안에서 서로 연관되어 상호작용을 하는 가운데 함께 성장한다.[16]

성품은 한 개인이 자기 자신을 포함한 주위 것들에 대해 어떻게 생각하고 느끼는지, 또 어떻게 말하고 행동하는지를 보여 주는 총체적 표현이므로 '이영숙 박사의 12성품교육'은 생각, 감정, 행동 등 모든 영역을 포괄하는 실제적 교육을 지향한다. 그래서 '한 사람의 생각, 감정, 행동의 표현'인 성품을 '올바르게 표현'하는 것이야말로 성품교육의 목표인 셈이다. 즉 한 개인이 생각하고, 느끼고, 행동하는 일련의 유기적이고 총체적인 표현이 성품이라면, '바람직한 성품'은 개인의 생각, 감정, 행동의 근본적인 변화를 바탕으로 '올바른 표현'이 이뤄질 때 가능하다.

02. 성품교육의 기본방침

성품교육의 목적은 사람의 생각, 감정, 행동을 변화시킴으로써 그를 행복하게 하는 데 있다. 그러므로 성품교육은 개인의 생각, 감정, 행동을 포괄하여 총체적으로 접근해야 한다. 특히 이영숙 박사의 12성품교육은 성품을 가르치는 기본방침으로 다음 〈그림 2〉와 같이 인지적 접근, 정의적 접근, 행동적 접근을 모두 포괄하도록 내용을 구성했다.

첫째, 학생들에게 인지적 접근을 통해 영향을 주는 것이다. 이영숙 박사의 12성품교육은 성품의 변화는 개인의 '생각의 변화'로부터 출발한다고 간주하여[17], 성품 개념에 대한 명확한 이해를 성품교육의 출발점으로 삼는다. 가르치고자 하는 성품에 대해 명확한 개념을 정립시켜 주

---

15 이영숙 (2005). 부모·교사를 위한 성품교육 지도서-경청. 서울: 아름다운 열매.
　 필자는 추상적인 차원의 성품 개념이 교육에 실제적으로 적용하는 데 한계가 많다고 보고 구체적인 성품의 개념을 정립하여 성품교육을 개발하였다.
16 이영숙 (2007). 이제는 성품입니다. 서울: 아름다운 열매.
17 이영숙. op.cit.

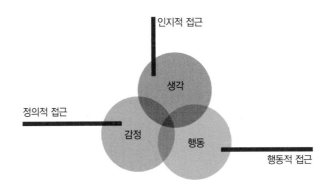

그림 2 이영숙 박사의 12성품교육-인지적 · 정의적 · 행동적 접근(저작권 제C-2014-008461호)

는 것은, 효과적인 가르침을 위해 또는 학생들이 성품을 얼마나 효과적으로 습득했는지를 평가하는 기준이 된다.

예를 들어 학생들에게 '배려의 성품'을 가르치고자 한다면, '배려란 나와 다른 사람 그리고 환경에 대하여 사랑과 관심을 갖고 잘 관찰하여 보살펴 주는 것'(좋은나무성품학교 정의)이라는 명확한 배려의 정의를 제시해야 한다. 인간의 행동을 변화시키기 위해서는 새로운 지식에 대한 정확한 개념을 바탕으로 행동을 훈련하는 것이 가장 효과적이다. 이때 교사는 학생들로 하여금 단어로만 그 의미를 익히게 하는 것보다 생활 주변에서 쉽게 접할 수 있는 경험을 통해 해당 주제성품의 의미를 이해하도록 유도할 필요가 있다. 또한 이 성품을 어떻게 구체적인 행동으로 표현할 수 있는지에 대해서도 생각해 보게 한다.

성품은 학생들이 그 내용에 대해 이해하고 있을 때 더 잘 계발되기 때문에 더 좋은 생각을 하도록 유도하는 것이 중요하다. "네가 한 이 행동 말고 더 좋은 방법은 없었니?", "이것 말고 또 다른 방법은 없을까?" 등의 질문으로 학생들이 이성적이고 논리적인 생각을 하도록 기회를 줘야 한다. 또한 다른 사람의 입장에서 생각해 보도록 도덕적 인식을 일깨워 주는 훈련도 필요하다. 대부분의 사람들은 자신의 행동이 다른 사람에게 미치는 영향을 알면 더 좋은 행동을 하려고 노력하게 된다. 그러므로 학생들에게 다른 사람의 관점에서 생각하고 다른 사람의 감정을 이해하도록 공감인지능력을 가르치는 것이 중요하다.

둘째, 학생들에게 정의적 접근을 통해 영향을 주는 것이다. 사람의 감정은 어떤 일을 결정하는 데 있어 가장 강력한 동기유발요소가 된다. 성품을 가르칠 때 감정 영역을 계발하는 것은, 좋은 성품을 기르는 결정적인 자극제가 된다. 또한 동시에 가르치려는 주제성품에 대해 감정적으로 좋은 경험을 심어 주면, 학생들은 이 성품을 습득하고 훈련받고자 하는 강한 열망을 갖는다. 이영숙 박사의 12성품교육은 성품이 변화되는 동기가 성품에 긍정적인 정서적 경험을 바

제1장

제2장

제3장

제4장

제5장

제6장

제7장

＋

제8장

제9장

제10장

＋

제11장

제12장

＋

제13장

탕으로 이루어진다고 전제하기 때문에 정서의 변화를 통한 개인의 동기화는 매우 중요한 영역이 된다. 좋은 성품에 대한 긍정적 정서경험을 가진 개인은 좋은 성품의 중요성을 인식하고 교육에 참여할 수 있다. 그러므로 부모와 교사는 강압적인 방법으로 성품을 가르치는 것이 아니라 자율적인 방법, 즉 격려와 칭찬을 통해 성품교육을 실천해야 한다.

성품을 배우면서 긍정적인 느낌과 좋은 감정을 경험한 학생들은, 배운 성품을 자신의 몸에 배게 하고 습관으로 간직하려는 동기유발이 자연스럽게 일어난다. 정의적 접근으로 성품을 가르치는 구체적인 방법은 감정을 잘 조절하게 하기, 양심 혹은 도덕성 증진하기, 인간성 발달시키기, 위인을 모방하고 싶은 동기 유발하기, 사회성 능력 발달시키기, 자존감을 세워 주고 강화하기 등이다.

셋째, 행동적 접근을 통해 영향을 주는 것이다. "사람은 습관을 만들고 습관은 사람을 만든다"는 말에서도 짐작할 수 있듯이, 개인의 탁월성 곧 개인의 훌륭한 성품은 기회가 오면 언제든지 발휘할 수 있는 습관화된 상태를 의미한다.[18] 그러므로 학생들로 하여금 좋은 성품으로 합당한 행동을 선택하도록 기회를 제공하고, 이것을 행동적인 기술로 발달시켜 좋은 습관으로 발현시키도록 영향을 주어야 한다.

성품교육을 할 때 기억할 것은, 좋은 생각이 좋은 행동을 낳고 좋은 행동이 반복되면 좋은 습관이 되며 좋은 습관은 곧 좋은 성품이 되며, 그 성품이 바로 한 사람의 운명을 결정한다는 사실이다. 이때 목표가 되는 좋은 성품을 선정하고 그 성품의 태도를 60일 이상 집중적으로 반복하며 연습하는 것이 중요하다. 60일은 좋은 성품의 기적을 만드는 최소한의 시간이다. 60일 이상 우리 몸에 반복된 행동들은 우리에게 버릇이 되고 습관이 되어 좋은 성품을 형성하게 한다.

성품을 교육할 때는 위의 세 가지 접근방법을 기본으로 하되, 연령에 따라 그 비중을 달리하는 것이 필요하다. 예를 들면 청소년기 학생들은 한창 민감하고 혼란스러운 시기이므로 더 섬세한 정의적 접근을 통해 영향을 주어야 한다. 특별히 자신에 대해 예민하게 성찰하는 청소년기에는 열등감이 강하게 나타난다. 열등감을 극복하지 못한 학생들은 심각한 갈등과 혼란을 겪고, 정상적인 또래 모임에 들어가지 못한다. 결과적으로는 비슷한 처지에 있는 친구들끼리 소속감을 형성하고 탈선을 일삼으며 그릇된 길로 향하는 안타까운 상황에 처할 가능성이 높다. 그러므로 학생들의 태도에 대해 책망으로 다스리기보다는 칭찬과 격려로 내면세계를 이해해 주는 것이 중요하다. 그래야 열등감을 감추기 위해 건방진 태도로 기성세대를 공격하는 방어기제를 소멸시킬 수 있다. 또한 분노가 자주 폭발하는 학생에게는, 분노 자체는 나쁜 것이 아니지만 잘

못 분노하는 것이 문제라고 알려 줘야 한다. 분노의 감정을 잘 다스리지 못해 파괴적이고 공격적으로 폭발할 때 문제가 된다. 학생들이 분노를 드러낼 때 교사와 부모가 예민해지지 않고 여유 있게 행동하면 학생들도 자신의 감정을 잘 다스릴 수 있게 된다.

성품 빛내기

: 가정과 학교와 나라를 살리는 교육, 성품교육

사단법인 한국성품협회는 2011년부터 국공립교사들을 위한 특수직무연수기관으로 선정되어 직무연수를 해 오고 있는데, 특히 '좋은 성품으로 학교 문화 바꾸기' 프로그램은 교사들로부터 환영받는 프로그램 중 하나이다. 이 프로그램에 참여한 어느 과학 선생님의 이야기가 잊히지 않는다. 이분은 과학 과목에 관련된 연수를 받고 싶었는데 기회를 놓치고 어쩔 수 없이 이 프로그램을 선택했다. 그러니 별 기대도 하지 않고 오셨던 셈이다. 우리 프로그램은 마지막엔 언제나 소감을 쓰게 하는데, 이 선생님의 소감문이 큰 감동을 주었다. 교실에서 잘 활용할 만한 지식을 얻어 가야지 하고 생각했다가 연수를 받으면 받을수록 집에 있는 딸아이가 굉장히 마음에 걸렸다고 한다. 자신은 학교에서 딸 같은 아이들을 가르치는 교사였지만 정작 집에서는 딸아이와 친밀한 대화를 한 번도 하지 못한 나쁜 아빠였다는 사실 때문에 마음이 아팠던 것이다. 그래서 딸아이에게 장문의 문자를 보냈다. 좋은 아빠가 아니어서 미안하다, 내가 오늘 연수를 받고 보니 네 생각이 너무 난다, 그동안 마음을 나누는 대화를 한 번도 하지 못한 게 가슴이 아프다, 이런 내용이었다. 이 선생님의 딸은 중학생인데 사춘기였다. 아빠가 집에 들어와도 본 척도 안 할 정도였는데 이 문자를 보내고 집에 가자 딸아이가 요리를 해 놓고 아빠를 기다리면서 반갑게 맞아 주는 것이 아닌가! 그런 딸아이의 모습이 하도 오랜만이라 아빠는 매우 행복한 나머지 "딸, 웬일이냐?" 하고 물었더니 "아빠, 내가 한마디 하겠는데, 이번 여름방학에 아빠 연수 진짜 잘 선택했어. 다음에도 이런 연수만 선택해."라고 말하더라는 것이다. 사실 딸의 이 말 때문에 감동을 받았는데, 이 선생님이 또 이렇게 쓰셨다. "내가 너무 가르치려고만 했지 나부터 변할 생각은 하지 않았는데, 이번 연수를 통해 나부터 변화하는 시간이 되었다."라고. 그렇다, 학교 문화 바꾸기는 결국 우리 부모와 선생님들부터 바뀌어야 비로소 가능한 일이다.[19]

19 이영숙 (2015). 좋은성품 부모-인내 매거진. Vol.11. (사)한국성품협회. 8-9.

제1장

제2장

제3장

제4장

제5장

제6장

제7장

＋

제8장

제9장

제10장

＋

제11장

제12장

＋

제13장

성품 다듬기

: '성품교육'은

- '교육을 통해 생각, 감정, 행동에 각각 의미 있는 영향을 주어 바람직한 변화를 도모하는 과 정'(이영숙, 2005)이다.
- 한 사람의 생각 · 감정 · 행동을 포괄하여 인지적 접근, 정의적 접근, 행동적 접근을 통해 총 체적으로 이루어질 때 가장 효과적이므로 체계적으로 습관화하여 좋은 성품을 만들어 보도 록 하자.

04강 이영숙 박사의 12성품교육과 인성교육

성품 생각하기

: 12성품교육, 왜 필요할까?

미국 매사추세츠공대(MIT) 연구진이 미국인과 동아시아인들을 상대로 도형에 관한 문제를 풀 게 하면서 이들의 두뇌를 기능성 자기공명영상장치(fMRI)로 촬영했더니 미국인들은 상대적 판 단을, 동아시아인들은 절대적 판단을 더 어려워했다고 한다.

　연합뉴스는 2008년 1월 19일 자 기사를 통해 이 같은 연구 결과를 전하면서 문화가 입맛이나 음악적 취향에 영향을 미치는 것은 물론 두뇌 회로 자체를 바꿔 놓는다는 사실을 라이브 사이언 스 닷컴의 보도를 인용해 게재했다. 그러니까 서로 다른 문화권 출신들은 기본적인 개념을 이해 하는 데 서로 다른 방식으로 두뇌를 사용한다는 사실을 밝힌 것이다. 물론 기존의 심리학 연구 를 통해서 미국의 문화는 개인에 중점을 두고 독립성을 높이 평가하는 반면 동아시아 문화는 보다 공동체 지향적이고 사람이나 사물을 그런 맥락에서 보는 것이라고 알고는 있었지만, MIT 학자들의 연구는 이런 문화적 차이가 두뇌활동의 패턴에까지 영향을 미친다는 사실을 신경학 적 증거로 보여 준 최초의 연구라는 것이다.

　이 기사를 더 인용하면, 연구진은 미국인 10명과 그 당시 미국에 도착한 지 얼마 되지 않아서 여전히 조국의 문화를 그대로 간직하고 있는 동아시아인 10명에게 네모 안에 여러 개의 선이 들어 있는 그림들을 보여 주었다. 그러면서 테두리 네모와 상관없이 선들의 길이가 같은지 판 단하도록 요구하는 문제와 절대적 크기에 상관없이 여러 그림에 나타난 네모와 선들의 비례가 같은지를 묻는 문제를 제시했다. 그 결과 fMRI에 나타난 미국인들의 두뇌는 상대적 판단 문제를 놓고, 동아시아인들의 두뇌는 절대적 판단을 놓고 더 고심했다고 한다. 반면 두 집단 모두 자신의 문화권에서 익숙한 판단을 내려야 할 때는 두뇌활동이 그다지 활발하지 않았다. 즉 자신의 문화권에서 선호하지 않는 사고를 할 때 두뇌가 더 열심히 활동하는 것으로 나타났는데, 그 차이가 놀라울 정도로 컸다.[20]

이러한 연구 결과는 우리에게 왜 12성품교육이 필요한지를 설명해 주는 좋은 데이터가 된다. 다시 말해서 한국인에게는 한국인만의 고유한 문화가 있고, 그 문화가 한국인의 특별한 성품을 형성했으며, 한국인은 그 영향력에 깊이 노출되어 있으므로 한국인이라는 특수한 대상에게 적합한 성품교육이 따로 있음을 알 수 있다.

성품 꿈꾸기

1. 현장에서 바라본 인성교육의 한계를 요약할 수 있다.
2. 12성품교육의 정의를 설명할 수 있다.
3. 12성품교육의 대상과 중요성을 설명할 수 있다.

성품 빚기

01. 현장에서 바라본 인성교육의 한계

우리 교육계는 최근 수년 동안 교실붕괴 · 교권하락 · 학교폭력 · 따돌림 · 우울증 · 자살 등의 교육문제에 맞닥뜨리면서 인성 · 성품 · 가치에 대한 교육의 필요성을 절감하게 되었고, 2014년 인성교육진흥법을 제정하기에 이르렀다. 이 법안에 따라 2015년 7월부터 학교에서 적극적으로 인성교육을 실시해야 한다.

그동안 우리나라 교육 현장에서는 학교와 가정의 실정을 고려하고, 우리의 문화적 · 심리적 요소를 감안한 인성교육을 하기보다 외국의 인성교육 프로그램을 무비판적으로 수용하여 적용해 온 측면이 크다. 이에 따라 결과적으로 오랫동안 도덕, 윤리 등 인성교육을 실시해 왔으면서도 정작 일상생활에서는 그 효과가 긍정적으로 발현되지 못했다. 이는 학교에서 실시해 온 도

---

20 연합뉴스. 2008. "문화가 두뇌를 바꾼다". 1월 19일.
http://news.naver.com/main/hotissue/read.nhn?mid=hot&sid1=103&cid=3118&iid=14860&oid=001&aid=0001929662&ptype=021

덕, 윤리 등 인성교육이 지식의 축적에 무게중심을 둠으로써 삶을 변화시키는 교육으로 확장되지 못한 까닭이다.

: 02. 이영숙 박사의 12성품교육

2005년에 발표한 '이영숙 박사의 12성품교육'은 '성품'이라는 단어를 최초로 교육에 접목시키고, 문화와 인간의 정신적 · 심리적 · 행동적 특성을 고려하여 태아부터 노인에 이르기까지 평생교육과정으로 고안한 인성교육 프로그램이다.

성품은 이미 언급했듯이 문화의 영향력을 받게 마련이다. 한 나라의 역사적 배경, 의식주, 기호, 가치관들이 모여 한 나라의 국민 성품 곧 국민성을 만든다. 그러므로 성품의 특징 가운데 하나는 그 나라의 문화적 요소, 환경적 요소, 민족적 경험 요소에 의해 형성된다는 점이다. 가령 한국인이라면 한국의 역사, 특히 전쟁의 경험, 철학과 종교 등이 한국인의 국민성을 형성하는 데 크게 기여했다.

좋은나무성품학교는 결혼이주여성들을 대상으로 인성교육을 실시하고 있는데, 여기서 참가자들이 깨닫는 가장 중요하고도 근본적인 갈등요인 역시 다름 아닌 문화적 차이 때문이었다. 이로 말미암아 가족들 사이에서 오해가 깊어지고 다른 사람들과도 갈등을 겪게 된 것이다. 그리고 이 갈등을 봉합하는 길은 결국 성품교육이었는데, 참가자들은 12성품을 배움으로써 한국인을 이해하고 나아가 다문화가정의 갈등을 치유하는 길을 찾게 되었다.

마찬가지로 조선시대 이후 유교문화를 바탕으로 인의예지(仁義禮智)를 강조해 온 한국인들의 경우 한국인의 국민성 곧 한국인들이 갖고 있는 사고구조와 행동양식을 고려한 인성교육이 이뤄질 때 추상적인 교육에서 벗어나 생활 현장에서 실천할 수 있는 건강한 인성이 형성된다.

학교에서의 인성교육이 추상적인 지식 취득에만 머물게 된 또 하나의 이유는 인성교육의 근간을 이룰 뼈대 곧 일관적으로 체계화된 사상이 부재했기 때문이다. 실제로 하나의 사상에 근거하여 논리화되거나 학문적으로 정의되어 있지 않은 인성교육은 한계에 부딪히게 마련이다. 즉 깊이 있는 연구와 체계적인 교육과정이 미흡한 상태에서의 교육은 실제 생활에서 구체적으로 적용하거나 실천하기에는 많은 모순을 갖게 된다.

12성품교육은 이 같은 인성교육의 문제점들과 한계를 극복하고 교육현장에서 구체적으로 적용할 수 있도록, 공감인지능력(empathy)과 분별력(conscience)이라는 두 가지 기본 덕목과 이를 구체화한 열두 가지 주제성품을 대상과 연령에 맞게 체계적인 교육내용과 방법론으로 펼쳐냈다.

공감인지능력이란 "다른 사람의 기본적인 정서, 즉 고통과 기쁨, 아픔과 슬픔에 공감하는 능

제1장
제2장
제3장
제4장
제5장
제6장
제7장
＋
제8장
제9장
제10장
＋
제11장
제12장
＋
제13장

력으로 동정이 아닌 타인에 대한 이해를 바탕으로 하여 정서적 충격을 감소시켜 주는 능력"[21] 이다. 공감인지능력은 고통, 기쁨, 슬픔 등 타인의 기본적인 정서에 반응하는 능력이다. 그러므로 공감인지능력이란 곧 사랑이다. 양심을 가진 인간이야말로 핏줄을 넘어서는 사랑을 할 수 있으며, 이 사랑에 기초할 때만 비로소 공감인지능력이 나타난다. 인간에게만 있는 성품인 셈이다. 그리고 이 사랑에 기준을 두고 선과 악을 구별하는 능력이 분별력이다. 분별력이란 "인간의 기본적인 양심을 기초로 하여 선악을 구별하는 능력으로, 올바른 생활과 건강한 시민정신, 도덕적인 행동을 위한 토대가 되는 덕목"[22]이다. 동물의 세계에서는 힘 센 존재가 늘 이기지만 양심을 가진 인간은 분별력을 가지는 사람이 이긴다. 옳은 선택을 할 줄 아는 사람이 이기는 세상이 좋은 세상이다. 이것이 혼동될 때 세상도 혼란스러워진다. 악한 선택을 하는 사람이 승승장구한다면 옳은 선택을 하는 사람들이 좌절하게 마련이다. 분별력이라는 기본 덕목을 회복함으로써 우리는 비로소 좋은 세상을 만들 수 있게 된다. 교육을 통해 공감인지능력과 분별력을 갖춘 균형 잡힌 인성을 가진 사람들을 키워 낼 때 그 사회가 비로소 정의로울 수 있다.

이 두 덕목을 기둥으로 삼을 때 이 기둥에서 가지를 뻗어 가듯 다양한 가치관들이 이어진다. 공감인지능력을 통해서는 경청, 긍정적인 태도, 기쁨, 배려, 감사, 순종이라는 여섯 가지의 좋은 성품이 뻗어 가고, 분별력을 통해서는 인내, 책임감, 절제, 창의성, 정직, 지혜라는 여섯 가지 좋은 성품이 또 뻗어 나온다.

필자는 2005년 1월부터 이 열두 가지의 성품을 '이영숙 박사의 12성품교육론'으로 정리해 왔다. 12성품론은 행복한 가정·행복한 학교·행복한 사회 건설을 목표로 사단법인 한국성품협회와 좋은나무성품학교를 통해 전국의 1,000여 개 좋은나무성품학교 실천학교와 초·중·고 및 대학교에서 전 연령에 걸쳐 구체적인 인성교육 프로그램으로 실천되고 있다.

그동안의 교육 경험을 통해 인성교육의 출발 시점은 태아 이전, 곧 수정체 이전의 단계로 내려가야 한다는 사실을 확인했다. 여기서부터 기본적인 인성교육 곧 성품교육이 시작돼야 한다. 다시 말해서 부모의 성품이 곧 아이의 성품이 된다는 사실에 기초하여 부모의 성품교육부터 출발해야 한다. 이와 함께 성품교육 또한 각 연령별 성장단계에 따라 발달과업이 다르므로 각 단계의 정신적, 심리적, 행동적 특징을 고려하여 교육과정을 수립해야 한다.

좋은나무성품학교는 이런 원칙에 따라 '12성품교육'을 태아 성품교육과정, 영유아 성품놀이교육과정, 영유아 홈스쿨성품놀이교육과정, 유아 성품교육과정, 초등 성품교육과정, 청소년 성품교육과정, 청년 성품교육과정, 성인들을 위한 부모 성품교육과정, 초·중·고 교사들을 위한

---

21 이영숙 (2005). 부모·교사를 위한 성품교육 지도서—경청. 서울: 아름다운 열매.

22 이영숙. op.cit.

제1장
제2장
제3장
제4장
제5장
제6장
제7장
+
제8장
제9장
제10장
+
제11장
제12장
+
제13장

교원 성품직무연수, 직장인들을 위한 직장인 성품교육과정, 노인들을 위한 시니어 성품교육과정으로 확대해 왔다.

이로써 이영숙 박사의 12성품교육은 대상과 연령에 따른 평생교육과정으로 성품교육 대상의 범위를 넓히고, 국내외의 임상 사례연구를 통해 효과 검증을 마쳤다.

: 03. 12성품교육의 대상과 중요성

'이영숙 박사의 12성품교육'은 교육이 필요한 대상을 명확히 구분한다. 12성품교육의 교육 대상을 한국인으로 규정할 때, 그 범주는 다음과 같이 세분화된다.

첫째, 한국의 국적을 소유하고 한국의 영토 내에 살고 있는 사람들을 말한다.

둘째, 한국 사람으로 태어나 한국 내에서 자라다가 외국으로 나가 살고 있는 모든 재외 한국인들을 말한다.

셋째, 북한에서 살고 있는 북한 동포들을 포함한다. 12성품교육은 그동안 분단된 현실로 인해 문화적 통일감이 없었던 한민족의 문제들을 포괄하여, 근본적으로 한 인간으로서의 행복한 성품을 나눌 수 있게 한다.

넷째, 제3국에서 한국으로 이주하여 한국문화 속에서 한국 사람들과 함께 거주하는 다문화권의 모든 사람을 의미한다.

다섯째, 한국인의 정신적 · 심리적 · 행동적 특징을 내면화하고 있는 모든 나라의 사람들을 포함한다. 한국인으로 구분하는 법적 기준에 해당하지는 않지만 한국인의 정신적 · 심리적 · 행동적 특징을 갖고 있는 사람들이 여기에 포함된다. 즉 거절당한 경험으로 인해 자신의 생각 · 감정 · 행동을 잘 표현하지 못하는 사람들, 성품의 문제로 인간관계의 어려움을 겪는 사람들, 자신의 내면을 언어로 표현하는 데 익숙하지 않은 사람들, 정의감이 강하면서도 화를 잘 내고, 문제가 생기면 샤머니즘적 해결방식을 채용하는 사람들이 그들인데, 12성품교육은 이들에게 좋은 인성교육의 효과를 가져올 수 있다.

앞에서 언급한 우리 사회의 다양한 문제점들은 사회적인 문제이자 학교의 문제이고, 학교의 문제는 결국 가정의 문제이다. 그리고 더 세분해서 들어가면 개개인의 인성에 대한 문제이다. 그러므로 문제 해결의 출발점은 개인의 인성에 달렸다. 개인의 인성을 디딤돌 삼아 그 개인이 구성원으로 참여하는 사회 각 단위들의 변화를 기대할 수 있기 때문이다.

여기서 우리는 학부모 교육의 중요성을 발견한다. 가정에서 자녀의 인성에 직접적으로 관여하는 지도자가 부모이기 때문이다. 실제로 부모의 인성이 자녀의 인성에 막대한 영향력을 끼친다. 이런 점에서 우리는 부모의 인성을 교육하는 일에 우선순위를 두어야 한다. 그동안 좋은나무성품학교의 성품교육 프로그램이 부모교육을 무엇보다 중요하게 여겨 온 까닭도 여기에 있다. 부모들은 교육을 받고 난 뒤 '아, 성품교육은 바로 나의 성품을 좋은 성품으로 바꾸는 데서 시작하는구나' 하는 자각에 이른다. 이 말은 곧 학교에서 문제가 발생했을 경우 학부모들은 그 해결의 상당 부분을 부모들의 성품에서 찾아야 한다는 의미이며, 이렇게 문제를 끌어안음으로써 해결의 열쇠를 찾게 된다.

이런 점에서 우리 인성교육이 미흡했던 부분을 찾아보면 다음과 같다.

첫째, 체계적인 인성교육과정이 아니라 추상적 수준에 머물렀다.

둘째, 생각, 감정, 행동 등이 균형 있게 자라는 데 목표를 두었다기보다 단지 인성교육이라면 '착한 아이' 또는 '참는 아이' 만들기식으로 오해함으로써 다양한 개성을 지닌 인물을 요청하는 현대 교육의 수요를 만족시킬 수 없었고, 인성교육에 대한 불안감까지 가져온 점을 지적할 수 있다.

좋은 성품 곧 좋은 인성은 마치 국제적인 언어와 같아서 글로벌화한 세상에서는 그 자체로 큰 능력을 발휘한다. 좋은 성품은 또 학습을 위한 동기를 유발함으로써 학업성적 향상에도 영향을 미치며, 좋은 성품의 리더십은 지식 습득에만 치우친 스펙과 달리 구체적인 현실에서 실천능력으로 나타난다. 그러므로 성품교육을 통해 개인의 인성을 좋은 성품으로 키우는 일은 한 사회의 건강은 물론 국가의 미래가 달려 있는 일이다.

마르틴 루터는 한 나라의 국력을 이야기할 때 정치력, 경제력, 군사력에 더하여 성품 좋은 국민이 얼마나 있느냐를 보아야 한다고 했다. 한 나라의 붕괴는 국민의 성품이 붕괴된 데 따른 결과인 셈이다. 새뮤얼 스마일즈는 인격론에서 세상을 움직이는 가장 강력하고 중요한 동력은 인격이라고 했다. 그리고 한 인생이 성공으로 가는 데 꼭 필요한 동력 역시 인격 곧 성품이다. 이런 측면에서 성품교육은 한 국가의 미래이며, 개인의 경쟁력을 결정하는 핵심요소인 셈이다.

성품 빛내기

: 학교 인성교육의 좋은 대안, 12성품교육

서울의 한 중학교 선생님은 학생시절에 모범생으로만 자랐으므로 말썽쟁이들을 이해하는 일이 처음부터 힘들었다고 고백했다. 아이들이 이해가 되지 않았고, 안타깝게도 해가 지날수록 아이들을 가르치는 것이 점점 힘들어졌다. 인성교육이 중요하겠다 싶어 관련 자료들을 찾았으나 의외로 많지 않다는 사실을 발견하고 놀랐는데, 그러다가 사단법인 한국성품협회가 마련한 교원 성품직무연수와 성품전문지도자과정까지 이수하고 학교에서 '기쁨'을 주제로 청소년 성품리더십교육을 시작했다고 한다. 이 선생님은 성품을 가르치면서 무엇보다 선생님들의 일관성 있는 행동이 얼마나 중요한지를 깨달았는데, 청소년 성품리더십교육 덕분에 교사로서의 모습을 돌아보게 되었고 아이들을 바라보는 시선도 바뀌었다고 말했다. 아이들이 왜 분노하는지 귀 기울이고 공감해 주는 경청의 태도를 보여 주자, 아이들이 선생님의 말을 의미 있게 듣기 시작했다고 한다. 청소년 성품리더십교육이 선생님에게 인성교육의 대안이 되어 준 셈이다.[23]

성품 다듬기

: '한국사회에서의 인성교육'

- 유교문화를 바탕으로 인의예지를 강조한 한국사회는 인성, 성품, 가치에 대한 교육의 필요성을 절감하고 학교에서 도덕교육을 비롯한 다양한 인성교육을 시행해 왔다.
- 그동안의 인성교육은 한국인의 특징이나 문화적, 심리적 요소를 간과해 옴에 따라 실제적으로 한국인의 삶에는 영향을 끼치지 못하고 추상적인 수준에 머물 수밖에 없었다.

: '이영숙 박사의 12성품교육'은

- 이영숙 박사가 2005년에 고안한 인성교육으로, '성품'이라는 단어를 최초로 교육에 접목시키고, 문화와 인간의 정신적 · 심리적 · 행동적 특성을 고려하여 태아부터 노인에 이르기까지 평생교육과정으로 고안한 인성교육 프로그램이다.
- 한국인의 정신적 · 심리적 · 행동적 특징을 내면화하고 있는 사람들을 주요 대상으로 인성교육을 실시한다.

: '인성교육의 실천'

- 국가의 미래이자 개인 경쟁력의 핵심이며 리더십의 핵심인 성품교육을 지금 시작해 보자.

23 이영숙 (2014). 한국형 12성품교육론. 서울: 좋은나무성품학교, 279.

제1장
제2장
제3장
제4장
제5장
제6장
제7장
＋
제8장
제9장
제10장
＋
제11장
제12장
＋
제13장

제 **2** 장

제**1**장
제**2**장
제**3**장
제**4**장
제**5**장
제**6**장
제**7**장
＋
제**8**장
제**9**장
제**10**장
＋
제**11**장
제**12**장
＋
제**13**장

성품 특성에 따른 인성문제

05강 관계주의 문화 영향을 받은 성품

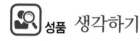
성품 생각하기

: 자아정체감이 취약한 이유는 무엇일까?

자아정체감이 취약한 사람들은 실직이나 이혼 등으로 주변 환경이 급격히 변하면 그 상황에 유연하게 대처하지 못하고, 과도한 음주나 자살과 같은 비합리적 선택을 하기 쉬운 특징이 있다고한다. 그런데 우리나라 사람들은 유독 이 자아정체감이 취약하다는 조사 결과가 있다.

삼성사회정신건강연구소가 2005년부터 한국인 성인남녀 199명을 심층 면담해 분석한 결과, 4명 중 3명이 자아정체감이 취약한 '정체성 폐쇄 지위'로 진단됐다. 연합뉴스가 2009년 10월 8일에 보도한 기사를 보면 한국인들은 안정지향적이며 현실순응형이지만 위기에 약한 '폐쇄군'이 74.4%로 가장 많고, 그다음은 능동적-진취적 개척자형인 '성취군'이 12.6%, 다음은 수동적-무기력한 방관자형인 '혼미군'이 10.6%, 고민이 많은 대기만성형인 '유예군'이 2.5% 순으로 나타났다. 자아정체감의 발달 수준을 연령대에 따라 비교해 보면 나이가 많을수록 폐쇄군이 많아지고 나이가 젊을수록 혼미군이 증가했다. 이는 곧 나이가 들어감에 따라 헌신도는 높아지지만 탐색은 줄어들고, 또 젊을수록 자아정체감이 덜 정립됐기 때문으로 분석됐다.

이 연구소는 이런 데이터를 기반으로 OECD 자살률 1위, 양주 소비율 1위와 같은 사회의 병리적 현상들이 자아정체감과 관련이 있으며, 자아정체감이 이처럼 취약하게 된 까닭은 1960~70년대 한국사회의 급속한 발전 과정에서 집단의 목표가 강조되고, 개인의 희생이 요구되면서 자아정체감 발달이 성숙되지 못한 게 하나의 원인이라고 진단했다.[1]

---

1 연합뉴스. 2009. "한국인 74% '자아정체감' 취약". 10월 8일.
http://news.naver.com/main/hotissue/read.nhn?mid=hot&sid1=103&cid=3118&iid=142652&oid=001&aid=0002905458&ptype=021

성품 꿈꾸기

1. 서구의 개인주의 문화권과 동양의 관계주의 문화권의 특징을 설명할 수 있다.
2. 문화에 따른 인지, 정서의 차이를 설명할 수 있다.
3. 동양의 문화와 성품 특징을 설명할 수 있다.

성품 빚기

: 01. 서구의 개인주의 문화권과 동양의 관계주의 문화권

인성교육은 좋은 가치, 즉 옳고, 선하고, 행복한 가치를 교육하는 데서부터 시작한다. 이슬람 원리주의자들의 가치는 이런 기준에서 벗어나는데, 적어도 인간을 적대시하고 살해하면서 자신의 가치를 옹호하는 것은 결코 옳지도, 선하지도, 행복하지도 않다. 좋은 가치를 교육받은 사람은 그 가치로써 다른 사람들까지 행복하게 해 주어야 한다. 나의 생각, 감정, 행동을 변화시켜 누군가를 행복하게 해 주는 것이 성품교육의 목표라는 사실은 이미 강조한 바 있다.

우리 시대는 인터넷을 비롯 통신혁명이 일어나 지역적 · 문화적으로 떨어져 있어도 그 영향력이 고스란히 전달되는, 지금껏 한 번도 경험하지 못한 시대이다. 이런 점에서 인성교육의 중요성은 아무리 강조해도 지나치지 않다. 엄밀히 말해 지구 저편에서 전쟁이 일어나고 있다면 이편도 전쟁상황이나 다름없다. 실제로 폭력적인 이슬람 원리주의자 단체가 한국인 청소년을 SNS를 통해 포섭하는 사건이 버젓이 일어났다. 문제는 이 청소년이 우리 사회에서 동질감을 느끼지 못하고 자의든 타의든 격리된 채 생활했다는 점이다. 그만큼 인성교육은 절박하고 시급하다.

이영숙 박사의 12성품교육은 문화를 기반으로 한 성품교육이다. 동양문화와 서구문화가 다른 것은 말할 것도 없고, 동양문화 안에서도 중국과 일본에 비해 한국의 문화는 독특하다. 따라서 한국문화와 한국인의 정신적 · 심리적 · 행동적 특징에는 어떤 것들이 있는지, 문화의 특징과 이에 따른 한국인의 성품에 대해 조명함으로써 12성품교육이 가능해진다.

호프스테드[2]와 트라이안디스[3] 등이 제안한 집단주의와 개인주의 문화의 분류체계에 의해 서구문화는 개인주의 문화권으로, 동양은 관계주의 문화권으로 구분된다.[4] 실제로 동양문화권에

---

2 Hofstede, G. (1991). Cultures and Organizations : Software of the mind. London : McGraw-Hill. 나은영, 차재호 역. 세계의 문화와 조직. 서울: 학지사.

3 Triandis, H. C. (1989). The self and social behavior in differing cultural contexts. Psychological Review, 96, 506-520.

속한 한국인의 성품은 관계주의 문화와 깊은 연관을 갖는다.

개인주의 문화권에서 개인은 자기만족을 목표로 개인의 노력에 의한 목표성취를 지향한다. 이때의 개인은 전체보다 앞서 존재하는 개체이다. 전체인 사회는 개체의 목적을 실현하기 위해 계약의 형태로 구성 또는 해체된다. 서구의 이러한 개인주의 문화에서는 개체중심적 관점에서 개체를 개별자(個別子)로, 전체를 합체(合體)로 규정하기 때문에 서구의 관점을 '개별자-합체의 구조'라고도 한다.[5] 다시 말해 합체로서의 사회는 개별자인 개인의 합(合) 그 이상을 의미하지 않고, 서구의 개인주의 문화 속에서는 개인이 전체보다 중요하므로 전체를 위해 개인이 희생하는 것을 꺼리는 경향을 보인다. 또한 서구에서의 개인은 자유의지에 따라 합리적 사고를 통해 선택하고 행동하는 주체로 인식되므로 개인의 자유로운 정서표출을 중시한다.

반면 관계주의 문화권에서는 전체중심의 관점에서 개인을 사회에 소속된 개체로 인식한다. 즉 개체를 소속자(所屬子)로, 전체를 통체(統體)로 규정하여 '통체-소속자의 구조'를 가진다고 본다. 이러한 구조에서 개체는 통체의 분신이기 때문에 통체는 개체와 동등한 지위를 갖는다.[6] 관계주의 문화권에서는 개인을 사회적인 존재이자 다양한 관계 맺음 안에서 존재하는 구체적인 관계자로 봄으로써 개인보다 사회를 우선시하는 경향이 강하다.[7]

세계가 글로벌화되면서 이러한 문화적 차이가 개인은 물론 사회 전체적으로도 민감하게 영향을 끼치게 마련이다. 가령 서구 국가에서 생활하다 우리나라에 복귀한 사람들의 경우 동양, 특히 우리나라의 관계주의 문화가 가져다주는 스트레스로 고통을 받는 사례가 많다. 무엇이든 '나만 잘하면 된다'고 생각하던 것이 우리 사회에서는 '관계까지 좋아야 한다'고 억누르기 때문이다. 뿐만 아니라 우리 사회에서는 개인의 욕구와 사회적 욕구가 공감될 때 비로소 성취감도 높게 나타난다. 다시 말해서 개인은 사회적 존재이며, 다양한 관계 맺기를 통해 그 관계 안에서 개인이 존재한다.

구체적으로 관계문화가 형성되어 가는 모습을 보면, 태어나면서부터 부모-자녀관계가 형성되고, 성장하면서 형제관계가 만들어지고, 나아가 지역·학교 등이 관계를 형성하여 지연·학연 등의 형태로 발전한다. 지연이 직장에서의 승진은 물론이고 결혼에까지 영향을 끼친다. 그만큼 관계문화는 우리 사회 구석구석에서 뿌리를 내리고 있고, 영향을 미치고 있다.

그러므로 이런 문화 속에서 인성교육을 한다는 것은 한국이라는 국가가 가진 문화를 이해하

4   Miller, J. G. (2002). Bringing culture to basic psychological theory-Beyond individualism and collectivism : Comment to Oyserman et al. (2002). Psychological Bulletin, 128, 97-109. : Oyserman, D., Coon, H. M., & Kemmelmeier, M. (2002). Rethinking individualism and collectivism : Evaluation of theoretical assumptions and meta-analyses. Psychological Bulletin, 128, 3-72. 재인용.
5   최봉영 (1998). '사회' 개념에 전제된 개체와 전체의 관계와 유형. 사회사상과 문화, 1, 79-104.
6   최봉영. op.cit.
7   이승환 (1999). 유가 사상의 사회철학적 재조명. 서울: 고려대학교 출판부.

제1장
제2장
제3장
제4장
제5장
제6장
제7장
+
제8장
제9장
제10장
+
제11장
제12장
+
제13장

지 않고는 불가능한 셈이다. '왕따'라는 현상이 나타나는 것 또한 동양문화가 가진 관계주의에서 비롯된다고 볼 수 있다.

02. 문화에 따른 인지와 정서의 차이

문화는 개인의 행동을 구성하는 기본적인 단위인 인지와 정서에 영향을 미친다.

문화에 따라 '생각하는 방식'이 다를 수 있다는 사실은, 인지과정 자체가 문화적 산물이라는 가설을 검증한 연구[8]를 통해 알 수 있다. 즉 문화가 개인의 인지작용 곧 생각하는 방식에 영향을 미친다는 말이다. 성품은 생각, 감정, 행동을 포함한다고 말했는데, 문화는 생각에 특히 영향을 끼친다. 가령 '남자는 평생에 세 번 울면 돼'라거나, '남자는 말이 많으면 못써'라고 가르치는 문화 속에서 자란 남자들은 결혼 후에도 자연스럽게 자신의 감정을 숨기게 되고, 이것이 부부생활은 물론 자녀교육에도 영향을 미치게 된다. 따라서 이런 성품들을 인지하고 교육함으로써 관계를 회복하는 프로그램이 필요하다. 서구교육의 한계점이 바로 여기에 있기 때문이다.

가령 한국의 아이들이 조기유학을 갔을 때 보이는 공통적인 현상 하나가 선생님과 눈을 잘 마주치지 못한다는 점이다. 한국에서는 어른이 말할 때 눈을 내리깔아야 한다고 배웠고, 어른들의 대화에 참견하면 버릇없는 아이라고 배웠기 때문이다. 실제로 한국의 많은 아이들이 이런 상처를 안고 있다. 문제는 서구에서 이런 행동은 자칫 선생님의 말을 존중하지 않는 태도로 오해를 받는다는 점이다. 선생님이 이야기할 때 눈도 쳐다보지 않고 반응도 없으니 무시하는 모습으로 비치는 것이다. 이런 태도가 왕따를 조장하기도 한다.

이런 아이들에게는 경청의 성품을 가르쳐야 한다. 경청이란 '상대방의 말과 행동을 잘 집중하여 들어 상대방이 얼마나 소중한지 인정해 주는 것'(좋은나무성품학교 정의)이라고 가르쳐 주는 것이다. 이런 점에서 성품교육은 다양한 문화를 뛰어넘어 공통의 가치를 형성해 주는 일이기도 하다. 경청의 성품은 '당신이 소중하므로 당신의 말을 집중하여 듣습니다'라는 의미를 갖게 하여 '아, 이 사람이 나를 소중하게 생각하는구나' 하고 생각하도록 함으로써 문화 차이를 극복하게 한다. 결국 문화적인 산물이 생각에 영향을 끼치고, 그것이 감정이 되고, 나중에는 행동으로 나타난다.

정리하면, 서구문화와 동양문화는 사물에 접근하는 방식이 다르므로 문제의 해결방식도 달라진다. 그렇게 오랜 세월이 흐르면 서로 다른 문화가 되어 서로 다른 성품을 만들게 된다.

서구의 경우 사물에 접근할 때 요소별로 분석하는 관점을 취한다. 반면 동양문화에서는 총

---

8   Peng, K., & Nisbett, R. E. (1999). Culture, dialectics, and reasoning about contradiction. American Psychologist, 54, 741-754. 재인용.

체적인 모양과 관계에 더 초점을 맞춘다. 서구문화가 형식논리를 따라 사고하는 편인 데 비해, 동양문화는 구체적인 사례를 중심으로 사고를 한다. 문제해결 방식에서도 서구문화는 두 가지 중 하나를 선택하는 선형적 해결을 선호하고, 동양문화는 두 가지 모두를 포함하는 변증법적 사고과정을 거쳐 문제해결에 이른다.[9]

문화에 따른 인지의 차이를 정리하면 다음 〈표 1〉과 같다.

< 표 1 문화에 따른 인지의 차이

구분	서양문화	동양문화
사물 접근 방식	요소론적 인식(요소 분석)	속성론적 인식(총체적 모양과 관계)
사고방식	형식논리	사례중심
문제해결 방식	선형적 해결	변증법적 사고를 통한 해결

문화는 또 개인의 정서 곧 감정에도 영향을 미친다. 장성숙은 "문화에 따른 자기의 해석체계에 따라 정서의 체험조건, 체험되는 정서의 종류, 빈도 및 강도 등이 달라진다"[10]고 설명하고 정서를 '사회적 구성물'이라고 정의한다.

결국 서구문화는 낭만주의 사조의 영향을 받아 정서를 '진실한 내면의 발현'으로 간주하며 자유로운 정서표출을 중시하는 데 반해, 동양문화는 관계를 도모하는 정서가 발달되어 개인의 성취감이나 만족감보다는 인간관계에서 얻는 만족을 통해 긍정적인 정서를 경험한다.[11]

가령 부부관계나 부모-자녀관계가 원만하면 행복감도 그만큼 커지지만 반대로 이 중 하나만 깨지더라도 수치심을 느끼거나 좌절감을 맛보기 십상이다. 이런 감정을 우리는 서구인들에 비해 훨씬 자주 갖고 정도도 심하다. 이럴 경우 다른 사람들로부터 인정을 받을 때 비로소 회복되므로 자녀교육에서 칭찬의 기능은 서구사회에서보다 훨씬 강력해서 인성교육에 꼭 필요한 프로그램이 되게 마련이다. 또 개인의 정서표출을 극단적으로 억제하는 문화이다 보니 부작용이 나타나는데, 갑작스런 분노 표출이 그 대표적인 현상이다. 누르고 누르다가 갑자기 분노가 폭발함으로써 자칫 반사회적 문제들을 유발할 수도 있다.

---

9 장성숙 (2004). 한국문화에서 상담자의 초점 : '개인중심' 또는 '역할중심'. 한국심리학회지 : 사회 및 성격. 18(3), 15-27.

10 장성숙. op.cit.

11 Markus, H. R., & Kitayama, S. (1991). Culture and the Self : Implication for cognition and emotion and motivation. Psychological Review, 98(2), 224-253. 재인용.

: 03. 동양문화와 성품

동양문화권에 속하는 우리나라의 경우 관계주의 문화가 깊숙이 뿌리 내려 있다. 이 때문에 우리 사회에서는 개인의 자유보다 공동체의 이익과 사회적 관계에서 얻는 정서적 만족에 더 큰 가치를 두고 문제를 인식하는 편이다. 이에 따라 감정을 표출할 때도 사회적 관계와 타인의 평가에 반하는 정서표출을 가능하면 억제하는 경향이 크다.

일반적으로 서구인들의 경우 정서표현에 있어 동양인들에 비해 자유로운 편이다. 개인의 생각과 감정, 행동을 거리낌 없이 표현하는 것을 중요시하기 때문이다. 그러나 우리나라에서는 개인의 정서 또는 감정 표현을 억제하는 것이 미덕으로 받아들여지고, 이런 양식이 익숙하게 훈련되지 않았을 경우 부적절한 표현을 하기 쉬워서 부정적인 결과를 가져오기도 한다.

문화의 차이를 정리하면 다음 〈표 2〉와 같다.

◁ 표 2 문화권에 따른 차이

구분	서양문화	한국문화
문화권	개인주의 문화권	관계주의 문화권
사고방식	전체보다 개인을 중요하게 생각함	개인보다 전체를 중요하게 생각함
개인의 정서표출	자유로움	억제함

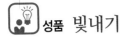 **성품 빛내기**

깨질 뻔한 우리 가정, 성품교육으로 회복되다

깨질 뻔했던 가정이 인성교육으로 회복된 사례가 있다. 우리는 대개 인성교육은 학교에서 할 일로 치부하지만 실은 부모를 통한 인성교육이 더 중요하다. 그래서 부모를 위한 인성교육 프로그램이 있는데, 성품이노베이션, 성품대화학교, 성품훈계학교, 파파스쿨 등이 바로 그런 프로그램이다. 지금 소개할 사례는 '학부모 인성교육-성품이노베이션'을 수강한 어느 어머니의 이야기이다. 이분은 남편 얼굴을 보면 화가 나서 언성이 높아졌다고 한다. 남편 때문에 결혼생활이 너무 어렵다고 생각했던 것이다. 그러면서 결국 어떻게 하면 이 암담한 결혼생활을 끝낼까 고민 중이었으니 그야말로 아슬아슬한 상태였다. 그런데 우리가 기억해야 할 것은 엄마 아빠의 성품에 문제가 생기면 자녀들의 인성에도 문제가 생긴다는 사실이다. 그때 마침 학교에서 학부모들을 위해 인성교육 프로그램을 개설했는데 이 어머니가 수강을 신청했다. 6주 프로그램인데 수업을 진행하는 동안 이 어머니가 많은 깨달음을 얻었다. 특히 결혼생활에 대한 문제를 모두 남편 탓이라 생각했는데, 오히려 자신의 성품이 부족했음을 깨닫게 된 것이다. 그렇게 생각하기 시작하니 비로소 가정의 문제들이 하나둘 풀리기 시작했다. 이어서 '학부모 인성교육 -성품대화법'을 통해 대화하는 법을 하나씩 연습하고 나니 그동안 화만 내고 언성만 높인 게 결국 대화를 포기한 것이란 걸 알게 됐다. 그런데 배운 대로 해 보니 기적이 일어났다. 자녀와 도 친밀한 대화가 되고, 남편과 아주 좋은 관계를 유지하게 된 것이다. 그 이야기를 수강 사례 로 써 보내왔다. 깨질 뻔했던 위기의 가정이 성품교육을 통해 해결되었다고 말이다. 그래서 인 성교육이야말로 지금 우리 시대 교육의 키워드라고 자신 있게 말할 수 있는 것이다.[12]

😊성품 다듬기

: '서양문화 대 동양문화'

- 서구의 개인주의 문화권은 개인의 자유로운 정서표출을 중요시하고, 동양의 관계주의 문화 권은 개인보다 사회를 우선시하는 경향이 나타난다.
- 서양문화에서는 사물을 요소별로 분석하는 관점을 취하는 반면, 동양문화에서는 총체적인 모양과 관계에 더 초점을 맞춘다.
- 서양문화에서는 개인의 정서표출을 자연스럽게 받아들이는 반면, 동양문화에서는 인간관계 에서 얻는 만족감을 중시하는 경향이 있다.

: 동양문화의 대표적 국가인 한국은

관계주의 문화의 영향으로 감정표현을 억제하거나 정서표현에 있어 자유롭지 않은 경향을 나 타내므로 감정과 정서의 적극적 표현을 통해 좋은 인성을 키워 나가 보도록 하자.

06강 유교문화 영향을 받은 성품

성품 생각하기

: 유교문화에서 비롯된 경제발전

미국 시라큐스대 한반도문제연구소 한종우 교수가 한국의 권력과 장소, 국가-사회관계(*Power, Place and State-Society Relations in Korea*)라는 저서에서 "한국의 경제발전과 민주화의 동시 달성을 우리 전통사상인 유교적 관점에서 새롭게 접근할 필요가 있다"고 밝혔다.

아시아경제 2013년 11월 26일 자 기사에 따르면 한 교수는 기존의 한국 발전사 연구가 서양 시각으로 해석되거나 근대화나 종속이론으로 설명하려는 학문적 사대주의 경향을 보였다면서 "그동안 학자들은 경제개발 5개년 계획을 영웅적 지도력의 결과라거나 군사독재 정권의 정통성 확보를 위한 비민주적 행태로 치부했다. 그러나 조선시대 유교전통에 입각한 '강한 국가론'과 중앙집권적 관료제의 전통이 한국인들의 뇌리에 강하게 자리 잡았고 이것이 경제개발 정책을 성공적으로 수행할 수 있게 한 동력이었다"고 주장했다.

이와 함께 민주화를 달성한 배경에 대해서도 유교문화의 영향 덕분이라고 설명했다. 그는 조선시대의 성균관 유생과 사림들이 시민사회의 원형이며, 조선시대 훈구대신 중심의 통치엘리트 그룹이 일제를 거치며 미약했던 시민사회의 저항세력과 결합하여 강력한 민족주의적 저항세력을 형성해 냈고 이것이 독재정권 시절 시민사회 저항세력으로 발전했다고 분석했다.[13]

성품 꿈꾸기

1. 조화와 질서를 중시하는 문화적 특징을 파악할 수 있다.
2. 관계에 근거하여 도덕성을 판단하는 문화적 특징을 파악할 수 있다.
3. 위계적 구조에 따른 예(禮)를 중시하는 문화적 특징을 파악할 수 있다.

성품 빚기

동양문화 특히 오늘날 한국의 관계주의 문화를 형성하는 데 가장 큰 영향을 준 것은 조선시대

---

13 아시아경제, 2013. "한국, '경제발전-민주화' 동시달성은 유교전통 덕", 11월 26일.
http://view.asiae.co.kr/news/view.htm?idxno=2013112607405705373

의 유교사상이다.

안중근 의사의 어머니는 자식이 독립운동을 하다 감옥에서 사형수가 되었을 때 "네가 어미보다 앞서간다고 슬퍼하지 마라. 나는 네가 자랑스럽다. 너는 의로운 일을 했다"고 격려했다고 한다. 개인의 어떤 영광보다 국가와 사회를 위해 의롭게 사는 것을 더 가치 있게 여긴 것이다. 개인을 희생하여 가족과 국가를 구하려는 사상 밑바닥에는 유가의 가르침이 배어 있다.

유교문화는 조화와 질서를 추구하는데 한국인의 체면문화는 여기서 비롯되었다고 볼 수 있다. 다른 사람의 관심이 무엇인지 귀 기울이고, 배려를 중요하게 여기는 것도 유교의 영향이라 볼 수 있다. 한국인의 성품은 다분히 유교문화의 영향력 안에 놓여 있는 셈이다. 물론 유교문화가 잘못이라거나, 한국인의 성품을 부정적으로만 볼 필요는 없다. 단지 그 특징을 발견하고 이해하는 것이 오늘날 우리 사회가 요청하는 성품을 정립하고 교육하는 데 유익하다는 것이다.

유교문화의 영향을 받은 성품은 다음과 같은 특징으로 나타난다.

: 01. 조화와 질서를 중시하는 성품

한국인들 또한 조화와 질서를 중시하는 경향이 있다. 개인은 희생하더라도 가족과 사회를 살리는 희생정신이 강한 것이 문화 속에 면면히 나타난다. 유교문화는 기본적으로 조화와 질서를 추구하기 때문에 다른 사람에 대한 관심이나 배려를 중시하고, 개인적인 이익보다는 사회와 공동체에 헌신함으로써 전체의 유익을 추구한다.

: 02. 관계에서 찾는 도덕성

한국인들은 또한 도덕성의 근거를 인간관계에서 찾는다. 유교문화에서는 개인이 아무리 뛰어나고 선량하더라도 인간관계가 좋지 않으면 '나쁜' 사람으로 인식된다. 한국인들은 그만큼 인간관계를 매우 중시하는 문화 속에 살고 있다. 가령 우리 청소년들 사이에는 왕따를 당하는 친구가 인격적으로 모독을 받더라도 그것을 당연하게 여기는 태도가 팽배하다. "저 친구는 왕따라서 저런 대접을 받아도 돼"라고 거리낌 없이 말하는 모습을 볼 수 있다. 여기에는 왕따를 당하는 친구를 가여워하기보다 '오죽하면 왕따를 당할까' 하는 잘못된 생각이 깔려 있는 셈이다.

실제 왕따를 당하다가 자살까지 시도한 딸을 둔 엄마와 상담하면서 이런 사례를 접한 적이 있다. 이 아이는 초등학교 1학년 때부터 왕따를 당했다고 한다. 처음에는 "친구들이 너를 따돌려도 가족이 있으니까 안심해"라며 딸을 지지하고 격려했다. 그런데 중학교에 들어가서도 왕따를 당하니까 엄마가 "너에게 문제가 있으니까 왕따를 당하지 가만 있는데 친구들이 왕따를 시키겠니?" 하고 말했다.

우리는 실제로 이 아이의 엄마처럼 잘못 생각하거나 말하는 경향이 많다. 왜냐하면 우리 스스로 인간관계라는 기준을 매우 중요하게 생각하기 때문이다. 그러다 보니 인간관계가 좋으면 성품이 좋은 사람이고, 인간관계가 나쁘면 성품이 나쁜 사람으로 착각하는 현상이 일어난다. 엄마로부터 이 말을 들은 딸이 그날 밤에 자살을 시도했고 다행히 일찍 발견하여 목숨을 건졌으나 엄마로서는 평생 후회할 말을 해 버린 셈이었다. 그 일을 겪고 나서야 딸의 엄마는 비로소 '내 딸이 죽을 만큼 괴로웠구나. 엄마조차 딸의 고통을 몰랐구나' 하는 사실을 깨달았다.

이처럼 우리 안에는 도덕성의 근거를 인간관계에서 찾는 유교문화의 영향력이 그대로 배어 있고, 관계중심의 문화에서 학문과 종교는 관계의 본질을 밝혀 선으로 실천하는 것을 가장 중요하게 여긴다. 따라서 관계의 완전한 실현을 지극히 자연적인 상태로 간주할 뿐만 아니라[14], 이를 이루기 위한 덕의 실현은 '배워서 익혀야 하는 것'이라는 신념을 바탕으로 개인의 활동을 강조하게 된다.[15]

03. 예의를 중시하는 인간관계

한국인들은 위계적 구조에 따른 예의를 중시한다. 여기에는 이른바 삼강오륜(三綱五倫)이라는 유교의 가르침이 배어 있다. 여기서 삼강이란 신하와 임금, 아들과 아버지, 아내와 남편 사이의 관계를 규정하는 덕으로 곧 군위신강(君爲臣綱), 부위자강(父爲子綱), 부위부강(夫爲婦綱)을 말한다. 또 오륜이란 어버이와 자식, 임금과 신하, 부부, 어른과 아이, 친구 간의 덕목인데, 어버이와 자식 사이에는 친함이 있어야 한다는 부자유친(父子有親), 임금과 신하 사이에는 의로움이 있어야 한다는 군신유의(君臣有義), 부부 사이에는 구별이 있어야 한다는 부부유별(夫婦有別), 어른과 아이 사이에는 차례와 질서가 있어야 한다는 장유유서(長幼有序), 친구 사이에는 믿음이 있어야 한다는 붕우유신(朋友有信) 등이 그것이다.

이러한 삼강오륜의 예의범절을 바탕으로 한국인의 성품이 발달해 왔다. 특히 삼강의 가르침은 윗사람이 아랫사람을 대하는 예의범절이라기보다 아랫사람이 윗사람에게 어떻게 예의범절을 지켜야 하는지를 가르쳐 준다. 여기서 한국인들의 특징적인 행동양식 하나가 비롯되는데, 그것은 아랫사람이 윗사람에게 잘해야 살아남는다는 사실이다. 가정, 직장, 학교에서 이것은 매우 중요한 지침이 되어 있다. 그런데 문제는 윗사람이 아랫사람을 어떻게 대해야 하는지를 배워 본 적이 없다는 것이다. 그래서 부모가 되면 당장 자식들에게 어떻게 해야 하는지를 몰라 허둥대는 부모들이 많다.

14　최봉영 (1998). '사회' 개념에 전제된 개체와 전체의 관계와 유형. 사회사상과 문화, 1, 79-104.

15　홍경완 (2009). 사회적 고난체험으로서의 한. 신학과 철학, 15, 119-145.

제1장
2장
제3장
제4장
제5장
제6장
제7장
✚
제8장
제9장
제10장
✚
제11장
제12장
✚
제13장

유교문화는 관계에서 신분과 지위에 따른 위계적 구조를 전제하고, 관계의 완전한 실현을 추구하기 위해 덕목을 실천하도록 강조한다. 특히 유교의 덕목은 위에서 본 것처럼 아랫사람이 윗사람을 대할 때 갖춰야 하는 마음가짐과 예의에 초점이 맞춰져 있기 때문에, 유교문화의 영향을 받은 한국인들은 어른이나 상전을 대할 때의 언어가 훨씬 더 강화된 성품의 특징이 있다. 신하가 임금에게 문안드리고 간언하고 자녀가 부모에게 인사하는 등의 언어는 발달했지만, 평상시 만나는 사람에 대한 언어적 표현이나, 윗사람이 아랫사람을 대할 때 사용하는 언어는 자연스럽지 않다. 일례로 일상의 대화에서 수평적 언어의 요소들이 결핍돼 있어, 현대에는 엘리베이터를 타도 이웃 사람들과 인사하지 못하는 경우가 많다. 실제로 오륜을 보면 곧 어버이와 자식, 임금과 신하, 남편과 아내, 어른과 아이, 심지어 친구 사이에서조차 친밀감을 강조하기보다 위계질서를 강조하는 성격이 강하게 나타난다.

게다가 유교에서 추구하는 덕의 본래 의미는 인간관계에서의 구체적인 '감정'을 포함하고 있음에도 제도화의 과정 속에서 단지 도덕적 의무로 치환되어 버린 측면도 크다.[16] 이에 따라 일상적인 언어보다는 위계적인 관계에서 의무적으로 행해야 할 덕으로서의 언행이 강조돼 오기도 했다. 이러한 유교문화의 영향으로 대다수의 한국인들은 자신의 생각과 감정을 전달하고 표현하는 '일상적 언어'에 익숙하지 않고, 이런 언어문화가 성품 형성에도 깊이 영향을 뻗고 있다.

더욱 중요한 것은 부모를 통해 자녀의 성품이 자라야 하는데 경제적인 중요성이 강조되어 부모가 의미 있는 가정생활보다 가정 밖에서의 경제생활에 더 무게중심을 두면서 부모로부터의 성품 양육이 어려워졌다는 점이다. 따라서 성품교육은 무엇보다 이런 가정문화를 기반으로 문제를 풀어 나갈 수밖에 없는 형편이다. 여기에 12성품교육의 중요성이 있다.

몇 가지 사례들을 살펴보자.

사례 1　결혼 후 시댁에서 반가운 마음에 "아버님" 하고 상냥하게 부르면서 아버님의 팔짱을 끼고 친밀감을 표현했어요. 그런데 이튿날 시어머니로부터 크게 혼이 났어요. 혼이 나면서도 내가 왜 혼나는지조차 몰랐지요. 나중에 보니 버릇없이 굴었다는 게 문제였어요. 그때 깨달았죠. 아, 며느리는 시아버지의 팔짱을 끼면 안 되는구나, 하고. 그러나 친정에서는 이런 문화가 꽤 자연스러웠어요. 문제는 집안마다 문화가 다르다는 거였죠. 결국 집안의 문화에 따라 예의범절도 변한다는 걸 알게 됐죠.

---

16 홍경완. op.cit.

사례 2 회사에서 회의를 할 때면 찬성 반대 의견들을 자연스럽게 개진하게 마련이지요. 그런데 처음 입사해서 회의를 하는데, 부서의 리더인 차장님의 의견에 반하는 의견을 냈지요. 순간 분위기가 싸늘해지는 걸 느꼈어요. 회의 후 차장님이 저를 불러서 "앞으로 나와 다른 이야기를 할 때는 나와 미리 상의해 주면 좋겠어요" 하고 주의를 주더라구요. 그러니까 저는 차장님의 권위를 거스른 부하직원이 되어 버린 셈이죠.

이런 경험은 대개 인간관계의 위기를 초래하는 게 우리 문화의 특징이다. 관계를 중요시하는 사회에서 관계의 단절은 상상할 수 없는 고통으로 이어지게 마련이다. 이영숙 박사의 12성품교육은 이런 상황들을 상정하면서 좋은 성품으로 문제를 풀어 내도록 돕는다. 12성품교육은 실제적인 삶의 현장을 기반으로 하고 있어 적용에도 유리하다는 특징이 있다.

성품 빛내기

: 무조건 참는다고 다 인내가 아니에요

수원 좋은나무성품학교에 다니는 이정현 군의 사연을 소개해 본다. 여름휴가 때 할아버지가 막국수 집에 가족들을 데리고 갔다. 날씨가 후텁지근해서인지 음식물 냄새와 겹쳐서 가게에서 이상한 냄새가 났는데, 정현이가 슬그머니 할아버지 귀에 "할아버지, 냄새가 너무 나서 여기에서는 막국수를 못 먹을 것 같아요"라고 말하고는 밖으로 나가는 것이 아닌가! 정현이 엄마는 얼른 밖에 나가서 정현이에게 "정현아, 인내해야지. 조금만 참으면 괜찮아질 거야. 조금만 참아보자. 할아버지 서운해하시겠다"고 말했다. 그러자 정현이는 "엄마도 냄새 나서 힘들잖아? 엄마는 막국수 맛있게 먹을 수 있어? 냄새가 너무 지독한데 인내해서 무슨 유익이 있어? 이럴 때는 인내하는 게 아니야" 하더라는 것이다. 엄마도 가만히 생각해 보니 정말 인내의 정의가 '좋은 일이 이루어질 때까지 불평 없이 참고 기다리는 것'(좋은나무성품학교 정의)인데 이렇게 이상한 냄새가 나는 곳에서 참고 음식을 먹는 게 좋은 일을 위해 인내하는 게 아니라는 생각이 들었다. 그래서 들어가 어른들께 말씀드리니 모두들 기쁜 얼굴로 일어났다고 한다. 다행히 아직 음식을 주문하지 않은 상태여서 주인에게는 죄송하다 말하고 그곳을 나와 다른 음식점에서 먹었다는 것이다. 정현이는 무조건 참고 기다리는 인내가 아니라 나에게 좋은 일이 무엇인지 알고 그 일을 찾아 행동하는 진정한 인내의 모습을 보여 주었다. 유교문화의 영향 속에서 살아가는 우리에게 더욱 필요한 것이 성품교육임을 잘 보여 주는 사례다.[17]

---

17 이영숙 (2013). 인성을 가르치는 학교 만들기. 서울: 좋은나무성품학교. 407 - 408.

제1장
제2장
제3장
제4장
제5장
제6장
제7장
+
제8장
제9장
제10장
+
제11장
제12장
+
제13장

성품 다듬기

: 유교문화의 영향으로

- 조화와 질서를 중시하는 특징이 나타난다.
- 도덕성의 근거를 인간관계에서 찾는 경향이 있다.
- 한국인들은 위계 구조에 따른 예의를 중시함에 따라 상하관계의 언어적 표현은 발달했지만, 평상시 만나는 사람이나 아랫사람을 대할 때의 언어는 자연스럽지 않은 경향이 있다.

: 유교문화의 영향으로 형성된

성품 특징을 알고 좋은 인성을 키워 나가 보도록 하자.

07강 정(情) 문화의 영향을 받은 성품

성품 생각하기

: '한국' 하면 떠오르는 한 글자는 '정(情)'

외국인들에게 '한국' 하면 떠오르는 한 단어는 무엇일까? 그것은 '정(情)'이었다. 동아일보가 2014년 5월 27일 자 신문에서 '해외 한국학' 대표 학자 3인을 대상으로 이런 질문을 던졌다. 하버드대 한국학연구소 소장을 지낸 카터 에커트 교수, 고려대에서 한국역사 공부를 시작해 워싱턴대에서 한국역사 박사학위를 받은 존 덩컨 로스앤젤레스 캘리포니아대(UCLA) 동아시아 언어문화역사학과 교수, 미국 하버드대에서 한국시 연구로 박사학위를 받고 '한국문학 알리기'에 앞장서 온 하버드대 데이비드 매켄 교수 등이 이 질문에 다음과 같이 대답했다.

먼저, 에커트 교수. "한 단어로 표현하는 것은 주의해야 할 것 같다. 다른 문화들처럼 한국도 다양한 사람들과 그 삶의 방식, 그리고 (다양한) 문화로 이뤄진 복잡한 공간이기 때문이다. 그래도 한 단어로 한국을 표현하자면 '정(情)'이라고 하고 싶다. 상대적으로 작은 이 나라에서 인생의 초기에 형성되는 가족관계를 비롯한 사회적 관계들은 인생을 살아가는 동안 깊게 머물러 있다. 한국 사람들은 그 개인적 관계에 비중을 많이 두고 투자한다. 요즘과 같이 비인격화되고 상업화되는 사회에서 '정(情)'이란 매우 아름답고 훌륭한 것이라고 생각한다."

다음은 덩컨 교수. "한국에서 공부하기로 했을 때 상당히 개인주의적인 미국인과는 달리 한국인들은 인정이 많았다. 아쉽게도 지금에 와서는 인정보다 경쟁의식이 강해진 것 같다."

마지막으로 매켄 교수. "한국의 정(情)을 체험했던 지난 기억을 회고하자면 1966년 평화봉사단의 일원으로 영어를 가르치기 위해 안동농고에 갔을 때 처음으로 한국을 접하게 됐다. 음식은 정말 맛있었고, 대중음악은 굉장히 생기가 넘쳤다. 내가 알게 된 음악 현장은 이른바 한국 특유의 술자리 가무였는데, 누군가 '노래합시다'라고 하면 순서를 돌며 노래를 계속했고 감탄할 만한 젓가락 반주가 함께하는 정감 있는 자리였다."[18]

한국인의 '정(情)', 이것은 우리 안에 있는 독특한 정서임에 틀림없다.

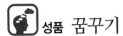

성품 꿈꾸기

1. 정(情)의 특징을 설명할 수 있다.
2. '심정논리'를 기반으로 하는 문화의 특징을 설명할 수 있다.
3. 정(情)의 부정적 기능을 설명할 수 있다.

성품 빚기

: 01. 독특한 정서 : 정(情)

한국의 특별한 문화 중의 한 요소가 바로 정(情)의 문화이다. 나쁜 줄 알면서도 정 때문에 떼어내지 못하는 현상은 사회 곳곳에서 발생한다. 심지어 방송 CF에서도 '정'의 개념을 이용한 상품 광고가 크게 주목을 받을 정도로 정은 한국인만의 특별한 문화이다.

성품교육은 특히 이 '정'이라는 요소를 무시하고는 효과를 거두기 어렵다. 아무리 좋은 내용이라도 한국인들은 심정적으로 정이 들어야 받아들이는 경향이 있기 때문이다. 따라서 학교에서 교사들이 학생들에게 좋은 성품을 가르치기 위해서는 지식을 강요하기보다 정을 주고 '우리'라는 공동체 의식을 심어 주는 활동이 중요하다.

한국인의 인간관계에서 가장 핵심적인 정서인 정은 상대를 가족처럼 아껴 주는 마음으로, 한국인들은 정이라는 감정을 통해 마음을 주고받으며 관계를 맺는다. 이때의 마음은 가시적인 행동이나 물질이 아니기 때문에 한국인들은 마음을 해석하는 과정에서 심정(心情)을 단서로 사용한다. 물건이 아닌 마음을 주고받는다는 건 어려운 일이다. 그래서 한국인들은 대인관계에서

---

18 동아일보, 2014. "'한국학' 연구하는 외국인 학자들", 5월 27일.   http://news.donga.com/3/all/20140523/63718367/1

마음을 해석하는 데 언제나 불확실성(precariousness)의 위험성을 가지고 있다. 한국인들의 성품은 이와 같은 어려운 상호작용을 기반으로 형성되었고 그 안에서 관계 문화가 발달했다. 따라서 한국인들의 경우 상대가 어떤 마음을 갖고 있는지 명확하지 않고 애매한 경우가 많다. 이럴 경우 상대에게 어떻게 다가가야 할지 모호해지고 관계 맺기는 더욱 어려워진다.

성품교육은 이런 불확실성에 기반하여 분명하고 투명한 인간관계를 지향한다. 그렇게 될 때 사람에 대한 신뢰가 생겨나고 진실하게 대할 수 있어서 관계 맺기가 비로소 용이해진다.

: 02. '심정논리'를 기반으로 하는 문화

한국인은 이성보다는 감정에 더 섬세한 자극을 받는다. 한국어의 '마음'은 영어의 '마음(mind)'보다 좁은 의미로 사용된다. 영어의 '마음'은 이성(reason)과 감정(passion)을 모두 포괄하는 개념인 반면, 한국어의 '마음'은 주로 감정에 더 비중을 둔다. 서구의 경우 '개별자 상호작용의 논리, 공적 논리, 이해관계의 교환 논리, 객관성 논리, 이성 논리' 등 이른바 사리논리(事理論理)를 기반으로 하지만, 감정적 측면의 마음을 더 중시하는 한국인은 '우리성의 논리, 사적 논리, 마음 교류의 논리, 상호주관성의 논리, 정의 논리'의 심정논리(心情論理)를 기반으로 사고한다.[19]

사리논리를 기반으로 사고하는 서구문화에서 개인은 독립적으로 기능하는 독특한 완성체(solid entity)로 인식되기 때문에 전체 속에서 자기(self)를 그대로 유지한다.[20] 그러나 심정논리를 기반으로 사고하는 한국문화에서 개인은 사회적 관계 안에서 기능하는 부분자(partial individual)로 인식되므로, '우리'라는 관계 안에서의 역할과 기능에 따라 자기를 규정한다.[21]

그래서 한국인들은 이성적으로 아무리 옳다는 생각이 들어도 심정적으로 풀어지지 않으면 문제가 해결되지 않는다. 이런 특징을 갖고 있는 한국인을 위한 성품교육은 이성적으로 접근하는 사리논리보다는 감정에 호소하는 심정논리를 효과적으로 사용하는 지혜가 필요하다.

가령 우리의 성품교육은 이런 문화적인 특징을 반영할 때 감성적인 측면에 초점을 맞출 수밖에 없다. 사실 지금까지의 인성교육이 실패한 데는 감성적인 접근보다 지적 접근에 치우친 측면이 크다. 시험과목이 되어 버린 인성교육으로는 감성적인 변화를 이뤄 내기 어렵다. 따라서 우리는 동기를 유발할 수 있는 성품교육으로 전환해야 하는데, 학생들로부터 감성적인 흥미를 불러일으킬 때 가능하다.

이영숙 박사의 12성품론은 연령별로 교육프로그램을 구축하는 한편 보다 감성적인 측면을

---

19 최상진 · 김기범 (1999). 한국인의 심정심리(心情心理) : 심정의 성격, 발생과정, 교류양식 및 형태. 한국심리학회지 : 일반, 18(1), 1-16.

20 최인재 · 최상진 (2002). 한국인의 문화 심리적 특성이 문제대응방식, 스트레스, 생활만족도에 미치는 영향 : 정(情), 우리성을 중심으로. 한국심리학회지 : 상담 및 심리치료, 14(1), 55-71.

21 최봉영 (1994). 한국인의 사회적 성격(Ⅰ)-일반 이론의 구성. 서울: 느티나무. 재인용.

제1장
2장
제3장
제4장
제5장
제6장
제7장
+
제8장
제9장
제10장
+
제11장
제12장
+
제13장

강조함으로써 흥미를 유발하고 학습욕구를 자극하는 데 관심을 둔다. 지난 10년 동안 현장에서 발굴한 인성교육의 효과와 경험은 무엇보다 이런 교육의 결과인 셈이다. 가령 말 한마디도 정감이 묻어 있으면 더 큰 효력을 발휘한다는 점을 강조해서 이영숙 박사의 12성품교육은 정감 있는 언어훈련을 중요시한다. 여기에 교사들의 언어습관도 중요한데, 어떤 학생을 대하더라도 친절한 언어를 일관성 있게 구사할 수 있도록, 성품대화법으로 교사의 언어 스타일 훈련을 돕고 있다.

03. 정(情)의 부정적 기능

심정논리를 기반으로 사고하는 한국인에게 정은 '서구적 합리성 · 박애주의 · 정의감에 근거한 자선적 행동'과 같은 합리적이고 당위적인 개념이 아니라 소위 인간적이라 표현하는 비합리적 성격의 심리현상으로 작용한다. 더욱이 '느끼는 것'에 기초한 한국인의 정은 '든든하고 의지가 됨, 무거리감, 이성적 판단 방해'로 특징되는 세 가지 정의 기능 중 '이성적 판단 방해'라는 대표적인 부정적 기능을 야기한다.[22]

이성적 판단을 방해하는 정의 부정적 기능은 다음의 네 가지로 설명된다.

첫째, 공사 구분의 불명확성을 가져온다. 정으로 사람들과의 감정과 인지가 오랜 시간 공유되면 감정의 좋고 나쁨을 떠나 '우리 것'이 되고, 이것이 '우리성'이라는 고정된 형태의 정서가 되어 버린다. '우리성'의 원형은 기존의 가족관계에서 그 특징을 찾을 수 있다. 불가분의 관계인 가족의 '우리성'은 항시 기대하는 규범적 유대가 전제되어 있다.[23] 이러한 규범적 유대를 형성하고 유지하는 과정에서 개인은 '우리성'에 기반한 규범적 유대를 항상 우위에 두는 경향을 보인다. 지역감정 같은 것이 대표적이다.

"우리 것이니까 지켜야 돼"라는 인식으로 이성적 판단을 방해하기 때문에 상대방이 아무리 나쁜 행동을 해도 정든 사람이 한 행동은 모두 옳다고 판단하며 지지한다. 한국인의 정은 이성보다 감정을 중시하므로 비합리적 태도를 취하게 되고, 사회적 관계에서 얻은 긍정적인 감정은 공사 구분의 불명확성을 낳게 된다. 이런 정의 문화가 관계문화와 상승작용을 일으키면 사회 전체를 부패하게 만들기도 한다.

둘째, 정든 사람들끼리 '우리 근성'으로 뭉쳐 다른 사람들에 대해 배타적인 태도를 취하기 때문에 좋은 관계를 맺기가 어려워진다. 한국인은 '우리'라는 인식을 바탕으로 사회적 관계를 맺

---

22 최상진 · 김지영 · 김기범 (2000). 정(情)(미운정 고운정)의 심리적 구조, 행위 및 기능간의 구조적 관계 분석. 한국심리학회지 : 사회 및 성격, 14(1), 203 -222.

23 최상진 · 김지영 · 김기범. op.cit.

제1장
제2장
제3장
제4장
제5장
제6장
제7장
＋
제8장
제9장
제10장
＋
제11장
제12장
＋
제13장

는 경향이 있어 '우리'라는 단서를 가진 사람들을 선택하고 선택되는 식으로 관계를 맺는다. 이는 단순한 무리 짓기와 구분되며 '우리'로 규정되는 내집단을 강조하기 때문에 외집단에 대해 상당히 배타적인 성격을 띤다.[24]

우리 사회 안에 혈연, 지연, 학연, 파벌의 뿌리가 깊은 것도 이 때문이다. 이미 상호적으로 관계가 형성돼 있는 사람들을 뚫고 새롭게 관계를 형성하는 것이 어렵기 때문에 정(情)에서 비롯된 '우리성'은 깊은 분쟁의 원인으로 고착화되어 있다.

셋째, '미운 정'도 정이라는 인식으로 부정적인 감정을 왜곡되게 받아들인다. 정은 감정의 좋고 나쁨이 아니라 '우리성'을 얼마나 공유했느냐 하는 '시간'에 바탕을 둔다. 그래서 한국인들은 표면적으로 드러나는 행동과 언어가 호의적이 아님에도 불구하고 '우리성'을 오랜 기간 공유했다는 이유로 '미운 정'을 인정한다.[25]

흔히 한국인이 관계를 형성하고 유지하는 과정을 일컬어 '정이 쌓인다'고 표현하는데, 이때의 정은 '오랜 세월 동안 자신도 모르게 쌓였다가 뒤늦게 깨닫게 되는 것'이다. 오랜 세월 동안 자신도 모르는 상태에서 정이 쌓이기 때문에 정의 표현은 매우 모호한 형태로 나타난다. 즉 관계를 형성하고 유지하는 과정에서 상대에 대한 애정을 구체적인 언행으로 표현하기보다는 '마음 써 주기' 형태의 은근하거나 정반대의 감정으로 표현한다.[26] 그래서 한국인들은 구체적이고 명확한 행동과 언어로 마음을 표현하지 않더라도 '마음 써 주는 행동' 이면에 있는 '마음'을 파악하여 이해해야 하는 불확실성의 위험을 감내한다.

이처럼 모호한 형태로 표현되는 '마음 써 주기'는 정으로 규정할 수 있는 행동 중 미운 행동과 고운 행동의 구분을 불분명하게 하고, '정 관계의 당사자들이 사소한 언행에 섭섭해하면서도 그것이 상대의 본심이 아님을 미루어 짐작하는 형식'으로 관계를 유지하게 한다.[27] 상대방의 부정적인 감정표현을 '미운 정'이라는 정의 한 부분으로 미화시켜 왜곡되게 받아들임으로써 갈등의 원인을 제공한다.

가령 한 스포츠 스타의 경우 국내에서의 왜곡된 인정 문화로 말미암아 상처를 받고 대한민국 국적을 포기한 뒤 다른 나라의 국적을 얻어 올림픽에서 자신의 조국과 경쟁하게 되는 상황을 연출하기도 했다. 학연, 지연 등으로 얽힌 우리 사회의 왜곡된 관계문화가 사리논리가 아닌 심정논리에 치우쳐 부정적으로 작용하는 사례인 셈이다. 이처럼 한국인의 정 문화가 부정적으로 작용하면 사회의 부조리를 낳고, 많은 사람들에게 상처를 주게 된다.

----

24 최상진 · 김지영 · 김기범. op.cit.
25 최상진 · 김지영 · 김기범. op.cit.
26 최상진 · 김지영 · 김기범. op.cit.
27 최상진 · 김지영 · 김기범. op.cit.

넷째, 정에 기반한 관계를 유지하는 과정에서 자신의 감정을 명확하게 표현하지 못한다. 한국인의 보편적 심리현상인 정은 한국인이 중시하는 '관계'를 유지시키는 기능을 한다. 정에 기반한 관계를 유지하기 위해 개인은 불확실성 속에서 타인의 마음을 추론하고 이해하는 방향으로 사회화된다. 한국인의 끈끈한 유대의 바탕이 되는 정은, 사회적 관계 속에서 심리적 부담을 감내하고 자신의 감정을 '명확하고 올바르게' 표현하지 못하게 하는 문제를 야기한다.

현재 학교들이 왕따와 폭력문화로 고질적인 문제를 갖는 원인에 대해서도 우리는 이러한 관점에서 문제를 바라보고 해결점을 찾아야 한다. 나쁘다는 것을 알면서도 관계를 중시하는 한국인의 특성상, 부정적인 '우리성'을 놓지 못해 더 큰 문제를 발생시킬 위험이 크다. 12성품교육의 두 가지 기본 덕목인 공감인지능력과 분별력을 가르침으로써 가정과 학교, 사회의 문제를 해결할 때 한국인의 진정한 좋은 성품을 문화적으로 확산시킬 수 있다.

성품 빛내기

: 정(情)으로 시작하는 성품교육

성품교육을 받은 부모들은 어떤 변화가 있을까? '학부모 인성교육-성품대화법' 수업을 받은 한 학부모가 교육을 받고 난 후에 소감문을 보내 주었다. 이 학부모는 사춘기 자녀와 입만 열면 싸웠다고 한다. 그러다 보니 '아, 우리는 왜 입만 열면 싸울까?' 하고 깊은 좌절감과 절망감이 생겼고 6주 동안 수업을 들으면서 중요한 것을 깨달았다. 가만히 생각해 보니 이 엄마는 공부 잘하는 아들보다 다정다감한 아들을 원했는데 왜 말끝마다 신경질을 내고 화를 내는지? 도무지 이해될 수 없었던 그 아들이 조금씩 이해가 되더라는 것이다. 그 모든 원인이 엄마의 말투, 엄마의 성품 문제에 있었다는 걸 알게 되었다. 그래서 배운 대로 실천해 봤는데 기적처럼 아들이 엄마의 말을 경청하기 시작하고, 엄마의 말에 고개를 끄덕이는가 하면, 엄마와 함께 많은 이야기를 나누기 시작했다고 한다. 엄마는 이제 너무 행복해졌다. 그러면서 깨달은 것이 성품교육은 자녀에게만 시킬 게 아니라 엄마부터 배워야 되겠구나, 하는 사실이다.[28]

---

28 이영숙 (2014). 한국형 12성품교육론. 서울: 좋은나무성품학교. 289.

성품 다듬기

: '정(情)' 문화

한국인의 인간관계에서 가장 핵심적인 정서인 정(情)은 상대를 가족처럼 아껴 주는 마음으로, 한국인들은 정(情)이라는 감정을 통해 마음을 주고받으며 관계를 맺는다.

: '심정논리'의 사고

심정논리를 기반으로 사고하는 문화에서 개인은 사회적 관계 안에서 인식되므로, '우리'라는 관계 안에서의 역할과 기능에 따라 자신(self)을 규정하는 경향이 있다.

: '정(情)'의 부정적 기능

이성적 판단을 방해하는 정(情)은 공사(公私) 구분의 불명확성을 가져오고, 정든 사람들끼리 '우리 근성'으로 뭉쳐 다른 사람들에게 배타적인 태도를 취하게 하며, '미운 정'도 정(情)이라는 인식으로 부정적인 감정을 왜곡되게 받아들이게 하고, 정(情)에 기반한 관계를 유지하는 과정에서 자신의 감정을 명확하게 표현하지 못하는 부정적 기능을 한다.

08강 한(恨) 문화의 영향을 받은 성품

성품 생각하기

: 한(恨)에서 비롯된 '화병'

'화병'을 인터넷에서 검색하면 대개 비슷한 내용들이 열거된다. 이 가운데 잘 정리된 기사 한 꼭지를 인용하면 아래와 같다.

"통상 울화병(鬱火病)이라고도 불리는 화병(火病)은 미국신경정신의학회에서 '한'이란 정서가 있는 한국에서만 관찰되는 문화관련 증후군이라고 정의하고 있다. 화병은 뇌의 기질적 변화 없이 우울, 불안 등 정신적 증상과 더불어 여러 가지 신체증상이 나타나는 증후군이다. 유병률은 4~5% 정도로 알려져 있으며 최근 연구에서는 유방암 환자에게서 발병률이 높은 것으로 나타났다. 화병의 원인은 대개 배우자나 시부모와의 갈등과 같은 가정적 요인이나 가난이나 실패, 좌절 같은 사회적 요인 등 외부적인 요인에 상당부분 기인하고 있으며, 개인 성향상 감정을 쉽게 풀어 내지 못하고 담아 두는 데서 비롯되기도 한다. 흔한 증상으로는 온 몸에 열이 나고 얼굴이 화끈거리며, 목이나 가슴이 조여 와 답답함을 호소하는 경우가 많다. 간혹 속이 쓰리며 메스꺼움을 느끼고, 이로 인해 식욕 장애나 소화 장애를 겪기도 한다. 심하게는 만성적인 분노로 인한 고혈압이나 중풍 등의 심혈관계 질환의 발병 혹은 악화로 이어질 우려가 있다. 이러한 신체적인 증상은 자율신경계 중 교감신경의 흥분으로 스트레스 호르몬이 지나치게 많이 분비되기 때문인데 정신적인 증상으로 이어지게 된다."

이 기사는 을지대학교병원 정신건강의학과 최경숙 교수의 조언을 빌어 "화병을 겪는 사람들의 유형을 살펴보면, 모든 면에서 참기를 반복하고 자신의 감정을 적절하게 표현하지 못하는 소극적이고 내성적인 성격의 소유자인 경우가 많으며, 자신의 감정은 표현하되 침착하게 화를 다스리며 풀어야 한다"고 덧붙였다.[29]

성품 꿈꾸기

1. 한(恨)의 특징을 설명할 수 있다.
2. 한(恨)의 병리적 특징을 설명할 수 있다.
3. 한(恨)의 긍정적인 기능을 설명할 수 있다.
4. 한국적 샤머니즘 문화로 본 성품 특징을 설명할 수 있다.

성품 빚기

: 01. '한(恨)'의 정서

"참아야 할까요?" 수많은 성품세미나를 통해 현장에서 가장 많이 들은 말이 바로 이 말이다. 많은 사람들이 좋은 성품은 잘 참는 성품이라고 생각한다. 물론 갈등과 위기를 긍정적으로 생각하고 인내하는 사람은 좋은 성품의 소유자임에 틀림없다. 그러나 참는 행위가 도리어 분노를 키우고 나중에는 병으로 발전한다면 이는 좋은 성품도 아닐뿐더러 좋은 방법도 아니다.

한국인의 정서에는 한이라는 특별한 병리현상이 있다. 한자 '한(恨)'은 심장 또는 마음을 뜻하는 '심(心)'과 가만히 머물러 있다는 의미의 '간(艮)'이 합쳐진 글자이다. 즉 한은 마음이 흐르지 않고 고여 있는 상태, 또는 뭉쳐 있는 상태이다. 그러니까 마음에서 커져 마치 거기에서 난

----

29 국민일보. 2014. "한국인의 '화병', 풀어야 산다". 7월 3일.
http://news.kukinews.com/article/view.asp?arcid=0008474488&code=461111301&cp=nv

제1장
제2장
제3장
제4장
제5장
제6장
제7장
＋
제8장
제9장
제10장
＋
제11장
제12장
＋
제13장

것처럼 그 자리에 머물러 있는 상태를 의미한다. 마음의 응어리이고 부정적인 의미에서 감정을 삭인 것이다. 억울함, 원망, 답답함, 무기력, 후회, 서러움, 체념 등의 온갖 부정적인 감정들이 흘러 내려가지 못한 채 마음속에 응어리져서 뭉쳐 있는 상태이다.

한은 어른들에게서만 나타나지 않는다. 아이들도 한을 품고 있다. 실제로 요즘 아이들을 보면 자신이 하고 싶은 것을 하기보다 부모들이 짜 놓은 청사진에 따라 학교에서 학원으로 끊임없이 옮겨 다니는 생활을 하는데, 이런 생활이 결국 아이들 안에도 응어리를 만들어 놓았다. 문제는 아이들이 품고 있는 이 응어리가 어느 순간 학교폭력의 형태로 폭발한다는 사실이다. 응어리는 결코 머물러 있는 상태에서 사라지는 게 아니다. 한은 에너지를 가지고 있어서 결국 자기를 파괴하고 만다.

그러므로 한이란, 한국이라는 문화 속에서, 한국인의 가치관 속에 복잡하게 스며들어 있으며, 뚜렷이 그 형체가 나타나지는 않지만 본질적으로는 그 무엇이라고 설명할 수 있는 어떤 것이다.[30] 이런 점에서 성품을 연구할 때 한국문화가 빚어 낸 한의 심리적 특징을 살펴볼 필요가 있다.

개인에게 집중하는 서구문화의 경우 아무래도 자기 자신에 대해 표현하는 것이 자유롭다. 개인은 독립적인 존재로서 억압받지 않고 선택하고 표현한다. 싫은 걸 억지로 할 필요가 없다. 그래서 한이 머물러 있을 시간이 없다. 반면 한국문화에서는 다르다. 개인보다 집단 속에서의 인간관계가 중요하다. 독립적이라기보다는 상호의존적으로 얽히고설켜 살아간다.

즉 한국은 개인주의적인 서구문화와 달리 집단주의적 문화의 특성을 가지므로, 자기 자신을 솔직하게 표현하기보다 타인에 대한 배려가 먼저이다. 이곳에서는 자신의 부정적 감정을 표출하기보다 '삭이도록' 사회화된다.

마르쿠스(Markus)와 키타야마(Kitayama)의 경우도 집단주의 문화에서 '부정적 감정의 삭임'이 나타나는 이유를 개인에 대한 인식과 여기서 비롯된 감정경험의 차이 때문이라고 설명한다. 즉 서구의 개인주의 문화에서 개인은 스스로를 '독립적인 개인(independent self)'으로 인식하고 자아에 초점을 둔 감정(the ego-focused emotions)을 느끼고 표현하는 반면, 집단주의 문화에서 개인은 '상호의존적인 자기(interdependent self)'로서 자신을 인식하고 타인에 초점을 둔 감정(the other-focused emotions)을 경험한다고 설명한다. 이런 문화에서는 자기 자신을 솔직하게 드러내기가 어렵다. 그러니 한이라는 것이 고이게 되어 있다. 그러므로 이곳에서는 인간관계를 파괴하지 않으면서 자기를 지킬 수 있고, 또 자기 안에 있는 한을 잘 표현하는 방법이나 기술을 익

---

30 홍경완 (2009). 사회적 고난체험으로서의 한. 신학과 철학, 15, 119-145.

혀야 한다. 그렇지 않으면 한이 쌓여 마음의 병을 키우고, 나아가 병이 다른 인간관계를 병들게 함으로써 더 큰 부정적 요소들을 만들어 내기 때문이다.

문화적 특징을 고려한 인성교육은 그러므로 이 한을 풀어 내는 작업이 병행되지 않으면 안 된다. 성품교육이 내적 치유를 포함하는 까닭은 이 때문이다. 한을 풀어 내지 않고서는 더 좋은 성품이 발현되기 어렵다. 한을 품기 시작하는 연령대는 정확하지 않으나 적어도 7세 이후에는 어린 이조차 한이라는 응어리가 자리 잡기 시작한다고 본다. "엄마는 왜 엄마 마음대로 해? 나는 왜 내 마음대로 못해?"라고 말하기 시작하면서 아이들은 한을 품고 성장하게 된다. 또 이렇게 맺힌 응어리가 사춘기에 이르러 학교폭력 등의 형태로 터지면서 사회 문제가 된다.

이렇게 본다면 자신의 감정을 표현하지 못한 채 상호의존적인 관계 속에서 타인에게 초점을 맞춘 감정이 바로 한이다.

: 02. 한(恨)의 병리적 특징

한으로 인해 발생하는 병리적인 현상 곧 화병은 특히 여성들에게서 자주 나타난다. 화병은 한국 여성들의 특징 가운데 하나가 되어 버린 것 같다. 그 이유를 생각하다 보면 이런 말이 언뜻 떠오른다. "장님 3년, 귀머거리 3년, 벙어리 3년이면 집안이 조용하다. 그러니까 참고 살아야 한다." 전통사회의 부모들은 딸이 결혼하기 전날 이렇게 타일러야 했다. 이렇게 총 9년 동안 자신의 생각, 감정, 행동을 표현하지 못한 채 살아야 한다고 가정해 보자. 이런 여성들이 다른 사람들과 행복한 관계를 맺고 사는 것이 과연 가능할까? 관계 속에서 쌓인 한이 내면에 얼마나 깊이 자리해 있겠는가?

특히 이렇게 쌓인 부정적인 감정들은 부적절한 감정표현을 만든다. 분노로 내재돼 있다가 한풀이의 방식으로 폭발해 버린다. 평소에는 조용하던 사람이 화가 나면 무섭고 폭력적으로 돌변하는 병리적인 특징은 바로 내면의 한이 원인이 되어 마치 스프링처럼 튀어 오르는 것이다. 이것이야말로 인성의 문제이다.

이영숙 박사의 12성품론은 한의 문화를 긍정의 문화로 바꾸기 위한 방안들을 모색하고 연구해 왔다. 제3장에서 다룰 '관계 맺기의 비밀-TAPE 요법'[31]은 이런 노력의 산물이다.

: 03. 한(恨)의 긍정적 기능

한국인의 심리구조에서 핵심적인 개념 가운데 하나인 '한'은 관점에 따라서 긍정적인 의미로도

---

31 이영숙 (2005). 부모 · 교사를 위한 성품교육 지도서-경청. 서울: 아름다운 열매.

해석할 수 있다.

유아들은 자기중심적이고 욕구를 참아 내지 못하다가 나이를 먹고, 지식도 익히고, 다양한 환경을 경험하면서 비로소 다른 사람을 배려하는 등 이타적인 행동을 하게 된다. 이것은 심리적으로 성숙하다는 의미이다. 이런 점에서 보면 감정을 삭일 수 있다는 것은 심리적으로 성숙하다는 의미이다. 이것이 한의 문화가 갖는 긍정적 기능이다.

한은 체념, 원한, 공포, 외로움, 슬픔, 기대, 좌절 등의 복합적 감정을 포함하는 다양한 감정의 총체이다. 감정의 억압이라는 점에서 부정적이고 파괴적인 의미를 갖지만 인간의 행동과 사고에 동원된다는 점에서 긍정적이고 창조적이기도 하다. 그러므로 한의 개념에는 모순된 두 가지 의미가 담긴 셈이다.[32] 한을 단순히 부정적인 감정이 아니라 긍정적인 특성까지 포함하는 개념으로 정의하는 시각에서 보면 정서와 지혜의 측면을 모두 포함하는 '정서적 지혜'로 한을 규정하기도 한다.[33]

그러나 '부정적 감정의 삭임'이라는 측면에서 한이 정서적 지혜로 발휘되려면 한이 전제하는 부정적인 감정을 올바른 방법과 형태로 승화하고 표출하는 과정이 필요하다. 한의 부정적인 측면은 앞에서도 말했듯이 감정이 흐르지 않고 고이기만 한다는 점이다. 고이고 응어리지다가 결국 우울증, 만성 무기력증 등으로 나타나며 심지어 자살이라는 형태로 터져 버린다. 우리나라의 경우 청소년 자살률이 OECD국가 중 최상위권이라는 조사 결과를 통해서 알 수 있듯이 중요한 사회 문제로 대두된 상황이다.

자살이 내성적인 사람들의 폭발 형태라면 외향적인 사람들은 다양한 폭력의 형태, 즉 반항을 하거나, 물건을 던지거나, 폭행을 일삼거나, 심지어 살인을 하는 식으로 쌓인 한을 폭발시키는 경향이 있다. '희대의 살인마'라고 불리던 유영철의 경우를 보면 태어나자마자 엄마로부터 버림받은 기억 때문에 많은 상처와 한을 품고 성장했다. 그는 엄마로부터 받아야 할 사랑을 다른 누군가로부터도 받지 못했다고 고백했다. 아빠라는 사람은 자식에게 앵벌이를 강요하고, 새엄마로부터도 버림받았으며, 나중에는 여자친구로부터도 배신을 당했다고 한다. 그래서인지 유영철은 여자들만 골라 살해했다.

한은 이처럼 부정적인 요소들을 배태하고 있는 셈이다. 이를 긍정적으로 전환하기 위해서는 한의 원인을 분석하고, 풀어 주고, 회복시키는 작업이 수반되어야 한다. 부정적 감정을 올바르게 표출하기 위해서는 한이라는 보편적 정서를 이해하고 '심리 사회적 성숙'을 기르는 것이 선행되어야 한다.

---

32 홍경완 (2009). 사회적 고난체험으로서의 한. 신학과 철학. 15. 119-145.
33 고건영 · 김진영 (2005). 한국인의 정서적 지혜 : 한의 삭힘. 정신문화연구. 28(3). 225-290.

: 04. 샤머니즘 문화로 본 성품

한국인의 성품 특징 중 하나는, 갈등과 고통을 자신의 문제로 인식하여 스스로를 성찰하고 내부적 요소를 바탕으로 풀어 나가기보다는, 외부적 요소로 누군가의 개입이나 도움이 있어야 갈등이 풀린다고 믿음으로써 외부의 힘과 통제에 의존하는 경향이 있다는 것이다.

가령 자녀문제가 생기면 '이 문제는 내 문제이다'라고 생각하고 '어떻게 풀어야 할까?' 고민하기보다 먼저 전문가를 찾으려는 경향이 있는데 이런 현상 또한 갈등이나 아픔을 외부의 개입으로 해결하려는 전형적인 모습이다.

> **사례** 말을 더듬는 자녀를 둔 엄마는 '이 아이를 어디에 데려가야 할까?' 고민하면서 1년 동안 이 사람 저 사람 찾아다니다가 결국 언어장애아로 만들고 말았어요. 사실 아이의 엄마는 어디에 데려갈까 고민하기 전에 엄마가 먼저 아이를 사랑하고, 말을 가르쳐야 했거든요. 문제는 문제가 생기면 우선 내가 할 일을 생각하는 것이 아니라 외부의 도움을 구하려는 생각부터 한다는 사실이에요. 선생님을 잘못 만나서 그렇다느니, 친구를 잘못 만나서 그렇다느니 핑계를 대는 경우가 이에 해당합니다.

이러한 한국인들의 성격이 만들어진 원인 가운데는 다분히 한국적 샤머니즘의 영향이 크다. 한국적 샤머니즘은 한국인의 보편적 정서인 한을 풀어 주기 위한 시도로 굿이라는 샤머니즘적 예식(ritual)을 통해 나타난다. 굿은 전통적인 '공동체적 종교행사'로 이 예식을 통해 개인의 정서인 한이 공동체적 사건으로 전환되는 것이다.[34]

특히 한국의 샤머니즘은 '인간의 운명을 통제하고 재난을 막으며 복을 가져다줄 수 있다'고 믿는 민간신앙을 근간으로 하기 때문에, 모든 문제의 근원을 외부에서 찾고 외부적인 요소들이 잘 풀려야 내부도 원활해진다고 믿는다. 내부적 요소를 고찰하고 내면을 성찰하기보다는 굿을 통해 외부에서 누군가 개입하고 통제하도록 의존적 성향을 띠는 것이다. 그래서 굿을 통해 개인의 부정적 삭임을 누군가 개입하여 잘 풀어 주지 않으면 그저 참고만 있어야 한다는 인식으로 한풀이 문화가 정착되어 왔다. 그러나 한국문화에서의 '한'은 개인에게서 나타나는 '부정적 감정의 삭임'이므로[35] 관계 형성에 치중한 나머지 자기 내면의 욕구를 표현하는 능력이 부족한 데서 비롯된 것이다. 한국적 샤머니즘은 이러한 개인의 부정적 감정을 표출하는 통로의 역할을 했지만, 근본적인 문제해결은 부정적 감정을 올바르게 표출하고 풀어 내는 데 있다는 점에서 한국적 샤머니즘의 한풀이는 본질적인 한계를 지닌다.

---

34 홍경완 (2009). 사회적 고난체험으로서의 한. 신학과 철학, 15, 119-145.

35 고건영·김진영 (2005). 한국인의 정서적 지혜 : 한의 삭임. 정신문화연구, 28(3), 225-290.

이런 점에서 이영숙 박사의 12성품교육은 성품교육을 위해 부정적 감정을 바르게 표현하고 올바른 관계 맺기를 통해 행복한 감정을 소유하도록 '관계 맺기의 비밀-TAPE 요법'을 개발하여 교육 현장에 보급해 왔다. 실제로 이 요법은 현장에서 그 효과를 나타냈는데, 이혼한 부부 및 부모와 자녀 관계, 교사와 학생의 관계 회복 등 깨지고 막힌 관계 속에서 부정적 감정을 해결하고 긍정적인 관계 맺기에 성공할 수 있도록 많은 임상 효과를 거뒀다.

성품 빛내기

: 성품으로 새로운 희망을 찾다

'학부모 인성교육-성품이노베이션' 수업을 받은 분의 이야기이다. 어린 시절 이분은 어려운 가정형편에서 자랐고, 부모님은 돈 벌기에 항상 바쁘셨으며, 삶에 찌든 부모님은 애정 없이 자녀들을 돌보셨다고 한다. 이분의 마음속에는 어렸을 적 부모님께 사랑이 담긴 칭찬을 한 번도 받아 본 적이 없다는 상처가 있었다. 그래서 항상 '오늘은 칭찬받았으면 좋겠다'고 생각하며 지냈다. 학교에서 돌아오면 따뜻하게 반겨 주길 바랐고, 시험을 잘 보면 잘했다고 칭찬받고 싶었고, 못하면 격려도 받고 싶었다. 하지만 어떤 상황이든 부모님의 반응은 무관심과 체벌뿐이었다. 이런 삶 때문이었는지 어릴 때나 어른이 된 지금이나 밖에 나가도 항상 자신감이 없고, 부모가 그랬듯이 자신의 아이들에게 무뚝뚝하고 모진 말로 상처를 주고 있는 자신을 발견하게 되었다. 남편을 찾을 때도 아빠처럼 무뚝뚝한 사람을 만나기 싫었고, 자신도 엄마처럼 아이를 키우고 싶지 않았다. 하지만 막상 아이를 낳고 키우다 보니, 엄마가 한 행동들과 아빠가 한 말들을 자신도 모르게 아이에게 하고 있는 것이었다. 특히 ADHD인 큰아이를 보면, 엄마인 자신에게 문제가 많다는 생각이 들어 마음이 아팠다고 한다. 자신도 부모처럼 모진 말과 행동으로 아이를 병들게 했다는 생각에 용서할 수 없을 정도로 화가 났던 것이다. 더욱이 작은아이에게는 항상 따뜻한 말과 행동으로 사랑한다고 이야기하는 걸 보면서 같은 자식을 두고 왜 다르게 양육하는지 이해가 안 됐다. 그런데 초등학교에 입학하기 전 동생에게 새로 산 장화를 신게 하고 펄펄 끓는 솥에 발을 담그게 해서 큰 화상을 입힌 적이 있었는데, 동생이 미워서 그랬는지 아니면 단순한 호기심이었는지 기억나지 않지만, 동생의 상처를 볼 때마다 죄책감에 사로잡혀 자기 자신을 옭아매며 괴롭게 지냈다고 한다. 아마도 그 상처 때문일 수도 있겠다는 생각이 들었다. 또 하나는 결혼하기 전까지 사촌오빠 식구들과 살던 때가 잠깐 있었는데 그 시간이 또 그렇게 힘들었다. 그렇게 자신을 힘들게 하는 과거의 아픔들이 머릿속에서 지워지지 않지만 이제는 모든 상처로부터 자기 자신을 자유롭게 떠나보내고 싶었다. 그래서 자기로 인해 상처받은 아이는 물론이고 주변의 가족들에게도 용서를 구하고, 관계를 회복하고, 부모님도 이해하고 용서할 수 있는 딸이 되고 싶었는데, 성품교육을 받으면서 작은 희망을 찾았다는 것이다. 더 이상 나쁜 성품들이 흘러가지 않도록 자기 안에 쌓인 나쁜 것들을 훌훌 날려 버리고 좋은 성품들이 쌓여서 흘러갈 수 있도록 노력하겠다고 다짐했다. 아마 꼭 그렇게 될 것이라고 믿는다. 그만큼 좋은 성품의 힘은 강하기 때문이다.[36]

성품 다듬기

: 특별한 병리현상 '한(恨)'

- 한국인은 개인주의적인 서구인들과 달리 자신의 표현보다 타인에 대한 배려가 우위인 집단주의 문화 속에서 개인의 부정적인 감정을 '삭이도록' 사회화되는 경향이 나타난다.
- 한국인의 한(恨)은 부적절한 감정표현을 만들고 분노로 내재돼 있다가 한풀이의 방식으로 폭발하기도 한다.
- 한국인의 한(恨)이 정서적 지혜라는 긍정적인 특성으로 발휘되기 위해서는, 부정적인 감정을 올바른 방법과 행태로 승화하고 표출하는 과정이 필요하다.

: 한국의 샤머니즘은

굿을 통해 개인의 부정적 삭임을 누군가 개입하여 풀어 주지 않으면 그저 참고만 있어야 한다는 식의 한풀이 문화로 정착되었다. 그러므로 부정적 감정을 올바르게 표현하는 연습을 통해 좋은 인성을 만들어 보도록 하자.

09강 행복한 문화를 만드는 해결책

성품 생각하기

: 좋은 성품이 행복을 전염시킨다

코리아메디컬닷컴의 2013년 11월 9일 자 기사는 행복이 전염된다는 사실을 증명한 연구 결과를

---

36 이영숙 (2014). 좋은성품 부모-배려 매거진. Vol.8. (사)한국성품협회. 12-13.

소개했다.

미국 하버드대 연구팀이 남녀 1,880명을 대상으로 자신의 감정상태를 만족, 불만족, 중립으로 구분하고 다른 사람을 만났을 때 감정에 어떤 변화가 일어나는지 추적 조사한 것인데, 연구 결과 행복을 느끼는 감정은 감기처럼 전염된다는 것이다. 특히 이 연구는 우스갯소리에 폭소를 터뜨리는 것과 같은 순간적 감정이 아니라 생활 전반에서 느끼는 만족도를 조사한 것이라 더욱 의미가 있다. 연구 결과 행복한 감정을 지닌 사람과 접촉했을 때 행복해지는 확률이 11% 증가하는 것으로 나타났는데, 이는 삶을 대하는 자세가 유쾌하고 에너지 넘치는 사람과 가까이 있으면 기분도 좋아지고 행복감을 더 느끼게 된다는 것이다. 행복한 사람 곁에 있을 때 '행복 바이러스'가 옮겨 오는 것처럼 행복한 감정이 스며들 수 있다고 연구팀은 강조했다.[37]

이 사실은 우리에게 적지 않은 희망을 준다. 좋은 성품이 행복을 전염시킬 수 있다는 증거이기 때문이다.

성품 꿈꾸기

1. 관계주의 문화의 영향을 받는 성품을 위한 해결책이 무엇인지 설명할 수 있다.
2. 위계에 따른 예(禮)와 정(情)을 중요시하는 성품을 위한 해결책이 무엇인지 설명할 수 있다.
3. 한(恨)과 샤머니즘의 영향을 받은 성품을 위한 해결책이 무엇인지 설명할 수 있다.

성품 빚기

: 01. 행복한 문화 만들기의 필요성

한국인의 성품은 문화에 대한 근본적인 통찰과 인간의 정신적 · 심리적 · 행동적 특징에 대한 배경을 알고 있어야 비로소 이해할 수 있다.

지금까지 우리는 성품 또는 인성의 문제를 지나치게 개인적인 범주로 국한시켜 온 경향이 있었다. 나와 내 옆 사람이 좋은 성품으로 관계를 잘 맺지 못하는 이유는, 우리가 한국 사람으로서 겪어야 했던 민족적인 특징, 정치적인 국가의 영향력, 주변 국가와의 지리학적 관계, 한국인의 의식주와 종교적인 영향, 한국인으로 지탱하게 해 온 다양한 가치관, 즉 한마디로 문화의 특성에 의해 성품이 만들어졌기 때문이다. 다시 말해서 성품교육은 교육학적 영역이면서도 심

37 코리아메디컬닷컴. 2013. "행복은 전염되고, 전이된 행복엔 면역도". 11월 9일.
http://news.naver.com/main/hotissue/read.nhn?mid=hot&sid1=103&cid=3118&iid=828495&oid=296&aid=0000016866&ptype=021

리학적 영역이고, 특수교육학적 영역이기도 하며, 사회학과 정치학의 영역으로까지 넓혀진다. 또 인지적인 접근은 물론이고 행동적인 접근까지 이뤄질 때 '아, 이 사람에게는 이런 성품이 생겼구나' 하고 이해할 수 있다. 즉 폭넓은 이해를 바탕으로 우리는 인간에 대한 이해의 지평을 넓힐 수 있게 된다.

이런 점에서 성품교육 또는 인성교육은 바로 나 자신을 이해해 가는 교육이기도 하다. 인성교육을 통해 우리는 나 자신조차 몰랐던 문화적인 요인들이 지금의 나를 형성하고, 나를 잘못 표현함으로써 타인에게 상처를 주었던 사실을 성찰하고 바로잡아 가야 한다.

이제 우리는 그 특성을 바르게 알고 긍정적인 영향력을 끼치는 성품교육을 실천하여 문화 속에 있는 갈등의 요소들을 해결하고 더 행복하고 성품 좋은 글로벌 리더를 키우도록 풍성한 인간관계를 맺을 수 있는 비결을 찾아 교육해야 한다.

그렇다면 바람직하고 행복한 문화를 만들기 위해 풀어야 할 숙제가 무엇일까? 거듭 말했듯이 12성품교육의 목표는 생각과 감정과 행동의 변화를 통해 행복한 삶을 살도록 돕는 데 있다. 즉 행복한 문화로써 행복한 사회를 만들고, 나아가 행복한 국가를 만들게 되면 개인, 가정, 학교가 행복해진다. 그래서 성품교육은 통합적이고 총체적인 접근방식으로 이뤄져야 한다. 즉 인성교육은 학생들은 물론 학부모와 교사, 나아가 한 국가의 정책을 결정하는 정치인들에 이르기까지 그 대상을 확장시켜야 한다.

홀로코스트의 유대인을 구하고자 자기 자신의 재산을 털었던 덴마크의 한 청년을 생각해 보자. 어느 날 기자가 이 청년을 찾아와 "당신은 어떻게 이렇게 이타적으로 행동할 수 있었습니까?" 하고 물었다. 그러자 청년은 이렇게 말했다. "덴마크는 정직한 나라입니다. 정전으로 온 도시가 캄캄해져도 남의 물건을 훔치는 사람이 한 사람도 없을 정도지요. 그런데 죄도 없는 다른 사람의 생명을 이처럼 무모하게 짓밟고 뺏는다는 게 말이 됩니까?"

그러니까 이 청년의 행동 뒤에는 덴마크라는 국가의 성품 곧 국가관이 있었다. 어느 나라나 그 나라만의 성품 곧 국가관을 가지고 있다. 이것은 그 나라를 구성하는 문화들의 총화이기도 하다. 이런 점에서 국가의 성품이 국민의 성품으로 이어진다고도 볼 수 있다. 단적으로 이영숙 박사의 12성품교육 중에는 정직의 성품이 있는데, 덴마크와 우리나라에서 정직의 성품을 가르치는 데는 현격한 차이가 난다. 우리나라에서는 '정직하면 손해 본다'는 말이 있을 정도이다.

이런 점에서 개인의 성품이 그가 속한 사회 구성원들의 영향을 받게 마련이라는 사실을 깨달으면 우리가 가진 문화를 어떻게 행복한 문화로 만들 수 있을지를 고민하게 된다.

: 02. 바람직한 성품을 위한 해결책

이영숙 박사의 12성품교육은 성품의 특성, 곧 동양의 관계주의 문화와 유교문화를 바탕으로 발달한 심정논리, 정, 한의 심리적 문제, 한국적 샤머니즘의 문화에서 기인한 정서적 측면들까지 포괄하여 바람직한 성품을 위한 해결책을 제시하고 있다.

문화적 배경을 고려하여 한국인에게 적합한 내용과 방법으로 구성한 12성품교육의 해결책은 다음과 같이 요약할 수 있다.

첫째, 좋은 성품 훈련으로 개인의 감정을 잘 표현하도록 돕고 친밀한 관계 형성의 경험을 해야 한다. 한국인들은 동양의 관계주의 문화권의 영향으로 개인보다 사회와 공동체를 중시하고, 관계 안에서 정서적 만족감을 얻기 때문에 개인의 감정표출을 억제하는 경향이 있다. 이 때문에 사회에서 개인은 개별자로서 자유의지를 가지고 합리적 판단과 선택을 하는 사리논리(事理論理)가 아닌, 타인과의 관계를 우선시하는 심정논리(心情論理)를 바탕으로 사고한다. 따라서 개인의 자유로운 감정표출보다는 관계와 집단의 안정적 유지를 위해 감정 혹은 정서를 최대한 억제하도록 사회화된다. 한국인들이 사회에서 수많은 관계를 경험하면서도 정작 가정과 개인의 삶 속에서 친밀한 관계를 맺지 못하는 까닭은, 그동안 개인의 감정표출에 익숙하지 않았고 또한 자유로운 표현이 억제되어 있었기 때문이다.

우리 사회에 독거노인이 많은 까닭 중 하나는 관계문화가 빚은 인간관계의 부작용 때문이라고 볼 수도 있다. 처음에는 '아, 이건 말하지 말아야지' 하고 생각하다가 '이건 말해 봤자 소용없다'는 쪽으로 가게 되고, 결국에는 관계의 단절이 찾아온다. 이렇게 인간관계의 단절이 결국 독거노인의 수를 증가시킨 측면이 크다. 자기 자신의 감정을 잘 표현하지 못하는 것이 이처럼 큰 사회 문제로 귀결될 수 있다는 사실이다. 이혼율이 늘어나는 까닭 또한 자기표현 방식의 무지에서 비롯되었을 수 있고, 부모와 자녀 사이의 대화단절도 마찬가지이다. 연인들 사이에서도 감정표현이 서툴러서 자기 감정을 속인 채 '쿨하게' 헤어지는 경우가 흔하다.

억압되었다가 한꺼번에 표출되면 인간관계의 붕괴라는 부작용이 일어나게 마련이다. 따라서 감정을 표출하기 위해서는 지속적인 훈련이 뒤따라야 한다. 그러므로 좋은 성품 훈련으로 개인의 감정을 잘 표현하도록 돕고 개인적으로 친밀한 관계를 형성하는 경험을 해 보는 것이 매우 중요하다. 생각, 감정, 행동을 잘 표현하는 성품 훈련을 통해 좋은 성품의 문화를 형성할 때 우리 사회의 다양한 부작용들이 해소될 수 있다.

둘째, 자신의 감정을 말로 표현하는 언어인성교육을 실천해야 한다. 유교문화의 영향으로 어른이나 상전을 대할 때의 예의범절은 발달했지만 평소에 만나는 사람들이나 아랫사람을 대할 때 사용하는 언어의 발달은 뒤처졌다. 이 때문에 일상에서 자신의 생각과 감정을 전달하고 표

제1장
제2장
제3장
제4장
제5장
제6장
제7장
＋
제8장
제9장
제10장
＋
제11장
제12장
＋
제13장

현하는 언어에 익숙하지 않다. 따라서 자신의 감정을 말로 표현하는 언어인성교육을 실천함으로써 상하좌우의 인간관계 속에서 예의 있게 말하고 행동하는 좋은 성품의 교육을 실시해야 한다. 특히 성품대화법은 상하좌우의 인간관계에서 원활한 소통이 이뤄질 수 있도록 고안한 대화 훈련이다.[38]

셋째, 분별력을 갖고 옳고 그름을 인식하면서 이성적으로 행동하도록 교육해야 한다. 정을 중시하는 문화의 영향으로, 한국인들은 지나친 '우리성'에 얽매여 이성적인 판단을 방해하고 '마음 써 주기' 형태의 모호한 표현으로 관계 속에서 상대방의 본심을 미루어 짐작해야 하는 불확실성의 심리적 부담을 감내한다. 그러므로 '우리끼리' 또는 '우리성'에 함몰되어 개인의 판단을 억누른 채 나쁜 줄 알면서도 다른 사람을 왕따시키고 학교폭력을 자행하는 악순환을 끊어야 한다. 여기에 좋은 성품의 훈련을 통해 스스로 분별력을 갖고 옳고 그름을 인식하면서 이성적으로 행동하도록 길러 주어야 한다.

이영숙 박사의 12성품론에서 공감인지능력과 축을 이루는 덕목이 바로 분별력이다. 분별력은 '우리끼리'의 모호한 문화를 극복할 수 있고, 왕따 문제를 해결할 수 있는 성품이다. 인간만이 가지고 있는 양심을 통해 옳고 그름을 분별하는 능력 또한 인간만이 가진 차별된 특권이다. 그러니 우리가 양심의 소리에 귀를 막아 버린다면 스스로 인간임을 포기하는 것이나 다름없다.

넷째, '관계 맺기의 비밀-TAPE 요법'을 통해 관계의 문을 열게 하는 교육을 시작해야 한다. 한국인들은 개인의 감정을 표현하는 것보다 '참고 삭이는' 것이 더 가치 있다고 여김으로써 억눌린 감정들이 머물러 마침내 한을 품게 되었다. 이러한 부정적 감정은 참고 삭이며 관계를 끊어 버리거나 체념하고, 혹은 '화(火)'로 폭발하는 등의 극단적인 선택을 하는 경향이 있다.

한을 풀지 못하고 응어리로 남게 만드는 것은 감사의 성품이 부족해서이다. '내 인생에서 일어나지 말았어야 할 일'이라고 생각하는 순간 그것은 한이 되어 남는다. 만약 이것을 감사의 성품으로 수용한다면 '비록 내게 아프지만 결국 나의 성장을 가져다줄 것'이라는 인식이 생겨난다.

그러므로 이제는 '감사하기'라는 정서의 표현으로 시작되는 '관계 맺기의 비밀-TAPE 요법'을 통해 한으로 응어리진 과거의 경험들을 감사로 승화시키고, 한 차원 높은 정신적·심리적 해결책을 제시하여 관계의 문을 열게 하는 교육을 시작해야 한다. 내게 고통을 가져다준 환경을 파괴하기보다 오히려 지나온 고통은 또 다른 성숙의 기회이고, 이러한 고난을 통해 성장한다는 믿음을 가진다면 감사의 성품이 자신을 성찰하고 성숙시킬 수 있다. 상황을 바꿀 수 없을 때는 나의 성품을 바꾸면 응어리는 사라지게 된다.

---

38 이영숙 (2009). 부모의 말 한마디. 서울 위즈덤하우스.

여기서도 성품교육은 곧 내가 먼저 평화로워지는 길이 된다.

다섯째, 자신을 성찰함으로써 자신의 생각, 감정, 행동을 주관적이고 책임감 있게 선택하며 자신의 문제를 돌파해 낼 수 있는 기회를 제공해야 한다. 한국인들은 응어리진 한을 풀기 위해 한국적 샤머니즘에 기대 왔다. 이는 자기 내면의 욕구를 잘 표현하여 부정적 감정을 해결하기보다 한풀이를 통해 수박 겉핥기식의 한시적 만족을 얻는 데 만족하는 경향으로 나타났다. 즉 개인이 느끼는 부정적 감정을 외부의 개입에만 의존하여 해소하려는 것이다.

그러므로 성품교육을 통해 문제의 핵심은 자기 자신이라는 사실을 성찰할 수 있는 기회와 체험을 갖게 하는 한편, 외부의 개입이 아니라 스스로 자신의 생각, 감정, 행동을 주관적이고 책임감 있게 선택하며 주변을 정돈하고 살필 수 있는 기회를 제공해야 한다. 책임감의 성품이 바로 그것인데, 내가 해야 할 일이 무엇인지 알고 끝까지 맡아서 잘 수행하는 태도(좋은나무성품학교 정의)이다. 즉 내 인생에서 일어나는 일들을 다른 사람에게 전가하기보다, 스스로 해결하려는 책임감으로 생각, 감정, 행동을 바꾸면 삶의 부정적인 요소도 긍정적인 요소로 바꿀 수 있다.

위의 다섯 가지 특징은 오랜 시간과 역사 속에서 만들어진 한국인의 성품이다. 그러므로 문화에 따른 성품 특성을 이해하고, 나아가 어떻게 성품을 가르칠 수 있는지 고려하는 것은 매우 중요하다.

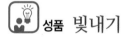

성품 빛내기

: 초등 성품리더십교육을 통해 행복해진 아이들

필자는 12성품교육이 행복한 문화를 바꾸는 원동력이라고 생각하면서 15년 동안 교육의 현장을 달려왔다. 특히 "인성을 가르치는 학교 만들기"라는 주제로 초등학교에서 8주 과정의 성품교육을 실시해 왔는데, 그중에 서울의 한 초등학교 사례를 소개해 본다. 기쁨의 성품 곧 '어려운 상황이나 형편 속에서도 불평하지 않고 즐거운 마음을 유지하는 태도'(좋은나무성품학교 정의)에 대해 배운 뒤 나타난 변화들이다. 아이들에게 "기쁨의 성품을 배우고 난 뒤 뭐가 달라졌니?" 하고 질문했더니 "내가 얼마나 소중한지 알았어요", "예전에는 짜증을 많이 냈는데 이제는 기쁜 마음을 유지할 수 있어요"라고 변화된 태도를 보인 것이다. 정말 불가능할 것이라고 생각한 일들이 인성교육을 통해 나타났다. 함께 참여했던 선생님들도 아이들이 이렇게 바뀔 줄 몰랐다, 인성교육이 이렇게 즐거운지 몰랐다, 하고 피드백을 전했다. 이 기쁨의 성품은 우울했던 아이들을 행복하게 만들어 준다. 많이 웃는 아이들로 만들어 준다. 그러니 학교 분위기가 얼마나 달라졌겠는가! 한 초등학교에서는 한 학년을 대상으로만 수업을 진행했다가 전 학년으로, 또 다음에는 열두 가지 성품 수업을 모두 받게 했다. 인성교육은 눈에 안 보인다고 생각하니까 막연하게 어떻게 해야 될지 모르는 것이다. 하지만 지난 10년 동안의 경험을 놓고 볼 때 좋은 성품을 아이들에게 즐겁게 가르치고 체험하게 하면 아이들이 더 반기는 교육이 될 수 있다.[39]

성품 다듬기

: 동양의 관계주의 문화의 영향

한국인들은 개인의 감정표출을 억제하는 경향이 나타난다. 따라서 좋은 성품 훈련으로 개인의 감정을 잘 표현하고 친밀한 관계를 형성하도록 경험하게 하는 인성교육을 실천해야 한다.

: 유교문화의 영향

한국인들은 평상시 만나는 사람들이나 아랫사람을 대할 때 사용하는 언어가 발달하지 못한 특성이 있다. 따라서 자신의 감정을 말로 표현하는 언어인성교육으로 일상생활 속에서 매너 있고 예절 바르게 말하며 행동하도록 좋은 성품의 교육을 실시하는 인성교육이 중요하다.

: 정(情)을 중시하는 문화의 영향

한국인들은 공·사 구분의 불명확성 및 지나친 '우리성'에 얽매여 이성적 판단을 방해하고 관계 속에서 상대방의 본심을 미루어 짐작해야 하는 불확실성의 심리적 부담을 감내하는 경향이 있다. 따라서 옳고 그름을 스스로 인식하여 행동하는 분별력을 갖고 이성적으로 행동하도록 좋은 성품을 함양하는 인성교육을 실천해야 한다.

: 한(恨) 문화의 영향

한국인들은 개인의 감정을 '참고 삭이는' 경향이 나타난다. 따라서 한(恨)으로 응어리진 과거의 경험들을 '감사'의 성품으로 승화시키는 한 차원 높은 정신적, 심리적 해결책을 제시하여 관계의 문을 열게 하는 교육을 실천하는 인성교육이 중요하다.

---

39 이영숙 (2014). 한국형 12성품교육론. 서울: 좋은나무성품학교. 275-276.

: 샤머니즘 문화의 영향

개인이 느끼는 부정적 감정을 외부의 개입에만 의존하여 해소하려는 경향이 나타난다. 따라서 자신을 성찰할 수 있는 기회와 체험 활동을 통해 자신의 생각, 감정, 행동을 주관적이고 책임감 있게 선택하며 주변을 정돈하고 살필 수 있는 기회를 훈련하는 인성교육을 실천해야 한다.

제1장
제2장
제3장
제4장
제5장
제6장
제7장
+
제8장
제9장
제10장
+
제11장
제12장
+
제13장

제1장
제2장
제3장
제4장
제5장
제6장
제7장
+
제8장
제9장
제10장
+
제11장
제12장
+
제13장

제3장

행복한 관계 맺기의 비밀-TAPE 요법

10강 행복한 관계 맺기의 비밀-TAPE 요법

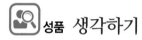성품 생각하기

: 행복한 인간관계가 장수의 비결?

미국 브리검영대 연구진은 사회생활을 활발히 하면서 좋은 인간관계를 유지하는 이들은 그렇지 않은 사람들보다 먼저 숨질 확률이 50%나 낮다고 밝혔다. 그러니까 건강하게 오래 살고자 한다면 금연이나 살을 빼는 것만큼 친구, 부부, 자녀와 좋은 관계를 맺는 것이 중요하다는 것이다.

　YTN 2010년 7월 28일 보도 내용에 따르면 브리검영대 연구진은 30만 8,000명을 대상으로 대인관계가 건강에 미치는 영향에 관한 140여 건의 기존 연구들을 재분석하여 이런 결과에 도달했다고 한다. 재미난 이야기도 전하고 있는데, '대인관계가 부족한 것은 하루에 담배를 15개비 피는 것과 같다'는 것이다. 또 대인관계가 적은 것은 알코올 중독자가 되는 것과 맞먹는 나쁜 영향이 있으며 운동을 하지 않는 것보다 더 나쁘고 비만보다 배나 해롭다고 전했다.[1]

성품 꿈꾸기

1. 잘 사는 삶의 공식을 구체적으로 이해할 수 있다.
2. '행복한 관계 맺기의 비밀-TAPE 요법'이 무엇인지 알 수 있다.

1　YTN. 2010. "건강하게 오래 살려면 좋은 인간관계 맺기". 7월 28일.
　　http://www.ytn.co.kr/search/search_view.php?s_mcd=0104&key=201007281128228329

성품 빗기

01. 잘 사는 삶의 공식

하버드 의대 조지 베일런트 교수는 "행복한 삶의 공식"이라는 연구 과제를 진행해 온 학자로 유명하다. 그는 1937년부터 2009년까지 72년 동안 하버드대 2학년 재학생 268명을 대상으로 추적 조사했는데, 학업성적이 뛰어나 하버드 의대에 다닐 정도의 인재들이라면 당연히 행복한 삶을 살 것이라는 가설을 세웠다. 대상자들 가운데는 케네디처럼 훗날 대통령이 된 사람은 물론 유명세를 떨친 사람들이 많았다. 그러나 연구 결과는 그의 예상을 빗나갔다. 연구 대상자 가운데 3분의 1에 해당하는 사람들이 정신질환을 앓았다. 인생에서 화려한 시작을 했던 엘리트였음에도 불구하고 그것은 껍데기에 불과할 뿐 그 심장은 고통을 받고 있었다. 무엇보다 이 연구가 우리에게 뚜렷이 알려 주는 정보 하나는 이것이다. 학벌이 행복을 보장하지 않는다.

이 연구는 우리 사회에 호소하는 바가 크다. 우리 교육현장에서 가장 큰 관심사는 똑똑하고, 성적 좋고, 좋은 대학에 진학하는 사람을 만드는 데 있다. 상당수의 학부모들 역시 이런 관심사에서 벗어나지 못하고 있다. 이른바 '성공일념'으로 질주해 온 교육의 결론은 안타깝게도 세계에서 가장 자살률이 높은 사회로 만들게 된 것이다. 이제는 우리 교육의 방향이 잘못되었음을 시인해야 할 상황에 이르렀다.

조지 베일런트 교수는 행복한 삶의 공식 곧 참 행복을 가져다주는 요소들을 일곱 가지로 제시하고 있다.

첫째, 고통에 적응할 줄 아는 성숙한 태도를 가진 사람이 행복하다.

둘째, 적절한 교육을 받은 사람이 행복하다. 여기서 적절한 교육이란 당연히 선행교육 등의 비정상적인 교육을 의미하지 않는다.

셋째, 적당한 체중을 가진 사람이 행복하다. 체중이 건강의 지표가 되기 때문인데, 성인병 등을 예방할 수 있는 건강관리를 행복의 요소로 본 것이다.

넷째, 금연하는 사람이 행복하다.

다섯째, 금주하는 사람이 행복하다.

여섯째, 안정적인 결혼생활을 하는 사람이 행복하다. 즉 배우자로부터 적극적인 지원을 받는 부부관계의 중요성을 말하고 있다.

일곱째, 적당한 운동을 하는 사람이 행복하다.

여기서 주목할 사항은 조지 베일런트 교수가 제시하고 있는 일곱 가지 요소들이 결코 유전적인 요소를 반영하지 않는다는 사실이다. 오히려 스스로 노력하여 성품을 가꿈으로써 얻을 수 있는 결과이다. 성품교육의 중요성은 여기서도 잘 드러난다. 절제와 인내와 책임감의 성품을 가진 사람들이라면 금연, 금주, 운동, 소식 등의 습관을 갖게 될 것이다. 일곱 가지의 행복 공식은 결국 좋은 성품의 결과인 셈이다.

타고난 행복이란 없다. 좋은 생각을 하고, 좋은 감정을 느끼고, 좋은 행동으로 삶을 가꿀 때 행복에 이를 수 있음을 가르쳐 준다. 무엇보다 좋은 성품은 좋은 인간관계를 형성하는 원동력이 된다. 좋은 인간관계를 맺고, 이를 잘 유지하며 지탱할 수 있도록 자기 자신을 관리하는 능력은 행복한 삶의 필수적인 요소인 셈이다.

모든 인간은 사랑하고, 사랑받고 싶은 욕구가 있다. 그런 점에서 사랑은 본능이다.

신성로마제국의 황제였던 프리드리히 2세의 실험은 사랑이 인간의 본능일 뿐 아니라 인간의 생명과도 연결되어 있음을 알려 준다. 그는 전쟁으로 고아가 된 아이들을 궁으로 데려온 뒤 고아들의 양육자들 곧 간호사, 보모 등에게 다음과 같이 명령한다. "이 아이들에게 시간에 맞춰 먹을 것을 주되 안아 주거나, 얼러 주지 말며, 스킨십을 해서도 안 되고, 사랑한다고 말하지도 말라." 황제의 명령은 그대로 지켜졌고, 1년 만에 아이들은 모두 죽어 버렸다. 이 이야기는 사람에게 사랑의 가치는 음식보다 더 중요한 생존의 환경임을 가르쳐 준다.

오스트리아의 심리학자 르네 스피츠의 연구도 이와 유사한 결론을 맺는다. 1940년대에 최상급 시설의 고아원과 교도소 재소자들의 아이를 돌보는 보육원을 비교 관찰했다. 최상급 시설의 고아원에서는 91명의 유아 중 34명이 2세 이전에 사망하거나 살았더라도 지능 및 정서발달이 현저히 느리게 나타났는데, 교도소 내의 보육원은 오히려 사망한 아이도 없고 건강하게 성장하였다. 르네 스피츠는 이러한 결정적 차이가 사랑을 표현하는 손길에 있었음에 주목했다. 최상급 시설의 고아원에서는 보육자들이 최소한으로 아기를 안아 주는 규칙을 지켰기 때문이었다.[2]

이처럼 사랑이야말로 모든 인간관계의 핵심이다. 부부, 부모와 자녀, 스승과 제자, 그 모든 관계의 핵심은 사랑이다.

세월호 참사 현장에서 무엇보다 우리를 가슴 아프게 한 건 아이들이 그 위기의 순간에 엄마 아빠에게 보낸 문자였다. 문자의 내용은 대부분 '사랑해요'이다. 평소에는 부모의 속을 썩인 아이들이지만 위기의 순간에는 사랑을 고백했다. 우리나라의 경우에만 그런 게 아니다. 미국에서 911사건이 일어났을 때도 마찬가지였다. 평소에는 '공부해라', '왜 그 모양이니?', '내게 해 준 게 뭐가 있어요?' 하고 말해도 절체절명의 위기상황이 오면 인간은 그 모든 것을 내려놓고 사랑을 고백한다.

---

2 Harrington, Anne (2008). Cure Within A History of Mind-Body Medicine. 조윤경 역. 마음은 몸으로 말을 한다. 살림.

결국 사랑만이 남는다. 그래서 사랑이 깨지면 관계도 깨지고 만다. 사랑이 깨지면 나타나는 현상은 불만과 불평, 비난과 시기 등이다. 사랑이 깨진 관계에서는 고통만이 남는다. 사랑이 깨진 가정과 학교에서 일어나는 폭력과 따돌림을 우리는 직접 목격하고 있다.

우리는 이렇게 깨진 관계들을 어떻게 사랑의 관계로 회복할 것인가, 하는 과제를 안고 있다. 인성교육은 그 해결책을 인성 곧 성품의 회복에 두고 있다.

02. 행복한 관계 맺기의 비밀 - TAPE 요법

좋은 성품을 가진 사람들의 특징은 관계를 잘 맺는 것이다. 원만한 인간관계는 성공하는 사람들의 공통적인 특징이며,[3] 개인의 '좋은' 성품이 구체적으로 적용된 결과이다.

한국인들은 그동안 동양의 관계주의 문화권과 유교문화의 영향으로 감정을 억압하는 데 익숙했지만 오해나 편견 없이 감정을 잘 표현하지 못했다. 많은 현대인들이 가정과 학교, 직장에서 수직적-수평적 인간관계를 잘 풀어 내지 못해 극심한 정신적 · 감정적 어려움을 호소하고 있는 현실이다.

이영숙 박사의 12성품교육은 관계의 어려움을 없애고 좋은 성품으로 친밀한 관계를 열어 가도록 돕기 위해 다양한 방법을 모색해 왔다. '관계 맺기의 비밀 - TAPE 요법'은 그 대표적인 방안으로, 관계의 막힌 담을 좋은 생각, 좋은 감정, 좋은 행동으로 풀어 내도록 돕는다. 성품은 혼자 있을 때보다 다양한 인간관계 속에서 작용하고 효과를 나타낸다.

'관계 맺기의 비밀 - TAPE 요법'은 자신의 감정과 욕구를 바르게 전달하여 건강하고 행복한 관계를 형성하고 유지하도록 돕는 데 목적이 있다. 수직적 관계 맺기와 수평적 관계 맺기를 위한 네 단계, 즉 '감사하기(Thank you), 용서 구하기(Apologize), 요청하기(Please), 내 마음 표현하기(Express)'가 그 내용이다. 각 단계의 앞 글자를 따서 'TAPE 요법'이라 한다.

'관계 맺기의 비밀 - TAPE 요법'의 각 단계별 특징은 다음과 같다.

첫째, 감사하기 'Thank you'. TAPE 요법의 시작 단계인 감사하기는 상대를 존중하는 마음으로 관계 맺기의 바탕이 된다. 존중이란 "나와 상대방을 공손하고 소중하게 대함으로 그 가치를 인정하며 높여 주는 태도"[4]이다. 감사하기는 생명 자체에 대한 존중을 바탕으로 상대방의 구체적인 태도, 마음, 행동 등에 대한 감사를 전달하는 단계이다. 감사를 통해 우리는 인간관계의 핵심인 사랑의 관계를 회복한다.

한이라는 응어리를 가진 한국인의 경우 속에 가득 찬 비난과 불평과 불만 때문에 감사로 관

3 Vaillant, G. E. (1977). Adaptation to Life. 이덕남 역. 행복의 조건. 서울: 프런티어.
4 이영숙 (2005). 부모 · 교사를 위한 성품교육 지도서 - 경청. 서울: 아름다운 열매.

계를 풀어 내는 자질이 부족하다. 하지만 자기 자신을 돌아볼 때 부족함을 발견하고, 그럼에도 불구하고 부모로, 교사로 따르는 자녀들과 학생들을 생각하면 감사한 마음이 생긴다. 이처럼 감사하는 마음으로부터 관계를 시작하면 의외로 엉킨 관계들이 풀리기 시작한다. 우리가 감사하기를 연습해야 하는 까닭은 이 때문이다.

둘째, 용서 구하기 'Apologize'. 내재된 감정을 긍정적으로 전달하여 관계의 '회복'을 꾀하도록 돕는다. 상대에 대한 부정적 인식을 인정하고 반성하는 마음으로 자신을 돌아보는 과정을 거치면서 잘못에 대해 정직하게 용서를 구한다. 이를 통해 관계 맺기의 장애요인을 제거하고 관계를 회복하는 단계이다.

셋째, 요청하기 'Please'. 필요에 대한 일방적인 강요나 주장이 아니라, 자신의 필요와 욕구(need)를 상대방에게 솔직하고 명확하게 전달하여 긍정적인 방법으로 요청하는 단계이다. 서로의 필요와 욕구를 진술하게 요청하는 과정을 통해 불필요한 오해의 소지를 차단할 수 있다.

넷째, 내 마음 표현하기 'Express'. 자신의 감정을 명확한 용어로 표현하는 단계이다. 긍정적인 감정뿐만 아니라 부정적인 감정까지도 올바른 방법과 적절한 용어를 사용하여 표현함으로써 더욱 친밀하고 원만한 관계를 형성할 수 있다.

'관계 맺기의 비밀-TAPE 요법'은 내재된 감정을 부적절한 방식으로 표현하거나 억압하여 표출하지 않는 습관, 왜곡된 방법으로 표출하여 오해를 받게 되는 경향에서 벗어나 감정을 올바른 방법으로 표현할 수 있도록 도와 좋은 성품을 길러 주는 효과적인 교육방법이다. 감정의 폭발로 관계의 단절을 경험했거나 깨진 관계를 회복하고자 하는 부모, 교사, 학생들에게 막힌 담을 헐고 좋은 성품으로 관계를 풀어 내게 하는 해결의 중요한 실마리를 제공한다.

성품 빛내기

: 당신 탓이니, 사과해요!

'행복한 관계 맺기의 비밀-TAPE 요법'을 통해 큰 변화를 체험한 한 학부모의 사례를 소개한다. 학부모 인성교육 프로그램인 성품대화학교에 참여한 분인데 자기소개가 참 특이했다. "지난해까지만 해도 나는 35세의 싱글맘이었다. 남편은 있지만 없는 것처럼 살았고, 다섯 살 된 아들 하나 키우는 것을 낙으로 여기며 살고 있었다." 특이하지만 왠지 마음이 아팠다. 그러니까 이 부부는 결혼해서 줄곧 함께 사는 것이 괴로워서 이혼만 하지 않은 채 적당히 살아가는 방법을 터득하여 각자 살았던 것이다. 그러다가 남편은 곧 이런 생활을 청산하고 미국으로 떠나려던 참이었다. 언제 올지 모르는 이별을 앞두고 아내는 남편에게 어떻게 해서든 '미안하다, 내

제1장
제2장
제3장
제4장
제5장
제6장
제7장
+
제8장
제9장
제10장
+
제11장
제12장
+
제13장

가 당신 인생에 큰 잘못을 했다'는 사과를 정식으로 받고 싶어서 남편에게 "당신, 이제 떠나는 것은 좋은데 가기 전에 나한테 사과하고 가!"라고 말했다. 그러나 남편은 어이없어하며 "그런 너는? 너는 잘했고?" 하면서 도리어 크게 싸웠다고 한다. 그렇게 남편과 심하게 갈등하고 있을 때 성품대화학교 과정에 참석한 것이다. 그리고 모든 이야기를 털어놓으면서 도움을 요청했다. 필자는 방법 하나를 제안했다. 바로 '행복한 관계 맺기의 비밀-TAPE 요법'이었다. 그 순서대로 남편과 다시 이야기해 보라고 권했다. 그러나 아내는 남편에게 감사할 것도 없고, 용서를 구할 것도 없다며 처음에는 거절했다. 필자가 소원을 이루기 위해서라도 이 순서대로 꼭 한번 해 보라고 다시 권했더니 용기를 내어 남편과 대화하는 시간을 만들었다. 남편과 집 근처 공원을 같이 걷자고 제안했는데 다행히 남편이 응해 주어서, 공원을 산책하면서 남편에게 용기를 내어 "당신하고 이렇게 걸으면 당신 키가 커서 내 마음이 든든해지고 참 좋아요"라고 말했다. 남편은 생전 처음으로 아내에게 좋다는 소리를 듣고는 눈이 휘둥그레지고 표정이 달라졌다. 아내는 또 "그런데 생각해 보니 이런 말을 당신에게 한 번도 안 했네요. 미안해요" 하고 말했다. 감사하기, 용서 구하기를 나름대로 약하게 사용한 것이다. 그런데 그 순간 남편의 반응이 정말 놀라웠다. 갑자기 어쩔 줄 몰라 하면서 "아니야, 내가 더 미안하지. 사실 내가 당신한테 잘한 게 없어. 너무 미안해…" 하더라는 것이다. 얼떨결에 남편에게 그토록 바라던 사과를 받아냈다. 다음 단계인 요청하기를 하지 않았는데도 말이다. 그 순간이 기적처럼 느껴졌다. '행복한 관계 맺기의 비밀-TAPE 요법'으로 이렇게 사람이 금방 변할 줄은 꿈도 꾸지 않았는데 놀란 것이다. 순간 아쉬움과 놀라움이 마음속에서 소용돌이쳤다. 그리고 그날 이후 부부는 마음을 조금씩 열기 시작했고, 이메일을 주고받기로 하고, 남편은 미국으로 떠났다. 그러면서 아내분이 "성품대화학교는 그동안 내가 깨닫지 못한 많은 생각들을 깨닫게 해 주었고, 성품의 정의처럼 생각, 말, 행동을 변화시키게 해 주었다"고 소감을 밝혔다. 과정을 마친 뒤 아내는 미국의 남편에게 이렇게 메일을 보냈다. "여보, 나는 그동안 우리 결혼의 비극이 모두 당신 탓이라고 여기며 당신을 원망하고 살았어요. 그런데 내가 성품을 배워 보니 내 성품이 모자랐다는 것을 알았어요. 미안해요." 그리고 이 편지를 받은 남편은 그 다음 날 바로 짐을 챙겨서 한국으로 돌아왔고, 두 사람은 지금 행복한 가정을 회복하여 잘 지내고 있다. 아내도 남편도 모두 지금처럼 행복하게 부부생활을 하게 될 줄은 꿈에도 생각하지 못했는데 모든 게 성품교육 덕분이라며 감사의 인사를 했다. 놀랍지 않은가? 성품교육은 이처럼 풍성하고 좋은 관계를 맺기 위한 첫걸음이다.[5]

---

5 이영숙 (2012). 성품, 향기 되어 날다. 서울: 좋은나무성품학교. 113-116.

 **성품 다듬기**

: 성공적인 행복을 이끄는 '잘 사는 삶의 공식'은

지성이나 계급이 아니라, 사회적 적성 즉 인간관계를 결정짓는 '성품'에 달려 있다.

: '행복한 관계 맺기의 비밀－TAPE 요법'은

감사하기(Thank you), 용서 구하기(Apologize), 요청하기(Please), 내 마음 표현하기(Express)를 통해 깨진 관계를 회복하고 좋은 성품으로 풍성한 관계를 맺도록 한다.

11강 감사와 용서를 통한 관계 맺기의 비밀

성품 생각하기

: "Sorry" 사과 한마디의 힘

미국 마이애미, 미네소타, UCLA 대학합동 연구팀이 337명의 성인을 대상으로 한 실험 결과 의도하지 않게 누군가에게 피해를 끼쳤을 때 작은 선물 하나, 또는 미안하다는 사과 한마디가 관계를 훼손시키는 것을 막을 수 있는 것으로 나타났다.

서울신문 2014년 7월 15일 자 기사에 의하면 이 연구팀은 각기 다른 피해를 입은 실험 참가자에게 관계를 좋지 않게 만든 사람, 곧 가해자가 먼저 다가가 "미안하다"라는 말과 함께 작은 꽃 선물을 사서 전달하게 했더니 상대방을 달래고 회유하려는 사과의 행동이 피해자로 하여금 가해자와의 관계를 다시 생각하게 만들고, 가해자를 향한 불만스러운 인식을 줄여 주는 것으로 나타났다. 동시에 피해자는 언쟁 또는 사고에서 벗어나 여전히 다른 사람과 관계를 맺는 것에 가치를 느끼고, 다시 한 번 타인과 소통하려는 심리상태로 변화하는 모습을 보였다.

연구팀은 실험 결과를 다음과 같이 해석했다. "적절한 사과의 말 한마디가 용서를 가능하게 하고 피해자의 화를 누그러뜨릴 수 있다. 이 같은 사실은 어렸을 때 상습적으로 가정폭력을 당한 피해자와 가해자, 상처를 주고받는 배우자나 연인들에게 영감을 줄 것이다."[6]

---

6 서울신문. 2014. "'Sorry' 사과 한 마디가 큰 변화를 만든다". 7월 15일.
http://news.naver.com/main/hotissue/read.nhn?mid=hot&sid1=103&cid=3118&iid=941582&oid=081&aid=0002442496&ptype=021

우리는 이 실험 결과를 통해 감사를 표현하고 용서를 구하는 좋은 성품이 좋은 관계를 유지하는 데 무엇보다 큰 재산이 될 수 있음을 확신할 수 있다.

성품 꿈꾸기

1. TAPE 요법 중 감사하기(Thank you)의 방법을 관계 맺기에 적용할 수 있다.
2. TAPE 요법 중 용서 구하기(Apologize)의 방법을 관계 맺기에 적용할 수 있다.

성품 빚기

01. 좋은 성품은 훈련의 결과이다

구체적으로 '관계 맺기의 비밀−TAPE 요법'을 연습하도록 하자. 좋은 성품은 지식으로 만들어지거나, 자라면서 저절로 만들어지지 않는다. 오히려 성장한 뒤에는 그야말로 어디서부터 손을 대야 할지 모를 정도로 기회를 놓쳐 버리는 경우를 많이 본다. 그러므로 우리는 어릴 때부터 꾸준히 연습함으로써 좋은 성품을 갖도록 교육해야 한다. 마치 꽃을 키우듯 물도 주고, 햇볕도 쬐어 주고, 가지치기도 해 주어야 한다. 이런 반복적인 훈련을 통해서 좋은 성품을 만들 수 있다.

사랑은 본능이면서 관계의 핵심이라는 사실을 우리는 확인했다. 그런데도 우리는 이 사랑의 가치를 망각하고 사랑을 표현하지 않거나, 익숙하지 못한 상태로 살아왔다. 여기서부터 관계는 왜곡되기 시작했다. 여기 꼭 필요한 것이 성품 훈련이다.

다음 사례를 주목해 보자.

사례 1 치과의사인 어느 엄마가 울면서 필자를 찾아왔다. 이 엄마는 자식을 잘 키우고 싶은 마음이 무엇보다 컸으므로 양육에 전념하고자 결혼 후 곧장 치과의사 직을 내려놓았다. 아이들을 낳아 초등학교에 보낼 때까지 양육에만 전념한 뒤에 다시 의사 일을 할 계획이었다. 아이를 낳고, 유치원에 보내고, 부모교육도 받으면서 좋은 엄마가 되고자 노력했다. 이제 아이가 유치원을 졸업하고 학교 입학을 앞두게 되었다. 엄마는 '이제 의사 일을 다시 해도 되겠다'는 생각에 감개무량했다. 엄마는 딸에게 "큰딸, 엄마가 너를 얼마나 사랑하는지 알지?" 하고 말했다. 엄마는 딸에게 이렇게 물을 때 은근히 '엄마가 너를 사랑해서 이런 희생을 감수한 거야' 하고 말하고 싶었다. 그런데 딸의 대답이 엄마를 다시 고민에 빠지게 했다. "치! 엄마가 언제 나를 사랑해? 날마다 잔소리만 했지." 엄마는 틀림없이 사랑했는데 딸은 그렇게 생각하지 않았다. 결국 사랑을 잘못 표현한 셈이었다. 엄마는 울면서 어떻게 해야 할지 물었다. 필자는 엄마에게

"엄마는 분명히 사랑했는데, 문제는 우리 자녀들에게 그것이 사랑이라는 언어로 표현되지 못한 것이니 이제부터라도 표현하는 방법을 바꿔 보세요"라고 말했다.

이 엄마처럼 우리는 기회가 가기 전에 우리의 사랑을 표현하는 방법을 배워야 한다. 부부관계도 마찬가지인데, 배우자를 사랑하면서도 그 사랑을 어떻게 표현해야 할지 모른다. 교사와 학생들 사이에도 이런 모순이 있다. 이 때문에 우리는 '언제 사랑했어요?'라는 엉뚱한 반응을 받고 놀란다. 그래서 사랑이 찢어졌다면 먼저 4개의 테이프(TAPE)를 붙이는 일을 시작해야 한다. 감사하기, 용서 구하기, 요청하기, 내 마음 표현하기, 이 4개의 테이프가 인간관계를 이어 붙이는 기적을 만들어 낼 것이다.

: 02. 행복한 관계 맺기의 비밀 - 감사하기(Thank you)

먼저 '감사하기'에 대해 구체적으로 살펴보자. 감사는 '다른 사람이 나에게 어떤 도움이 되었는지 인정하고 말과 행동으로 고마움을 표현하는 것'(좋은나무성품학교 정의)이다. 중요한 것은 표현이다. 흔히 생각하듯 감사는 그저 느끼고 마음에 간직하는 것이 아니라 구체적인 말과 행동으로 표현하는 것이다. 종은 울려야 종이듯 표현되지 않은 감사는 감사가 아니다.

문화 속에서 우리는 그동안 감사를 표현하는 데 인색했다. 상대방에 대해 지적하고 비판하기는 잘하면서도 감사는 표현하지 않았다. 그 결과 많은 관계가 파괴되었다. 많은 부모들이 자녀에게 "대체 그렇게 공부해서 어떻게 좋은 대학에 갈 수 있겠니?", "엄마 친구 아무개는 잘하는데 너는 왜 이 모양이냐?" 하고 말은 많이 하지만 "아무개야, 네가 내 아들(딸)이어서 고맙다"라거나 "엄마는 네가 내 아들(딸)인 것만으로도 감사해" 하고 말하는 데는 인색했다. 그래서 한국 부모들이 가장 많이 하는 말이 '해라', '하지 마라', '했니?' 이 세 가지라고 할 정도이다. 그 결과 7년을 열심히 사랑했는데 아이는 "엄마가 언제 사랑했어? 잔소리만 했지"라고 말하는 것이다. 엄마는 잔소리가 곧 사랑이었는데, 자녀는 사랑을 잔소리로 받아들인 셈이다.

감사는 내 곁에 있는 소중한 사람들에게 먼저 표현하기 시작해야 한다. 멀리 있는 스승을 찾아가기 전에 가까이 있는 사람들에게 먼저 감사해야 한다.

자, 이제 휴대전화를 꺼내서 지금 가까이 있는 누군가에게 감사의 메시지를 보내 보자.

"아무개야, 네가 내 아들(딸)이어서 감사해."

"엄마, 엄마가 내 엄마여서 너무 행복해."

"여보, 고맙고 사랑해요. 늘 응원할게요."

관계에 상처가 생겨서 서먹서먹해지고 점점 멀어지는 것 같을 때, 어떻게든 이 관계를 회복해야 할 텐데 어떻게 해야 할지 모를 때, 우리가 먼저 시작해야 할 것은 감사의 표현이다.

필자의 사례를 소개해 본다.

사례 2　저는 큰아들에게 잔소리 잘하기로 유명한 엄마였어요. 그렇게 안 보이죠? 밖에서 교수로 일하니 집에 와서도 대화마다 가르치려는 투였던 거죠. 아들이 잘못을 한다, 생각하면 그 자리에서 지적했어요. 그런데 그 끝은 관계의 파괴가 기다리고 있었어요. 아들은 엄마를 피하고, 저는 그런 아들을 또 꾸지람했어요. 관계가 깨지면서 큰아들이 나타낸 증상은 인터넷 중독이었어요. 인터넷 중독증세가 있는 많은 아이들의 경우도 어떻게 보면 부모와의 단절 또는 관계가 깨진 데 기인하는 경우가 많아요. 섭식충동증세도 생겨서 보는 것마다 먹어 댔고 그러다 보니 살이 쪄서 나중에는 150kg에 육박했어요. 그런 아들을 보면서 정말이지 제 인생이 망가지는 줄 알았어요. 아들에게 "너, 거울 좀 봐 봐! 네가 이게 사람이냐? 괴물이지!" 했어요. 엄마의 입에서 이런 말이 튀어나왔죠. 그러면 아들은 "내가 괜찮은데 엄마가 왜 참견이에요? 난 이대로가 좋아요"라고 대들었죠. 그렇게 깨진 관계를 어디서부터 봉합해야 할지 몰랐습니다. 절망적이었어요. 더 이상 내가 할 수 있는 게 없어 보였죠. 병원에도 다니고, 한약도 먹이고, 경락까지 받았어요. 그러던 어느 날 저는 비로소 아무리 잔소리를 하고 지적을 해도 안 된다는 걸 깨달았어요. 우리는 어찌어찌 해서 관계를 봉합하는 데 성공했습니다. 그 이야기는 또 나중에 하기로 해요. 아무튼 관계가 나아지자 아들이 이렇게 말했어요. "엄마, 내가 이제부터 살을 빼면 그건 엄마 잔소리 때문에 빼는 게 아니에요. 내가 빼는 겁니다." 그때 감사하는 마음으로 "고마워. 네가 좋으면 엄마도 좋아. 나는 네가 내 아들인 것만으로도 너무나 감사해" 하고 말했죠. 아들이 엄마의 말에 놀랐는지 충격을 받던 모습이 지금도 기억나요. 저는 그 말의 힘을 그때 알게 된 거죠. 지금 저는 아들과 좋은 관계를 유지하고 있고, 아들은 70kg까지 감량했어요.

이처럼 좋은 성품을 통해 나타나는 말 한마디가 기적을 만든다. 어떤 기적보다 큰 기적은 우리 자신이 좋은 인간관계를 맺고, 또 일그러진 관계를 회복하는 것이다. 그리고 그 회복으로 나아가는 첫걸음이 바로 감사하기이다. "네가 내 아들인 것만으로도 감사해"라고 말하는 한마디에서부터 기적은 시작된다.

내게 주어진 환경이 어떠하든 상관없이 거기서부터 감사해야 한다. 모든 것이 파탄 난 것 같을 때, 바로 그때가 감사할 때이다. 세대 간의 갈등 때문에 힘들어하는 어른들을 보면, 감사함이 사라진 것이 무엇보다 큰 원인임을 알게 된다. 이런 점에서 세대 간의 회복 또한 감사하기로부터 시작해야 한다. 세계에서 이혼율이 가장 높은 나라에서 우리가 선택해야 할 대안 역시 감사하기이다. 기적은 거기서 시작된다는 사실을 잊지 말아야 한다.

: 03. 행복한 관계 맺기의 비밀-용서 구하기(Apologize)

감사하기에 이어 '관계 맺기의 비밀' 두 번째 단계는 자신의 잘못을 인정하고 용서를 구하는 것이다. 교사들과 학부모의 경우 학생들의 잘못을 지적하고 혼내는 데 익숙한 반면 자기 자신의 잘못에 대해서는 자존심을 내려놓고 아이들에게 용서를 구한다는 게 쉽지 않다. 그러나 용서를 구함으로써 좋은 관계 맺기가 시작된다.

이렇게 말해 보자.

"그건 선생님 잘못이야. 선생님이 미안해. 용서를 구할게."

'용서하기'가 아니라 '용서 구하기'이다. 나의 잘못을 인정하고 책임을 지고 용서를 구해야 한다. 공감인지능력과 함께 12성품교육의 큰 줄기인 분별력의 성품을 통해 선악을 분별할 줄 앎으로써 스스로 잘못을 범했을 때 자신의 잘못을 인정하고 용서를 구할 수 있다.

문제는 많은 사람들이 자신의 잘못을 인정하지 못하고 대신 변명과 책임 전가에 익숙하다는 것이다. 우리 사회에도 책임을 전가하는 풍토가 팽배해 있다. 생명이 침해당하는 큰 사건이 발생하더라도 그 일에 대해 누군가 책임지는 사람을 찾기가 어렵다. 변명하고 책임을 전가하기에 급급하다. 이런 사회는 불안감만 증폭시키고 삶의 질을 추구할 수가 없다. 인성교육은 이런 점에서 한 사회에 안정감을 주고 삶의 질을 높이는 교육인 셈이다.

괴팍한 성격을 가진 사람들, 우울증에 대인공포증을 가진 사람들에게는 공통점이 있다. 이들의 성품이 어느 날 갑자기 만들어진 게 아니라 오랜 시간 반복적으로 고통을 준 사람이 꼭 있다는 사실이다. 그 사람은 부모이거나, 교사이거나, 또 다른 어떤 권위자일 수 있다. 그런데도 그들 가운데 아무도 "나 때문에 네가 많이 고통받았지"라며 자신의 잘못을 인정하고 용서를 구하지 않았다. 성장한 뒤에도 이 상처가 영향을 끼침으로써 대인관계에서 대인공포증에 시달리는 모습을 자주 목격한다. 모든 좋은 관계의 시작은 용서를 구할 때 비로소 싹이 튼다.

사례 3 다시 우리 가족 이야기를 할게요. 큰아들은 성적이 매우 나빴어요. 명색이 대학교수인 엄마와 고시 합격자인 아빠를 둔 아들의 성적이 평균보다 훨씬 밑돌았던 거죠. 엄마 아빠의 체면은 구겨질 대로 구겨졌죠. 남편은 "또 이런 점수를 받으면 그땐 100대 맞을 각오를 해!"라고 경고했어요. 나는 아들에게 "아빠 성격 알지? 그러니 제발 공부 좀 해"라며 협박 같은 부탁을 했어요. 그러나 그다음 시험에서도 아들의 성적은 오르기커녕 더 떨어졌어요. 남편은 정말 아들을 100대나 때렸습니다. 그것도 야구방망이로. 저는 결혼할 때 아빠가 아이를 혼내면 엄마는 가만히 있기로 남편과 약속을 했어요. 왜 그런 약속을 했는지 지금으로서는 이해할 수 없지만…. 남편은 아이들을 키우면서 자주 체벌을 했어요. 남편도 어려서 부모에게 체벌을 받아서인지 체벌에 익숙했죠. 남편이 아들을 때릴 때 저는 부엌에서 혼자 울었어요. 어느 날 아들이 고등학교 2학년 때였는데, 아주 무서운 눈으로 아빠에게 이렇게 말하던 걸 기억해요. "아빠가 나에게 100대를 때리던 날, 나는 이다음에 커서 꼭 복수하고 말겠다고 결심했어요." 남편은 아들에게서 이처럼 끔찍한 말을 들으면서 놀란 나머지 숨도 제대로 쉬지 못했어요. 아들은 엄마에게도 "내가 아빠라는 사람에게 100대나 맞을 때 엄마는 어디에 있었어? 왜 아들을 보호해 주지 못했어?"라고 말했는데, 그 말을 듣고 저는 울면서 "엄마가 미안해. 엄마를 용서해 줘. 엄마가 처음으로 엄마가 돼 봐서, 너를 어떻게 키워야 잘 키우는지 몰랐어. 그래서 엄마가 너를 보호하지도 못했어. 엄마도 그때 어떻게 해야 되는지 모르고 부엌에서 울고만 있었어" 하고 애원했어요. 저는 그때 처음으로 '아, 뭔가 잘못되고 있구나' 하는 신호를 받았던 것 같아요. 완벽주의인 남편은 100대를 때려도 처음 매와 끝 매가 같아야 한다고 생각하면서 아들을 때렸는데, 그 매를 고통스럽게 맞고 있는 아들의 비명을 들으면서 저는, 엄마라는 사람이 울고만 있었던 거예요. 얼마나 나 자신이 무기력해 보이던지, 더 이상 이대로는 안 되겠다는 생각을 하면서도 어떻게 해야 할지 알 수 없었어요. 교육학박사이고 대학에서 교육학을 가르치는 사람이 그 상황에서 대체 무엇을 어떻게 해야 할지 몰랐던 거죠. 제가 아들에게 용서를 구하고 나서 남편은 거의 일주일 동안 서재에서 나오지 않은 채 침묵의 시간을 가지더군요. 일주일이 지난 뒤 남편은 아들을 불러서 앉힌 뒤 용서를 구했어요. "아빠가 좋은 아빠가 아니었다. 좋은 아빠의 모습을 본 적도 없었다. 그냥 아빠의 아버지가 했던 것처럼 하면 적어도 나 같은 아들이 될 줄 알았다. 이제부터 좋은 아빠가 되기 위해 노력할 테니 아빠를 용서해 다오." 이렇게 엄마와 아빠가 용서를 구하고 난 뒤 아들은 비로소 엄마 아빠를 용서해 주었죠. 그리고 그때부터 부모와 자녀의 관계가 회복되기 시작했습니다. 저의 책 〈성품 좋은 아이로 키우는 자녀 훈계법〉은 이때의 경험을 토대로 집필한 거죠.

필자가 겪었던 아픔처럼 아직도 우리나라 가정에서는 체벌이 훈육의 한 과정이라고 인식하는 사람들이 많다. 그러나 체벌은 자녀에게 큰 상처와 고통을 가져다준다. 체벌로써 훈육해 온 부모들이라면 그래서 먼저 용서를 구하는 시간이 있어야 한다. 부모와 자녀 사이의 좋은 관계를 위해서 꼭 필요한 과정이다.

먼저 자기 자신을 성찰하고, 내가 범한 잘못을 인정하는 게 좋은 성품이다. 가슴 아프게도 많은 사람들이 자신의 잘못을 알고도 이를 말하지 않고 용서를 구하지 않는다. 용서를 구하지 않고 침묵으로 일관하는 것은 자녀를 불안과 두려움 속에 가둬 두는 꼴이다. 그 결과 좋은 관계로 발전할 수가 없다. 이처럼 답답하게 막혀 있는 관계를 트기 위해 먼저 용서를 구하는 게 좋은 성품이다. 용서를 구하면서 나의 잘못을 인정하고 즉각적으로 시인하는 태도야말로 올바른 용서 구하기의 방식이다. 그럴 때 아이들도 어른들의 좋은 성품을 배우게 되어 올바로 자란다. '관계 맺기의 비밀—TAPE 요법' 두 번째 단계가 그래서 용서 구하기이다. 우리는 이처럼 훌륭한 관계 맺기의 비밀을 왜 실천하지 않고 살았을까? 대신 칼을 갈고 있지는 않았는지.

자, 이렇게 말해 보자. "내가 잘못했다. 내가 부족했어, 미안해. 사과할게. 용서해 줘."

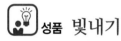
성품 빛내기

: 우리 가정에 일어난 성품혁명

왜 어른들이 고약한 성품을 갖게 될까? 우리는 또 자신도 모르게 화를 내고, 화를 내지 말아야지 몇 번이나 다짐하고서도 또 다시 버럭 화를 내고 뒤집어엎고…, 그렇게 하고 나서 또 후회하고 아파하는 것일까? 성품교육을 하다 보면 이 모든 아픔이 어렸을 때 경험한 일들이 기억으로 나타나는 것이란 걸 알게 된다. 내 엄마 아빠가, 내 형제들이 나에게 준 상처와 아픈 경험들이 상처가 되어 어떤 담 같은 것을 쌓은 것이다. 좋은 성품이 흐르지 못하게 막는 담이다. 학부모 인성교육 프로그램인 '성품이노베이션'에 참석한 어느 엄마의 이야기를 소개한다. 이분도 가정 생활 때문에 좌절하고 있던 때였는데, '성품이노베이션'을 통해 절망의 이유를 알게 되었다. 내 안에 아픈 상처가 있다는 것을 깨달았다. 그러니까 자신도 모르게 과거의 아픈 상처들을 시시때때로 남편에게 퍼붓고 자녀들에게 퍼 날랐던 것이다. 결국 모든 것은 자기 자신의 문제였다. 이 사실을 알고 엄마는 용기를 내서 자녀들에게 용서를 구했다. "사실은 엄마의 성품이 부족했어. 엄마의 아픈 상처들이 너희를 키우는 중에 불쑥불쑥 떠올라, 나도 모르는 사이에 너희들에게 흘러가고 폭발했던 것이었어. 그러니 엄마를 용서해 주렴." 큰 용기를 냈다. 바로 엄마의 용기 덕분에 가정의 막힌 담이 허물어지고 가족들은 엄마에게도 연약함이 있다는 사실을 알았고, 엄마의 연약함을 도와야 한다고 생각하게 되었다. 그러면서 이 가정은 화목하게 새로운 출발을 했다. 이처럼 막힌 담을 허는 첫걸음이 바로 좋은 성품이다.[7]

성품 다듬기

: TAPE 요법의 시작 단계인 '감사하기(Thank you)'는

존재 자체에 대한 감사를 바탕으로 상대방의 구체적인 태도, 마음, 행동 등에 대한 감사를 전달하는 단계이다.

---

7   이영숙 (2012). 성품, 향기 되어 날다. 서울: 좋은나무성품학교. 91-93.

: TAPE 요법의 두 번째 단계인 '용서 구하기(Apologize)'는

반성적으로 자신을 돌아보는 과정을 거침으로써 잘못에 대해 정직하게 용서를 구하고, 관계 맺기의 장애요인을 제거하며 관계를 회복하는 단계이다.

12강 요청과 표현을 통한 관계 맺기의 비밀

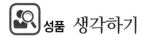 ## 성품 생각하기

: 잘 표현하는 법을 배운다면? '앙숙'도 친해질 수 있다

앙숙관계를 이야기할 때 흔히 개와 고양이를 비유로 든다. 개와 고양이가 천성적으로 앙숙일 수밖에 없는 까닭을 설명할 때 흔히 이런 이야기를 한다. 고양이는 화가 나면 꼬리를 홰홰 내두르는데 개는 반가울 때 그렇게 하고, 개가 으르렁거리면 조심하라는 경고이지만 고양이의 그르렁 소리는 기분이 좋다는 표시이며, 개가 귀를 뒤로 젖히면 쓰다듬어 달라는 뜻이지만 그런 고양이를 만지다간 할퀴이기 십상이다. 둘은 그렇게 서로 다르니 앙숙일 수밖에 없다는 것이다.

한겨레 2012년 9월 26일 자 기사는 개와 고양이의 이런 앙숙관계도 소통법을 체득하여 친구관계로 바뀔 수 있다고 알려 준다. 그 증거로 개와 고양이를 함께 기르는 사람들에게 들어 보면 싸우는 것보다 형제처럼 잘 지내는 관계가 훨씬 많은데 그 까닭은 개와 고양이는 소통법을 알기 때문이라고 한다. 기사는 이스라엘 과학자가 개와 고양이가 이처럼 엇갈리는 행동 신호를 어떻게 극복하는지 연구한 결과를 소개했다.

개와 고양이는 놀랍게도 대부분 자기 종에게는 정반대의 의미가 있는 상대의 몸짓언어를 잘 이해한다는 것이다. 가령 고양이는 코를 맞대고 인사를 하는 습성이 있는데, 서로 엉덩이 냄새를 맡기는 해도 코를 맞대는 일은 거의 없는 개들 대부분이 이런 인사법을 배운다고 한다. 개와 고양이가 이처럼 차이를 넘어 소통을 할 수 있는 데는 오랜 가축화 과정 속에서 주인의 행동 언어를 습득하는 능력을 키워서라고 해석한다. 그리고 개와 고양이 사이의 효과적인 소통을 위해서는 어릴 때 만날수록 좋은데, 고양이는 여섯 달 이전, 개는 한 돌 이전이면 훨씬 쉽게 상대를 받아들인다고 한다.[8]

하물며 앙숙의 대명사인 개와 고양이도 서로 소통법을 알고 나면 서로 친구가 된다는 사실을 들으면서 왠지 좀 낯 뜨거워지는 건 왜일까? 우리 인간이 만물의 영장이라 말한다면 적어도 소

---

8   한겨레. 2012. "개와 고양이는 정말 앙숙일까". 9월 26일. http://www.hani.co.kr/arti/society/environment/549665.html

통법을 찾아 화해할 수 있어야 하지 않을까?

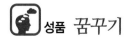 **성품 꿈꾸기**

1. TAPE 요법 중 요청하기(Please)의 방법을 관계 맺기에 적용할 수 있다.
2. TAPE 요법 중 내 마음 표현하기(Express)의 방법을 관계 맺기에 적용할 수 있다.

 **성품 빚기**

01. 행복한 관계 맺기의 비밀-요청하기(Please)

관계에는 어른과 아이의 수직적인 관계와 또래들 사이의 수평적인 관계가 있다. 수직적인 관계는 익숙한 반면 수평적인 관계를 힘들어하는 아이들이 있는가 하면 그 반대의 경우도 있다. 이것은 사회적 경험, 특히 가족관계 속에서의 경험에 따라 달라지는데, 아무래도 가족들 간에 건강한 관계를 경험한 아이들은 수직과 수평 관계 모두 균형 잡히고 원활하여 행복한 관계를 맺을 확률이 높다.

'관계 맺기의 비밀-TAPE 요법'은 모든 관계를 이처럼 건강한 관계로 바꾸어 가는 비결이다. 우리는 감사하기, 용서 구하기에 이어 세 번째 단계 '요청하기'에 이르렀다.

관계는 상대로부터 기대하는 욕구가 충족되지 않을 때는 유리그릇처럼 깨지기 십상이다. 부부 사이에도 바라고 기대하는 욕구가 충족되지 않으면 이혼에까지 이르고 만다. 부모와 자식 관계도 마찬가지이다. 사람들은 기대하는 욕구가 채워지지 않을 때 상대에게 강요하거나, 명령하거나, 비난하거나, 설득하거나, 지시한다. 하지만 이런 행위는 오히려 관계를 깨뜨리는 결과를 낳는다. 그러므로 관계를 깨뜨리는 성품을 좋은 성품으로 변화시켜야 하는데, 이때 '요청하기' 기법을 사용해 보자. 즉 마음속으로 내가 기대하는 욕구가 채워지지 않아서 생긴 분노를 상대에게 강요, 명령, 지시, 협박하는 쪽으로 터트리기보다 '도와 달라' 요청하는 것이다.

어떻게 하면 보다 효과적으로 요청할 수 있을까?

첫째, 긍정적인 언어로 요청한다. 그렇다. 쉽고도 간단한 대화방식 하나는 긍정적인 언어로 요청하는 것이다. 예를 들어 "네가 이 일을 하지 않으면 내가 가만 있지 않을 거야"라고 말하는 것은 관계를 깨는 부정적 요청이다. 그러나 결국 부정적인 결과가 나올 것이라고 알면서도 사람들은 이런 부정적 언어를 버리지 않는다. 이런 대화방식에 너무나 익숙한 나머지 습관처럼 튀어나오기도 한다. 그러니 성품은 기억의 더미라고 한 말이 여기에도 적용이 된다. 성품은 많은 기억더미들이 모여 만들어진다. 또 좋은 성품 역시 기억으로 쌓여 습관이 될 수 있다. 습관이 된 성품은 수정하기가 여간 어렵지 않다.

그러므로 성품을 고치고자 할 때도 이런 점을 고려하여 대체행동을 통해 새로운 기억더미를 쌓아 갈 수밖에 없다. 성품교육은 이런 점에서 대체행동과 다르지 않다. 익숙한 언어를 걸러 내고 새로운 대체행동으로서의 언어를 사용해야 한다. "네가 이 일을 하지 않으면 내가 가만 있지 않을 거야"라고 말하기보다 "선생님이 지금 너희들과 뭔가 재미있는 걸 해야 하는데, 이것 때문에 할 수가 없네. 자, 30분 동안 시간을 주면 이거 다 치워 줄 수 있겠니?"라고 말한다. 둘 다 같은 요청이지만 매우 다른 접근이고 그 반응 또한 다르게 나타난다. 아이들은 선생님을 돕고 싶은 마음이 생겨나게 된다. 이런 방식을 우리는 긍정적 언어로 요청한다고 말할 수 있다.

둘째, 구체적인 행동을 요청한다. 예를 들어 보자. 수업시간에 아이들이 떠들고 있을 때 "조용히 해! 너는 도대체 입술에 프로펠러가 달렸니? 왜 이렇게 시끄러워!"라고 말하기보다 "선생님이 이야기하는 동안에는 네가 말하고 싶은 것이 있더라도 좀 참아 줄 수 있겠어?" 하고 요청한다. 전자에 비해 후자는 구체적으로 어떻게 행동해야 할지 말해 주면서도, 훈계를 듣는 아이 쪽에서 느꼈을 때 훨씬 정감 있게 들린다. 우리 문화 속에는 정의 문화가 있다는 걸 인지한다면 이처럼 구체적인 행동을 요청하는 방식은 그 효과가 빠를 것이라는 건 당연하다.

셋째, 요청한 사항을 확인한다. 요청 사항을 확인하는 대화는 이런 식이다.

"선생님이 점심 먹고 오늘은 운동장 놀이를 안 하고 실내놀이를 할 건데, 실내놀이를 잘하려면 1분단 친구들이 이 책상을 치워 줘야 될 것 같아. 도와줄 수 있겠니?"

"네."

"선생님이 지금 무엇을 도와 달라고 했니? 어떻게 하라고 그랬어?"

이런 식으로 확인을 해야 하는 까닭은 아이들은 자신이 듣고 싶은 대로 듣는 경향이 있기 때문이다. 계속 놀고 싶어 하는 아이는 "선생님이 오실 때까지 계속 놀라고 그러셨어요"라고 말하기도 한다. 이때도 교사들은 지금 아이들의 좋은 성품을 키우고 있다는 본분을 자각해야 한다. 그래야만 부정적인 대화의 덫에 빠지지 않고 성공적인 대화를 이끌어 갈 수 있다. 이럴 땐 이렇게 다시 대답해 주자. "그래? 그렇게 들었구나. 선생님이 다시 얘기해 줄게. 사실 선생님은 1분단 친구들에게 지금 어떤 활동을 하기 위해서 책걸상을 치워 달라고 부탁했거든." 요청사항을 명확하게 만들어 가는 이런 대화의 형식들이 쌓이다 보면 아이들이 논리적으로 자기의 욕구를 표현할 수 있게 돕는 효과도 가져온다.

우리 민족이 한을 쌓아 두고 사는 데는 '요청하기'에 익숙하지 않은 것도 큰 원인이 된다. 요청하지 않고 참다가 어느 날 갑자기 터트리면 관계는 즉시 깨져 버린다.

또 하나의 예를 들어 보자.

남편의 늦은 귀가를 오랫동안 참아 온 아내가 어느 날 갑자기 펑 터져 버렸다. "당신! 어제도 늦게 오고, 그제도 늦게 오고, 날마다 늦게 왔죠? 대체 손가락은 뒀다 뭐해요? 늦게 온다고 연락해 줄 수도 있잖아?" 남편도 아내의 갑작스런 분노 폭발에 맞서서 "내가 놀다가 늦게 왔어?" 하고 맞선다. 이렇게 되면 관계에 금이 생기게 마련이다.

잘 생각해 보자. 아내가 남편에게 기대한 욕구는 알고 보면 사랑이다. 사랑하기 때문에 아내는 기다린다. '들어와야 할 시간인데 왜 안 오지? 왜 연락도 없지?' 하고 궁금해진다. 사랑하면 표현해야 하는데 그러지 못하고 쌓아 두니 욕구의 충돌은 계속해서 일어나고 나중에는 결국 폭발하게 된다. 요청하지 않기 때문이다.

"요청 하나 해도 돼요? 다음부터 예상 못한 일로 늦어지면 전화해 줄 수 있어요?" 이렇게 요청만 했더라도 욕구의 충돌을 어느 정도는 막을 수 있었을 것이다. 그리고 폭발해서 싸우지 않아도 됐을 것이다. 요청을 쌓아 두고, 또 잘못 표현하기 때문에 사랑이라는 관계가 깨져 버린다.

필자의 이야기를 예로 들어 본다.

> **사례 1** 저는 좋은 성품을 가르치는 사람이어서 가끔은 손해를 봅니다. 우리 집 네 남자들이 한꺼번에 하나뿐인 여자인 저에게 공격을 할 때가 있거든요. 가령 제가 사소한 말실수라도 하면 "엄마, 가르치는 대로 말씀하세요" 합니다. 남편도 "당신, 가르치는 대로 하지" 해요. 그럴 때면 제가 왜 이런 갑옷을 입고 살지, 하는 마음이 들어요. 그러다가 정말 가르치는 대로 하기 시작했어요. 요청하기. "맞아. 나도 그러고 싶은데 잘 안 되네. 엄마를 좀 도와줘. 엄마가 좋은 엄마가 될 수 있도록 좀 도와줘." "맞아요. 가르치는 대로 하고 싶은데 안 되네요. 나 좀 가르치는 대로 잘 살 수 있도록 당신이 옆에서 더 잘 도와주세요." 이렇게 요청한 뒤로는 그 말이 쑥 들어갔어요. 이유는 간단해요. 제가 요청하기로 들어가는 순간 책임은 이제 아들과 남편에게 넘어가 버린 것이죠. 어때요? 놀라운 공식이죠?

요청하기는 관계를 부드럽게 만드는 관계의 기술이다. 아무리 강해 보이는 사람도 요청을 받으면 도와주고 싶은 마음이 생겨난다.

02. 행복한 관계 맺기의 비밀-내 마음 표현하기(Express)

'관계 맺기의 비밀-TAPE 요법'의 마지막 단계는 내 마음을 표현하는 것이다. 표현을 하는 것도 중요하지만 잘 표현하는 것은 더 중요하다. 내 마음속이 언제나 청결한 것들로만 가득하지는 않다. 때로는 쓰레기통처럼 오물들이 쌓여 있는 공간이기도 하다.

'당신은 내 인생 최악의 선택이었어'라거나 '당신이 내 불행의 시작이었어'라는 욕설까지 담고 있는 게 우리의 마음이다. 내 마음을 표현한다고 해서 이런 것들을 꺼낼 수는 없다. "무슨 소리야? 정직하게 표현해야지 않아? 정직이 좋은 성품인 걸" 하고 말해서는 안 된다. 관계를 깨려는 것이 아니라 맺으려는 표현이라면 그 마음은 친밀함이어야 한다. 친밀함이야말로 자녀 교육은 물론 인간관계의 왕도이다. 친밀감 없이는 좋은 관계를 맺기가 불가능하다. 좋은 관계는 친밀한 말을 나누고, 친밀한 시간을 갖고, 친밀한 행동을 나누면서 비로소 형성된다.

성품교육은 어떻게 보면 친밀함을 나누는 시간을 확보하는 것이나 다름없다. 그래서 시간이 소요되는 교육이고, 이 때문에 성품교육의 중요성을 인지하지 않으면 효과를 거둘 수가 없다.

내가 누군가로부터 기쁨을 얻는 순간은 상대가 나를 인정해 주거나, 격려해 주거나, 관심을 가져 줄 때이다. 내 마음을 잘 표현하는 방법이 바로 여기에 있다. 내가 기뻐한 순간을 잘 생각하면서 우리 자녀나 학생들에게 그 기쁨을 되돌려주는 것이다. 기쁨을 줌으로써 기쁨을 선물 받는 사람이 좋은 성품으로 바뀌어 간다.

이렇게 말해 보자.

"선생님이 너무 바쁠 때 네가 도와줘서 선생님이 무척 고마웠어."

"밥이 참 맛있었어요."

"집 안을 깨끗하게 치워 줘서 고마워요."

"네가 이렇게 해 줘서 고마워."

"나는 네가 엄마 옆에 있어 주는 것만으로도 고마워."

사례 2 아이들 셋을 키우면서 아이들에게 잘 표현해 줘야 할 텐데 대체 말썽만 피우는 아들인지라 특별하게 칭찬해 줄 게 없었어요. 어떻게든 친밀감을 표현해 줘야 하는데, 고민을 하며 칭찬거리를 찾다가 어느 날 오줌 누는 소리가 얼마나 시원하게 들리던지 그걸 칭찬이라고 했어요. "어쩜 너는 그렇게 소변을 시원하게 보니." 또 언젠가는 "우리 아들이 황금색 똥을 눴네! 잘했어!" 하고 칭찬했어요. 그런데 신기하게도 아들이 커서 20대가 되고 30대가 되어서도 가끔 나를 화장실로 불러서는 황금색 변을 눴다고 자랑하기도 하고 그렇지 못할 때는 "엄마가 꼭 보셨어야 했는데…" 하고 자랑합니다. 커서도 그때의 친밀감이 좋았던 걸 알 수 있습니다.

아무것도 아닌 일을 표현해 주고, 놀라 주고, 감격해 주고, 고마워해 주고, 너 때문에 산다고 표현해 줄 때 상대방은 기쁨을 경험한다. 그리고 이런 기쁨을 느낄 때 우리의 관계는 더욱 풍성해진다. 또 기쁨의 경험을 많이 가진 사람이 행복한 성품을 갖는다.

어른도 마찬가지다.

제1장
제2장
제3장
제4장
제5장
제6장
제7장
＋
제8장
제9장
제10장
＋
제11장
제12장
＋
제13장

사례 3　'학부모 인성교육-성품이노베이션' 프로그램에 65세 할머니 한 분이 참여했어요. 이 할머니가 강의를 듣고 나서 자신의 과거를 고백하기 시작했는데, 그야말로 할머니의 과거를 들어 보면 전혀 기쁠 것 같지 않은 인생이었어요. 할아버지로부터 폭력을 당하고, 폭언을 들었는데, 할머니는 여느 사람 같으면 우울하고 슬퍼할 것 같은 이야기를, 신기하게도 재미있게 해 주셨어요. 할아버지의 급하고 분노하는 성격에다 심지어 손찌검까지 당하면서도 쾌활하고 긍정적으로 사셨대요. 제가 궁금해서 "할머니 어렸을 때, 그러니까 다섯 살 때 어떻게 사셨나요?" 하고 여쭈었더니 "우리 집? 잘살았지. 그 동네 갑부집 딸이었거든. 아버지는 한의원을 했고, 나는 그 집의 막내딸이라 부족함 없이 살았어"라고 웃으면서 말씀하셨어요. 어렸을 때 부족함 없이 살고, 많은 사람들에게서 인정받고, 사랑받으면서 자란 행복한 경험들이 할머니의 얼굴을 그렇게 웃게 한 거죠. 어린 시절의 행복한 경험들이 결혼 후 전혀 원하지 않는 상황 속에 살면서도 그 상황을 넉넉히 이겨 내는 밑거름이 된 거예요. 할머니는 성품이노베이션 6주 과정을 모두 마친 뒤 이렇게 고백했어요. "내가 할아버지를 용서할 수 있겠더라고. 뭐 용서하나마나 어차피 같이 사는 거지만. 왜 그러냐면 나는 어린 시절에 부모님 사랑을 많이 받아서 행복한 기억뿐인데 그 양반은 머슴살이로 어렸을 때부터 고생만 하고 살았으니 나한테 힘들게 한 것도 그래서 그럴 거라 생각하니 이해가 되는 거야." 할머니는 이렇게 말씀하시면서 상대방의 존재를 인정해 주고, 이해해 주면서, 용서했어요.

위 사례와 반대로 어떤 사람은 아직 젊고, 또 가진 힘도 많은데 상대방을 절대 용서할 수 없다는 말을 곱씹기도 한다. 이런 사람은 결국 자신의 인생을 고통 속으로 끌고 가는 셈이다. 중요한 사실 한 가지는 좋은 경험을 많이 한 사람일수록, 다시 말해서 다른 사람으로부터 인정을 받은 사람, 따뜻한 격려를 받은 사람, 그렇게 친밀감의 경험을 풍성하게 가진 사람일수록 인생의 고난을 훨씬 탄력적으로 해석할 줄 알고 고난을 이겨 내는 좋은 성품의 힘이 있다는 사실이다. 그러니 우리 자녀들에게, 또 학생들에게 친밀감을 표현해 주어야 한다. 사랑한다고, 너의 존재만으로도 감사하다고, 너는 나의 기쁨이라고 말하자. 이런 표현의 힘은 아무리 강조해도 지나치지 않다. 평범하게 던진 격려의 한마디가 우리 자녀들의 인생에서는 큰 기쁨으로 남게 되고 좋은 성품으로 성장하도록 돕는 비결이 된다.

성품 빛내기

: '내 마음 표현하기'로 딸과 통하다

인천의 어느 중학교 교사의 이야기이다. 학교에서는 너그러운 엄마 같은 선생님인데 집에서는 외동딸에게 엄한 엄마였다고 한다. 그러다가 사단법인 한국성품협회의 직무연수를 통해 딸에게 마음을 표현하게 되었다. 항상 딸을 사랑하면서도 마음을 잘 표현하지 못하는 분들이 있다. 이분도 그랬다. 자기 자신에게 문제가 있다는 사실을 깨닫고 연수를 통해 배운 대로 용기를 내어 딸에게 문자를 보냈다. "슬기야! 엄마는 너를 사랑한단다. 엄마가 짜증 내서 미안해. 밥은 먹었니?" 그런데 집에 돌아가 보니 놀랍게도 딸은 어느새 맛있는 감자, 고구마, 순호박을 준비해 놓고 "내일은 엄마를 위해 김밥 만들어 줄게"라고 말했단다. 그리고 이어서 딸이 "엄마! 갑자기 변하면 무서워! 그렇지만 엄마가 이번 연수를 잘 받은 것 같아!"라고 위로해 주었다고 전했다. 이튿날 아침엔 딸의 약속대로 맛있는 참치김밥, 치즈김밥이 반겨 주었다. 좋은 성품은 이처럼 좋은 관계를 만든다. 또한 좋은 관계가 좋은 세상을 만들어 갈 것이라고 믿는다.[9]

성품 다듬기

: TAPE 요법의 세 번째 단계인 '요청하기(Please)'는

강요나 주장이 아니라, 자신의 필요와 욕구(need)를 상대방에게 솔직하고 명확하게 전달하여 긍정적인 방법으로 요청하는 단계이다.

: TAPE 요법의 마지막 단계인 '내 마음 표현하기(Express)는

자신의 감정을 올바른 방법과 적절한 용어로 표현하는 단계이다.

---

9 이영숙 (2012). 성품, 향기 되어 날다. 서울: 좋은나무성품학교. 199–200.

제 1 장
제 2 장
제 3 장
제 4 장
제 5 장
제 6 장
제 7 장
＋
제 8 장
제 9 장
제 10 장
＋
제 11 장
제 12 장
＋
제 13 장

제 **4** 장

인성교육의 역사와 **이영숙 박사의 12성품교육**

13강 한국과 미국의 인성교육 역사

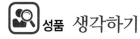 성품 생각하기

: 인성교육진흥법으로 달라지는 교육 현장

2014년 12월 '인성교육진흥법'이 국회를 통과함으로써 교육 현장은 물론 대학입시에도 '인성'을 반영하게 됐다. 이에 따라 교육부는 공교육 정책의 핵심인 중학교 자유학기제를 안착하고 인성교육을 강화하며, 현장중심 직업교육을 확대하기 위해 대학입시에 인성 평가가 반영되도록 유도하고, 우선 교원을 양성하는 교대와 사범대부터 이를 적용하기로 했다. 또 2016년부터는 '고교 정상화 기여대학 지원사업'을 통해 대학입시에 인성을 반영한 대학에는 인센티브를 제공하는 방안도 추진할 것이라고 밝힌 바 있다.[1]

성품 꿈꾸기

1. 한국 인성교육의 역사를 통해 인성교육의 흐름을 설명할 수 있다.
2. 미국 인성교육의 역사를 통해 인성교육의 흐름을 설명할 수 있다.

---

1 경향신문. 2015. "교육부, 대학입시에 '인성 평가' 반영 … 교대·사범대부터", 1월 22일.
   http://news.khan.co.kr/kh_news/khan_art_view.html?artid=201501221144001&code=940401

성품 빚기

: 01. 한국 인성교육의 역사

우리나라 '인성교육'과 '도덕교육'의 역사는 멀리 삼국시대로 올라간다. 고구려에서는 국립교육기관인 태학에서 5경과 3사를 강조하여 올바른 인간관계와 바람직한 생각, 감정, 신체를 함양했던 사실을 볼 수 있다. 신라에서는 화랑도를 통해 도의 연마, 정서 함양, 심신 수련, 직관 도야, 군사훈련, 유교교육 등이 이뤄졌고, 통일 이후에는 국학에서 논어, 효경, 주역 등을 교육했다. 고려에서도 국자감에서 과거제도를 염두에 둔 유교교육이 이뤄졌으며, 조선에서는 성균관 등의 유학교육기관에서 강독·제술·서법 등을 교육했다.

이러한 교육기관과 교육내용의 역사적 고찰을 통해 한국교육은 예로부터 "개인의 지(知), 정(情), 의(意), 체(體)를 긍정적으로 변화시켜 올바른 인간관계를 형성하고 바람직한 품성을 함양하기 위한 인성교육 및 인간교육"[2]에 초점을 두었음을 알 수 있다.

전통사회에서 '인성'은 "한 개인이 통합적으로 보여 주는 품성, 덕성, 인품, 인격 등과 같은 계열언어를 함축하는 개념"[3]으로 통용되었다. 오늘날 인성이라는 개념의 추상성과 포괄성이 관점과 이해, 맥락에 따라 의미적 차이가 있다는 점을 감안할 때, 예로부터 추구한 지·덕·체의 조화로운 발달로서의 인성교육은 조선시대 이후 변질되는 과정을 겪는다.

일제 강점기에는 1911년에 발표된 '조선교육령'이 식민지 학교교육의 근간이 되었고, 특히 인성교육과 관련된 내용과 교과는 식민화의 수단과 도구로 전락해 버렸다. 게다가 해방 이후 한국전쟁과 분단의 아픔을 겪으면서 우리 사회는 오랜 역사 속에서 계승해 온 인성교육의 제도와 정신을 이어 나갈 여력을 상실했다.

1970년대 후반에 와서야 비로소 사회혼란에 대한 해결책으로 그동안 도외시했던 인성교육이 강조되었다. 이 시기 인성교육의 제고를 위한 노력은 '도덕과'를 설정하고 내용을 구성하는 등의 실제적인 교육과정상의 개정으로 이어졌다. 그러나 1970년대의 도덕교육은 순수 도덕과 윤리학에 관한 내용보다는 국가의 정책이념 강조와 같은 사회적·정치적 성격을 띤다는 점에서 한계가 있다. 특히 1968년 정부는 우리나라의 교육이 지향해야 할 이념과 근본 목표를 '민족중흥'에 맞추어 교육지표를 담은 '국민교육헌장'을 발표했다. "우리는 민족중흥의 역사적 사명을 띠고 이 땅에 태어났다"로 시작하는 목표 설정에서 보듯 당시의 인성교육은 민족중흥이라는 정치적 목표와 더불어 반공과 경제발전 등이 강조됐다. 조화로운 인간의 가치를 지향하

---

2   김명진 (2010). 도덕교과 교육을 통한 인성교육의 활성화 방안 연구. 공주대학교 대학원. 박사학위논문.

3   박균섭 (2008). 학교 인성교육론 비판. 교육철학, 35, 35-69.

던 우리 민족 고유의 인성교육이 회복되지 않았다.

1980년대부터는 미국의 영향력을 받게 된다. 특히 피아제의 인지적 도덕발달론을 바탕으로 한 콜버그의 도덕교육이 유입되어 도덕교과는 잡다한 '도덕적'지식들을 암기하는 주지주의(主知主義) 교과로 변모했다.[4] 뿐만 아니라 인지발달론에 기인한 교육과정들이 수입되고 인간의 도덕발달이 인지적 능력에 좌우된다는 생각이 지배적이었다. 즉 양심을 기초로 한 도덕의 발달은 인지가 어느 정도 성장해야만 비로소 가능하다고 보았다. 구체적으로 그 연령을 18세 이상이라고 주장하기도 했다. 이 과정에서 인성교육은 인격으로서의 지·덕·체 및 인간관계보다 인지능력 향상을 위한 수단으로 전락했다.

주지주의 인성교육에 회의가 일어나면서 1997년 12월 7차 교육과정을 고시하기에 이르렀는데, 여기서 실천 가능한 인성교육을 강화하려는 시도가 이뤄졌다. 7차 교육과정 개정은 행동실천을 위한 인성교육의 강화를 목표로 했다. 절제·경애·효도·예절·협동·애교(또는 애향)·준법·국가애·민족애·인류애 등이 강조되었고, 우리의 분단 상황과 관련해 안보의식과 평화추진 등을 추가했다. 그러나 도덕교육은 여전히 도덕적 지식을 열거하는 수준에 그치거나, 교과서의 당위적인 진술로 도덕적 실천에 대한 구체적인 의미와 동기부여를 제공하지 못한다는 점에서 한계를 드러냈다.

: 02. 미국 인성교육의 역사

미국은 청교도 정신에 기초한 나라로 17~18세기까지는 교육에서 기독교적 교리와 신앙을 강조하여 기독교적 세계관과 가치관의 계승을 교육의 주요 목적으로 삼았다.[5] 그러나 청교도들이 건국한 미국은 산업이 발달하고 문화가 변화하면서 새로운 욕구가 일기 시작했다. 그리고 이 욕구를 충족시킨 이론이 니체의 신의 부재설, 다윈의 진화론 등이었다. 이 새로운 이론들은 미국이 그동안 견지해 온 청교도적 세계관의 기반을 흔들게 되고, 그 후 인지이론을 주장하는 학자들과 존 듀이에 의한 경험주의적 교육이론들이 발달하면서 그동안의 전통적인 과정은 물론 전통적인 진리 체계가 흔들리기 시작했다.

그동안 믿어 온 가치의 미덕들이 혼란스러워지고 가치명료화가 진행되면서 인지이론에 따른 자존감 프로그램에서는 피교육자를 대상으로 '너 자신이 소중하다'는 메시지를 강조했다. 반면 공동체 속에서 다른 사람과 더불어 살아야 하는 가치교육은 물론 조화롭게 살아가기 위한 조

---

4 박균섭. op.cit.
   문용린. (1997). 인성 및 시민교육교육내용과 방법적 원리의 재개발. 한국교육개발원 창립 25주년 학술대회자료집. 403-425. 재인용.
5 Vincent, P. F. (1991). The Teaching of Ethics as a Means to Facilitate Moral Development in Gifted Adolescents. Ed. D. dissertation, North Carolina State University, Raleigh, N. C.

율능력을 키워 주는 교육은 간과한 측면이 있었다. 이에 따라 학교의 붕괴가 이어지고, 홈스쿨링에 뛰어드는 가정이 늘어났으며, 다양한 유형의 사립학교들이 생겨나 공립학교와 다른 모습으로 경쟁하기 시작했다.

이런 현상들이 나타나게 된 배경으로서 학부모들 사이에서 학교교육을 변화시키자는 움직임이 일어났고, 국가는 여기에 발맞춰서 연구비 등을 지원했다. 또 '캐릭터 에듀케이션(Character Education)'이라는 새로운 교육프로그램들이 공교육 현장을 중심으로 퍼져 나갔다. 캐릭터 에듀케이션은 학부모들의 욕구를 충족시키기 위해 국공립학교에 지원비를 제공하여 성공적인 사례를 양산하고, 이를 다른 학교들로 확산시키는 형태의 교육으로 실천되었다.

미국은 이성의 힘을 철저히 믿는 과학만능주의의 영향으로 도덕교육이 도외시되고, 올바른 가치에 대한 인식이 모호해지자 교육가와 부모들은 가치교육의 필요성을 인식하게 되었다. 가치교육을 주장하는 교육가와 부모들의 움직임이 가치명료화와 인지적 도덕발달이라는 두 가지 모습으로 나타났으며, 그 후 사회구성원 또는 시민으로서의 덕목과 가치를 제시하고 교육하려는 모습으로 발전했는데 이것이 인성교육의 형태로 정착했다.

성품 빛내기

: 성품교육이 모든 교육의 중심이 되었으면 …

많은 부모들이 걱정하는 것 중에 한 가지는 인성교육을 배울 때는 좋아지다가 교육을 멈추고 나서 나중에는 그 효과가 없어지지 않을까, 하는 점이다. 제주도에 있는 한 좋은나무성품학교 유아교육기관에서 성품교육을 받은 다빈이라는 어린이의 이야기를 소개하자면, 다빈이 엄마도 다빈이가 유치원에서 배운 성품교육의 효과를 초등학교에 가서 다 잊어버리지 않을까 걱정했다고 한다. 그런데 엄마의 걱정이 기우란 게 증명되었다. 다빈이는 초등학교에 들어가서도 좋은 성품을 실천했는데, 가령 준비물을 가져오지 않은 친구들을 배려한다며 크레파스 물감 등을 더 챙겨서 나눠 주기도 했다. 학교에서는 '배려하는 다빈이'로 소문이 났다. 배려란 '나와 다른 사람 그리고 환경에 대하여 사랑과 관심을 갖고 잘 관찰하여 보살펴 주는 것'(좋은나무성품학교 정의)이다. 배려의 정의까지 또박또박 말하는 다빈이가 신기했던지 어느 날 담임선생님이 전화를 해서 엄마에게 물었다. "그동안 다빈이를 지켜봤는데 어떻게 키우셨는지 궁금해요." 다빈이 엄마가 다빈이는 성품교육을 받았다고 이야기했더니 "그런 교육이 있어요?"라며 다른 아이들도 받으면 좋겠다며 칭찬했다고 한다. 결국 다빈이 엄마 때문에 다빈이가 다니는 그 초등학교에서 성품교육을 시작했다. 처음에는 제주도 교육청에서 연락을 받아 성품지도사를 파견해 교육을 했는데, 알고 보니 다빈이처럼 유치원에서 성품교육을 받은 아이들이 초등학교에 가서도 성품을 실천하니 교사들이 우리도 성품교육을 하자고 해서 시작된 것이었다.[6]

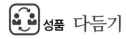 성품 다듬기

: '한국'의 인성교육

한국은 예로부터 올바른 인간관계를 위한 인성교육에 초점을 두었으나 시대가 변하면서 이념의 강조 또는 사회적, 정치적 성격을 띠거나 도덕적 지식을 열거하는 수준에 그치게 되었다.

: '미국'의 인성교육

미국은 청교도 정신에 기초한 나라로 17~18세기에는 종교교육의 형태로 인성교육이 이루어졌다. 이후 과학만능주의의 영향으로 도덕교육이 도외시되었다가 가치교육의 중요성이 대두되면서 가치명료화와 인지적 도덕발달론의 두 가지 접근법으로 인성교육을 실시해 왔다.

14강 미국 인성교육의 흐름

🔍 성품 생각하기

: 각국의 인성교육 사례

인성교육에 대한 외국의 사례는 어떨까? 다음은 한국교육신문이 2015년 5월 25일 자 기사에서 소개한 미국, 캐나다, 영국의 인성교육 현황이다.

먼저 미국의 경우 2010년 전미교육연합회(NEA) 결의에 따라 모든 학교 단계에서의 인성교육을 강조하면서 50개 주에서 자체적으로 법을 정해 교육과정을 통해 반드시 인성시민교육을 실시하도록 명시하고 있다. 또 연방정부는 인성교육을 운영하는 학교에 대해 보조금을 지급한다.

또 캐나다의 경우 일부 주에서 인성교육과정을 별도로 운영하기도 하지만 대부분의 주에서는 교과와 상관없이 전 영역에서 세계시민으로서의 덕목 가치를 가르치고 있다. 캐나다교원연합(CTF)은 학생들이 지역사회에 기여할 수 있는 활동에 참여하도록 별도의 프로그램도 운영한다.

---

6 이영숙 (2011). 한국형 12성품교육론. 서울: 좋은나무성품학교. 182.

그러나 영국의 경우 학업 성적 향상에 치중하면서 인성교육은 간과하고 있다고 한다. 교육부에서는 학생들의 언어와 수학, 제2외국어 성적 등을 바탕으로 교사와 학교를 평가하고, 일정 기준을 충족하지 못하면 학교 폐쇄 명령까지 내리고 있다. 체육이나 예술 등 학생들의 정서적인 부분과 관련된 교과는 객관적인 평가를 할 수 없는 영역이라며 학교 내에서 더 이상 가르치지 않으려고 한다. 이에 따라 교사도 학생들의 감성적인 부분에 관여할 기회가 적고, 교과 성적을 올리는 교습행위로만 역량을 한정시켜 가고 있다. 시민사회단체에서 진행하는 인성교육 프로그램도 있지만 사회적 지지를 받지 못하고 있다.[7]

 성품 빚기

01. 미국 인성교육의 발달과 시사점

19세기 이후 상대주의와 과학만능주의가 새로운 세계관을 주도함으로써 도덕교육과 그 기반을 형성한 종교교육이 쇠퇴했다. 더욱이 20세기에 이르러 실용주의의 영향을 받으면서 과학과 이성을 원칙이나 감성보다 우위에 두는 사고방식이 확고해졌고 이후에는 가치교육의 중요성으로 가치명료화와 인지적 도덕발달론의 두 축을 기준으로 인성교육이 진행되었다.[8] 미국의 인성교육은 독특한 가치관과 사조를 바탕으로 시대상황과 갈등을 해결하기 위한 형태로 변화해 왔다. 미국의 이러한 인성교육의 발달 흐름을 주목해 보건대, 한국의 인성교육은 미국의 인성교육을 그대로 답습하는 것이 바람직하지 않다는 결론을 얻게 된다. 즉 문화와 의식에 맞게 장점을 강화시키고 단점을 보완한 한국인의 특징에 맞춘 형태로 인성교육이 실시되는 것이 효과적이다.

02. 미국 인성교육의 덕목

미국 인성교육의 기초 이론을 정립한 토마스 리코나(Thomas Lickona)는 책임 있는 윤리적 시민을 만들기 위해서는 공립학교에서 존중과 책임을 도덕적 행동지침으로 제시하고 가르쳐야 한다고 주장했다. 그는 이 외에도 열 가지 중요 덕목의 훈련을 강조했다. 공정(fairness), 인내(tolerance), 사려(prudence), 자제심(self-discipline), 도움을 베품(helpfulness), 연민(compassion), 협동(cooperation), 용기(courage), 정직(honesty), 여러 가지 민주적 가치들(host of democratic values)

---

7 한국교육신문. 2015. "선진국의 인성교육은". 5월 25일. http://www.hangyo.com/APP/news/article.asp?idx=45070

8 McClellan, B. E. (1992). Schools and the Shaping of Character: Moral Education in America, 1607–Present. Bloomington, IN: ERIC Clearinghouse for Social Studies/Social Science Education.

등이 그것이다.

실제로 우리나라의 인성교육 역사를 보더라도 각 시대별로 그 사회 공동체가 접목해야 할 교육 과제가 있게 마련이고, 이런 교육은 한 국가의 국민을 교육하는 원동력이 된다. 미국의 경우 건국의 시대에는 청교도정신을 강조해서 건국의 이념으로 삼았고, 이를 토대로 사회, 교육, 문화, 경제 등이 발달했다.

리코나가 '존중(respect)'이라는 가치를 강조한 까닭은 미국이라는 사회의 다양성 때문으로 이해할 수 있다. 메이플라워호를 타고 온 초기 건국의 아버지들이 구상한 미국이 더 성숙하고 강대해지기 위해서 외부로부터의 이민자들을 수용해야 할 상황에 처했고, 그러면서 미국은 어느새 다문화국가로 급속히 변화되어 갔다. 이에 따라 다민족, 다문화, 다종교의 상황으로 바뀌었고, 전쟁이라는 안팎의 도전을 극복하는 과정에서 초기 미국의 기반을 형성한 청교도적 세계관이 후퇴하고 다양한 민족의 종교가 공존하는 사회가 필요로 하는 '존중'의 가치가 불가피해진 것이다. 공존을 위해서는 존중의 가치가 강조될 수밖에 없다.

여기서 존중의 가치는 이영숙 박사의 12성품교육이 강조하는 존중과는 다른, 관용(tolerance)의 성격이 오히려 강하다. 즉 서로 다름에 대한 존중이다. 다양한 가치에 대해 선과 악의 개념을 적용하기보다 '다르다'는 개념을 적용했다. 그러면서 미국이란 사회의 유지를 위해 존중의 가치가 강조되고, 개인이 어떤 생각과 문화를 지니든 차별할 수 없게 되었다. 종교 문제에서도 존중의 가치가 강조되고, 종교의 영향을 받아 온 미국의 교육 체계에도 존중의 가치가 적용되었다.

교육이론 속에서 선과 악 또는 옳고 그름의 개념이 사라지고 그 자리를 개성이라는 단어가 대신했다. 규칙과 질서는 서서히 사라져 갔다. 매우 자유로운 듯 보이는 이러한 문화가 미국 사회 전반을 장악했다. 그러나 여기서부터 문제가 생기기 시작했다. 모든 사람이 자신이 옳은 대로 행하기 시작하면서 방임에 가까운 자유가 책임의 필요성을 불러온 것이다. 한 국가가 존재하기 위해서는 구성원인 시민의 책임감이 강조될 수밖에 없으므로 미국의 교육은 이제 존중과 더불어 책임의 문제를 양 날개로 삼아야 했다. 이것이 결국 미국 인성교육의 두 뼈대가 되었다.

또 조셉슨(Josephson)은 건강한 성격을 구성하기 위해 '인성의 여섯 기둥'이라는 신뢰, 존중, 책임감, 배려, 공정, 시민의식 등 여섯 가지 중요 가치를 선별했다.[9]

필 빈센트(Pill Vincent)는 학생들이 좋은 습관을 가지려면 먼저 규칙과 질서를 준수하도록 가르쳐야 한다고 주장했다. 그는 규칙과 질서의 준수가 일상생활뿐만 아니라 학업과 대인관계에

---

9 Josephson, M. S. (2002). Making Ethical Decisions. Los Angeles, CA: Josephson Institute of Ethics, 65-81.

도 영향을 미친다고 강조하고, 협동학습·사고력 교육·독서교육·봉사학습 등의 교육방법을 제시했다. 또한 올바른 인성교육을 위해 중요한 핵심가치를 명확히 하고, 교사와 지역사회에는 구체적인 실행전략을, 기존 교과과정에는 핵심가치를 포함한 구체적인 행동강령들을 제시할 것을 주장했다.

'캐릭터 퍼스트(Character First)'와 IBLP(Institute in Basic Life Principles)의 창시자인 빌 가서드 (Bill Gothard)는 1961년 '캠퍼스 팀스(Campus Teams)'라는 기관을 만들어 젊은이들에게 기독교 적 세계관에 기초한 품성교육을 시작했다. 1989년 기관의 이름을 IBLP로 바꾸고 49가지의 품 성교육을 실천했다.[10]

미국 교육에서의 이런 흐름은 진리를 추구하려는 청교도 정신의 기반을 새로이 구축함으로 써 인성교육을 통해 다음 세대에 더욱 안정된 삶과 미래를 주기 위한 부모 세대의 노력이라고 볼 수 있으며, 각각의 인성교육 프로그램들은 기관의 설립 목표와 철학에 따라 전개되었다. 또 공립학교들이 이러한 프로그램들을 선택적으로 수용해 왔다.

: 03. 미국 인성교육의 사례

① 미국 인성교육의 효과

미국 정부는 인성교육의 사례를 조사하고 그 결과를 비교 연구했다. 미국 노스캐롤라이나대 연 구진은 2000년부터 2004년까지 실시한 종단연구의 결과를 통해 훈련으로 좋은 성품을 계발할 수 있다는 사실을 검증했다. 연구진은 4년에 걸친 연구기간 동안 학생들이 체계적이고 올바른 인성교육 프로그램을 지속적으로 접한 결과, 90%의 학생들이 생활태도 면에서 획기적인 개선 을 보였고 61%의 학생들에서 학습능력의 신장을 가져왔다고 보고했다.

미국 세인트루이스 미주리대 심리학자인 마빈 버코위츠(Marvin Berkowitz)와 멜린다 비어 (Melinda Bier)는 2005년 발표한 보고서에서 성품교육을 받은 학생들과 그렇지 않은 학생들을 비교분석한 결과, 성품교육을 받은 학생들의 지적 능력이 훨씬 뛰어났다고 보고했다. 또한 캘 리포니아발달연구센터에서는 12개 공립학교를 대상으로 3년 동안 전국적인 조사 연구를 실시 했는데, 이 연구는 학교와 가정을 연계하여 학생들에게 성품교육을 실시한 후 성품교육을 실시 하지 않은 12개 학교와 비교하는 것으로, 성품교육을 실시한 학교의 학생들이 학업성취도 면 에서 더욱 향상된 것으로 나타났다.[11] 결국 개인이 갖춰야 할 성품의 덕목이 신장될 때, 자아

10 Fahrenbruck, K. & Alspaugh, A. (1999~2003). Two Studies on the Effectiveness of Character First Education in the Public Schools of Oklahoma City. Oklahoma City.

11 Berkowitz, M. W., & Bier, M. C. (2005). What Works in Character Education: A Research-Driven Guide for Educators. Washington, D. C.: Character Education Partnership.

인식과 자존감이 높아지고 그 결과 학업 성취도는 물론 예술과 지식 등 삶의 다양한 분야에서 긍정적인 변화와 발전이 일어난다는 것이 공통적으로 증명되었다.

이 밖에도 미국의 대표적 인성교육 프로그램인 CEP(Character Education Partnership)와 CCC(Character Counts Coalition)의 효과를 검증한 연구들이 발표되었다. CEP는 토머스 리코나(Thomas Lickona) 등의 이론을 기초로 열한 가지 원리를 강조하는데, 보다 윤리적이고, 책임감 있고, 배려하는 사람이 되도록 훈련한다. CCC는 조셉슨이 말한 '인성의 여섯 기둥'을 강조했다.[12] 특히 미국 학교들의 주요 문제로 시험부정, 거짓, 도벽, 음주 등을 지적하고 이를 경계했다.

한편 캐나다의 경우 온타리오 요크 지역청의 인성교육정책과 프로그램인 'Character Matters'가 대표적이다. 이 프로그램은 151개 초등학교와 29개 중학교 학생 10만 8,000명에게 인성교육 프로그램으로 제공되고 있다.

CEP와 CCC 등의 인성교육 프로그램이 가져다준 효과는 세 가지로 요약할 수 있다.

첫째, 학업성취의 효과이다. CEP를 충실히 실시한 초등학교 학생의 경우 그렇지 않은 학교의 학생들에 비해 학업성적이 증진되었다.[13] 또 체계적으로 초등학교에서 성품교육을 실시한 결과 수학을 비롯한 전반적인 과목의 학업성취가 증가되었다.[14] 이 밖에도 정서학습 프로그램에 참여하는 학생들은 그렇지 않은 학생들에 비해 출석률이 높고, 교실에서 학습 분위기 조성에 유리한 행동을 하고, 파괴적이지 않으며, 학교생활에 긍정적인 감정을 가지고, 더 좋은 점수를 얻었다.[15]

둘째, 문제행동의 감소효과이다. 성품교육을 LA의 한 고등학교에서 체계적으로 실시한 결과, 교우들 간에 싸움이 줄어든 것은 물론 무기와 약물의 사용 또한 감소했다. 샌프란시스코의 한 고등학교에서는 혼전 임신율이 감소되었다.[16] 또 성품교육을 통해 청소년의 성품이 좋아질수록 ATOD(Alcohol, Tobacco, and Other Drug)를 시작하는 시점이 지연되고, 그 사용이 감소했다.[17] 한 초등학교에서 인성교육을 체계적으로 실시한 결과 수업시간에 학생들이 훨씬 예의 바르고, 문제행동이 감소하기도 했다.[18]

셋째, 학교 관련 행동이 긍정적으로 변했다. 2006년 마빈 버코위츠와 멜린다 비어가 유치원

---

12 Josephson, M. S. (2002). Making Ethical Decisions. Los Angeles, CA: Josephson Institute of Ethics, 65-81.

13 Benninga, J. S., Berkowitz, M. W., Kuehn, P., & Smith, K. (2003). The relationship of character education implementation and academic achievement in elementary schools. Journal of Research in Character Education, 1(1), 19-32.

14 Latzke, J. (2003). Study suggests character education boosts academics, too. The Associated Press State & Local Wire.

15 Shriver, T. P., & Weissberg, R. P. (2005). No emotion left behind. New York Times OP-ED, A15.

16 Lickona, T. (1991a). Educating for Character: How Our Schools Can Teach Respect and Responsibility. New York: Bantam Books, 43-46.

17 Benson, P. L., Roehlkepartatin, E. C., & Sesma, A. (2004). Tapping the power of community. Search Institute Insights and Evidence, 2(1), 1-14.

18 Sheppard, R. R. (2002). The Utility of A School-Intilated Character Education Program. The Doctoral Dissertation. The Graduate School of the University of Maryland.

부터 고등학교까지 미국에서 24년 동안 이루어진 성품교육을 평가했는데, 그 결과 친사회적 경쟁력 즉 친사회적 행동과 태도, 의사소통능력, 관계증진, 시민의식 등이 증가한 것으로 밝혀졌다. 또 학교 출석, 교내 규칙 준수, 학교에 대한 애착, 학교와 교사에 대한 태도 등 이른바 학교 기반 성과(school-based outcomes)도 긍정적으로 변화되었다.[19] CEP의 네 번째 원리인 '배려하는 공동체로의 원리'를 미국의 254개 고등학교 학생들을 대상으로 실시한 결과를 보면 학교와 교사에 대한 애착이 증가하고 규칙 준수와 학교에 대한 가치 평가도 높아진 것으로 나타났다. 이에 따라 각종 비행이나 폭행 등의 문제행동도 감소했다.[20]

② 미국 인성교육의 한계

미국의 인성교육은 학업의 성취도를 향상시키고, 문제행동을 감소시키는 효과가 있었음에도 불구하고 인간의 근본적인 '선'을 추구하는 노력으로서의 인성교육이 아니라는 점에서 한계를 가지고 있다. 여기에는 다양한 현대 교육사상의 영향이 크게 작용했는데, 결과적으로 극도의 이기적 개인주의가 자라나고, 학교에서는 규칙과 질서가 사라졌으며, 약물과 총기사건 등이 급증하는 결과를 낳았다. 이런 사회 문제들이 증가하자 올바른 가치를 정립하는 교육의 필요성이 제기되었고, 일부 학부모들의 주도하에 '최소한의 약속과 규칙이 있는 학교 만들기' 운동이 시작되었는데, 이것이 사실상 미국 인성교육의 새로운 태동이라 할 수 있다.

그러나 다양한 배경을 가진 이민자들로 구성된 미국 사회는 다문화·다민족·다종교에서 기인하는 상이한 관점과 가치들을 하나로 녹여낸, 소위 용광로 사회(melting pot)를 만들어야 하는 문제가 더욱 시급한 실정이었으므로 이런 미국의 사회적 배경을 감안하여 인성교육 역시 개개인을 미국의 시민으로 길러내는 시민교육 형태를 띠게 되었다.

미국의 인성교육은 미국 사회의 기반인 개인주의적이고 상대주의적인 관점을 바탕으로 하는 가치들을 정립하고 교육하여 '옳고 그름'이 아닌 '다름'의 문제로 가치를 규정하고 타인의 가치를 침해하지 않는 것을 '존중'이라 정의한다. 이에 대해 테일러(Taylor) 같은 학자들은 "상대주의란 단순한 인식론적 입장이 아니라, 타인의 가치에 대한 도전을 반대하는 도덕적 입장"이라는 블룸(Bloom)의 주장을 바탕으로 상대주의의 한계를 지적했다. 궁극적으로 미국 인성교육의 목적은 나를 포함한 모든 인간 존재에 대한 존중과 배려보다 '타인에게 피해를 주지 않는 선'에서의 가치를 추구한다는 데 그 한계가 있다.

---

19 Berkowitz, M. W., & Bier, M. C. (2005). What Works in Character Education: A Research-Driven Guide for Educators. Washington, D. C.: Character Education Partnership.

20 Payne, A. A., Gottfredson, D. C., & Gottfredson, G. D. (2003). Schools as communities : The relationship among communal school organization, student bonding and school disorder. Criminology, 41(3), 749-778.

결과적으로 미국의 인성교육은 진정한 의미의 인간 존중, 곧 인간 본연의 존재가치에 대한 인식과 추구를 간과하고 있다는 근본적 한계를 갖는다.

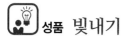

성품 빛내기

: 진정한 행복을 찾은 아이들

이영숙 박사의 12성품교육은 해야 할 일과 하지 말아야 할 일을 분별할 줄 아는 민주주의 사회의 시민 양성에 기여한다. 서울의 한 초등학교 선생님은 성품교육을 알기 전에는 아이들에게 선악을 분별하는 능력을 가르치는 것이 어렵다고 생각했다. 그러나 성품교육을 현장에서 가르쳤더니 아이들이 스스로 선악을 분별하는 모습을 보고 깜짝 놀랐다면서 "8주간의 성품교육만으로도 아이들이 이렇게 달라지는데 열두 가지 성품을 모두 가르치면 어떤 변화가 나타날까요?"라고 물었다. 그렇다. 어렸을 때부터 아이들에게 어떤 것이 옳고 그른지 가르치면 아이들의 양심이 활성화되어 더 잘 배우고 그들이 선택해야 할 것이 무엇인지를 더 잘 알게 된다는 점에서 이영숙 박사의 12성품교육은 연령별 · 대상별 평생교육과정으로서의 교육적 가치를 지닌다.[21]

성품 다듬기

: '미국'의 인성교육은

- 미국의 가치관과 사조 속에서 시대적인 갈등과 혼란을 해결하기 위해 여러 가지 형태로 변모되어 왔다. 따라서 인성교육은 미국의 인성교육을 그대로 답습하는 것이 아니라 문화와 의식에 맞게 장점을 강화시키고 단점을 보완하는 형태로 실천되는 것이 바람직하다.
- 자아 인식과 자존감이 높아지고 학업 성취도를 비롯한 예술과 지식 분야에 긍정적인 발전을 가져왔다. 그러나 상대주의적 관점에서 '옳고 그름'을 '다름'의 문제로 접근함으로써 인간의 근본적인 '선(善)'을 추구하지 않았다는 한계점이 나타났다.

: '미국'의 인성교육 학자

- 토마스 리코나는 미국 인성교육의 기초 이론을 정립하고, 인성교육의 열 가지 중요 덕목(공

---

21 이영숙 (2013). 인성을 가르치는 학교 만들기. 서울: 좋은나무성품학교. 384.

정, 인내, 사려, 자제심, 도움을 베풂, 연민, 협동, 용기, 정직, 여러 가지 민주적 가치들)의 훈련을 강조했다.

- 조셉슨은 건강한 성격을 구성하기 위한 여섯 가지 중요 가치를 '인성의 여섯 기둥'이라고 명명하고 신뢰, 존중, 책임감, 배려, 공정, 시민의식 등의 가치를 선별했다.
- 필 빈센트는 올바른 인성교육을 위해 규칙과 질서 준수, 협동학습, 사고력 교육, 독서교육, 봉사학습의 교육방법을 제시했다.

15강 눈빛, 말투까지 달라진 인성교육의 효과

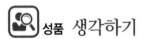 성품 **생각하기**

: 좋은 생각, 좋은 감정, 좋은 행동을 습관화하는 비밀

영국 애버딘대 피어 울프 교수팀은 소뇌 신경세포의 연결에 대한 연구를 통해 운동기능이 어떻게 저장되는지를 밝혀냈다. 즉 소뇌의 분자층 사이신경세포가 소뇌와 다른 뇌 부위를 연결하는 문지기 역할을 하는데, 스케이트 타기처럼 새롭게 배운 기술을 뇌의 다른 부분이 알아들을 수 있는 형태로 정리해 보냄으로써 새로운 운동기능을 대뇌가 기억하도록 만든다는 것이다. 이는 머리로만 배운 것은 쉽게 잊어버릴 수 있지만 인지적, 정의적, 행동적 자극을 통해 배운 것은 특정 신경세포가 소뇌의 신호를 코드로 바꿔 대뇌에 기억시킴으로써 잊지 않고 더 잘 기억하게 됨을 의미한다. 코리아메디컬닷컴은 2014년 12월 19일 자 기사에서 영국의 데일리 익스프레스 기사를 인용해 이 같은 내용을 보도했다.[22]

성품 **꿈꾸기**

1. 12성품교육의 태동과정을 설명할 수 있다.
2. 12성품교육의 확산과정을 설명할 수 있다.
3. 12성품교육의 효과 검증을 통해 인성교육의 실제적인 변화들을 설명할 수 있다.

---

22 코리아메디컬닷컴. 2014. "아주 오랜만에 자전거 타도 왜 안 넘어질까". 12월 19일. http://www.kormedi.com/news/article/1213094_2892.html

성품 빚기

01. 12성품교육의 태동

앞서 말한 우리나라와 미국의 인성교육 및 도덕교육의 한계를 극복하기 위해 2005년부터 12성품교육이 등장했다. 2005년 전국 13개 유치원과 어린이집에서 시작한 이영숙 박사의 12성품교육은 2016년 1,000여 개의 초·중·고 및 대학교와 교육기관에서 실천하고 있다. 게다가 우리나라는 물론 미국, 아프리카, 호주, 아시아의 여러 나라에까지 확산되고 있다.

이영숙 박사의 12성품교육은 추상적 지식으로 논의되어 온 인성교육의 한계를 극복하기 위해 성품을 "한 사람의 생각, 감정, 행동의 표현"[23]으로 정의하고 주지주의적 접근과 교육이 실제 행동 변화에 영향을 미치지 못하는 현실을 극복하고자 인지적 접근, 정의적 접근, 행동적 접근을 통해 두 가지의 기본 덕목 및 열두 가지 주제성품을 가르치도록 연령과 대상에 맞게 교육내용을 체계화했다.

또한 태아 성품교육과정, 영유아 성품놀이교육과정, 영유아 홈스쿨성품놀이교육과정, 유아 성품교육과정, 어린이 성품교육과정, 청소년 성품교육과정, 청년 성품교육과정, 성인들을 위한 부모 성품교육과정 등 전 연령대를 대상으로 하는 프로그램을 개발하였고, 초·중·고 교사들을 위한 교원 성품직무연수, 직장인들을 위한 직장인 성품교육과정, 노인들을 위한 시니어 성품교육과정 등으로도 전문화하였다.

02. 12성품교육의 확산

이영숙 박사의 12성품교육은 교육 현장에서 실제적으로 적용할 수 있는 분명한 교육의 목표와 활동들을 제시하여 대상별·연령별·영역별로 우수한 교육적 평가를 받았다. 2013년에는 교육부가 인증하는 '우수 인성교육 프로그램'으로 선정되어 교육부 장관상을 받았으며, 특히 어린이 언어인성교육 프로그램으로 유아부터 초등 저학년에 이르기까지 바른말 고운말 지도를 통해 언어폭력 예방교육을 실천하고 있다.

또한 초등 및 청소년 인성 교과서를 만들어 서울시교육청 인정도서[24]로 승인받았다. 각 학교에 성품 전문지도사를 배출하여 창의적 체험활동 시간과 방과후교실에서 성품교육을 실천함으로써 학교폭력, 왕따, 청소년 가출, 자살률 증가 등에 대한 근본 대책을 세우는 데도 힘써 왔다.

---

23 이영숙 (2005). 부모·교사를 위한 성품교육 지도서-경청. 서울: 아름다운 열매.

24 이영숙 (2012). 초등성품리더십 인성교과서-기쁨. (사)한국성품협회. *서울특별시교육감 인정도서(교육과정과-1505호)
이영숙 (2012). 초등성품리더십 인성교과서-배려. (사)한국성품협회. *서울특별시교육감 인정도서(교육과정과-1505호)
이영숙 (2012). 초등성품리더십 인성교과서-인내. (사)한국성품협회. *서울특별시교육감 인정도서(교육과정과-1505호)

필자가 좋은 성품으로 평생교육을 실현하기 위해 2002년 설립한 사단법인 한국성품협회 및 좋은나무성품학교는, 2013년 2월에 서울특별시교육청과 MOU를 맺고 서울시에 있는 각 초·중·고등학교에서 학부모 인성교육 및 학생과 교사들을 위한 인성교육 프로그램을 실천하고 있으며, 2013년 11월 인천광역시교육청과 MOU를 체결하여 부모성품대화학교 등을 통해 학부모인성교육을 확산하고 있다. 그 외에도 서울특별시남부교육지원청·인천광역시남부교육지원청 등과 MOU를 체결하여 '실천적 인성교육 생활화'를 비롯해, 좋은 성품으로 대한민국의 행복한 미래를 세우는 일에 앞장서고 있다.

2011년부터 현재까지 서울특별시교육청과 경기도교육청에서 지정하는 '교원 특수분야 직무연수기관'으로 선정되어, 초·중·고 국공립/사립학교에서 우수 인성교육 프로그램을 실천할 수 있도록 교원 직무연수를 실시하고 있는 것도 필자가 심혈을 기울이고 있는 주요 인성교육의 한 부분이다.

또한 성품을 가르치기 위해서는 무엇보다 학부모 인성교육이 선행되어야 효과적이다. 필자가 만든 성품대화학교 SCC(School of Character Communication)나 성품훈계학교 SCD(School of Character Discipline), 성품이노베이션 SCI(School of Character Innovation), 성품파파스쿨-아버지성품학교 CPS(Character Papa School), 여성성품리더십스쿨은 가정에서 인성교육을 시작할 수 있도록 부모의 역할을 강화하는 학부모 인성교육 프로그램이다. 이영숙 박사의 12성품교육에 입각한 부모성품교육은, 시·도 교육청을 비롯한 전국의 많은 학교에서 부모성품교육과정으로 채택되어 이혼했던 가정이 재결합하고 사업에 실패한 가장이 자살 위기를 넘기는 등 깨진 가정, 부부간의 불화, 자녀와의 갈등이 해결되는 기적적인 회복과 치유를 가능하게 했다.

또한 2013년에는 경기도평생교육진흥원과 MOU를 체결하고 2013년 11월부터 경기도에 거주하는 결혼이주여성들을 대상으로 '창의인성 지도자 세우기' 프로젝트를 진행함으로써 다문화권 부모와 자녀들이 12성품교육을 통해 문화의 격차를 줄이고 사회와 학교에 행복하게 정착하도록 좋은 성품교육을 지원하고 있다. 2015년부터 2년 연속 경상북도와 협력하여 경상북도 관내 경로당에서 조부모들을 대상으로 시니어 성품교육을 진행하고 있으며, 12성품교육을 바탕으로 한 할매·할배 성품교육 프로그램들이 어르신들과 가정 및 지역공동체에 긍정적인 효과를 가져온 공로가 인정되어 2015년 경상북도 도지사 표창장을 수상하기도 했다.

:03. 12성품교육의 효과 검증

그동안의 인성교육은 '착한 아이 만들기'의 한 과정으로 인식되어, 교육 현장에서 추상적으로 접근되거나 구체적 실천과 적용이 용이하지 않은 한계가 있었다. 그러나 진정한 인성교육은 마음의 힘을 기르는 심정 강화교육이자, 논리적 사고를 넓히는 사고력 신장교육이며, 내재돼 있던 감정을 섬세하게 표현하는 감성교육이며, 상황과 장소에 맞는 행동을 좋은 매너로 표현하여 글로벌 시민을 양성하는 예절교육이다. 필자는 성품교육을 통해 인지적 · 논리적 · 감성적 · 행동적 발달이 이뤄질 수 있음을 확인하였고, 글로벌 지도자를 키울 수 있는 품격 있는 교육으로서의 12성품교육을 강조해 왔다.

　교육의 효과는 뚜렷이 나타났다. 다양한 변화의 사례들만 하더라도 해마다 한 권의 책을 만들 정도였다. 이영숙 박사의 12성품교육을 적용하는 실천학교 및 기관에서 일어난 변화는 학부모와 교사들이 편지를 통해 알려 주었다. 효과는 또 아이들의 가정에까지 영향을 끼쳤는데, 4년 동안 이혼한 부부가 성품교육을 받은 두 딸 덕분에 화해하고 다시 결합하는 일도 일어났다. 성품교육은 이 땅에서 살아가는 다양한 사람들, 특히 소수자들의 생활에도 기여했다. 성품교육을 받은 다문화 결혼이주여성들의 경우 상처를 치유받고 다른 문화 속에서 소통하며 살아갈 수 있도록 격려받기도 했다. 새터민 아이들에게도 성품교육은 다양한 갈등 해소의 효과를 주었다.

　무엇보다 다양한 논문을 통해 이영숙 박사의 12성품교육으로 인성교육을 실천한 결과 나타난 우수 사례들과 그 효과가 입증되었다. 다음은 필자가 고안한 '12성품교육론'을 이론적 배경으로 하여 사단법인 한국성품협회 및 좋은나무성품학교의 성품교육 효과를 연구한 논문들로, 이 외에도 한국성품학회와 여러 학계에서 활발하게 발표되며 계속적으로 검증되고 있다.

　이영숙, 유수경의 논문 「이영숙 박사의 한국형 12성품교육론을 바탕으로 한 청소년의 자존감에 대한 연구 : '기쁨'의 성품을 중심으로」(2012년)는 청소년들이 12성품교육의 '청소년 성품리더십교육-기쁨'을 통해 신체외모 자아 · 신체능력 자아 · 친구관련 자아 · 가정적 자아를 비롯한 자아존중감이 향상되었다고 밝힌다.

　이영숙, 임유미의 논문 「이영숙 박사의 한국형 12성품교육론이 청소년의 대인관계 및 주관적 행복지수에 미치는 영향」(2012년)에서는 12성품교육의 '청소년 성품리더십교육-기쁨'이 청소년들의 대인관계 향상에 긍정적인 효과가 있었으며, 주관적 행복지수가 향상되었다고 검증했다.

　이영숙, 이승은의 논문 「한국형 12성품교육론을 접목한 디지털세대의 성품교육방안 연구」(2013년)에서는 디지털 키즈의 특징을 조사하고 이영숙 박사의 12성품교육론을 바탕으로 한 디지털 키즈의 효과적인 성품교육 방안을 연구했다.

　이영숙의 논문 「한국형 12성품교육이 유아의 인성개발, 정서지능, 자기통제 및 문제행동에 미치는 효과」(2011년)는 좋은나무성품학교의 이론적 배경이 되는 이영숙 박사의 12성품교육이 유아의 인성개발과 정서지능, 자기통제에 긍정적인 효과가 있으며, 세부적으로 유아의 자기정서 인식 및 표현과 자기감정 조절 및 충동 억제, 자기정서 이용, 장기적인 자기통제에 긍정적인 효과가 있음을 확인했다.

또한 좋은나무성품학교에서 개발한 유아용 성품체크리스트를 도구로 12성품교육의 효과를 검증한 박갑숙의 논문「성품교육 프로그램이 유아의 인성에 미치는 영향」(2009년)은 좋은나무성품학교의 성품교육이 유아의 인성발달 곧 공감인지능력의 하위 요인인 경청, 긍정적인 태도, 기쁨, 배려, 감사, 책임감의 성품에 긍정적인 영향을 주었다고 밝혔다.

이 밖에도 설미화의 논문「유아 성품교육에 대한 어머니의 인식 및 요구」(2011년)에서는 조사 대상의 97.5%가 좋은나무성품학교의 성품교육이 중요하다고 인식하고 있으며, 98%가 좋은나무성품학교의 성품교육에 대한 필요성을 높게 인식하고 있다는 사실을 밝혔다. 또한 전체의 93.2%가 좋은나무성품학교의 성품교육을 유아기에 실시하는 것이 적합하다고 인식하고 있으며, 좋은나무성품학교의 이론적 배경이 되는 이영숙 박사의 12성품교육을 적용하는 교사와 프로그램 내용에 대해 높은 만족도를 보인다고 조사 결과를 발표했다.

박옥정의 논문「성경적 성품교육활동이 ADHD성향 유아의 주의집중에 미치는 효과」(2011년)에서는 좋은나무성품학교의 이론적 배경이 되는 12성품교육이 ADHD성향 유아의 주의집중력에 긍정적인 효과를 미친다고 밝혔으며, 박민혜도「성품교육 프로그램이 유아의 사회성 발달 및 문제행동에 미치는 영향」(2013년)이라는 논문에서 좋은나무성품학교의 이론적 배경이 되는 이영숙 박사의 12성품교육을 실시한 6~7세 유아들이 일반 유치원에서 만 5세 누리과정을 실시한 비교집단의 유아들에 비해 전체 사회성과 그 하위영역인 정서표현, 자신감, 질서, 문제해결의 능력이 향상되고, 문제행동의 하위영역인 공격성, 불안, 과잉행동과 산만한 태도는 감소했다고 발표했다. 또 양영식의 논문「성품교육에 대한 유아교사의 인식 : 좋은나무성품학교 프로그램을 중심으로」(2012년)는 좋은나무성품학교의 성품교육이 유아의 긍정적 언어표현, 사회적 상호작용, 정서적 안정감에 높은 효과가 있었다고 결론지었다. 정유미도「기독교 성품 중심 음악치료가 유아의 도덕적 행동에 미치는 영향」(2013년)이라는 논문에서 좋은나무성품학교의 이론적 배경이 되는 이영숙 박사의 12성품교육을 접목한 음악치료가 유아의 도덕적 행동영역인 도덕적 규칙영역, 인습적 규칙영역에 긍정적인 영향을 끼쳤다고 결론을 내렸다. 한수현은「유아를 대상으로 한 성품과 영어의 통합교육 방법론」(2013년)이라는 논문을 통해 좋은나무성품학교의 이론적 배경이 되는 이영숙 박사의 12성품교육 프로그램이 유아의 전체 사회성과 하위영역인 정서표현, 자신감, 질서, 문제해결 능력을 향상시키고, 전체 문제행동과 하위영역인 공격성, 불안, 과잉행동과 산만행동을 감소시키므로 유아를 대상으로 한 영어교육 역시 이영숙 박사의 12성품교육을 바탕으로 통합교육을 하는 것이 효과적이라고 발표했다.

이영숙, 허계형이 발표한 「한국형 12성품교육을 실천한 유아교육기관의 교사 인식 및 인성개발 효능감」(2011년)이라는 논문에 따르면, 좋은나무성품학교의 이론적 배경이 되는 이영숙 박사의 12성품교육을 실천하는 교사들은 좋은나무성품학교의 성품교육 프로그램 내용에 대해 전체의 80%가, 좋은나무성품학교의 교사연수 프로그램에 대해서는 69%가, 좋은나무성품학교의 성품교육 프로그램 효과에 대해 75%가 만족한다고 응답하여 전체적으로 높은 만족도를 갖고 있는 것으로 나타났다. 또한 좋은나무성품학교의 이론적 배경이 되는 이영숙 박사의 12성품교육이 교사에게 주는 효과와 유익으로 대다수의 교사들이 교사 자신의 성품을 성찰해 볼 수 있다는 점을 꼽았으며, 이는 학생들을 위한 좋은나무성품학교의 성품교육 실천이 교사들에게 성품교육의 중요성을 더욱 인지하게 하고 이에 따라 좋은나무성품학교의 성품교육을 실시하도록 촉진하는 상호 긍정적인 결과를 가져온 것이라고 결론지었다.

또한 김영란의 논문 「부모교육 이노베이션을 통한 부모의 부정적 정서에 관한 연구」(2015년)에서는 이영숙 박사의 12성품교육을 기반으로 하는 부모인성교육 '성품이노베이션'이, 교육에 참여한 부모들의 부정적 정서인 걱정과 흥분의 정도를 낮아지게 하는 효과를 가져왔다고 확인했다.

이영숙, 변상규는 「한국형 12성품교육의 성품상담으로 본 대상관계이론과 임상을 통한 내면치유 사례연구」(2013년)를 통해, 이영숙 박사의 12성품교육의 성품상담을 "한 개인의 아픔과 상처를 통해 왜곡된 성품을 진단하고 사랑과 공의, 즉 공감인지능력과 분별력이 균형 잡힌 성품 좋은 개인으로 치유되어 행복한 관계를 회복하도록 돕는 것"이라고 정의하고 상처받은 내담자에게 이영숙 박사의 12성품교육의 성품상담으로 접근하는 방법에 관해 연구했다.

노주하의 논문 「성경적 성품교육을 위한 독서활동 프로그램개발 기초연구」(2010년), 김영회의 논문 「교회와 가정 연계를 통한 성품교육 프로그램」(2012년), 정수미의 논문 「기독교 성품교육 고찰에 의한 초등도덕교육 내용 개선점 모색」(2012년) 등도 이영숙 박사의 12성품교육을 이론적 배경으로 한 좋은나무성품학교의 프로그램에 대해 연구 발표하고 있다.

이처럼 이영숙 박사의 12성품교육론을 이론적 배경으로 한 논문과 효과검증을 연구한 논문들은 다음과 같다.

① 이영숙, 「한국형 12성품교육이 유아의 인성개발, 정서지능, 자기통제 및 문제행동에 미치는 효과」, 〈성품저널〉 제1권, 2011년

② 이영숙, 허계형, 「한국형 12성품교육을 실천한 유아교육기관의 교사 인식 및 인성개발 효능감」, 〈성품저널〉 제1권, 2011년

③ 이영숙, 유수경, 「이영숙 박사의 한국형 12성품교육론을 바탕으로 한 청소년의 자존감에 대한 연구 : '기쁨'의 성품을 중심으로」, 〈성품저널〉 제2권, 2012년

④ 이영숙, 임유미, 「이영숙 박사의 한국형 12성품교육론이 청소년의 대인관계 및 주관적 행복지수에 미치는 영향」, 〈성품저널〉 제2권, 2012년

⑤ 이영숙, 변상규, 「한국형 12성품교육의 성품상담으로 본 대상관계이론과 임상을 통한 내면치유 사례연구」, 〈성품저널〉 제3권, 2013년

⑥ 이영숙, 이승은, 「한국형 12성품교육론을 접목한 디지털세대의 성품교육방안 연구」, 〈성품저널〉 제3권, 2013년

⑦ 박갑숙, 「성품교육 프로그램이 유아의 인성에 미치는 영향」, 경남대학교 교육대학원 석사학위논문, 2009년

⑧ 노주하, 「성경적 성품교육을 위한 독서활동 프로그램개발 기초연구」, 총신대학교 교육대학원 석사학위논문, 2010년

⑨ 설미화, 「유아 성품교육에 대한 어머니의 인식 및 요구」, 가톨릭대학교 석사학위논문, 2011년

⑩ 김영회, 「교회와 가정 연계를 통한 성품교육 프로그램」, 장로회신학대학교 목회전문대학원 석사학위논문, 2012년

⑪ 박옥정, 「성경적 성품교육활동이 ADHD성향 유아의 주의집중에 미치는 효과」, 대구대학교 특수교육대학원 석사학위논문, 2012년

⑫ 양영식, 「성품교육에 대한 유아교사의 인식 : 좋은나무성품학교 프로그램을 중심으로」, 총신대학교 교육대학원 석사학위논문, 2012년

⑬ 정수미, 「기독교 성품교육 고찰에 의한 초등도덕교육 내용 개선점 모색」, 고신대학교 교육대학원 석사학위논문, 2012년

⑭ 박민혜, 「성품교육 프로그램이 유아의 사회성 발달 및 문제행동에 미치는 영향」, 한양대학교 교육대학원 석사학위논문, 2013년

⑮ 정유미, 「기독교 성품 중심 음악치료가 유아의 도덕적 행동에 미치는 영향」, 고신대학교 교회음악대학원 석사학위논문, 2013년

⑯ 한수현, 「유아를 대상으로 한 성품과 영어의 통합교육 방법론」, 고려대학교 행정대학원 석사학위논문, 2013년

⑰ 김영란, 「부모교육 이노베이션을 통한 부모의 부정적 정서에 관한 연구」, 강원대학교 인문과학연구소, 인문과학연구 47, 2015년

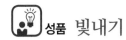

성품 빛내기

: 성품교육을 사랑해요

우리나라 행복지수는 OECD 국가 중 거의 꼴찌이다. 그런데 초등학교 아이들에게 기쁨, 감사, 긍정적인 태도 등의 좋은 성품을 가르쳤더니 아이들이 "예전에는 잘 웃지 않았는데 성품교육을 받고 나서 많이 웃게 됐어요"라고 소감을 밝혔다. 또 어떤 친구는 성품교육을 받기 전에 짜증을 많이 냈는데, 가령 공부하기 싫을 때 일부러 연필을 부러뜨리는 식으로 말이다. 그런데 긍정적인 태도의 성품을 배운 뒤로는 그런 습관이 사라졌다고 한다. 또 한 아이는 화가 나면 책을 찢었는데 이제는 안 그런다고 소감을 밝혔다. 행복이란 주관적으로 '나는 평안하다'고 느끼는 마음이므로 사실상 외부 환경의 변화와는 무관하다고 볼 수도 있다. 밖으로부터 오는 자극에 내가 어떻게 반응하느냐 하는, 정서적인 기능이기 때문이다. 그런 점에서 아이들이 자신의 가정환경이나 학업성적이 나아졌다는 것보다 성품교육을 받고 내가 이렇게 변화되었다고 말한다는 것은 우리에게 큰 시사점이 될 수 있다. 성품은 생각, 감정, 행동을 변화시켜 한 사람과 그들이 모인 가정, 학교, 사회를 더 행복하게 만들어 준다. 초등학교 아이들에게 이런 행복감을 줄 수 있다면 앞으로 이 아이들이 성장했을 때 그들이 가진 행복한 경험들이 얼마나 행복한 세상을 만들 수 있을지 우리는 가늠할 수 있다. 초등학생들을 대상으로 성품교육을 가르친다는 건 아이들의 인생에 행복을 선물한다는 측면에서 가장 위대한 유산이 될 것이다.[25]

성품 다듬기

: 이영숙 박사의 12성품교육은

- 추상적 지식으로 논의되어 온 인성교육의 한계를 극복하기 위해 성품을 "한 사람의 생각, 감정, 행동의 표현"[26]으로 정의하고 두 가지 기본 덕목과 열두 가지 주제성품을 가르치도록 연령과 대상에 맞게 교육내용을 체계화했다.
- '착한 아이 만들기'의 한 과정으로 인식되던 인성교육의 한계를 극복하기 위해 가정, 학교, 사회를 연결하여 성품으로 인성전문교육을 가능하게 했다.

---

25 이영숙 (2012). 성품, 향기 되어 날다. 서울: 좋은나무성품학교. 207-208.
26 이영숙 (2005). 부모·교사를 위한 성품교육 지도서-경청. 서울: 아름다운 열매.

: 이영숙 박사의 12성품교육을 통해

- 자아존중감이 향상되고, 대인관계 향상에 긍정적인 효과가 있었으며, 주관적 행복지수가 향상되는 등 대상별·연령별·영역별로 다양한 교육적 효과들이 있었다.

제1장

제2장

제3장

제4장

제5장

제6장

제7장

＋

제8장

제9장

제10장

＋

제11장

제12장

＋

제13장

제**5**장

이영숙 박사의 12성품교육의 이론 탐구

16강 플라톤과 아리스토텔레스가 말하는 인성교육

성품 생각하기

: 우등생도 '품행 제로'일 수 있다

사람들은 흔히 성품은 타고난다고 생각한다. 하지만 이것이야말로 성품에 대한 가장 큰 오해이다. 성품이 후천적 노력에 따라 바뀔 수 있다는 사실을 알고 나면 사람들은 깜짝 놀란다.

같은 이치로 지식을 사고하는 것과 의지력을 발휘하여 욕구를 절제하는 것은 다르다. 아리스토텔레스도 진리를 인식하는 지적 덕과 욕구를 억제하는 도덕적 덕을 구분하였다. 이 두 가지 덕은 인간이 이성적 존재라는 전제에서 출발한다. 아리스토텔레스는 지식을 안다고 하여 실제 행동으로 이어지는 건 아니라고 생각했다. 앎과 더불어 실천의지가 수반될 때 비로소 도덕적인 행동을 할 수 있다고 본 것이다. 도덕적 실천의지는 개인에게 행동에 대한 책임을 물을 수 있다는 점에서 중요하다. 이성이 정욕을 억제하는 노력을 꾸준히 할 때 비로소 도덕적 덕이 갖춰지는 셈이다.[1]

그런 점에서 학교에서 좋은 성적을 얻는 우등생이라도 품행은 비도덕적일 수 있다. 그러므로 인성교육은 언제나 병행되어야 한다.

성품 꿈꾸기

1. 고대 플라톤과 아리스토텔레스가 강조한 탁월성을 설명할 수 있다.

---

1 한국경제. 2009. "② 아리스토텔레스의 「정치학」". 1월 9일. http://www.hankyung.com/news/app/newsview.php?aid=2009010813861

2. 플라톤의 탁월성을 통해 12성품교육론의 '생각' 영역의 강조점을 설명할 수 있다.
3. 아리스토텔레스의 탁월성을 통해 12성품교육론의 '감정', '행동' 영역의 강조점을 설명할 수 있다.

 **성품 빚기**

01. 고대 그리스 철학과 인성교육

MBC TV 프로그램 〈컬투베란다쇼〉에 출연한 적이 있다. 그날 주제가 '훈계의 품격'이었다. 어떻게 훈계할 것인가에 대한 내용이었다. 그날 작가가 준 멘트 가운데 "요즘 아이들, 눈 뜨고 볼 수가 없다", "요즘 아이들, 건방지다", "요즘 아이들, 어떻게 다뤄야 할지 모르겠다" 등이 있었다. 그러나 '요즘'이라는 말은 우리가 사는 지금만이 아니라 고대의 문서에서도 발견된다. 재미있는 사실은 그 문서에서도 "요즘 애들, 눈 뜨고 볼 수 없다"는 문장이 나온다고 한다. 이 말은 곧 오늘날의 교육 문제가 그 시대에도 여전했고, 자녀들의 문제는 시대를 막론하고 연속적으로 나타난다는 의미이다.

12성품교육의 이론적 고찰은 그래서 고대 플라톤과 아리스토텔레스로 거슬러 올라간다. 덕이란 무엇인가에 대한 플라톤과 아리스토텔레스의 해석을 통해 이영숙 박사의 12성품교육에서 성품을 "한 사람의 생각, 감정, 행동의 표현"으로 정의한 배경을 알 수 있다.

덕(virtue)은 희랍어로 아레테(arete)이다. 고대 그리스 교육이론에서 매우 중요한 개념인 아레테는 일반적으로 '인간 자체로서의 빼어남, 즉 인생에 있어서의 능함'으로 정의된다. 특히 교육목적으로 보편성을 띠는 아레테는 현대의 추상적인 덕목과 구분되는 개념으로 '특수한 분야에서 발휘하는 구체적인 능력'이라는 협의의 아레테 개념과 구분된다.[2]

이영숙 박사의 12성품교육은 공감인지능력과 분별력이라는 두 가지 기본 덕목을 중심으로 교육의 방법론을 펼친다. 부모로부터 유전적으로 타고난 기질이 외부로 드러나는 것을 성격이라고 할 때, 선천적으로 갖고 있는 성격에 덕을 쌓는 것이 바로 성품이다. 다시 말해 보편적인 인간 자체로서의 빼어남과 인생으로서의 능한 요소들을 연습함으로써 더 좋은 생각, 더 좋은 감정, 더 좋은 행동을 가능하게 하는 것이 성품이다.

2   Guthrie, W. K. C. (1960). The Greek Philosophers: From Thales to Aristotle. 박종현 역. 희랍 철학 입문. 서울: 서광사.

제1장
제2장
제3장
제4장
제5장
제6장
제7장
╋
제8장
제9장
제10장
╋
제11장
제12장
╋
제13장

: 02. 플라톤의 탁월성과 12성품교육론의 '생각'

플라톤은 인간 삶의 아레테, 즉 훌륭한 삶과 행위의 근거를 인간의 '내적인 상태'에 두었다. 내적인 상태가 얼마나 훌륭한지는 이데아를 인지하는 능력인 지성(nous)에 따라 결정된다고 주장한다. 즉 정신적 영역에서 인간의 지성을 강조했다.[3] 인간이 지성의 영역이나 인지의 발달 없이 아무렇게나 사는 것은 동물이나 다를 바 없다. 그래서 지성을 통해 이데아를 인지하고 인지한 이데아를 본으로 삼아 행동을 선택할 때 훌륭한 삶을 살 수 있다. 플라톤에게 '지성'의 영역은 바로 인간 특유의 기능으로 마땅히 인간다우려면 지성의 영역을 훈련해야 한다는 것이다.

네틀러십[4]은 플라톤이 정의하는 '마음이 실재하는 사물과 하나가 된 사람'과 '언제나 동일하고 질서 정연한 것을 추구하며 가까이하여 성장한, 신적이고 질서 정연한 존재'를 강조하면서, 철학의 정신이 인격 형성에 미치는 영향을 설명했다. 플라톤은 철학이란 완전한 선 곧 이데아를 관조하고 사유하게 하는 학문이므로 철학을 통해 절대 선을 이해하고 그 이해를 바탕으로 선을 추구하게 하는 이성의 역할이 중요하다고 말했다. 여기서 선은 인간 지성의 형태 즉 사고하며 좋은 생각을 하는 인지의 개념을 통해 이룰 수 있는 것이다.

좋은 것에 대한 지식은 동시에 그것을 성취하는 능력(dynamics)과 욕구를 갖는다.[5] 결론적으로 플라톤이 강조한 덕 곧 아레테는 좋은 것에 대해 지식을 갖고 그것을 잘 성취할 수 있는 능력이다. 플라톤의 좋은 것에 대한 지식이 있다는 말은 나쁜 것을 자발적으로 하지 않는, 즉 스스로 좋은 것을 선택하는 것을 의미한다.

플라톤이 이데아, 좋은 것, 질서 정연한 것을 인식하고 추구하도록 강조한 지성은 성품의 요소인 생각 즉 인지하는 능력과 관련이 있다. 이영숙 박사의 12성품교육은 개인의 생각으로부터 좋은 성품이 출발한다고 보고 올바른 생각의 유형과 방식을 갖도록 기준을 중시하는 교육 내용들을 전개한다.[6] 성품의 정의에서 생각의 영역을 강조하고 인지론적인 발달을 강조한 것은 플라톤이 주장한 '지성의 중요성'을 기반으로 한 것이다.

: 03. 아리스토텔레스의 탁월성과 12성품교육론의 '감정과 행동'

아리스토텔레스는 성격의 탁월성을 "상황에 맞게 적절한 방식으로 행동하기를 원하며 그렇게 행동할 수 있는 일정한 성향"[7]이라고 보았다. 이때의 적절한 방식이란 '중용(mesotes)'을 뜻하며

3 김태경 (2001). 플라톤에서 사람됨과 훌륭한 삶. 철학, 68, 107-130.
4 Nettleship, R. L. (1969). The Theory of Education in Ploto's Republic. 김안중 역. 플라톤의 교육론. 서울: 서광사.
5 김태경. op.cit.
6 이영숙 (2010). 성품양육 바이블. 경기: 물푸레.
7 Urmson, J. O. (1988). Aristotle's Ethics. 장영란 역. 아리스토텔레스의 윤리학. 서울: 서광사.

아리스토텔레스가 주장하는 탁월성이란 결국 "과도함과 부족함이라는 두 가지 결함 사이의 중용"[8]을 의미하는 것이다. 즉 아리스토텔레스는 성격의 탁월성으로 감정의 중용을 강조했다.

물질의 집합인 '뇌'의 작용으로 발생한 감정은 어떤 자극에 대한 몸의 반응이며 결과적으로 생각의 영향을 받아 행동으로 드러난다. 따라서 이영숙 박사의 12성품교육에서 상정하는 감정은 일시적이고 즉흥적인 반응으로서의 느낌(feeling)이 아니라 이성의 영향을 받아 지속성과 안정성을 갖게 되는 감정(emotion)을 의미한다.[9] 감정을 느낌 그대로 표현하는 것이 아니라 '멈추어-생각해 보고-선택하기'라는 일련의 과정을 거침으로써 지성의 영역에서 'Stop!' 하고 이성적으로 생각한 다음, 그것을 행동으로 옮기는 과정에서 탁월성을 발휘하는 것이다.

멈추어 생각해 보고 좋은 행동을 선택하는 것이 습관으로 반복되면 아리스토텔레스가 말한 인간의 탁월성을 연마할 수 있다. 습관을 통해 지속성과 안정성을 지니는 아레테, 즉 반복적 경험으로 형성된 생각, 감정, 행동의 중용은 이영숙 박사의 12성품교육에서 상정하는 '좋은 성품'의 개념 정립에 영향을 주었다.

성품의 탁월성에 관해 아리스토텔레스는 플라톤과 다른 면을 강조했다. 플라톤이 성품의 탁월성을 지성에 두었다면, 아리스토텔레스는 행동에 기반을 둔 탁월성을 주장했다.

아리스토텔레스는 '인간의 탁월성은 능력이 아니라 상태'이므로 항상 같은 상태를 유지할 수 있는 반복적인 습관과 행동이 중요하다고 강조했다. 특히 탁월성은 "어느 정도 영혼의 습관화된 인격상태로 발휘의 기회가 오면 언제나 잘 처신할 수 있게 하는 상태를 말하며, 뛰어난 발휘의 계기를 함축한다"고 설명했다.

탁월성은 인간의 본성에 가능성으로 주어져 있다가 습관을 통해 완성되고, 습관에 의해 형성된 탁월성은 개인의 성품을 결정한다. 그래서 아리스토텔레스는 "사람의 우수성은 일회성에서 나오는 것이 아니라 오랜 세월 동안의 반복적인 습관에서 나온다"고 주장했다.

이영숙 박사의 12성품교육에서는 성품의 요소 중 행동을 생각의 표현으로 보고, 생각과 행동을 떼려야 뗄 수 없는 불가분의 관계로 규정한다. 그래서 플라톤이 강조한 지성과 아리스토텔레스가 강조한 감정 및 행동은, 성품을 "한 사람의 생각, 감정, 행동의 표현"[10]으로 정의하는 데 직접적인 영향을 주었다.

좋은 성품이란 "갈등과 위기상황에서 더 좋은 생각, 더 좋은 감정, 더 좋은 행동으로 문제를 해결하는 능력"[11]이다. 플라톤과 아리스토텔레스가 주장한 탁월성은 곧 좋은 성품을 의미한다.

---

8 유원기 (2009). 아리스토텔레스의 "탁월한 행동". 철학연구, 111, 25-49.

9 이영숙 (2010). 성품양육 바이블. 경기: 물푸레.

10 이영숙 (2005). 부모·교사를 위한 성품교육 지도서-경청. 서울: 아름다운 열매.

11 이영숙 (2010). 성품양육 바이블. 경기: 물푸레.

플라톤과 아리스토텔레스로부터 시작된 생각, 감정, 행동의 탁월함은 한 사람의 탁월성을 구분하는 '좋은 성품'을 정의하는 데 기초가 되었다.

 ## 성품 빛내기

: 초등 성품리더십교육을 통한 변화

초등학생들을 대상으로 '기쁨'의 성품을 교육했더니 자기 자신을 더 잘 이해하고 진로를 탐색하는 데도 긍정적으로 작용했다는 사례들이 있다. 한 친구는 이렇게 말했다. "꿈을 이루기 위해서는 많은 방해가 있지만 그때마다 기쁨을 유지하고 다시 일어서는 것 역시 나의 선택이란 걸 알게 됐어요." 또 한 친구는 성품수업 덕분에 목표가 생겼다고 한다. 그러다 보니 학교생활이 더 재미있어졌단다. 진로를 알게 된 친구들도 있다. 자신이 잘하는 것, 좋아하는 것을 적어보는 시간이 있는데, 이 수업을 통해 자신의 꿈이 더 뚜렷해지고, 진로에 대해 생각해 볼 수 있어서 좋았다며 성품교육에 대한 소감을 전했다.[12]

: 고대 사회에서 강조해 온

탁월성, '덕(virtue)' 즉 아레테(arete)는 '인간 자체로서의 빼어남, 즉 인생에 있어서의 능함'이라 정의할 수 있다.

: 12성품교육의 '성품' 정의 중

- 생각 : 12성품교육의 '성품' 정의에서 생각의 영역을 강조하고 인지적 발달을 강조한 것은, 플라톤이 주장한 '지성의 중요성'을 기반으로 한 것이다.
- 감정 : 아리스토텔레스의 '중용'은 이영숙 박사의 12성품교육에서 상정하는 '성품' 정의에서 감정적 요소의 개념 정립에 영향을 주었다.
- 행동 : 이영숙 박사의 12성품교육에서는 아리스토텔레스가 밝힌 '습관의 중요성'을 기반으로 하여 '성품'의 요소 중 좋은 행동을 강조한다.

---

12 이영숙 (2014). 한국형 12성품교육론. 서울: 좋은나무성품학교. 274.

17강 진리 추구로서의 인성교육

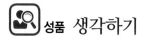 성품 생각하기

: 정보 홍수 속 도덕관념이 희박해진 사회에서 인성교육은 어떻게?

미국 남가주대(USC) 연구팀의 결과를 보면 트위터나 페이스북 등을 통해 끊임없이 최신 정보를 얻고 있는 사람들에게는 도덕적 잣대가 정상적으로 작동할 틈이 없다고 한다. 그러니까 특정 정보에서 분노나 고통 등 타인의 감정을 인지하고 동정심을 느끼려면 어느 정도 시간이 필요한데, 속보 형식으로 정보가 쏟아질 경우 이런 사고과정이 제대로 작동되지 않는다는 것이다. 문제는 이런 상태가 청소년들에게 지속될 경우에는 감정발달의 지체를 유발한다는 사실이다.

연합뉴스 2009년 4월 15일 자는 이 연구에 참여한 한 연구원의 말을 인용하여 다음과 같이 전한다. 도덕적 의사결정을 위한 사고과정은 적당한 시간과 휴식이 필요한데, TV, SNS, 블로그 등이 쏟아내는 단문에 과도하게 의존할 경우 감정적 대가를 치를 수밖에 없다는 것이다. 특히 이 대학의 마누엘 카스텔 교수는 인터넷 환경보다 텔레비전 환경을 더욱 우려했다. TV처럼 폭력과 고통이 끊임없이 등장하는 미디어 문화에서는 인간의 고통에 대한 무관심이 서서히 자리 잡을 것이라고 경고했다.[13]

이처럼 도덕적 관념이 희박해진 사회에서 무엇보다 필요한 교육은 객관적 가치 기준에 근거한 인성교육일 수밖에 없다.

성품 꿈꾸기

1. 인성교육의 바람직한 기준이 무엇인지 파악할 수 있다.
2. 진리 추구로서의 12성품교육의 특징을 설명할 수 있다.
3. 탈무드 교육을 통한 12성품교육의 특징을 설명할 수 있다.

---

13 연합뉴스. 2009. "정보 홍수에 도덕관념 희박해진다". 4월 15일.
http://news.naver.com/main/hotissue/read.nhn?mid=hot&sid1=103&cid=3118&iid=84905&oid=001&aid=0002609353&ptype=021

 성품 빗기

01. 인성교육의 기준

인성교육이 힘든 가장 큰 이유는 절대적 가치 기준이 상실되어 버렸기 때문이다. 과거에는 인간 됨됨이의 기준이라는 게 있었다. 적어도 이것은 따라야 한다, 마땅히 이렇게 해야 한다는 '선'의 기준이 있었다. 이것을 다른 말로 '정의'라고도 말할 수도 있다. 즉 무엇이 옳고 그른지를 분별하는 기준이 있었다. 그러나 현대철학은 신의 부재설과 더불어 절대적 가치로서의 선을 파괴해 버렸다.

그리고 그 자리에 '자아실현'이라는 새로운 '선'이 들어왔다. 자아실현이란 다윈의 진화론 곧 강한 것은 더 강해지고, 약한 것은 도태된다는 사상을 기초로 더 강해지려는 노력이다. 심리학자 매슬로우는 인간의 가장 높은 수준의 욕구가 자아실현의 욕구라고 말한다. 실제로 오늘날 많은 사람들은 자아실현의 욕구를 최고의 가치로 여기고 살아간다. 즉 나 자신을 성장시킴으로써 타인보다 더 강하게 되는 것 곧 자아실현이 성공의 다른 말이 되어 버렸다. 오늘날의 인성부재는 바로 여기서부터 출발하는 것이다.

02. 진리를 추구하는 인성교육

12성품교육의 기본적이고 기초적인 신념은 진리를 추구하는 정초주의(foundationalism) 철학의 긍정적인 기능과 맥락을 같이한다. 정초주의 철학이란 기본적 신념(basic beliefs) 및 기초적 신념(foundational beliefs)에 근거해 신념과 지식을 정의하는 인식론의 통칭이다. 이때의 기본적이고 기초적인 신념이란 다른 신념을 근거로 하지 않는 자명한 신념을 말한다.

현대는 시간이 지날수록 기존의 질서와 지식의 체계를 부정하는 포스트모더니즘 철학이 사람들의 마음을 뒤흔들고 있다. 예전에는 진리라고 여긴 것들이 이제는 진리가 아닌 것으로 인식됨으로써 더 이상 진리라고 부를 수 있는 고정점이 사라지고 사람들은 가치와 인식을 둘러싼 생활 전반에서 갈등과 방황을 경험하게 되었다.

교육학에서 정초주의는 '인식의 기초와 기점을 찾는' 것으로 이해된다. 어떤 상황과 문제에 맞닥뜨렸을 때 가져야 할 기본적이고 기초적인 신념이 있다고 정립한 이론이 바로 정초주의이다. 따라서 정초주의 인식론은 개인의 편견이나 주관에 좌우되지 않는 '객관적 앎'을 추구한다.

정초주의 인식론에서 추구하는 '객관적 앎'은 '객관주의적 앎'과 구분된다.[14] 객관적 앎이란

---

14 홍은숙 (2003). 지식교육에 관한 논의의 유형 분석. 아시아교육연구, 4(2), 141-168.

교육에서 추구하는 개인의 편견이나 주관에 좌우되지 않는 지식을 말한다. 이 객관적 앎을 추구하는 과정에서 객관주의적 앎이 등장하게 되었다. 객관주의적 인식론은 앎을 인식 주체와 인식 대상이 멀찍이 떨어져서 아무런 인격적 관계도 가지지 않는 '무인격적(impersonal) 앎' 또는 '거리를 둔 앎'으로 간주한다.

무인격성을 전제하는 객관주의적 앎에 반대되는 개념으로는 폴라니(Polanyi)의 '인격적 지식'이 있다.[15] 인격적 지식이란 앎에 포함된 '묵시적 요소(tacit dimension)'로 인해 객관적 진리를 추구하는 과정에 인식 주체의 인격적 참여와 판단 그리고 지적인 측면의 개입이 일어난다는 점을 수용하는 지식이다.

정초주의론자들은 "인식은 모든 의심스러운 것이나 불확실한 것을 버리고 확실한 지식의 체계를 보장할 수 있는 확고부동한 기점에서 출발하며, 지식은 이러한 기점으로부터 일직선상에 계단처럼 쌓아 간다"[16]고 주장한다. 이러한 정초주의 인식론에는 플라톤의 이데아론, 데카르트의 합리주의, 영국의 경험주의와 칸트에 이르는 인식론, 훗설의 현상학, 논리실증주의가 포함된다. 이 이론들은 구체적인 내용과 방법상의 차이는 있지만 "무지에서 출발하여 전적으로 오류가 없는 '확실한 지식'을 얻을 수 있으며, 그것만이 유일하고도 유의미한 지식이라고 본다"[17]는 점에서 정초주의의 범주에 포함시킬 수 있다.

그렇다면 정초주의에 반대되는 반정초주의(anti-foundationalism)란 무엇인가?

반정초주의는 상대적이고 주관적인 인식론을 근간으로 삼는다. 절대적이고 보편적이고 객관적인 지식을 상정하는 정초주의 인식론에 대한 반발에서 시작된 반정초주의는, 대상의 고유한 본질이 아닌 인식주체의 인식에 따라 대상을 규정한다.[18] 여기에는 절대적으로 올바른 진리란 있을 수 없고 올바른 것은 그것을 정하는 기준에 의해 정해진다고 주장하는 상대주의와, 보편적인 윤리 규범을 부정하면서 개인이 구체적인 상황 속에서 자신의 윤리적 당위에 따라 이로운 것을 선이라고 믿는 상황윤리, 진리로 인식됐던 기존의 체계들을 부정하고 개인 고유의 선을 만들어 내는 포스트모더니즘 등이 포함된다.

: 03. 탈무드 교육과 이영숙 박사의 12성품교육

정초주의의 긍정적 인식에 기반을 둔 교육의 대표적인 예로 유대교육을 꼽을 수 있다. 112번째 노벨상 시상식에서 수상자 12명 가운데 6명이 유대인인 것으로 알려지면서 유대교육에 세계의

---

15 Polanyi, M. Tacit Dimension. Garden City, N.Y.: Doubleday & Company, 1966.

16 홍은숙 (2003). 지식교육에 관한 논의의 유형 분석. 아시아교육연구, 4(2), 141-168.

17 장상호 (2000). 학문과 교육(하): 교육적 인식론이란 무엇인가. 서울: 서울대학교 출판부.

18 이용남 (2007). 학교, 정초주의, 반 정초주의, 그리고 교육. 교육원리연구, 12(1), 125-143.

관심이 집중되었다. 유대인들은 전 세계 인구의 0.2%에 불과하지만 역대 노벨상 수상자들 가운데 유대인이 차지하는 비율은 무려 22%에 이른다. 특히 경제학상은 37%, 물리학상은 26%, 생리의학상은 26%가 유대인에게 돌아갔다.

톰소여의 모험, 왕자와 거지를 쓴 미국의 소설가 마크 트웨인(Mark Twain)은 1899년 한 잡지에 다음과 같은 글을 기고했다.

> 통계적으로 지구 상의 유대인 수는 인류 전체의 1%에도 못 미친다. 그것은 마치 은하수 끝자락에 흩어진 희미한 먼지와도 같다. 정확하게 말하면 유대인의 목소리는 들리지 않아야 맞다. 그런데 그들의 목소리는 언제나 또렷이 들린다. 유대인은 여러 강대국들과 어깨를 견주며 세계 속에 우뚝 솟아 있고, 그 수가 적음에도 불구하고 세계 경제 분야에 큰 영향을 끼친다. 문학, 과학, 예술, 음악, 금융, 의학 등 고도의 지적 영역에서 유대인들이 끼친 기여는 상당하다. … 이 불멸의 비밀은 과연 무엇인가?

많은 사람들은 유대인들의 이러한 성공 비결을 명석한 두뇌 덕분이라고 말한다. 그러나 영국 얼스터대 리처드 린 교수와 핀란드 헬싱키대 타투 반하넨 교수가 세계 185개국 국민의 평균 지능지수(IQ)를 조사한 결과를 보면, 이스라엘 국민의 평균 지능은 여러 국가들 중 45위에 그친다. 뛰어난 지능 때문이 아니라는 얘기다. 그렇다면 이 작은 민족이 거대한 나라가 된 비결은 무엇일까? 비밀은 그들이 강조하는 교육 문화에서 찾아야 한다.

유대교육의 근간은 탈무드(Talmud) 교육이다. 탈무드 교육은 '토라(Torah)' 곧 구약성경의 사상과 이념을 기반으로 한 세계, 곧 보이지 않는 영적 세계에 대해 탐구하는 교육이다. 다른 민족들이 눈에 보이는 가치와 싸울 때 유대인들은 눈에 보이지 않는 가치를 배우고 훈련하는 셈이다. 여기에다 '미쉬나(Mishnah)'라는 계명을 통해 삶 속에서의 실천을 가르친다. 그러므로 탈무드 교육은 곧 토라와 미쉬나를 통해 삶의 원리와 원동력으로 삼는 교육이다. 특히 유대교육의 특징은 위 세대의 경험을 다음 세대에 전수하는 형식이다.

이영숙 박사의 12성품교육 역시 정초주의의 긍정적 맥락에서 탈무드의 근간 및 형식을 차용하고 있다. 그동안 교육현장에 많은 혼란이 있었던 까닭은 기존의 질서들을 무시하고 진리와 선이 없다는 명제하에 교육을 이끌어 왔기 때문이다. 여기에 반대하는 사조로 포스트모더니즘 시대에 부각된 가치교육 방법이 바로 '가치명료화'이다.

가치명료화란 가치문제에 대해 여러 각도에서 성찰함으로써 스스로의 가치관을 분명히 하는 것을 말하는데, 이는 매우 좋은 의미인 것 같지만 사실은 아주 위험한 주장이다. 마땅히 따라야 할 선의 개념이 사라진 시대에, 많은 사람들이 가치명료화에 따라 자기가 생각하는 선이 진

제 1 장
제 2 장
제 3 장
제 4 장
제 5 장
제 6 장
제 7 장
＋
제 8 장
제 9 장
제 10 장
＋
제 11 장
제 12 장
＋
제 13 장

정한 선이라고 생각하고 각자가 옳은 대로 선택을 하고 있는 것이다.

이영숙 박사의 12성품교육은 우리 각자가 갖고 있는 이기적인 선이 아니라 진리로서의 '절대 가치(absolute value)'를 지향한다. 즉 모든 조건과 관계로부터 자유롭고, 독립적 · 무조건적 · 무제한적이며 완전 순수한 상태의 가치를 바탕으로, 옳고 그름에 대한 절대적인 기준을 명확히 하고, 어렸을 때부터 원칙과 기준을 분명하게 제시함으로써 학생들의 분별력을 키워 준다. 이와 같은 맥락에서 이영숙 박사의 12성품교육은 인생의 가치와 불변하는 진리를 강조하고, 더 좋은 생각 · 더 좋은 감정 · 더 좋은 행동을 생활 전반에 구체적으로 실천하도록 절대가치에 따른 삶의 원칙과 기준을 가르친다.

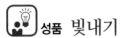 성품 빛내기

: 좋은 성품의 모델링

성품대화학교를 수료한 어느 어머니의 이야기이다. 자녀를 키운 사람들은 알겠지만 내 배로 낳은 자식인데도 어느 순간 내 아이 같지 않다는 생각이 들 때가 있다. 나이를 더 먹고 청소년이 되어 가면 그런 느낌을 가질 때가 더 많아진다. 이 어머니도 아이가 어릴 때는 엄마 말을 잘 따라 주어서 혼낼 일이 별로 없었다고 한다. 그런데 나이를 먹으면서 차츰 아이를 대하는 일이 자신이 없어지고, 그러면서 절망감을 느꼈다. 어떻게 하면 아이와 잘 대화할 수 있을까, 또 어떻게 하면 아이에게 도움이 되는 말을 할 수 있을까, 그 고민 때문에 잠이 안 오더라는 것이다. 그러다가 좋은나무성품학교의 학부모 인성교육 프로그램인 성품대화학교에 참여하게 되었다. 여기에 온 부모님들이 대개 그렇듯 이 어머니도 문제가 자신에게 있다는 것을 깨달았다. 내 아이가 잘되기를 바라면서도 부모로서 전혀 좋은 모델이 되어 주지 못했다는 것을 반성하게 되었다. 우리는 많은 순간 내가 '부모'라는 사실을 잊고 살아간다. 그래서 습관적으로 아무렇지 않게 내뱉고 쏟아 낸 말 한마디가 아이의 성품과 인생을 뒤흔들고 만다. 그걸 깨달으면서 이 어머니는 더 늦기 전에 성품대화학교를 만나게 되어 정말 다행이라고 고백했다. 그리고 아이에게 자신이 얼마나 중요한 존재인지를 알고 자기 자신을 우선 격려하면서 아이가 좋은 성품을 가진 멋진 사람으로 성장하도록 좋은 모델링이 되어야겠다고 다짐했다. 이런 다짐이 바로 자녀와의 얽힌 관계를 풀어 가는 첫 실마리인 셈이다.[19]

---

19 이영숙 (2011). 한국형 12성품교육론. 서울: 좋은나무성품학교, 211-212.

 성품 다듬기

: '이영숙 박사의 12성품교육'은

● 인간의 선한 양심을 강화하는 진리 추구로서의 인성교육을 목적으로 한다.

● 인간으로서 갖춰야 할 객관적인 진리가 있다는 상정하에 '옳은 것'을 추구하고, 두 가지 기본 덕목과 열두 가지 주제성품을 기본적인 선(善)의 개념으로 강조한다.

18강 뇌발달과 깊은 연관이 있는 인성교육

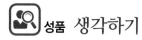 성품 생각하기

: 폭력적인 청소년은 뇌 구조가 다르다?

폭력적이고 공격적인 특성을 가진 청소년들의 뇌 구조는 그렇지 않은 청소년들과 다를까? 미국 시카고대 진 데세티 박사팀의 실험에 따르면 대답은 '그렇다'이다.

코리아메디컬닷컴이 생물심리학(*Biological Psychology*)과 영국 BBC, 미국 ABC 방송 등의 보도를 인용해 게재한 2009년 1월 15일 자 기사는 공격적 특성을 가진 10대 청소년들은 타인이 고통을 받는 장면을 보면서 보통 청소년들이 동정심을 느끼는 데 반해 오히려 쾌감을 느낄 수 있다는 충격적인 결과를 실었다. 이 연구팀은 공격적 성향으로 문제가 된 16~18세 청소년 8명과 보통 청소년 8명을 대상으로 비디오를 보여 주면서 그들의 뇌가 어떤 활동을 하는지를 기능성 자기공명영상(fMRI)으로 촬영했다. 비디오에는 우발적으로 무거운 그릇이 사람 손에 떨어지는 장면, 또는 다른 사람의 손을 일부러 밟는 장면 등이 포함됐는데, 문제 청소년들의 뇌에서 활성화된 부위는 공포-공격성과 관련되는 부위, 그리고 보상과 관련되는 부위였다고 한다. 물론 일반 청소년의 뇌에선 이런 활성화가 관찰되지 않았다. 이 밖에도 스스로를 규제하는 역할을 담당하는 뇌 부위에 대한 관찰에서도 일반 청소년들의 경우 폭력적 장면을 보면 자기 규제 부위가 활성화되는 데 비해 문제 청소년들은 그렇지 않았다. 결국 실험 결과를 종합하면 "일반 청소년의 경우 폭력적 장면을 보면 자기 규제를 해야 할 필요성을 본능적으로 느끼게 되는 반면, 문제 청소년들의 경우 오히려 공격성이 증대되고 만족감을 느끼게 되는 것"으로 나타났다.[20]

---

20 코리아메디컬닷컴, 2009, "폭력적 청소년은 뇌 구조가 다르다?", 1월 15일, http://www.kormedi.com/news/article/1187061_2892.html

성품 꿈꾸기

1. 뇌의 구성요소를 설명할 수 있다.
2. 뇌의 구조와 기능을 설명할 수 있다.
3. 뇌발달 측면에서 본 12성품교육의 특징을 이해할 수 있다.

성품 빚기

01. 뇌의 구성

뇌 활동의 가장 기본이 되는 단위는 뉴런(neuron)으로 불리는 신경세포 혹은 신경단위이다. 뇌에는 1,000억 개가 넘는 뉴런이 있으며 이 뉴런들은 서로 긴밀하게 연결되어 있다. 뉴런은 다른 일반 세포와는 달리 자극을 받아들이고 전달하는 데 적합하도록 분화되어 있어, 인간이 오감(五感)을 통해 받아들이는 외부 자극을 정보화하고 몸이 특정한 반응을 일으키도록 작용한다.

뉴런은 핵(nucleus)과 세포질로 된 신경 세포체(soma)와, 신경 세포체에서 나온 신경 돌기인 수상돌기(dendrite) 및 축색돌기(axon)로 이루어져 있다. 수상돌기와 축색돌기는 뉴런만이 갖고 있으며 이것들을 통해 다른 뉴런과 신호를 주고받는다.

우리가 외부의 자극을 감각기관을 통해 받아들이면 이 자극은 '전기신호'로 변환되어 뉴런에 전달된다. 이 전달된 신호를 받아들이고 세포체에서 축색돌기로 전달하는 부분이 바로 수상돌기이다. 축색돌기는 세포체를 통해 수상돌기로부터 받아들인 신호를 다른 뉴런이나 조직으로 전달하는 역할을 한다. 뉴런의 축색돌기 말단과 이웃하는 뉴런의 수상돌기가 연결되는 접합 부위를 시냅스(synapse)라고 하는데 이 시냅스를 통해 뉴런 간 신호교환이 이루어진다. 시냅스는 뉴런 간의 직접적인 연결이 아니라 미세한 틈을 두고 연결되어 있다.

뉴런은 신경전달물질(neurotransmitter)이라고 불리는 화학물질이 '시냅스의 틈'을 통해 감각기관으로부터의 자극을 전기신호로 전달하는 방식을 따른다. 다시 말해 감각기관으로부터의 자극인 전기신호가 '시냅스의 틈'을 통과할 때는 신경전달물질이라는 화학물질로 바뀐다. 신경전달물질을 운반하는 주머니에 해당하는 소포체(endoplasmic reticulum)가 시냅스에 도달하면 신경전달물질을 방출하면서 이때 방출된 신경전달물질이 신호를 받아들이는 뉴런의 수상돌기에 있는 수용체(receptor)와 결합하게 되고, 수용체와 결합한 이 화학물질은 다시 전기신호로 바뀐다. 이렇게 전기신호와 화학물질의 계속적인 변화를 통해 외부 자극이 뇌에 전달된다.

뇌에는 신경계(nervous system)라 부르는 뉴런의 연결이 있다. 신경은 우리 몸 전체에 분포되어 있어 뇌에 자극을 전달하고 뇌에 전달된 자극을 다시 몸의 각 부위로 전달함으로써 반응을 일으킨다. 뇌는 신경계를 통해 온몸의 자극을 규합하고 동시에 명령을 내린다. 신경계는 뇌와 몸이 정보를 주고받는 도로 혹은 통로와 같다. 결과적으로 뉴런은 뇌에서 정보를 처리하는 가장 기본적인 단위이며 신경계는 뉴런이 신경전달물질을 주고받는 활동을 수행하는 통로가 된다.

02. 뇌의 구조와 기능

인간의 뇌는 크게 뇌간과 소뇌를 포함한 원시피질(archicortex), 중뇌와 변연계를 포함한 구피질(paleocortex), 대뇌피질이라고 불리는 신피질(neocortex) 등 세 부분으로 구분할 수 있다.

첫째, 원시피질은 가장 초기에 형성되기 때문에 원시피질이라 부른다. 뇌가 발달하면서 가장 먼저 형성되는 부위인 뇌간은 척수와 직접 맞닿아 있는 생명의 중추라 할 수 있다. 소뇌는 뇌간 다음으로 발달하는 부위인데, 주로 골격근의 활동을 조절하고 몸의 자세를 설정하는 데 관여한다. 소뇌는 전두엽에서 수립한 계획을 실제 행동으로 옮기는 기능을 담당하는 기관이며, 특정한 행동에 관한 기억은 대부분 소뇌에 저장된다.

흔히 체화, 곧 특정 행동이 '몸에 배었다'고 말하는 것은, 특정 행동이 소뇌에 각인된 상태를 의미하는 것이다. 기억은 크게 외현기억(explicit memory)과 내현기억(implicit memory)으로 구분되는데, 외현기억은 의식적으로 사용이 가능하고 내현기억은 의식하지 못한 채 일어나는 기억이다. 의식이 가능한 외현기억은 대뇌 신피질이 관여하고 무의식적인 내현기억은 중뇌와 소뇌가 관여한다. 결과적으로 반복적인 행동의 결과로 형성된 습관이나 태도는 특정 행동의 체화, 곧 특정 행동 절차가 내현기억에 저장되는 과정에서 소뇌의 관여를 받는다. 소뇌는 의도적인 행동을 관장하는 전두엽과도 밀접하게 관련되어 있어 복잡한 정서적 행동에도 영향을 미친다.[21] 즉 소뇌는 반복적인 행동으로 형성된 습관뿐만 아니라 태도나 정서적 행동과 같은 감정 혹은 정서와도 관련이 있다.

둘째로, 구피질은 원시피질 다음으로 형성되는 부분이며, 중뇌를 의미한다. 중뇌는 가장자리에 위치해 있기 때문에 변연계(limbic system)라고 불린다. 변연계는 해마(hippocampus)와 편도체(amygdala)를 포함하는데, 해마는 일종의 '기억 저장고' 같은 역할을 한다. 단기기억과 장기기억을 나누어 관리하는 해마는 기존의 기억을 바탕으로 새로운 정보를 연관 짓고 재구성하는 식의 새로운 학습을 할 때 활성화된다.

편도체는 감정을 조절하고 공포에 대한 학습과 기억에서 중요한 역할을 한다. 영아를 대상으

---

21 Dispenza, J. (2007). Evolve Your Brain: The Science of Changing Your Mind. 김재일 · 윤혜영 역. 꿈을 이룬 사람들의 뇌. 한언.

로 기질을 조사한 케이건은 연구를 통해 낯선 환경에 다르게 반응하는 아이들의 기질에 편도체가 관여한다고 설명했다. 즉 편도체는 "위험에서 자신을 보호하기 위해 육체 반응을 유발하여 불편하다고 여겨지는 모든 상황에서 물러서도록"[22] 만드는 기능을 한다.

셋째, 가장 늦게 발달하는 대뇌 신피질은 인간만의 고유한 기능을 가능하게 한다. 곧 생각하고 계획하고 학습하고 기억하고 창조하고 분석하고 언어를 사용해 의사소통하는 등의 고차원적인 정신기능을 수행한다. 대뇌 신피질의 기능이 두드러지는 영역은 전두엽으로, 집중과 같은 의식적인 활동과 다른 뇌 부분이 담당하는 대부분의 기능을 조종하는 역할을 한다.[23]

전두엽은 기억력 · 사고력 등의 고등행동을 관장하며 추리 · 계획 · 개념 · 상상 · 창조 · 집중 · 의미 · 감정 · 문제해결 등과 같은 고도의 정신활동에 관여한다.

: 03. 뇌발달과 이영숙 박사의 12성품교육

디스펜자는 기질과 본능을 극복하고 초월하는 노력을 가능하게 하는 전두엽의 역할을 의식적 자각이라 명명했다.[24] 풍부하면서도 미묘한 정서적 생활을 포함하는 '성격'은 일찍이 형성되는 편도체가 직접적으로 관여하는 유전적 영향의 '기질'과 달리 고위 변연계와 시간을 두고 느리게 발달하는 전두엽에 의해 결정된다.[25]

뇌의 가소성이란 뇌가 경험 · 생각 · 학습 등에 반응하여 변하는 성질이다.[26] 뇌의 대부분은 유전적으로 결정되지만 뇌는 뇌 활동의 가장 기초 단위인 뉴런의 특정한 연결을 통해 경험과 기억을 형성하고 구성하기 때문에, 기존에 형성되어 있던 뉴런의 연결 대신 새로운 연결이 가능해진다. 다시 말해 지속적인 환경의 영향으로 뉴런이 새롭게 연결되는 과정에서 뇌에 변화가 일어나고, 이렇게 뇌가 변화하는 성질을 가소성이라 한다. 전두엽은 이러한 변화가 가능한 가소성을 갖기 때문에 성품은 개인이 경험하는 정서적 · 사회적 경험에 의해 변할 수 있다.[27]

전두엽은 이미 형성된 뉴런의 연결에 대해 가치판단의 기능을 한다. 전두엽의 이러한 반성적 사고 기능은, 암묵적인 내현기억이 의식의 동의 없이 개인의 사고와 행동을 지배하지 않도록 개입한다. 전두엽은 인간의 의식이 뇌와 뇌를 이루고 있는 신경 세포들의 단순한 합(合)을 넘어서는 기능을 한다.

---

22 Kagan, J. (2010). The Temperamental Thread. 김병화 역. 성격의 발견. 서울: 시공사. 재인용.

23 Dispenza, J. (2007). Evolve Your Brain: The Science of Changing Your Mind. 김재일 · 윤혜영 역. 꿈을 이룬 사람들의 뇌. 한언.

24 Dispenza, J. op.cit.

25 이영숙 (2010). 성품양육 바이블. 경기: 물푸레.

26 渋田康正 외 (2007). 뇌와 마음의 구조. 뉴턴프레스 역. 서울: 뉴턴코리아.

27 渋田康正 외. op.cit.

유전자가 행동을 규정하지만 이 유전자의 작용이 환경에 근거한다는 최근 연구 결과들을 통해, 관심의 초점이 유전자와 환경의 대립에서 행동과 감정의 메커니즘으로서의 뇌, 곧 뇌 활동의 화학적인 측면에 맞춰지고 있다.[28] 뇌의 화학적 측면이란 뉴런의 연결을 가능하게 하는 화학물질인 신경전달물질의 기능을 의미하며, 신경전달물질의 기능에 대한 관심은 뉴런의 연결에 대한 관심으로 설명할 수 있고, 뉴런의 연결에 의해 변화가 가능한 뇌의 가소성에 대한 관심으로 이어진다.

뇌의 부분 중 가장 늦게 형성되는 전두엽은 성품 곧 "한 사람의 생각, 감정, 행동의 표현"에 관여한다.[29] 성품의 형성에 관여하는 전두엽에 가소성이 있다는 사실은, 개인의 태도와 습관이 형성되는 시기에 성품교육의 중요성뿐만 아니라 태도와 습관이 형성된 이후에도 지속적이고 반복적인 교육과 훈련을 통해 좋은 성품을 가질 수 있다는 변화 가능성을 제시한다는 점에서 성품교육에의 의의를 가진다.

성품 빛내기

: 좋은 성품의 교사, 성품으로 행복한 교사가 되고 싶어요

이영숙 박사의 12성품교육은 태아부터 영아, 유아, 어린이, 청소년, 대학생은 물론 부모, 직장인, 노인들까지 전 연령을 대상으로 하는 평생교육이다. 필자가 몸담고 있는 사단법인 한국성품협회에서는 청소년들의 성품교육을 지도할 성품지도사를 양성하여 중·고등학교로 파견한다. 8차시에 걸쳐 실시한 성품교육을 옆에서 지켜본 서울 어느 중학교 선생님의 사례를 소개해 본다. 처음 이 학교에서 성품교육을 할 때는 반신반의했다고 한다. 이렇게 해서 효과가 있을까, 생각한 것이다. 요즘 아이들, 꽤 우울하지 않은가. 말도 잘 안 하고, 무뚝뚝하고, 게다가 우리나라는 청소년 자살률도 높은데…. 이런 아이들과 기쁨을 주제로 성품교육을 했는데, 아이들이 바뀌기 시작한 것이다. 게다가 아이들이 성품수업 시간이 좋다면서 이 교육을 무척 기다렸다고 한다. 요즘 아이들은 수업시간을 싫어해서 엎드려 자기도 하고 배우려는 성취동기를 찾을 수 없는데 왜 성품수업은 재미있어하는지 궁금했다고 한다. 그래서 남아서 아이들이 수업하는 모습을 보았는데, 아이들이 노래도 부르고, 토론도 하고, 발표도 하고, 뛰기도 하면서 정말 새로운 교육방법으로 소통을 하더라는 것이다. 기쁨이라는 성품을 통해 어두웠던 아이들 얼굴이

---
28 金田康正 외. op.cit.
29 이영숙 (2010). 성품양육 바이블. 경기: 물푸레.

환해지고 눈에 띄게 부정적인 언어가 줄어들었다고 한다. 이런 것을 보면 성품교육은 학교를 변화시키는 기적의 교육인 셈이다.[30]

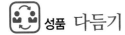 ## 성품 다듬기

: '뇌'는

신경계(nervous system)라 부르는 뉴런을 통해 온몸에 자극을 전달하고 동시에 명령을 내린다.

: 뇌의 구조와 기능

'소뇌'는 반복적인 행동을 습관화하는 데 관여하고, '해마'는 기억의 저장고와 같은 역할을 한다. '편도체'는 감정을 조절하는 역할을 하고, '전두엽'은 추리, 계획, 개념, 창조, 의미, 문제해결과 같은 고도의 정신활동에 관여한다.

: '전두엽'은

변화가 가능한 가소성을 갖기 때문에 이영숙 박사의 12성품교육에서는 성품을 개인이 경험하는 정서적, 사회적 경험에 의해 변할 수 있다고 본다.[31]

19강 현대 교육철학의 이해를 통한 인성교육

성품 생각하기

: 하버드대학교는 입학기준부터 다르다?

"Enter to grow in wisdom, depart to serve better thy country and thy kind(대학에 와서는 지혜를 배우고, 졸업한 뒤엔 더 나은 세상과 인류를 위해 봉사하라)."라는 이 문구는 미국 하버드대학의 교육철학을 잘 보여 주는 내용으로, 대학의 메인 게이트에 새겨져 있어 학생들이 오가며 늘 마음에 새기도록 했다. 하버드는 실제 미국대학입학자격시험 곧 SAT에서 만점을 받고도 떨어지는 학생들이 많을 정도로 좋은 인성을 가진 사람 곧 '인성엘리트'를 선호한다.

---

30 이영숙 (2014). 한국형 12성품교육론. 서울: 좋은나무성품학교. 280.

31 이영숙 (2010). 성품양육 바이블. 경기: 물푸레. 97.

중앙일보 2014년 8월 7일 자는 2009년 홍콩대학을 졸업한 수재 A씨가 뛰어난 스펙에도 불구하고 하버드 입시 면접에서 탈락한 사실을 보도했다. 성적과 스펙 모두 뛰어나 무난한 합격이 예상됐지만 면접관으로부터 '교만하다'는 평가를 받고 떨어졌다는 것이다. 반면 평범한 네팔 출신의 B씨는 A씨에 비해 학업능력은 부족했지만 사람 됨됨이를 인정받아 높은 점수로 합격했는데, 이 학생의 경우 환경이 열악한 네팔 청소년들을 위해 헌신하겠다는 이타적인 철학을 지닌 것이 합격에 큰 영향을 줬다는 것이다. 실제로 공부 잘하는 사람은 많아도 인성 좋은 학생은 드물어서 인성이야말로 진짜 실력이라고 인정받는 것이 세계 명문대들의 인식이라는 것이다.

이 보도는 또 하버드와 MIT에서 입학사정관을 지낸 앤절라 엄 보스턴 아카데믹 컨설팅그룹 대표의 말을 인용하여 고등학교 수석 졸업생의 상당수가 아이비리그 대학들의 입시에서 떨어지는데, 이는 공부와 스펙을 뛰어넘는 열정·헌신·리더십 등 인성 덕목이 명문대 진학의 중요한 변수가 되기 때문이라고 밝혔다. 이런 인식 때문에 학업 성적보다 자원봉사와 동아리 활동 등 지원자들의 평소 성품이 드러나는 학생부 기록을 더욱 중요시 여기게 되었다고 한다. 교사 추천서와 면접 등에 큰 비중을 두는 것도 같은 이유라는 것이다.[32]

성품 꿈꾸기

1. 진보주의 교육의 원리와 한계를 설명할 수 있다.
2. 본질주의 교육의 원리와 한계를 설명할 수 있다.
3. 항존주의 교육의 원리와 한계를 설명할 수 있다.
4. 재건주의 교육의 원리와 한계를 설명할 수 있다.
5. 교육 사조의 변천에 따른 12성품교육의 방향을 설명할 수 있다.

성품 빚기

시대마다 지향하는 사회적 가치들은 확연히 다르고 그에 따라 형성되는 교육의 방향, 목표, 시사점도 계속적으로 변한다. 21세기 지식 정보화 사회의 키워드를 스마트한 사회, 소프트한 사회, 셀프 시대, 스피드 시대, 탄력적인 사회, 신뢰성이 중시되는 사회, 엔터테인먼트 시대, 마인드 시대, 열정 시대, 글로벌 시대 등으로 특징짓는 것과 마찬가지로 교육의 가치도 시대적 흐름

32 중앙일보. 2014. "교만한 A 에게 하버드 문은 열리지 않는다". 8월 7일.
http://article.joins.com/news/article/article.asp?total_id=15466604&cloc=olink|article|default

에 따라 달라진다. 그리고 이러한 변화에 발맞춰 교육부에서는 시대마다 필요한 교육목표를 교육과정에 담아 개정하고 재정립하여 학교마다 시대의 가치를 반영한 교육을 실시하고 있다.

그렇다면 현대 교육의 사조들은 어떤 흐름으로 변화해 왔는가? 현대 교육의 철학적 이해를 통해 교육의 바탕을 생각해 보고, 옳은 교육을 구체적으로 어떻게 할 수 있는지 고려해 보자.

01. 진보주의(Progressivism) 교육

진보주의 교육(1920~1930년대)은 아동의 흥미와 욕구, 경험을 중시하는 교육이다. 과거의 전통적인 교육이 성인중심 내지는 교사중심이었던 것을 비판하고 형식적인 전통교육의 한계를 극복하기 위해 아동의 창의적인 자기활동과 일상생활을 통한 교육, 협동이 중시되는 학교문화, 민주적인 교육 방식 등을 강조했다. 특히 학교가 행복하고 즐거운 곳이 되도록 아동의 흥미와 욕구를 최대한 존중하고 경험적인 활동을 통해 아동이 자유롭게 배움을 넓혀 나가도록 안내해야 한다고 주장했다.

진보주의 교육이 태동하기 전에는 '아동'이라는 존재를 성인의 축소판이라고 생각했기 때문에 아동을 고려한 특별한 교육과정이 존재하지 않았다. 다만 어른들이 '아이들은 이런 것을 마땅히 배워야 된다'고 생각하는 고어나 고시조의 쉬운 부분을 떼어 외우게 하는 방식이었다.

그런데 진보주의 교육이 확산되면서, 아이들은 어른과 다른 독자적이고 고유한 세계를 가진 인격체라는 점이 강조되기 시작했고 이러한 아동중심 교육과정이 교육의 흐름에 큰 영향을 끼쳤다. 교육에 있어 아동의 흥미와 필요를 교육의 출발점으로 인식하고, 교육의 내용은 아동의 흥미중심이어야 된다는 이론과 발표들이 20세기 초 미국 교육에 절대적인 영향으로 작용했다.

진보주의 교육은 '미국 진보주의 교육의 아버지'라고 불리는 파커(Francis W. Parker)에 의해 기틀이 마련되고 듀이(John Dewey)에 의해 강력한 교육혁명운동으로 전개되면서, 킬패트릭(William H. Kilpatrick)에 의해 미국을 비롯한 다른 국가로 확산되는 움직임을 보였다.

진보주의 교육은 사회화의 방법으로 회의 · 협의 · 계획 · 참여 등의 집단적 활동을 중시했다. 지적 경험이나 실제적 경험 · 사회적 경험 · 미적 경험 · 정의적 경험과 같은 다방면의 경험적 방법을 동원했고, 지식 · 이해 · 기능 · 태도 · 흥미 등의 종합적 학습방법을 중시했다. 또한 자주적이고 능동적인 학습을 위해 아동 자신이 문제를 선택하고 계획하며 실행하고 평가하는 문제법과 구안법(構案法)을 교육의 방법으로 전개했다.

진보주의 교육의 이러한 원리는 "경험해야 된다", "학생들이 생활한 그것이 바로 교육이어야 된다"는 접근에서 비롯된 것이다. 학습은 기본적으로 학생의 흥미와 연관이 있어야 한다고 주장하면서, 교육내용 자체를 이수하는 것보다 문제를 해결하는 방법을 배우는 것을 더 우선

제**1**장
제**2**장
제**3**장
제**4**장
제**5**장
제**6**장
제**7**장
+
제**8**장
제**9**장
제**10**장
+
제**11**장
제**12**장
+
제**13**장

시했다. 교사의 역할은 지시하는 일이 아니라 조언해 주는 일로 입장이 바뀌었고, 학교는 경쟁보다 협동을 강조하고 격려를 중요시하는 곳이 되어야 한다고 강조했다. 또한 학교는 민주주의를 가르치는 곳이므로 아동이 민주적인 태도를 익히도록 기성세대의 질서와 규범을 억지로 주입하거나 강요해서는 안 된다고 주장했다.

진보주의 교육의 영향으로 학생의 흥미 위주의 교육을 선택하고 자유에 따른 책임이 소홀해지면서, 학생들이 학습을 싫어하고 쉬운 내용만을 따라가려는 경향이 나타났다. 또한 성숙하지 않은 아동은 자신에게 무엇이 중요한지 모르고 아동의 흥미 또한 일시적이거나 자주 변화할 수 있음에도 불구하고, 아동에게 지나친 자유를 부여함으로써 수학능력의 퇴보, 산만한 수업, 미래에 대한 준비 부족과 같은 문제점을 야기했다는 비판을 받았다. 심지어는 자기 이름도 쓰지 못하는 학생들이 늘어나는 등 학생들의 실력이 현저히 저하되자 진보주의 교육에 대한 비판과 문제점을 극복하기 위한 본질주의 교육이 주목을 받기 시작했다.

: 02. 본질주의(Essentialism) 교육

본질주의 교육(1930년대)에서는 흥미가 학습을 가능하게 하는 원동력이 된다는 점을 인정하면서도, 개인적인 경험보다는 집단적이고 문화적인 경험이 더 중요한 기초가 되어야 한다고 주장했다.

본질주의 교육은 인간문화와 사회전통 가운데 가장 본질적인 것, 다시 말해 인류가 축적한 문화유산 가운데 가장 근본적이고 영원하고 보편적인 지식을 후대에 전하는 것을 목표로 한다. "현대문화가 전수받은 전통적 신념과 제도는 실재적인 진리이자 선한 것이다"라는 핵심 사상을 바탕으로, 컬럼비아대 사범대학 교수인 배글리(William C. Bagley)에 의해 체계화되었다.

본질주의 교육에서는 정선된 문화유산을 통해 인류의 경험을 다음 세대에 전달하고, 미래 사회에서 맞닥뜨릴 위기와 문제를 돌파할 수 있도록 농축된 지식과 정신적 힘을 전하는 것이 '교육'이라는 입장에서, 개인적 경험보다는 민족적 경험의 전통적 교과과정을 중시한다. 또한 학생의 일시적인 흥미보다 노력을 강조하고, 학습의 훈련성, 교사의 주도성, 문화유산의 계승성, 교육내용의 조직성을 빠져서는 안 될 교육의 핵심 요소로 보았다.

본질주의 교육은 훈련과 정신 수양을 중시한다. 진보주의 교육이 학생의 흥미 위주였던 것에 반해, 본질주의 교육은 학습의 흥미는 열심히 공부해 나가는 과정에서 생기는 것이므로 교육의 목표를 충실히 이루는 것이 더 중요하다고 보았다. 따라서 교육의 주도권을 학생이 아닌 교사가 행사하게 되었고, 진보주의 교육이 '경험한 것만이 교육'이라는 인식으로 경험 위주의 교육을 펼친 것에 반해, 본질주의 교육은 인류의 경험과 사회적인 유산을 개인의 경험보다 더 중시하는 교육과정을 전개했다.

　이러한 본질주의 교육도 사회과학을 경시하고, 교사의 주도권을 너무 강조했다는 면에서 비판을 받았다. 또한 본질주의 교육이 지닌 보수적 성격은 미래 사회를 내다보거나 사회를 새롭게 개편하는 데 소극적인 자세를 취하는 문제점을 야기했다.

　전통적인 지식과 근본적인 학문을 철저히 이수하는 것에만 급급하여 종교적 차원의 '영원한 진리'를 교육하는 것에는 미흡했다는 비판이 일어남에 따라 항존주의 교육이 주목을 받았다.

: 03. 항존주의(Perennialism) 교육

진보주의 교육에 강력한 반기를 들고 등장한 항존주의 교육(1930~1940년대)은, 절대적이고 불변하는 보편적인 진리와 가치를 추구한다.

　항존주의 교육은 시공을 초월하여 항구적으로 불변하는 진리를 포함하고 있는 고전과의 대화를 통해 인간 지성의 계발을 목표로 한다. 물질지상주의를 비판한 항존주의 교육은, 시대가 바뀌어도 변하지 않는 영원한 가치를 추구한다는 점에서 '영원주의'라고 불린다.

　이때의 교육 흐름은 마치 우리가 이 시대의 인본주의 교육을 재검토하고 변하지 않는 세계관으로의 본질을 추구하려는 움직임과 유사하다. 그러나 필자가 현대 교육의 흐름을 정리하면서 느낀 것은, 변하지 않는 진리와 영원한 가치가 이미 존재하는데도 사람들은 저마다의 허상에 갇혀 나름대로 불변의 진리를 만들기 위해 온갖 노력을 다하고 있다는 점이다. 영원한 가치가 무엇인가를 고민하며 세웠다가 또다시 허무는 안타까운 노력들을 역사 속에 되풀이하고 있는 것이다.

　항존주의 교육의 대표적인 이론가로는 미국의 허친스(R. M. Hutchins), 아들러(Mortimer J. Adler), 프랑스의 마리탱(Jacques Maritain) 등이 있다. 특히 허친스는 "교육은 생활 수준을 향상시키는 개념이 아니라, 인간의 도덕성과 지성, 영혼성에 중점을 두어야 한다"고 강조하면서 시공을 초월한 절대적 원리 교육을 주장했다. 그는 황금만능주의에 오염된 현대문명이 인간을 파멸로 치닫게 한다고 보고 탈세속주의와 반과학주의를 내세웠으며, 고전을 정독하게 하는 것이 지성을 완성시키는 방법이라는 주장 속에 시카고대학의 '위대한 책들(Great Books)' 프로그램을 체계화했다.

　미국 UCLA의 교육철학 교수인 닐러(George F. Kneller)는 항존주의의 교육원리를 다음의 여섯 가지로 정리했다.[33]

----

33 강선보 · 김정환 (2006). 교육철학. 서울: 박영사.

제1장
제2장
제3장
제4장
제5장
제6장
제7장
＋
제8장
제9장
＋
제10장
＋
제11장
제12장
＋
제13장

① 인간의 본성은 변하지 않으므로 교육의 본질 즉 교육목적도 모든 사람에게 동일해야 한다. 항존주의자들은 교육대상이 귀족이든 서민이든 똑같이 인격도야를 목적으로 교육이 이루어져야 한다고 주장한다.

② 인간의 고유한 특징인 이성을 발달시키도록 교육의 초점을 맞춰야 한다. 이성에 비추어 자기를 수련하고 본능과 환경의 제약을 이겨 내도록, 교육은 이성의 발달에 관심을 두어야 한다고 보았다.

③ 교육의 과업은 아동을 진리에 적응하게 하는 것이므로 현실세계나 사회가 아닌 영원불변의 진리에 적응시키는 것이 학습의 목적이다.

④ 교육은 이상적 삶에 대한 준비이다. 교육의 목적은 사회에서 출세하도록 준비하고 적응시키는 것이 아니라 사회 곳곳의 문제를 제대로 인식하여 더 이상적인 사회를 건설하도록 기여하는 인간을 키워 내는 데 있다.

⑤ 기본적인 교과를 철저히 이수하는 것이 중요한데, 특히 가장 중시되어야 할 기본적인 교과는 논리학, 수학, 문법, 수사학 등의 교양교육이다.

⑥ 고전독서 교육은 매우 중요하다. 고전 속에는 시공을 초월하여 영원불변의 진리가 담겨 있으므로 문학, 철학, 역사, 과학 등의 고전을 읽어야 한다.

항존주의 교육은 특정의 종교적 견해와는 상관없이 '절대적 원리로 돌아갈 것'을 강조했다. 이 같은 교육원리는 허친스처럼 무종교의 고전적인 세계를 중시하는 유파, 아들러처럼 개신교 철학에 입각한 유파, 마리탱처럼 카톨릭철학에 입각한 유파에게서 모두 공통적으로 나타났다.

항존주의 교육은 지나치게 상대적인 것만을 강조한 나머지 방향성을 잃어버린 현대교육을 비판하고, 가치나 진리, 신앙적 차원에 호소하여 교육의 정신적 확실성을 추구했다는 점에서 의의가 있다. 그러나 과학문명시대에 과학교육을 배격하는 성격을 띰에 따라 현실을 경시했다는 비판을 받았고, 위대한 수준의 지적 교육은 자칫 절대다수의 평범한 학생들을 낙오자로 만들어 학교가 소수의 상류층을 위한 교육에만 편중할 수 있다는 우려를 낳았다. 이러한 교육적 비판과 문제점을 해결하기 위한 교육의 사조로 재건주의가 주목을 받았다.

04. 재건주의(Reconstructionism) 교육과 12성품교육의 방향

재건주의 교육(1950년대)은 현대문명의 병폐를 진단하고, 위기에 처한 인류문화를 교육을 통해 재건해야 한다고 강조했다.

재건주의의 대표적인 인물인 브라멜드(T. Brameld)는 인류의 위기를 '한 문화 속에서 기본적인 제도나 습관, 태도, 생활방식 등이 통일되지 않고 균형이 깨지는 것'이라고 정의했다. 이러한 위기를 벗어나려면 하나의 교육철학을 고수하기보다 진보주의, 본질주의, 항존주의의 여러 장단점을 검토하고 절충하여 종합적인 차원에서 도출한 교육을 통해 사회를 개조해야 한다고 주장했다.

재건주의 교육의 목적은 사회개혁에 있다. 재건주의자들은 정치가 아닌 교육을 통해 사회의 근본적인 변화가 일어나야 한다고 주장했다. 재건주의 교육 원리에 따르면, 사회는 항상 긴밀한 연관성을 가지기 때문에 개인과 사회 양쪽 이익에 최대한 부합되는 사회적 자아실현이 중요하다고 보았다. 이러한 입장에서 재건주의 교육은 사회를 효과적으로 개혁하기 위한 정보와 방법론을 다루는 사회과학을 강조했고, 학생들이 사회현실에 대한 적극적 참여의식을 갖도록 교사가 물음을 던져 의문을 갖게 하는 교육방법을 중시했다. 정치·경제·사회 전반에 걸쳐 비판적 사고를 공유하고 집단토의를 통해 최선의 합의를 이끌어 내는 기법을 권장했다.

전통적인 학교의 역할과는 달리 재건주의 교육에서는 학교를 정치·경제·사회의 변화를 주도하는 주요 기관으로 보았다. 따라서 미래를 변화시키는 시민을 양성하고, 현대의 위기를 진단하고 사회적 문제들을 규명하여 해결할 수 있는 지식과 자세를 학생들에게 제공하는 것에 비중을 두었다. 재건주의 교육은 현대사회의 문제점을 파악하고 진단하여 더 나은 미래 사회를 위한 교육의 기능을 극대화하고, 교육을 통해 이상적인 희망을 갖게 했다는 점에서는 긍정적인 평가를 받았다.

그러나 교육의 힘을 너무 과신했다는 비판을 면하지 못했다. 어떻게 교육만으로 사회 전반을 모두 재건할 수 있겠는가? 재건주의 교육은 미래 사회를 어떤 기준으로 정의하고 개편할 것인가에 대한 객관적인 시각을 제시하지 못했다는 비판과 함께, 지나친 행동과학적 지식의 중시와 맹종에서 오는 한계점을 해결하지 못했다는 평가를 받았다.

위에서 살펴본 바와 같이 시대가 요구하는 '인간상'을 추구하는 교육 형태들은 시대적 상황과 목표 및 가치에 따라 다양하게 변천해 왔다.

이러한 교육의 사조에서 가장 중요하게 고려되어야 하는 것은 사실상 인간이 누구이며 어떻게 살아야 하고, 시대가 변하더라도 궁극적인 선으로서의 가치를 추구하는 인간의 됨됨이 교육이 선행되었는가 하는 점이다. 선을 추구하는 인간, 즉 양심에 따라 분별하면서 세상을 조화롭게 만드는 인간의 노력은 가장 옳은 가치로서 교육을 통해 인류에 지속적으로 전수되어야 한다. 따라서 자신의 인생을 책임지고 행복한 삶을 살도록 지원하는 성품교육은 모든 시대마다 추구해야 할 가장 중요한 가치가 된다.

성품 **빛내기**

: 교원 성품직무연수를 통한 변화

2011년부터 서울특별시교육청과 경기도교육청이 지정하여 실시하는 사단법인 한국성품협회의 교원 성품직무연수에 참석하는 선생님들의 이야기를 들어 보면 성품교육을 통한 인성교육의 가능성은 무궁무진하다. 몇 분 선생님들의 이야기를 인용해 보면, 인천의 한 고등학교 선생님은 성품직무연수 후에 "어릴 때부터 성품교육을 받았다면 지금처럼 학교폭력이나 왕따 문제, 교권추락 같은 문제는 아예 일어나지 않았을 것"이라고 전했다. 서울의 한 정보산업고 선생님은 "인성교육에 대해 그동안 막연하게 생각해 왔는데, 이번 교원 성품직무연수를 통해 구체적이고 실제적인 방법을 알게 되었다"고 했다. 인성교육의 구체적인 방향을 본 것이다. 또 인천의 한 초등학교 선생님은 "교사가 아무리 실력이 있다 해도 좋은 성품이 갖추어져 있지 않으면 아이들에게 나쁜 영향을 끼칠 수 있다는 걸 깨달았다. 그러니 학생의 성품보다 부모와 교사의 성품이 더욱 중요하다"고 중요성을 강조했다. 참 올바른 깨달음이다. 그래서 경기도의 한 고등학교 선생님은 "학교 현장에서 인성교육의 필요성을 절실하게 느끼고 있지만 실제로는 입시와 학력 향상에 몰입할 수밖에 없는 형편이니 더 다양한 성품교육 프로그램들이 개발되어 좋은 인성교육이 이뤄지면 좋겠다"고 말씀해 주셨다.[34]

성품 **다듬기**

: '진보주의 교육'

성숙하지 않은 아동의 경우 자신에게 무엇이 중요한지 모름에도 불구하고 진보주의 교육에서는 아동에게 지나친 자유를 부여함으로써 학습을 싫어하게 만들고 아동의 미래에 대한 준비 부족과 같은 문제점을 야기했다.

: '본질주의 교육'

전통적인 지식과 근본적인 학문을 철저히 이수하는 것에만 급급하여, 사회를 새롭게 개편하는 데 소극적인 자세를 취했다는 비판을 받았다.

---

34 이영숙 (2013). 인성을 가르치는 학교 만들기. 서울: 좋은나무성품학교. 417-418.

제1장 제2장 제3장 제4장 제5장 제6장 제7장 + 제8장 제9장 제10장 + 제11장 제12장 + 제13장

∶ '항존주의 교육'

위대한 수준의 지적 교육이 자칫 절대다수의 평범한 학생들을 낙오자로 만듦으로써 학교교육이 소수의 상류층을 위한 교육으로 편중될 수 있다는 우려를 낳았다.

∶ '재건주의 교육'

미래 사회를 어떤 기준으로 정의하고 개편할 것인가에 대한 객관적인 시각을 제시하지 못했다는 비판을 받았다.

∶ 교육의 사조에서

- 가장 중요하게 고려되어야 하는 것은 인간이 누구이며 어떻게 살아야 하고, 시대가 변하더라도 궁극적인 선(善)으로서의 가치를 추구하는 인간의 됨됨이 교육이 선행되었는가이다.
- 이영숙 박사의 12성품교육은 선(善)을 추구하는 인간, 즉 양심에 따라 분별하면서 세상을 조화롭게 만드는 인간상을 지향한다.

20강 가치명료화의 한계를 넘어선 인성교육

성품 생각하기

∶ 개인의 의지가 도덕적으로 정당화되려면?

영하 15℃의 추운 날씨에 소년은 반소매 티셔츠만 입은 채 구걸을 한다. 집이 없는 노숙자 소년이다. 카메라는 소년을 따라 움직인다. 그러나 아무도 소년에게 도움의 손길을 내밀지 않는다. 두 시간이 지날 무렵 소년 앞에 나타나 자신의 옷을 벗어 추위에 떠는 소년에게 입혀 준 사람은 맞은편에서 구걸하던 다른 노숙자였다. 그는 소년에게 집이 없느냐, 부모가 있느냐 물어보고는 자신이 가진 얼마 안 되는 지폐까지 손에 쥐어 준다. 유튜브에 올라 많은 사람들이 본 이 동영상은 실은 한 TV가 실험카메라로 촬영한 영상이다.

독서신문 2015년 3월 16일 자는 이 동영상을 소개하면서 우리 안에 고갈되어 버린 '도덕명령'의 중요성을 강조하고 있다. 즉 '반드시' 실천해야 하는, 또는 '마땅히' 그렇게 하거나 해야 할 행동을 할 때 우리는 비로소 양심을 가진 존재가 된다는 사실을 지적하고 있다.

다음은 이 기사가 설명하는 칸트의 '도덕법칙'에 대한 내용이다.

칸트에게서 보편적 도덕법칙, 가령 "너 자신이나 다른 사람에게 인격을 목적으로 대하고 수단으로 대하지 말라" 같은 것은 정언명령으로 표현된다. 정언명령이란 칸트의 말처럼 "네 의지의 준칙이 언제나 동시에 보편적 입법의 원칙으로 타당할 수 있도록 행동하라"는 것이다. 즉 칸트의 도덕법칙은 이 세상의 행복을 얻기 위한 수단으로 이렇게 저렇게 해야 한다는 것이 아니라 행복한가 어떤가에 관계없이 무조건 반드시 이렇게 해야 하거나, 되어야 한다는 명령이다. 즉 그 자체가 최고의 가치를 지니므로 어떤 수단이 되지는 않는 것이 칸트의 도덕법칙이다. 따라서 칸트의 도덕법칙은 정언적(定言的)이고 지상명령이 된다. 칸트는 이 정언명령을 "그대가 하고자 꾀하는 것이 동시에 누구에게나 통용될 수 있도록 행하라"고 정식화(定式化)했다. 일반적 도덕법칙 곧 단언명령은 누구나 '반드시' 따라야 하는 것보다 '마땅히' 그렇게 하거나 되어야 할 당위성을 가진다. 그러면 우리는 그와 같은 일을 '해낼 수가 있는가?' 묻기보다 '할 수 있다, 왜냐하면 해야 하기 때문이다'로 바꿔 이해해야 한다. 적어도 도덕행위를 하는 우리는 현상계에 속하는 사물의 영역을 벗어나 하나의 초감성적 세계로 높이 북돋을 수 있게 되어야 하는데, 왜냐하면 우리는 도덕적 인격 곧 마음속의 고발자인 양심이 초시간적 성격을 지니고 있기 때문이다.[35]

🧠 성품 꿈꾸기

1. 인본주의의 특징과 영향에 대해 설명할 수 있다.
2. 가치명료화에서의 가치판단 과정을 설명할 수 있다.
3. 가치명료화의 네 가지 한계를 이해할 수 있다.

🗣 성품 빚기

：01. 인본주의의 특징과 영향

중세시대에 철저했던 신 중심의 사상은 15세기 문예부흥운동, 곧 르네상스를 기점으로 근본적인 관심과 초점이 인간으로 이동했다. 이후 19세기 신의 죽음을 선언한 니체(Friedrich Nietzsche)의 비판으로부터 절대성과 객관성을 부정하는 현대로 접어들게 된다. 니체의 선언은 청교도 문화를 기반으로 한 미국의 근본 사상에 대한 도전으로, 서양 이성 체계의 근거인 형이상학의 정당성 자체를 부정하는 사건이었다.

인본주의(humanism)란 인간의 가치를 주된 관심사로 삼는 사상[36]이다. 인간의 자율적인 이성

---

35 독서신문. 2015. "자율적 도덕성, 인격의 존엄성", 3월 16일. http://www.readersnews.com/news/articleView.html?idxno=53205
36 교육학용어사전. 1995.

을 강조하고 이성을 통해 발견한 합리적이고 과학적인 사실을 진리로 받아들이는 입장을 통칭한다. 특히 고대 그리스 사상이나 르네상스 문예운동, 근대 공교육의 출발, 현대 민주주의 사상 등이 이러한 인본주의를 기반으로 하여 발전해 왔다.

미국의 공교육은 이러한 인본주의에 입각하여 가치중립적인 형태로 운영되고 있다. 이를테면 미국 공교육의 시초는 1962년 청교도들이 매사추세츠 베이 콜로니에 세운 학교들이라고 볼 수 있는데, 이 학교들은 당시 성도를 온전하게 하기 위한(perfecting of the saints) 목적으로 건립되고 운영되었다.[37] 그러나 이후의 공교육이 점차 제도화·구체화되면서 종교의 다양성이 강조되기 시작했고, 학문으로서의 종교교육을 제외한 종교적 가르침이 상당 부분 제한되었다.

인본주의 교육은, 인간을 위한 교육이자 인간이 중심이 되는 교육이기 때문에 인간을 절대적으로 긍정하고 최대한의 자율성을 강조한다. 또한 모든 것이 인간에게 상대적인 것이라고 간주하여 인간에게 실용적인 것들만 진리로 여기는 관점을 취한다.[38]

미국 공교육에 지대한 영향을 미친 존 듀이는 경험과 변화를 유일한 실재로 보고 지식의 현실적 또는 사회적 유용성을 강조하는 실용주의(pragmatism)에 기반하여 교육철학과 이론들을 강조했다. 그는 자신의 실용주의 입장과 관련해 다음과 같이 언급했다.

> 신에 대한 믿음은 증명될 수 없는 믿음이며 유행에 뒤떨어진 것이다. 신은 존재하지 않으며 영혼도 없다. 따라서 전통적인 종교도 필요 없다. 영원불멸의 진리 또한 죽은 것이다. 따라서 고정불변의 자연법이나 도덕적인 절대성이란 존재할 여지가 없다.[39]

존 듀이가 집대성한 실용주의는 가치 문제에도 영향을 주었다. 실용주의에 의하면 진리는 경험의 과정에서 도출되기 때문에 언제든지 수정이 가능한 '상대적인 것'으로 간주된다. 따라서 보편적인 절대진리를 거부하고 절대적인 선을 개념화하지 않으며, 가치 있는 것은 개인마다 다를 수 있다고 주장했다.[40]

존 듀이는 선이란 인간에게 만족을 주기 위한 수단이기 때문에 어떤 생각이나 행동이든 가치가 있다면 존중해야 한다고 강조하고, 각각의 문제들은 시대적으로 중요한 '새로운 진리'를 통해 해결되어야 한다고 보았다.

---

37 William Van Til. (1974). Education: a beginning. Boston: Houghton Mifflin School.
38 Rousas John Rushdoony. (2007). (The) philosophy of the Christian curriculum. 정선희 역. 기독교 교육, 무엇이 다른가. 디씨티와이 꿈을 이루는 사람들.
39 Richard J. Edlin. (1998). (The) cause of christian education. 기독교학문연구회 교육학분과 역. 기독교교육의 기초. 서울: 그리심.
40 강선보·김정환 (2006). 교육철학. 서울: 박영사.

   이러한 인본주의와 실용주의의 영향으로, 교육의 현장에서는 옳고 그름에 대한 절대적이고 보편적인 기준을 세우는 것이 무의미해졌다. 객관적인 기준보다 개인이 '선하다'고 생각하고 '좋다'고 느끼는 가치가 선택의 중요한 기준이 되었다. 학교에서의 가치교육 역시 문제에 대한 기준, 가령 지적 전통이나 종교적 윤리강령과 같은 표준으로서의 도덕적 기준이 무용해졌다.

02. 가치명료화에서의 가치판단

가치명료화(values clarification)는 개인이 자기가 가진 가치를 말하면서 명료하게 가치를 확인하는 것을 강조하는 도덕교육 방법론으로서, 교사가 아이들에게 특정 가치나 덕목을 가르쳐서는 안 되며 교사의 역할은 학생들이 가치를 스스로 발견하도록 도와야 한다는 것이 핵심이다.[41] 즉 학생 내부에 초점을 두어 학생 스스로가 자신의 생각과 감정을 명료화해야 한다고 강조하면서, 교사는 도덕적 기준을 제시하기보다 학생이 문제에 대해 갖는 생각이나 느낌을 촉진하고 자신의 생각과 감정을 바탕으로 학생 스스로 가치를 선택하도록 돕는 역할을 해야 한다고 주장한다.

   가치명료화에서의 가치판단은 다음 네 가지 기준에 의해 정당화된다.[42]

   첫째, 자율성(autonomy) : 선택하는 사람의 자율적인 선택이어야 한다.
   둘째, 합리성(rationality) : 선택은 다양한 대안 속에서 심사숙고한 결과여야 한다.
   셋째, 유용성(utility) : 선택은 선택을 행한 사람에게 유의미하고, 행동으로 실천 가능해야 한다.
   넷째, 일관성(consistency) : 동일하거나 유사한 상황에 처했을 때, 계속적으로 동일하거나 유사한 선택을 할 수 있어야 한다.

   그러나 이러한 가치명료화에서의 가치판단은 선택의 당사자인 개인의 자율성·합리성·유용성·일관성을 기준으로 정당화되기 때문에 일반적으로 옳다고 여기는 보편적 가치에 대한 고려는 제외되어 있다는 한계를 갖는다.
   흔히 가치화과정은 '개인과 사회의 기본 가치를 이해하고 자발적으로 이를 지키며 행동하는' 1차 가치내재화의 과정과, '내재화된 기본 가치를 바탕으로 다양한 상황에서 가치를 정당화하고, 가치를 선택하는 훈련을 쌓음으로써 보편적 도덕원리를 체득하고 주체적 자아에 따라 행동하는' 2차 가치내재화의 과정으로 분류된다. 이때 개인의 자율성과 합리성 등의 기준에 따른

---

41 이영숙 (2013). 인성을 가르치는 학교 만들기. 서울: 좋은나무성품학교.
42 정호범 (2008). 가치교육에 있어서 가치판단의 정당화. 사회과교육연구. 15(4), 25-44.

2차 가치내재화는 기본 가치를 '내 것'으로 만드는 1차 가치내재화를 전제로 하는 과정이므로, 가치교육은 가치화과정의 모든 차원, 곧 가치의 내용을 다루는 1차 가치내재화와 가치의 형식을 다루는 2차 가치내재화를 모두 포함하는 교육이어야 한다. 가치화과정의 어느 한 차원에만 치중했을 때의 부작용은 다음과 같다.

> 예를 들어 내용주의의 가치주입에만 몰두한다면 가치 갈등상황에서 상당한 혼란을 겪게 될 것이며 주체적인 판단을 내리기가 어렵게 된다. 반면에 기본 가치가 내재화되지 않은 상황에서 형식주의의 가치명료화만 주장한다면 가치를 판단하고 선택한다고 하면서 가치판단의 근거도 없이 판단하고 선택하는 모순에 빠지게 된다. 또한 반복 훈련을 통해서 보편적 원리에 대한 확신을 얻기보다는 상황논리에 빠져 이해관계와 개인적 감정의 범주를 벗어나지 못할 가능성이 크다. 기본 가치의 내재화를 배제한 가치교육은 윤리적 상대주의에 빠져 그 의미를 상실하게 될 수도 있을 것이다.[43]

03. 가치명료화의 네 가지 한계

필 빈센트는 가치명료화가 선악을 구분하는 기준보다 개인의 선호와 유익에 따른 가치를 강조하기 때문에 옳지 못한 가치를 옳다고 생각하게 만드는 함정이 있다고 주장하면서, 다음과 같이 가치명료화의 네 가지 문제점을 지적했다.[44]

첫째, 가치명료화는 상대주의를 깔고 있어 옳지 못한 가치도 옳다고 생각하게 만드는 함정이 있다. 상대주의는 절대적으로 올바른 진리란 있을 수 없고 올바른 것은 그것을 정하는 기준에 의해 정해진다고 주장하기 때문에, 인식과 가치의 상대성을 인정하여 절대적인 가치기준을 거부한다. 테일러는 블룸의 상대주의 설명[45]을 인용하여 상대주의는 단순한 인식론적 입장, 곧 이성이 만든 한계에 대한 관점이 아니라 타인의 가치에 대한 도전을 반대하는 도덕적 입장이라고 설명했다.[46] 즉 상대주의적 관점에서만 바라본 자신의 기준을 바탕으로 상황을 인식하고 해석하며 선택하는 일련의 인식 과정은, 타인에게 일어나는 동일한 인식 과정에서 비롯된 선택까지도 정당화하는 근거가 된다는 것이다. 결과적으로 상대주의에서 올바른 선택의 기준은 '개인'의 만족이 되고, 각 개인이 자기만족에 의해 선택한 가치는 '그 나름'의 가치를 가지게 된다.

---

43 추정훈 (2005). 가치화의 과정과 가치교육의 문제. 사회과교육연구, 12(2), 237-261.

44 Vincent, P. F. (1999). Developing Character In STUDENTS. Character Development Group Inc.

45 Bloom, A. (1987). The Closing of the American Mind. 이원희 역. 미국 정신의 종말. 서울: 범양사.

46 Taylor, C. (1992). The Ethics of Authenticity. 송영배 역. 불안한 현대사회. 서울: 이학사.

그러나 인간은 자기 이익을 추구하는 존재이기 때문에, 개인의 이익을 전체를 위한 도덕적 기준보다 우위에 두는 경향이 있다. 사회적 존재인 인간이 도덕적 결정을 내리기 위해서는 개인뿐만 아니라 타인과 사회 전체를 고려한 윤리적 척도가 필수적임에도 불구하고, 가치명료화는 선택의 결과에 대한 기준을 자기만족에 두어, 타인과 사회를 간과하고 개인이 사회적 존재라는 사실을 도외시하는 결과를 야기했다.

테일러는 도덕적 이상은 '더 나은' 혹은 '더 고상한' 삶의 모습을 지향하는 데 있다고 말하고, 이 '더 나은' 혹은 '더 고상한'이라는 가치의 기준은 우리가 바라거나 필요한 것이 아니라 우리가 바라야만 하는 바를 기준으로 정의해야 한다고 주장했다.[47]

상대주의를 바탕으로 하는 가치명료화는 개인의 자율성과 합리성을 강조함으로써 '도덕적 이상'의 부재라는 한계점을 갖는다. 단순히 어떤 것이 옳다고 느낀다 해서 그것이 옳은 것이 되는 것은 아니다. 수많은 사람들이 옳다고 생각하는 것도 그저 옳다고 느끼는 것일 뿐 도덕이나 지적 전통에 비추어 옳다고 볼 수 없는 것이 많다.

그럼에도 불구하고 가치명료화는 가치를 분별하고 선택하는 주체로서의 개인을 강조하기 때문에 교사는 학생의 결정에 대해 충분한 정보가 없어도 '자유로운 선택'을 위해 도움을 주는 지지자로서의 역할을 할 뿐 '옳은 것'을 제시하거나 설명하는 등의 역할은 수행하지 않는다. 이러한 가치명료화 접근은 가치의 문제를 개인적 기호 혹은 판단에 맡김으로써, 개인이 속한 사회 혹은 집단에서 합의한 정직·책임감 등의 '올바른 가치'를 도외시하는 결과를 가져왔다.

둘째, 가치명료화는 개인적·사회적·도덕적 발달보다는 동조(conformity)를 강조하는 경향이 있다. 존 스튜어트는 피 델타 카판(*Phi Delta Kappan*)(1975)에서 가치명료화론을 비판하면서 가치명료화 접근방식은 '약자들에 대한 강압'이 있다고 꼬집었다. 학생들이 극단적인 입장을 피하게 하는 일종의 압력이 있다는 것이다. 스튜어트는 가치명료화론자들이 제기하는 극단적인 대안 중에는 너무 구체적이고 감정이 실린 것들이 많아서 대중들이 올바른 대안으로 인정하지 못하는 경우가 많다고 지적했다.

상징물로 예를 들면, 순결을 중요시하는 A학생은 순결을 지키기 위해 데이트를 할 때마다 '흰 장갑'을 끼고 나가고, 성관계를 좋아하는 B학생은 데이트를 할 때마다 '침대 매트리스'를 등에 지고 나간다. 학생들이 이 두 가지 극단적인 대안 중 어느 하나를 선택할 가능성은 거의 없다. 선택의 기로에서 학생들은 주변의 친구들에게 무언의 압력을 받고 결국 중간 입장을 취하게 되는 것이다. 순결을 지키는 것이 지극히 윤리적이고 건전한 입장임에도 불구하고 그렇게

---

47 Taylor, C. op.cit.

하면 극단을 선택하는 입장으로 몰리게 된다.

셋째, 가치명료화는 심사숙고한 후 가치를 선택할 것을 강조하는데, 결과를 심사숙고하는 기준에 문제가 있다. 만약 모든 사람이 종교적, 철학적 가르침과 같은 도덕적 사고가 이미 정립되어 있어, 선택의 기로에서 항상 건전하고 도덕적인 선택을 한다면 모두가 올바른 기준을 가진 것이므로 문제가 되지 않는다. 하지만 인간은 도덕적 사고를 타고나지 않았을뿐더러 자신의 이익을 우선시하는 경향이 강하다. 바로 이 점에서 문제가 발생한다. 이를테면 모든 사람이 연봉 인상을 원하지만 이를 위해 다른 사람의 일을 방해할 수는 없다. 비윤리적이기 때문이다.

훌륭한 도덕적 결정에는 이러한 윤리적 척도가 필요한데, 가치명료화는 학생들에게 상황을 심사숙고하기 위해서는 자기 이익을 추구할 필요가 있다는 메시지를 전달한다. 학생들은 개인의 이익을 도덕적 기준보다 우선시하기 때문에, 시험 중에 부정행위를 해도 대부분 "걸리지만 않으면 된다"고 말한다. 필 빈센트는 다수와 사회의 필요를 위해 개인의 이익이 약간은 희생될 필요가 있는 우리 사회에서 이런 식의 가르침은 옳지 않다고 비판했다.[48]

넷째, 가치명료화는 학생들이 자신의 견해에 대해 옳고 그름을 판단할 수 있는 척도가 없어도 무엇이 도덕적인지 논의하고 결정할 수 있다고 가정하고 있다. 모든 학생에게는 각자의 가치가 있고, 다원주의 사회에서는 모든 가치가 동등하며 존중받아야 한다는 생각에서 이러한 가정이 나왔지만, 물론 말도 안 되는 소리이다. 기본적인 예의와 공손에 반하는 가치까지도 존중하고 인정해야 할까? 사회의 안녕이나 개선에 대한 고려가 부족한 생각을 받아들여야 할 필요가 있을까?

가치명료화에서는 모든 학생이 가진 가치가 똑같이 중요하고 각각의 이점이 있다고 보기 때문에 교사들이 아무것도 가르치거나 도와줄 수가 없다. 이때의 가치는 어디까지나 개인의 선호를 반영할 뿐 반드시 도덕적 기준에 부합하지는 않음을 간과한 것이다.[49]

필 빈센트는 어떤 이슈에 대해 개인이 어떻게 느끼는지 말하는 것만으로 그 사람이 도덕적인 사람이 되거나 좋은 사람이 되는 것은 아니라고 강조한다. 개인이 믿고 있는 것 혹은 개인이 느끼는 것을 말했을 뿐이지, 도덕적으로 더 이상의 훌륭한 결과를 도출해 내는 것은 아니라는 것이다.

일련의 가치들이 모두 동등하다고 믿고 모든 가치를 무작위로 받아들이는 경우의 위험성을 생각해 보자. 내용에 상관없이 내 가치가 상대방의 가치와 동등하게 여겨진다면 이것이 과연 도덕적으로 옳은 것인가?

---

48 Vincent, P. F. (1999), Developing Character In STUDENTS, Character Development Group Inc.

49 Vincent, P. F. op.cit.

개개인이 가치를 지니고 있느냐, 아니냐는 문제의 핵심이 아니다. 모든 사람은 추구하는 나름의 가치가 있고, 문제의 핵심은 한 개인의 핵심 가치가 도덕적 행동 원칙에 부합하느냐, 부합하지 않느냐이다. 여기에는 철학적, 종교적 영향도 포함된다. 가치명료화는 정확하고 일관된 것인가, 혹은 도덕적으로 옳은가, 사리에 맞는 반응인가가 아니라 토론과 대중의 지지를 강조한다는 데 문제가 있다.

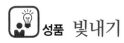

성품 빛내기

: 청소년 성품리더십교육을 통해 내가 얼마나 소중한지 알아요

성품교육을 하다 보면 초등학생, 중학생, 고등학생 사이에 나타나는 차이점을 발견할 수가 있다. 무엇보다 중고생 곧 청소년들이 성품교육을 통해 변화하는 모습을 볼 땐 정말이지 큰 보람을 느낀다. 중학생들에게서 나타나는 다양한 변화를 보면 이런 것들이 있다. 안양의 어느 중학생은, 성품교육을 처음 받았는데 참 재밌다, 특히 '기쁨의 5-2-5법칙'으로 기쁨을 유지해야겠다, 하며 구체적인 다짐을 보여 주었다. 또 서울의 어느 중학교 학생은 성품교육을 받으면서 꿈을 찾았다고 적었는데, 필자는 '꿈을 찾았다'는 말이 어찌나 기쁘던지. 이 학생은 "이제는 내가 좋아하는 것이 무엇인지, 내가 어떤 사람인지를 알았으므로 그 꿈을 향해 열심히 달려가겠다"고 다짐했다. 우리 자녀가 이런 고백을 한다고 생각해 보자. 또 다른 청소년은 성품교육 특히 긍정적인 태도에 대해 배우면서 성적이 향상되었다고 한다. 공부할 때마다 짜증 나고 힘들었는데 긍정적인 태도를 익히고 나서 공부하는 것이 싫어질 때 힘들고 지칠 때 긍정적인 태도를 갖기 위한 방법들을 실제로 적용했더니 결국 성적이 올랐다는 것이다. 행복지수가 낮기로 유명한 우리나라 청소년들이 성품교육 덕분에 "나는 기쁨을 찾았다", "나는 행복해졌다"고 고백해 주니 오히려 우리 어른들이 기쁘고 행복한 것이다. 실제로 교육에 대해 이런 피드백을 얻기란 결코 쉽지 않기 때문이다.[50]

성품 다듬기

: 인본주의 교육은

인간 중심의 자율성을 강조하는 교육이다. 인본주의 교육의 대표주자인 존 듀이는 실용적인 것

50 이영숙 (2012). 성품, 향기 되어 날다. 서울: 좋은나무성품학교. 282-285.

을 진리로 여기는 실용주의(pragmatism)를 기반으로 모든 것이 인간에게 상대적이라는 관점을 취했다.

: 인본주의와 실용주의의 영향으로

교육 현장에서는 절대적이고 보편적인 기준이 약화되고, 개인이 자신의 가치를 이야기하는 과정에서 가치를 명료하게 확인해 나가는 가치명료화(values clarification)가 도덕교육의 방법으로 등장했다.

: 가치명료화에서의 가치판단은

일반적으로 옳다고 여기는 보편적 가치보다는 개인의 자율성 · 합리성 · 유용성 · 일관성을 기준으로 정당화하는 경향이 있다.

: 가치명료화의 한계점은

첫째, 상대주의를 기반으로 하여 옳지 못한 가치도 옳다고 생각하게 만드는 점, 둘째, 개인적 · 사회적 · 도덕적 발달보다는 동조(conformity)를 강조하는 경향이 있는 점, 셋째, 결과를 '심사숙고'하는 기준이 상황에 따라 다른 점, 넷째, 학생들이 옳고 그름을 판단할 수 있는 척도가 없는데도 무엇이 도덕적인지 결정할 수 있는 점이다.

21강 실존주의와 상황윤리의 한계를 넘어선 인성교육

🔍 성품 생각하기

: 총 묘사는 NO! 마리화나 묘사는 YES?

전자신문 2015년 2월 16일 자 기사는 애플이 자사 앱스토어 정책을 수정했다는 내용을 보도했다. 즉 대마초 관련 어플을 허용한 반면 총기 묘사는 금지했다는 기사이다. 이 신문은 애플의 이 같은 결정은 미국 사회의 인식 변화를 그대로 보여 주는 것으로, 애플 유저의 수가 적지 않음을 생각할 때 사회에 미칠 영향 또한 우려할 수준이라고 지적하고 있다.

테크크런치를 비롯한 외신 보도를 인용한 이 기사는, 애플이 게임 개발사들로 하여금 앱스토어 스크린샷 등에서 총기와 관련된 묘사를 할 수 없도록 새롭게 규정한 반면 대마초 관련 어플은 허용하기로 했다는 것인데, 이는 그동안 애플이 주류나 불법 약물의 남용을 이끄는 어플을 금지해 온 규정을 깬 것이어서 충격을 준다는 내용이다. 애플의 이런 변화는 미국 23개 주에서 대마초 사용을 합리화하는 등 약물 금지에 관한 법률이 완화될 조짐을 보이고 있는 데 따른 것이라고 분석되고 있다. 실제로 대마초 허용을 지지하는 단체들이나 SNS의 어플 개발사들의 경우 이 결정이 있기 몇 주 전부터 애플에 항의서한을 보내고 온라인 서명운동 등을 벌인 사실이 있었다고 한다.

애플 측은 이러한 정책 변경과 관련하여 "주정부의 법률이나 연방 법원의 가이드라인을 준수한다면 대마초 사용은 안전하고 책임 가능하다는 것을 인정한다. 그러니 대마초 커뮤니티를 받아들인 건 한편으로 사회적 진보단체와의 연결을 의미하는 것이어서 감사한다"고 밝힌 것으로 전해졌다. 이 기사는 모바일 시장에서 애플이 차지하는 비중이 커지면서 애플의 도덕적 입지가 사회에 미칠 영향력도 증가할 것을 감안할 때 고객 중 상당수를 차지하는 청소년들에 대한 파급력 또한 심각해질 것이라는 전망을 내놓았다.[51]

성품 꿈꾸기

1. 실존주의의 영향에 대해 설명할 수 있다.
2. 상황윤리의 의미를 설명할 수 있다.
3. 상황윤리의 한계를 이해할 수 있다.

성품 빚기

: 01. 실존주의의 영향

실존주의(existentialism)는 인간의 존재와 주체적 행위의 중요성을 강조한 철학으로, 19세기와 20세기에 벌어진 두 차례의 세계대전의 역사적 비극 속에 등장했다. 합리주의적 관념론과 실증주의를 정면으로 비판하고, 현대문명의 비인간화와 인간 주체성의 말살, 산업사회에서 조직화로 야기된 인간소외에 대한 항변 등이 실존주의를 대두하게 만들었다.

실존주의 철학의 대표자인 사르트르(Jean Paul Sartre)는 "실존이 본질에 앞선다"는 명제로 당시 교육철학에 새로운 화두를 던졌다. 그는 모든 인간은 실현된 것이 전혀 없는 상태로 세상에

---

51 전자신문. 2015. "애플의 도덕성=미국의 도덕성. "앱스토어, 마리화나 묘사는 되지만 총은 안 된다", 2월 16일.
http://www.etnews.com/20150216000222

던져지고, 따라서 사실상 처음에는 아무것도 아닌 무의 상태로 태어난다고 주장한다. 따라서 인간은 그가 가진 자유로써 '자기 자신'을 만드는데 이렇게 만든 자기 자신이 바로 '본질'이며, 이러한 관점에서 실존은 본질에 앞선다.

실존주의는 사람이 신에 의해 창조된 피조물이라든지 사람이 죽은 후에 발생하는 여러 문제들은 관심 밖의 일로 여긴다. 현실에서 일어나는 문제들에 대해서만 초점을 맞춤으로써 보편적인 도덕이나 일반화를 거부하고, 구체적인 상황에서 개별적인 인간의 행동에만 관심을 두었다.

02. 상황윤리란

상황윤리는 20세기 초 실존주의자들에 의해 대두되어 당시 사상적 조류인 실용주의(pragmatism), 상대주의(relativism), 실증주의(positivism), 인격주의(personalism)의 영향을 받았다.[52]

상황윤리란 보편적인 윤리 규범을 부정하면서 개인이 구체적인 상황 속에서 자신의 윤리적 당위에 따라 이로운 것을 선(善)이라고 믿는다. 이것은 '의무' 혹은 '당위'를 도덕실천의 근거로 삼는 의무론적 방법론의 한계에 대해 비판하면서 등장했다. 다시 말해서 당면한 상황의 가변성을 고려하지 않은 채 단지 철저한 규범 준수만을 주장할 경우 이러한 구체적 상황에서는 규범의 적용이 어렵다는 한계를 비판하면서 등장한 윤리학설인 셈이다.

따라서 상황윤리학자들은 각 상황의 특수성을 중시하기 때문에 규범보다는 상황에 처한 행위자의 창의적 반응을 더 강조하며, 각각의 특수한 상황에서 나타나는 이성적 판단을 기준으로 행동해야 한다는 공통적인 견해를 가지고 있다.

03. 상황윤리의 한계를 넘어선 인성교육

차일드레스는 상황윤리의 한계점을 다음과 같이 지적한다.[53]

첫째, 상황윤리학자들의 계율주의에 대한 지나친 반발은 오히려 도덕적 규범의 긍정적 기능을 일방적으로 무시하는 오류를 범했다.

둘째, 만약 상황윤리에서 주장하듯 원칙이나 규범의 계몽적(illuminative) 성격만 가지고 지시적인(prescriptive) 역할을 수행하지 못한다면 상황 속에서 행위자가 믿어야 할 기준이 사라지게 된다.

셋째, 상황윤리는 인간의 이기심을 간과하고 인간의 직관적 능력이나 통찰력 등을 전제로 한다.

---

52 고재식 (2005). 기독교윤리의 유형론적 연구. 서울: 대한기독교서회.

53 Childress, J. F. (1986). "Situation ethics" in The Westminster Dictionary of Christian Ethics, ed. by Childress, J. F. and Macquarrie, J., Philadelphia: The Westminster Press, 586-588.

넷째, 상황윤리학자들이 주장하는 '상황' 자체에 대한 해석 또한 매우 미비하다.

다섯째, 실생활에서의 행동들은 결국 보편적인 유사성을 가지게 마련인데 상황윤리학자들은 이 점을 간과했다.

여섯째, 기독교 전통이 상황을 해석하고 규범을 적용하는 데 필요한 자료들을 이미 가지고 있다는 사실을 간과했다.

상황윤리에서 고려해야 할 사항은 차일드레스가 평가한 여섯 가지 문제점 외에도 다음 두 가지가 더 있다.

첫째, 상황윤리학자들이 제시하는 상황들은 특히 협소하고 특수한 경우가 많다. 이는 광범위한 사회적 상황과 완전히 분리된 극한적 상황에서의 예외적 행동을 성급하게 일반화하는 오류를 범할 경우, 행위자의 사회적 책임을 도외시하게 될 가능성이 크다.

둘째, 상황윤리에서는 상황 그 자체의 의미와 중요성에 매몰되어 행위자의 결단보다 상황에 '의해' 행위자의 행동이 결정되는 것처럼 오도할 위험이 있다.

이처럼 상황윤리는 가치판단의 기준이 개인에게 있다는 점에서 근본적인 한계를 지닌다. 가치판단의 기준이 개인에게 있다는 말은 옳고 그름에 대한 절대적 기준에 근거한 가치판단이 아니라 각각의 개인이 가진 잣대에 비추어 상황을 이해하고 판단하며 행동을 선택하는 것을 전제하므로, 이때의 개인차는 '틀림'이 아니라 '다름'의 문제가 된다. 상황에 처한 개인의 필요와 욕구에 따라 행동하게 될 경우 결과적으로 판단과 선택의 기준이 되어야 할 가치 문제를 도외시하는 결과를 가져온다.

이와 달리 이영숙 박사의 12성품교육은 "교육은 개인이 '올바른' 기준을 내재화하고 그 기준을 외현화하는 과정"이어야 한다는 관점을 분명히 하고, '올바름'의 되는 두 가지 기본 덕목과 열두 가지 주제성품을 교육 내용으로 전개한다.

성품 빛내기

: 좋은 생각, 감정, 행동을 선택해요

전국의 많은 교육기관들이 좋은나무성품학교의 성품교육을 실천하고 있는데, 현장에서 들려오는 사례들을 보면 기쁘고 놀랍기도 하고 무엇보다 큰 보람을 느낀다. 제주 지역의 한 학교에서 보낸 사례 한 편을 소개해 본다. 유아학교에 다니는 아이인데 감기가 심하게 들어서 병원에서 주사를 맞고 쉬어도 나을 기미가 안 보였다. 다음 날 아침에 곤히 자는 아이를 엄마가 "학교 가자"면서 깨웠는데, 아프고 힘들어서 당연히 짜증 내며 안 가겠다고 할 줄 알았던 아이가 세상에서 가장 사랑스러운 미소를 짓는 게 아닌가! 그러더니 눈도 안 뜬 상태에서 벌떡 일어나서 "엄마, 저 학교에 갈 거예요"라고 말하는 것이었다. 엄마가 힘들지 않은지, 괜찮은지 물었더니 이 아이의 입에서 뜻밖의 대답이 나왔다. "엄마, 기쁨이란 어려운 상황이나 형편 속에서도 불평하지 않고 즐거운 마음을 유지하는 태도예요. 기쁜 마음으로 학교에 갈 거예요. 엄마, 알죠? 이건 좋은나무성품학교에서 배우는 기쁨의 정의잖아요. 조금 힘들어도 학교에 가면 좋아요! 재미있고 친구들도 많고, 선생님도 있으니까요" 하고 말했다는 것이다. 엄마가 얼마나 당황했을지, 또 아이가 얼마나 사랑스러웠을지 충분히 짐작할 수 있다.[54]

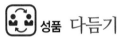 성품 다듬기

⋮ '실존주의'

인간의 존재와 주체적 행위를 강조하는 실존주의는 현실에서 일어나는 문제에만 초점을 맞춤으로써 보편적인 도덕이나 일반화를 등한시하는 결과를 초래했다.

⋮ '상황윤리'

보편적인 윤리 규범을 부정하고 구체적인 상황에서 개인의 윤리적 당위에 따라 이로운 것을 선(善)이라고 믿는 윤리 학설이다.

⋮ '상황윤리의 한계점'은

첫째, 도덕적 규범의 긍정적 기능을 무시한 점, 둘째, 상황 속에서 행위자가 믿어야 할 기준을 사라지게 한 점, 셋째, 인간의 이기심을 간과한 점, 넷째, 상황윤리학자들이 주장하는 '상황' 자체에 대한 해석이 매우 미비한 점, 다섯째, 실생활에서 일어나는 행동들의 보편적인 유사성을 간과한 점, 여섯째, 상황을 해석하고 규범을 적용하는 데 필요한 자료들을 전통적으로 이미 가지고 있다는 사실을 간과한 점이다.

54 이영숙 (2011). 한국형 12성품교육론. 서울: 좋은나무성품학교. 187-188.

22강 인지적 도덕발달 이론의 한계를 넘어선 인성교육

🔍 성품 생각하기

중학생 인성지수와 근거 있는 중2병

중학생들의 인성지수가 초·중·고 학생 중 가장 낮다고 한다. 그 까닭은 급격한 신체 변화와 함께 정체성 혼란을 겪는 시기이기 때문이라는 분석이다. 국민일보 2014년 8월 20일 자 기사는 정부가 전국의 초등학교 5학년, 중학교 2학년, 고등학교 1학년생 등 4만여 명을 대상으로 실시한 인성검사 결과를 보도하면서 중학교에서의 인성교육 강화 필요성을 제기했다.

특히 이 검사는 한국교육개발원(KEDI)이 개발한 표준 인성검사 기법을 처음 적용한 대규모 검사여서 주목을 끈다. 이 검사는 인성의 덕목을 열 가지 곧 자기존중, 성실, 배려·소통, 책임, 예의, 자기조절, 정직·용기, 지혜, 정의, 시민성 등으로 나누고 덕목별 점수를 측정했더니 10점 만점에 예의 8.25점, 정의 7.82점, 책임 7.71점, 성실 6.61점, 자기조절 7.10점 등으로 나타났다고 전했다. 성실과 자기조절 항목에서 낮은 점수가 나온 것은 자기통제능력이 결여되어 있음을 보여 주는 것으로 분석되었다. 특히 중학생들의 점수가 가장 낮았는데, 10개 항목 점수를 합산해 보면 중학생 72.83점, 고교생 73.38점, 초등학생 78.12점으로 제법 격차가 났다. 이에 따라 연구팀은 "중학생의 경우 정체성, 정서적 혼동을 겪는 시기이므로 청소년기 자아중심성에서 벗어나도록 도와주는 인성교육 프로그램이 요구된다"고 제언했다.[55]

🧑 성품 꿈꾸기

1. 인지적 도덕발달 이론의 특징을 설명할 수 있다.
2. 인지적 도덕발달 이론의 한계를 이해할 수 있다.
3. 바람직한 인성교육의 방향을 파악할 수 있다.

제1장
제2장
제3장
제4장
5장
제6장
제7장
+
제8장
제9장
제10장
+
제11장
제12장
+
제13장

55 국민일보. 2014. "근거 있는 '중2병'… 중학생, 인성 수준 꼴찌". 8월 20일.
http://news.kmib.co.kr/article/view.asp?arcid=0922766585&code=11131300&cp=nv

 성품 빛기

: 01. 인지적 도덕발달 이론의 특징

로렌스 콜버그(Lawrence Kohlberg)의 인지적 도덕발달 이론은 도덕성 계발에 일련의 단계가 있다고 보고 단계별로 수준이 다른 도덕적 추론능력을 발휘하기 때문에, 단계가 높을수록 도덕적 상황 앞에서 더 좋은 행동을 하게 될 것이라고 주장하는 이론이다.[56]

콜버그는 피아제(Jean Piaget)의 인지발달 이론에 기초하여 개인의 인지적 발달에 따른 도덕성 발달을 3수준 6단계로 구분했다.

제1수준 : 인습 이전 수준(pre-conventional level)에 해당한다. 행동의 결과 주어지는 상과 벌을 기준으로 하여 선택하는 벌과 복종의 단계(obedience and punishment orientation, 1단계)와, 수단적 · 도구적인 목적에 따라 선택하는 도구적 목적과 교환의 단계(self-interest orientation, 2단계)로 나뉜다.

제2수준 : 인습 수준(conventional level)에 해당한다. 관계에 근거한 선택을 하는 개인 간의 상응적 기대 · 관계 · 동조의 단계(interpersonal accord and conformity, 3단계)와, 사회적 규범과 규율의 준수에 따른 양심의 보존에 근거해 행동을 선택하는 사회체제와 양심보존의 단계(authority and social-order maintaining orientation, 4단계)로 구분된다.

제3수준 : 인습 이후 수준(post-conventional level)에 해당한다. 권리 · 사회적 계약 · 유용성과 같은 의무 혹은 상호필요에 근거해 행동을 선택하는 권리 우선과 사회계약 혹은 유용성의 단계(social contract orientation, 5단계)와, 인류 보편적 가치와 원리에 근거해 선택하는 보편 윤리적 원리의 단계(universal ethical principles, 6단계)로 구분된다.

: 02. 인지적 도덕발달 이론의 한계

1990년대에 들어서면서 급속한 사회 변화에 따라 사회와 학교에서 문제시되는 살인 · 폭력 · 약물과 같은 사회적 문제와 예의 및 공손(civility)의 부족 등에 대해 인지적 도덕발달 이론이 개인의 도덕적 성품의 조형이나 생활지도에 크게 기여하지 못했다는 인식이 강해졌다.[57]

콜버그의 인지적 도덕발달 이론에 따르면 사실상 인지발달에 따라 행동을 선택하는 기준이 단계별로 달라지므로, 더 높은 수준의 행동을 선택하려면 인지발달이 선행되어야 한다. 또한

---

56 Vincent, P. F. (1999). Developing Character In STUDENTS. Character Development Group Inc.

57 Lickona, T., Schaps, E., & Lewis, C. (2002). Eleven Principles of Effective Character Education. Washington, D. C.: Character Education Partnership.

제1장
제2장
제3장
제4장
5장
제6장
제7장
＋
제8장
제9장
제10장
＋
제11장
제12장
＋
제13장

높은 수준의 도덕발달 단계에 위치할수록 도덕적 문제에서 더 성숙한 선택과 행동을 한다고 전제하기 때문에, 무엇보다도 개인의 도덕적 추론(moral reasoning)능력을 촉진하는 데 초점을 맞춰야 한다. 그러나 이로 인해 결과적으로 콜버그의 인지적 도덕발달 이론은 인성교육보다는 인지발달에 더 치중하도록 만들었다.

성품교육의 결과 역시 콜버그의 인지적 도덕발달 이론이 인성교육에는 적합하지 않다는 사실을 증명해 준다. 콜버그의 이론에 의하면 1단계인 0~3세의 아이들은 자기중심적인 특성이 있어서 도덕적 행동을 기대하기 어렵다. 그러나 이영숙 박사의 12성품교육으로 0~3세 아이들에게 좋은 성품의 정의를 가르치고 태도와 법칙들을 알려 주었을 때, 인지발달이 일정 수준 이상 이루어지지 않은 아이들임에도 불구하고 이타적 행동의 좋은 태도들이 나타난 것을 확인할 수 있었다.

: 03. 인성교육의 방향성

따라서 이영숙 박사의 12성품교육은 오히려 인간의 본성을 서로 자극하고, 학습하고, 경험하도록 함으로써 공감능력을 강화해 줄 때 훨씬 도덕적인 행동을 할 수 있다고 본다. 이 사실을 실제로 입증한 것이 '이타적 인성'을 강조한 올리너 부부(Samuel P. Oliner and Pearl M. Oliner)의 1988년 보고서로, 우리가 어떻게 인성을 가르쳐야 할지 그 방향성을 제시해 준다.

이들의 연구는 홀로코스트 당시 406명의 구조자와 126명의 비구조자들을 대상으로 방대한 리서치를 한 결과 이들의 도덕기준이 어떻게 만들어졌는지를 밝혀냈다. 동시대를 살고 있는 사람이라도 어떤 사람은 억울하게 죽어 가는 생명을 살려 내는 역할을 했고, 또 어떤 사람은 방조하고 무관심했는데, 그 차이는 무엇일까? 연구 결과 구조자의 52%는 규범중심적 동기에 의해 유대인을 구했다고 한다. 즉 누군가에 의해 어렸을 때 규범이 주어진 사람들은 생명이 위태로운 사람을 보면 자신의 생명과 돈을 바쳐서 그를 살려 내고자 마음먹었다. 인지적 도덕발달 이론이 아니라 과거 어머니나 아버지로부터 "다른 사람에게 친절하게 대해야 한다"는 규범을 배운 것이 주요인이었다. 이런 사람들은 규범이 동기가 되어 옳은 행동을 한다는 것이다. 또 조사 대상의 37%는 공감인지능력이 발달했다고 한다. 즉 짐승처럼 사슬에 묶인 채 떨고 있는 유대인을 보면서 어떻게 구해 주지 않을 수 있느냐는 것이다. 이것이 곧 이타적 인성으로 좋은 성품의 다른 말이다. 이런 성품을 가진 사람은 인지능력이 탁월한 사람이 아니라 공감인지능력이 탁월한 사람이다. 또 구조자의 11%는 개인적인 신념, 즉 배려라는 보편적인 원리에 따라 유대인들을 구해 주었다.

이영숙 박사의 12성품교육은 교육적 노력을 통해 좋은 인성을 기르는 데 목표를 두고 있으므로 규범중심적 동기를 강조한다. 어렸을 때부터 누군가에 의해 가르침을 받은 대로 행동한다는 사실에 주목하고 성품교육으로 이를 실현하고자 한다.

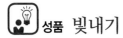

성품 빛내기

: 청년성품리더십 캠프를 통한 변화

필자가 몸담고 있는 건양대학교에서는 해마다 신입생들을 대상으로 사흘 동안 '자존감 캠프'를 가진다. 기쁨의 성품을 집중적으로 가르치는데, 캠프 후에는 자신이 경험한 변화들을 글로 표현하게 한다. 이 중 기억에 남는 몇 가지를 소개해 본다. 한 학생은 고등학교에 다닐 때부터 술을 마셨는데, 주로 외롭거나, 힘들거나, 좌절을 경험할 때 그렇게 했다는 것이다. 그런데 이 학생이 "이제는 술을 안 마셔도 되겠다"고 썼다. 술 안 마시고도 기쁨을 유지할 수 있는 비결을 갖게 되었다고 한다. 또 한 학생은 자신의 콤플렉스를 극복했다고 했다. 키가 작아서 늘 마음속으로 '나는 못난이다'라고 생각했는데, 자존감 캠프를 통해서 자신이 얼마나 소중한 존재인지를 알게 되었다는 것이다. 더 놀라운 글이 있다. 한 학생이 "이번 자존감 캠프가 세상을 떠나려고 한 나를 잡아 주었다"라고 썼는데, 소름이 돋았다. 실제로 이 학생은 세상을 등지려는 마음을 먹었다가 캠프를 통해 자신이 얼마나 소중한 존재인지를 깨닫게 된 것이다. 너무 오랫동안 자기 자신에 대해 함부로 생각하며 살았고 늘 엄마에게 화풀이를 했다고 한다. 그래서 캠프가 끝나면 자살하겠다고 생각했다는 것이다. 그런데 그동안 자신이 얼마나 바보였고 미련했는지 알게 됐고 엄마에게 눈물로 용서를 구하고 싶다고 했다. 우리는 성품교육을 마치면 이런 피드백들을 보면서 꽤 많이 눈물을 흘린다. 그러다 보니 이젠 성품교육이야말로 인생을 바꾸는 교육이란 걸 확신하게 되었다.[58]

성품 다듬기

: 로렌스 콜버그의 '인지적 도덕발달론'은

도덕성 계발에 일련의 단계가 있다고 보고 단계별로 수준이 다른 도덕적 추론능력을 발휘하기 때문에 단계가 높을수록 도덕적 상황 앞에서 더 좋은 행동을 하게 될 것이라고 주장하는 이론이다.

58 이영숙 (2014). 한국형 12성품교육론. 서울: 좋은나무성품학교. 285-288.

: 인지적 도덕발달 이론에 의하면

더 높은 수준의 행동을 선택하도록 기준을 가지기 위해서는 인지발달이 선행되어야 하는데, 이 점은 결과적으로 인성교육보다는 인지를 발달시키는 것에 더 치중하게 만들었다는 한계점을 드러냈다.

23강 포스트모더니즘의 한계를 넘어선 인성교육

성품 생각하기

: 포스트모더니즘 시대의 단면, 도덕성을 상실한 한 인간에 대하여

반사회적 인격장애를 의미하는 말 '소시오패스'는 영화에서도 자주 다뤄지는 내용이다. 영화 〈나이트 크롤러〉는 제 기능을 상실한 언론, 도덕성을 상실한 한 인간을 다루면서 이런 반사회적 인격장애를 가진 인간을 창조한 우리 사회를 고발한다.

　영화의 주인공 루이스는 돈과 성공을 위해서라면 무엇이든 '필사적으로' 할 준비가 돼 있다. 그는 밤길을 운전하다 교통사고 현장을 카메라에 담아 그 영상을 방송국 보도팀에 팔아넘기는 일명 '나이트 크롤러'를 목격한다. 그리고 그 일이 돈이 되는 일이란 걸 알게 되자 루이스는 곧장 카메라와 경찰 무전기를 사서 각종 사건 사고 현장을 떠돌기 시작한다. 여기에 시청률을 높이기 위해서라면 자극적인 영상도 여과 없이 내보내는 한 지역 방송국의 보도국장이 가세하면서 루이스는 점점 선정적 영상과 특종에 집착하기 시작한다.

　〈나이트 크롤러〉를 평한 씨네21 2015년 2월 25일 자 기사는 다음과 같이 썼다.

　"타인의 목숨보다 자신의 성공이 더 중요한 루이스는 어쩌면 이 사회가 낳은 소시오패스일지도 모른다. 댄 길로이 감독 역시 '진정한 공포의 대상은 루이스 블룸이 아니라 그를 창조한 사회'라 말했다."[59]

성품 꿈꾸기

1. 포스트모더니즘의 특징에 대해 설명할 수 있다.

---

[59] 씨네21. 2015. "제 기능을 상실한 언론과 도덕성을 상실한 한 인간 〈나이트 크롤러〉". 2월 25일. http://www.cine21.com/news/view/mag_id/79186

2. 포스트모더니즘의 한계를 설명할 수 있다.

3. 12성품교육의 세계관을 설명할 수 있다.

 성품 빚기

01. 포스트모더니즘이란

포스트모더니즘(post-modernism)은 모더니즘의 권위주의와 합리적 이성에 대한 지나친 믿음에 대한 비판에서 시작되었다. 제2차 세계대전과 더불어 유대인 대량학살, 히로시마 원폭투하, 핵 전쟁 우려 등 '인간성'을 위협하는 현상들이 나타나고, '합리적 이성'에 근거한 기존의 관점과 문화에 대해 회의적인 시각들이 팽배해지면서 '포스트모더니즘'의 다양한 움직임이 일어났다. 기존의 관점과 문화에 대한 반항과 도전에서 시작된 포스트모더니즘은 그러므로 회의주의와 비관주의를 바탕으로 한다.

포스트모더니즘은 단일 운동이나 경향이라기보다 20세기 중엽부터 나타나기 시작한 다양한 현상들에 대한 포괄적 명칭으로, "모더니즘이 지향하는 입장, 곧 지식과 인식의 절대적인 기초가 존재한다는 정초주의(foundationalism)의 입장을 비판하고 궁극적, 초월적, 절대적 인식은 정당성이 없다"고 주장한다.[60]

포스트모더니즘에 대해서는 모두가 동의하는 유일한 정의는 없다. 그러나 다음 네 가지의 일반적인 특징을 갖는다.[61]

첫째, 반정초주의(anti-foundationalism)의 입장에서 절대적이고 보편적인 진리의 존재를 부정한다. 둘째, 다원주의(pluralism)를 표방하여 다양한 사회 안에서 특정한 문화와 필요에 따라 만들어지는 다양한 가치들을 모두 인정한다. 셋째, 반권위주의(anti-authoritarianism)를 강조하고 부모나 교사에 의한 일방적인 도덕적 지식의 전수를 거부한다. 넷째, 연대의식(solidarity)을 표방하며 화합과 협력, 공동체, 존중의 정신을 주장한다.

이처럼 포스트모더니즘은 특정한 원리와 이론에 근거하여 획일적으로 사고하도록 규정하는 모든 사고방식을 비판하고, 반정초주의, 다원주의, 반권위주의, 연대의식을 강조한다. 그 결과 현대 사회는 진리에 의해 지배되지 않는 사회, 수많은 담론이 나름의 정당성을 인정받는 사회로서의 거대한 확장성과 연결성을 가지게 되었다.

---

60 정석환 (2008). 포스트모더니즘의 합리성에 근거한 한국교육의 재개념화. 비교교육연구. 18(3). 231-249.

61 강선보·김정환 (2006). 교육철학. 서울: 박영사.

: 02. 포스트모더니즘의 한계

1960년대에 건축분야에서 시작된 포스트모더니즘은 예술분야를 비롯해 사회과학과 자연과학의 전 영역에 지대한 영향을 끼쳤다.

그린은 이러한 포스트모더니즘이 현대 교육에 가져온 결과들을 언급하면서, 포스트모더니즘은 우리가 생각하는 것 이상으로 훨씬 더 많은 영향력을 공교육에 행사하고 있다고 주장했다. 포스트모더니즘이 가장 활성화된 곳은 사실상 대학인데, 대학은 교육계획안을 작성하는 교사들을 양성하는 기관이자 학교위원회나 국가기관에서 교육정책을 수립하는 관료들에게 가장 강력한 영향을 미치는 기관이라는 것이다. 이에 따라 그린은 포스트모더니즘이 오늘날 교육에 끼친 영향에 대해 다음과 같이 다섯 가지 항목을 들어 비판했다.[62]

첫째, 포스트모더니즘은 실재를 규명하는 모든 세계관을 부정함으로써 절대적인 진리와 참된 선을 도외시하는 결과를 가져왔다. 둘째, 과거의 '진·선·미'를 추구하던 교육의 목적을 바꾸어 '무엇이 일어나고 있는가?'와 같은 감각적이고 일시적이며 쾌락적인 의미에 치중하게 만들었다. 셋째, 독립적인 자아의 의미나 개인의 자율적인 정체성을 부정함으로써 학생의 본성에 대한 견해를 바꾸었다. 넷째, 과거 또는 현재에 대한 타당한 설명으로서의 진리를 거부함으로써, 과학·역사·사회 교과에 부정적인 영향을 끼쳤다. 다섯째, 도덕적 기준이나 절대적인 원리가 사라짐으로 인해 모든 도덕성을 똑같이 인정하는 도덕적 상대주의를 초래했다.

포스트모더니즘은 모더니즘에 대한 비판으로 등장했지만, 절대진리와 신의 존재를 부정하고 인간의 자율성을 강조하는 모더니즘의 인본주의적 바탕을 피하지는 않았다. 결과적으로 또 하나의 거대한 인본주의적 경향으로 발전하여 오늘날 정치, 경제, 문화, 철학, 신학 등 사회의 모든 영역에 깊숙이 스며들었다.

: 03. 12성품교육의 세계관

하워드 스나이더(Howard A. Snyder)는 이러한 포스트모더니즘의 흐름에 대해 "이제 현대 사회는 동의할 수 있는 세계관이 더 이상 존재하지 않기 때문에 세계관의 종말로 봐야 한다"고 비판했다.

'세계관(world view)'은 독어 'Weltanschauung'를 번역한 단어로 '세계를 보는 방식'이란 뜻이다. 독일의 낭만주의는 '문화'를 철학, 예술, 문학, 사회제도 등 삶의 전반적인 조망이나 시대정신의 의미로 이해하고 '그 시대의 복합적인 총체'라는 사상으로 발전시켜 왔다. 문화는 역사의

---

62 Albert E. Greene. (1998). Reclaiming The Fure Of Christian Education. 현은자 역. 기독교 세계관으로 가르치기. 서울: CUP.

흐름에 따라 변화되는 특징이 있으므로 세계관이라는 단어는 근본적으로 상대주의를 내포한다.

네덜란드의 신칼뱅주의 사상가들인 아브라함 카이퍼(Abraham Kuyper)와 헤르만 도예베르트(Herman Dooyeweerd)는 자신이 직면한 시대의 정신에 맞서려면 그만큼 포괄적이고 독특한 문화를 형성할 수 있는 인생관을 계발해야 한다고 말했다. 즉 우리가 다양한 갈등현상에 직면해서 이를 극복하려면 자신만의 독특한 문화를 형성할 수 있는 새로운 인생관을 계발해야 하는데, 이것이 곧 세계관이다.

이 세계관을 세 가지로 나눌 수 있다. 우리는 이런 세계관에 의해서 생각의 흐름과 방향을 결정한다. 그러므로 어떤 세계관을 선택하고, 또 각각의 세계관들을 잘 수정하고 보완하려는 노력은 성품교육에 있어 매우 중요하다.

첫째, 창조론적 세계관으로 BC 586년 이후 성서의 모세 5경이 완성되면서 나타났다. 즉 세상은 창조주가 선한 목적에 따라 특별하게 창조되었다는 세계관이다. 그러므로 세상에 존재하는 생명체, 특히 인간은 누구나 선한 목적과 계획을 가지고 태어난 소중한 존재이다.

둘째, 창조론적 세계관에 반대하면서 나온 것이 진화론적 세계관이다. 니체가 '신의 부재설'을 주장하고, 찰스 다윈이 종의 기원을 발표한 이후 본격적으로 알려진 진화론적 세계관은 모든 생물이 나름의 환경에 적응하면서 단순한 생명체로부터 복잡한 생명체로 진화한다고 본다. 특히 진화의 단계에서 경쟁이 일어나고, 경쟁에서 승리한 종만이 살아남는다는 주장이다. 앞에서도 살펴보았듯이 미국 교육의 경우 진화론적 세계관을 수용함으로써 인본주의적 교육문화를 형성했고, 차츰 경쟁에서 강해지기를 원하고 자아실현의 욕구가 부각되었다.

셋째, 지적설계론의 입장에서 본 세계관이다. 19세기 초 영국의 공리주의 철학자인 윌리엄 페일리(William Paley)가 주장했고, 20세기 이후 미국의 법학자 필립 존슨(Phillip E. Johnson)이 심판대 위의 다윈(*Darwin on Trial*)이란 책을 쓰면서 이른바 '지적설계설' 이론이 나오게 되었다. 창조론적 세계관에 반대하여 진화론적 세계관이 주조를 이루었으나 오히려 경쟁주의에 따른 부작용이 나타나게 되면서 대안의 필요성이 제기된 셈이다. 여기서 필립 존슨이 이 세계는 알 수 없지만 매우 지적인 설계에 따라 존재한다는 추론을 던진 것이다.

우리는 이 가운데 각각의 가치관을 선택할 경우 가져올 결과에 대해 진지하게 고찰할 필요가 있다. 실제로 아브라함 카이퍼, 헤르만 도예베르트 등의 사상가들이 주장한 바와 같이 올바른 관점으로 시대정신에 직면하기 위해서는 시대적 한계를 넘어 특별한 문화를 형성할 수 있도록 인생관을 개발해야 한다. 우리는 진화론적 세계관이 가져온 인본주의 철학에 기반을 둔 교육이 많은 한계점을 가진 사실을 앞서 살펴보았다. 따라서 이영숙 박사의 12성품교육은 "한 사람의 생각, 감정, 행동의 표현"[63]인 성품이 보다 선해야 하며, 그러자면 선과 악을 분별하는 분별력이 고유한 성품이어야 함을 강조한다. 물론 세계관을 선택하는 주체는 개인이고, 그 책임 또한 개인에게 있지만 각 사람의 됨됨이가 선해야 하고, 옳아야 하며, 덕을 추구해야 하므로 선악을 분별하는 능력이 바탕을 이뤄야 한다.

이에 따라 이영숙 박사의 12성품교육은 모든 사람이 개인의 가치를 존중하고, 개인을 계획과 섭리에 따라 태어난 소중한 존재로 인식하고, 이러한 세계관에 기반을 두고 선과 의를 추구하여 스스로 행복할 뿐 아니라 타인에게도 행복을 나눠 주는 풍성한 인간관계를 맺도록 한다.

지금까지 살펴본 바에 따르면 인본주의 철학의 영향을 받은 교육이 실증주의, 실존주의, 상황윤리, 포스트모더니즘 등으로 흘러오는 가운데 인성교육이 심각한 침해를 받았다. 그래서 이영숙 박사의 12성품교육론은 "한 사람의 생각, 감정, 행동의 표현"[64]을 성품으로 보는 한편, 이 성품의 표현들 곧 생각의 표현, 감정의 표현, 행동의 표현들이 선해야 하며, 그러기 위해 선과 악을 분별할 수 있어야 한다고 강조한다.

즉 이영숙 박사의 12성품교육론은 모든 사람이 개인의 가치를 존중하고, 선을 추구함으로써 자기 자신을 행복하게 할 뿐 아니라 행복을 타인에게도 나눠 줄 수 있는, 풍성한 인간관계를 맺는 것에 세계관을 집약한 것이다.

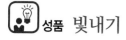 성품 **빛내기**

: 청소년 성품리더십교육으로 행복한 교실이 됐어요

학교에서 청소년 성품리더십교육을 실시한 교사들이 학생들의 변화를 알려 준 글이 있는데, 이 중 몇 가지를 소개해 본다. 경기도의 한 중학교에서 국어를 가르치는 한 선생님은 성품리더십교육을 배우면서 "아이들에게 나는 어떤 사람이 되어야 하는지 알게 되었다"고 말했다. 예의 없는 아이들을 바꾸려고 하기 전에 먼저 선생님 자신의 변화가 중요하다는 걸 깨달은 것이다. 또 한 분 선생님은 사단법인 한국성품협회가 만든 청소년 성품리더십교육 교재를 사용했더니 학교 분위기가 조금씩 밝아졌다고 전했다. 가령 아이들이 '해피타임' 시간에 배운 기쁨의 태도들을 실천하는 모습을 보면서 '이 교육 참 좋다'는 생각을 하게 되었다는 것이다. 성품수업은 왜 효과가 클까? 어떤 선생님은 이를 나름대로 분석해 주셨다. 즉 성품수업의 모형들이 전문적이고 많은 연구를 통해 나왔기 때문이라는 것이다. 그래서 이영숙 박사의 12성품교육은 참 필

63 이영숙 (2005). 부모 · 교사를 위한 성품교육 지도서―경청. 서울: 아름다운 열매.
64 이영숙. op.cit.

요한 교육이고, 다른 공교육에도 빨리 보급됐으면 좋겠다는 바람도 써 주셨다.[65]

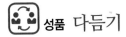성품 다듬기

: '포스트모더니즘'은

특정한 원리와 이론에 따라 획일적으로 사고하도록 규정하는 모든 사고방식을 비판하고, 다원주의, 반권위주의, 연대의식을 강조한다.

: 그린이 주장하는 '포스트모더니즘의 한계점'은

첫째, 절대적인 진리와 참된 선(善)을 도외시하는 결과를 가져온 점, 둘째, 교육의 목적을 '무엇이 일어나고 있는가?'와 같은 감각적이고 일시적이며 쾌락적인 의미에 치중하게 만든 점, 셋째, 독립적인 자아의 의미나 개인의 자율적인 정체성을 부정한 점, 넷째, 과거 또는 현재에 대한 타당한 설명으로서의 진리를 거부함으로써 과학, 역사, 사회 교과에 부정적인 영향을 끼친 점, 다섯째, 도덕적 기준이나 절대적인 원리가 사라짐으로 인해 모든 도덕성을 똑같이 인정하는 도덕적 상대주의를 초래한 점이다.

: '이영숙 박사의 12성품교육'은

과학적 세계관 탐구의 세 가지 입장 중 세계가 선한 계획과 목적을 갖고 생겨났다는 세계관에 입각하여 선한 양심을 추구하는 원리와 원칙을 배워 나가도록 고안되었다.

65 이영숙 (2014). 한국형 12성품교육론. 서울: 좋은나무성품학교. 280-282.

제1장
제2장
제3장
제4장
제5장
제6장
제7장
+
제8장
제9장
제10장
+
제11장
제12장
+
제13장

제**6**장

이영숙 박사의 12성품교육-특색

24강 12성품교육의 인간관, 교육관, 지식관

성품 생각하기

: 도덕성, 겸손, 배려의 '新존경층'이 뜬다!

중앙일보 2015년 2월 16일 자는 '존경하는 사람'을 뽑는 각종 설문조사에서 개그맨 유재석과 피겨스타 김연아가 줄곧 상위권을 차지해 온 사실에 주목하여 그 원인을 분석했다.

보도에 따르면 연예인과 운동선수가 과거에 비해 선망의 직업으로 고평가받는 데 반해, 그동안 존경의 대상이었던 선생님, 판사, 의사, 정치인 등은 가장 불신하는 직업군으로 추락했다는 것이다. 이를 증명하기 위해 한 구인구직 중개 사이트가 대학생들을 대상으로 진행한 설문조사 결과를 들었는데, 존경하는 직업으로 '정치인', '법조인', '공무원'을 꼽은 응답이 각각 0.5%, 0.6%, 0.8%로 전체의 1%에도 미치지 못했다는 것이다. 한국대학신문이 실시한 '전국대학생의식조사'에서도 85.3%가 정치인을 가장 불신했고, 언론인, 군인 등이 뒤를 이었다.

이 같은 현상은 외국에서도 나타나는데, 한 국제여론조사기관의 조사에 따르면 23개국 2만 5,000명을 상대로 '가장 존경하는 생존인물'을 조사했더니 할리우드의 배우 안젤리나 졸리가 1위로 뽑혔고, 그 뒤로 역대 최연소 노벨상 수상자인 말랄라 유사프자이와 힐러리 클린턴 전 미국 국무장관 등을 꼽았다.

왜 젊은이들의 '존경의 대상'이 공직 종사자에서 유명스타로 바뀌고 있을까?

중앙일보의 이 기사는 공직자나 정치인 등이 '부패한 집단'으로 평가받는 데 반해 연예인이나 유명 스포츠스타들의 경우에는 '소셜테이너'라는 이름으로 각종 사회활동에 참여하거나 거액을 기부해 노블리스 오블리주를 실천해 왔다는 사실에 주목한다. 이에 따라 성공한 사람의 대명사처럼 여겨지던 공직자의 권위가 상당 부분 사라지고, 부패할 수 있는 환경에서도 도덕성을 갖춘 사람을 오히려 존경의 대상으로 삼기 때문이라는 것이다.

실제로 구인구직 중개 사이트의 조사에 따르면 대학생들이 꼽은, 존경을 받기 위해 갖춰야 할 가장 중요한 덕목은 '도덕성'이 13.9%, 그 뒤를 이어 겸손, 신뢰도, 배려심 등이 각각 9.8%, 8.6%, 7.4% 등으로 중요한 요인들로 꼽혔다고 한다.[1]

결국 대학생들이 '존경의 대상'에게 요구하는 중요한 요건으로 '인성'을 강조하고 있음을 알 수 있는 대목이다.

성품 꿈꾸기

1. 12성품교육의 인간관을 설명할 수 있다.
2. 12성품교육의 교육관을 설명할 수 있다.
3. 12성품교육의 지식관을 설명할 수 있다.

성품 빚기

: 01. 12성품교육의 인간관

인간관이 교육의 방법론을 결정한다는 점에서 어떤 인간관을 가졌느냐 하는 것이 중요하다. 허무주의적인 인간관은 목적 없이 태어나 사라진다는 것인데, 이는 인간을 출생에서 죽음까지 모든 것이 무의미한 존재로 만드는 것이다. 그러나 인간은 그렇지 않다. 특별한 목적을 가지고 태어나고 그 목적을 이루기 위해 어려운 상황에서도 즐거운 마음을 잃지 않고 자신을 성장시키고자 노력한다. 이것이 목적론적 인간관이다. 이영숙 박사의 12성품교육은 인간을 목적론적 존재로 본다. 누구나 인간에게는 목표라는 것이 있어서 무의미한 존재란 한 사람도 없다. 인간이 자신에게 주어진 본래의 목적을 찾아 그것을 이룰 수 있는 존재로 회복되는 것, 이것이 바로 관계의 회복이다.

오래전 성품교육을 하면서 만난 선생님 한 분을 잊을 수 없다. 추운 겨울로 기억되는데, 그때 우리는 3박 4일 일정으로 한 학교의 기숙사를 빌려서 성품세미나를 열고 있었다. 참석 교사 중 한 분이 특목고에 다니는 딸과 함께 참석했다. 딸은 우울증을 앓고 있었다. 엄마의 하나뿐인 소원은 딸이 훌륭하게 성장하는 것이었다. 엄마는 특목고에 보낸 뒤 좋은 대학에 입학시킬

---

1 중앙일보. 2015. "도덕성·겸손·배려… 新존경층이 뜬다". 2월 16일.
   http://news.heraldcorp.com/view.php?ud=20150216000631&md=20150216113030_BL

목표를 세웠다. 다행히 딸은 특목고에 합격했다. 그런 딸이 이제는 특목고를 다니면서 열등감과 좌절감을 이기지 못하고 우울증을 앓기 시작하더니 결국 2학년이 되어서 휴학을 해야 할 상황에 이르렀다. 엄마로서는 목표를 가지고 딸을 키운 셈이었는데, 딸이 그 목표에 끝까지 따라주지 못한 셈이었다. 필자는 성품세미나에 참석한 딸과 대화를 나눴는데 이 대화가 우리를 깜짝 놀라게 만들었다.

"성품교육을 통해 회복하고 싶은 게 있니?"

"관계요!"

"누구와의 관계를 회복하고 싶니?"

"엄마요!"

딸의 그 한마디에서 이 아이가 그동안 갈등하고 고통받은 것이 무엇인지 알 것 같았다. 엄마는 그 순간에도 딸을 노려보고 있었는데 그 마음은 '내가 너를 어떻게 키웠는데…' 하는 섭섭한 마음 같았다. 필자는 딸의 어깨를 두드려 주면서 "오늘은 자고, 내일 다시 얘기하자"고 말한 뒤 잠자리로 보냈다. 딸의 눈동자에서 피곤함과 우울증의 깊이가 느껴졌다. 딸이 가진 우울증의 실태는 엄마와의 관계였는데 엄마는 여전히 딸을 위해 희생했다는 섭섭한 마음뿐이었다. 결국 딸을 잘 키우고 싶었던 엄마의 목표에 충실하게 희생했다고 생각하는 엄마의 심정적인 논리를 풀지 않고는 아무 소용이 없었다.

이튿날 교육을 시작하려는데 딸이 보이지 않았다. 순간 섬뜩한 생각이 들어 직원들에게 어서 찾아보라고 했는데 끔찍한 일이 벌어지고 있었다. 딸이 자기 가슴이 답답하다면서 건물 옥상으로 올라갔고, 룸메이트와 엄마가 따라갔는데 눈 깜짝할 사이에 이 아이가 4층 높이에서 아래로 뛰어내렸다. 그때 룸메이트와 엄마가 떨어지는 딸을 뒤에서 잡아챘는데 후드티셔츠의 모자 부분이 손에 잡혔다. 아이는 대롱대롱 매달려 있고, 두 사람은 아이의 모자를 잡고 있는 상황이 벌어졌다. 사람들이 딸에게 간절한 마음으로 올라오라고 말하는데도 딸은 거절했다. 그때 한 청년이 달려가서 대화를 시도하는데 딸이 "나는 인형이에요. 죽어야만 해요. 나는 인형이에요. 죽어야만 해요" 하고 읊조리고 있었다. 아무도 딸의 이야기를 들어 주지 않은 채 올라오라며 소리치고 있었고, 엄마도 엉엉 울며 "내가 너를 어떻게 키웠는데 네가 나를 두고 이럴 수가 있니"라며 한탄했다. 그때 이 아이의 세미한 음성에 귀를 기울였던 이 청년이 "맞아요, 나도 인형이라고 생각한 적이 있었어요. 나하고 얘기 좀 해요"라고 말했다. 그러자 매달려서 죽어야 한다고만 되뇌던 아이가 눈을 뜨고는 이 청년과 눈을 마주쳤다. 다시 청년이 "올라와서 나하고 얘기 좀 해요" 하자 스스로 발을 딛고 올라왔다. 필자는 강의를 하느라 이 사실을 전혀 알지 못했다가 나중에서야 깜짝 놀라 아이가 있는 곳으로 뛰어갔다. 그때 청년이 이 아이의 어깨를 잡고 내려오고 있었다.

필자는 딸의 엄마에게 말했다.

"따님의 소원은 엄마와의 관계를 회복하는 거예요. 그러니 이제 엄마가 결정해야 할 차례예요. 아이를 이대로 놔둘 건지, 아니면 엄마가 딸에게 마음을 열고 지금까지 인형처럼 대한 것을 용서해 달라고 말할 건지, 결정해야 해요."

교사인 엄마는 공개적으로 딸에게 용서를 구했다. 엄마에게도 상처가 있었다.

"엄마가 잘못했다. 용서해 다오. 엄마는 네가 이렇게 괴로워하는 줄 몰랐다. 잘못했다. 엄마는 너에게 인정받고 싶었다. 엄마의 아빠에게서 못 받은 인정을, 또 남편에게도 못 받은 사랑을 딸인 너에게서 받고 싶었던 모양이다. 그래서 엄마가 엄마 욕심만 부렸다. 너무 큰 기대를 걸었고 너무 큰 목표로 너를 힘들게 했구나. 용서해 다오."

그러자 뒤에서 엄마의 이야기를 들으며 울고 있던 딸이 달려 나와 엄마를 꼭 안아 주었다. 두 사람의 관계는 그제야 회복되었다. 그런데 더 놀라운 일이 일어났다. 딸이 그 뒤로 공부를 하기 시작했고, 엄마의 뒤를 이어 교대에 입학했다.

이 이야기는 꽤 중요한 것을 시사한다. 사람은 누구나 관계 회복을 통해 비로소 참된 자아를 실현할 수 있다는 사실이다. 즉 모든 인간은 관계 회복을 경험하기만 하면 참된 자아를 실현하게 된다. 이것이 12성품교육의 목표인 셈이다.

따라서 이영숙 박사의 12성품교육에서 지향하는 인간관은 다음과 같이 설명할 수 있다.[2]

첫째, 인간은 공동체적 존재이다. 인간이 괴로워하는 까닭은 고독하기 때문이고, 고독은 관계의 단절에서 온다. 문제는 현대 교육이 자아의 실현에만 무게중심을 둠으로써 사회적 관계의 붕괴를 불러온다는 사실이다. 자아의 실현은 인본주의 교육의 목적인 동시에 그칠 줄 모르는 탐욕적 특징을 갖는다. 이런 교육의 결과 사람들은 개인화되고 개인은 뿔뿔이 흩어지게 됨으로써 독신과 독거가 늘어나게 된다. 특히 독거노인들의 수는 갈수록 늘어서 인생의 마지막 순간을 홀로 맞는 고통에 처하고 만다. 그러니 이런 현대 사회의 문제점을 극복하려면 인간 본연의 모습, 즉 다른 사람과 더불어 사회적 존재로 살아갈 수 있는 성품을 길러 주어야 한다.

둘째, 인간은 이성적인 존재이다. 이성적인 존재란 말은 곧 정신적인 존재라는 의미이다. 다시 말해서 인간은 '배부른 돼지'이면서 동시에 '배고픈 소크라테스'이므로 정신적 만족을 통해 비로소 행복을 느끼는 존재이다. 그래서 이영숙 박사의 12성품교육은 모든 프로그램 가운데 이성의 중요성을 강조한다. 그 까닭은 누구나 생각할 수 있는 힘이 있다는 전제에서 출발하기 때문이다.

---

2   오인탁 (1996). 기독교와 인격교육. 종교교육학연구, 2(1), 61-72.

셋째, 인간은 언어능력을 지닌 존재이다. 이 말은 인간이 교육적 존재라는 의미인데, 12성품교육의 경우 말로써 표현하는 교육을 매우 중요시한다.

넷째, 인간은 행위능력을 가진 존재이다. 이는 누구나 바른 인간관계를 회복하도록 사랑과 관심으로 양육할 때 창의적 행동을 할 수 있게 된다는 뜻이다. 따라서 누구든 불가능한 존재로 여겨서는 안 된다.

：02. 12성품교육의 교육관

이영숙 박사의 12성품교육은 위와 같은 인간관을 토대로 교육관을 형성한다. 왜냐하면 인간을 어떻게 보느냐에 따라 교육의 방법이 결정되기 때문이다. 12성품교육의 교육관은 성숙한 성품으로 관계 회복을 추구하고, 관계 회복을 통해 참자아를 실현하는 데 있다.

히브리 언어의 전통에 따르면 '안다'는 말은 단순히 지식을 의미하지 않고 '관계를 맺는다'는 의미를 내포한다. 사람은 관계를 맺음으로써 앎에 이른다는 것이다. "나는 이 사람을 안다"고 말할 때 그 앎이란 곧 부부관계처럼 친밀한 관계라는 의미이다. 마찬가지로 교육을 통해 나와 너 사이에 앎의 관계 곧 친밀함을 형성하는 것이야말로 중요한 교육의 목적이다. 그러므로 여기서의 관계는 지식적인 이해를 넘어 경험, 감정, 인격적 관계로까지 나아간다.

진정한 인성교육은 그러므로 텍스트를 통한 인지교육에 머물러선 안 된다. 지식을 전달하는 관계가 아니라 친밀한 관계를 회복하는 단계로 나아가야 한다. 또 수직적 관계뿐 아니라 이웃, 나아가 자연환경과의 수평적 관계 회복까지 포괄해야 한다. 그래야만 근본적 관계 회복을 위한 참 가치를 발견할 수 있다. 우리는 이미 한국문화에서 수직적인 관계에 비해 수평적 관계가 비교적 빈약하다는 사실을 언급하면서 이영숙 박사의 12성품교육이 이를 보완하여 풍성한 인간관계의 회복에 유익하다는 점을 강조했다.

：03. 12성품교육의 지식관

지식에 대한 정의로 유명한 프랜시스 베이컨의 말 "아는 것이 힘이다"는 인본주의 철학의 대표적인 지식관이다. 인본주의적 교육의 전통을 밟아 온 오늘날의 교육은 이 때문에 힘을 소유하기 위한 교육으로 전락해 버렸다. 더 많이 배움으로써 더 큰 영향력을 끼치려는 것이 교육의 목적으로 둔갑한 것이다.

이에 대해 교육학자 파커 팔머(Parker J. Palmer)는 "지식은 곧 사랑이다"라고 말한다.[3] 사랑에

---

3   Palmer, P. J. (1993). To Know As We Are Known. 이종태 역. 가르침과 배움의 영성. IVP.

서 발원한 지식이야말로 사람들을 강인한 사람, 곧 좋은 성품의 사람으로 키울 수 있다는 주장이다. 12성품교육의 지식관 역시 팔머의 주장을 지지한다. 지식은 힘의 소유가 아닌 관계의 회복을 지향한다. 지식을 가짐으로써 사람과의 관계는 물론이고 공동체 또는 사회와의 관계 회복을 통해 유익한 존재가 되도록 돕는다.

이처럼 이영숙 박사의 12성품교육은 인간관, 교육관에 이어 지식관까지 그 중심에 관계라는 개념을 중요하게 생각한다. 그러니까 이영숙 박사의 12성품교육론은 인간관, 교육관, 지식관을 통해서 알 수 있듯 하나의 맥락을 갖는데 그것은 곧 인간이란 목적을 가지고 타고난 의미 있는 존재로, 앎이라는 사랑의 관계를 통해 공익을 실현시키도록 교육되어야 한다는 것이다.

그래서 이영숙 박사의 12성품교육은 인본주의주의 철학에서 파생한 포스트모더니즘, 상황윤리, 가치명료화 등의 부작용을 극복하고 옳은 가치를 추구하는 교육을 지향한다. 그래서 다음 세대에게 우리가 알고 있는 가장 좋은 지식들을 전하기 위해 두 개의 큰 덕목과 열두 가지 주제 성품으로 정리된 것이 바로 이영숙 박사의 12성품교육인 셈이다.

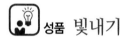 **성품 빛내기**

성품을 배운 아이들은 확실히 달라요

좋은나무성품학교의 교육을 실천하는 한 선생님이 "성품을 배운 아이들은 확실히 달라요"라는 글을 보내 주었는데, 이분의 이야기가 참 마음에 와 닿는다. 이 선생님 학급에 영어학원을 다니는 한 친구가 있었다. 학원에 적응하지 못한 채 걱정이 많았는데, 성품 수업을 받으면서 달라졌다는 것이다. 이 아이가 어느 날 엄마에게 대뜸 "엄마, 영어학원이랑 좋은나무성품학교랑 좀 다른 게 있어요"라고 말해서 그게 뭐냐 물으니 이렇게 말했다는 것이다. "영어학원 선생님들은 친구들에게 항상 친절하고 하나도 안 무섭게 말씀하시거든요. 그런데 이상하죠? 선생님들은 친절하신데 친구들은 친절하지 않아요. 선생님과 약속도 잘 안 지키고, 자기 마음대로 행동하고, 질서도 안 지키거든요. 그런데 좋은나무성품학교 선생님들은 친구들에게 친절할 때도 있고 무섭게 말씀하실 때도 있는데 친구들은 약속도 스스로 잘 지키고, 자기가 해야 할 일들이 무엇인지 알고 끝까지 잘 맡아서 지켜요. 질서도 잘 지키고 배려도 잘해요." 아이 엄마는 이 이야기를 듣고 나서 비로소 바른 훈육이 무엇인지 깨닫게 되었다며 기뻐했다. 성품교육에 대한 신뢰와 확신을 갖게 된 건 당연하겠다. 이 선생님도 아이의 이야기를 듣고 바른 훈육에 대해 생각했다고 한다. 그래서 아이들에게 일관된 모습과 상황에 따라 엄하게 또는 부드럽게 가르쳐야겠다고 다짐한 것이다. 무조건 친절한 교육이 아니라, 지혜로운 훈계와 훈계하기 전 좋은 성품

의 모델이 되어야 한다.[4]

성품 다듬기

: '이영숙 박사의 12성품교육'은

- 인간관 : 인간을 인생의 목적을 갖고 있는 존재, 관계 회복을 통해 참된 자아를 실현할 수 있는 회복 가능한 존재로 이해한다.
- 교육관 : 교육을 단순한 지식의 이해가 아닌 경험, 감정, 인격적인 관계를 포함하는 것으로 이해하고 근본적인 관계 회복을 통해 참 가치, 참 아름다움을 발견하도록 한다.
- 지식관 : 지식을 힘의 소유가 아닌 관계 형성을 통해 타인과 공동체에 유익을 주도록 하는 것으로 이해한다.

25강 12성품교육의 아홉 가지 특색을 통한 인성교육

성품 생각하기

: 리더가 되고 싶다면? 도덕성부터 갖춰라!

국회에 인사청문회법이 도입된 2000년 이후 공직자들의 도덕성이 중요한 요소로 떠올랐다. 시사저널이 2014년 10월 23일, 각 분야 전문가 1,500명을 대상으로 차세대 리더가 갖춰야 할 덕목을 조사한 결과를 발표했는데 여기서 '도덕성'이 15.7%로 가장 높게 나왔다.

구체적으로는 법조 분야 전문가들은 '도덕성'(15.3%)과 '정직성'(12.7%), '신뢰성'(7.3%)을 중요하게 꼽았고, 경제 분야에선 '리더십'(19.3%)과 '도덕성'(10.7%)을 꼽았다. NGO 분야 전문가들은 '소통'(20.7%)과 '도덕성'(18.0%)을, 문화예술계에서는 '리더십'을, 종교·대중문화·과학 스포츠 분야에서도 '도덕성'을 리더의 가장 중요한 덕목으로 제시했다.[5]

---

4 이영숙 (2012). 성품, 향기 되어 날다. 서울: 좋은나무성품학교, 205-206.
5 시사저널. 2014. "리더 되려면 도덕성부터 갖춰라", 10월 23일. http://www.sisapress.com/news/articleView.html?idxno=63412

성품 꿈꾸기

1. 12성품교육의 아홉 가지 특색을 설명할 수 있다.
2. 12성품교육의 아홉 가지 특색을 통해 인성교육의 실천 방향을 알 수 있다.
3. 12성품교육의 아홉 가지 특색을 통해 인성교육의 적용방법을 알 수 있다.

성품 빚기

: 01. 12성품교육의 아홉 가지 특색

이영숙 박사의 12성품교육은 〈그림 1〉과 같이 아홉 가지 특색을 지닌다.

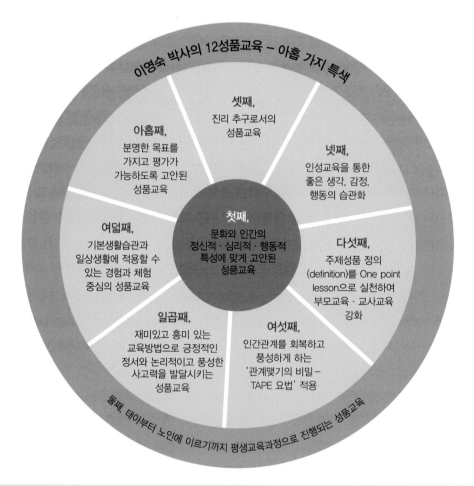

그림 1 이영숙 박사의 12성품교육 – 아홉 가지 특색(저작권 제C-2014-008456호)

첫째, 문화와 인간의 정신적 · 심리적 · 행동적 특성에 맞게 고안된 성품교육이다. 이영숙 박사의 12성품교육은 문화와 성품 특징에 맞게 성품교육의 내용과 방법을 제시했다. 관계주의 문화와 유교문화를 바탕으로 발달한 심정논리와, 샤머니즘의 영향 및 정(情)과 한(恨)의 정서적 측면을 모두 포괄하여 성품을 실제적으로 가르칠 수 있도록 구체적이고 실천적인 요소들을 교육 내용으로 담았다.

특히 유교문화의 영향으로 일상적 관계에서 올바르고 명확한 감정표현이 권장되지 않았던 사회의 문제점을 해결하기 위한 대안으로, 12성품교육의 기본 덕목 중 하나인 공감인지능력을 기르도록 교육 내용을 제공하고, 심정논리를 기반으로 한 정에 치우쳐 올바른 이성적 판단을 방해하는 부정적 기능을 해결하기 위해, 12성품교육의 기본 덕목 중 하나인 분별력을 함양하도록 교육 내용을 제공했다. 샤머니즘의 영향으로 외부의 영향과 개입에 의존하여 문제를 해결하던 방식을 지양하고, 다양한 인성체험활동을 통해 근본적으로 자신을 성찰하고 자발적으로 문제해결을 도모하는 좋은 성품을 계발해 나가도록 맞춤 인성교육을 전개한다.

이영숙 박사의 12성품교육은 2005년부터 사단법인 한국성품협회 및 좋은나무성품학교를 통해 전국의 유아교육기관과 초 · 중 · 고 및 대학교에 보급되었고, 일반인과 학생, 교사, 부모, 시니어들에게 적용하여 가시적인 효과를 얻었다. 그 구체적인 사례는 좋은나무성품학교의 성품교육에 대한 부모와 교사의 수기 사례 모음집인 성품, 향기 되어 날다에서 확인할 수 있다.[6]

둘째, 태아부터 노인에 이르기까지 평생교육과정으로 진행되는 성품교육이다. 이영숙 박사의 12성품교육은 태아, 영아, 유아, 초등, 청소년, 청년, 부모, 직장인, 노인에 이르기까지 평생교육과정으로 전개된다. 연령에 따라 정신적 · 심리적 · 행동적 특성이 다름에서 오는 교육적 과업을 중시하고, 대상에 따라 교육에 적합한 방법이 다른 점을 고려하여 동일한 주제성품을 각 연령별 특성에 맞게 제공한다. 12성품교육의 대상 확대는 지속적으로 제기되어 온 '일관성 있고 체계적이며 구체적인' 인성교육에 대한 대안으로서의 성품교육이라는 의의를 가진다.

셋째, 진리 추구로서의 성품교육이다. 이영숙 박사의 12성품교육은 가치명료화나 인지적 도덕발달론의 한계를 뛰어넘어 진리 곧 절대가치를 추구한다. 자신에게 유익하고 의미 있는 것을 가치로 여기는 시대적 흐름과 그에 따라 개인주의 성향이 만연한 현시점의 혼란을 진단하고, 각자의 유익에 의해 선택되는 이기적인 선이 아니라 인간이 마땅히 지켜야 할 보편적이고 절대적인 선을 강조한다. 이를 바탕으로 옳고 그름에 대한 원칙을 분명히 하고, 판단의 기준을 명확하게 제시함으로써 절대가치에 따른 삶의 원칙과 기준을 가르친다.

---

6 이영숙 (2012). 성품, 향기 되어 날다. 서울: 좋은나무성품학교.

제1장
제2장
제3장
제4장
제5장
제6장
제7장
＋
제8장
제9장
제10장
＋
제11장
제12장
＋
제13장

넷째, 인성교육을 통한 좋은 생각, 감정, 행동의 습관화이다. 좋은 생각은 좋은 행동으로 표현되고, 그 행동을 반복할 때 좋은 습관이 되며, 그 습관이 바로 좋은 성품을 만든다. 이영숙 박사의 12성품교육은 좋은 생각, 좋은 감정, 좋은 행동의 습관화를 통해 균형 잡힌 좋은 성품을 소유하게 한다. "사람의 우수성은 일회성에서 나오는 것이 아니다. 그것은 오랜 세월 동안의 반복적인 습관에서 나온다"고 강조한 아리스토텔레스의 말처럼, 이영숙 박사의 12성품교육은 갈등과 위기상황에서 더 좋은 생각, 더 좋은 감정, 더 좋은 행동을 선택하도록 배우고 훈련함으로써 좋은 성품의 태도를 몸에 배게 한다.

다섯째, 주제성품 정의를 원포인트레슨 방식으로 실천하여 부모교육 · 교사교육을 강화한다. 추상적인 성품의 영역에 대해 분명한 정의를 만들고, 주제성품의 특색을 밝혀 주제성품마다 교육목표를 명확히 제시하는 교육을 실천함으로써 분명한 평가가 이루어지도록 한 것이 12성품교육의 특징이다.

지난 10여 년 동안 12성품교육의 효과가 극대화될 수 있었던 것은, 학생들에게 가르치는 성품의 정의를 부모와 교사들에게도 동일하게 주제성품 정의를 통해 성품교육을 선행했기 때문이었다. 학생, 교사, 부모에게 똑같이 흘러 내려가는 12성품교육의 '원포인트레슨(one point lesson)'은 더욱 효과적인 성품교육이 될 수 있도록 결정적인 역할을 해 주었다. 특히 이영숙 박사의 12성품교육은 가정과의 연계를 위한 성품포스터, 성품워크북, 성품일기, 10분 해피타임, 성품독서활동 등의 다양한 활동을 포함한다.

여섯째, 인간관계를 회복하고 풍성하게 하는 '관계 맺기의 비밀-TAPE 요법'을 적용한다. 이영숙 박사의 12성품교육은 좋은 성품으로 친밀한 인간관계를 회복하고, 관계의 막힌 담을 헐어 풍성한 관계를 만드는 성품교육을 목표로 고안되었다. 필자가 만든 '관계 맺기의 비밀-TAPE 요법'은 자신의 감정과 욕구를 바르게 전달하여 건강하고 행복한 관계를 형성하고 유지할 수 있도록 돕는다. 감사하기(Thank you), 용서 구하기(Apologize), 요청하기(Please), 내 마음 표현하기(Express)를 순서대로 적용할 때 성공적인 인간관계를 경험하게 된다. 12성품교육의 '관계 맺기의 비밀-TAPE 요법'으로 관계의 단절을 경험했거나 깨진 관계를 회복하고자 하는 부모, 교사, 학생들에게 좋은 성품으로 관계를 풀어 내게 하는 해답을 제공한다.

일곱째, 재미있고 흥미 있는 교육방법으로 긍정적인 정서와 논리적이고 풍성한 사고력을 발달시키는 성품교육이다. '올바른' 가치에 근거한 '올바른' 성품이라는 다소 경직된 내용을 주제로 하기 때문에, 이영숙 박사의 12성품교육은 긍정적인 정서를 기반으로 한 즐겁고 흥미로운 교육이 되도록 내용을 구성한다. 앞서 설명한 인지적, 정서적, 행동적 측면의 변화를 도모하는 이영숙 박사의 12성품교육은 인지적 능력을 향상시키는 긍정적 정서를 바탕으로, 교육의 방법

25강 12성품교육의 아홉 가지 특색을 통한 인성교육 : **155**

제1장
제2장
제3장
제4장
제5장
6장
제7장
＋
제8장
제9장
제10장
＋
제11장
제12장
＋
제13장

적 측면뿐만 아니라 내용적 측면에서의 흥미를 고려했다. 이영숙 박사의 12성품교육은 전 연령이 흥미롭게 배울 수 있도록 성품워크북, 성품음악, 성품뮤지컬, 성품애니메이션 등의 다양한 자료와 미디어를 활용하여 성품을 가르치고 배우도록 내용이 구성되어 있다.

여덟째, 기본생활습관과 일상생활에 적용할 수 있는 경험과 체험 중심의 성품교육이다. 이영숙 박사의 12성품교육은 인성교육의 역사에서 한계로 지적된, 지식위주의 주지주의 인성교육의 한계를 극복하고 교육해야 할 좋은 성품을 전인격적으로 접하며 경험할 수 있도록 구성하였다. 특히 이영숙 박사의 12성품교육은 직접적 배움이 일어나는 교실 현장뿐만 아니라 가정, 사회와의 연계를 통한 생활에서의 경험을 통해 성품교육이 이루어지도록 한다는 데 의의가 있다.

아홉째, 분명한 목표를 가지고 평가가 가능하도록 고안된 성품교육이다. 교육은 계획, 실천, 평가의 과정을 거쳐 지속적으로 수정하고 보완해 나가야 한다. 이영숙 박사의 12성품교육은 그동안 인성교육의 한계로 지적된 성품 개념의 추상성을 극복하기 위해, 성품을 "한 사람의 생각, 감정, 행동의 표현"[7] 즉 생각, 감정, 행동의 총체적 표현으로 정의하고, 가시적인 행동으로 드러나는 표현으로서의 성품 변화를 측정할 수 있도록 성품 진단평가지를 개발했다.[8]

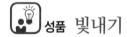 **성품 빛내기**

: 나를 변화시킨 성품교육

지난 10년 동안 성품교육을 해 오면서 가장 기뻤던 것은 무엇보다 교사들의 변화를 목격하는 일이었다. 교사들의 변화는 쉽지 않다. 다른 사람을 참 잘 가르치려고 하고 또 그런 욕심을 가진 분들인데 자신의 삶을 바꾸기란 솔직히 어려워한다. 그런데 성품교육이 교사들을 바꾸는 상황을 자주 접하게 된다. 어느 교사의 경우 성품 교사가 되기 전에는 학급에서 자주 짜증을 냈는데, 그때마다 절망감과 좌절감이 들었다고 한다. 자신의 성품을 바꾸고 싶지만 구체적인 방법을 몰랐다가 성품교육을 하면서 자신의 성품을 관찰하게 되었고, 인내의 성품에 눈뜨면서 포기하고 싶거나 좌절하고 싶을 때 인내함으로 '아, 내가 좋은 일이 이루어질 때까지 불평 없이 참고 기다려야지' 하면서 한 발자국 한 발자국 좋은 성품을 향해 내딛기 시작했다는 것이다. 그러다 보니까 주변 사람들이 "성품을 가르치더니 굉장히 달라졌네" 하고 말했는데, 참 기쁘고 뿌듯했다고 한다. 교육이라는 게 눈에 안 보인다고들 하지만 진정한 교육은 이런 변화를 가져

7 이영숙 (2005). 부모·교사를 위한 성품교육 지도서-경청. 서울: 아름다운 열매.
8 이영숙 (2015). 이영숙 박사의 한국형 12성품 척도 개발 연구. (사)한국성품협회 한국성품학회.

온다. 교사 한 사람의 변화는 영향이 크다. 그러니 선생님의 성품 변화는 놀라운 변화를 가져오는 원동력이 된다.[9]

 **성품 다듬기**

: '이영숙 박사의 12성품교육'은

첫째, 문화와 인간의 정신적 · 심리적 · 행동적 특성에 맞게 고안된 성품교육이고, 둘째, 태아부터 노인에 이르기까지 평생교육과정으로 진행되는 성품교육이며, 셋째, 진리 추구로서의 성품교육이고, 넷째, 인성교육을 통해 좋은 생각 · 감정 · 행동을 습관화하도록 하며, 다섯째, 주제성품 정의(definition)를 원포인트 레슨(one point lesson)으로 실천하여 부모교육 · 교사교육을 강화하고, 여섯째, 인간관계를 회복하고 풍성하게 하는 '관계 맺기의 비밀–TAPE 요법'을 적용하며, 일곱째, 재미있고 흥미 있는 교육방법으로 긍정적인 정서와 논리적이고 풍성한 사고력을 발달시키며, 여덟째, 기본생활습관과 일상생활에 적용할 수 있는 경험과 체험중심의 성품교육으로, 아홉째, 분명한 목표를 가지고 평가가 가능하도록 고안된 성품교육이다.

9 이영숙 (2012). 성품, 향기 되어 날다. 서울: 좋은나무성품학교. 209-210.

제1장

제2장

제3장

제4장

제5장

제6장

제7장

+

제8장

제9장

제10장

+

제11장

제12장

+

제13장

제**7**장

이영숙 박사의 12성품교육-기본 덕목

26강 성품을 키우는 기본 덕목(1)-공감인지능력

성품 생각하기

: 사람마다 고통의 크기가 다르다?

파이낸셜뉴스 2014년 1월 17일 자 기사는 같은 자극을 받더라도 두뇌 구조에 따라 사람마다 느끼는 고통의 크기가 다르다는 미국 '웨이크 포레스트 뱁티스트 의학 센터(Wake Forest Baptist Medical Centre)' 연구팀의 연구 결과를 보도했다.

영국 데일리메일을 인용 보도한 이 기사는 사람들의 두뇌 구조에 따라 고통에 대한 민감성이 달라진다는 내용으로, 조사 결과 사람마다 뇌의 일부인 회백질의 양이 다른데 회백질은 개인의 고통에 대한 민감성과 연관돼 있다는 것이다. 즉 두뇌는 회백질과 백질로 구성돼 있는데, 회백질은 컴퓨터처럼 정보를 처리하며 백질은 두뇌 각 부위의 의사소통을 조정하는 역할을 한다.

보도에 따르면 이 연구팀은 116명의 건강한 지원자를 대상으로 회백질의 양과 고통에 대한 민감성을 측정했는데, 실험 참가자들의 팔이나 다리의 작은 부위에 섭씨 약 49℃의 열을 가한 뒤, 이때 느껴지는 고통의 정도를 응답하도록 요구했다. 이후 자기공명영상(MRI) 장치를 통해 참가자들의 두뇌 구조를 확인하는 과정을 거쳤는데, 고통이 더 크다고 응답한 사람들은 상대적으로 적은 양의 회백질을 가진 것으로 밝혀졌고, 이에 따라 회백질이 내적인 생각과 주의 집중을 조절하는 역할을 한다는 사실이 증명됐다. 즉 회백질이 많아 주의 집중을 잘하는 사람은 고통에 대해 덜 민감한 반면 회백질이 적고 공상가적 기질이 있는 사람은 같은 자극에 대해서도 더 큰 고통을 느끼는 것으로 나타났다.[1]

---

1 파이낸셜뉴스. 2014. "사람마다 느끼는 '고통의 크기' 다르다". 1월 17일.
    http://news.naver.com/main/hotissue/read.nhn?mid=hot&sid1=103&cid=3118&iid=864853&oid=014&aid=0003073182&ptype=021

 성품 꿈꾸기

1. 공감인지능력의 의미를 설명할 수 있다.
2. 경청, 긍정적인 태도, 기쁨, 배려의 성품이 무엇인지 설명할 수 있다.
3. 감사, 순종의 성품이 무엇인지 설명할 수 있다.

성품 빚기

01. 공감인지능력이란

사람마다 고통을 느끼는 정도가 다르듯이 공감인지능력(empathy) 역시 마찬가지다. 공감인지
능력이란 "다른 사람의 기본적인 정서, 즉 고통과 기쁨, 아픔과 슬픔에 공감하는 능력으로 동
정이 아닌 타인에 대한 이해를 바탕으로 하여 정서적 충격을 감소시켜 주는 능력"[2]이다.

특히 이영숙 박사의 12성품교육이 지향하는 공감은 가치 맹목적인 정서(emotion)로서의 '공감'
이 아니라 맥스 셸러가 강조한, 사랑을 기반으로 하는 "진정한 공감"[3]이다. 이영숙 박사의 12성품
교육에서는 윤리적 가치를 지닌 '진정한 공감'을 인성교육의 핵심 덕목으로 삼고 교육을 전개한다.

인성의 덕목으로 공감을 제시한 학자는 이 밖에도 많다. 프랑스의 사회학자 에밀 뒤르켐(E.
Durkhei)을 비롯해 다양한 국내 논문들 역시 공감의 중요성을 다루었다.[4]

02. 공감인지능력의 주제성품

12성품교육의 기본 덕목인 공감인지능력은 대상의 내적인 자존감과 정서적·사회적 발달에 필
요한 경청, 긍정적인 태도, 기쁨, 배려, 감사, 순종의 여섯 가지 주제성품으로 구체화된다.

첫째, 경청. 경청(attentiveness)이란 '상대방의 말과 행동을 잘 집중하여 들어 상대방이 얼마나
소중한지 인정해 주는 것'(좋은나무성품학교 정의)이다. 경청은 대인관계 의사소통과 사회성 증
진을 위한 가장 기본적이고 심리적인 기술로서, 대인관계를 형성하고 유지하는 데 핵심적인 태
도이다.[5]

---

2 이영숙 (2005). 부모·교사를 위한 성품교육 지도서-경청. 서울: 아름다운 열매.
3 Max Scheler. (2006). Wesen und formen der sympathie. 조정옥 역. 동감의 본질과 형태들. 서울: 아카넷.
4 류청산, 진흥섭의 "인성교육을 위한 인성덕목의 요인분석"(경인교육대학교 교육논총, 2006년. 146쪽)을 비롯해 2013년 교육부 정책연구개발사업으로
   정창우(서울대), 손경원(서울대), 김남준(충북대), 신호재(서울대), 한혜민(스탠포드대) 등이 진행한 "학교급별 인성교육 실태 및 활성화 방안" 연구에서도
   인성의 덕목으로 공감을 제시한 것을 확인할 수 있다. 이 밖에 미셸 보바(Michele Borba)가 Building moral intelligence(2001년)에서 윤리의식과 올바른
   인성을 길러 주는 일곱 가지 핵심 덕목 중 첫 번째 필수덕목으로 공감능력을 강조하기도 했다.
5 김계현 (2002). 카운셀리의 실제. 서울: 학지사.

둘째, 긍정적인 태도. 긍정적인 태도(positive attitude)란 '어떠한 상황에서도 가장 희망적인 생각, 말, 행동을 선택하는 마음가짐'(좋은나무성품학교 정의)이다. 긍정적인 태도는 어떤 일의 미래나 결과에 대해 좌절과 고통 가운데서도 희망과 긍정적인 기대를 잃지 않는 태도로서, 긍정적인 태도가 강할수록 욕구좌절에 대한 내인성, 자기효능감을 갖추게 되며 아동기, 청소년기와 성인기의 일상생활뿐만 아니라 신체건강에도 긍정적인 영향을 미친다.[6]

셋째, 기쁨. 기쁨(joyfulness)이란 '어려운 상황이나 형편 속에서도 불평하지 않고 즐거운 마음을 유지하는 태도'(좋은나무성품학교 정의)이다. 기쁨은 전통적인 덕목인 소망과 관계가 깊다. 대상의 기쁨이 증진될수록 욕구좌절에 대한 내인성이나 자존감도 함께 증진된다.[7]

넷째, 배려. 배려(caring)란 '나와 다른 사람 그리고 환경에 대하여 사랑과 관심을 갖고 잘 관찰하여 보살펴 주는 것'(좋은나무성품학교 정의)이다. 배려 역시 전통적으로 중요하게 거론되어 온 개념으로서, 자신뿐 아니라 주변 사람들에게 관심을 갖고 베풀어 주는 행동이다. 배려는 다른 사람과 주변 사회를 배려해 주고 적절히 관계를 맺는 이타주의와 사회적 자기효능감(social self-efficacy)과 관계가 깊다.[8]

다섯째, 감사. 감사(gratefulness)란 '다른 사람이 나에게 어떤 도움이 되었는지 인정하고 말과 행동으로 고마움을 표현하는 것'(좋은나무성품학교 정의)이다. 감사는 미국 성품교육 프로그램에서 중요하게 다뤄지는 성격에 대한 다섯 가지 요인 이론 중 온정성(agreeableness)과 관련이 있으며, 사회적 협동과 조화를 중요시하고 잘 발휘하는 능력이다.[9]

여섯째, 순종. 순종(obedience)이란 '나를 보호하고 있는 사람들의 지시에 좋은 태도로 기쁘게 따르는 것'(좋은나무성품학교 정의)이다. 순종은 미국 전국학교 연합회뿐 아니라 우리의 전통에서도 중요시해 온 개념이다. 권위에 대해 건강하게 순응하는 태도로서, 순종은 윗사람이나 사회적 권위에 대한 긍정적인 태도와 적절한 순응(submission)을 증진시켜 사회화를 촉진시킨다.[10]

---

6 한규석 (2009). 사회심리학의 이해. 서울: 학지사.; Segerstrom, S. C. (2001). Optimism, goal conflict, and stress-related immune change. Journal of Behavioral Medicine, 24(5), 441-67.

7 Fredrickson, B. (2005). Positive emotions. In C. Snyder & S. Lopez (Eds.), Handbook of positive psychology, pp. 120-134. Lndon : Oxford University Press.; Wynne, E., & Ryan, K. (1993) Reclaiming Our School: A Handbook on Teaching Character, Academics, and Discipline. New York: Merrill Press.

8 Josephson, M. (2002). Making Ethical Decisions. CA: Josephson Institute of Ethics, 65-81.; Lickona, T. (1991b). Education for character : Does character education make a difference?.; Vincent, P. F. (1999). Developing Character In STUDENTS. Character Development Group Inc.

9 Graziano, W.G., & Eisenberg, N. (1997). Agreeableness: A dimension of personality. In R. Hogan, S. Briggs, & J. Johnson, (1997). Handbook of Personality Psychology. San Diego, CA: Academic Press.; Hunter, J. D. (2000). 2000 First Things 103, 36-42.

10 임기영 (2003). 한국 전통사회 유년기 아동의 인성교육 고찰. 미래유아교육학회지, 10(4), 349-374.; Kenrick, D. T., Li, N. P., & Butner, J. (2003). Dynamical evolutionary psychology: Individual decision rules and emergent social norms. Psychological Review, 110, 3-28.; Scotter, R. D., John, D. H., Richard, J. K., & James, C. S. (1991). Social Foundations of Education(3rd). NJ: Prentice Hall.

제1장
제2장
제3장
제4장
제5장
제6장
7
+
제8장
제9장
제10장
+
제11장
제12장
+
제13장

성품 빛내기

: 아이들의 변화는 내 힘의 원동력

성품교육을 해 오면서 필자는 이 교육의 보이지 않는 힘을 볼 때가 있다. 좋은 성품이 우리 생활과 나아가 우리 인생을 바꾸는 모습들을 볼 수가 있다. 그래서 성품교육이 가져올 효과를 쉽게 판단할 수가 없다. 우리 아이들 마음속에 좋은 성품이 씨앗으로 잘 심어진다면 훗날 어른이 되었을 때는 큰 열매가 풍성하게 맺힐 것이라는 기대를 하게 된다. 좋은나무성품학교의 어느 교사가 보내온 글에서도 필자는 그런 느낌을 받았다. 한 학부모로부터 전화 한 통을 받았다고 한다. 두 아이가 싸우는 중에 동생이 언니에게 "언니! 우리 이제 그만 싸우자. 언니 지금 많이 속상하지? 내가 언니 이야기를 잘 경청해 줄 테니까 속상한 것 있으면 나한테 말해. 내가 긍정적인 태도로 경청해 줄게"라고 말했다는 것이다. 그러면서 언니의 손을 꼬옥 잡아 주었는데, 동생에게 서운했던 언니는 동생과 싸우지 않고도 자신의 서운한 감정을 말하고, 동생도 언니에게 잘못했다고 깨달아서 사과하는 모습을 본 것이다. 그렇게 싸우지 않고 둘 사이의 문제가 잘 해결될 수 있었다면서 감사하다는 말 이후에 그 엄마가 선생님께 말했다. "성품교육을 받은 아이가 어른보다 더 훌륭한 화해 방법을 가지고 있었어요." 그러면서 성품교육의 힘에 감탄했다고 전했다.[11]

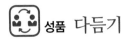 성품 다듬기

: '공감인지능력'

- 12성품교육의 두 가지 기본 덕목 중 하나인 공감인지능력(empathy)은 "다른 사람의 기본적인 정서, 즉 고통과 기쁨, 아픔과 슬픔에 공감하는 능력으로 동정이 아닌 타인에 대한 이해를 바탕으로 하여 정서적 충격을 감소시켜 주는 능력"[12]이다.
- 공감인지능력은 자존감과 정서적·사회적 발달을 위해 필요한 경청(attentiveness), 긍정적인 태도(positive attitude), 기쁨(joyfulness), 배려(caring), 감사(gratefulness), 순종(obedience)의 여섯 가지 주제성품으로 구체화된다.

---

11 이영숙 (2012). 성품, 향기 되어 날다. 서울: 좋은나무성품학교. 217-218.
12 이영숙 (2005). 부모·교사를 위한 성품교육 지도서-경청. 서울: 아름다운 열매.

27강 공감인지능력을 키우는 비법

성품 생각하기

: 아이는 태어날 때부터 착하다? 이타심은 후천적 결과!

성선설이 옳을까, 성악설이 옳을까? 우리는 이 물음을 오래전부터 닭이 먼저인지, 달걀이 먼저인지 따지듯 해 왔다. 성선설의 편에서 보면 아이는 '천사'와 같다. 그러나 미국 캘리포니아 주 스탠퍼드대 연구팀 연구에 따르면 아이의 본성은 착하지 않다고 한다. 오히려 이타심은 환경의 영향을 받아 태어난 이후에 형성된다는 것이다.

나우뉴스 2015년 1월 7일 자 보도에 따르면 이 연구진은 1~2세 영유아 34명을 대상으로 실험을 했는데, 이들을 두 그룹으로 나눈 뒤 첫 번째 그룹에서는 한 어른이 아이들과 함께 공 하나를 가지고 놀고, 두 번째 그룹에서는 어른이 동참하되 아이들에게 각각 놀 수 있는 공 하나씩을 따로 주어 놀게 했다. 이른바 '평행놀이(parallel play)' 방식인데 첫 번째 그룹의 경우에는 공 하나를 가지고 함께 놀게 됨으로써 상호 교류가 일어난다. 이렇게 아이들이 놀고 있을 때 어른이 다가가 테이블에 있는 물건을 고의로 떨어뜨리는데, 이때 첫 번째 그룹의 아이들은 두 번째 그룹에 비해 물건을 함께 줍는 행동을 보인 확률이 3배에 달했다고 한다. 특히 나이가 더 많은 아이들이 어린아이들에게 도움의 손길을 준 확률도 첫 번째 그룹에서 2배 높았다.

연구진은 이런 결과를 통해 이타심에서 비롯된 아이들의 행동 양식이 타고난 본성이 아닌 후천적 관계에 의해 형성된다는 사실을 알려 준다고 설명했다. 즉 아이들은 상호 교류하는 놀이를 통해 타인에 대한 신뢰를 느끼며, 이 과정에서 새로운 문화를 접하게 되면서 효과적으로 성공적인 대인관계를 형성하는 것이라는 이야기이다.[13]

성품 꿈꾸기

1. 공감인지능력의 발달을 위해 경청과 감정 표현 방법을 익힐 수 있다.
2. 공감인지능력의 발달을 위해 감수성을 키워 주는 방법을 익힐 수 있다.
3. 공감인지능력의 발달을 위해 알아야 할 지침을 파악할 수 있다.

---

13 나우뉴스. 2015. "아이는 태초부터 착하다? '이타심은 후천적 결과'". 1월 7일.
http://nownews.seoul.co.kr/news/newsView.php?id=20150107601012

 성품 빚기

: 01. 경청, 감정 표현하기

공감인지능력, 곧 사랑이야말로 인간이 갖춰야 할 기본적인 덕목이다. 따라서 어렸을 때부터 이 능력을 잘 키워 줄 때 올바른 정체성을 갖고 건강한 성품을 형성해 갈 수 있다. 인간이 부모의 사랑으로 말미암아 태어난 존재라면 생명의 근원은 사랑이다. 즉 인간의 모든 문제는 이 근원이 흔들릴 때 나타난다. 사랑으로 충만한 사람이 건강한 애착관계를 형성하고, 나아가 성공적인 대인관계를 갖게 되는데, 이 사랑의 기반이 흔들리면 자아정체성, 자존감 등이 흔들리고 나아가 대인관계까지 흔들린다. 이런 사람들이 소속된 공동체도 위험해지는 것이다.

공감인지능력은 여섯 가지 성품, 즉 경청, 긍정적인 태도, 기쁨, 배려, 감사, 순종을 교육함으로써 키울 수 있다. 사람의 감정을 경청할 줄 알 때 사랑의 경험을 갖게 되고 나아가 좋은 인간관계를 만들 수 있다. 그리고 사람의 감정을 경청하는 하나의 길이 대화이다.

존 포웰(John Powel)은 대화를 다음 다섯 가지 단계로 나누어 설명했다.[14]

5단계의 대화 : 상투적이고 기초적인 단계

4단계의 대화 : 사실과 보고의 단계

3단계의 대화 : 의견제시와 판단의 단계

2단계의 대화 : 감정과 직관의 수용단계

1단계의 대화 : 최상의 친밀함의 단계

5단계에서는 큰 의미 없는 대화에 그치지만 1단계로 갈수록 생각을 나누고, 감정을 나눌 수 있는 단계가 된다. 즉 사랑을 느낄 수 있는 단계의 대화는 감정을 잘 경청해 줄 때이며, 이때 비로소 친밀감이 형성되고 이 친밀감이 사랑을 경험하게 해 준다.

부모는 자녀의 공감인지능력을 키워 주기 위해 자녀의 감정을 경청해야 한다. 교사도 마찬가지이다. 누군가의 감정을 경청하는 것이 곧 사랑이다. 부모나 교사가 나의 감정을 경청해 준다고 느낄 때 아이들은 사랑의 경험을 한다.

경청이란 '상대방의 말과 행동을 잘 집중하여 들어 상대방이 얼마나 소중한지 인정해 주는 것'(좋은나무성품학교 정의)이다. 경청해 줄 때 우리는 소중함을 느낀다. 그리고 무엇보다 그 사

---

[14] 이영숙 (2014). 이영숙 박사의 성품대화법. 서울: (도)좋은나무성품학교.

람의 숨겨진 감정을 경청해 주고 그것을 "오늘은 기분이 나빠 보이네? 화가 났니? 마음이 아프니?" 하는 대화로써 표현해 줄 때 상대방은 비로소 사랑을 느끼게 되고 공감인지능력이 키워진다. 이렇게 자란 아이들은 부모에게 그 말을 되돌려줄 줄 안다. "엄마, 오늘 슬퍼 보이네? 무슨 일 있어요?" 하고 말이다.

그러나 오랫동안 유교적 문화에 익숙해 온 경우 과묵하여 자신의 감정을 잘 표현하지 않고, 감정을 표현하는 어휘력 또한 부족하다. 이런 대화의 단절이 부모와 자녀의 관계를 병들게 한다. 또한 감정 표현의 문제를 간과한 채 지식 획득에만 매달린 나머지 우리 아이들은 점점 공감인지능력을 상실한 존재가 되었고, 그 결과 여러 가지 문제점들을 드러내게 되었다. 따라서 우리 자녀들이 좋은 성품을 가지고 좋은 관계를 형성하도록 하려면 감정을 표현하는 대화력을 키워야 한다. 다음 몇 가지 대화를 기억하자.

"뭔가 걱정이 되는가 보구나. 무슨 일 있니?"
"불행해 보이는 구나. 무엇 때문이라고 생각하니?"
"저 친구의 기분이 어떨 거라고 생각하니?"

부모와 교사가 이처럼 감정을 표현하는 어휘들을 계발함으로써 대화를 통해 아이들의 숨겨진 감정을 경청해 줄 때 아이들은 비로소 감정을 밖으로 드러낸다. 이렇게 누군가에게 내 감정을 들려준 아이들은 섬세함과 예민함을 배우게 되어 공감인지능력이 자라난다.

실제로 우리가 사용하는 감정 어휘들은 매우 단순한데, 이 단순한 어휘력을 탈출하기 위해 노력하는 과정이 필요하다. 언어가 곧 문화이므로 우리 언어 속에는 문화가 배어 있게 마련이다. '죽겠다'는 말을 대표적인 감정 표현 언어로 사용하는 나라이니 자살률 또한 높은 것이 아닐까?

그러므로 아이들이 자신의 기쁨, 슬픔, 두려움, 외로움, 염려 등에 대해 말로써 표현할 수 있는 시간을 자주 갖게 해 주어야 한다. 아이들의 경우 자신의 입으로 감정을 표현하는 것만으로도 심리적 치유효과를 누릴 수 있다. 우리 아이들은 자신의 감정을 표현하는 시간을 더 많이 가질 필요가 있는 셈이다. 이런 훈련들이 공감인지능력을 향상시키는 데 매우 효과적이다.

포스트잇에 감정을 표현하는 말을 적어 보는 것도 좋은 방법이다. 가족이 함께 둘러앉아 포스트잇에다 감정을 쓰게 한다. 가장 많은 감정 표현을 쓴 사람이 감정왕이 된다. 학교에서도 함께 둘러앉아 감정포스트잇 게임을 해 보면 공감인지능력이 향상된다. 내가 이렇게 행동하면 상대는 얼마나 슬프고, 절망하고, 고통스러울지 알게 된다. 또 자신의 감정을 기록해 보고 발표하면서 감정의 폭발을 줄일 수 있다. 그러다 보면 자연스럽게 폭력이 현저히 줄어들게 된다.

: 02. 감수성 키우기

공감인지능력은 곧 다른 사람에게 충격을 주지 않는 능력이기도 하다. 나의 말이나 행동이 다른 사람에게 충격을 줄 수도 있다고 판단하면 함부로 말하거나 행동하지 않는 것이다. 따라서 공감인지능력을 키워 주기 위해서는 감수성을 키워야 한다. 성품은 '한 사람의 생각, 감정, 행동의 표현'인데, 여기서 감정 곧 자극에 대한 반응 또는 그 느낌(feeling)을 감수성(sensibility)으로 바꿈으로써 우리는 덕을 세울 수 있다. 역지사지(易地思之), 즉 나에게 자극을 준 사람의 입장이 되어 생각해 보는 것이다.

감수성은 어떤 상황에서 어떻게 말하고 생각하고 행동해야 하는지를 아는 공감인지능력이다. 따라서 아이의 감수성을 키우려면 우선 교사나 부모부터 섬세하게 아이를 관찰해야 한다. 가령 아이가 누군가에게 냉수 한 그릇을 대접하는 작은 배려를 보이면 이를 잘 포착하여 칭찬해 주어야 한다. 칭찬은 감수성을 키운다. 우리는 칭찬해야 할 행동을 당연한 행동인 양 무관심하게 지나쳐 버리는 경우가 많다. 그러다 보니 배려하는 사람을 오히려 천대하는 상황이 발생한다. 지도자는 마땅히 배려하는 사람이어야 하는데도 현실은 그렇지 않다. 따라서 배려하는 성품을 가진 아이로 키우기 전에 먼저 아이의 배려가 받아들여지는 문화가 준비되어 있어야 한다. 즉 배려하는 일이 칭찬받을 만하며 배려하는 사람이 다른 사람들로부터 사랑받고 지도자가 될 수 있다는 사실이 받아들여져야 한다. 그렇지 않다면 배려하는 아이는 오히려 상처를 받을 수 있기 때문이다. 학교에서도 누군가를 민첩하게 배려해 주고 도와주는 아이들이 다른 사람을 폭행하고 따돌리는 아이들에 비해 바보 취급을 받는다면 이런 문화 속에서는 좋은 성품을 가진 아이들이 오히려 고통을 당하게 된다. 성숙한 문화란 다름 아닌 좋은 성품이 칭찬받는 문화를 의미하며 이런 사회를 우리는 성숙한 사회라 부른다.

그런 점에서 보면 인성교육은 한 개인의 문제 이전에 구성원 전체가 함께 노력해야 할 문제인 셈이다. 즉 한 개인에게만 문제점을 두어선 안 되고 사회 전체의 문제점을 포괄적으로 바라보아야 한다. 누군가 친절을 베풀었을 때 칭찬하고 감사하는 분위기, 곧 좋은 감수성이 불러올 결과 또는 보상까지 함께 보아야 한다.

이런 기반 위에서 우리는 아이의 행동 뒤에 숨어 있는 감정 또는 욕구를 추측할 수 있도록 훈련시키는 것이 중요하다. 가령 다음과 같은 질문들을 던질 수 있어야 한다.

그 친구가 왜 울었다고 생각해?

엄마가 왜 힘들다고 생각하니?

선생님이 왜 화를 냈을 것 같니?

이런 질문은 감정의 출발점을 되돌아보게 해 준다. 또 아이가 자기 감정의 원인 또는 이유를 말하도록 훈련하는 것도 필요하다. 즉 "오늘은 기분이 정말 좋아. 왜냐하면 새 컴퓨터가 들어왔거든!" 하는 식이다. 이런 표현을 자연스럽게 할 수 있을 때 아이는 자기 행동을 하기 전에 다른 사람의 마음을 생각해 볼 줄 아는 감수성이 길러진다. 부모나 교사도 자신의 말과 행동이 아이에게 어떤 마음을 불러일으킬지 아이의 입장에서 생각해 보는 훈련이 필요하다. 부모나 어른의 입장에서 아이의 반응을 강요해서는 결코 소통이 일어나지 않는다.

: 03. 공감인지능력을 키우는 다양한 방법

공감인지능력을 키우기 위해서는 아이들이 잘못 행동하거나, 예의 없이 행동할 때 즉시 지적해 주어야 한다. 하지만 어른들이 아이를 너무 방임하는 바람에 그 순간 지적하는 일을 놓치기 쉽다. 때로는 아이의 기를 죽인다고 생각하는데 이것은 잘못이다. 무례하게 행동할 때 잡지 못하면 그런 행동은 계속될 수밖에 없다. 가정폭력의 원인이 결국 또 다른 가정폭력에 기인한다는 사실이 그 증거이다.

이런 측면에서 아이들에게 폭력을 조장하는 매체나 행동에 노출되지 않도록 하는 일도 중요하다. 우리 뇌가 감당할 수 없는 만큼의 폭력적인 영상들을 접할 경우 공감인지능력이 성장할 수 없다. 교감할 수 있는 어른이 없다는 점도 공감인지능력을 키우지 못하는 원인이다. 이런 아이들이 혼자 영상물을 접하게 되고, 자연스럽게 불리한 환경에 노출되게 마련이다. 어른들은 무엇보다 아이들의 감정에 공감해 주어야 한다. 이런 어른들이 많은 사회가 성숙한 사회이다.

성품교육은 이런 이해를 바탕으로 공감인지능력을 계발한다. 다른 사람의 기분을 이해하도록 구체적인 방법을 가르쳐 줌으로써 다른 사람과 정서적으로 교감하는 능력을 갖게 하고, 정서적인 충격을 피하며 무례하게 행동하지 않도록 성품을 가르치는 것이다.

성품 빛내기

: 여보, 당신이 긍정적으로 변했어!

성품교육이 신비로운 게, 가르치는 사람과 배우는 사람 모두가 수혜자가 된다. 가령 충북 청주에서 성품을 가르치는 어느 선생님의 사연을 들어 보자. 성품교육을 시작하고 나서 얼마 동안의 시간이 흐른 뒤 남편이 어느 날 아내에게 "당신 많이 변했어. 이제는 긍정적인 사람이 되었어!"라고 말했다고 한다. 열심히 성품교육을 했을 뿐인데 어느새 자신도 모르게 가르치는 대로 자신의 삶이 달라진 것이다. 남편이 오히려 아내의 변화 과정을 설명해 주며 말했다. "당신이 성품교육을 하기 시작하면서부터 달라졌어. 당신도 알아?" 그제야 이 선생님은 자신이 그동안 부정적인 사람이었다는 사실과, 긍정적인 사람으로 변하고 있다는 것을 깨달았다고 한다. 성품교육을 해 오면서 느끼는 것은, 내 성품이 변하면 주변 사람들이 달라진 내 모습을 알게 된다는 사실이다. 그래서 이 선생님의 가정처럼 옆에 있는 남편이 놀라고, 자녀들이 놀라서 "엄마 계속 그렇게 하세요", "성품학교 책을 계속 읽으세요" 하거나, 자칫 예전 성품이 되살아나기라도 하면 "엄마 성품학교에 가서 다시 약을 잡수세요" 하고 농담을 하면서 변화들을 경험하게 된다고 한다.[15]

🔲 성품 다듬기

: '공감인지능력의 계발'

첫째, 교사와 부모가 먼저 감정을 경청해 주고, 둘째, 감정어휘 능력을 계발시키며, 셋째, 상대방의 감정에 반응하는 감수성을 강화시키고, 넷째, 상대방의 입장에 서서 생각해 보는 훈련을 시키고, 다섯째, 교사와 부모가 학생의 무례한 행동에 일관되게 반응하며, 여섯째, 공감인지능력을 갖지 못하는 원인을 찾아보도록 한다.

28강 성품을 키우는 기본 덕목(2) – 분별력

🔲 성품 생각하기

: 스마트폰 중독, 술 · 담배보다 더 치명적! 스마트폰 분별력 필요시대

스마트폰 중독은 술과 담배보다 더 치명적이라는 연구 결과가 있다. 세계일보 2015년 3월 10일자 기사는 영국 더비대 연구팀의 조사 내용을 인용해 이같이 보도했다.

이 연구팀은 스마트폰 사용자 256명을 대상으로 이들의 하루 스마트폰 사용량과 성향 등을

---

15 이영숙 (2012). 성품, 향기 되어 날다. 서울: 좋은나무성품학교. 213-214.

조사한 결과 응답자의 13%가 스마트폰 중독 상태라는 사실을 밝혀냈다. 평균 29.2세인 이 응답자들은 하루 평균 3.6시간 스마트폰을 사용했고, 대부분의 응답자가 스마트폰 때문에 인간관계에 심각한 피해를 보고 있었다. 심지어 응답자의 35%는 운전 중이거나, 사용이 금지된 상황 또는 장소에서 스마트폰을 사용한 경험이 있다고 답했으며 이 중 일부는 규칙을 규정한 사람보다 자신이 그런 상황을 더 잘 이해하고 있다며 자신을 정당화하는 태도를 보이기도 했다.

매일경제는 이 연구에 참여한 자히르 후세인 박사의 말을 인용하여 스마트폰은 중독을 일으키는 존재로 담배나 알코올보다 문제가 있다는 사실과, 사용자를 자기애에 빠뜨리거나 건강에 피해를 끼친다는 사실도 지적했다. 특히 사용자들이 새로운 기술에는 잠재적으로 중독을 일으키는 요소가 있다는 사실을 명심해야 할 것이라고 경고했다.[16] 이 같은 연구 결과는 현대 사회에서 분별력의 필요성을 강조해 준다.

성품 꿈꾸기

1. 분별력의 의미와 인내의 성품이 무엇인지 설명할 수 있다.
2. 책임감, 절제, 창의성의 성품이 무엇인지 설명할 수 있다.
3. 정직, 지혜의 성품이 무엇인지 설명할 수 있다.

성품 빚기

: 01. 분별력의 여섯 가지 주제성품

분별력(conscience)이란 "인간의 기본적인 양심을 기초로 하여 선악을 구별하는 능력으로, 올바른 생활과 건강한 시민정신, 도덕적인 행동을 위한 토대가 되는 덕목"[17]이다. 12성품교육의 기본 덕목인 분별력은 선악을 적절히 분별하는 능력이며 아동의 건강한 사회화와 규범준수를 위해 필수적인 덕목으로서, 인내, 책임감, 절제, 창의성, 정직, 지혜의 여섯 가지 주제성품으로 구체화된다.

첫째, 인내. 인내(patience)란 '좋은 일이 이루어질 때까지 불평 없이 참고 기다리는 것'(좋은나무성품학교 정의)이다. 인내는 종교적, 철학적인 전통에서 중요시해 온 기본적 가치이다.[18] 어려

---

16 매일경제. 2015. "스마트폰 중독 심각성, 연구결과 '깜짝'…인간관계에 치명적". 3월 10일.
http://www.mbn.co.kr/pages/news/newsView.php?news_seq_no=2244730
17 이영숙 (2005). 부모 · 교사를 위한 성품교육 지도서 - 경청. 서울: 아름다운 열매.
18 Wynne, E., & Ryan, K. (1993). Reclaiming Our School: A Handbook on Teaching Character, Academics, and Discipline. New York: Merrill Press.

제1장
제2장
제3장
제4장
제5장
제6장
제7장
+
제8장
제9장
제10장
+
제11장
제12장
+
제13장

운 환경이나 욕구좌절의 상황에서 화를 내거나 부적절한 방법으로 부정적인 감정을 표출하지 않고, 적절히 참고 인내하면서 중요한 일을 지속적이고 장기적으로 꾸준히 노력하는 태도이다.[19]

둘째, 책임감. 책임감(responsibility)이란 '내가 해야 할 일들이 무엇인지 알고 끝까지 맡아서 잘 수행하는 태도'(좋은나무성품학교 정의)이다. 책임감 역시 사회생활 적응을 위해 전통적으로 중시해 온 기본적인 개념이며[20], 건강한 자존감을 바탕으로 다른 사람의 관점이나 입장을 잘 이해하고 사회적인 갈등과 문제해결에까지 관여할 수 있는 능력이다.[21]

셋째, 절제. 절제(self-control)란 '내가 하고 싶은 대로 하지 않고 꼭 해야 할 일을 하는 것'(좋은나무성품학교 정의)이다. 절제는 미국뿐 아니라 한국 전통에서도 매우 중요한 가치로서 현대 아동들이 중점적으로 훈련하고 연습해야 한다.[22] 절제는 자신의 사고, 정서, 행동을 자기 스스로 통제하는 능력을 의미하며, 자기조절 및 의사결정에서의 효율성 등과 밀접한 관계가 있다.[23]

넷째, 창의성. 창의성(creativity)이란 '모든 생각과 행동을 새로운 방법으로 시도해 보는 것'(좋은나무성품학교 정의)이다. 창의성은 새로운 생각이나 개념, 기존의 관념들을 새롭게 조합하는 능력으로, 아동의 사고 고유성(originality)과 적절성(appropriateness)을 증진시켜 새로운 환경에서의 적응은 물론 일상생활에서 보다 새롭고 효율적으로 적응 및 수행할 수 있는 능력을 증진시킨다.[24]

다섯째, 정직. 정직(honesty)이란 '어떠한 상황에서도 생각, 말, 행동을 거짓 없이 바르게 표현하여 신뢰를 얻는 것'(좋은나무성품학교 정의)이다. 정직은 진실하고 공정하게(with fairness) 의사소통하고 행동하는 것으로, 진실(truth)을 가장 큰 가치로 여긴다. 정직은 자기 자신뿐 아니라 타인과의 관계에서도 중요한 개념이며 상호 신뢰와 친밀함의 기초가 된다.[25]

여섯째, 지혜. 지혜(wisdom)란 '내가 알고 있는 지식을 나와 다른 사람들에게 유익이 되도록 사용할 수 있는 능력'(좋은나무성품학교 정의)이다. 지혜는 사람, 사물, 주변 상황에 대해 깊은 이해와 통찰을 갖는 낙관적인 태도이며, 최소한의 시간과 비용으로 최선의 결과를 얻을 수 있는 능력이다.[26]

---

19 Stevens, J. R., Hallinan, E. V., & Hauser, M. D. (2005). The ecology and evolution of patience in two new world monkeys. Biol Lett. 1(2), 223-226.

20 Josephson, M. (2002). Making Ethical Decisions. CA: Josephson Institute of Ethics, 65-81.; Lickona, T. (1991b). Education for character: Does character education make a difference?.; Vincent, P. F. (1999). Developing Character In STUDENTS. Character Development Group Inc.

21 Adler, A. (1964). Superiority and social interest: A collection of later writings. Edited by H. L. Ansbacher and R. R. Ansbacher. Evanston, Ill., Northwestern University Press.

22 Lickona, T. (1991a). Educating for Character: How Our Schools Can Teach Respect and Responsibility. New York: Bantam Books, 43-46.

23 Hyten, C., Madden, G. J., & Field, D. P. (1994). Exchange delays and impulsive choice in adult humans. Journal of the Experimental Analysis of Behavior, 62, 225-233.

24 Boden, M. A. (2003). The Creative Mind: Myths And Mechanisms. Routledge.

25 안범희 (2005). 미국 학교에서의 인성교육 내용 및 특성연구. 인문과학연구. 13, 133-169.; Lickona, T. (1991a). Educating for Character: How Our Schools Can Teach Respect and Responsibility. New York: Bantam Books, 43-46.

26 Orwoll, L., & Perlmutter, M. (1990). The study of wise persons: Integrating a personality perspective. In R. J. Sternberg (Ed.). Wisdom: Its nature,

 성품 빛내기

: 내 마음을 절제한 거예요

좋은나무성품학교 교육이 아이들의 분별력을 키우는 사례는 매우 다양하다. 성품교육을 실천하고 있는 충남 아산의 한 유아학교 어린이 이야기를 들어 보자. 이 아이가 가족과 함께 나비축제에 갔다고 한다. 다른 전시실에선 해양 동물에 관한 전시와 물놀이 축제가 한창이었는데, 이 친구는 평소 상어에 관심이 많아서 상어 그림이 그려진 광고를 보고는 그 전시관에 들어가고 싶어 했다. 뭐 당연한 모습이다. 하지만 엄마는 아이에게 살아 있는 나비들을 보고 느끼게 해 주고 싶어서 설득했다. 엄마가 이런저런 이유를 들면서 아이를 설득시키려는데, 갑자기 아이가 말없이 손을 높이 들고는 손가락 하나를 펴서 "절제"라고 외치더라는 것이다. 한참 엄마가 자신의 생각에만 집중하던 때여서 잘 알아듣지 못하고 "뭐라고?" 되물었더니, 아이가 말없이 손가락 세 개를 펴고는 큰 숨을 세 번 몰아쉬고 나서 손가락 열 개를 펴고는 하나씩 접으면서 고개를 끄덕였다. 바로 좋은나무성품학교에서 배운 대로 아이는 엄마 말에 순종하기 위해 절제하려고 한 것이다. 엄마가 "방금 한 게 뭐야?" 하고 묻자 "절제의 1-3-10공식이에요. 내 마음을 절제한 거예요"라고 말했다. 그런 일을 몇 번 겪고 나서 이 아이의 엄마는 오히려 아이를 통해 많은 것을 배우고 있다고 편지를 보내왔다. 성품교육은 아이들이 절제를 배우고 실천함으로써 분별력이 자라게 만든다.[27]

성품 다듬기

: '분별력'

- 12성품교육의 두 가지 기본 덕목 중 하나인 분별력(conscience)은 "인간의 기본적인 양심을 기초로 하여 선악을 구별하는 능력으로, 올바른 생활과 건강한 시민정신, 도덕적인 행동을 위한 토대가 되는 덕목"[28]이다.
- 분별력은 선악을 적절히 분별하는 능력이며 아동의 건강한 사회화와 규범준수를 위해 필수적인 덕목으로서, 인내(patience), 책임감(responsibility), 절제(self-control), 창의성(creativity), 정직(honesty), 지혜(wisdom)의 여섯 가지 주제성품으로 구체화된다.

origins, and development. New York: Cambridge University Press.; Sternberg, R. J. (1985). Implicit theories of intelligence, creativity, and wisdom. Journal of Personality and Social Psychology, 49, 607-627.
27 이영숙 (2011). 한국형 12성품교육론. 서울: 좋은나무성품학교. 198-199.
28 이영숙 (2005). 부모·교사를 위한 성품교육 지도서-경청. 서울: 아름다운 열매.

29강 분별력을 키우는 비법

성품 생각하기

: 아이가 TV를 덜 보게 하고 싶다면? 가족규칙을 정해라!

TV를 너무 오래 보거나, 오랫동안 컴퓨터 게임을 하면 다양한 부작용이 나타나는데 비만, 알코올 남용, 때 이른 성적 경험, 섭식장애, 공격적 행동 등의 위험이 있다고 한다. 특히 어린이의 경우에는 좋은 프로그램만 보도록 부모가 지도하고, 2세 미만 어린이는 아예 TV를 보지 않아야 한다.

코리아메디컬닷컴은 미국질병예방통제센터(CDC) 수잔 칼슨 박사팀의 연구 결과를 인용 보도한 2010년 6월 15일 자 기사에서 이런 사실들을 전해 주고 있는데, 무엇보다 가족들 사이에 엄격한 규칙을 만들어 실천할 경우 아이들이 자연스럽게 TV로부터 멀어진다고 한다.

이 연구팀은 미국 5,685가정의 부모와 자녀 9~15세 어린이 7,415명을 대상으로 하루에 TV를 얼마나 오래 보는지, 또 가족들 사이에 시청시간을 제한하는 규칙이 있는지에 대해 설문조사를 실시한 결과 27%의 어린이가 하루에 2시간 이상 TV를 보고 있고, 특히 흑인과 저소득층 가정일수록 TV를 더 많이 본다는 사실을 알아냈다.

여기서 우리가 주목하려는 결과는 부모가 아이들의 TV 시청시간을 제한하는 경우 그렇지 않을 때보다 시청시간이 크게 줄어든다는 사실이다. 게다가 운동을 하거나 밖에 나가서 활동하도록 하는 등 가족 사이에 규칙을 정해 둘 경우 아이들의 신체 활동이 활발해지고 TV 시청시간도 하루 2시간 미만으로 나타났다.

코리아메디컬닷컴은 이 연구를 이끈 칼슨 박사의 설명을 인용하여 부모가 아이들의 TV 시청시간을 제한하고 대신 신체 활동을 많이 하도록 격려할 것과, TV를 보든 신체 활동을 하든 아이에게 언제나 중요한 롤모델이라는 사실을 상기해야 한다고 강조했다.[29]

우리는 이 연구 결과를 통해 자녀들에게 무엇보다 옳고 그름을 판단하는 기준, 곧 분별력을 가르쳐야 한다는 사실에 주목한다. 분별력을 통해 자녀들은 선에 반하는 힘에 맞서 대항할 수 있기 때문이다. 뿐만 아니라 유혹을 받는 환경에서도 올바르게 행동할 수 있도록 내면에 깃들어 있는 양심의 기능을 강화해 줄 수 있다.

---

29 코리아메디컬닷컴. 2010. "가족규칙 정하면 아이 TV 덜 본다". 6월 15일.
http://news.naver.com/main/hotissue/read.nhn?mid=hot&sid1=103&cid=3118&iid=224569&oid=296&aid=0000006695&ptype=021

성품 꿈꾸기

1. 분별력의 발달을 위해 관계와 모델링의 중요성을 파악할 수 있다.
2. 분별력의 발달을 위해 가치관의 중요성을 파악할 수 있다.
3. 분별력의 발달을 위해 도덕적 기대와 규칙의 중요성을 파악할 수 있다.
4. 분별력의 발달을 위해 강요하는 말투를 바꾸는 방법을 익힐 수 있다.

성품 빚기

01. 친밀한 관계에서 본을 보이기

좋은 성품은 배우고 훈련하여 키울 수 있는 것이므로, 학생들에게 올바른 분별력을 심어 주기 위해서는 일상적인 실례와 말을 통한 지속적인 연습이 필요하다.

하버드대 로버트 콜스(Robert Coles) 교수는 "어린 자녀가 인지하는 것은 매일 일상에서 보는 순간순간의 단서들이다"라고 강조했다. 학생들에게 매일 옳고 그름을 가르칠 수 있는 사람은 부모와 교사이며, 학생들은 항상 부모와 교사의 행동을 포함하여 주변에서 일어나는 일을 유심히 보면서 옳고 그름을 배운다.

그러나 우리는 가까운 사람, 특히 자녀에게 강요, 명령, 지시, 협박 등을 통해 부모가 원하는 바를 얻고자 하므로 오히려 아이들의 반발을 사는 경우가 많다. 잔소리가 아무 효과가 없는 것도 그래서이다. 아이들은 듣고 싶은 것만 경청하는 법이다. 따라서 좋은 관계를 맺는 일이 무엇보다 중요하다. 좋은 관계 곧 친밀한 관계를 가진 사람의 말은 아이들이 경청하기 때문이다. 아이들이 연예인의 패션과 헤어스타일을 따라 하는 것도 그래서이다.

실제로 많은 연구 결과, 학생들은 친밀한 정서적 유대를 갖고 있거나 선망하고 존경하는 사람을 통해 가장 강한 영향을 받는다고 밝혀졌다. 학생들은 자신이 좋아하는 사람의 인생 스타일, 패션, 취미, 그리고 삶의 가치관까지 본받는다. 그러므로 학생들의 친밀한 대상이 부모와 교사가 될 때 가장 영향력 있게 좋은 성품을 가르칠 수 있다.

02. 바람직한 가치관 들려주기

학생들에게 부모와 교사의 가치관을 자주 들려주는 것 자체가 효과적인 성품교육이 된다. 뉴스 기사나 가정, 학교, 지역에서 일어나는 일들을 바탕으로 특정 사건을 주제로 하여 자연스럽게 대화하면서, 부모와 교사가 이 문제에 대해 어떻게 생각하는지를 말하고 학생들의 의견을

제1장
제2장
제3장
제4장
제5장
제6장
7
제8장
제9장
제10장
제11장
제12장
제13장

듣는 것이 좋다.

가치관이 없는 성품은 없다. 좋은 성품은 좋은 가치관에서 나오므로 우리는 늘 좋은 가치관을 들려주어야 한다. 가치관이 신념이 되고 선호하는 기호가 될 수 있도록 반복하여 들려주어야 한다. TV 프로그램이나 책, 영화 등도 성품을 키워 주는 좋은 자료가 될 수 있다. 이때 다음과 같은 질문이 유익하다.

이럴 때 저 주인공의 문제가 뭐라고 생각해?

만약에 너라면 이럴 때 문제를 어떻게 해결하겠어?

이런 질문은 뉴스를 볼 때도 던져 볼 수 있는데, 이런 질문을 통해 우리는 사건의 원인과 한 사람의 행동이 빚어낸 결과를 도출할 수 있다. 물론 이때 부모나 교사의 가치관이 영향을 주게 되므로 어른들의 가치관 교육이 선행되어야 한다.

: 03. 좋은 태도를 기대하고 규칙으로 만들기

학생들은 부모와 교사가 기대하는 대로 행동하는 경향이 있기 때문에 어떤 태도를 기대하고 요청하는지가 학생들에게 큰 영향을 미친다. 마빈 버코위츠(Marvin Berkowitz) 박사는 "도덕적 기대치가 높은 부모 밑에서 자라는 아이가 모든 도덕적 기대를 만족시키는 것은 아니지만, 부모가 기대하는 중심의 뜻은 아이에게 전달된다"고 강조했다.[30] 도덕적으로 행동하는 부모에게서 양육받은 아이가 도덕적인 행동을 할 확률이 높은 것이다.

교사의 경우도 마찬가지다. 교사가 학기 초에 학생들에게 "우리 학급에서 너희들이 이렇게 해 주기를 바란다"고 말하면서 분명한 지침을 알려 주고 규칙을 정해서 말해 주면, 학생들은 훨씬 더 좋은 성품으로 성장하고 기대에 부응하려고 노력한다.

특히 좋은나무성품학교에서는 성품을 가르칠 때, 전국의 모든 교육기관이 두 달 동안 같은 주제성품을 배우도록 12성품교육의 체계를 만들었다. 지난 두 달 동안 인내의 성품을 배웠다면, 이번 두 달 동안은 그 다음 성품인 책임감의 성품을 가정과 학교에서 동시에 배우고 가르친다. 그 결과 어떤 일이 일어나겠는가! 전국 곳곳에서 좋은 성품을 기대하고 좋은 성품의 약속들을 지키기 위한 노력들이 눈덩이처럼 커지고 강력해진다. 이영숙 박사의 12성품교육에서 강조하는 성품 정의와 태도 연습이 어린이집, 유치원과 초 · 중 · 고 교사와 부모들에 이르기까지 모두가

---

30 Michele Borba. (2004). Building moral intelligence. 현혜진 역. 한언.

함께 되뇌는 무언의 약속이 되어 가정과 학교, 사회의 큰 변화를 만들게 된 것이다.

: 04. 강요하는 말투 바꾸기

토머스 리코나(Thomas Lickona)는 학생들의 분별력을 강화시키는 데는 생각을 키우는 적절한 물음이 아주 중요한 비중을 차지한다고 강조한다.

이렇게 행동하면 어떤 일이 일어날까?
넌 그 문제를 어떻게 해결하고 싶은데?
혹시 네가 생각하는 더 좋은 행동이 있니?
더 좋은 생각이 없을까?

이런 물음들은 자신의 행동을 논리적으로 생각해 보고 스스로 문제의 해결책을 찾도록 사고를 확장시켜 준다. 실제로 교사들의 경우 가르치는 일을 하다 보니 상대방에게 가르치는 투의 대화에 익숙하다. 자기 자신도 모르는 사이에 강요하고 지시하는 말투가 나오게 마련이다. 이것을 묻고 또 생각하게끔 어투를 바꾸자는 것이다. 강요와 지시하는 말투보다 이런 어투가 바로 분별력을 키워 준다.

≺ 표 1 12성품교육의 두 가지 기본 덕목

기본 덕목＼내용	주요 내용
공감인지능력 (Empathy)	"다른 사람의 기본적인 정서, 즉 고통과 기쁨, 아픔과 슬픔에 공감하는 능력으로 동정이 아닌 타인에 대한 이해를 바탕으로 하여 정서적 충격을 감소시켜 주는 능력"[31]이다. 다른 사람의 기분을 공감하는 구체적인 방법을 교육함으로써 상대방과 정서적으로 교감하는 능력을 갖게 하여 정서적 충격을 피하고, 잔인하게 행동하지 않도록 가르친다. 관련된 주제성품은 경청, 긍정적인 태도, 기쁨, 배려, 감사, 순종이다.
분별력 (Conscience)	"인간의 기본적인 양심을 기초로 하여 선악을 구별하는 능력으로, 올바른 생활과 건강한 시민정신, 도덕적인 행동을 위한 토대가 되는 덕목"[32]이다. 선과 악을 분별하는 능력을 길러 줌으로써 옳고 그름의 세계를 알고, 올바른 길로 자신을 이끌어 갈 수 있도록 내면의 기준을 강화시킨다. 관련된 주제성품은 인내, 책임감, 절제, 창의성, 정직, 지혜이다.

---

31 이영숙 (2005). 부모·교사를 위한 성품교육 지도서 - 경청. 서울: 아름다운 열매.
32 이영숙. op.cit.

12성품교육의 공감인지능력과 분별력은 분리된 개념으로 가르치기보다 서로 밀접하게 연관 지어 가르치는 것이 중요하다. 뿐만 아니라 경청, 긍정적인 태도, 기쁨, 배려, 감사, 순종, 인내, 책임감, 절제, 창의성, 정직, 지혜의 열두 가지 주제성품 역시 공감인지능력과 분별력을 보다 명확하게 이해할 수 있도록 구체화한 것이므로 각각의 주제성품도 긴밀하게 연관 지어 가르쳐 야 한다.

12성품교육의 교육목표는 공감인지능력과 분별력을 바탕으로 열두 가지 주제성품을 삶 속 에 실천하여 좋은 성품의 리더십을 극대화시키는 데 있다. 월터 C. 라이트는 리더십을 "한 사 람이 다른 사람의 태도, 비전, 가치에 영향을 미칠 때 그들 사이에 형성되는 관계"라고 말한다. 여기에 성품의 정의 곧 "한 사람의 생각, 감정, 행동의 표현"[33]을 더하여 성품리더십의 정의를 도출할 수 있다. 즉 성품리더십이란 "한 사람의 성품이 다른 사람과의 관계 속에서 영향을 끼 쳐 그 사람의 생각, 감정, 행동을 긍정적으로 변화시키는 영향력"[34]으로 정의할 수 있다. 그러 므로 성품은 나와 다른 사람들과 관계를 맺어 나가는 데 가장 강력한 영향을 끼치는 리더십의 핵심요소인 셈이다.

이영숙 박사의 12성품교육은 성품 좋은 개인의 능력을 극대화시킴으로써 공감인지능력과 분 별력을 조화롭게 실천하게 하고, 이를 기반으로 좋은 성품을 갖춘 개인이 타인에게 영향을 끼 치며, 나아가 공동체의 비전을 공유하도록 교육한다. 이런 과정을 통해 좋은 성품을 갖춘 개인 의 지속적인 영향이 주위 사람들에게 긍정적인 변화를 일으키도록 하는, 성품리더십의 발휘를 교육의 궁극적인 목표로 삼는다.

성품 빛내기

: 인내의 우리 선생님

인내의 성품을 키움으로써 분별력이 생긴 사례 하나를 소개한다. 전주에 있는 좋은나무성품학 교의 선생님이 보낸 편지이다. 어느 날 인내를 가르치는 수업을 하면서 아이들에게 "인내를 잘 하는 사람을 찾아서 그 이유를 써 보세요" 하고 과제를 냈더니 한 아이가 그 대상을 '선생님'이 라고 쓰고, 이렇게 설명했다고 한다. "어제 내가 우유를 쏟았는데 선생님이 화를 내지 않고 인 내하면서 그 우유를 끝까지 잘 닦아 주었어요. 그래서 나는 인내를 잘하는 우리 선생님을 칭찬 합니다." 선생님이 이 글을 읽고는 깜짝 놀랐는데, 바로 아이들이 선생님의 행동을 유심히 지

---

33 이영숙 (2005). 부모 · 교사를 위한 성품교육 지도서 - 경청. 서울: 아름다운 열매.
34 이영숙 (2009). 성품 좋은 아이로 키우는 부모의 말 한마디. 서울: 위즈덤하우스.

커보고 있었기 때문이다. 특히 성품수업을 하면서 아이들이 선생님의 성품을 지켜본다는 사실에 정신이 바짝 들었다고 한다. 우리 교사와 부모들이 생활 속의 소소한 상황에서도 좋은 성품을 실천하면 이것을 바라보는 우리 제자들과 자녀들의 성품이 바뀌는 데 좋은 활력소가 된다.[35]

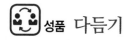 **성품 다듬기**

: 분별력의 계발

첫째, 친밀한 관계에서 본을 보이고, 둘째, 교사와 부모의 바람직한 가치관을 들려주며, 셋째, 좋은 행동을 기대하고 규칙을 만들고, 넷째, 강요하는 말투를 바꾸는 것이 중요하다.

35 이영숙 (2012). 성품, 향기 되어 날다. 서울: 좋은나무성품학교, 211-212.

제1장
제2장
제3장
제4장
제5장
제6장
제7장
＋
제8장
제9장
제10장
＋
제11장
제12장
＋
제13장

성품 특강

30강 인성교육진흥법과 이영숙 박사의 12성품교육

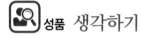 성품 **생각하기**

: 대한민국, 세계 최초 인성교육 의무화!

국회가 2014년 12월 29일 출석 의원 199명 전원 찬성으로 인성교육진흥법을 통과시켰다. 이 법안은 여야 의원 102명이 공동으로 발의한 것으로 역대 가장 많은 수의 발의자가 발의했으며, 특히 세계 최초로 인성교육을 의무로 규정한 법이다. 실제로 미국, 독일 등에서 인성교육 관련 조항이 연방법에 있기는 해도 독립된 법으로 명시하고 있지는 않다.

인성교육진흥법은 제1조에 명시된 목적을 통해서 잘 알 수 있다. 즉 21세기 대한민국의 목표는 물질적 성장에 걸맞은 정신과 가치의 성숙을 이뤄 내는 것이므로 바른 인성을 갖춘 시민을 키우는 것이야말로 선진 국가의 지름길이다. 특히 세월호 참사로 우리는 기본적인 윤리와 도덕이 붕괴된 현실을 뼈저리게 느낀 터여서, 법 제정을 통해 책임 있는 주인의식과 타인을 존중하고 배려하며 더불어 사는 공동체의 가치가 확산되도록 노력해야 한다.

중앙일보의 2014년 12월 30일 자 기사를 통해 이 법의 구체적인 내용을 살펴보면 다음과 같다.

2015년 7월 21일부터 시행된 이 법은 국가와 지방자치단체, 학교에 인성교육의 의무를 부여한 것으로, 그동안 윤리 등의 교과를 통해 형식적으로 이뤄지던 인성교육을 정부와 지자체가 구체적인 정책을 세우고 이에 필요한 예산을 집행하도록 강제했다. 이를 위해 정부는 국가인성교육위원회를 설립해 5년마다 인성교육 종합계획을 세워야 한다. 그리고 위원회는 교육부·문화체육관광부·보건복지부·여성가족부 차관과 민간 전문가 등으로 구성하며, 20명 이내로 장관급에 해당하는 위원장은 민간에서 맡도록 규정했다.

이 법이 시행됨에 따라 전국 1만 2,000여 초·중·고교는 매년 초 인성교육 계획을 교육감에게 보고하고 인성에 바탕을 둔 교육과정을 운영해야 한다. 교사는 또 인성교육 연수를 의무적으로 받아야 하고 사범대·교대 등 교원 양성기관은 인성교육 역량을 강화하기 위한 필수 과목을 개설해야 한다. 정부는 민간이 만든 인성교육 프로그램을 인증해 학교에서 활용될 수 있도록 하고 프로그램 개발과 전문가 양성 등을 외부 기관에 위탁할 수 있다.

실제로 우리나라는 '인성'이라는 단어를 포함한 법안을 만들어야 할 만큼 심각한 '인성 부재'의 위기를 겪고 있다는 데 전문가들이 공감해 왔다. 2014년 미국 갤럽리서치가 세계 143개 국가를 대상으로 긍정경험지수를 조사한 결과를 보면 우리나라의 경우 118위로, 2011년 이래 가장 낮은 점수를 기록했다. 우리 사회의 부정적인 측면들을 보여 주는 지표들은 이 밖에도 청소년 자살률, 출산율 등이 있는데 모두가 심각한 수준이었다. 인성교육진흥법 제정은 이런 사회 분위기의 반영인 셈이었다.[1]

 성품 꿈꾸기

1. 인성교육진흥법의 주요 내용을 이해할 수 있다.
2. 인성교육진흥법의 세부 내용을 설명할 수 있다.
3. 인성교육진흥법과 12성품교육의 연관성을 설명할 수 있다.

성품 빚기

:01. 인성교육진흥법의 주요 내용

미국의 경우 1994년에 연방법으로 '학교개선법(Improving America's School Act)'이 제정되었다. 미국 역시 인본주의 철학에 기초한 교육제도가 기존의 질서와 규칙들을 해산시킴으로써 나타난 온갖 인성 부재 현상에 따른 결과였다. 늘어나는 총기사건, 미혼모의 급증, 만성화한 학교폭력 등으로 인해 자녀들을 안심하고 학교에 보낼 수 없는 사태로 치닫게 되자 인성교육을 의무화하는 주가 늘어나면서 급기야 연방법 제정에 들어간 것이다.

독일은 인성교육이 학교교육의 우선순위로 오랫동안 자리 잡아 왔고, 싱가포르의 경우에도 초·중·고등학교에 인성교육과정을 운영하도록 하고 있다. 그러나 법안에 '인성교육'을 명시한 경우는 우리나라가 최초라고 볼 수 있다. 그만큼 생소한 법안이어서 일선 교육기관은 물론

1 　중앙일보. 2014. "세계 첫 인성교육 의무화 … 정부·지자체서 예산 집행". 12월 30일.
　　http://article.joins.com/news/article/article.asp?total_id=16812100&cloc=olink|article|default

학부모들 역시 법안의 내용을 자세히 알지 못하는 형편이다.

이 법안은 인성교육을 학교에서 주체적으로 실시하도록 명시하고 있고, 필요한 예산을 정부의 정책과 예산으로 뒷받침하도록 의무화했다. 이를 위해 국가인성교육위원회를 설치하고, 5년 주기로 인성교육 종합계획을 수립하여 각급 교육기관에서 인성교육을 의무적으로, 또 체계적으로 실시하도록 규정한 것이다. 또 시도 교육감은 인성교육 종합계획에 따라 자체적으로 세부계획을 세우고, 학교장은 매년 학기 초 인성교육계획을 교육감에게 보고하도록 했다. 뿐만 아니라 연말에는 그 결과를 반드시 평가하도록 했다.

: 02. 인성교육진흥법의 세부 내용 ①

인성교육진흥법의 목적은 '인간으로서의 존엄과 가치를 보장하고, 건전하고 올바른 인성을 가진 국민을 육성함으로써 국가와 사회의 발전에 이바지'하자는 것이다.

이 법안이 정의하는 인성교육은 '자신의 내면을 올바르고 건전하게 잘 가꾸고 타인과 공동체 자연과 더불어서 좋은 성품과 역량을 기르는' 교육이다. 성품은 곧 인성으로 인간의 됨됨이를 의미한다. 인성교육에서 핵심을 이루는 덕목으로는 사람의 마음가짐이나 관계 형성을 위해 필요한 성품들, 즉 예, 효, 정직, 책임, 존중, 배려, 소통, 협동 등이다. 인성교육은 이런 핵심가치 덕목을 적극적이고 능동적으로 실천하고 실행하는 데 필요한 지식과 공감능력, 의사소통능력, 갈등해결능력 등 통합된 능력을 기르는 것이다. 이 핵심역량은 "갈등과 위기상황에서 더 좋은 생각, 더 좋은 감정, 더 좋은 행동으로 문제를 해결하는 능력"인 좋은 성품과 일맥상통한다. 따라서 이영숙 박사의 12성품교육은 인성교육의 핵심역량을 강화하는 교육인 셈이다.

이 법안은 또 국가의 책무로 인성교육에 관한 장기적이고 체계적인 정책을 수립할 것을 규정하는 한편 시행령에서는 실제적인 교육을 학생의 발달단계에 맞춰서 하도록 했다. 또 단일 학교의 상황과 여건에 적합한 인성교육을 위해 필요한 시책 마련을 주문하고 있다. 또 학교를 중심으로 인성교육 활동을 전개하고, 이를 위해 인성친화적 교육환경을 조성하여 가정 및 지역사회와 유기적인 관계를 맺도록 하고 있다.

인성교육진흥법 5조는 기본방향에 대한 언급이다. 기본방향은 가정에서도 인성교육이 이뤄지는 것이 바람직하다고 본다. 이런 방향은 가정에서 학부모의 역할을 무엇보다 강조해 온 12성품교육의 방향과 일치한다. 또 인간의 전인격적 발달을 고려하면서 장기적 차원에서 계획 실천하도록 했다.

6조는 교육부장관이 5년마다 추진목표를 포함한 인성교육종합계획을 수립하여, 이를 홍보하고 재원 조달과 관리방안을 내놓는 한편 교육의 핵심가치 덕목 및 핵심역량 등을 선정하도록 했다. 또 대통령령으로 인성교육에 필요한 상황을 정하도록 명시했다.

10조는 인성교육의 기준과 그 운영에 대해 밝히고 있다. 교육부장관이 대통령령으로 정하는 바에 따라 학교가 추진할 인성교육의 목표와 성취기준을 정하고, 학교장은 인성교육의 목표와 성취기준 및 교육대상 연령 등을 고려해서 매년 인성에 대한 교육계획을 수립해야 한다. 따라서 학교는 인성교육의 핵심가치 덕목을 중심으로 학생들의 핵심역량을 함양하는 교육과정을 매년 운영해야 한다. 또 학교와 가정, 지역사회와의 연계방안도 강구해야 한다.

11조는 지원방안이다. 국가 및 지방자치단체와 가정, 학교 및 지역사회 등에서 인성교육을 지원하기 위한 교육프로그램을 개발하고 보급해야 하는데 해당 지역의 교육감은 인성교육프로그램의 운영계획을 해당 학교 홈페이지에 게시하여 학부모들에게 적극적으로 알려야 한다. 학부모는 국가지방자치단체 및 학교의 인성교육진흥 시책에 협조해서 건의할 수 있다.

15조는 인성교육 예산지원에 관한 내용이다. 국가 및 지방자치단체는 인성교육을 지원하고 인성교육프로그램을 개발하여 보급하는 한편 인성교육진흥에 필요한 비용을 예산 범위에서 지원해야 한다.

16조는 인성교육의 평가에 대한 부분이다. 교육부장관 및 교육감은 종합계획 및 시행계획에 따른 인성교육의 추진 성과 및 활동에 관한 평가를 매년 실시해야 한다.

: 03. 인성교육진흥법의 세부 내용 ②

인성교육진흥법의 가장 중요한 부분은 교원의 연수를 법으로 명시한 것이다. 교육감은 학교 교원의 연수를 대통령령으로 정하고, 일정 시간 이상 인성교육 관련 연수를 이수하도록 의무화했다. 교육대학, 사범대학 및 교직과정을 포함해서 이에 준하는 교원 양성기관들은 예비 교원들의 인성교육 지도역량을 강화하기 위해서 관련과목을 필수로 개설해야 한다. 즉 교대 및 사범대학에 인성교육 관련 과목을 삽입해야 한다는 것이다.

18조는 학교장은 학교 인성교육에 참여하고 또 이를 장려하는 한편 학생들이 지역사회 등의 인성교육프로그램에 참여하도록 권장, 지도, 관리해야 한다고 밝히고 있다.

19조는 인성교육을 범국민적 차원으로 확산하기 위해 그 중요성에 대해 언론매체들을 통해 홍보해야 한다고 명시했다.

20조는 전문 인력 양성에 대한 내용이다. 국가 및 지방자치단체는 인성교육의 확대를 위해서 필요한 분야에 전문 인력을 양성해야 한다. 교육부장관 및 교육감은 전문 인력의 양성을 위해 교육 관련기관 또는 단체 등을 인성교육 전문 인력 양성기관으로 지정하고 해당 전문 인력 양성기관에 대해 필요한 경비의 전부 또는 일부를 지원할 수 있다.

: 04. 인성교육진흥법과 12성품교육

인성교육진흥법이 명시하고 있는 내용과 이영숙 박사의 12성품교육은 어떤 연관성을 가지고 있을까?

◁ 표 1 인성교육진흥법과 12성품교육의 연관성

인성교육진흥법안의 핵심 가치·덕목							
예(禮)	효(孝)	정직	책임	존중	배려	소통	협동
1	2	3	4	5	6	7	8
좋은 성품 매너 (예절교육)	순종	정직	책임	존중하는 성품대화	배려	경청	인내 (절제)
12성품교육의 핵심 가치·덕목							

이영숙 박사의 12성품교육은 사랑과 공의의 성품, 그러니까 공감인지능력과 분별력이라는 성품으로 열두 가지 좋은 성품을 교육한다. 인성교육진흥법이 제시하는 핵심역량 여덟 가지는 12성품 안에 포함되어 있다. 가령 '예'의 교육에 대해서는 '좋은 성품 매너교육'이라는 프로그램과 예절교육체험관 운영을 통해 충족시킨다. 또 성인들을 위한 '성품매너십' 프로그램도 마련되어 있어 교사들은 물론 직장인들과 공무원 신입연수교육의 주요 과목으로 개설된다. 또 '효'의 교육을 강조하고 있는데, 이영숙 박사의 12성품교육에서는 '순종'을 통한 효 교육이 이뤄지고 있다. '존중'의 경우 성품대화법을 통한 실제적 교육이 이뤄진다. '소통'은 경청의 성품으로 가르치며, '협동'의 경우 인내와 절제의 성품이 협동공동체를 만드는 데 필수 자질이란 점에서 일치한다. 이 밖에도 정직, 책임감, 배려 등은 이영숙 박사의 12성품교육에 포함된다.

성품 빛내기

: 대한민국 교육의 변화

우리 교육은 그동안 인성이라는 중요한 가치 하나를 간과해 온 측면이 크다. 사람의 됨됨이 교육보다 무엇을 얼마나 성취했는지, 또 어떤 스펙을 가졌는지, 학업 성적이 얼마나 뛰어난지, 이런 데에만 혈안이 되어 있었다. 그 결과 많은 부작용이 일어났고, 이제는 우리 사회가 더 이상 지탱할 수 없을 정도가 되어 버렸다. 이에 따라 법으로 인성을 가르치는 시대를 맞게 된 것이다. 인성교육은 내면의 가치를 길러서 올바른 성품과 역량을 가르치는 데 목적을 두고 있다. 다른 말로 하면 성품을 가르치는 것이야말로 중요한 교육 목표가 된 것이다. 인성교육진흥법안의 핵심 덕목을 살펴보면 예, 효, 정직, 책임, 존중, 배려, 소통, 협동 등 건전한 시민을 양성하는 데 중요한 목표를 두고 있다. 이것은 이영숙 박사의 12성품교육이 일찍부터 인성을 가르치는 학교 만들기라는 책을 통해서도 강조해 온 분야이다. 특히 좋은나무성품학교의 성품교육은 교육부로부터 우수인성교육 프로그램상을 수상했고, 문화체육관광부가 우수학술도서로도 선정하여 세종도서상을 수상하기도 했다.[2] 이제부터는 그동안의 노력들을 기반으로 우리 법이 명시하는 인성교육의 발전에 기여할 수 있게 되었다. 이런 점에서 책임감과 부담감을 갖게 된다. 하지만 그동안 문화에 기반을 두고 접근하여 공감인지능력과 분별력이라는 두 축에 열두 가지의 성품을 연결해 개발한 이영숙 박사의 12성품교육은, 인성교육진흥법이 추구하는 시대적 과제들을 해결하는 데 매우 적합하다는 사실이 임상실험을 통해서도 잘 드러났다. 유아학교를 시작으로 초 · 중 · 고 · 대학교를 비롯해 부모교육, 교사교육, 직장인교육, 시니어교육으로의 성품교육은 인성교육에 대한 갈증을 풀어 주는 한편 그 가능성을 충분히 증명했다. 이를 통해 이영숙 박사의 12성품교육은 그동안 쌓아 온 노하우들을 통해 인성교육의 구체적인 실천방안으로 제시하고 있다.

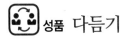 성품 다듬기

: '인성교육진흥법'

- 2015년 7월 21일부터 시행되는 인성교육진흥법은 전국 유 · 초 · 중 · 고에서 주체적으로 인성교육을 실시하는 것을 주요 골자로 한다.
- 인성교육에 필요한 예산을 정부정책과 예산으로 뒷받침하도록 의무화하고, 새롭게 설치된 '국가인성교육위원회'가 5년 주기로 인성교육종합계획을 수립하도록 했다.

: 인성교육진흥법과 12성품교육의 핵심 가치 및 덕목

- 첫째, 예(禮)-좋은 성품 매너(예절교육)
- 둘째, 효(孝)-순종
- 셋째, 정직-정직
- 넷째, 책임-책임감
- 다섯째, 존중-존중하는 성품대화
- 여섯째, 배려-배려
- 일곱째, 소통-경청
- 여덟째, 협동-인내(절제)

2 　이영숙 (2013). 인성을 가르치는 학교 만들기. 서울: 좋은나무성품학교.

제 **2** 부

이영숙 박사의 12성품

──── 실 제 ────

제1장
제2장
제3장
제4장
제5장
제6장
제7장
+
제8장
제9장
제10장
+
제11장
제12장
+
제13장

제**8**장

이영숙 박사의 12성품교육-내용

31강 **성품교육의 기본 덕목과 좋은 성품**

성품 생각하기

: '좋은 생각'으로 바꿀 때 일어나는 일들!

코리아메디컬닷컴 2009년 6월 24일 자 기사는 '행복 유전자'가 따로 있어서 행복감을 타고나는 사람도 있지만, 행복 유전자가 행복감을 결정하는 정도는 50% 정도이므로, 나머지 50%는 노력하면 얻을 수 있다고 말한다.

신경치료의전문가리뷰(*Expert Review of Neurotherapeutics*) 2009년 4월호에 소개한 논문을 토대로 한 이 보도는, 이스라엘 텔아비브대 요람 바락 교수가 이스라엘의 차임 쉬바 메디컬센터와 공동으로 쌍둥이를 조사한 연구를 통해 '행복 유전자'의 존재를 확인했다는 것이다. 그리고 행복과 관련된 유전자가 있는데, 이 유전자는 낙관적인 사고방식에 50%의 영향을 준다는 것.

바락 교수는 "좋은 생각으로 바꾸는 것만으로도 환자의 행복 수치가 올라가면서 치료에 더욱 적극적으로 임할 수 있고 정신적 장애를 겪는 경우도 줄어든다"고 강조했다.[1]

성품 꿈꾸기

1. 12성품교육의 개념을 이해하고 특징을 설명할 수 있다.
2. 12성품교육의 두 가지 기본 덕목이 무엇인지 설명할 수 있다.
3. 12성품교육의 열두 가지 좋은 성품이 무엇인지 열거할 수 있다.

---

1 코리아메디컬닷컴. 2009. "생각 바꾸면 행복감 30% 높아져". 6월 24일.
   http://news.naver.com/main/hotissue/read.nhn?mid=hot&sid1=103&cid=3118&iid=112024&oid=296&aid=0000003042&ptype=021

성품 빚기

01. 이영숙 박사의 12성품교육이란

2005년에 발표한 '이영숙 박사의 12성품교육'은 '성품'이라는 단어를 최초로 교육에 접목시키고, 문화와 인간의 정신적·심리적·행동적 특성을 고려하여 태아부터 노인에 이르기까지 평생교육과정으로 고안한 인성교육 프로그램이다. 특히 이영숙 박사의 12성품교육론 '실제편'은 열두 가지 주제 성품에 대해 어떻게 구체적으로 실천할 수 있는지를 다루고 있다. 우리는 그동안 성품이라는 개념을 오해한 측면이 크다. 무엇보다 성품은 눈에 보이지 않으므로 가르치려고 하지 않았고, 심지어 성적이 좋으면 성품 또는 인성도 좋아져서 타인으로부터 존경받을 수 있을 것이라고 착각했다. 그러나 성품은 눈에 보이며, 가르침으로써 더 좋은 성품을 키울 수 있다.

인성교육 실패에 따른 다양한 현상들, 즉 학교 폭력과 따돌림, 불행하다 여기는 학생들, 자살률의 증가 등이 나타남에 따라 인성교육의 획기적 변화가 요청되었고, 인성교육진흥법[2]이 마련되면서 인성교육을 제도권으로 흡수하기에 이르렀다. 인성교육의 중요성이 커지면서 성품교육에 대한 관심도 높아졌다. 인성 곧 사람의 됨됨이를 교육하는 일이 교육의 시대적 과제로 부상한 셈이다.

성품이란 "한 사람의 생각, 감정, 행동의 표현"이다.[3] 아무도 없는 곳에서 내가 선택하는 행동이 바로 성품인 것이다. 가령 칭찬을 받기 위해서나 누군가의 강요에 의해 취하는 행동이 아닌, 누군가를 의식하지 않고 선택하는 행동이 바로 나의 성품이다. 따라서 성품교육은 생각, 감정, 행동을 변화시킴으로써 그를 행복하게 만들어 주는 교육이다.

사람은 누구나 행복을 원하고 추구한다. 어린아이부터 노인에 이르기까지 모든 연령의 공통적인 욕망이기도 하다. 인간이 다른 동물과 다른 점 또한 이성과 감정과 생각 등으로 행복을 느낄 수 있는 존재라는 사실이다. 그럼에도 우리는 그동안 미래의 행복을 위해 오늘의 행복을 희생하도록 강요한 측면이 있다. 지금 행복하지 않으면 다가올 행복 또한 보장할 수 없다. 지금 행복한 사람이 미래에도 행복할 수 있다. 성품은 오랫동안 경험된 감정이 습관으로 굳어진 것이라고 볼 수 있다.

이런 점에서 성품교육은 지금까지 경험해 온 다양한 감정들, 즉 우울하고, 비참하고, 거절당하면서 만들어진 나의 성품을 치유하고 새로운 지식을 제공하여 행복한 감정으로 변화시키고,

---

2   인성교육진흥법. 법률 제13004호.
3   이영숙 (2005). 부모·교사를 위한 성품교육 지도서–경청. 서울: 아름다운 열매.

더 좋은 행동을 선택하도록 돕는 교육이다. 성품교육의 전제는 그러므로 교사-학부모 교육이어야 한다. 좋은 성품으로 행복한 교사와 학부모들이 좋은 성품을 교육할 수 있다. 따라서 이 책은 이영숙 박사의 12성품교육에 참여하는 교사와 학부모들을 교육하는 데 그 목적이 있다.

성품은 곧 특정 국가의 문화에 종속될 수밖에 없다. 한 나라의 역사, 민족이 겪은 경험과 가치관 등이 한데 어우러져 만들어진 것이 그 나라 국민의 성품이기 때문이다. 따라서 성품에 대한 연구는 문화적 접근을 통해 이뤄져야 한다. 이영숙 박사의 12성품론은 문화적 한계를 반영한 이론이다. 인성교육은 서구의 다양한 교육이론들을 적용하는 데 한계를 가질 수밖에 없다. 오히려 나라가 갖는 문화와 인간의 정신적, 심리적, 행동적 특성들을 분석하고 그 장단점을 파악하여 장점은 키우고 단점은 보완해야 한다.

가령 성품의 정의를 "한 사람의 생각, 감정, 행동의 표현"[4]으로 서술한 데도 문화적 특징이 바탕에 깔려 있다. 한국인들의 경우 표현에 미숙하다. 속으로는 많은 생각을 하면서도 표현할 줄 모른다. 이는 500년 이상 유교적 생활습관에 물들어 왔기 때문이다. 이런 특징이 장점과 단점을 만든다. 적절한 표현능력만 가진다면 관계가 훨씬 좋아지지만 그렇지 못할 경우 역기능이 생길 수 있다.

슬픔은 슬픔으로, 기쁨은 기쁨으로 표현해야 하는데 그 표현이 미숙하니 속으로만 삭인다. 이렇게 삭이기만 하니 한(恨)이 되어 '화병'이라는 질환으로 나타나게 된다. 이영숙 박사의 12성품교육은 태아부터 노인에 이르기까지 각 연령별 특징을 고려해 평생교육과정에 따라 적절하고 긍정적인 생각, 감정, 행동으로 표현할 수 있도록 돕는다.

: 02. 공감인지능력과 여섯 가지 좋은 성품

거듭 언급하지만, 이영숙 박사의 12성품교육은 평생교육과정이다. 태아에서 노인에 이르기까지 각 연령대에 적합한 실천 프로그램들이 다르다. 무엇보다 이영숙 박사의 12성품교육은 두 개의 큰 기둥으로 구성된다. 공감인지능력과 분별력이 그것이다.[5]

공감인지능력이란 "다른 사람의 기본적인 정서, 즉 고통과 기쁨, 아픔과 슬픔에 공감하는 능력으로 동정이 아닌 타인에 대한 이해를 바탕으로 하여 정서적 충격을 감소시켜 주는 능력"[6]이다. 이는 단순히 동정적 차원이 아닌 적극적이고 고차원적인 사랑의 정서에 가깝다. 즉 타인의 입장에서 생각하되 나의 행동이 타인의 정서에 어떤 충격을 줄지를 미리 배려하면서 다가간다.

---

4 이영숙 (2005). 부모·교사를 위한 성품교육 지도서-경청. 서울: 아름다운 열매.
5 이영숙 (2011). 한국형 12성품교육론. 서울: (도)좋은나무성품학교. 27, 90-91.
6 이영숙 (2007). 이제는 성품입니다. 서울: 아름다운 열매.

공감인지능력의 다른 말이 사랑이다. 사랑을 경험하지 않은 사람은 타인의 아픔과 슬픔에 반응하는 능력도 떨어진다. 그래서 우리는 영유아기 때부터 사랑 곧 공감의 정서를 경험하도록 해 줘야 한다. 즉 아이가 울 때 "우리 아기가 우네! 슬프니? 오줌 쌌니? 배고팠구나!" 등의 공감의 표현들을 해 줌으로써 공감인지능력을 갖게 된다. 반대로 아무리 울어도 공감해 주지 않을 경우 아기는 거절당한 느낌을 갖게 되고, 나중에 애착의 문제로 괴로워하게 된다. 이 때문에 공감인지능력 결핍의 근원은 어린 시절의 경험으로 귀착될 수밖에 없다.

교실에서 학생들에게 친구의 정서에 반응할 줄 아는 능력을 길러 주려면 어떻게 해야 할까? 먼저 어른이 아이들의 정서에 반응해 주어야 한다. 시무룩한 아이가 있으면 내버려 두지 말고 다가가서 "슬퍼 보이는구나, 무슨 일 있니?"라고 말을 걸어야 한다. 이렇게 공감을 표현할 때 아이들은 행복감을 느끼게 된다.

이영숙 박사의 12성품교육은 공감인지능력을 키우기 위해 여섯 가지 주제성품을 나누고, 각 성품을 2개월 과정으로 교육한다. 경청, 긍정적인 태도, 기쁨, 배려, 감사, 순종이 그것이다.

: 03. 분별력과 여섯 가지 좋은 성품

12성품교육의 다른 한 기둥인 분별력은 "인간의 기본적인 양심을 기초로 하여 선악을 구별하는 능력으로, 올바른 생활과 건강한 시민정신, 도덕적인 행동을 위한 토대가 되는 덕목"[7]이다. 양심이 없다면 도덕정신을 가질 수 없다. 따라서 양심이 사라진 사회만큼 위험한 사회는 없다. 분별력은 그러므로 건강한 시민정신으로 도덕적 행동을 하는 데 토대가 되는 정서인 셈이다.

이 때문에 분별력을 공의의 성품 곧 '정의(justice)'라고도 부른다. 양심은 인간의 존재를 특징 짓는 영역이기도 하다. 그래서 우리가 "인간적이다"라고 말할 때는 '양심적이다'는 의미를 내포한다. 양심의 부재는 도덕의 부재를 낳고, 도덕이 사라진 사회에서는 법, 질서, 약속 등이 사라진 채 모두가 자신의 소욕에 따라 행동하는 무법천지로 변한다.

그러나 이런 현상이 오늘 우리 사회의 한 특징으로 나타나고 있다. 그 까닭은 포스트모더니즘 곧 탈현대주의의 영향에 의해 불변적 진리를 부정하고, 도덕과 질서가 무너진 데 따른 것이다. 포스트모더니즘이 건축이나 예술 등의 영역에 지대한 공헌을 한 반면 사회적으로는 책임감의 토대를 붕괴시키는 데 일조함으로써 인간다움 곧 양심이 부재한 비양심적 사회로 나아가도록 만든 셈이다. 이에 따라 비도덕적 인간, 비양심적 인간, 불법과 무질서를 좇는 인간의 행태를 부채질했고, 그 결과 다양한 패륜적 범죄들이 늘어나고, 불법적인 현상들이 활개 치는 상황

을 낳다.

　적어도 인성교육의 분야에서는 탈현대주의의 영향을 경계해야 하며, 정의란 무엇인지 명확히 제시해야 한다. 인간은 마땅히 지켜야 할 양심을 가지고 있고, 또 넘지 않아야 할 선이 있음을 제시해야 한다. 이영숙 박사의 12성품교육은 여섯 가지 주제성품으로써 분별력을 키워 준다. 인내, 책임감, 절제, 창의성, 정직, 지혜의 성품이 그것으로, 이들 성품은 우리 인간이 갖춰야 할 기본적 양심을 활성화함으로써 정의롭고도 도덕적인 사회를 만들기 위한 분별력을 키워 준다.

 ## 성품 빛내기

: 교원 성품직무연수를 통한 변화

초 · 중 · 고 교원들의 성품직무연수 후 교사들의 소감을 들어 보면 인성교육의 방향을 잡을 수 있어서 기쁘다는 목소리가 많다. 경기도의 한 중학교 교사는 "20년 동안 고민해 온 문제의 해답을 찾았다"고 소감을 전했다. 기본이 튼튼하려면 인성을 바로잡는 교육이 필요한데, 그 해답이 성품교육이라는 사실에 공감하고, '나부터 좋은 성품을 갖추자'는 결론에 이르렀다고 한다. 서울의 한 초등학교 교사는 생활지도의 중요성을 강조해 왔는데 인성교육의 근간이 좋은 성품을 교육하고 지속적으로 훈련하는 것이 되어야 한다는 사실을 깨달았다고 말했다.[8]

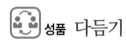 ## 성품 다듬기

: '이영숙 박사의 12성품교육'은

- 이영숙 박사가 2005년에 고안한 인성교육으로, '성품'이라는 단어를 최초로 교육에 접목시키고, 문화와 인간의 정신적 · 심리적 · 행동적 특성을 고려하여 태아부터 노인에 이르기까지 평생교육과정으로 고안한 인성교육 프로그램이다.
- 인성교육의 두 가지 기본 덕목으로 공감인지능력과 분별력을 강조한다.
- 공감인지능력을 구체화한 경청, 긍정적인 태도, 기쁨, 배려, 감사, 순종의 여섯 가지 좋은 성품과, 분별력을 구체화한 인내, 책임감, 절제, 창의성, 정직, 지혜의 여섯 가지 좋은 성품을 통해 좋은 인성을 가르친다.

8　이영숙 (2013). 인성을 가르치는 학교 만들기. 서울: 좋은나무성품학교. 424-425.

제1장
제2장
제3장
제4장
제5장
제6장
제7장
+
제8장
제9장
제10장
+
제11장
제12장
+
제13장

제**9**장

공감인지능력을 키우는 여섯 가지 좋은 성품의 실제

32강 경청(Attentiveness)

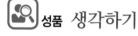성품 생각하기

: 경청의 지도자, 세종대왕

한겨레 2014년 7월 16일 자는 세종대왕이 경청에 능한 지도자였으며, 경청은 지도자의 덕목을 넘어 지도자의 능력이라고 강조했다. 한글 창제 역시 집현전 학자들의 다양한 이야기를 들음으로써 가능했다는 것. 이와 더불어 세종의 경청 성품을 잘 보여 주는 기록 한 부분을 전하고 있다.

세종 재위 4년, 강원도에 대기근이 들었다. 강원도 인구의 30% 정도가 굶어 죽거나 다른 지역으로 이주했고, 60%의 토지가 황폐화됐다. 이때 세종은 우선 현지 실태를 파악하는 데 주력했다. 또 굶주린 백성들의 자유로운 이동을 허용함으로써 굶주려 죽는 사람의 수를 줄였다. 구휼을 담당하는 사람도 관이 아닌 민간에게로 돌렸다. 무엇보다 세종은 경복궁의 사정전과 경회루 사이에 작은 억새풀 띠집을 짓고 그곳에서 생활하며 '동고(同苦)'정치에 들어갔다. 당시 가뭄과 역병으로 고통받는 백성들과 아픔을 함께하며 위기를 극복할 수 있는 방법을 찾겠다는 의지였다.[1]

세종은 우산을 씌워 주는 데서 더 나아가 함께 비를 맞음으로써 백성과 같은 마음이 되고자 했다. 경청의 가장 높은 경지를 실천한 셈이었다.

----

1   한겨레. 2014. "세종은 경청 잘해 성공…지금 정치인들 '여민정신' 닮길". 7월 16일.
    http://www.hani.co.kr/arti/society/society_general/647208.html

 성품 꿈꾸기

1. 경청의 성품 정의를 설명할 수 있다.
2. 경청의 성품 교육목표가 무엇인지 이해할 수 있다.
3. 경청의 성품 이야기를 통해 경청의 중요성을 이해할 수 있다.

성품 빚기

: 01. 경청이란

지금부터는 12성품교육의 열두 가지 주제성품을 하나씩 다뤄 보기로 한다. 앞서 여러 차례 언급했지만 열두 가지 주제성품은 크게 두 개의 기둥이 되는 덕목에 따라 여섯 가지씩 나뉜다. 즉 공감인지능력이라는 덕목 속에 경청, 긍정적인 태도, 기쁨, 배려, 감사, 순종의 성품이 포함되고, 분별력의 덕목 속에 인내, 책임감, 절제, 창의성, 정직, 지혜의 성품이 포함된다.

먼저 공감인지능력의 덕목으로 분류된 경청의 성품에 대해 알아보자.

흔히 경청을 '잘 들어 주는 것' 정도로 생각한다. 실제로 경청의 성품을 배운 학생들의 경우 학교와 가정에서 다른 사람들이 말할 때 집중해서 듣는 모습을 보여 준다. 더 나아가 가정에서 가족들에게도 "제 말에 경청해 주세요."라고 요청하기도 한다. 이런 사례들을 보면 굳이 경청이라는 어려운 단어를 어린이들에게 사용하는 데 대한 우려가 단지 기우일 뿐이라는 사실을 알게 된다. 게다가 어린아이들의 경우 가정이나 유치원에서 어른들로부터 "말 좀 들어라."라는 지적을 많이 받음으로써 이런 종류의 말에 대해 거부감을 갖기도 하므로, 오히려 생경한 '경청'이라는 단어를 사용하는 것이 경청 학습에 유리한 측면이 있다. 실제로 어린이들은 '경청'이라는 단어를 사용할 때 훨씬 더 주목하는 경향이 있다.

경청의 사전적 정의는 "귀를 기울여 들음. 상대방의 소리를 놓치지 않기 위해 상대방을 향해서 귀를 돌리고 몸을 기울여 듣는 태도"[2]이다. 이영숙 박사의 12성품교육론은 경청의 정의를 다음과 같이 말한다.

> "경청이란 상대방의 말과 행동을 잘 집중하여 들어 상대방이 얼마나 소중한지 인정해 주는 것이다."
>
> _ 좋은나무성품학교 정의

---

2 김기열 (2012). 성품경영 자료집 - '소통성품경영'. 좋은나무성품경영연구소.

제**1**장
제**2**장
제**3**장
제**4**장
제**5**장
제**6**장
제**7**장
✚
제**8**장
제**9**장
제**10**장
✚
제**11**장
제**12**장
✚
제**13**장

즉 상대의 말에만 집중하는 것이 아니라 행동까지 집중하여 듣는 것을 포함한다. 이렇게 함으로써 우리는 타인의 마음을 읽게 되어 공감인지능력이 향상된다. 이런 행동은 상대방으로 하여금 '저 사람이 나를 사랑하고, 나를 소중히 여기는 구나' 하는 느낌이나 확신을 갖게 해 준다.[3]

만약 상대방의 말과 행동에 집중하지 않는다면 그는 결코 자신이 사랑받는다는 느낌을 받지 못한다. 우리는 가정이나 학교에서 자녀나 학생이 말할 때 부모와 교사가 건성으로 듣거나 자신의 행위에만 집중한 나머지 무시해 버리는 경우가 많다. 이런 경우 아무리 사랑한다는 말을 하더라도 그 진정성이 제대로 전달되지 않게 마련이다.

어른들의 경우도 마찬가지여서 아내나 남편의 경우 배우자가 자신의 말에 귀 기울여 줄 때 사랑받는다는 느낌을 갖는다. 반대로 사랑받지 않고 있다는 증거로 다음과 같이 말하는 부부들이 많다. "결혼 전에는 내 말에 귀 기울여 주던 사람이 결혼하고 나서는 귀찮다는 듯 건성으로 들어요." 경청은 곧 사랑의 감정을 표현하는 중요한 방식인 셈이다.

: 02. 경청의 교육적 효과

경청의 구체적인 행동은 우선 눈을 쳐다보는 것이다. 대개 듣는 행위는 귀만으로 충분하다고 생각하기 쉽다. 그러나 잘 듣기 위해서는 온몸이 귀가 향하는 방향으로 집중되어야 한다. 몸을 앞으로 세우고, 수긍의 표현으로 고개를 끄덕여 주어야 한다. 또 입으로 다양한 추임새를 말해야 한다. 즉 "그래?", "그렇구나!", "저런!", "얼마나 슬펐니?" 등의 추임새가 경청의 대화에 꼭 있어야 할 것들이다.[4]

> **〈직접 해 보기〉**
>
> 두 사람씩 짝을 지어 오늘 아침상에 대해 이야기해 보자.
>
> 한 사람이 이야기할 때 다른 사람은 다음 추임새들을 사용하여 경청해 보자. 가끔 손뼉을 치기도 하면 좋다.
>
> "그랬군요!"
>
> "저런!"
>
> "아이쿠!"
>
> 상대방이 추임새를 넣어 주면서 들어 줄 때 나는 어떤 느낌이 드는지 이야기해 보자.

---

3 이영숙 (2006). 어린이성품리더십-경청 1,2,3. 서울: (도)좋은나무성품학교.
4 이영숙 (2012). 초등성품리더십 인성교과서-경청. (사)한국성품협회.

실습을 통해서도 느꼈을 테지만 상대방의 경청이 나를 기쁘게 하고, 존중받는 느낌을 주며, 속상한 마음이 풀어지기도 한다. 경청은 이처럼 상대방을 행복하게 만들어 주는 성품이다. 이처럼 타인의 정서에 반응하면서 적절한 자기 정서를 표현할 수 있다. 그동안 우리는 이런 훈련을 받지 못했다. 게다가 경청의 문화를 저해하는 '반경청의 문화'들도 있었다. 가령 '눈 내리 깔아!'라는 표현이 생겨날 정도로 상대방의 눈을 쳐다보며 경청하는 행동이 위해를 받기도 했다. 이런 문화 속에서는 건강한 인간관계의 형성이 불가능하다. 뿐만 아니라 가정에서 자녀들은 엄마가 적절한 추임새를 넣어 가면서 제때 반응을 보여 주지 않으면 스스로 자신감을 잃게 되는 결과를 낳는다. 자신감 상실은 곧 자존감의 상실로 이어진다. 이런 아이들은 수줍음을 많이 타고, 자신의 정서를 적절하게 교환하지 못하며, 누군가 이야기할 때 숨어 버리기도 한다. 이런 아이들을 꾸짖을 경우 점점 더 의기소침해질 뿐 아니라 죄의식을 갖게 되기도 한다.

그러나 반대로 부모로부터 늘 적절하고 즉각적인 경청의 반응을 경험한 아이들은 '나는 꽤 괜찮은 사람이구나!' 하고 생각한다. 그러므로 자존감은 웅변학원에서 생겨나는 게 아니라 이처럼 생활 속에서 형성되는 감정인 셈이다. 또 경청을 통해 우리는 자신은 물론 타인의 정서를 인식하고, 정서적 안정감과 신뢰를 표현하는 공감인지능력이 계발된다.

특히 공감인지능력의 중요성은 현대 사회에 들어서 더욱 커졌다. 지도자적 자질에 있어서도 과거에는 탁월함, 진취력, 용기, 결단력 등을 요청했으나 갈수록 공감의 능력이 더욱 강조되고 있다. 공감 능력이 잘 계발된 지도자는 다른 사람들의 필요를 채워 줄 수 있기 때문이다. 그러므로 가정이나 학교에서 더 이상 우리 아이들이 듣지 말아야 할 조언 하나는 "다른 사람이 뭐라고 말하더라도 반응하지 말고 너는 공부나 열심히 하면 된다"는 것이다.

당장 직장에 인턴사원으로 입사하더라도 그 순간부터 타인의 행위에 반응하고 교류해야만 한다. 그러므로 경청의 성품이 계발되지 않은 경우 직장에서 점점 의기소침해짐으로써 결국 자신의 능력을 제대로 발휘해 보지도 못한 채 우울한 직장생활을 하다가 결국 어렵게 들어간 직장에서 소외되거나 적응하지 못하다가 이탈되어 버린다.

경청은 언어적, 비언어적 의사소통능력을 확장시킴으로써 언어영역의 발달을 가져다준다. 즉 잘 듣는 사람이 말하는 능력도 뛰어나다는 의미이다. 유아기 모국어 습득과정에 따르면 약 2년 동안의 경청을 통해서 비로소 말할 수 있게 된다. 하지만 아기에게 말을 해 주지 않으면 아이는 언어를 습득할 수가 없다. 경청은 이처럼 언어를 습득할 뿐 아니라 바른 언어 태도를 습관화함으로써 의사소통의 능력을 향상시켜 준다.[5] 의사소통능력은 곧 사회성 발달의 원인이 되므로

---

5 이영숙 (2011). 한국형 12성품교육론. 서울: (도)좋은나무성품학교, 92-93, 101, 181-184.

한 개인의 사회성을 위해 경청이라는 성품이 큰 기여를 한다는 사실이 증명된다. 그래서 세계적인 라이프컨설턴트인 스테판 폴란은 최고의 대화법은 다름 아닌 '듣는 것'이라고 강조한다.[6]

: 03. 경청의 성품 계발하기

다른 사람의 말을 잘 듣는 것도 중요하지만 무엇보다 자기 내면의 음성에 귀 기울일 줄 아는 사람이 경청의 진정한 능력을 누릴 수 있다. 에이브러햄 링컨은 끊임없이 선한 일을 할 수 있는 힘은 어디서 나오는가 묻는 기자의 질문에 다음과 같이 대답했다.

"나는 내 안의 소리를 듣습니다. 실패하면 모든 것이 끝난다고 조바심이 날 때 내 속에서는 '괜찮아, 너는 할 수 있어. 힘을 내!'라고 격려해 줍니다. 저는 그 소리를 경청합니다."[7]

모든 성품은 알고 보면 선택의 문제이다. 내 마음속에서 '너는 보잘것없어. 네가 뭘 해낼 수 있겠어? 너는 오늘도 실패할 거야' 하고 말하는 소리를 들을 수도 있지만 '괜찮아. 지금까지 잘 해낸 것처럼 너는 앞으로도 잘할 수 있어. 나는 너를 믿어'라고 말하는 소리에 귀 기울일 수도 있다.

경청의 정의는 '상대방의 말과 행동을 잘 집중하여 들어 상대방이 얼마나 소중한지 인정해 주는 것'(좋은나무성품학교 정의)이다. 그리고 여기서 무엇보다 중요한 경청의 대상은 바로 내 안에서 들려오는 내면의 소리를 잘 경청함으로써 내가 얼마나 소중한지를 깨닫는 것이기도 하다.

성품 빛내기

: 장애를 이기는 경청의 성품

경기 수원 좋은나무성품학교 한 어머니의 사례는 장애를 이기는 경청의 힘을 잘 보여 준다. 이분의 남편은 청각장애가 있어서 보청기를 착용하여 소리를 듣고, 일상 언어는 수화로 사용한다. 듣는 것이 불편한 아빠 때문에 딸 정아는 가끔 "아빠는 내가 불러도 대답도 안 하고, 내 말도 못 알아들어!"라며 투덜대곤 했는데, 성품교육을 받은 뒤로 아빠를 향한 마음과 태도가 바뀌었다. 아빠의 발음이 정확하지 않아 정아가 듣기 어려워도 아빠의 말과 행동을 집중해서 들으려고 한다. 그 까닭을 정아는 이렇게 말했다. "경청이란, 상대방의 말과 행동을 잘 집중하여 들어 상대방이 얼마나 소중한지 인정해 주는 것이니까요. 아빠는 무척 소중하거든요." 정아의

6 Stephen M. Pollan, (2001). Lifescripts: What to Say to Get What You Want in Life's Toughest Situations, Completely Revised and Updated. 서율택 역. 스테디북.
7 전광 (2003). 백악관을 기도실로 만든 대통령 링컨. 라이프북.

경청은 아빠와 다른 가족들에게도 전달되었다. 그래서 아빠도 아이들의 말과 행동을 경청해 준다며 자랑한다.[8]

 성품 다듬기

: '경청'이란

상대방의 말과 행동을 잘 집중하여 들어 상대방이 얼마나 소중한지 인정해 주는 것(좋은나무성품학교 정의)이다.

: 경청의 교육적 효과

첫째, 경청이 무엇인지 아는 인지능력이 향상되고, 둘째, 타인의 정서에 반응하면서 적절한 자기 정서를 표현할 수 있고, 셋째, 자신과 타인의 정서를 인식하고 정서적 안정감과 신뢰를 표현하도록 공감인지능력을 계발하며, 넷째, 언어적·비언어적 의사소통능력을 확장하여 언어영역의 발달을 이루고, 다섯째, 바른 언어 태도를 습관화한다.

: 내면의 음성에 잘 경청하는 사람이

경청의 진정한 능력을 경험할 수 있다. 무엇보다 중요한 경청의 대상은 내 안에서 들려오는 내면의 소리를 잘 경청함으로써 내가 얼마나 소중한지 깨닫는 것이다.

33강 긍정적인 태도(Positive Attitude)

성품 생각하기

: 긍정적인 태도가 면역력에 끼치는 영향!

긍정적인 사람은 면역력도 높다고 한다. 코리아메디컬닷컴 2014년 8월 26일 자 기사는 미국 켄터키대 수잔 세제스트론 박사팀의 연구 결과를 토대로 이같이 보도했다.

이 연구팀은 긍정적인 태도가 면역력에 어떤 영향을 미치는지 알아보기 위해 대학 신입생

124명을 대상으로 삶의 태도에 대해 설문조사를 했는데, 심리과학(*Psychological Science*)에 게재된 연구 결과를 보면 같은 사람이라도 삶의 태도에 따라 면역력이 변하며, 긍정적인 기분일 때 면역력이 더 활성화됐다고 한다. 연구팀은 이를 토대로 "행복할수록, 긍정적일수록, 희망적일수록 사람은 스트레스에 더 적극적으로 대응하고 의학치료나 충고에 더 잘 따르기 때문에 병에서 빨리 회복할 수 있다"고 주장했다.[9]

성품 꿈꾸기

1. 긍정적인 태도의 성품 정의를 설명할 수 있다.
2. 긍정적인 태도의 성품 교육목표가 무엇인지 이해할 수 있다.
3. 긍정적인 태도의 성품 이야기를 통해 긍정적인 태도의 중요성을 이해할 수 있다.

성품 빚기

：01. 긍정적인 태도란

긍정적인 태도에 대한 사전적 의미는 "그렇다고 생각해서 옳다고 인정하는 태도"[10]이다. 즉 어떤 상황에서도 좋게 평가할 뿐 아니라 바람직하고, 미래지향적이며, 어두운 면보다 밝은 면을 바라보는 태도이다. 그 대상이 사람일 경우 그에게서 부정적인 측면을 보기보다 본받을 만한 측면을 발견하여 자신의 발전에 도움을 삼는 태도이다.

이영숙 박사의 12성품교육론은 '긍정적인 태도'를 다음과 같이 정의한다.

"긍정적인 태도란 어떠한 상황에서도 가장 희망적인 생각, 말, 행동을 선택하는 마음가짐이다."

_좋은나무성품학교 정의

여기서 주목할 부분은 '어떠한 상황에서도'이다. 즉 기쁠 때는 물론이거니와 슬프고, 나쁘고, 불리한 상황에서도 가장 희망적인 생각과 말과 행동을 선택하는 마음가짐이 긍정적인 태도이다. '선택'이라는 단어에 또 방점을 찍어 두어야 한다. 성품은 '선택'이라는 점을 거듭 강조하고 있다.

---

9   코리아메디컬닷컴. 2014. "밝고 긍정적일수록 면역력도 강해진다". 8월 26일.
    http://news.naver.com/main/hotissue/read.nhn?mid=hot&sid1=103&cid=3118&iid=958685&oid=296&aid=0000020276&ptype=021
10   김기열 (2012). 성품경영 자료집-'긍정성품경영'. 좋은나무성품경영연구소.

사람이란 자기에게 어려운 상황이 닥치면 불평하게 마련이다. 이를 습관이라고 한다. 이 말은 곧 내가 불평을 선택했다는 의미이다. 슬픈 일이 닥치면 모든 사람은 슬퍼하게 마련이고, 용기를 잃고, 좌절한다. 그러나 좋은 성품을 훈련한 사람이라면, 그래서 좋은 인성을 가진 사람이라면 그 상황에서 가장 희망적인 생각을 선택할 줄 안다.

불평하는 심리 속에는 타인에 대한 원망이 자리하고 있다. 즉 부정적인 환경을 갖게 된 까닭도 부모가 나에게 그런 환경을 물려주었기 때문이고, 내가 태어난 사회가 불합리해서 내가 성공하지 못하며, 직장의 문화가 나의 가능성을 인정해 주지 않으므로 승진하지 못한다고 생각하는 식이다. 하지만 이런 생각 자체가 습관이다.

무엇보다 그렇게 불평하는 상황 또는 환경이 나 한 사람에게만 주어진 것도 아니다. 수많은 사람들에게 그 나름의 불리한 환경이 있게 마련이고, 대부분의 사람들은 그런 환경에서 불평을 선택한다. 그런 선택은 누구나 하기 쉽다.

긍정적인 태도의 성품을 가진 사람은 이 쉽고도 자연스러운 습관을 선택하는 대신, 그 상황에서도 가장 희망적인 것이 무엇인가를 찾고자 노력한다. 그들이야말로 그저 보통의 사람이 아닌 특별한 사람이다. 이 특별한 사람이야말로 우리 사회가 요청하는 사람이고, 무엇보다 스스로 행복할 수 있는 선택을 하는 사람이다.[11]

미국의 한 기업에서 사장을 선발하는데 이 기업의 부사장은 자기 자신을 가장 적합한 사장 후보로 확신했다고 한다. 그는 스스로 판단하기에 누구보다 열심히 일하고, 누구보다 헌신했으며, 누구보다 회사의 발전에 많은 시간을 투자했고, 누구보다 뛰어난 실적을 올린 사람이었다. 그런데 결과는 엉뚱한 사람이 사장으로 지목됐다.

부사장은 화가 난 나머지 선발작업을 진행한 회장을 찾아가 따졌다. 그는 자신이 그동안 회사를 위해 일해 온 이야기를 늘어놓으면서 억울하다고 호소했다. 그러자 회장이 말했다.

"옳은 말이네. 자네가 매출도 가장 많이 올리고, 누구보다 많은 시간을 회사에 투자했다는 걸 나도 잘 아네. 그런데 자네는 리더의 자질이 부족하네. 왠지 아는가? 리더는 긍정의 사람이어야 해."

회장은 곧 부사장이 그동안 헌신하고 큰 실적을 올린 것이 사실이지만 그 일을 불평하며 해 왔음을 지적한 것이다.

실제로 긍정적인 태도의 성품을 가진 지도자는 그가 속한 공동체의 구성원들을 희망적인 상황으로 이동시키고, 결국 희망을 보게 만든다. 그러니 절망 속에서 누구나 쉽게 선택하는 절망

---

11 이영숙 (2006). 어린이성품리더십-긍정적인 태도 1,2,3. 서울: (도)좋은나무성품학교.

을 바라보는 사람은 지도자가 되어서는 안 된다는 말이다. 한 연구기관이 존경받는 지도자들의 공통점을 연구했더니 대부분 긍정적인 태도의 성품을 소유한 사람이었다고 한다.

즉 이런 사람이 지도자가 될 때 그 공동체는 희망을 함께 공유할 수가 있게 되고, 함께 행복할 수가 있는 것이다.

: 02. 긍정적인 태도의 교육적 효과

긍정적인 태도의 성품을 학습하는 방식은 대체로 다음 과정을 밟는다.

우선 긍정적인 태도의 정의를 알고, 그 개념을 명확하게 갖게 되면, 인지능력이 향상되고, 긍정적인 자아개념이 굳세지며, 갈등을 긍정적인 방향으로 해결할 수 있는 능력이 생긴다. 이렇게 될 때 건강한 또래관계가 형성되고, 어른들과도 안정적인 관계를 맺을 수 있다. 이는 곧 사회성 발달로 이어지고, 정서 지능이 향상되며, 결정적으로 욕망을 인내하고 좌절하지 않으며, 높은 자존감을 형성한다.[12]

그러므로 긍정적인 태도의 성품을 지닌 사람은 높은 '자기효능감(自己效能感, self-efficacy)'을 갖게 된다. 자기효능감은 어떤 상황에서 적절한 행동을 할 수 있다는 기대와 신념이다. 즉 내가 무엇인가를 할 수 있다는 자신감인데, 결국 이 감정이 한 개인의 능력을 향상시키는 원동력이 된다.[13]

: 03. 긍정적인 태도의 성품 계발하기

그리스 신화에 나오는 조각가 피그말리온의 이름에서 유래한 심리학 용어가 피그말리온 효과 (pygmalion effect)이다. 피그말리온은 아름다운 여인상을 조각한 뒤 여인상을 진심으로 사랑하게 된다. 아프로디테는 피그말리온의 사랑에 감동하여 여인상에게 생명을 주었다. 이처럼 타인의 기대나 관심으로 말미암아 능률이 오르거나 결과가 좋아지는 현상이 피그말리온 효과이다. 심리학에서는 타인이 나를 존중하고, 나에게 기대를 하면 그 기대에 부응하고자 노력한다는 의미로 사용되는데, 피그말리온 효과는 긍정적인 태도가 만들어 내는 결과에 대한 연구의 한 측면으로 볼 수 있다.[14]

1968년 하버드대 사회심리학과 교수 로젠탈(Rosenthal Robert)과 미국에서 20년 이상 초등학교 교장을 지낸 제이콥슨(Jacobson Lenore)은 미국 샌프란시스코의 한 초등학교에서 전교생을

---

12 이영숙 (2011). 한국형 12성품교육론. 서울: (도)좋은나무성품학교. 93-94, 101-102, 184-186.

13 이영숙 (2013). 초등성품리더십 인성교과서 - 긍정적인 태도. (사)한국성품협회.

14 Robert Rosenthal. (2003). Pygmalion in the classroom. 심재관 역. 이끌리오.

대상으로 지능검사를 한 후 검사 결과와 상관없이 무작위로 한 반에서 20% 정도의 학생을 뽑았다. 그 학생들의 명단을 교사에게 주면서 '지적 능력이나 학업 성취의 향상 가능성이 높은 학생들'이라고 믿게 했다. 8개월 후 이전과 같은 지능검사를 다시 실시했는데 그 결과 명단에 속한 학생들은 다른 학생들보다 평균 점수가 높게 나왔다. 뿐만 아니라 학교 성적도 크게 향상되었다. 명단에 오른 학생들에 대한 교사의 기대와 격려가 중요한 요인이었던 셈이다. 이 연구 결과는 교사가 학생에게 거는 기대가 실제로 학생의 성적 향상에 효과를 미친다는 것을 입증했다.

긍정적인 태도는 긍정적인 생각을 하고, 긍정적인 말을 하며, 긍정적으로 행동하는 것을 의미한다. 좋은나무성품학교는 지난 10년 동안 긍정적인 태도의 성품을 교육하고 나서 나타난 다양한 변화들을 직접 확인해 왔다.

하나의 사례로 제주 지역에서 긍정적인 태도 수업을 받은 한 어린이를 소개하면, 이 어린이의 가정에 심각한 위기가 닥쳤다고 한다. 아빠의 사업이 실패하면서 빚더미에 앉은 것이다. 아빠는 스스로 좌절했는데, 계속된 사업 실패 때문에 자살할 결심까지 하게 됐다. 그런 아빠가 아이가 부르는 노래를 듣고 귀를 기울였다. 아이가 부르는 노래란 좋은나무성품학교에서 배운 긍정적인 태도의 정의 노래였다. 즉 "긍정적인 태도란 어떠한 상황에서도 가장 희망적인 생각, 말, 행동을 선택하는 마음가짐"이라는 가사에 곡을 붙인 노래이다.

> **사례** 아이는 노래를 부르다 말고 아빠에게 달려와서는 이렇게 물었다. "아빠 알아? 긍정적인 태도가 뭔지?" "뭐야?" "긍정적인 태도란 어떠한 상황에서도 가장 희망적인 생각, 말, 행동을 선택하는 마음가짐이야." 그렇게 말한 뒤 사라지는 아이의 뒷모습을 보면서 아빠는 깜짝 놀라서 '내가 지금 무슨 생각을 한 거야?' 하고 스스로 뉘우쳤다. 아빠는 아이가 가르쳐 준 대로 지금 사업이 다 망하여 어려운 상황에 처했지만 이 상황 속에서 내가 선택해야 할 희망적인 생각, 희망적인 말, 희망적인 행동이 뭘까, 고민했다고 한다. 아빠는 그렇게 빚을 청산할 용기를 가진 뒤 아이가 다니는 좋은나무성품학교로 찾아와서 선생님에게 감사의 말을 전했다. "선생님, 우리 딸에게 긍정적인 태도의 성품을 가르쳐 주셔서 감사합니다. 선생님과 딸이 없었다면 저는 지금 이 세상 사람이 아닐 거예요."[15]

이런 감동적인 사례들은 지금도 성품교육이 진행되는 곳에서 다양하게 나타나고 있다.

미켈란젤로의 위대한 작품 다비드 상이 어떻게 탄생했는지 아는가. 어느 조각가 도나텔로가 반품해 버린 흠집 난 대리석으로 만든 것이 다비드 상이다. 도나텔로에게는 흠집 난 대리석이

---

15 이영숙 (2007). 나를 찾아 떠나는 여행. 성품. 서울: 두란노.

무용지물이었으나, 미켈란젤로는 대리석의 그 흠집을 잘 활용하여 다비드 상을 만든 것이다.[16]

그러고 보면 위대한 인생이란 흠집 없는 인생이 아니라 흠집을 어떻게 잘 극복하느냐에 달려 있다. 긍정적인 태도의 성품이란 바로 우리 인생을 명품으로 만들어 가기 위한 미켈란젤로의 지혜와도 같은 것이다.

 성품 빛내기

: 긍정적인 사람은 나쁜 행동을 똑같이 따라 하면 안 돼요

경기 인천 좋은나무성품학교에서 성품교육을 받은 나은이라는 어린이 이야기이다. 나은이가 여느 때처럼 친구와 놀이터에서 놀고 돌아와서 현관에 들어섰는데, 이날따라 어쩐 일인지 모래를 잔뜩 뒤집어쓴 채였다. 엄마가 그 까닭을 물으니 다른 친구가 나은이에게 모래를 집어 던져서 그렇게 됐다는 것이다. 엄마는 순간 화가 나서 "너도 던지지 그랬어, 왜 가만히 있었니? 다음부터는 다른 사람이 그러면 너도 똑같이 해!" 하고 말했다. 그런데 나은이가 이렇게 말하더라는 것이다. "엄마, 나는 그런 행동을 하면 안 돼요. 나는 긍정적인 태도를 지닌 사람이고, 긍정적인 사람은 나쁜 행동을 똑같이 따라 하면 안 돼요. 왜냐하면 긍정적인 태도란 어떠한 상황에서도 가장 희망적인 생각, 말, 행동을 선택하는 마음가짐이니까요." 엄마는 나은이 이야기를 듣고 얼굴이 화끈거렸다. 성품교육이 나은이의 말과 생각, 그리고 행동을 확실히 다르게 만들었다.[17]

성품 다듬기

: '긍정적인 태도'란

어떠한 상황에서도 가장 희망적인 생각, 말, 행동을 선택하는 마음가짐(좋은나무성품학교 정의)이다.

: 긍정적인 태도의 교육적 효과

첫째, 긍정적인 태도가 무엇인지 아는 인지능력이 향상되고, 둘째, 긍정적인 자아 개념을 형성하여 갈등을 긍정적인 방향으로 해결하며, 셋째, 건강한 또래 관계와 어른들과의 안정적인 관

16 Anton Gill, (2003). Il Gigante: Michelangelo, Florence, and the David, 1492-1504. 이명혜 역. 생각의나무.
17 이영숙 (2014). 좋은성품 부모-긍정적인 태도 매거진. Vol.5. (사)한국성품협회. 14-15.

계 맺기를 통해 사회성 발달과 정서지능이 향상된다.

: 긍정적인 태도의 교사와 부모가

긍정적인 태도의 학생과 자녀를 만든다. 위대한 인생은 흠집이 없는 인생이 아니라, 긍정적인
태도로 흠집을 어떻게 잘 극복하느냐에 달려 있다.

34강 기쁨(Joyfulness)

성품 생각하기

: 기쁨이 최고의 진통제?

영국 옥스퍼드대 연구팀이 다음과 같은 실험을 했다.

실험에 참가한 사람들을 두 그룹으로 나눠서 한 그룹에게는 "프렌즈", "미스터 빈", "심슨
가족" 등 코미디 비디오를 보게 하고, 다른 그룹에게는 골프 교습이나 애완동물 길들이기 같은
다큐멘터리를 보게 한 뒤에, 비디오를 보기 전과 후 통증을 느끼는 정도를 측정했다. 그 결과
코미디 비디오를 보면서 웃는 사람들의 경우 통증을 견디는 힘이 다른 그룹 사람들에 비해 더
큰 것으로 나타났다. 즉 웃음이 건강에도 좋지만 진통 효과도 있다는 사실을 증명했다.

이 같은 사실은 영국 왕립학회보 B(*Proceedings of the Royal Society B*)의 내용을 인용한 코리아메
디컬닷컴이 2012년 11월 20일 자 기사에서 밝혔다. 이 기사는 기쁨의 표현인 웃음은 가슴과 폐
부위의 근육 운동에 좋으며, 엔도르핀을 방출시키는데 그 수치가 높아지면 통증을 느끼는 임계
치가 높아진다고 설명하고, 옥스퍼드대 심리학 교수 로빈 던바의 말을 인용해 "엔도르핀은 면
역계를 조정해 주는 역할을 하는데, 기쁨을 표현하는 웃음을 통해 엔도르핀을 방출하면 질병
을 극복하고 신체로 하여금 감염에 대한 저항력을 키워 준다"면서, "제약 회사는 이를 싫어하
겠지만 기쁨을 웃음으로 표현함으로써 만성통증도 완화되고 병원비까지 절감될 것"이라고 덧
붙였다.[18]

---

18 코리아메디컬닷컴. 2012. "'하하하' 웃음소리, 어떤 진통제보다 좋다". 11월 20일.
http://news.naver.com/main/hotissue/read.nhn?mid=hot&sid1=103&cid=3118&iid=550647&oid=296&aid=0000013503&ptype=021

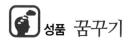
성품 **꿈꾸기**

1. 기쁨의 성품 정의를 설명할 수 있다.
2. 기쁨의 성품 교육목표가 무엇인지 이해할 수 있다.
3. 기쁨의 성품 이야기를 통해 교사와 부모가 먼저 기쁨의 좋은 성품으로 변화돼야 함을 깨달을 수 있다.

성품 **빚기**

: **01. 기쁨이란**

우리는 저마다 기쁜 순간이 다르다. 누군가는 먹을 때 기쁘고, 또 누군가는 쇼핑할 때, 어떤 이는 통장에 잔고가 가득 있을 때 기뻐한다. 많은 엄마들은 아이의 재롱을 보면서 기뻐하고, 많은 학생들은 원하는 성적을 얻을 때 기뻐한다. 결국 우리는 원하는 것이 이루어질 때 기뻐한다. 하지만 정작 내가 원하는 게 무엇인지 모르는 사람들이 많고, 그들은 결국 자신이 언제 기뻐하는지 모르는 셈이다.

2015년 11월에 경제협력개발기구, 즉 OECD가 조사한 자료에 따르면 우리나라는 우울증이 주요 원인인 자살률이 10만 명당 29.1명으로 28개 소속 국가들 중 가장 높게 나타났다. 우울증 환자들의 증가율도 매우 높은데, 2010년에 45만 9,774명이었으나 2014년에 52만 5,230명으로 4년 사이에 약 14% 늘어난 것으로 나타났다. 청소년들의 경우도 성인과 다르지 않아서, OECD 국가들 중 역시 가장 높았다.

자살 원인이 우울증이라는 말은 기쁨을 느끼지 못하기 때문이라는 말이다. 기쁨은 내가 원하는 것들이 이루어질 때 느끼는 감정인데, 청소년들이 우울하다는 것은 자신이 원하는 바를 이루지 못하고, 또 이뤄질 희망조차 없다는 이야기이다.

부모성품교육 중에 성품이노베이션이라는 프로그램이 있다. 성품으로 자기 인생을 개혁하는 시간이다. 언젠가 이 프로그램을 진행하려고 할 때 65세의 할머니 한 분이 문을 열고 들어왔다.

"할머니, 어떻게 알고 여기 오셨어요?"

"지나가다가 내가 너무 죽을 것 같은데, 보니까 '좋은나무성품학교'라는 간판이 있어서 저기 가면 살 수 있겠구나, 싶어서 왔어요."

이 할머니로부터 구구절절 사연을 들으면서 '대체 지금까지 어떻게 살아오셨을까?' 싶었다. 할머니의 결혼생활은 너무 비참했다. 남편은 툭하면 밥상을 엎었고, 아내를 매질했다. 이런 가정에서 할머니는 자녀를 키우고 지금까지 살아온 것이다. 할머니는 모진 생활을 견디며 살아온 비결을 이렇게 설명했다.

"지금도 남편을 보면 답답하고 속상해요. 그렇지만 하늘을 보고 살아요."

"그게 무슨 말씀이에요?"

"나에게는 행복한 어린 시절이 있거든요. 나는 한의원 집 막내딸로 태어나 못해 본 것 없이 다 누리며 살았어요. 우리 집은 동네에서 가장 부자였어요. 부모님은 나를 공주처럼 대하셨죠. 그렇게 남부럽지 않게 살다가 결혼한 거라우."

"그렇게 살다가 지금 남편 되시는 분과 만났으면 더 불행했을 텐데⋯."

"그럴 수도 있는데, 한편으로는 남편이 이해가 되거든요. 나는 그야말로 원 없이 행복한 어린 시절을 보냈지만 남편은 너무 불행한 어린 시절을 보냈어요. 그래서 때로는 그 사람이 불쌍해서 마음으로 품어 줍니다."

기쁨의 힘이란 이런 것이다.

기쁨의 사전적 정의는 "바람이 충족되었을 때의 즐거운 마음이나 느낌"[19]이다. 하지만 이것은 모호하다. 이영숙 박사의 12성품교육론은 기쁨을 보다 분명하게 설명한다.

"기쁨이란 어려운 상황이나 형편 속에서도 불평하지 않고 즐거운 마음을 유지하는 태도이다."

_좋은나무성품학교 정의

누구나 늘 쉬운 길을 걷는 경우는 흔치 않다. 인생은 어려움과 쉬움이 늘 교차하고 반복한다. 항상 슬프지만도 않고 항상 기쁘지만도 않다. 하지만 어떤 형편 속에서도 불평하기보다 즐거운 마음을 유지하는 태도가 참 기쁨이다.

조금 슬프면 금세 좌절하고, 조금 기쁘면 세상을 모두 가진 듯 펄쩍펄쩍 뛰는 증세를 조울증이라 한다. 이런 널뛰는 듯한 감정이 우리를 더욱 불행하게 만든다. 슬프거나 어려울 때 마음의 평정을 유지할 수 있다면 우리는 좋은 성품을 가진 것이라 볼 수 있다. 매우 고통스러운 시간이 닥쳐 와도 언젠가 시련이 사라지면 마음의 소원이 이뤄질 것이라고 희망적인 태도를 갖는다면 기쁨이 샘처럼 솟아날 수 있다.[20]

기쁨의 성품이란 이런 것이다. 이처럼 성품은 선택하고 유지하는 것이다. 환경에 따라 냄비가 끓고 식듯 온탕과 냉탕을 오가는 게 아니라 유지할 수 있는 능력이 기쁨의 성품인 셈이다.

---

19 김기열 (2012). 성품경영 자료집-'긍정성품경영'. 좋은나무성품경영연구소.
20 이영숙 (2006). 어린이성품리더십-기쁨 1,2,3. 서울: (도)좋은나무성품학교.

: 02. 기쁨의 교육적 효과

어떤 상황에서도 기쁨을 유지하려면 기쁨의 정의를 두 단계로 나눠 훈련할 필요가 있다.[21]

첫째 단계는 내가 얼마나 소중한지 알고 즐거워하는 것(좋은나무성품학교 기쁨의 1단계 정의)
이다. 앞에 소개한 할머니의 경우 지금 현재의 상황은 전혀 기뻐할 수 없지만 할머니는 그 상황
에도 깔깔 웃고 있었다. 6주 과정의 수업이 모두 끝나고 필자의 기억 속에 이 할머니는 아직도
생생히 남아 있다. 할머니가 필자에게 향수 하나를 선물해 주었는데, 그 향수가 무척 소중해서
쓰지 않고 간직하고 있다. 그렇게 어려운 상황에서도 다른 사람에게 향수를 선물할 수 있는 넉
넉한 마음을 가진 할머니가 존경스러웠다.

할머니는 프로그램이 모두 끝난 뒤 이렇게 소감을 발표했다.

"이제 살 것 같아요. 내 마음이 기뻐졌어요. 우리 아이들에게도 이걸 가르쳐야겠어요."

"남편 문제는 아직 그대로인데…."

"지금까지도 살았는데 앞으로는 못 살겠어요? 이 사람은 이런 사람이다, 생각하고 살아야
죠."

할머니에게 기쁨의 성품에 이르는 1단계가 충족된 것이다. 내가 얼마나 소중한지 알고 즐거
워하는 것(좋은나무성품학교 기쁨의 1단계 정의)에서부터 기쁨은 시작된다. 즉 나 자신에 대한 기
쁨 없이 다른 사람들에게 기쁨의 성품을 가르칠 수는 없다. 기쁨은 전이되기 때문이다. 내가 무
슨 일을 하고 있든, 외모가 어떠하든, 능력이 조금 떨어지더라도, 내가 이 땅에 태어났다는 사
실만으로 기뻐하고 즐거워하는 마음이 기쁨의 성품 1단계이다.

> **〈직접 해 보기〉**
>
> 나 자신에게 다음 말을 사용하여 격려해 주자.
>
> "넌 참 소중해!"
>
> "넌 굉장해!"
>
> "너는 최고야!"
>
> "수고했어. 참 잘했어. 얼마나 애썼니."
>
> 이런 말을 하고 난 뒤의 느낌을 기록해 보자.

제**1**장
제**2**장
제**3**장
제**4**장
제**5**장
제**6**장
제**7**장
✛
제**8**장
제**9**장
제**10**장
✛
제**11**장
제**12**장
✛
제**13**장

21 이영숙 (2011). 청소년성품리더십-기쁨. 서울: (도)좋은나무성품학교.

내가 얼마나 소중한지를 아는 사람만이 다른 사람에게도 소중하다고 말할 수 있다. 이런 사람이 '어려운 상황이나 형편 속에서도 불평하지 않고 즐거운 마음을 유지'(좋은나무성품학교 기쁨의 2단계 정의)할 수 있다. 곧 기쁨의 성품에 대한 정의를 가르침으로써 아이들은 좋은 성품을 인지하게 되고, 개념이 형성된다.

둘째 단계는 자기를 이해함으로써 자아정체성을 형성하고 자기존중감이 발달하는 것이다. 좋은 성품은 자기존중감에서 생겨난다. 마찬가지로 좋은 인성은 자기존중감이 발달한 사람들에게서 나타난다. 즉 내가 정말 사랑받을 수 있는 존재이고, 많은 사랑을 받았고, 나는 소중하고, 다른 사람의 공감을 얻고, 거절당한 경험보다 수용받은 경험이 많은 사람들이 좋은 성품을 갖게 될 가능성이 높다.

따라서 기쁨의 성품을 일찍 가르칠 경우 아이들의 자존감이 높아지게 되고, 자기를 존중하는 사람은 어려운 일이 생기더라도 극복하는 힘이 있다. 학업수행능력도 마찬가지이다. 공부하라는 말로써 공부하게 할 수 없다. 자기존중감이 높은 아이들은 스스로 좋은 선택을 하고 그것을 실천한다. 공부도 그런 실천의 한 측면이다.

여성들의 우울증 역시 자기존중감이 사라지면서 나타나는 현상이라 볼 수 있다. 사랑하고, 결혼하고, 남편 뒷바라지하고, 아이 낳아 키우기까지 하면서 이제 비로소 한숨 돌리는가 싶을 때 남편은 남편대로 자기 인생을 사는 것 같고, 아이들은 아이들대로 독립하려고 하면 갑자기 스스로에게 질문하기 시작한다.

'나는 대체 누구일까?'

'내 삶의 목표는 뭘까?'

'나는 무엇을 위해 살았던가?'

이 질문에 대한 답을 할 수 없을 때 우울해진다. 자아 정체감에 혼란을 느끼기 때문이다.

그래서 청소년의 진로지도 역시 자아 이해를 돕는 일에서부터 시작해야 한다. 나는 어떤 장점과 강점을 가지고 있는지, 나에 대한 이해를 높여 주는 일이 가장 중요한 진로지도이다. 즉 나를 앎으로써 나의 장점과 강점을 키우고, 단점과 약점은 보충하면서 나를 발달시켜 가는 일이어야 한다. 이로써 우리는 자신감을 갖게 되고, 기쁨의 성품을 유지할 수 있다.

기쁨의 성품은 갈등을 적극적으로 해결하고자 노력하는 태도를 보이고, 타인과 안정적인 관계를 형성할 수 있도록 돕는다. 사람들은 자기가 속한 공동체에서 규칙을 지키지 않고 탈선할 때 스스로 불안감을 갖는다. 학교에서 교칙을 어기고 탈선하는 학생들은 자기 스스로 불안감에 휩싸여 기쁨을 느끼지 못한다. 이런 학생들은 오히려 공격적인 성향을 보이고 거듭 규범을 위반하는 악순환에 빠지게 된다.

기쁨의 성품교육은 이런 학생들에게 공동체가 지키기로 한 약속을 지키도록 함으로써 기쁨을 회복하도록 돕고, 나아가 사회성을 되찾도록 해 준다.[22] 그런 점에서 약속을 지키고 책임감을 불어넣어 주는 일은 기쁨을 회복하고 내면의 평화를 유지하도록 돕는 첩경이 된다. 기쁨의 성품은 그런 점에서 자존감을 향상시켜 준다.

: 03. 기쁨의 성품 계발하기

〈직접 해 보기〉

나의 행복지수는 얼마일까? 다음 질문에 O 또는 X로 답한 뒤 O의 개수를 세어 본다.[23]

1. 나는 내가 소중한 존재라는 데 자부심이 있다.
2. 나는 내가 쓸모 있는 사람이라는 것을 알고 있다.
3. 나는 가족과 친구로부터 사랑받고 있는 존재라는 사실을 의심하지 않는다.
4. 나는 걱정보다 긍정적인 해답을 찾기 위해 노력한다.
5. 나는 걱정이나 스트레스도 나에게 유익을 준다고 생각한다.
6. 삶은 고통의 바다가 아니라 즐거움의 바다라고 생각하는 편이다.
7. 사람과 만날 때 즐거움을 찾으려고 적극적으로 노력한다.
8. 나는 현재 살아가는 삶과 일이 보람 있다고 생각한다.
9. 나는 가정, 직장, 사회에서의 인간관계를 즐겁게 유지하고 있다.
10. 나는 다른 사람을 즐겁게 해 주려고 유머 등을 사용한다.

O표의 수가

- 1~3개 : 스스로 불행하다고 생각하는 사람
- 4~6개 : 환경에 따라 기분이 바뀌는 사람
- 7~10개 : 기쁨의 성품을 유지하는 사람

아무리 어려운 상황에서도 불평하지 않고 즐거운 마음을 갖는 '기쁨'의 성품을 유지하려면 습관으로 정착시키는 노력이 필요하다.[24]

좋은나무성품학교는 이를 위해 '기쁨의 5-2-5법칙'을 실천하도록 한다. '기쁨의 5-2-5법

22 이영숙 (2011). 한국형 12성품교육론. 서울: (도)좋은나무성품학교. 94, 102, 187-188.
23 김기열 (2012). 성품경영 자료집-'긍정성품경영'. 좋은나무성품경영연구소.
24 이영숙 (2012). 초등성품리더십 인성교육서-기쁨. (사)한국성품협회. *서울특별시교육감 인정도서(교육과정과-1505호)

칙'은 분노가 치미는 순간 허리를 똑바로 세우고 복식호흡을 하는 것인데, 코로 숨을 5회 들이쉬고 2초 동안 참은 뒤 5회 입으로 내뱉는다.

이렇게 반복하면서 내 속에 일어난 화를 식힌다.[25] 우리 몸의 생체리듬은 하나의 습관이 정착하는 데 최소 60일이 걸린다는 의학보고서가 있다. 그러므로 60일 동안 '기쁨의 5-2-5법칙'을 사용하면서 꾸준히 연습하는 노력을 해야 한다. 이렇게 정착된 좋은 성품은 다른 사람에게까지 전해지는 효과가 있다. 그래서 가정에서 한 사람이 성품교육을 받게 될 경우 가족들 전체로 좋은 성품이 흘러가는 현상이 나타난다.

 성품 빛내기

: 좋은나무성품학교의 성품교육, 아이들 삶의 양식이 되기를

경기도의 한 초등학교에서 성품전문지도사로 성품수업을 하고 있는 선생님의 이야기이다. 이 선생님은 성품 수업을 앞두고 '기쁨의 성품을 어떻게 더 잘 가르칠 수 있을까?'에 대한 고민이 있었다. 우선 3주 전부터 기쁨의 정의 곧 '어려운 상황이나 형편 속에서도 불평하지 않고 즐거운 마음을 유지하는 태도'(좋은나무성품학교 정의)를 마음에 새기는 노력을 했는데, 교사부터 먼저 기쁨으로 충만해야 아이들에게도 기쁨을 가르칠 수 있기 때문이었다. 훗날 돌이켜보니 '기쁨'의 성품을 실천하도록 노력하는 시간들이야말로 아이들을 더 잘 이해하는 토대가 되었다. 수업이 4주 정도 진행되면서 아이들 개개인의 주요 감정패턴을 파악하게 되었고, 아이들의 힘든 상황을 성품수업을 통해 공감할 수 있게 되었다. 성품수업 시간이, 기쁨을 갖지 못하게 하는 어려운 상황들을 솔직하게 표현하고 친구들끼리 서로 공감하고 위로하며 '기쁨을 되찾는' 수업 시간이 된 것이다. 성품수업을 하던 어느 날, 항상 불만에 차 있던 한 아이가 '나의 감정 표현해 보기' 시간에 자신이 받은 상처를 친구들에게 솔직하게 털어놓았는데, 내용인즉 무엇이든 잘하는 언니 때문에 엄마와 아빠가 자기보다 언니를 더 좋아한다는 것이었다. 그러자 이 고백을 들은 친구들이 서로 공감해 주고, 격려하면서 이 아이가 기쁨을 되찾기 시작했다. 그동안 자기 편은 하나도 없다고 생각하고 불만에 가득 차 있었는데 친구들과 교사가 자신을 진심으로 위로해 주고 공감해 주니 더없이 기뻤던 것이다. 이 밖에도 아이들은 성품교육을 받고 나서 "힘들 때 기쁨 정의 노래를 부르며 노력해요"라고 말하면서 기쁨의 성품을 적극적으로 실천해 나갔다. 이 선생님은 성품수업이 끝나는 날 아이들을 한 사람씩 안아 주면서 기쁨의 성품으로

---
25 이영숙 (2007). 나를 찾아 떠나는 여행. 성품. 서울: 두란노.

날마다 행복한 선택을 하도록 격려하는 시간을 가졌는데, 그때 아이들과의 뭉클한 감동을 잊을 수 없다고 소감을 전했다.[26]

 성품 **다듬기**

: '기쁨'이란

어려운 상황이나 형편 속에서도 불평하지 않고 즐거운 마음을 유지하는 태도(좋은나무성품학교 정의)이다.

: 기쁨의 교육적 효과

첫째, 기쁨의 정의가 무엇인지 아는 인지능력이 향상되고, 둘째, 자아이해 발달 및 정체성을 형성하여 자기 존중감이 발달하며, 셋째, 자신의 장점과 강점을 계발할 수 있고, 넷째, 갈등을 적극적으로 해결하기 위해 노력하는 태도를 통해 타인과의 안정적인 관계를 형성할 수 있고, 다섯째, 질서를 존중하며 사회성 발달을 이룬다.

: '기쁨의 5-2-5법칙'을 통해

'기쁨'의 성품을 습관화함으로써, 어려운 상황에서도 불평하지 않고 즐거운 마음을 갖는 좋은 성품의 태도를 유지해 나갈 수 있다.

35강 배려(Caring)

성품 **생각하기**

: 배려와 관용, 타고난 성격보다 교육이 좌우한다!

최근 신경과학자들의 연구에 따르면 이타적인 사람으로 만드는 것은 후천적인 교육이 선천적인 요인보다 더 중요하다고 한다.

현대생물학(*Current Biology*) 저널 2015년 1월 5일 자 내용에 따르면 미국 시카고대 신경과학과

26 이영숙 (2012). 성품, 향기 되어 날다. 서울: 좋은나무성품학교. 201-202.

연구팀이 아이들의 뇌를 측정해서 너그러움의 정도를 파악하는 실험을 진행한 결과 관용과 배려가 어디서부터 생겨나는지를 확인했다.

이 실험은 뇌전도 검사를 이용해 3~5세 사이 아동 57명의 뇌파를 기록하는 실험으로, 실험에 참가한 아이들은 뇌 검사를 받는 동안 남을 돕는 친사회적인 캐릭터와 남에게 피해를 끼치는 반사회적인 캐릭터가 등장하는 짧은 애니메이션을 보고, 스티커를 10장씩 나누어 받았다. 그리고 이 스티커를 익명의 다른 아이들에게 나눠 줄 의향이 있는지 물었을 때 평균 1.78개의 스티커를 다른 친구들에게 나눠 주겠다는 의사를 밝혔다고 한다. 아이들이 스티커를 공유하는 태도는 친사회적인 행동의 일종인 셈인데 그 결과를 보면 아이의 성별이나 나이에 따라 큰 차이는 없었다는 것이다. 아이들은 대개 스티커를 독차지하겠다고 했는데, 이런 아이들이 자라면서 후천적인 교육을 통해 점점 배려심을 갖게 되는 셈이다.

이 실험에서는 또 사회적 행동을 보여 주는 애니메이션을 보는 동안에는 뇌전도 검사에서 특정 신경 반응이 나타났다고 밝혔다. 즉 아이들의 뇌에서 도덕적 행동의 근간이 되는 무의식적 혹은 의식적 신경반응에 따라 향후 너그러운 사람으로 성장할 수 있을지의 여부가 결정된다는 것이다.

코리아메디컬닷컴 2015년 1월 2일 자는 이 같은 내용을 인용 보도하면서 도덕성과 사회성을 향상시키려면 교육이 필요한데, 무엇보다 아이들이 도덕적인 행동을 할 수 있도록 독려하는 환경을 조성해야 한다고 결론지었다.[27]

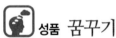 **성품 꿈꾸기**

1. 배려의 성품 정의를 설명할 수 있다.
2. 배려의 성품 교육목표가 무엇인지 이해할 수 있다.
3. 배려의 성품 이야기를 통해 배려의 성품을 키우는 방법을 실천할 수 있다.

---

27 코리아메디컬닷컴. 2015. "관용과 배려는 타고난 성격보다 교육이 좌우", 1월 2일.
http://news.naver.com/main/hotissue/read.nhn?mid=hot&sid1=103&cid=3118&iid=24940760&oid=296&aid=0000021617&ptype=011

 **성품 빚기**

:01. 배려란

배려는 "보살펴 주려고 이리저리 마음을 써 주는 것"[28]을 말한다. 더 나아가 배려는 나의 입장에서가 아니라 배려를 받는 사람의 입장에 서야 한다. 그래서 이영숙 박사의 12성품교육론은 배려의 성품에 대해 다음과 같이 정의한다.

> **"배려란 나와 다른 사람 그리고 환경에 대하여 사랑과 관심을 갖고 잘 관찰하여 보살펴 주는 것이다."**
>
> _좋은나무성품학교 정의

배려의 출발점은 자기 자신이고, 점차 타인으로 확장되어 더 나아가 자연환경을 배려하는 일까지 넓혀진다.[29] 배려의 내용은 사랑인데, 사랑은 관심으로 나타난다.[30] 따라서 배려는 공감인지능력에 포함된다.

:02. 배려의 교육적 효과

배려의 성품은 인간, 사물, 환경을 관찰하고 탐색하는 능력을 키워 줌으로써 문제의 원인과 결과를 분석하고 해결하는 힘, 곧 인지능력이 향상된다. 이런 측면에서 인성의 계발이 논리적인 사고를 가능하게 만든다고 볼 수 있다. 이처럼 좋은 성품은 논리적 사고방식에 기반하고, 좋은 성품을 통해 학습효과도 증대시켜 준다는 사실을 증명한다.

실제로 성품교육이 학습태도를 긍정적으로 변화시켜 줌으로써 학습효과를 향상시킨 사례는 많이 있다. 이 때문에 자녀들에게 공부를 강요하기보다 오히려 좋은 성품을 갖게 함으로써 태도를 변화시켜 주는 편이 학습효과를 증대시키는 데도 효과적임을 알 수 있다.

뿐만 아니라 자신은 물론 타인의 정서를 인식하여 반응할 줄 앎으로써 대상과 상황에 적절하게 대응하고 표현할 수 있는 능력이 향상된다. 이런 공감인지능력이 사회성의 발달을 촉진하고, 정서능력 또한 향상시켜 줌으로써 결국 자아효능감을 높이는 결과를 가져온다. 자아효능감이 높아질수록 실패에 대한 두려움이 줄어들고, 새로운 과제에 효과적으로 적응함으로써 업무 수행능력도 높아진다. 따라서 자아효능감이 높은 사람의 경우 높은 자존감과 자신감을 보

---

28 김기열 (2012). 성품경영 자료집-'소통성품경영'. 좋은나무성품경영연구소.

29 이영숙 (2006). 어린이성품리더십-배려 1,2,3. 서울: (도)좋은나무성품학교.

30 이영숙 (2012). 초등성품리더십 인성교육과서-배려. (사)한국성품협회. *서울특별시교육감 인정도서(교육과정과-1505호)

장해 준다.[31]

실제로 자아효능감이 낮은 사람들의 경우 어려운 과제가 주어지면 회피하는 성향이 있고, 목표 또한 낮게 잡고, 집중하지도 못한다. 자신의 단점을 극복하지 못하고 단점으로 말미암아 결국 좌절하게 되며, 실패한 이후에도 회복하는 데 오랜 시간이 걸린다. 이런 사람들은 사회적 판단능력도 떨어져서 새로운 환경에 적응하는 속도가 느리다. 결국 배려의 성품을 가진 사람들이 좋은 지도자의 자질을 갖춘 셈이다.[32]

그러나 우리 사회의 현실을 보면 배려하는 사람이 지도자로 인정을 받지 못하는 경우가 흔하다. 오히려 배려하는 사람을 무시하는 측면이 없지 않다. 그러므로 배려의 성품이 지도자가 될 수 있는 성숙한 사회, 성숙한 가정, 성숙한 학교, 성숙한 문화가 필요하다.

즉 배려하는 사람들에게 감사를 표현하고, 칭찬하고, 인정하는 분위기가 필요하다. 배려하는 사람은 당연히 배려하는 사람인 양 치부해 버리는 풍토는 배려의 성품으로 충만한 공동체가 되는 데 방해가 된다. 성숙한 사회란 좋은 성품을 가진 사람들이 칭찬받고 존경받는 사회이다.

배려는 교육적 가치로도 중요하다. 행동에 담긴 배려는 사랑을 만들어 내고, 말 속에 담긴 배려는 자신감을 만들어 내고, 생각 속에 담긴 배려는 심오함을 만들어 내며, 베풂에 담긴 배려는 사랑을 만들어 낸다.[33]

: 03. 배려의 성품 계발하기

배려의 법칙은 '내가 만약 _____라면 _____해 주면 _____하겠지?' 하고 입장을 바꿔서 생각해 보는 것이다. 가령 '내가 만약 엄마라면 시장에 다녀와서 녹초가 됐을 때 어깨를 두드려 주면 기분이 좋아지시겠지?'라고 생각하든지, '내가 만약 할머니라면 짐이 무거울 때 들어 주면 기분이 좋아지시겠지?'라고 입장을 바꿔서 생각해 보는 마음이다.[34]

> **〈직접 해 보기〉**
> 마음속에서 불편한 사람 때문에 갈등하고 있는지 생각해 보자.
> 떠오른 그 사람의 입장이 되어 그렇게 행동할 수밖에 없었던 이유가 무엇일지 생각해 보자.
> 배려의 법칙을 적용해서 그 사람의 입장을 헤아려 보자.

---

31 이영숙 (2011). 한국형 12성품교육론. 서울: (도)좋은나무성품학교. 94-95, 102-103, 189-190.
32 이영숙 (2013). 청소년성품리더십-배려. 서울: (도)좋은나무성품학교.
33 이해인, 도종환 외 (2009). 날마다 감동 날마다 행복. 율도국.
34 이영숙 (2007). 이제는 성품입니다. 서울: 아름다운 열매.

배려는 곧 사랑이다. 그러므로 배려하는 사람들로 충만한 사회는 그만큼 행복할 수밖에 없다. 배려의 문화가 바꿀 나라, 학교, 가정을 기대해 보자.

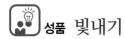

성품 빛내기

: 배려하는 학급 만들기

전주의 한 학교에서 좋은 성품 수업을 하고 있는 선생님의 이야기를 들어 보자. 선생님은 배려의 성품교육을 시작하기 전에 '본래 사람은 자기중심적인데 아이들이 어떻게 다른 사람을 위해 배려할 수 있을까?'라고 생각했다고 한다. 그런데 이런 생각은 기우에 불과했다. 어느 날 학교에서 마라톤 연습을 하고 있었는데, 학생 하나가 많이 뒤처져서 뛰다가 그만 넘어지고 말았다. 바로 그때 앞서서 뛰던 학생이 넘어진 친구를 보고는 달려와서 "괜찮아? 그럴 수 있어. 내가 같이 뛰어 줄 테니 조금만 더 힘내" 하면서 넘어진 학생을 일으켜 세웠고, 이 모습을 보던 다른 학생들도 넘어진 친구에게 달려가 함께 뛰어서 모두가 완주할 수 있었다. 감동적인 것은 어느 학생의 말이었는데, "꼴찌라도 괜찮아. 우리 반이 다 완주하면 되는 거야."라고 말했다는 것이다. 이 선생님도 아이들이 서로 배려하는 모습에 울컥하는 마음이 들었다고 소감을 전했다. 배려란 '나와 다른 사람 그리고 환경에 대하여 사랑과 관심을 갖고 잘 관찰하여 보살펴 주는 것'(좋은나무성품학교 정의)이니 이 아이들이 제대로 성품교육의 열매를 맺은 셈이다.[35]

성품 다듬기

: '배려'란

나와 다른 사람 그리고 환경에 대하여 사랑과 관심을 갖고 잘 관찰하여 보살펴 주는 것(좋은나무성품학교 정의)이다.

: 배려의 교육적 효과

첫째, 배려의 정의가 무엇인지 아는 인지능력이 향상되고, 둘째, 인간·사물·환경 탐색하기, 원인과 결과 알기, 문제 해결하기, 관찰 및 정보 수집하기를 통한 인지능력이 발달하고, 셋째, 자신과 타인에 대한 정서 인식과 반응하는 능력이 발달하고, 상황이나 대상에 맞는 정서 반응하기와, 조절하여 표현하는 능력을 키워 사회성 향상 및 정서능력이 향상되고, 넷째, 다른 사람의 필요를 도와줄 수 있는 자아 효능감 계발로 인한 자존감이 향상된다.

: '배려의 성품'은

'내가 만약 _____라면 _____해 주면 _____하겠지?' 하고 입장을 바꿔서 생각해 보는 배려의 법칙을 통해 배려하는 태도를 연습함으로써 키울 수 있다.

36강 감사(Gratefulness)

🔍 성품 생각하기

: 감사의 성품이 정신건강과 직결된다?

미국 캘리포니아주립대 한 연구팀은 10~14세 학생 700명을 4년의 시차를 두고 조사한 결과 감사하는 마음이 풍부한 상위 20%의 학생들은 하위 20%와 비교할 때 현저히 다른 몇 가지가 나타났다고 한다. 즉 삶에 의미가 있다는 느낌을 15% 더 많이 가지고 있고, 가정이나 학교, 이웃과의 관계에 만족하는 비율이 15% 더 높으며, 행복하고 삶에 희망적인 태도가 17% 더 많고, 부정적 감정을 경험한 사례가 13% 더 적고, 우울증상이 15% 더 적게 나타난다.

이 실험을 지휘한 지아코모 보노 박사는 다음과 같은 실험 결과를 덧붙였다. "처음에는 감사하는 마음이 별로 없었다가 4년이 지나는 동안 이런 마음이 커진 학생들도 음주나 약물 사용, 시험 부정행위, 결석, 징계 등 비행을 덜 저지르는 효과가 전반적으로 나타났다."

이 같은 내용은 미국 심리학회(American Psychological Association) 연례회의에서 발표됐는데, 코리아메디컬닷컴이 UPI통신을 인용해 2012년 8월 8일 자로 보도했다.[36]

💭 성품 꿈꾸기

1. 감사의 성품 정의를 설명할 수 있다.
2. 감사의 성품 교육목표가 무엇인지 이해할 수 있다.

---

36 코리아메디컬닷컴. 2012. "감사해하는 태도, 정신건강에 직결된다". 8월 8일.
http://news.naver.com/main/hotissue/read.nhn?mid=hot&sid1=103&cid=3118&iid=495805&oid=296&aid=0000012601&ptype=021

3. 감사의 성품 이야기를 통해 감사의 성품을 키우는 방법을 실천할 수 있다.

 성품 빚기

: 01. 감사란

익숙하게 느껴지는 '감사'라는 단어는 고마움을 표현하는 인사이다.[37] 사전에서는 감사를 "고맙게 여기는 마음"으로 정의했다.[38]

　이영숙 박사의 12성품교육론에서는 감사를 다음과 같이 정의한다.

"감사란 다른 사람이 나에게 어떤 도움이 되었는지 인정하고 말과 행동으로 고마움을 표현하는 것이다."

_좋은나무성품학교 정의

　감사는 느낌으로만 간직해서는 안 되고 말과 행동으로 표현해야 한다. 표현되지 않은 감사는 감사가 아니다. 우리 문화는 표현하는 데 서툴러서 마음속으로만 많은 감사의 정을 쌓아 두는 데 익숙했다. 그러다 보니 섭섭하여 오해도 하고, 더 좋은 관계로 발전하지 못한 채 불평을 늘어놓기도 했다.

　20년을 함께 동고동락하며 살아온 부부가 있었는데 어느 날 갑자기 아내가 위암이 발병하여 고통스럽게 투병하다가 먼저 남편 곁을 떠났다. 남편은 아내를 떠나보낸 뒤 아내가 고생하다 먼저 떠난 것이 미안하기도 하고, 아내 없이 살려고 하니 의욕도 생기지 않았다. 그래서 해외에서 유학 중인 아들이나 만나고 와야겠다고 생각하고 아들 곁에 갔는데 그곳에서 아름다운 풍경을 보면서도, 맛있는 음식을 먹어도 아내 생각이 더 났다. 무엇보다 살아오는 동안 아내가 고생한 생각이 자꾸 나면서 '내가 죄를 지었구나' 싶은 마음에 우울증까지 생겼다. 이런 사실을 알게 된 친구가 한국에서 책 한 권을 사서 그에게 보내 주었다. 그 책이 나를 찾아 떠나는 여행 '성품'[39]이었다. 이 책 첫 장이 '감사, 새로운 세상을 여는 문'인데, 읽다 보니 자신이 그동안 아내에게 감사를 표현하지 않고 살아온 사실을 깨달았다. 생각해 보니 아내에게 '감사하다'는 말을 해 본 적이 없었다. 고생한 아내에게 그 말 한마디도 못한 게 마음이 아픈데 책에서 감사를 자꾸 표현하면 메아리가 되어서 돌아온다는 구절이 있어서 그때부터 감사를 표현하기 시작했

37　김기열 (2012). 성품경영 자료집-'소통성품경영'. 좋은나무성품경영연구소.
38　이영숙 (2006). 어린이성품리더십-배려 1,2,3. 서울: (도)좋은나무성품학교.
39　이영숙 (2007). 나를 찾아 떠나는 여행. 성품. 서울: 두란노.

다. 그래서 책을 보내 준 사람에게도 고맙다는 문자를 보내고, 생각나는 사람들에게도 감사의 표현을 하기 시작했다. 신기하게도 감사를 하면 상대방으로부터도 감사의 인사가 오고, 그렇게 메아리처럼 들리는 감사의 인사를 들으면서 그는 우울증을 극복하게 됐다.

: 02. 감사의 교육적 효과

감사의 성품을 통해 교육적으로 얻을 수 있는 유익은 감사에 대한 인지능력이 향상되고, 일의 원인과 결과를 탐색하는 논리력도 강화된다. 또 감사를 표현함으로써 언어적인 의사소통뿐 아니라 비언어적 의사소통기능을 터득하게 되어 사회성 발달에도 기여한다.

우리는 오랜 역사 속에서 감사에 대한 표현을 억압해 왔다. 이 때문에 감사를 표현하는 언어들이 발달하지 않았고, 감사의 마음을 가지고도 그것을 어떻게 표현해야 좋을지 모르는 지경에 이르렀다. 명확한 표현이 안 되니 감사를 생략해 버리거나, 적절하지 못한 말을 하게 되고, 그러면 오해가 생겨나기 마련이었다. 언어폭력이란 단지 언어로써 큰 위해를 가하는 것만 의미하지 않는다. 마땅히 해야 할 표현을 생략하거나, 적절하게 표현하지 못하는 상황 또한 상대방에게 상처가 될 수 있으므로 넓은 의미의 언어폭력에 해당한다. 우리 문화는 오랫동안 이러한 상황을 반복해 온 셈이다. 문제는 이렇게 쌓인 언어의 폭력들이 실제로 물리적인 폭력으로까지 이어짐으로써 사회 범죄를 양산하기도 했다는 것이다.

감사를 말과 행동으로 표현할 경우 상대방으로부터 신뢰감을 얻는 효과가 있고, 신뢰받는 정서를 느낌으로써 심리적 안정감을 확보할 수 있다. 또 타인의 정서를 잘 인식하고 자신의 정서를 잘 표현하게 되면 사회성의 발달에도 기여한다.[40]

갈등과 위기의 상황은 누구에게나 닥쳐오지만 이것을 잘 소화하여 말과 행동으로 표현함으로써 설명하고 설득할 수 있을 때 해결이 가능하다. 이처럼 정서적인 의사소통능력이 탁월한 사람들은 신뢰를 받으므로 지도자로서도 적절하다. 그렇지 않은 경우 침묵하고 있다가 나중에 감정적으로 폭발하면 일을 망치게 되므로 신뢰를 얻을 수가 없다.

주변의 뛰어난 인물 때문에 느끼는 열등감, 시기, 질투심 등의 증상을 '살리에리 증후군(Salieri syndrome)'이라고 한다.[41] 영화 "아마데우스"에서 살리에리는 평생 모차르트에 대한 열등감에 시달리다가 질투심을 이기지 못해 끝내 모차르트를 독살하고 만다. 여기서 비롯된 '살리에리 증후군'은 주변에서 자신과 비슷하거나 같은 직종에 근무하는 사람들에게 열등감을 느낀 나머지 자신이 그들을 앞설 힘이 없으며 조력자로서 활약할 수밖에 없다는 생각에 빠지는

---

40 이영숙 (2011). 한국형 12성품교육론. 서울: (도)좋은나무성품학교. 95-96, 103, 190-192.

41 배우리 (2012). 신드롬을 읽다. 미래를소유한사람들.

현상을 일컫는다.

'살리에리 증후군'은 그러나, 자기 안에 있는 좋은 재능을 감사하지 않고, 다른 사람에게 있는 재능만 부러워하는 병이기도 하다. 경쟁하고 비교하는 데 익숙한 우리 문화 속에서는 '살리에리 증후군'을 앓는 사람들이 유난히 많이 나타난다. 열심히 노력하여 훌륭한 음악적 성과를 거두는 데 만족하지 않고 천부적 재능을 가진 경쟁자를 질투하고 열등감에 지배되어 살아가는 사람이다.

이런 점에서 감사의 성품은 경쟁하고 비교함으로써 심리적인 불안감을 가진 우리 자녀들이 꼭 가져야 할 성품이다.

: 03. 감사의 성품 계발하기

감사를 표현하려면 얼굴 표정에서부터 감사의 마음이 드러나야 한다.

〈직접 해 보기〉

두 사람씩 마주 보면서 허리를 꼿꼿이 세운 뒤 먼저 감사의 표정과 감사의 웃음을 연습해 보자.[42]

- 얼굴의 근육을 풀고
- 눈 꼬리는 내리고
- 입 꼬리는 올리고
- 눈은 반짝반짝 뜨고
- 감사의 웃음 웃기

이제 상대방에게 다양한 감사의 말을 해 보자.[43]

- 감사합니다
- 사랑합니다
- 당신 때문에 행복합니다

이제 감사의 태도를 연습해 보자.[44]

- 먼저 나에게 있는 것을 감사한다.
- 다른 사람들을 칭찬한다.

---

42 이영숙 (2006). 어린이성품리더십-감사 1,2,3. 서울: (도)좋은나무성품학교.
43 이영숙 (2011). 청소년성품리더십-감사. 서울: (도)좋은나무성품학교.
44 이영숙 (2012). 초등성품리더십 인성교과서-감사. (사)한국성품협회.

제1장
제2장
제3장
제4장
제5장
제6장
제7장
＋
제8장
제9장
제10장
＋
제11장
제12장
＋
제13장

'감사할 게 없다'고 말하는 사람을 가끔 본다. 그러나 내가 살아 있다는 것만으로도 감사할 일이다. 이처럼 감사할 일을 찾는 데도 훈련이 필요하다. 생각해 보면 사랑하는 사람이 곁에 있다는 것도 감사할 일이고, 열심히 일할 수 있는 터전이 있다는 사실도 감사할 일이다.

게다가 앞에서도 언급했지만 감사는 메아리가 되어 돌아온다. 즉 내가 감사하면 상대방으로부터 메아리가 되어 돌아온다. 또 주변에서도 감사의 메아리들이 들려온다.

어느 마을에서 일어난 일이다. 아이가 울면서 엄마에게 달려왔다. 엄마는 깜짝 놀라서 왜 우느냐고 물었더니 손가락으로 산 쪽을 가리키며 "엄마, 저기 못된 사람이 살고 있어요."라고 말했다. 엄마가 자세히 말해 달라고 했더니 "산 속에 나를 너무 미워하는 사람이 살아요."라고 했다. 즉 아이는 산에서 들려오는 메아리를 들은 것이다.

"난 네가 정말 싫어!"

"나도 네가 정말 싫어!"

아이가 자초지종을 이야기하자 지혜로운 엄마는 이렇게 말했다.

"얘야, 이제부터는 이렇게 말해 보렴. '네가 정말 좋아!', '정말 감사해!', '너는 정말 사랑스러워'라고."

엄마가 시키는 대로 말하기 시작하자 무서운 산은 어느새 아이에게 친절하고 따뜻한 산으로 돌아왔다.[45]

그래서 우리는 자녀들이나 가족에게 할 수 있는 다양한 감사의 말들을 진심을 담아 표현할 필요가 있다.

"네가 내 아들인 것만으로도 감사해!"

"네가 우리 반에 와 준 것만으로도 고마워!"

"당신이 내 남편(또는 아내)인 것만으로도 감사해!"

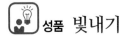 **성품 빛내기**

: 엄마 저를 태어나게 해 주셔서 감사합니다

경기도 수원에 사는 아령이라는 어린이는 성품교육을 받기 전에 소아암을 앓았다. 어른도 참기 힘든 고통을 어린 아령이가 힘들게 싸워 내는 모습을 보면서 부모님은 가슴이 무너져 내리는 듯 아팠다. 부모님은 아령이의 존재 자체만으로도 감사했고, 아령이가 병과 잘 싸워 이길 수

---

45 이영숙 (2007). 나를 찾아 떠나는 여행. 성품. 서울: 두란노.

있기를 기도했다. 놀랍게도 엄마 아빠의 이런 간절한 소원에 힘입어 아령이는 소아암을 씩씩하게 잘 이겨내 주었고, 또래 아이들과 함께 학교에 입학하여 성품교육을 받게 되었다. 부모님은 아령이가 부끄러움이 많은 아이라 학교에서 잘 적응할 수 있을지 걱정이 많았다. 늘 어수룩해 보여서 보호해 주고 챙겨 줘야 한다고 생각했는데, 아령이는 성품교육을 받으면서, 더 기뻐하고 감사할 줄 아는 아이로 자랐다. 부모들이 참여하는 수업이 진행되던 날을 아령이 엄마는 잊을 수 없다고 한다. 늘 얌전하던 아령이었는데, 수업 중에 갑자기 "엄마, 귀 좀 대봐" 하더니 "엄마, 저를 태어나게 해 주셔서 감사합니다."라고 말했던 것이다. 엄마는 순간 눈물이 고였고, 아령이의 고운 목소리와 예쁜 미소가 엄마의 가슴 가득히 채워지며 말할 수 없는 행복감을 느꼈다고 한다. 엄마는 아령이를 힘껏 안아 주면서 "엄마도 아령이가 옆에 있어 줘서 고마워. 엄마 아빠는 너의 존재 자체만으로도 감사하단다. 귀한 우리 딸, 정말 사랑해." 하고 말해 주었다. 아령이 엄마는 무엇보다 감사란 '다른 사람이 나에게 어떤 도움이 되었는지 인정하고 말과 행동으로 고마움을 표현하는 것'(좋은나무성품학교 정의)이라는 정의가 그렇게도 마음에 와 닿았다고 한다.[46]

: '감사'란

다른 사람이 나에게 어떤 도움이 되었는지 인정하고 말과 행동으로 고마움을 표현하는 것(좋은나무성품학교 정의)이다.

: 감사의 교육적 효과

첫째, 감사의 정의가 무엇인지 아는 인지능력이 향상되고, 둘째, 원인과 결과를 탐색하고 알아가는 과정에서 감사라는 창의적인 감정을 발견하여 표현해 봄으로써 인지능력이 발달하고, 셋째, 언어적·비언어적 의사소통 활용방법을 터득하여 언어사용능력이 발달하고, 넷째, 감사를 표현해 봄으로써 얻게 되는 타인에 대한 신뢰감 및 정서적 안정감이 형성되고, 다섯째, 타인의 정서를 인식하고 자기 정서를 표현하는 사회성이 발달한다.

: '감사'는

메아리가 되어 돌아온다. 감사의 표정과 감사의 말, 감사의 태도를 통해 고마운 마음을 표현하면 상대방과 주변으로부터 감사의 메아리가 되어 돌아온다.

37강 순종(Obedience)

성품 생각하기

: 효도란? 부모에게 순종하는 것!

인하대 교육학과 박영신 교수 등이 2014년에 발표한 논문 "자녀가 지각한 효도의 구성개념과 형성"의 설문조사 결과를 보면 부모에게 효도하기 위해서 하는 행동들로 다음과 같은 것들을 꼽고 있다.

- 말씀에 순종 : 24.4%
- 집안일 등을 잘 도움 : 23.3%
- 기념일 등을 잘 챙겨 줌 : 15.3%
- 학업에 충실함 : 10.9%
- 친근한 행동 : 9.7%
- 성실한 행동 : 6.5%
- 걱정 끼치지 않음 : 6.5%

즉 우리나라 자녀들은 순종하는 것이야말로 효도라고 여기며, 불순종을 불효로 여기고 있는 셈이다. 실제로 응답자의 47.5%가 "순종하지 않는 것이 불효"라고 응답했다. 더욱이 초·중·고등학생 자녀를 둔 부모를 대상으로 한 다른 설문조사에서도 순종하는 것을 가장 큰 효도로 꼽았다.[47]

---

47 헤럴드경제. 2015. "자녀 4명 중 1명…효도란, 부모에게 '순종'하는 것". 5월 8일.
http://news.heraldcorp.com/view.php?ud=20150508000877&md=20150508154206_BL

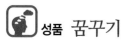 **성품 꿈꾸기**

1. 순종의 성품 정의를 설명할 수 있다.
2. 순종의 성품 교육목표가 무엇인지 이해할 수 있다.
3. 순종의 성품 이야기를 통해 순종의 성품을 키우는 방법을 실천할 수 있다.

 **성품 빚기**

01. 순종이란

'순종'이라는 단어는 열두 가지 주제성품들 중 사람들이 부담스러워하거나 거부감을 갖는 단어이다. 실제로 어느 초등학교에서 열두 성품을 교육하기로 했는데, 교장선생님이 "순종을 빼거나 '순응'으로 단어를 바꾸면 어떨까요?" 하고 제안할 정도였다.

그만큼 우리는 순종에 대해 잘 모를 뿐 아니라 그 가치에 대해서도 무지하다. 이는 생각의 차이인데, 한 사람의 생각을 다른 사람에게 주입하는 데 대한 두려움이 있다. 제각각 자신의 선한 욕구에 따라 살아가는 일을 기를 살리는 것으로 생각한다. 따라서 순종이란 단어를 굴복의 의미로 이해하고, 마음에 내키지 않는데도 따라야 할 것 같은 부담감이 느껴진다.

그러나 이런 선입견과 달리 순종의 성품은 아름답고, 귀하다. 우리는 순종의 성품을 통해 사람으로서 마땅히 살아가야 할 틀을 익히게 된다. 또 부모로부터 순종을 배운 사람이 공동체 속에서 자신의 역할을 익힐 수가 있다.

순종의 사전적인 의미는 순순히 따르는 것이다.[48] 여기서 주의할 것은 순종은 강제가 아닌 자발적 따름이란 사실이다. 다음 세 단어의 의미를 비교해 보자.[49]

순종 : 자발적으로 순순히 따름
복종 : 타인의 명령이나 의사를 그대로 좇음
굴종 : 제 뜻을 굽혀 타인에게 복종함

순종이란 복종, 굴종과 달리 자원하여서 순순히 따르는 성품이다. 이영숙 박사의 12성품교육론은 이런 의미들을 구체화하여 순종을 다음과 같이 정의했다.

---

48 라이프사전 (2006). 라이프북.
49 김기열 (2012). 성품경영 자료집-'책임성품경영'. 좋은나무성품경영연구소.

"순종이란 나를 보호하고 있는 사람들의 지시에 좋은 태도로 기쁘게 따르는 것이다."

_좋은나무성품학교 정의

순종의 정의를 만족하려면 몇 가지 조건들이 있다. 무엇보다 나를 보호하는 사람이 누구인지 알아야 한다. 물론 마땅히 보호해야 할 사람이 제대로 보호하지 못하는 경우를 우리는 경계해야 한다. 그런 점에서 보호받아야 할 사람이 아니라 보호해야 할 사람, 학생보다는 교사, 자녀보다는 부모가 먼저 좋은 성품의 수혜자여야 한다.

좋은 성품을 가진 보호자가 자녀들에게 지시할 때 순종할 만한 가치가 생긴다. 이런 보호자들의 지시는 자녀들을 사랑함으로써, 자녀들의 입장에 서서, 꼭 필요한 내용들을 담게 된다. 좋은 지시에 대한 좋은 태도가 곧 순종이다.

여기서 순종은 다음 세 가지 요건을 갖춰야 한다.[50]

첫째, 기쁘게 따라야 한다.

둘째, 완벽하게 따라야 한다.

셋째, 즉시 따라야 한다.

이러한 순종이야말로 완전한 순종이다.

어려서부터 순종을 실천해 온 자녀들은 심리적으로 매우 안정되어 있다. 이들에게는 보호자의 지시가 자녀의 성장을 지켜 주는 우산이 되어 준다. 이처럼 순종은 자녀들의 기쁨을 증대시키는 성품이다. 그리고 순종의 성품이 기반이 될 때 사회 전체가 행복을 누릴 수 있다.

순종의 성품에 대한 일말의 불안감은 보호자가 유익한 지시를 할 수 없을 정도로 이기적이거나, 욕망의 충족을 위해 무책임한 지시를 내리는 경우를 완전히 배제할 수 없기 때문이다. 특히 우리 사회가 보호자의 가치관이나 정서가 안정된 상태가 아니라 매우 혼돈상태이므로 자녀들의 반항과 불순종이 뒤따르는 측면이 크다.

이처럼 순종의 성품은 보호자와 피보호자 사이에 전제되어야 할 내용들이 충족되어 성숙된 관계가 되었을 때 비로소 그 가치가 드러난다.

---

50 이영숙 (2013). 초등성품리더십 인성교과서-순종. (사)한국성품협회.

〈직접 해 보기〉

다음 질문들에 O표 또는 X표를 함으로써 당신의 '순종의 성품'에 대한 성숙도 곧 '순종지수'가 어느 정도인지를 측정해 보라.[51]

1. 나는 까다로운 상사나 연장자의 말에 잘 순종하지 않는다.
2. 나는 동료들과 선배나 동료에 대해 험담을 자주한다.
3. 나는 상사의 지시에 '당신이나 잘하시지. 왜 내가 해야 하지?'라고 생각하는 경우가 많다.
4. 나는 윗사람과 같은 뜻이나 마음을 품으려고 노력하지 않는다.
5. 나는 나의 의견이 받아들여지지 않으면 화가 난다.
6. 나는 작은 일보다 큰 일이 주어졌을 때 최선을 다해야 한다고 생각한다.
7. 나는 상사의 무리한 요구에 아무 불평 없이 묵묵히 일하면 바보취급을 받을까 두렵다.
8. 나는 가르침을 받거나 훈계를 들으면 자존심이 상한다.
9. 나는 부모님 말씀에 순종하지 않을 때가 많다.
10. 나는 내가 속한 공동체 리더를 신뢰하지 못한다.

O표의 수가

- 1~3개 : 협조적이고 순종을 잘하는 사람
- 4~6개 : 타협적이고 계산적인 사람
- 7~10개 : 자기중심적이고 고집이 센 사람

: 02. 순종의 교육적 효과

순종의 성품은 무엇보다 보호하는 사람이나 제도, 즉 부모, 교사, 법, 질서 등과의 관계에서 공감인지능력을 키워 주는 역할을 한다. 이를 토대로 어렸을 때 형성된 건강한 관계가 정서적으로 안정감을 갖도록 돕는다.

또 지시에 순응하는 태도를 통해 자신을 보호하는 능력을 기르고, 대인관계를 지혜롭게 발전시켜 감으로써 사회성 발달에도 기여한다. 주목해야 할 점은 순종의 성품으로 보호자와의 공감인지능력이 형성되지 않은 경우 또래 사이에서는 좋은 관계를 형성할 줄 알면서도 어른들과의 관계를 형성하는 데 미숙함을 보이기도 한다.

51 김기열 (2012). 성품경영 자료집 - '책임성품경영'. 좋은나무성품경영연구소.

그러므로 순종의 교육은 사회적 능력과 정서적 능력을 향상시킴으로써 적절한 대상관계를 형성해 가는 효과가 있다. 이는 자신의 마음과 다른 사람의 마음을 인식하고 이해하는 능력의 성숙을 말하는데, 자신의 감정을 잘 다스려 표현할 줄 알고 다른 사람의 정서를 효과적으로 조절할 줄 알며, 자신의 삶을 계획하고 성취하기 위해 정서를 이용할 줄도 알게 된다.

이런 사회정서능력의 향상이 권위에 대한 건강한 태도를 형성하고, 적절한 사회화를 가능하게 함으로써 유능한 사회인으로 성장시켜 준다.[52]

반면 순종의 성품이 훈련되지 않을 경우 통계적으로 볼 때 반사회적 성격으로 인해 범죄를 저지를 가능성이 높아진다는 연구 결과가 있다. 그러므로 어려서부터 순종의 성품을 교육하는 것이 매우 중요하다.

03. 순종의 성품 계발하기

순종하기란 쉽지 않다. 그 까닭은 여러 가지이지만 우선 내 생각이 지시하는 보호자의 생각과 다를 경우 보호자의 지시는 억지로 내 생각을 바꾸려는 시도로 비쳐질 수가 있기 때문이다. 하지만 순종이라는 성품의 특징을 볼 때 이러한 경우에도 따르는 것까지 포함한다. 내가 하기 싫더라도 보호자의 지시를 믿고 따르는 것이 순종이다. 왜냐하면 이 경우 보호자의 지시사항은 내가 마땅히 따라야 하고 또 나를 사랑하기 때문에 주어진 지시이므로 순종할 만큼 충분히 옳다는 전제가 있기 때문이다.

그러나 나의 이성으로 판단할 때 순종하기 어려운 지시이거나, 동의할 수 없는 지시일 경우 어떻게 하면 관계를 훼손하지 않고 좋은 관계를 맺으면서 내 생각을 말할 수 있을까? 우리는 순종의 성품에서 이 부분까지 다뤄야 한다.

이런 상황을 위해 '순종의 YES법칙'이라는 지혜를 강구한다.[53]

Y-'Yes'

즉 상대의 말에 즉각적으로 '예'라고 대답한다. 이로써 나는 당신을 존중한다는 사실을 인정하는 태도이다.

E-'Earnest'

곧 진지하게 생각해 보는 것이다. 지시를 순종하려고 하지만 도무지 수긍할 수 없는 경우가 있다. 순종의 성품에서 가장 어려운 상황이기도 하다. 지시사항보다는 내 생각이 분명히 옳

---

52 이영숙 (2014). 한국형 12성품교육론. 서울: (도)좋은나무성품학교. pp.174, 179, 261-262.
53 이영숙 (2007). 어린이성품리더십-순종 1,2,3. 서울: (도)좋은나무성품학교.

게 여겨지지만, 그렇다고 '아니에요 그건…' 하고 말할 경우 관계에 금이 가는 상황이 발생할 수도 있다. 이 경우 우리는 '진지하게' 생각해 보아야 한다.

S-'Suggestion'

예의 바른 태도로 내 생각을 말한다. 즉 관계를 훼손하지 않으면서도 내 생각을 말할 수 있는 기술이다. 즉 나의 보호자 또는 권위자의 지시가 나의 생각과 위배될 경우 관계를 깨지 않으면서도 좋은 관계를 맺을 수 있는 방법을 강구한다.

'순종의 YES법칙'에 대한 사례로 한 학부모가 보낸 편지내용을 소개한다.[54]

> **사례** 　우리 아이가 순종의 성품을 배우면서 '순종의 YES법칙'을 익혔어요. 하루는 등굣길에 보니 옷을 너무 얇게 입어서 추워 보이기에 "얘야, 너 그 옷 벗고 바지 입어. 지금 굉장히 추워"라고 했더니 아이가 "네, 엄마"라고 대답하는 거예요. 깜짝 놀랐지요. 다른 때 같으면 토를 달거나, 제 고집이 안 통하면 울면서 생떼질이나 할 법한데 말예요. 저는 아이에게 "어머, 순종을 배우더니 이렇게 달라지네"라고 칭찬했습니다. 그러자 아이가 화장실에 들어갔다가 나오더니 저에게 진지하게 말했습니다. "엄마, 그런데요…" 하면서 다음과 같이 말했어요. "오늘은 이미 옷을 다 입었으니 오늘은 그냥 가고 내일 엄마가 입으라고 하는 옷 입으면 안 될까요?" 아이 말을 들으니 순종만 배운 게 아니라 '순종의 YES법칙'까지 배웠구나 싶어서 웃음이 나왔어요.

편지 속 아이는 순종의 성품을 배우면서 '순종의 YES법칙'까지 배운 것이다. 즉 부모와 갈등이 생겼을 때 관계를 깨트리지 않으면서도 자기 의견을 분명하게 말할 수 있는 이런 지혜로운 태도를 익힌 것이다.

순종의 성품은 이런 점에서 발달심리학자 레프 비고츠키(Lev Vygotsky)가 부모의 역할을 비계(飛階)로 비유한 기억을 떠올리게 한다. 비계란 건축물을 지을 때 높은 곳에서 일할 수 있도록 설치하는 임시 가설물이다. 부모와 교사는 이 비계처럼 아이가 현재 하는 행동이나 언어보다 '조금만' 앞서 자극을 주는 것이 효과적이라는 것이다. 즉 아이의 발달 정도에 맞춰서 아이가 하는 말과 행동, 아이의 요구 수준에 맞추어 반응하되 최소한의 변형만 시도하는 게 바람직하다.

이런 점에서 한 사람이 성장하는 데 있어서 사회의 구성원이 끼치는 영향력은 지대하다. 타인들의 영향력을 잘 받으면서 성장할 때 유능한 사람으로 자랄 수 있다. 즉 비계를 밟으면서

54　이영숙 (2007). 나를 찾아 떠나는 여행. 성품. 서울: 두란노.

건물을 완성해 가는 것처럼 순종의 성품은 해야 할 것과 하지 말아야 할 것을 배울 수 있는 능력을 키워 준다. 이런 배움이 잘 이뤄지면 나중에 비계를 없앨 경우 건물이 완공되듯이 한 사람이 훌륭한 인격을 가진 성인으로 성장할 때까지 타인들 곧 부모나 교사 등의 영향력이 필요한 것이다. 이 가르침에 순종하면서 자신을 성장시켜 나갈 경우 한 사회의 훌륭한 지도자로 태어날 수 있다.

 성품 빛내기

: 순종 성품의 기적

순종의 성품이 기적을 만든다는 사실을 다음 사례에서 확인할 수 있다. 소연이는 경기도 수원의 한 초등학교에서 성품교육을 받는데, 두 달간 배운 순종의 성품 덕분에 가정이 천국으로 바뀌었다고 자랑한다. 성품교육을 받기 전 소연이는 엄마 아빠의 말에 불순종해서 잔소리가 끊이지 않았고, 소연이도 엄마 아빠에게 혼이 나면 마음이 상해서 눈물이 그치지 않았다. 이런 가정 분위기를 바꾼 게 성품교육이었다. 소연이가 성품교육을 하는 학교에 입학한 후 두 달째가 되자 소연이는 순종의 정의를 노래로 부르면서 자신의 잘못을 인정하고 고집 부리는 일도 줄었으며, "하기 싫어요!", "안 할래요!" 하는 소리도 사라졌다. 그러자 엄마 아빠의 잔소리도 줄어들고 칭찬하는 일이 많아졌다. 하루는 소연이가 저녁을 먹다가 배가 부르다면서 그만 먹으려고 하자, 엄마가 "떠 놓은 밥은 다 먹어야지" 했더니 즉각 "네, 엄마!"라고 대답하는 것이 아닌가! 그런데 엄마를 더 놀라게 한 것은 소연이가 잠시 생각하다가 이렇게 말했기 때문이다. "그런데 엄마, 엄마 말씀에 순종하려면 밥을 다 먹어야 하는데 아까 과일을 먹어서 제가 지금 배가 너무 불러요. 그래서 더 많이 먹으면 배가 아플 것 같아요. 그러니까 세 숟가락 정도만 더 먹을게요. 그렇게 해도 될까요?" 엄마는 소연이가 자신의 상황과 생각을 이렇게 논리적으로 설명하고 바른 태도로 말하는 모습에 어리둥절하면서도 기특했다. 애가 정말 우리 딸이 맞나, 하는 생각이 들었다고 한다.

이영숙 박사의 12성품교육론에선 '순종의 YES법칙'이라는 성품법칙이 있다.

Y-Yes : 지시에 즉시 '예스'하는 것.

E-Earnest : 진지하게 한번 생각해 보는 것.

S-Suggestion : 내 생각과 다르더라도 예의 바른 태도로 제안하는 것.

　'순종의 YES법칙'의 효과는 정말 대단하다. 부모들은 아이들이 순종의 성품을 배울 때 자칫 순종만 하다 보면 자신감이 떨어지거나 자신의 생각을 말하지 못하게 되지 않을까 걱정도 한다. 하지만 소연이처럼 자신의 생각을 예의 바르고, 논리적으로 설명할 뿐 아니라, 순종해야 하는 순간에는 꼭 순종하는 것이 진정한 순종의 성품이라는 생각이 들었다고 소감을 전했다.[55]

성품 다듬기

: '순종'이란

나를 보호하고 있는 사람들의 지시에 좋은 태도로 기쁘게 따르는 것(좋은나무성품학교 정의)이다.

: 순종의 교육적 효과

첫째, 부모, 교사, 법과 질서 등 자신을 보호하고 있는 대상과의 관계에서 공감인지능력을 계발하고, 둘째, 지시에 순응하는 태도를 통해 자신을 보호하는 능력을 키우며 지혜롭게 대인 관계를 발전시키는 사회성이 발달하고, 셋째, 사회정서능력을 함양하고, 자기통제능력이 발달하며, 넷째, 자기정서 인식 및 표현능력이 향상된다.

: '순종의 YES법칙'을 통해

자신의 생각을 예의 바르고 논리적으로 설명할 뿐 아니라, 순종해야 하는 순간에는 꼭 순종하는 좋은 성품의 태도를 기를 수 있다.

55 이영숙 (2015). 좋은성품 부모-순종 매거진. Vol.10. (사)한국성품협회. 16-17.

제1장
제2장
제3장
제4장
제5장
제6장
제7장
＋
제8장
제9장
제10장
＋
제11장
제12장
＋
제13장

제 **10**장

분별력을 키우는 **여섯 가지 좋은 성품의 실제**

38강　인내(Patience)

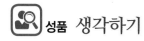성품 생각하기

: 인내로 이룬 행복이 오래간다!

미국 캘리포니아주립대 심리학과 리안 호웰 교수팀은 남녀 154명에게 최근 3개월 동안 무엇을 얻었는지, 그것이 물건인지 아니면 어떤 과정을 통해 얻은 것인지를 묻고 성취에 따른 행복의 정도를 조사했다.

그 결과 무엇인가를 얻은 사람은 대체로 행복감을 느꼈지만 노력에 따라 어려움을 이기고 무엇인가를 성취한 사람은 가장 큰 행복을 느꼈다. 가령 어려운 수학 문제를 인내하면서 풀거나 운전을 배울 때, 운동을 할 때 등 스트레스를 받으면서 과업을 달성한 뒤 지난 시간을 되돌아보면서 얻는 행복이 물건을 사서 얻는 행복감보다 훨씬 강렬하고 오래 지속되었다.

호웰 교수는 다음과 같이 덧붙였다.

"사람들은 순간의 스트레스 때문에 목표를 포기하기도 하지만 중도에 포기하면 목표 달성 이후에 오랫동안 느끼는 행복감을 맛볼 수 없다. 순간적인 스트레스를 극복하기 위해서는 스스로 목표를 정해 끝까지 인내하고 달성하려는 자발성이 요구된다."

코리아메디컬닷컴 2009년 11월 1일 자 기사는 행복연구저널(*Journal of Happiness Studies*)을 인용해 이같이 보도하면서 '고통 없이는 아무것도 얻을 수 없다'는 격언이 행복에도 적용된다는 사실이 증명되었다고 말했다.[1]

실력 좋은 사람보다 인내하는 사람이 더 인기 있다는 조사 결과도 있다.

1　코리아메디컬닷컴. 2009. "노력해서 이룬 행복이 오래 간다". 11월 1일.
　　http://news.naver.com/main/hotissue/read.nhn?mid=hot&sid1=103&cid=3118&iid=148424&oid=296&aid=0000004356&ptype=021

국민일보 2015년 4월 20일 자 기사에는 매스컴 전문취업포털 미디어잡(www.mediajob.co.kr)과 취업 전문지 워크데일리가 517명의 직장인을 대상으로 직장 상사가 원하는 후배상을 조사했는데 그 결과가 다음과 같이 나왔다.[2]

1위 : 싫은 소리를 들어도 밝게 인내하는 사람, 39%

2위 : 일 처리가 빠르고 똑 부러진 사람, 26%

3위 : 근무태도가 완벽하고 부지런한 사람, 19%

4위 : 아이디어가 많고 창의적인 사람, 14%

5위 : 스펙과 외모가 뛰어난 사람, 2%

역시 인내하는 태도가 성공적인 인간관계와 업무평가에 중요한 역할을 한다는 사실을 확인할 수 있다.

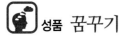 성품 꿈꾸기

1. 인내의 성품 정의를 설명할 수 있다.
2. 인내의 성품 교육목표가 무엇인지 이해할 수 있다.
3. 인내의 성품 이야기를 통해 인내의 성품을 키우는 방법을 실천할 수 있다.

성품 빚기

∶01. 인내란

인내란 괴로움이나 어려움을 참고 견디는 것을 의미하며,[3] 한자에서 인내를 의미하는 '참을 인 (忍)' 자는 마치 칼에 마음이 베이는 것 같은 아픔이 느껴진다. 그만큼 인내는 고통스러운 것이다. 출산의 고통을 경험해 본 여성이라면 칼에 베이는 아픔을 짐작할 수 있을지 모르겠다. 그 아픔이란 '죽을 것 같은 아픔'이다. 그러고 보면 새로운 생명은 죽을 만큼 인내해야 탄생하는 것이라는 의미가 담겨 있는 모양이다.

2 국민일보. 2015. "직장상사들 실력보다 인내심 깊은 후배 더 좋아해". 4월 20일.
    http://news.kmib.co.kr/article/view.asp?arcid=0009356773&code=61121111&cp=nv
3 김기열 (2012). 성품경영 자료집-'책임성품경영'. 좋은나무성품경영연구소.

우리는 삶을 살면서 때로는 마음이 칼에 베이는 듯한 아픔을 참고 견뎌야 할 때가 있다. 인내의 성품을 가르치는 일은 곧 이 아픔을 가르치는 작업과 같으며, 어떻게 하면 아이들의 나이에 맞게 그 아픔을 가르칠 수 있을까, 하는 문제와도 연결된다.

이영숙 박사의 12성품교육론은 인내의 정의를 다음과 같이 내린다.

"인내란 좋은 일이 이루어질 때까지 불평 없이 참고 기다리는 것이다." _좋은나무성품학교 정의

인내란 좋은 일이 이루어질 때까지 그저 불평 없이 '견디는' 게 아니라 '참고 기다리는' 것이다. 왜냐하면 언젠가 좋은 일이 이루어질 것을 믿기 때문이다. 인내는 이처럼 좋은 일이 이루어질 때까지라는 전제가 있어서 의미 없는 견딤이 아니다. 더 좋은 결과를 위한 기다림이기에 참는 것이다.

좋은나무성품학교에서 인내 수업을 받고 있던 어린이가 여름방학을 맞아 강원도에 여행을 갔다. 여행지에서 강원도의 자랑인 막국수를 먹기 위해 식당에 들렀는데 식당에서 이상한 냄새가 났다고 한다. 식구들이 코를 막고 인상을 찌푸리며 대체 무슨 냄새일까 쑥덕거렸다. 막국수를 기다리기도 어려울 만큼 악취가 심했다. 그러나 모두들 두리번거리며 나가지도 못한 채 참고 기다렸다. 그때 성품을 배운 아들이 "엄마, 나가요."라고 말했다. 엄마는 "너, 학교에서 인내 배웠다며? 참고 견뎌야지." 했다. 그러자 아들이 "엄마, 냄새가 이렇게 나는데 인내하면 뭐가 좋은 일이 이뤄져? 인내는 말야, 좋은 일이 이루어질 때까지 불평 없이 참고 기다리는 거래. 이 음식점에서 참고 기다린다고 저 이상한 냄새가 사라질 것 같지는 않아."라고 말했다.

엄마와 아빠는 인내를 한 게 아니다. 단지 체면 때문에 무조건 견디려고만 한 것이다. 어린이가 배운 것처럼 인내란 좋은 일이 이루어진다는 기대가 있어서 참고 기다리는 것을 의미한다.[4]

흔히 성품은 성장하면서 자연스럽게 터득하여 형성된다고 생각한다. 그러나 이영숙 박사의 12성품교육론은 학습 없는 성품의 형성은 불가능하다고 믿는다. 좋은 성품은 가르침을 받아 좋은 성품으로 완성되어 가는 것이다. 다음 세대를 살아갈 자녀들에게 좋은 성품의 바른 정의를 인식시켜 주고, 개념을 명확히 가르침으로써 완성되어 가는 것이기 때문이다.

많은 성인들이 인내의 성품에 대한 인식이 잘못되어 단지 참고 견디는 것만이 인내라고 착각한다. 우리나라뿐 아니라 중국, 미국 등지에서도 성품세미나, 특히 인내의 성품에 대한 강의를 진행하면 강의 후에 상담을 신청하는 사람들이 많다. 그런데 여성들 가운데 꽤 많은 수가 놀랍게도 남편에게서 매를 맞으면서 산다는 사실을 알게 됐다. 길게는 20년 동안 남편의 매를 견디

제**1**장
제**2**장
제**3**장
제**4**장
제**5**장
제**6**장
제**7**장
✛
제**8**장
제**9**장
10
✛
제**11**장
제**12**장
✛
제**13**장

---

4   이영숙 (2012). 초등성품리더십 인성교과서-인내. (사)한국성품협회. *서울특별시교육감 인정도서(교육과정과-1505호)

며 살아온 아내도 있었다. 너무 놀라서 "그렇게 긴 세월 동안 어떻게 그 매를 견뎠어요? 대체 무엇 때문에 그걸 참으셨어요?" 하고 물어보면 다들 같은 대답을 했다. "인내해야죠." 필자는 그들에게 꼭 이야기한다. "그건 인내가 아닙니다. 인내는 무조건 참고 견디는 게 아니라 좋은 일이 일어날 것을 전제로 참고 기다리는 것이에요. 남편의 매를 참고 견딘 결과 어떤 일이 일어났지요?"

실제로 이런 가정은 대개 망가지고 있고, 아내는 자존감이 떨어지고, 우울증에 시달리는 경우가 많다. 막연히 살다 보면 좋은 일이 생기겠지, 하는 마음으로 견디는 것이다. 그러나 더 큰 문제는 아빠로부터 매를 맞는 엄마를 보고 자라는 아이들의 인생까지 망가진다는 사실이다. 이런 연구 결과는 매우 일반적이다.

인내는 무턱대고 참고 견디는 것이 아니라 참고 견딤으로써 좋은 일이 있어야 한다. 그렇게 좋은 일이 이루어질 때까지 불평 없이 참고 기다리는 것(좋은나무성품학교 정의)이 인내이다. 인내를 통해 더 좋은 관계를 만들고, 또 성공과 행복을 향해 가야 한다. 그러나 나와 다른 사람을 파괴하면서까지 견디는 것은 '인내'의 온전한 의미가 아니다.

02. 인내의 교육적 효과

인생에서 목표를 이룬 많은 사람들의 공통점으로서 인내의 성품을 가졌다는 사실은 많은 연구를 통해 드러났다. 유명한 '마시멜로 실험'이 바로 그중 하나이다.[5]

선생님이 4세 아이들에게 마시멜로 사탕이 한 개 들어 있는 접시와 두 개 들어 있는 접시를 보여 준다. 지금 먹으면 한 개를 먹을 수 있지만 선생님이 돌아올 때까지 먹지 않고 있으면 두 개를 주겠다고 한다. 그러고는 마시멜로가 하나 들어 있는 그릇을 아이 앞에 놓고 방을 나온다. 아이들의 반응은 선생님이 나가자마자 먹어 버리거나, 참고 있다가 중간에 먹어 버리거나, 끝까지 참고 기다리는 경우로 나타났다. 이때가 1966년이었다.

스탠포드대 심리학자 미셸(W. Mischel)은 4세 때 만난 653명의 꼬마들에 대한 추적 연구를 실시했다. 15년 후인 1981년 10대가 된 아이들을 조사했더니 마시멜로를 먹지 않고 오래 참은 아이일수록 참지 못한 아이들보다 가정이나 학교에서 훨씬 우수했고, 대학입학시험에서도 또래들에 비해 뛰어난 성취도를 보였다. 인내하지 못한 아이들의 경우 추적 연구가 계속되어 어른이 되었을 때는 비만, 약물중독, 사회 부적응 등의 문제를 보였다. 반면 인내력을 발휘한 꼬마들은 성공한 중년의 삶을 살고 있음을 보고했다. 이를 '마시멜로 효과'라고 한다.

---

5 이영숙 (2006). 어린이성품리더십-인내 1,2,3. 서울: (도)좋은나무성품학교.

제1장
제2장
제3장
제4장
제5장
제6장
제7장
╋
제8장
제9장
제10장
╋
제11장
제12장
╋
제13장

실제로 이와 비슷한 연구들을 보면 마시멜로 효과, 곧 인내의 힘은 지능지수보다도 더 예측이 정확했고, 인종이나 민족에 따른 차이도 없을 정도였다.

인내의 성품교육은 즉각적인 만족보다 장기적 만족을 추구할 수 있는 자기통제능력을 길러 준다. 이처럼 자기만족을 지연시킬 수 있는 능력이야말로 성공할 수 있는 사람의 자질인 셈이다. 즉 인내의 성품교육은 양심에 입각해 어떤 일을 해야 하는지, 또 건강한 시민으로 성장하기 위해 준비해야 할 것이 무엇인지 등의 분별력을 갖추도록 도움으로써 더 큰 만족과 행복을 기대할 수 있는 능력을 갖게 한다.[6]

: 03. 인내의 성품 계발하기

한 마리 애벌레가 나비로 날아오르기까지 보통 45~50일이 걸린다. 그동안 애벌레는 인내하며 번데기가 되고, 번데기에서 나비로 탈바꿈한다. 이처럼 아름다운 나비가 되어 창공을 훨훨 날기까지는 기다림의 시간이 꼭 필요한 셈이다.

우리는 우리의 자녀들이 아무 고생 없이 나비처럼 창공을 훨훨 날 수 있기를 바란다. 아이들 역시 빨리 자라 존경받는 어른이 되고 싶어 한다. 그러나 인내의 시간 없이 나비가 날 수 없듯이, 자신의 욕구를 절제하고 깊이 인내하는 시간을 갖지 않은 채 꿈꾸는 어른이 될 수 없다.

번데기에서 껍질을 벗고 나비가 되는 과정은 보는 이들로 하여금 안타까울 만큼 고통스러워 보인다. 얼마나 힘들어 보였으면 가위로 껍질을 찢어 주었을까. 그러나 찢어 준 껍질을 벗고 쉽게 나비가 되었을 때, 놀랍게도 이 나비는 날지 못하는 나비가 됐다. 이처럼 인내하지 못한 인생은 날지 못하는 인생이 되고 만다.

학교에서 일어나는 폭력과 왕따 등의 문제는 인내라는 성품의 결핍이 불러온 결과로도 볼 수 있다. 빨리, 그리고 쉽게 나비가 되어 버린 자녀들이 우리 사회 곳곳에서 제대로 날지 못한 채 날개를 퍼득이고 있는 셈이다.

나비뿐 아니라 세상의 모든 생물이 그러하다. 생명이 자라는 법이 이렇다. 붓으로 대나무를 그린 뒤 참을 인 자 하나를 새겨 넣은 그림을 많이 보았을 것이다. 대나무는 그만큼 인내를 상징한다. 실제로 그 마디마디에서는 세월의 흔적이 느껴진다. 어린 죽순에서 성장한 대나무가 되기까지는 4년이 걸린다. 그 기간이 대나무가 인내하는 시간이다. 매미라는 곤충도 땅속에서 창공을 나는 매미가 되기까지 13년이라는 세월을 인내해야 한다. 여름 내내 그렇게 굳센 목소리로 울어 대는 까닭도 그 오랜 시간 땅속에서의 인내가 응고된 까닭이 아닐까.

---

6 이영숙 (2014). 한국형 12성품교육론. 서울: (도)좋은나무성품학교. pp.175, 179, 262-265.

하물며 인간으로서 우리는 얼마나 인내해야 비로소 인간다운 인격을 갖게 될까. 자녀를 키우는 부모의 성품 중 인내의 성품은 대표적이다. 부모는 자녀를 보면서 평생 인내한다. 이 말은 곧 한 사람의 인격을 만드는 데 평생이 걸린다는 의미가 아닐까. 평생의 인내가 한 사람의 인격을 만드는 세월이 아닐까. 이렇게 본다면 우리는 자녀를 위해 평생을 기다릴 줄 아는 여유를 가질 수 있다.

그래서 인내의 성품을 키우기 위한 성품의 법칙 곧 '인내의 STAR법칙'이 있다. 누구나 하늘의 '스타'처럼 반짝반짝 빛나는 사람이 되고 싶어 한다. 스타가 되기 위해 우리에게 꼭 필요한 성품은 인내이다. 스타 같은 인생이 되기 위해 기억해야 할 성품법칙, 그것이 곧 '인내의 STAR법칙'이다. 이 법칙은 많은 심리학자들이 '자기 교수법'이라고 명명한 기술로, 미국의 유명한 교육학박사 미셸 보바는 충동적 감정과 행동을 억제하는 방법으로 이 기술을 적극 추천하고 있다.[7] 필자는 이 방법을 문화에 맞게 '인내를 가르치는 성품법칙'으로 재구성하여 인내의 성품을 구체적으로 가르치도록 한다.

S - Stop

인내의 법칙 첫 단계는 'Stop' 곧 '멈춤'이다. 인내를 포기하려는 순간 그 포기하려던 걸음을 멈추는 것이다. 인내란 가장 견디기 힘든 순간을 참아냄으로써 성공한다. 포기하려는 마음, 좌절하려던 순간, 우리는 멈춰야 한다. 멈추지 못하는 사람은 내가 싫은 것을 툭 털어 버린다. 긴 안목으로 인생을 보면 내가 싫어하여 포기해 버린 것이 후회로 남게 마련이다. 열매가 익을 무렵 견뎌야 할 순간을 견디지 못하고 툭 털어 버리는 것은 그래서 지혜롭지 못하다. 인내는 지혜로운 선택이다.

T - Think

다음은 생각하는 것이다. 인내란 좋은 일이 이루어질 때까지 불평 없이 참고 기다리는 것(좋은나무성품학교 정의)이니, 이 순간 내가 참을 경우 어떤 열매들이 열릴지 생각해야 한다.

A - Act

생각한 뒤 행동에 나서야 한다. 생각으로 머물고 말면 열매를 얻을 수 없다. 행동으로 이어지지 않는 생각은 그래서 죽은 생각이다.

R - Right

행동하되 올바르게 한다. 성품은 "한 사람의 생각, 감정, 행동의 표현"[8]이다. 좋은 행동으로

---

7 Michele Borba. (2004). Building moral intelligence. 현혜진 역. 한언.

8 이영숙 (2005). 부모 · 교사를 위한 성품교육 지도서-경청. 서울: 아름다운 열매.

이어져 잘 표현할 수 있어야 한다.[9]

성품 빛내기

: 인내의 땀방울이 아름답게 보여요

서울 서대문구의 좋은나무성품학교에서 성품교육을 받은 윤이라는 친구의 이야기이다. 어느 주말 윤이 가족이 함께 자전거를 타러 한강공원에 갔다. 30분쯤 지나니 땀도 나고 엉덩이도 아파 왔다. 엄마가 막내인 윤이에게 "윤아 힘들지? 그만 집으로 돌아갈까?" 하고 물었더니 "아니요, 인내하면서 자전거공원까지 꼭 가 볼래요." 했다. 엄마는 윤이 말을 듣고 대견스러웠다. 빨간 사과처럼 물든 아이의 얼굴에 흠뻑 흘러내린 땀방울까지 아름다웠다. 집으로 돌아오는 길에 윤이가 이렇게 말했다. "엄마, 저 완전 힘들었는데 인내했어요. 인내란 좋은 일이 이루어질 때까지 불평 없이 참고 기다리는 것이니까, 제가 인내한 거 맞지요?" 엄마는 "윤아, 땀도 많이 나고 힘들었을 텐데 힘들다고 포기하지 않고 끝까지 인내해 줘서 정말 자랑스러워."라고 아이의 좋은 성품을 칭찬해 주었다.[10]

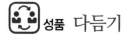

성품 다듬기

: '인내'란

좋은 일이 이루어질 때까지 불평 없이 참고 기다리는 것(좋은나무성품학교 정의)이다.

: 인내의 교육적 효과

첫째, 즉각적인 만족보다 장기적인 만족을 추구할 수 있는 자기 통제 능력이 향상되고, 둘째, 좋은 일이 이루어질 때까지 참아 낼 수 있는 분별력을 키워 더 큰 만족과 행복을 기대할 수 있는 능력이 계발된다.

: '인내의 STAR법칙'을 통해

견디기 힘든 순간을 참아 내고 더 좋은 선택을 생각하여 올바르게 행동함으로써, 인내의 좋은 성품을 키울 수 있다.

---

9 이영숙 (2007). 나를 찾아 떠나는 여행. 성품. 서울: 두란노.
10 좋은성품신문. 2012. "인내의 땀방울이 아름답게 보여요". (사)한국성품협회. 41호. 13면.

제1장
제2장
제3장
제4장
제5장
제6장
제7장
+
제8장
제9장
10
+
제11장
제12장
+
제13장

39강 책임감(Responsibility)

성품 생각하기

: 기업 채용, 스펙보다는 책임감, 인성이 더 중요하다?

취업포털 '사람인'이 2014년 7월에 226개 기업을 대상으로 설문조사를 실시했는데 "채용 평가를 할 때 스펙을 중점적으로 보는가?"라는 질문에 81.9%의 대다수 기업들이 "아니다"라고 대답했다.[11] 그 이유를 복수응답으로 받았더니 다음과 같이 답했다.

- 스펙만으로 검증 못하는 게 있어서, 49.7%
- 인재상 부합 등 다른 기준이 중요해서, 37.3%
- 스펙이 좋은 사람을 뽑아도 이탈 등 손해가 커서, 22.7%
- 스펙의 변별력이 떨어져서, 17.8%
- 어차피 스펙 외의 요소로 당락이 결정되어서, 16.8%
- 스펙은 취업을 위해서만 갖춘 것 같아서, 12.4%

그러면 스펙 대신 중요하게 평가하는 것은 무엇일까?

- 책임감, 원만함 등 인성적 요소, 71.9%
- 직무 지식과 수행 능력, 49.7%
- 입사의지 등 조직 관련 태도, 37.8%
- 사교성, 포용력 등 사회성, 27%
- 풍부한 지식과 경험 보유, 24.3%
- 창의성과 혁신적 사고력, 22.7%
- 잠재력과 성장성, 21.1%

결국 기업들은 다양한 인성을 강조하고 있음에도 취업자들은 지나치게 스펙 쌓기에 의존하는 반면 인성을 키우고 닦는 데는 상대적으로 덜 관심을 기울이고 있는 셈이다.

---

11 경향신문. 2014. "기업 81%, 스펙 안 본다 … 인성이 더 중요", 7월 29일.
    http://bizn.khan.co.kr/khan_art_view.html?artid=201407291000401&code=920100&med=khan

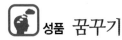
성품 꿈꾸기

1. 책임감의 성품 정의를 설명할 수 있다.
2. 책임감의 성품 교육목표가 무엇인지 이해할 수 있다.
3. 책임감의 성품 이야기를 통해 교사와 부모가 먼저 책임감의 좋은 성품으로 변화돼야 함을
   깨달을 수 있다.

성품 빚기

: 01. 책임감이란

책임감은 맡아서 해야 할 임무나 의무를 중히 여기는 마음이다.[12] 이영숙 박사의 12성품교육론
은 책임감을 다음과 같이 정의한다.

"책임감이란 내가 해야 할 일들이 무엇인지 알고 끝까지 맡아서 잘 수행하는 태도이다."

_좋은나무성품학교 정의

책임감의 첫 단계는 내가 해야 할 일이 무엇인지를 아는 것으로부터 출발한다. 책임감을 가
지라는 말을 하기 전에 먼저 해야 할 일 곧 임무를 정해 주는 일이 중요하다. 실제로 우리는 임
무를 정해 주는 데 실패하는 경우가 많아서 책임을 명확하게 규명하지 못할 때가 많다. 국가적
대형사건이 발생해도 그 책임 소재를 가리기가 쉽지 않은 데는 명확한 임무 규정이 안 되어 있
어서이다.

마찬가지로 책임감의 성품을 교육하는 데 있어서 우선순위는 각자의 임무에 대해 생각해 보
는 것이다.[13]

부모의 임무는 무엇일까?

자녀의 임무는 무엇일까?

아내 또는 남편의 임무는 무엇일까?

교사의 임무는 무엇일까?

학생의 임무는 무엇일까?

---

12 김기열 (2012). 성품경영 자료집-'책임성품경영'. 좋은나무성품경영연구소.
13 이영숙 (2007). 어린이성품리더십-책임감 1,2,3. 서울: (도)좋은나무성품학교.

직장인으로서의 임무는 무엇일까?

책임감은 내가 해야 할 일들이 무엇인지 알고 끝까지 맡아서 잘 수행하는 태도(좋은나무성품학교 정의)이다.

: 02. 책임감의 교육적 효과

책임감의 성품교육을 통해 학생들은 책임감이 무엇인지 알게 되고, 내가 수행해야 할 임무를 알게 된다. 그럼으로써 자아이해력이 생겨나고 자기정체성이 향상된다.

무엇보다 맡은 일을 끝까지 완수함으로써 자신과 타인에게 신뢰감을 주게 되고, 성취감을 누릴 수 있다. 마땅히 해야 할 일과 하지 말아야 할 일들을 분별할 수 있고, 그러면서 도덕적 분별능력이 길러진다. 이처럼 책임감을 가진 사람들의 특징은 사회적 자존감이 향상되어 사회적 기능을 완수할 수 있고, 이는 적절한 사회화로 이어진다.[14]

그렇다면 학생들에게 주어진 책임감의 임무는 무엇일까? 우리는 흔히 "공부만 잘하면 된다"고 쉽게 말한다. 학부모들은 일방적으로 자녀들의 학습 수준을 결정해 버리고, 학습량을 결정한다. 이 때문에 우리나라 청소년들의 학업 부담감은 '자살률 1위'라는 오명의 첫 번째 원인으로 꼽힌다. 두 번째 원인인 인간관계 부담감은 첫 번째 원인에서 파생된 것이기도 하다.

청소년 시기의 책임감에 대해 생각할 때 우리는 인생의 각 연령기마다 성취해야 할 과업들이 있다는 사실을 주목해야 한다.

심리학자 에릭슨(Erickson)의 경우 인간에게는 미리 정해진 8개의 발달 단계가 있는데, 모든 사람은 유전적 기질을 바탕으로 사회적 환경과 상호작용하면서 한 단계씩 거친다고 주장한다. 이른바 '심리사회적 발달이론(psycho-social development theory)'이다. 즉 모든 유기체는 특정한 목적을 갖고 태어났으며, 이 목적을 완수함으로써 정상적이고 건강한 개인으로 발달하지만, 어느 단계에서 그 단계의 발달과제 또는 핵심적 가치를 달성하는 데 실패하면 그 단계와 관련한 정신적 결함을 갖고 살아가게 된다는 것이다.

에릭슨이 제기한 8단계의 핵심적 가치는 이렇다.

1단계(생후 1년 사이) : 신뢰 대 불신(trust vs. mistrust)의 시기

이 시기에 아이는 원하는 것을 얻고 자신이 안전한 곳에서 살고 있음을 경험하면 세상을 신뢰하게 된다. 신뢰는 인간의 가장 밑바탕에서 버팀목이 되어 주는 덕목이다.

---

14 이영숙 (2014). 한국형 12성품교육론. 서울: (도)좋은나무성품학교. 175, 180, 265-266.

2단계(생후 2년 사이) **: 자율성 대 수치심과 의심**(autonomy vs. shame & doubt)**의 시기**

이 시기에 아이는 환경에 대해 자유롭게 탐색하고 충분히 경험하여 성취감을 느끼면 자율성이 생기지만, 지나치게 통제하고 혼내면 수치심과 의심을 갖는다.

3단계(3~5세) **: 주도성 대 죄의식**(initiative vs. guilt)**의 시기**

이 시기에 아이들은 자기가 원하는 것을 적극적으로 주장하면서 주도성을 기른다.

4단계(아동기) **: 근면성 대 열등감**(industry vs. inferiority)**의 시기**

이 시기에는 열심히 노력함으로써 성취감을 맛본다. 반면 노력한 만큼의 결과를 얻지 못할 경우 또래들에게 열등감이 생긴다.

5단계(청소년기) **: 정체성 대 혼돈**(identity vs. role confuison)**의 시기**

이 시기에는 자신에 대해 탐색하고, 사회에서 자신의 역할을 모색함으로써 건강한 정체성을 형성한다. 그렇지 못할 경우 혼돈 심리 상태에 빠지게 되고, 정서적으로 불안감을 갖게 된다. 따라서 이 시기 꼭 성취해야 할 과제는 자신이 어느 집단에 소속하여 책임과 의무를 완수하는 소속감(commitment)을 키워야 하고, 가족의 울타리 밖에서 새로운 영역을 찾아보려는 탐색(exploration)의 경험이 필요하다. 만약 소속감만 있고 탐색할 용기가 없으면 정체성의 조기 마감이 일어나고, 소속감을 거부한 채 탐색에만 빠지면 무슨 일이든 시도만 하다가 끝을 맺지 못하는 모라토리엄 상태에 머문다.

6단계(성인기) **: 친밀감 대 고립감**(intimacy vs. isolation)**의 시기**

이 시기는 가족이 아닌 이성이나 동료 관계를 친밀한 사회적 관계로 만들어 가는 시기이다. 즉 결혼과 직업 선택을 통해 사회적 정체성을 형성하는 시기이다. 이 시기의 과제에 실패하면 고립감과 우울에 빠진다.

7단계(중년기) **: 생산성 대 침체성**(generativity vs. stagnation)**의 시기**

후배들에게 도움을 주고 존경을 받으면서 성취감을 이루는 시기이다. 그렇지 못할 경우 침체 상태로 빠진다.

8단계(노년기) **: 자아통합 대 절망**(ego integrity vs. despair)**의 시기**

인생을 돌아보며 정리하는 시기이다. 삶의 의미에 대해 음미하고 이해하는 과제를 잘 수행할 경우 삶의 통찰과 지혜를 얻게 된다.

에릭슨의 이 이론을 근거로 볼 때 가령 아동기와 청소년기의 아이들에게는 성실함을 가르쳐 줘야 한다. 그 성실함이란 곧 책임감의 성품을 가르치면서 이 연령대의 학생들이 해야 할 일이 무엇인지를 스스로 찾게 하고 그것을 성실히 수행하도록 도우며, 그 결과를 맛보면서 행복을

제1장
제2장
제3장
제4장
제5장
제6장
제7장
+
제8장
제9장
제10장
+
제11장
제12장
+
제13장

느끼도록 해 줘야 한다.[15]

이렇게 볼 때 이 연령대의 자녀들은 단지 시험성적이 좋은 것이 핵심가치가 아니라 오히려 근면성과 자기정체성을 확립하기 위해 스스로 책임을 다할 수 있도록 가르치는 것이 중요하다.

: 03. 책임감의 성품 계발하기

정원사로 일하는 가난한 청년이 있었다. 그는 틈만 나면 화분에 열심히 조각을 했다. 퇴근시간이 지난 뒤에도 홀로 정원에 남아 화분에 조각을 했다. 청년의 손길이 지나가는 화분마다 평범하지 않은 특별한 화분으로 변화되었다. 어느 날 이 정원의 주인이 청년에게 말했다.

"너는 정원만 가꾸면 돼. 화분에 조각을 한다고 임금을 더 주는 것은 아니야. 왜 그런 헛수고를 하니?"

"저는 정원사로서 이 정원을 아름답게 꾸밀 임무가 있습니다. 제 책임은 화분에 물을 주는 것뿐 아니라 이 정원을 아름답게 꾸밀 책임도 주어져 있죠. 화분 조각을 하는 것 역시 저의 업무 가운데 하나인 까닭입니다."

주인은 이 청년의 말을 듣고는 '비범한 청년이구나' 하고 생각했다. 또 자신의 책임감을 다하는 청년이 기특해서 장학금을 주어 미술학교에 입학해 공부를 하도록 배려했다. 이 청년은 미술 공부를 하면서 결국 세계적인 화가로 성장했고, 그의 명성은 온 세상으로 퍼졌다. 이 가난한 청년 정원사가 바로 바티칸 대성당 옆 시스티나 성당의 천장 벽화로 "천지창조"를 그린 미켈란젤로(Michelangelo di Lodovico Buonarroti Simoni)이다.[16]

책임감의 성품은 한 사람을 이처럼 위대하게 성장시키는 놀라운 힘이 있다. 여기서 우리가 주목할 것은 책임의 영역 곧 임무에 대한 부분이다. 직장에서 어떤 사람은 자신의 업무영역을 설정하는 데서부터 탁월한 능력을 보여 준다. 주어진 일만 하는 사람이 있는가 하면 임무의 영역을 창의적으로 확장하는 사람이 있다. 이런 사람들은 아무래도 다른 사람들에 비해 상사의 눈에 띄게 마련이니 승진의 기회가 더 많아지는 것은 당연하다.

흔히 "받은 만큼만 일한다"고 말하거나 "일을 더한다고 월급을 더 주는 것도 아닌데…."라고 말하면서 수동적으로 주어진 일만 하는 것으로 책임을 다했다고 말하는 사람들이 있다. 또 그런 사람들을 실속 있다고 평가하기도 한다. 그러나 책임감의 성품은 자신의 책임 영역 곧 임무 영역을 창의적으로 설정할 줄 아는 데서부터 출발한다는 사실을 기억한다면 이런 사람들을 책임감이 있다고 평가할 수는 없다. 책임감 그 너머에 내 인생을 꽃피워 줄 미켈란젤로의 "천지

---

15 이영숙 (2012). 초등성품리더십 인성교과서-책임감. (사)한국성품협회.

16 Anton Gill, (2003). Il Gigante: Michelangelo, Florence, and the David, 1492-1504. 이명혜 역. 생각의나무.

창조"가 있음을 기억해야 한다.

우리는 어떤 삶을 살든지 그 나름의 책임감을 안고 살아간다. 자녀는 자녀대로, 부모는 부모대로, 교사는 교사대로, 학생은 학생대로, 직장인은 직장인대로 책임감을 안고 있다. 책임감은 지금 이 시간, 나에게 주어진 임무를 성실히 수행하는 것이다. 그런데 책임감이 무겁다는 이유로 지금의 책임을 회피해 버린다면, 그 결과는 내일, 또는 내 인생의 어느 날 틀림없이 대가를 요구할 것이다. 그러니 지금 당장은 책임감을 떨쳐 버릴 수 있더라도 미래에 다가올 그 책임감까지 회피할 수는 없는 일이다. 그래서 링컨 대통령은 "오늘 회피한다고 해서 내일의 책임에서 벗어날 수는 없다"는 유명한 말을 남겼다.[17]

오늘 우리 사회는 어쩌면 한때 회피해 버린 책임감으로 말미암아 지금에서야 그 화를 고스란히 당하고 있는 것 같은 문제들이 많다. 세계적으로 높은 이혼율과 가정 파괴, 폭력이 난무하는 학교, 청소년들의 높은 자살률 등이 그것이다. 경제의 성장이든, 경쟁에서 승리하기 위해서든, 우리는 어느 한 순간 책임감을 망각한 채 훌쩍 지나쳐 온 결과 이런 결과 앞에 서 있는 셈이다.

마찬가지로 우리는 지금 마땅히 처리해야 할 임무가 있고, 그것을 또 망각한다면 우리 자녀들의 세계는 틀림없이 그 대가를 치르게 될 것이다. 이런 점에서 교육은 곧 미래를 위한 오늘의 책임인 셈이다.

마치 생명을 잉태하기 위해 펭귄 부부가 혹독한 추위에서도 서로를 부둥켜안고 서로의 체온으로 알을 지켜내는 것처럼, 목숨을 건 책임감이 오늘 우리 교육을 담당하는 이들에게 주어져 있다. 펭귄처럼 함께 부둥켜안고서라도 다음 세대의 생명들을 살려내야 한다. 이 책임을 다하기 위해 절제하고, 인내해야 한다. 그것이 우리에게 주어진 할 일이다.

성품 빛내기

┊ 책임감의 성품이 준 감동

경기도 수원에 사는 보현이는 성품을 가르치는 학교에 다닌다. 보현이는 원래 약속도 잘 지키고, 할 일을 끝까지 잘 해내는 등 좋은 성품을 가진 아이인데, 성품교육을 받으면서 한층 원숙해졌다. 보현이는 매일 태권도장에 다니는데, 예전에는 조금 아프고 가기 싫으면 이유를 대고 피할 궁리를 찾았다. 그런데 책임감의 성품을 배우고 나서는 몸이 피곤하고 아파도 시간을 잘

---

17 전광 (2003). 백악관을 기도실로 만든 대통령 링컨. 라이프북.

지켜서 꾸준히 운동을 하려고 애쓴다. 때로는 오빠로서 동생을 보살펴 주면서 숙제도 도와주고, 준비물까지 챙겨 준다. 또 출근하는 아빠 엄마를 위해 보현이는 아침에 하루 동안 해야 할 일들을 화이트보드에 적어 둔 뒤 퇴근 후 돌아오면 약속을 지켰다면서 체크할 정도니 부모님들도 보현이의 좋은 성품이 고마울 뿐이다.[18]

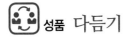 ## 성품 다듬기

: '책임감'이란

내가 해야 할 일이 무엇인지 알고 끝까지 맡아서 잘 수행하는 태도(좋은나무성품학교 정의)이다.

: 책임감의 교육적 효과

첫째, 책임감이 무엇인지 아는 인지능력이 발달하고, 둘째, 내가 무엇을 해야 하는지 아는 자아 이해력과 정체성이 향상되고, 셋째, 맡은 일을 끝까지 완수함으로써 오는 자신과 타인에 대한 신뢰감을 형성하고, 넷째, 해야 할 일과 하지 말아야 할 일을 분별할 수 있는 도덕적 분별력이 향상된다.

: 책임감의 성품은

한 사람을 위대하게 성장시키는 놀라운 힘이 있다. 이러한 책임감의 성품은 자신의 책임 영역 곧 임무 영역을 창의적으로 설정할 줄 아는 데서부터 출발한다.

40강 절제(Self-control)

성품 생각하기

: 절제하지 않으면 사망할 수 있다?

미국심장학회저널(*Journal of the American College of Cardiology*) 2009년 2월호에 게재된 예일대 레이첼 램퍼트 박사 연구팀의 논문은 분노와 강한 감정적 격분이 심장 박동수에 영향을 줌으로

---

18 이영숙 (2013). 성품교육 사례집. 서울: 좋은나무성품학교.

써 심장질환을 앓고 있는 사람의 경우 돌연사에 이를 가능성이 크다고 밝혔다.

렘퍼트 박사 연구팀은 이 연구를 위해 심장병을 앓고 있는 환자 62명을 대상으로 최근 분노를 느낀 일화를 자세히 설명하도록 한 뒤 심전도검사를 통해 심장의 반응을 살피는 실험을 했다. 연구팀은 환자들의 감정을 자극하기 위한 유도질문을 함으로써 스트레스를 극대화했다. 그 결과 환자들의 심장에서 나오는 전기파의 불안정성이 더욱 높아졌다. 그리고 3년 동안 환자들을 추적 조사해 경과를 살펴보았더니, 최고 수준의 불안정성을 보인 환자의 경우 그렇지 않은 환자에 비해 부정맥에 걸릴 확률이 10배나 높게 나타났다.[19]

이 조사 결과는 절제의 성품이 심장의 정상적인 박동에 영향을 끼친다는 사실을 보여 준다.

중앙일보 2015년 4월 17일 자 기사에서는 유럽사회심리학저널(*European Journal of Social Psychology*)에 실린 미국 일리노이대 연구팀의 연구 논문을 인용해 자제력을 키우기 위해서는 혼잣말, 그것도 명료하고 단호한 명령이 효과적이라는 내용을 보도했다.[20]

이 연구팀은 대학생 95명을 대상으로 자신이 단편소설에 등장하는 인물이라고 상상하도록 한 뒤 선택의 기로에 서 있는 상황에서 올바른 선택을 할 수 있도록 조언이나 충고를 했다. 단 실험참가학생의 절반은 1인칭으로, 나머지 절반은 2인칭으로 충고하는 대사를 만들었는데, 대사 작성하기가 끝난 다음 애너그램 테스트[애너그램은 하나의 단어가 주어졌을 때 알파벳 순서를 바꿔 또 다른 의미의 단어를 만드는 것으로, 가령 'cat(고양이)'이라는 단어가 있다면 이를 'act(행동)'로 바꾸는 식이다.]를 받았다.

실험 결과는 자신이 맡은 등장인물을 '너'라는 2인칭으로 호칭하고 격려한 그룹이 '나'라고 칭한 그룹보다 더 많은 단어를 완성하는 것으로 나타났다.

두 번째 실험에서는 143명의 학생들을 대상으로 애너그램을 하는 동안 스스로를 격려하도록 했다. 1인칭으로 격려하는 그룹, 2인칭으로 격려하는 그룹, 아무런 격려도 하지 않는 그룹으로 나뉘어 진행됐는데 그 결과는 스스로를 2인칭으로 칭하며 조언한 학생들이 가장 높은 애너그램 완성도를 보였다. 이로써 연구팀은 2인칭으로 칭하는 혼잣말이 1인칭으로 칭하는 자기대화보다 효과적이라는 점을 확인했다. 부담을 느끼는 상황에서 2인칭으로 스스로에게 말을 걸면 마치 다른 사람으로부터 격려와 지지를 받는 것 같은 느낌을 받기 때문인 것으로 보인다는 것이다. 즉 식탐이 생길 때 이를 억제하기 위해서는 스스로에게 말을 걸어야 하는데, "먹으면 안 되겠지?"라는 애매모호한 표현보다는 "먹지 마."라고 단호하게 말하는 것이 더 효과적이라는 것이다.

19 뉴시스. 2009. "'화병으로 죽을 수 있다'-美 예일대 연구진". 2월 24일.
http://news.naver.com/main/hotissue/read.nhn?mid=hot&sid1=103&cid=3118&iid=76321&oid=003&aid=0002541388&ptype=021
20 중앙일보. 2015. "혼잣말 자제력 향상 도움. "2인칭 효과↑, 난 할 수 있어" 효과 얼마나?". 4월 17일. http://news.joins.com/article/17611880

성품 꿈꾸기

1. 절제의 성품 정의를 설명할 수 있다.
2. 절제의 성품 교육목표가 무엇인지 이해할 수 있다.
3. 절제의 성품 이야기를 통해 절제의 성품을 키우는 방법을 실천할 수 있다.

성품 빚기

: 01. 절제란

한국인들의 특성 가운데 하나가 절제력이 취약하다는 점이다. 유난히 흥이 많고, 쾌활하고, 정도 많은데 절제해야 할 순간에 절제하지 못한다는 단점이 있다. 외교관이 가져야 할 중요한 성품 중 하나가 절제력인데, 한국의 외교는 절제력 부족으로 가끔 국익을 거스른다는 소리가 있을 정도로 우리의 취약 성품이다.

가만히 생각해 보면 우리도 한때 발끈하는 바람에 일을 그르친 적이 있을 것이다. 내 감정을 적절하게 조절하지 못해 인간관계를 망가뜨린 적도 많을 것이다. 모두 절제하지 못하는 성품 때문이다. 그래서 절제의 덕은 그리스 철학자들부터 균형 잡힌 인격을 위해 중요시한 성품이다. 그리스 철학자들이 절제하는 인간을 무엇보다 탁월한 인격의 소유자로 높였을 정도로 중요한 덕목이다.

사전적 의미로 절제는 정도를 넘지 않도록 알맞게 조절하여 제한하는 것이다. 즉 글자 그대로 한 덩어리에서 부분을 잘라 내는 것이 절제이다.[21]

이영숙 박사의 12성품교육론은 절제의 정의를 다음과 같이 내린다.

"절제란 내가 하고 싶은 대로 하지 않고 꼭 해야 할 일을 하는 것이다."_좋은나무성품학교 정의

'최소량의 법칙'이라는 것이 있다. 독일의 생물학자 리비히가 증명한 이 이론은 식물의 성장이나 생산량은 그 생육에 필요한 수분, 온도, 태양, 양분 등 다양한 요소들 가운데 공급비율이 가장 낮은 요소에 의해 결정된다는 것이다. 즉 아무리 다른 요소들이 넘쳐나도 수분이 조금밖에 안 되면 식물의 생산량이나 성장은 넘치는 다른 양분들에 의해 결정되는 것이 아니라 최소량인 수분에 의해 결정된다는 것이다.

---

21 김기열 (2012). 성품경영 자료집-'소통성품경영'. 좋은나무성품경영연구소.

절제의 성품은 이와 비슷하다. 한 사람이 다양한 스펙을 가지고 성공했더라도 절제의 성품이 어느 정도냐에 따라 그 모든 성공요소들과 별개로 실패할 수도 있기 때문이다. 한 사람이 성공의 자리에 오르기까지 좋은 재능을 가지고 많은 시간 인내하고 성실하게 학식을 쌓았더라도 어느 한순간 절제하지 못하여 그동안의 공든 탑이 와르르 무너질 수 있기 때문이다.

그러므로 절제의 성품은 성공을 유지하기 위한 성품이다.

02. 절제의 교육적 효과

절제는 자기감정을 조절하는 능력이므로 자신의 정서, 곧 내가 어떤 상태인지, 또 내게 어떠한 상황이 펼쳐지는지를 인식하고, 감정을 올바로 표현하게 한다.[22]

다음 사례는 감정을 올바로 표현할 줄 아는 것이 얼마나 중요한지를 일깨워 준다.

> **사례**　결혼 초기의 한 여성이 필자에게 상담을 신청했다. 그녀는 우울증을 앓고 있었고, 여러 차례 자살 충동을 경험했다. 그녀를 이처럼 심리적 불안상태로 몰아간 건 어떻게 보면 매우 사소한 일이었다. 그녀가 살고 있는 아파트에는 빨래를 너는 공공시설이 있는데, 이 시설을 여러 세대가 함께 나눠서 사용했다. 빨랫줄 구획을 나눠서 아파트의 호수를 적어 두었으므로 나름 '자기 영역'이 있는 셈이었다. 그런데 그녀의 아파트 호수가 적힌 빨랫줄에 자주 이웃집 빨래들이 널려 있어서 난감했다. 어떤 날은 아예 자기 빨래를 널기 위해 그녀가 널어놓은 빨래들을 한곳으로 밀쳐놓은 바람에 화가 났다. 이런 일이 잦아지니 빨래를 할 때마다 그녀는 빨래를 너는 일로 신경이 쓰였다. 그러나 참았다. 그도 그럴 것이 그 집 바깥사람이 그녀의 남편 직장의 상사였다. 말도 못하고 분통은 터지고, 그러다가 2년쯤 참아 온 어느 날이었다. 또다시 빨래를 한쪽으로 밀쳐놓은 채 자기 빨래를 널어놓은 걸 보는 순간 더 이상 참을 수 없었다. 그녀는 남편 직장 상사의 집인 그 집으로 가서 항의를 했다. 아내들 싸움이 남편들 싸움으로 번지고 결국 그녀의 남편은 직장까지 그만두어야 했다. 싸움은 그 후로도 계속되었으며, 그녀의 스트레스는 심해졌고, 아이를 둘씩이나 유산했으며, 결국 우울증으로 발전했다. 단지 빨랫줄 문제로 시작된 갈등이 그녀를 자살 충동으로 몰아간 것이다. 그녀로서는 자기의 예민한 성격 때문에 아이까지 유산하고, 남편 직장까지 그만두게 했으니 살고 싶지 않았다. 따지고 보면 잘못은 옆집이 저지르고 피해는 몽땅 그녀의 집이 보는 셈이었다. 필자는 그녀에게 이렇게 말했다. "문제는 훨씬 단순해요. 스스로 열등감을 갖고, 상황을 너무 비약시켜서 자살 충동까지 생긴 거예요. 그러니 너무 비하하지도, 비약시키지도 마세요. 내가 얼마나 비참하게 실패한 인간인가, 하고 생각할 게 아니라 내가 좋은 인간관계를 구축할 수 있는 사회적 기술이 부족했고, 또 단순한 사건을 처리할 수 있는 능력이 부족했다고 생각하세요. 그러니 먼저 자기 자신을 용서하세요. 잘못은

22　이영숙 (2014). 한국형 12성품교육론. 서울: (도)좋은나무성품학교, 175-176, 180, 266-268.

다른 사람이 한 거예요. 사실은 2년 동안 참지 말았어야 했고요. 그렇게 꾹꾹 참아 왔으니 눌린 스프링처럼 한꺼번에 터져 버린 거예요. 일이 이렇게 되었으니 누구보다 자기 자신을 용서하세요. 그리고 그 사람도 용서해 주세요."

절제의 성품을 이해할 때 가장 중요한 것은 무조건 참고 억누르는 것만이 절제는 아니라는 사실이다. 그래서 절제의 성품을 바로 이해하는 사람은 자기조절능력이 향상된다.[23]

최근 분노조절장애로 인한 범죄가 자주 발생하고 있다. 주차문제로 이웃 간에 살인사건이 일어나고, 층간소음문제로 또 끔찍한 범죄를 저지르며, 운전 중 사소한 말다툼이 번져 상대방을 자동차로 치려는 일까지 발생한다. 이는 절제의 성품 결핍과 자기조절능력 부족에서 그 원인을 찾을 수 있다.

따라서 우리는 지금 무엇보다 절제를 통해 자기의 감정을 조절할 수 있는 방법과 기술을 가르쳐야 한다. 이와 더불어 분별력을 키워 자기 감정을 잘 표현하는 방법도 학습해야 한다. 무엇보다 우리 사회에서 절제의 성품에 대한 교육은 매우 긴요하다.

: 03. 절제의 성품 계발하기

〈직접 해 보기〉

나의 절제 성품지수는 얼마일까? 다음 질문에 O표 또는 X표로 답해 본 뒤 O표의 개수를 헤아려 보자.[24]

1. 나는 사람들과 대화할 때 목소리를 낮추어 말한다.
2. 나는 화가 날 때 심호흡을 하면서 감정이 가라앉을 때까지 기다린다.
3. 나는 전열기를 사용한 뒤 반드시 코드를 빼놓는다.
4. 나는 하루 세끼 식사 외에 간식과 군것질은 가급적 삼간다.
5. 나는 공부할 때 사전에 계획을 세워서 실시한다.
6. 나는 일정 시간 이후에는 TV시청이나 인터넷 사용을 삼간다.
7. 나는 외식하는 것보다 집에서 식사하는 것을 선호한다.
8. 나는 집 안 청소를 내 손으로 하는 편이다.
9. 나는 쇼핑하기 전에 목록표를 작성하여 계획적인 쇼핑을 한다.
10. 나는 통신료를 매달 정해 놓고 사용한다.

---

23 이영숙 (2013). 초등성품리더십 인성교과서-절제. (사)한국성품협회.
24 김기열 (2012). 성품경영 자료집-'소통성품경영'. 좋은나무성품경영연구소.

O표의 개수

● 0~3개 : 자신을 극복하기 어려운 사람

● 4~6개 : 상황에 따라 절제하는 사람

● 7~10개 : 절제의 사람

제1장
제2장
제3장
제4장
제5장
제6장
제7장
＋
제8장
제9장
제10장
＋
제11장
제12장
＋
제13장

절제의 성품을 키워 가는 좋은 감정조절법칙이 있다. '절제의 1-3-10공식'인데 실험을 통해 좋은 효과를 거둔 노하우이다.[25]

'절제의 1-3-10공식'은 우리가 절제할 수 없을 때, 그래서 분노가 터질 것 같은 상황에 대처하는 방식이다. 이 방법은 미국의 유명한 교육학박사 미셸 보바가 자제력을 갖게 하는 전략[26]으로 강조한 내용으로, 필자는 문화에 맞게 '절제를 가르치는 성품법칙'으로 재구성하여 감정을 조절하도록 가르친다.

1 : 하던 일을 멈추고 옐로카드를 꺼내듯 '절제!' 하고 한 번 외친다.

3 : 숨을 크게 세 번 내쉰다. 복식호흡 즉 코로 들이마시고, 입으로 뱉는 식이다.

10 : 그리고 10까지 헤아린다.

초등학교에서 절제의 성품을 배우면서 '절제의 1-3-10공식'을 익힌 아이들이 이 공식을 활용하는 모습을 본 적이 있다.

학급에서 남자아이와 여자아이가 서로 싸우기 시작했다. 여자아이가 홧김에 남자아이를 밀어 버렸는데 벌러덩 넘어졌다. 화가 난 남자아이가 여자아이를 때리려고 달려들려는 순간 이 모습을 바라보던 여자아이 하나가 다급히 말했다.

"너희들 배웠잖아. 절제의 법칙!"

그러면서 "1" 하고 말하자, 반 아이들이 합창하듯 "절제!"라고 소리쳤다. 여자아이가 다시 "3" 하니 또 반 아이들이 "후-후-후-"라고 세 번 숨을 쉬었고, "10" 하자 다 같이 "1, 2, 3, 4, 5, 6, 7, 8, 9, 10" 하고 외쳤다.

그때 벌러덩 넘어졌던 남자아이가 "그런데 내가 10까지 세도 화가 안 풀리면 어떡해?" 하고 물었다. 아이들이 배운 건 '절제의 1-3-10공식'뿐이니 그 다음에 어떻게 해야 할지 몰랐던 것이

25 이영숙 (2006). 어린이성품리더십-절제 1,2,3. 서울: (도)좋은나무성품학교.

26 Michele Borba. (2004). Building moral intelligence. 현혜진 역. 한언.

다. 그때 '절제의 법칙'을 외친 그 여자아이가 이렇게 말했다.

"음, 그러면 계속 세!"

그래서 반 아이들이 함께 "11, 12, 13, 14⋯100"까지 세었다. 그 사이에 아이들은 깔깔깔 웃었고, 화가 난 친구들도 모두 화가 풀렸다.[27]

이처럼 좋은 성품은 갈등이 일어나거나 문제가 발생했을 때 폭력을 쓰거나, 폭언을 해서 서로 싸우기보다 절제하면서 문제의 상황을 반전시키는 힘이 있다. 이런 과정을 통해 파괴될 수도 있었던 관계가 유지된다.

 성품 빛내기

: 엄마보다 더 큰 아들, 건우를 만나다

인천의 좋은나무성품학교에서 성품교육을 받은 건수는 태어난 지 5개월 만에 심장수술을 하고 생후 8개월부터 계속 극심한 아토피에 시달리고 있었다. 심한 아토피로 참을 수 없는 가려움과 싸우며 밤을 하얗게 지새우는 날들이 지속되었다. 자라면서는 얼굴과 온몸에 돋은 진물 때문에 사람들의 눈을 피해 다녀야 했을 정도다. 건수는 "엄마, 나 죽고 싶어. 왜 하나님은 날 이렇게 만들었어?"라고 말하게 됐고, 아토피를 하루하루 힘겹게 견디며 신경질적이고 과격한 아이로 변해 갔다. 그런데 성품교육이 건수에게 좋은 성품의 태도를 갖게 해 주면서 건수는 더 이상 과격한 아이가 아닌 차분한 아이로 바뀌기 시작했다. 건수가 어느 날 친구 생일 파티에 갔다. 아토피 때문에 건수는 케이크를 먹지 못한다. 그러나 건수는 긍정적으로 받아들이면서 엄마에게 "엄마, 나는 내 몸을 배려하기 위해 케이크를 안 먹을 거예요. 그리고 좋은 일이 이루어질 때까지 불평 없이 참고 기다리면 아토피 치료도 잘 받고 맛있는 케이크도 먹을 수 있겠지요?" 하고 말했다. 엄마도 "물론이지, 건수가 절제하며 잘 참고 있구나. 멋지다, 건수! 잘 참고 절제해 줘서 고마워."라고 위로하며 감사했다. 건수에게 또 다른 일도 있었다. 평소 과자를 함부로 먹지 않는 건수가, 그날은 다른 친구들이 먹는 과자를 자기도 먹어 보고 싶었는지 "엄마, 다른 건 안 먹어도 되니까 과자 하나만 꼭 먹어 보고 싶어."라고 말했다. 엄마도 괜찮겠지 싶어서 과자 한 조각만 먹으라고 허락을 했는데, 건수는 절제하지 못한 채 과자 열 조각을 먹었다. 15분이 지나도 아무런 반응이 나타나지 않자 건수는 남아 있는 과자를 다 먹고 말았다. 그러자 건수의 눈꺼풀이 점점 부어올라 눈동자가 안 보이고 입술이 부풀어 올라 심하게 맞은 권투 선

27 이영숙 (2007). 나를 찾아 떠나는 여행. 성품. 서울: 두란노.

수의 얼굴처럼 변해 가면서 온몸에 크고 두꺼운 두드러기들이 솟아올랐고 건수는 가려워서 온 몸을 긁어 대기 시작했다. "엄마, 어떡해? 나 괜찮아?"라고 떨리는 목소리로 말하는 건수를 보며 엄마는 그 과자를 사 준 것을 심하게 자책했다. 그런데 엄마를 놀라게 한 건 그 다음 건수의 태도였다. 건수는 짜증을 내거나 화내지 않고 이렇게 말했다. "엄마, 엄마 잘못이 아니에요. 내가 하고 싶은 대로 하지 않고 꼭 해야 할 일을 하는 게 절제인데, 내가 절제하지 못했어요. 내가 아무리 먹고 싶어도 내 몸을 배려하기 위해서 절제해야 하는데 내가 잘못한 거예요. 의사 선생님이 과자가 먹고 싶어도 꼭 참고 절제하라고 하셨는데. 그게 나를 위해 배려하는 거라고 했는데. 내가 그만, 과자가 먹고 싶어서…." 건수의 침착한 목소리에 엄마도 진정하고는 건수의 손을 잡고 응급실로 향했다. 병원을 가면서 엄마는 이런 생각을 했다고 한다. '아, 교육이 내 아이를 이렇게 만들었구나. 앞으로 이 아이가 어떤 사람이 될까 기대가 된다.' 7살짜리 아이를 놀라운 '인성 거인'으로 만든 성품교육의 기적을 이제는 내 가정, 내 학교에서도 만나 보길 바란다.[28]

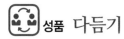

성품 다듬기

: '절제'란

내가 하고 싶은 대로 하지 않고 꼭 해야 할 일을 하는 것(좋은나무성품학교 정의)이다.

: 절제의 교육적 효과

첫째, 자신의 정서를 인식하고 올바르게 자신의 감정을 표현하는 능력을 키우고, 둘째, 감정조절 및 충동을 억제하는 능력을 키우며, 셋째, 양심의 기능을 살려 옳은 것을 선택할 수 있는 분별력이 계발된다.

: '절제의 1-3-10공식'을 통해

절제하기 힘든 상황, 분노가 폭발할 것 같은 상황에서 감정을 잘 조절하여 더 좋은 생각, 더 좋은 감정, 더 좋은 행동으로 대처하는 방식을 배울 수 있다.

28 이영숙 (2015). 좋은성품 부모-인내 매거진, Vol.11. (사)한국성품협회. 16-17.

41강 창의성(Creativity)

🔍성품 생각하기

: 행복한 사람일수록 새로운 것에 창의적으로 도전한다?

크고 작은 여러 개의 물방울무늬가 있다. 무늬들 가운데는 평범하게 생긴 동그란 무늬와 별처럼 생긴 낯선 무늬가 있다. 그리고 한쪽의 사람들은 행복한 일을 떠올리고, 또 한쪽의 사람들은 슬펐던 일을 떠올린다. 이때 물방울무늬에 대한 신체적 반응과 정서적 반응을 살펴보면 어떤 차이가 일어날까?

미국 캘리포니아대 샌디에이고 캠퍼스 피오트르 윈킬맨 교수팀의 연구에 따르면 슬펐던 일을 떠올린 사람들의 경우 유난히 친숙한 물방울무늬를 더 선호한 반면, 행복한 일을 떠올리며 행복한 감정을 유지한 사람들은 오히려 생소한 무늬에 더 관심을 보였다. 윈킬맨 교수는 "행복할 때는 알려진 것, 친숙한 것보다 새롭고 창의적인 것에 더 끌린다"는 결론을 내렸다.

이 연구 결과는 심리과학(*Psychological Science*)에 발표됐고, 미국 건강웹진 헬스데이와 NBC 방송 온라인판 등이 보도했으며, 코리아메디컬닷컴이 2010년 2월 24일 자 기사로 인용 보도했다.[29]

중앙일보 2015년 9월 23일 자 기사는 로봇이 사람의 창의성을 대신할 수는 없다고 보도해 주목을 끈다. 컴퓨터가 사람처럼 생각하고 학습하는 인공지능 기술이 발달하면서 로봇이 사람의 일자리를 대신하는 사례가 늘고 있지만 로봇에 의해 일자리가 줄어든 만큼 새로운 일자리가 생길 것이란 낙관적인 전망도 많다는 것이다.

즉 로봇 기술이 아무리 발달해도 천재의 창조와 발견, 리더의 직관과 판단 등은 대체 불가능하다는 것. 그 예로 중앙일보는 명량해전을 앞두고 배가 12척밖에 남지 않은 상황에서 로봇이 데이터를 읽을 수는 있어도 이순신 장군과 같은 창의적이고 탁월한 선택을 할 수는 없을 것이고, 예술가나 소설가같이 창의적 지능이 요구되는 직종과, 통솔력과 설득력을 필요로 하는 경영파트 직종, 그리고 사람 간의 유대감을 필수로 하는 성직자 등을 로봇 대체 가능성이 낮은 직업으로 꼽았다.[30]

---

29 코리아메디컬닷컴. 2010. "행복한 사람, 낯설고 새로운 것에 도전한다". 2월 24일.
http://news.naver.com/main/hotissue/read.nhn?mid=hot&sid1=103&cid=3118&iid=187446&oid=296&aid=0000005501&ptype=021
30 중앙일보. 2015. "로봇, 일자리 47% 위협 … 사람의 창의·통찰 영역은 침범 못해". 9월 23일. http://news.joins.com/article/18725486

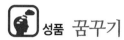성품 꿈꾸기

1. 창의성의 성품 정의와 교육목표가 무엇인지 이해할 수 있다.
2. 창의성의 성품 이야기를 통해 교사와 부모가 먼저 창의성의 좋은 성품으로 변화돼야 함을 깨달을 수 있다.

성품 빚기

ː 01. 창의성과 교육적 효과

창의성의 성품은 지혜와 연결되는 성품이다. 창의성은 또 과학적 탐구에 필요한 성품으로 협소하게 이해되기도 하지만 실은 우리가 더 편리하고, 더 행복하고, 더 차원 높은 삶을 살기 위한 노력이 바로 창의성의 성품이다.

창의성의 사전적 정의는 새로운 생각이나 개념을 찾아내거나 기존의 생각이나 개념을 새롭게 조합해 내는 것을 말한다.[31] 창조성, 창의력, 창조력 등의 단어와 혼용되기도 하는데, 이영숙 박사의 12성품교육론에서는 다음과 같이 정의한다.

> **"창의성이란 모든 생각과 행동을 새로운 방법으로 시도해 보는 것이다."** _좋은나무성품학교 정의

창의성의 성품은 어제까지 같은 삶을 살았다면 오늘은 다르게 살아 보려고 시도할 줄 아는 성품이다.[32] 새로운 삶의 방식은 나와 다른 사람들을 불행하게 만드는 방향으로 향해서는 안 되며, 지혜롭게 작용하여 모두의 삶을 향상시키는 쪽으로 작용해야 한다. 이처럼 창의성은 사회에서 시민정신을 가지고 도덕적 삶을 살기 위해 어떻게 선택해야 할지를 분별해 주는 성품으로 기여한다. 따라서 창의성은 유연한 사고를 갖도록 해 주고, 긍정적인 삶을 통해 생산성 높은 삶으로 이끌어 준다.[33]

ː 02. 창의성의 성품 계발하기

미국 워싱턴을 대표하는 대리석 돔 건물인 제퍼슨기념관의 외곽 벽이 부식되고 있었다. 기념관

---

31 김기열 (2012). 성품경영 자료집-'긍정성품경영'. 좋은나무성품경영연구소.
32 이영숙 (2013). 초등성품리더십 인성교과서-창의성. (사)한국성품협회.
33 이영숙 (2014). 한국형 12성품교육론. 서울: (도)좋은나무성품학교. 176, 180, 268-269.

측은 이 문제를 해결하기 위해 머리를 맞댔다. 원인은 관리직원들이 청소를 할 때 자극적인 화학세제를 사용하기 때문으로 밝혀졌다. 그런데 당시 기념관 관장은 여기서 멈추지 않았다. 더 근본적인 원인을 찾기 위해 그가 던진 5개의 '왜(Why)'는 꽤 유명한 질문으로 사람들의 입에 전해졌다.

"왜 청소할 때 그렇게 자극적인 세제를 사용하는가?"

"비둘기들이 몰려와서 똥을 싸 놓고 가기 때문입니다."

"그러면 비둘기들은 왜 몰려오는가?"

"건물에 거미들이 많아서 거미들을 잡아먹기 위해 비둘기들이 날아옵니다."

"거미는 왜 그렇게 많지?"

"나방이 많이 날아들어, 나방을 먹고 사는 거미가 몰려듭니다."

"나방은 왜 또 생기는 거지?"

"기념관을 밝히는 조명 때문입니다. 해질녘부터 켜 놓기 때문에 나방이 이 시간에 몰려듭니다."[34]

창의성의 성품은 곧 새로운 질문을 던짐으로써 작동한다.[35] 기존의 틀에 박힌 우리 삶의 매뉴얼에 만족하지 않고 좀 더 나은, 좀 더 고상한, 좀 더 가치 있는 것을 찾기 위해 우리의 생각의 틀을 흔드는 것이다. 따라서 창의성은 자연과학적 탐구에서만 작동되는 것이 아니라 우리의 일상적인 삶의 자리에서도 끊임없이 발현되어야 한다.

왜 나는 공부가 자신 없을까?

왜 나는 몸이 약할까?

왜 나는 부정적인 생각을 할까?

왜 우리 집은 행복하지 못할까?

왜 대한민국 청소년들은 자살할까?

왜 대한민국 가정들은 깨어질까?

왜 대한민국 학교엔 폭력이 난무할까?

우리가 살아가는 삶의 자리 한가운데에는 이처럼 수많은 '왜?'들이 우리의 창의성을 요구한다. 창의성의 성품을 통해 우리는 이 질문들의 해답을 찾아야 하고, 그래서 더 행복한 내일을 만들 수 있다. 어제보다 나은 오늘, 오늘보다 나은 내일을 만드는 성품이다.

---

34 포스코특수강 6시그마연구회 (2008). 6시그마 전략과 프로젝트. 리드리드출판.

35 이영숙 (2007). 어린이성품리더십-창의성 1,2,3. 서울: (도)좋은나무성품학교.

제**1**장
제**2**장
제**3**장
제**4**장
제**5**장
제**6**장
╋
제**8**장
제**9**장
제**10**장
╋
제**11**장
제**12**장
╋
제**13**장

〈직접 해 보기〉

이제 우리의 창의성을 작동해 보자.

오늘 내가 가진 문제를 생각해 본 뒤, 제퍼슨기념관의 관장처럼 '왜?'라고 질문해 보자. 어제까지 내가 고독했다면, '왜 나는 고독할까?'라고 질문하고, '왜 친구가 없을까?'의 답을 찾아 친구에게로 가까이 가서 사귈 수 있는 변화를 만들어 내 보자. 질문들을 이어 간 뒤 창의성을 발휘해 본질적인 답을 찾아 함께 발표해 보자. 다음과 같은 결과들이 도출될 수 있다.

A : 헤어스타일을 바꿔야겠다.

B : 봄을 맞아 집 안 분위기를 바꿔 보고 싶다.

C : 우울한 분위기를 바꾸기 위해 패션스타일을 밝게 바꿔 보고 싶다.

D : 학부모들로부터 부정적인 반응을 받고 기운이 없었는데, 질문을 던지고 창의성을 발휘해 보면서 아이들의 흥미를 끌어 주는 대안을 찾았다.

창의성의 성품을 발현하기 위해서는 '왜?'라는 질문을 꾸준히 던져야 한다. 그러나 우리가 일하는 현장에서는 '왜?'라는 질문에 답할 여유를 갖기가 쉽지 않다. 진도 나가기 바쁘고, 잡무 처리하기 바쁘고, 끊임없이 새로운 문제들이 닥치기 때문에 일상에 발목이 잡혀서 살 수밖에 없는 형편이다. 심지어 아이들이 던지는 '왜?'라는 질문조차 답변해 주지 못하는 상황이다.

그러나 이런 한계에도 불구하고 현실에 안주하기보다 더 좋은 것을 얻기 위해 좋은 성품을 발휘해야 한다. 창의적인 교사가 창의적인 아이들을 키울 수 있다는 믿음으로 우선 교사들부터 창의성을 놓치지 않아야 한다. 그러자면 작은 질문 하나에도 민감하게 반응할 줄 알아야 한다.

다중지능이론을 제시한 하버드대 심리학자 하워드 가드너(Howard Gardner)는 창의적인 사람의 경우 대개 10년을 주기로 하나의 주제에 몰두하여 '왜'라고 질문하고 창의적인 결론을 이끌어 내는데, 이때 정말 필요한 것은 그 사람의 생각을 지지해 주는 멘토의 존재라고 강조했다.

마찬가지로 우리 학교가 창의성의 문화를 가지려면 아이들 곁에 교사라는 멘토의 존재가 꼭 필요하다. 아이들의 작은 질문을 존중해 주고, 질문에 성실히 대답해 줌으로써 학교 문화를 바꿀 수 있게 된다.

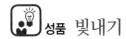 **성품 빛내기**

: 우리 창의적으로 생각해 볼까?

경기 수원에서 성품교육을 받은 채은이는 언니와 놀다가도 "언니, 우리 창의적으로 생각해 볼까? 창의성이란 모든 생각과 행동을 새로운 방법으로 시도해 보는 것이야!"라고 말할 정도로 일상에서 창의성을 발휘한다. 보통 아이들이 색종이를 자르고 붙이며 놀다 보면 많은 색종이들이 버려지는 것을 볼 수 있다. 그런데 채은이는 어느 날 이 남은 색종이 조각들을 이용해서 풀로 연결해 붙이더니, 사람과 동물의 형상을 만들고는 "엄마! 제가 창의적으로 생각해서 남은 종이로 동물과 사람을 만들었어요." 하고 자랑했다. 남은 종잇조각으로도 멋진 작품이 만들어진다는 사실을 깨달은 채은이 덕분에 더 이상 남은 종이를 버리지 않고 모아 두니 방도 깨끗해졌다. 성품교육이 창의성을 가진 아이로 만들어 주고, 남은 종잇조각을 어떻게 활용할지 깨닫게 해 주었으며, 심지어 정리하는 습관까지 갖게 해 준 것이다. 창의성의 성품은 이처럼 확산적인 사고를 갖게 해 줌으로써 한 가지 문제에 대해 분명하고 명확한 한 가지 옳은 답보다 여러 가지 가능성을 고려하도록 만든다. 또 이런 생각이 대인문제를 해결하는 데도 긍정적인 영향을 주기 때문에, 좋은 성품으로 행복한 성장을 이루게 하는 것이다.[36]

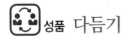 **성품 다듬기**

: '창의성'이란

모든 생각과 행동을 새로운 방법으로 시도해 보는 것(좋은나무성품학교 정의)이다.

: 창의성의 교육적 효과

첫째, 매일 접하는 상황 속에서 새로운 생각과 방법을 찾아보게 하고, 둘째, 많은 새로운 생각들 중에서 나와 다른 사람에게 유익이 되는 것들을 선택하는 분별력을 키운다.

: 창의성의 성품은

새로운 질문을 던짐으로써 작동한다. 아이들이 던지는 작은 질문 하나에도 민감하게 반응할 줄 아는 창의성의 교사와 부모가 창의성 있는 학생과 자녀를 만든다.

---

36 이영숙 (2011). 한국형 12성품교육론, 서울: 좋은나무성품학교, 200-201.

42강 정직(Honesty)

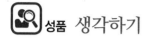 성품 생각하기

: 정직하지 않은 빗나간 의리!

법원 행정처의 발표 자료에 따르면 '위증 및 증거인멸죄'로 기소되어 1심 법원에 접수된 사건이 매년 증가하고 있으며, 이로 인해 징역형과 금고 등으로 교도소에 수감되는 인원도 매년 증가하고 있다. 이 사건들의 판결문을 분석했더니 크게 세 유형으로 나타났다.

첫째, 피고인이 자신의 지위를 이용해 위증을 강요하는 경우

둘째, 피고인과의 친분관계로 위증을 하는 경우

셋째, 피고인에게 온정을 느껴 합의를 한 뒤 증언을 하는 경우

이 자료는 위증이 빈번하게 일어나는 이유가 인정과 의리를 중시하는 우리의 문화적 특징 때문이라고 분석한다. 엄연히 범죄행위인데도 친분관계 때문에 허위증언을 대수롭지 않은 행위로 여긴다는 것이다. 그러나 위증죄에 대해 검찰이 모르고 지나가는 경우가 훨씬 많은 것으로 알려져 법정에서 위증의 여부를 판단하기가 어렵다고 한다.

상황이 이런데도 현행 형법은 피고인이든 참고인이든 법정에서 선서하고 증언하기 전까지는 수사기관의 허위진술에 대해서도 처벌할 규정이 없는 실정이다. 여기에다 피고인 본인의 사건인 경우 법정에서 허위로 진술하더라도 처벌할 수 없는 상황이다. 그래서 전문가들은 수사나 재판 절차에서 거짓 진술을 한 경우 확실히 불이익을 받을 수 있다는 분위기가 만들어져야 한다고 말한다.[37]

성품 꿈꾸기

1. 정직의 성품 정의와 교육목표가 무엇인지 이해할 수 있다.

2. 정직의 성품 이야기를 통해 교사와 부모가 먼저 정직의 좋은 성품으로 변화돼야 함을 깨달을 수 있다.

37 파이낸셜뉴스. 2015. "'빗나간 의리' 법정 거짓말 늘어 골치". 5월 5일. http://www.fnnews.com/news/201505051744381347

성품 빚기

01. 정직이란

12성품교육론의 중요한 차별성 하나는 문화적 접근방법을 지향한다는 점이다. 성품은 한 사회의 문화를 배경으로 태어나고 유지되기 때문이다. 그런 점에서 정직의 성품은 우리 문화 속에서 매우 강조돼야 할 주제이면서 동시에 습득이 어려운 성품이다. 왜냐하면 우리 문화는 정직이라는 성품을 기반으로 하지 않고 있을 뿐 아니라 정직한 성품을 가진 사람에 대해 '정직하면 손해 본다'는 부정적인 기대심리까지 있기 때문이다.

당장 학교 앞 문구점에 가 보면 커닝 연필, 커닝 지우개를 팔고 있는데, 이런 아이들에게 '커닝하지 말자'고 가르치기가 쉽지 않다.

하지만 그렇기 때문에 정직의 성품은 더욱 절실하고 중요하다. 우리 문화의 부정적 측면들을 긍정적으로 변화시키는 데 정직의 성품은 그만큼 긴요하게 작용할 수 있다.

정직의 사전적 의미는 마음의 거짓이나 꾸밈이 없이 성품이 바르고 곧은 것을 말한다.[38] 이것을 성품교육의 측면에서 새롭게 바라본 것이 12성품론의 정직에 대한 정의이다.

"정직은 어떠한 상황에서도 생각, 말, 행동을 거짓 없이 바르게 표현하여 신뢰를 얻는 것이다."

_좋은나무성품학교 정의

어떤 분야에서 정직해야 할까? '모든' 분야이다. 즉 생각과 말과 행동까지 모두 정직해야 한다. 정직하다는 것은 '바르다'는 것이고, 그것은 과장하거나 축소하지 않는 것이다. '예' 또는 '아니요'가 분명한 것이다. 어떤 상황에서나 그래야 하는 것이 정직이다. 때로는 정직이 내게 손해를 가져오고, 때로는 유익을 가져온다. 그렇더라도 손해를 볼 상황이든 유익을 가져올 상황이든 가리지 않고 정직해야 한다.[39]

왜 정직해야 할까? 그것은 신뢰를 얻기 때문이다. 신뢰는 손해를 보더라도 얻을 만하다. 모든 중요하고 본질적인 성공의 기반은 신뢰로써 얻는 것이다. 신뢰를 얻지 못한 채 성공한 사람은 사람을 움직이지 못한다. 성공한 것 같으나 성공한 것이 아니다. '정직은 손해 본다'는 생각에서 눈을 뜨면 '정직이 신뢰를 가져다준다'는 데 생각이 미친다.

---

38 김기열 (2012). 성품경영 자료집 - '책임성품경영'. 좋은나무성품경영연구소.
39 이영숙 (2007). 어린이성품리더십-정직 1,2,3. 서울: (도)좋은나무성품학교.

제**1**장
제**2**장
제**3**장
제**4**장
제**5**장
제**6**장
제**7**장
╋
제**8**장
제**9**장
제**10**장
╋
제**11**장
제**12**장
╋
제**13**장

: 02. 정직의 교육적 효과

정직해야 하는 순간은 갈등이 있을 때이다. 편안하고 안전할 때는 누구나 정직하다. 그러나 내 앞에 이익이 오가고, 그것이 나를 압박하는 갈등 상황에서는 아무나 정직할 수가 없다. 정직의 성품 교육은 바로 이런 상황에서도 정직하게 생각하고, 말하고, 행동하는 능력을 기르는 데 있다.

그래서 정직은 양심의 기능을 살려서 도덕적인 가치를 선택할 수 있는 분별력을 갖게 해 준다. 정직을 통해 자기를 통제하는 힘도 생기고, 내가 마땅히 선택해야 할 바를 알게 된다. 이런 능력들이 결국 건강한 사회화를 이끌어 준다.⁴⁰

: 03. 정직의 성품 계발하기

> **〈직접 해 보기〉**
>
> 나의 정직지수는 얼마일까? 다음 질문에 O표 또는 X표로 답해 본 뒤, O표의 개수를 헤아려 보자. ⁴¹

1. 나는 약속한 것을 잘 지키는 편이다.
2. 나는 관행적으로 이루어지는 불합리한 것을 고치려고 하는 편이다.
3. 나는 과장하거나 축소하여 말하는 것을 꺼리는 편이다.
4. 나는 불리한 것을 알더라도 진실을 말하는 편이다.
5. 나는 신분이나 경력을 부풀려 말하지 않는다.
6. 나는 다른 사람에게 허위로 말하도록 강요하지 않는다.
7. 나는 목적을 위해 수단과 방법을 가려서 행동하는 편이다.
8. 나는 누가 보지 않더라도 올바르게 행동하는 편이다.
9. 나는 정직한 부자를 부정한 부자보다 더 존경한다.
10. 나는 불법 소프트웨어나 자료들, 또는 남의 저작권을 무단으로 사용하지 않는다.

O표의 개수가

- 0~3개 : 정직의 성품이 필요한 사람
- 4~6개 : 상황에 따라 정직하거나 부정직한 사람
- 7~10개 : 원칙을 존중하고 정직을 지키기 위해 노력하는 사람

---

40 이영숙 (2014). 한국형 12성품교육론. 서울: (도)좋은나무성품학교. pp.176, 181, 270-271.
41 김기열 (2012). 성품경영 자료집-'책임성품경영'. 좋은나무성품경영연구소.

과연 정직하면 손해를 볼까? 우리는 이 질문에 대해 명확한 결론을 가지고 있어야 한다. 다음 이야기를 통해 그 답을 찾아보자.

한국유리라는 기업을 이끈 최태섭 회장은 사업가로서 무엇보다 큰 자산인 신뢰를 얻고 살았던 분이다. 왜냐하면 그를 정직한 사람이라고 많은 사람들이 인정했기 때문이다. 최태섭 회장의 정직한 성품을 보여 주는 일화가 있다.

6·25전쟁이 났을 때 최태섭은 은행으로부터 돈을 빌려서 사업을 하던 중이었다. 사람들은 피난 떠나느라 정신이 없을 때 그는 그 와중에 은행으로 달려갔다.

"대출한 돈 갚으러 왔습니다."

피난 떠나기 전에 먼저 빌린 돈을 갚아야겠다고 생각한 것이다. 그러나 은행 직원들조차 전쟁 상황이니 먼저 피난부터 떠나고 돈은 나중에 갚아도 된다고 했다. 최태섭은 막무가내였다.

"아니지요. 빌린 건 빌린 거니까 피난 가기 전에 갚아야 해요."

결국 은행에 진 빚을 갚고 나서야 최태섭은 피난을 떠났다. 전쟁이 끝나 가면서 최태섭은 다시 사업을 일으키기 위해 자금이 필요했다. 은행을 찾은 그는 사업설명을 하면서 대출을 신청했다. 그러자 은행 직원이 한심하다는 듯 혀를 찼다.

"아니 딱하신 분이네. 난리가 이제 겨우 끝나 가는데 무슨 대출을 받겠다고 그러세요. 지금은 대출이 정지되어 있어요. 이게 저희 은행의 방침이에요."

최태섭은 어쩔 수 없이 돌아서서 나오려다가 피난 떠나기 전 대출금을 갚은 기억이 나서 제대로 정리가 되었는지 확인해야겠다고 생각했다. 직원에게 확인을 요청했는데 깜짝 놀라면서 "사장님이 바로 그분이세요?" 하고 갑자기 얼굴색이 달라지더니 그때부터 대접이 달라졌다.

"사장님은 우리 은행에서 신화 같은 존재이십니다. 우리는 그동안 사장님이 나타나기를 기다렸습니다. 세상에 그 난리통에 대출금부터 갚겠다고 오신 분이라면 사장님이 하시는 일에는 저희 은행이 어떻게든 돕겠습니다."

최태섭은 결국 이렇게 얻은 대출금으로 한국유리를 일으킬 수 있었다.[42]

정직은 손해인 듯 보이지만 결코 손해로 끝나지 않는다. 손해를 볼 유혹이 큰 만큼 정직이 가져다줄 신뢰 또한 커진다. 그러나 일제강점기를 거치고, 산업화시대를 살아오면서 우리 문화 속엔 어느새 정직하면 손해 본다는 인식이 자리 잡았다. 그래서 정직한 사람을 찾기가 쉽지 않은 현실이 되어 버렸다. 그러나 이처럼 정직의 성품이 희귀할수록 정직의 가치는 더 큰 법이다. 정직한 사람이 성공할 수 있는 토양이 더 마련된 셈이다.

---

42 이영숙 (2007). 나를 찾아 떠나는 여행. 성품. 서울: 두란노.

정직의 성품을 가르칠 때 곤란한 상황이 가끔 발생한다. 성품교육을 받은 아이가 가정에 돌아가서 부모들의 부정직한 행동들을 볼 때마다 지적하기 때문이다.

"아빠 아직 신호등 안 켜졌어요. 아무도 없을 때 신호등을 잘 지키는 것이 정직이래요."

엄마들도 불만을 이야기한다.

"정직의 성품을 배우고 온 뒤로는 제가 고달파졌어요. 제가 거짓말을 조금만 해도 정직해야 한다고 꾸짖는다니까요."

그러나 정직의 성품을 통해 학생들은 준법정신과 시민정신을 배우게 된다. 그러므로 우리 아이들을 위해 어른들은 아무도 보지 않을 때라도 정직을 실천하는 모습을 보여 줘야 한다. 혹시 손해를 조금 보더라도 우리 아이들이 살아갈 건강한 세상이라는 더 큰 목적을 위해서 정직을 실천하는 것이 중요하다.[43]

도산 안창호 선생은 "농담이라도 거짓말을 하지 마라. 꿈에라도 성실을 잃었거든 애통해해라"[44]라고 가르치셨다. 나라를 잃고 방황하는 세상에서도 오히려 정직한 사람만이 나라를 찾을 수 있다고 가르친 셈이다. 지금도 부정이 횡행하는 듯 보이는 세상이지만 이 부정직한 시대에 등불이 될 사람은 다름 아닌 정직한 성품을 가진 사람이다.

성품 빛내기

: 학교에서 외친 정직의 성품

대전의 초등학교에 다니는 한 친구 A의 이야기이다. A는 학교에 입학하고 나서 아직 선생님과 친구들을 잘 알지 못할 때였는데, 억울한 누명을 쓰고 마음이 언짢았다. 짝꿍인 여자 친구를 다른 남자 친구가 말장난 삼아 놀렸는데, 짝꿍인 이 여자 친구는 오히려 선생님께 A가 자신을 놀렸다면서 거짓말을 했다. 선생님은 여자 친구의 말만 믿고 A에게 얘기할 기회조차 주지 않고 벌을 주셨다. 집에 돌아와서도 A는 억울했고, 기분이 잘 풀리지 않았다. 이튿날 아침, 학교 갈 준비를 하는 A에게 엄마가 "기분은 좀 어때?" 하고 어제 일이 생각나서 물었다. 그랬더니 A가 이렇게 대답했다. "응! 엄마, 난 괜찮아. 오늘 학교에 가서 친구들과 재미있게 수업하고 놀 거야. 난 긍정적인 태도를 배운 어린이잖아." 그렇게 말하고는 하하 웃어 주는 A를 보면서 엄마는 A가 참 대견해 보였다. 그날 오후, 집에 돌아온 A는 엄마에게 뜻밖의 이야기를 해 주었는데, 전날 생긴 그 일은 자기와는 전혀 상관없는 일이라며 선생님께 솔직하게 말씀드렸다는 것이다.

43 이영숙 (2013). 초등성품리더십 인성교과서 – 정직. (사)한국성품협회.
44 김선양 (2004). 현대한국교육사상사. 한국학술정보.

제1장
제2장
제3장
제4장
제5장
제6장
제7장
제8장
제9장
제10장
제11장
제12장
제13장

어떻게 말씀드렸느냐고 물으니 A가 다음과 같이 말했다고 한다. "선생님! 드릴 말씀이 있습니다. 저는 정직의 성품을 배운 어린이입니다. 정직이란 어떠한 상황에서도 생각, 말, 행동을 거짓 없이 바르게 표현하여 신뢰를 얻는 것인데요. 어제 짝꿍을 놀린 것은 제가 한 일이 아닙니다. 저는 정직하게 말씀드렸습니다." 그렇게 말하고 선생님께 정중하게 인사를 드리고 나왔다고 했다. 엄마는 어떠한 상황에서도 당당한 A를 보면서 무척 기뻤다고 소감을 전했다.[45]

 성품 다듬기

: '정직'이란

어떠한 상황에서도 생각, 말, 행동을 거짓 없이 바르게 표현하여 신뢰를 얻는 것(좋은나무성품학교 정의)이다.

: 정직의 교육적 효과

첫째, 갈등이 있는 상황에서 정직하게 말하고 행동하는 표현능력을 키우고, 둘째, 양심의 기능을 살려 도덕적인 가치를 선택할 수 있는 분별력을 키운다.

: 정직하면 손해를 볼까?

교사와 부모는 이 질문에 대해 명확한 결론을 가지고 있어야 한다. 정직은 손해인 듯 보이지만 결코 손해로 끝나지 않는다. 손해를 볼 유혹이 큰 만큼 정직이 가져다주는 신뢰는 진정한 성공을 이끄는 핵심기반이 된다.

43강 지혜(Wisdom)

 성품 생각하기

: 지성의 꽃은 삶의 지혜

대구일보 2014년 12월 3일 자 칼럼에서는 세 현자들이 말하는 지혜의 가치를 언급한다.

---

45 이영숙 (2012). 성품, 향기 되어 날다. 서울: 좋은나무성품학교, 144-145.

톨스토이는 "가장 높은 지혜는 그대가 어디로 갈 것인가를 깨닫는 그 속에서 찾을 수 있다. 그것은 즉 신을 향해, 높은 완성을 향해 걸어 나갈 것을 깨닫는 일이다."라고 말했고, 노자는 "가장 훌륭한 무기는 가장 흉악한 죄악을 행한다. 지혜 깊은 인간은 무기를 사용하지 않는다. 그는 평화를 소중히 여긴다. 승리할지라도 그는 기뻐하지 않는다. 전쟁의 승리를 기뻐함은 곧 살인을 기뻐하는 것이나 다름없다. 살인을 기뻐하는 자는 인생의 목적에 도달할 수가 없다."라고 말했으며, 파스칼은 "어떠한 장애물이 있을지라도 그 장애물에 구애됨이 없이 진리를 탐구하려는 충분한 지혜를 가진 사람들도 신을 알고 있는 사람이라 하겠다."고 말했다.

이 현자들의 명언에서 지혜는 최고의 것을 인식하는 능력이자, 지성의 꽃이다. 칼럼에서는 이런 지혜의 가치를 다음과 같이 요약한다.

"지혜는 사물의 이치, 사건의 과정을 논리적으로 잘 이해하고 모순이 없도록 행동해 자연의 질서와 조화에 잘 따르게 하는 지성과 경험의 총합체이다. 도덕이나 철학은 그 최초의 사랑, 즉 선의 유모 격인 '지혜에 대한 사랑'을 의미한다."[46]

🧠 성품 꿈꾸기

1. 지혜의 성품 정의를 설명할 수 있다.
2. 지혜의 성품 교육목표가 무엇인지 이해할 수 있다.
3. 지혜의 성품 이야기를 통해 교사와 부모가 먼저 지혜의 좋은 성품으로 변화돼야 함을 깨달을 수 있다.

💬 성품 빚기

: 01. 지혜란

지혜는 이치를 빨리 깨우치고 사물을 정확하게 처리하는 정신적 능력을 말한다. 정보를 활용하여 정세나 상황을 판단하는 힘 또는 통찰력이다.[47] 이영숙 박사의 12성품교육론에서는 지혜를 다음과 같이 정의한다.

"지혜란 내가 알고 있는 지식을 나와 다른 사람들에게 유익이 되도록 사용할 수 있는 능력이다."

_좋은나무성품학교 정의

---

46 대구일보. 2014. "독서는 삶의 지혜를 꽃 피운다". 12월 3일. http://www.idaegu.com/?c=15&uid=306492
47 김기열 (2012). 성품경영 자료집-'소통성품경영'. 좋은나무성품경영연구소.

지혜로운 사람이 되려면 먼저 지식이 필요하다. 이것이 지혜의 조건 가운데 하나이다. 또 하나는 그것을 나와 다른 사람에게 유익이 되도록 사용해야 한다. 여기서 중요한 단어 하나가 '나'이다. 성품교육을 시키면서도 불안해하는 부분이 바로 이 부분이다. 성품교육을 시키면 아이가 착해지는데, 착해지면 오히려 손해 볼 것 같다는 우려를 한다. 다른 사람에게만 맞추는 교육이 성품교육이라고 오해하는 것이다. 아니다. 성품교육의 1차적 수혜자는 나 자신이다. 성품교육 곧 인성교육은 매우 논리적이며 사고력을 요하는 교육이다. 또 분별력이 생김으로써 나와 공동체에 모두 유익을 끼치게 되고 성취동기도 높여 준다. 곧 인성교육이야말로 가장 본질적인 리더십교육인 셈이다.[48]

: 02. 지혜의 교육적 효과

지혜는 지식과 정보를 나의 것으로 만드는 과정이다. 그래서 지혜를 배우면 무엇보다 즐겁다는 사실을 깨닫는다. 내가 알고 있는 지식을 통해 지혜를 얻는 즐거움을 경험하게 되면 지식을 얻고자 공부에 더욱 관심을 갖는다. 또 분별력이 생겨서 내가 가진 지식들을 가지고 나와 다른 사람들에게 유익이 되도록 사용하게 되고, 보다 이타적 행동을 할 줄 안다. 이런 사람들은 그 리더십을 인정받아 어디에서든 지도자로 일한다.[49]

노벨상 수상자를 선정하는 기준 역시 이런 사람들이다. 내가 알고 있는 지식을 나와 다른 사람들에게 유익이 되도록 사용한 사람들, 바로 노벨상 수상자들의 공통점이다.

알프레드 노벨은 자신의 뜻과 달리, 자신이 알고 있는 지식을 통해 발명한 다이너마이트로써 오히려 많은 사람들의 목숨을 빼앗았다. 그는 건축 현장에서 유익하게 사용되기를 바랐으나 그의 뜻대로 되지 않았다. 대신 그는 큰 부자가 되었지만, 사람들은 그를 '죽음의 장사꾼'으로 불렀다.

"죽음의 장사꾼 숨지다!" 어느 날 노벨은 자신의 부고 기사를 보게 됐다. 기사는 오보였으나, 사람들은 노벨의 부고 기사를 보면서 슬퍼하기는커녕 기뻐했고, 손가락질했다. 노벨의 충격은 컸으며, 고민 끝에 다이너마이트를 발명한 대가로 얻은 모든 재산을 재단 설립에 투자한 뒤, 다른 사람들을 위해 일한 사람들을 격려하기 위해 노벨상을 만들었다.[50]

---

48 이영숙 (2013). 초등성품리더십 인성교과서-지혜. (사)한국성품협회.

49 이영숙 (2014). 한국형 12성품교육론. 서울: (도)좋은나무성품학교. 176-177, 181, 272-273.

50 Ken Blanchard, (2005). The heart of a leader. 최종옥, 이현수 역. 큰나무.

:03. 지혜의 성품 계발하기

지혜는 먼저 지식을 기반으로 한다. 즉 자신의 지식이 적든 많든 유용하게 사용할 줄 아는 능력이다. 지식과 지혜는 다르다. 우리 인성교육이 그동안 제 기능을 못한 데는 지식이 풍부한 사람을 키우려고 했기 때문이다. 좋은 성적으로 유명한 대학에 입학하기 위한 지식교육이 교육의 근간이 되었다. 그러다 보니 학교는 '지식공장'으로 전락했다. 이런 교육시스템 속에서 지혜의 성품을 키우는 데 등한시한 것이다.

지혜 없이 지식만으로 충만한 사람들은 자신의 지식으로 나와 다른 사람들의 유익을 위해 일하기보다 개인의 욕심을 위해 이기적으로 지식을 운용하는 데 몰두했고, 그 결과 우리 공동체가 다양한 위기를 맞아야 했다.

지식은 사물이나 사건에 대한 객관적인 인식 또는 정보 그 자체이다. 반면 이런 지식을 선용해서 나는 물론 타인에게 유익을 주는 방향으로 사용할 줄 아는 능력이 지혜이다. 그동안 우리 교실에서는 지식 위주의 교육에 충실했고, 그 중심에는 지금의 학교문화를 어떻게 바꿔야 할지 속수무책이었던 어른들이 있다. 학교문화를 바꾸는 일은 학생이 아니라 교사와 학부모가 해야 한다. 교사와 학부모가 지혜를 지식교육보다 더 중요하게 생각하기 시작하면 학생은 그렇게 받아들인다.

지식교육의 중심은 더 이상 교실이 그 중심이 아니다. 오히려 인터넷, 방송 등 다양한 매체들로 넘어가고 있다. 이런 현실을 감안하더라도 더 이상 학교가 지식교육의 현장으로 머물러서는 곤란하다. 학교의 붕괴는 지식교육에 머무른 학교문화에 기인한다고도 볼 수 있다.

이런 점에서 공교육 현장으로서의 학교는 아이들에게 좋은 성품, 좋은 인성을 가르치는 현장이 되어야 한다. 지식을 활용하여 학생은 물론 그들이 살아갈 공동체에 유익을 주는 지혜를 자라게 할 때 학교의 새로운 위상이 세워질 것이다. 학교에서 우리 아이들이 인간관계를 배우고, 어른과의 만남을 배울 수 있어야 한다. 그것이 곧 지혜이다.

위대한 유산의 저자 찰스 디킨스가 "가장 진실한 지혜는 사랑하는 마음이다"[51]라고 말했는데, 지혜의 성품을 교육한다는 것은 사랑에 대해 교육한다는 것이다. 사랑에 대해 말하려면 먼저 교사와 부모들의 삶이 사랑으로 충만해야 한다. 학교를 사랑하고, 학생을 사랑하고, 나아가 학생들이 살아갈 세계를 사랑하는 마음으로 충만할 때 교사와 부모는 진실한 지혜를 가진 스승이요, 인생의 롤모델이 된다. 사랑하는 마음이 충만한 스승과 부모는 아이들의 인생을 이끌어 줄 지혜의 성품을 무엇보다 중요하게 가르친다. 사랑이야말로 세상과 나를 잇는 연결고리이기

---

51 Lynberg, (2002). Make each day your masterpiece. 유혜경 역, 한언출판사.

때문이다.

　그런 점에서 지혜의 성품은 보다 본질적인 목표, 곧 인성교육을 지향한다. 인성교육으로 학생들이 행복하게 살 수 있는 토대를 마련하고, 그들이 공동체의 유익을 위해 지혜롭게 살아가도록 돕는다.

: 04. 똑똑한 아이 vs. 지혜로운 아이

"그래서 선생님은 지혜로운 아이가 좋으세요? 똑똑한 아이가 좋으세요?" 교실에서 지혜의 성품수업을 받는 아이들은 교사들로부터 정작 이 질문의 대답을 듣고 싶어 한다. 이 질문은 어떻게 보면 착한 아이냐, 똑똑한 아이냐 둘 중에 선택하라는 압박으로 들릴 수도 있다. 아이들은 그동안 학교에서 똑똑한 사람이 되기 위한 '지식교육'을 받아 왔기 때문이다.

　성품교육을 통해 알게 된 사실은 이 둘을 서로 다른 이중 잣대로 볼 필요가 없다는 점이다. 인성교육은 똑똑한 아이를 만들면서 동시에 지혜로운 아이로 자라게 한다는 사실이 증명되었다. 오히려 지식교육으로 인성의 중요성을 간과했을 때는 둘 다 놓치는 상황으로 빠졌던 반면, 인성교육에 무게중심을 둘 경우 그 반대의 상황으로 나아갔다.

　어떻게 보면 목적을 상실한 교육이 가져다준 불행이었다고 볼 수 있다. 우리의 지식으로 어떤 사람이 되어야 할지, 어떤 인생을 살아야 할지, 그 답을 깨닫게 될 때 학습동기는 물론 학습효과까지 극대화된다는 사실이다. 그 대답을 주지 못한 채 강압적으로 성적만 강조했을 때 아이들은 오히려 부담감에 못 이겨 우울증을 앓고 자살에까지 이른 것이다.

　그런 점에서 성품교육은 학교생활을 거쳐 자신의 인생을 행복하게 살아가도록 격려해 주는 기능을 한다. 이는 곧 학교의 궁극적 목적이기도 하다.

　우리나라와 이스라엘을 비교할 경우 부모의 교육관에서 자녀교육에 지대한 관심을 가지고 있다는 공통점에도 불구하고 큰 차이점이 발견된다. 가령 성적이 좋지 않을 경우 성적표를 대하는 태도가 그것인데 우리나라 부모들이 "너는 이 점수로 네 밥그릇이나 챙길 수 있겠니?"라고 말하는 반면, 이스라엘의 부모들의 경우에는 "너는 이 점수로 어떻게 다른 사람을 도와줄 수 있겠니?"라고 말한다.[52]

　즉 이스라엘의 부모들은 자녀에게 공부의 목표를 너와 다른 사람들에게 유익이 되도록 하는 데 초점을 맞추고 있다면, 우리나라 부모들은 단지 '아이 밥그릇' 챙기는 데 맞춘다는 점이다. 이 하나의 차이가 큰 차이를 만들어 낸다. 전 세계에서 가장 많은 노벨상 수상자를 낸 민족이

---

52 이영숙 (2007). 어린이성품리더십-지혜 1,2,3. 서울: (도)좋은나무성품학교.

유대인이라는 사실이 그것을 증명해 준다. 노벨상의 수상 기준이 자기의 자식을 나와 다른 사람들의 유익을 위해 쓴 사람에게 맞춘다는 사실을 감안하면 더욱 명확해진다.

이런 점에서 착한 아이냐, 똑똑한 아이냐 결정하라는 아이들의 다그침은 단지 둘 중 하나를 선택하라는 차원을 뛰어넘는 보다 근원적 과제인 셈이다. 즉 대한민국은 이제 어떤 사람을 키울 것인가, 대답하라는 다그침이다. 그래서 왜 공부해야 하는지, 어떤 사람이 되어야 하는지, 어떤 역할을 담당해야 할 것인지에 대한 근원적 질문으로 받아들여야 한다.

중요한 사실은 이 질문 앞에서 먼저 어른들, 즉 부모와 교사의 세계관이 변화돼야 한다는 점이다.

지금까지 우리는 열두 가지 성품을 다뤘다.

어떤 물건이든 디자인이라는 요소가 가미되면 그 가치가 높아지는 것처럼, 성품도 디자인 같은 효과를 통해 인생의 가치를 높여 준다. 성품이 습관이 되면 인생이 된다.

지금까지 지식은 성적 향상의 한 측면으로만 이해했다. 반면 고상한 성품과 결합한 지식은 자기 자신은 물론 공동체 전체의 유익을 위해 봉사하는, 차원 높은 가치로 승화된다. 이렇게 될 때 우리는 인생의 목표를 보다 근원적 가치인 인생의 즐거움으로 연결시킬 수 있다.

결국 인성교육은 붕괴된 학교교육을 되살릴 대안이며, 이영숙 박사의 12성품교육은 그 구체적인 방안이다.

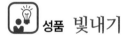

성품 빛내기

: 이것이 지혜의 성품이랍니다!

서울 잠실의 좋은나무성품학교에서 성품교육을 받은 수아의 이야기이다. 수아가 어느 날 "엄마! 나 동생을 위해서 좋은 생각이 떠올랐어!"라고 말했다. 수아의 생각이란 동생을 위해 한글 노트를 만드는 것인데, 이제 5살이 된 동생 필립에게 엄마와 아빠, 누나 그리고 동생 필립의 이름을 신문에서 찾아 오려 내 스케치북에 붙여 주는 것이다. 수아는 한 시간 동안 신문에서 온 가족의 이름을 한 글자 한 글자씩 찾아 스케치북에 붙여 주었다. 동생을 사랑하는 수아의 행동에 엄마 아빠는 감동했다. 그래서 "이걸 왜 동생에게 만들어 줘야겠다고 생각한 거야?" 하고 물었더니 수아가 다음과 같이 대답했다. "이렇게 만들어 주면 필립이도 금방 한글을 배울 수 있을 거야. 나도 책 읽고 이렇게 한글을 찾아보면서 더 많이 배웠잖아요. 내가 알고 있는 지식을 동생에게 유익이 되도록 사용하는 것이 지혜랍니다! 우리 가족 이름을 이렇게 한 글자 한 글자씩 가르쳐 줄 거야. 나는 지혜의 누나니까." 어린 수아의 마음속에 지혜의 성품이 자라고 있었던 것이다. 이영숙 박사의 12성품교육은 지혜를 타인과의 관계를 포함하여 '내가 알고 있는 지식을 나와 다른 사람들에게 유익이 되도록 사용할 수 있는 능력'(좋은나무성품학교 정의)이라고 정의한다. 지혜의 목표는 협동, 도움, 감정이입 등과 함께 친사회적 행동에 포함되는 이타심을 목표로 삼고 있는데, 수아의 지혜는 바로 그런 이타심을 보여 주는 것이었다.[53]

성품 다듬기

: '지혜'란

내가 알고 있는 지식을 나와 다른 사람들에게 유익이 되도록 사용할 수 있는 능력(좋은나무성품학교 정의)이다.

: 지혜의 교육적 효과

첫째, 배움이 즐거운 것이라는 것을 체험하고 필요한 지식과 정보를 자신의 것으로 만들어 가는 방법들을 터득하며, 둘째, 자신이 갖고 있는 지식들이 나와 다른 사람들에게 유익하게 사용될 수 있도록 선택하는 분별력을 키운다.

: 지혜의 성품을 교육한다는 것은

사랑에 대해 교육한다는 것이다. 사랑에 대해 말하려면 먼저 교사와 부모의 삶이 사랑으로 충만해야 한다. 학교를 사랑하고, 학생을 사랑하고, 나아가 학생들이 살아갈 세계를 사랑하는 마음으로 충만할 때 교사와 부모는 진실한 지혜를 가진 스승이요, 좋은 성품의 롤모델이 된다.

53 이영숙 (2011). 한국형 12성품교육론. 서울: 좋은나무성품학교. 204-205.

제1장
제2장
제3장
제4장
제5장
제6장
제7장
+
제8장
제9장
제10장
+
제11장
제12장
+
제13장

성품 특강

44강 좋은 성품이 최고의 스펙이다

성품 생각하기

: 행복, 성적순이 아니라 인간관계순이다?

호주 디킨대와 머독어린이연구소는 공동으로 "뉴질랜드의 건강과 발달에 관한 학제간 연구"를 통해, 어린 시절의 학업성적보다 긍정적인 인간관계가 어른이 된 뒤의 삶의 만족도에 더 큰 영향을 미친다는 결론을 냈다고 메디컬뉴스투데이를 인용해 코리아메디컬닷컴이 2012년 8월 7일 보도했다.

행복연구 스프링거스저널(*Springer's Journal of Happiness Studies*) 2012년 8월호에 실린 이 연구팀의 논문은 804명에 대한 32년치 자료를 분석한 결과이다.

연구팀은 어린 시절 불우한 가정 형편과 사교관계, 청소년기의 사교관계, 청소년기의 학업성적과 성인기 삶의 만족도 사이의 관계를 분석했다. 즉 삶에 대한 일관적이고 긍정적인 태도, 사회적 삶에의 참여, 자존감 등이 높으면 삶의 만족도가 높다고 보았다. 또 어린 시절의 사교관계는 부모와 교사의 사랑을 받았는지, 외롭지 않았는지, 자신감이 있었는지 등에 따라 등급을 매겼다. 청소년기의 사교관계는 부모, 동료, 친구와의 애착관계 및 청소년 단체나 스포츠클럽 참여도 등에 따라 등급을 매겼다.

자료를 분석한 결과는 어린 시절이나 청소년기에 사교관계가 좋은 아이들이 성인기에도 삶의 만족도가 높았다. 어린 시절의 좋은 인간관계가 평생을 두고 지속된다는 사실이 확인되었다. 그러나 어린 시절의 언어 발달, 청소년기의 학업성적 등은 성인기의 행복감과는 관련성이 약했다. 사교관계와 학업 성적 사이에는 관계가 거의 없는 것으로 나타났다.

연구팀은 아동기나 청소년 시절에는 학업보다 오히려 좋은 사교관계를 맺도록 애써야 한다

고 조언했다.[1]

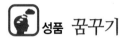

성품 꿈꾸기

1. 스펙경쟁시대의 현상을 진단할 수 있다.
2. 치열한 스펙경쟁으로 학생들에게 나타나는 병리적 결과를 깨달을 수 있다.
3. 청소년 성공증후군과 학교폭력의 영향을 설명할 수 있다.
4. 행복한 학교문화를 만드는 비법이 무엇인지 설명할 수 있다.

성품 빚기

: 01. 스펙경쟁시대, 성공증후군에 시달리는 대한민국

대한민국은 지금 스펙전쟁 중이라고 한다. '스펙(specification)'이란 구직자들 사이에서 학력, 학점, 자격증 따위를 통틀어 이르는 말로, 학창시절에 자신이 확보할 수 있는 외적 조건들의 총칭이다.[2] 실제로 젊은이들은 스펙의 크기가 성공의 크기를 보장한다고 믿고 있으며, 이에 따라 대학생활은 물론 고등학교에서까지 출신 대학의 수준을 높이려는 '스펙전쟁'이 일어나고 있다.

이런 현실에서 "스펙이 아무리 좋아도 성품이 좋지 않으면 성공할 수 없다"고 말한다면 겉으로는 수긍하는 척하더라도 뒤돌아서서는 여전히 스펙전쟁이 일어나는 현장으로 발걸음을 옮길 것이다. 방학이 되면 아이들은 '선행학습', '경시대회', '학원뺑뺑이', '자격증', '캠프 참가', '어학연수' 심지어 '봉사점수'까지 스펙 종합세트를 준비하느라 쉴 시간이 없다. 이러다 보니 방학보다 차라리 개학이 즐겁다고 말하는 아이들이 있을 정도이다.

이런 스트레스 때문에 아이들이 학교를 그만두고 싶어 한다. 2012년에 한국일보가 조사한 자료를 보면, 아이들이 학교를 그만두고 싶은 까닭으로 '학업성적'(42%)과 '학교생활에 흥미를 못 느껴서'(22%)가 주된 원인이었다.

: 02. 치열한 스펙경쟁의 결과

치열한 스펙전쟁의 결과는 처참한 행복지수로 나타난다. 우리나라 어린이와 청소년의 행복지

1 코리아메디컬닷컴. 2012. "'행복은 성적순이 아니라 인간관계 순' 입증돼". 8월 7일.
   http://news.naver.com/main/hotissue/read.nhn?mid=hot&sid1=103&cid=3118&iid=494885&oid=296&aid=0000012595&ptype=021
2 매일경제용어사전. http://terms.naver.com/entry.nhn?docId=15219&cid=43659&categoryId=43659.

수는 초등학교 4학년(70.5%)을 기점으로 해서 계속 떨어져서 고등학교 3학년(46.5%)에 바닥을 친다.[3] 최근에는 직장에 들어가서까지 '미생'이라는 말이 생길 정도로 입시경쟁의 연속선상에 놓이게 된다. 이것이 한류와 세계적인 IT기술국이라 불리는 대한민국의 민낯이다.

　문화적으로는 이른바 '성공증후군'에 시달리는 사회로 전락했다. 즉 모든 사람들이 성공 하나만을 바라고 쫓아가고, 높은 임금을 받고 싶어 하며, 자기 분야에서 인정받고 싶어 하고, 풍요롭고 화목한 가정을 누리고 싶어 한다. 이런 성공의 표상들만을 향해 달려가는 사회가 우리 사회이다. 성공한 사람들을 부러운 시선으로 바라보고, 성공이 가져다준 달콤함에 취해서 공동체의 유익이나 이타적인 삶으로 발전하지 못한다.

　하버드 의대 심리학자인 스티븐 버글래스(Steven Berglas)는 성품의 기반을 갖추지 못한 채 성공에 이른 사람들이 빠지는 네 가지 특징이 있다고 지적했다.[4]

　첫째, 겸손하지 못하고 거만해진다.

　둘째, 다른 사람들과의 관계를 맺지 못해 고독에 빠진다.

　셋째, 파괴적 모험을 추구한다. 즉 자동차 불법경주나 카페인, 인터넷 등에 중독된다.

　넷째, 간음에 빠져드는 사람들이 많다.

:03. 청소년 성공증후군과 학교폭력

청소년들 또래에서 일어나는 범죄, 즉 학교폭력의 양상을 보면 이런 성공증후군의 영향을 받은 것으로 유추할 수 있다. 특히 학교폭력이 저학년으로까지 파급되고 있어 심각한 문제이다.

　학교폭력 실태를 구체적으로 살펴보면 1990년대 말부터 전국이 학교폭력으로 몸살을 앓기 시작했는데, 2005년에 와서는 구체적으로 학교폭력예방에 나서기 위해 5개년 방침이라는 것이 나왔다. 이처럼 정부가 개입하여 학교폭력에 맞서고 있지만 여전히 사라지지 않고 있다.[5] 이는 학교폭력 문제가 단지 아이들의 문제라기보다 스펙경쟁시대에 살고 있는 청소년들의 문제인 동시에 심리적인 부담감의 표출이라 봐야 한다.

　학교폭력이 쉽게 개선되지 않는 까닭은 또래에서 일어나는 폭력이어서 어른들에게 알리지 말아야 한다는 암묵적인 약속이 작동하고 있고, 이를 깰 경우 왕따를 당하게 되기 때문이다. 여기에다 가해자와 피해자가 주종관계로 분리되면서 반복적인 폭력이 나타나기도 한다. 게다가 가해자는 영웅심을 갖는가 하면, 피해자가 극도의 수치감에 시달리는 현상도 큰 문제이다. 왜냐하

3　연세대학교 사회발전연구소 (2010). 한국 어린이-청소년 행복구축과 국제비교연구조사 결과보고서. 연세대학교 사회발전연구소.
4　John C. Maxwell. (2003). The 21 Irrefutable Laws of Leadership. 전형철 역. 청우.
5　서울특별시교육청 (2013). 학교폭력의 특징과 대책 자료집. 서울특별시교육청.

면 가해자가 당당한 데 비해 피해자는 수치심을 느끼면서 평생 고통에서 살아야 하기 때문이다.

더욱이 학교폭력 문제는 아이들이 직접 이야기하지 않는 이상 어른들로서는 눈치채기도 어려우며, 정작 아이가 견디다 못해 자살충동을 느끼고 유서까지 쓴 뒤에야 문제가 불거지니 안타깝기 이를 데 없다. 이 지경에 이르고도 우리 부모들은 늘 "아이가 그런 폭력을 당해 온 걸 눈치채지 못했다"고 말할 수밖에 없다.

결국 학교에서 온갖 사건들이 발생하는데도 교사나 부모는 눈치도 못 채고, 개입도 할 수 없다. 그러면서 사건은 지속적으로 반복됨으로써 피해자들은 엄청난 정신적 후유증과 심리적 상처를 쌓아 가는데도 우리 사회가 어떻게 중재해야 할지 뚜렷한 대안이 없는 상황이다.

04. 행복한 학교문화를 만드는 '성품교육'

전문가들은 학교폭력 문제를 해결하기 위한 비등점 접근법을 주장하기도 한다. 즉 일정한 온도에 이르러야 물이 끓기 시작하듯이 외부에서 도움을 주려고 하기보다 내부에서 끓게 만들자는 주장이다. 즉 비등점에 이르게 만들어서 스스로 선악을 분별할 수 있도록 만들자는 것이다. 가령 강한 인성교육을 통해 당사자들이 좋은 성품을 갖게 되면, 이것이 온도를 높이는 역할을 해서 스스로 견제하고 대처할 수 있을 것이라는 주장이다. 이렇게 되면 학생들은 폭력의 당사자들에게 학생들의 연대로써 맞설 수 있게 되고, 폭력집단이 도태될 것이라는 주장이다.

그러자면 학생들이 악을 억누르는 선의 힘, 곧 도덕성을 키울 수밖에 없다. 즉 선한 동기를 발현하도록 돕고, 학생들 개개인의 성품 역량을 강화하며, 무엇이 옳고 그른지를 분별할 수 있는 분별력을 키워야 한다. 그러자면 교사와 학부모는 성공증후군에 빠져서 스펙 쌓기에 몰두할 것이 아니라, 이렇게 소진되는 에너지를 모아서 아이들을 더 사랑하고, 외로움에 빠지지 않도록 조치를 취해야 한다. 대신 이렇게 말해 줘야 한다.

"더 이상 너에게 필요한 건 스펙이 아니다."

"우리는 너의 존재만으로도 행복하단다."

좋은나무성품학교는 지난 10년 동안 초등학생 및 중·고등학생들을 대상으로 성품교육을 해 왔다. 성품교육을 받은 학생들 가운데는 학교폭력을 당해서 자살을 생각했다가 돌아서기도 하고, 심리적으로 건강한 힘이 생겨서 고독과 외로움을 극복해 낸 경우도 많았다.

이런 경험들을 기반으로 우리는 청소년들의 학교폭력과 왕따에 대해 미봉책 수준의 정책이나 캠페인을 펴기보다 성품교육을 통해 그들 스스로 자발적인 힘을 소유하도록 해야 한다는 데 공감한다. 가해자에게는 스스로 분별할 수 있도록 해서 자신의 행위를 돌아보게 하고, 피해자에게는 삶에 대한 애착과 스스로 극복해 낼 수 있는 힘을 키워 주는 데 중점을 둬야 한다.

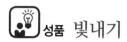 성품 빛내기

: 왕따 문화를 바꾸게 한 성품교육

인천의 한 초등학교에서 성품교육을 해 온 선생님의 사례이다. 매주 한 차례 이 학교를 방문해 '비행아'로 지목된 아이들을 교육했다. 처음 성품수업을 하기 위해 교실에 앉아 있으면 아이들이 오는 소리와 함께 '우당탕!', '퍽!', '으악!' 소리가 들리고, 욕설이 오갔을 만큼 아이들의 행동은 거칠었다. 선생님이 반갑게 인사하며 악수하고 안아 주려는데 거부했고, 한 남자친구는 밀치며 연필로 찍으려고 했다. 배려의 성품을 수업하는데, 앞에서는 친구를 때리고, 가위를 던지고, 뾰족한 연필을 아이들 눈을 향해 던지는 모습이 보였다. 잔인하게 말하는 아이들, 장난 삼아 스킨십을 하고 꺅 소리를 지르고, 놀리고, 분노를 폭발하며 괴성을 지르고… 일진의 짱에다 게임 마니아까지 다양하게 모인 아이들은 입에서 욕이 끊이지 않았다. 폭력적인 틱장애가 있거나 폭식을 하거나, 느리거나, 충동조절장애가 있었다. '엄마를 배려해 주기'를 주제로 수업을 하는데 아이들에게 엄마는 마치 철천지원수 같았다. "엄마를 칼로 찔러 죽여요!", "목을 베는 게 나아!", "죽을 만큼 때리고 싶어.", "나를 버리고 떠나서 개 같은 놈과 사는 걸요." 아이들의 아픔을 들으면서 '행복한 관계 맺기의 비밀-TAPE 요법'의 둘째 단계인 용서 구하기가 생각났다. 그래서 아이들에게 어른으로서 용서를 구해야겠다고 생각하고 진심으로 아이들에게 말했다. "너희들이 이렇게까지 마음 아파하는 줄 몰랐다. 어른들을 용서해 다오." 그러자 한 아이가 입술을 꼭 깨물면서 눈물을 글썽였고, 다른 아이들도 조용해졌다. 그날 이후 수업 분위기는 조금씩 나아졌고, 성품 정의 노래도 따라 부르고, '나를 배려하기'에서는 대부분의 아이들이 '욕하지 않기'라고 쓰는 등 달라진 모습을 보였다. 하루는 왕따에 관한 영상을 보여 주었는데, 아이들 마음속에 있던 분노가 표출되면서 욕설이 튀어나왔다. "에이, 시X! 의자로 모니터를 깨 버려!", "저 새끼는 칼로 목을 따야 해!", "다 죽여 버리고 싶어!" 영상이 끝난 뒤 선생님이 "저 아이의 마음이 어떨까?"라고 물었더니 "담에 저 새끼도 왕따 시켜야 돼요." 하고 말했다. 그 자리에 모인 아이들은 모두 치욕스러울 정도로 왕따를 경험한 아이들이었던 것이다. 성품수업이 모두 끝난 뒤 아이들은 눈에 띄게 달라졌다. 먹는 것을 절제하지 못한 친구는 "선생님은 우리가 욕하고 때리고 잔인하게 구는데, 우리한테 소리도 안 지르고 배려해 줘서 신기하고 고마워요."라고 말해 주었다. 욕이 아니라 일상 언어로 자기 마음을 표현할 줄 알게 된 것이다. 위의 사례는 아무리 문제아처럼 보이는 아이들이라도 포기하지 않고 좋은 성품을 가르치면 아이들은 달라지고, 또 그들의 인생도 바뀔 수 있다는 것을 여실히 보여 준다.[6]

---

6 이영숙 (2013). 인성을 가르치는 학교 만들기. 서울: 좋은나무성품학교. 388-389.

성품 다듬기

: '스펙'

- 자신이 확보할 수 있는 외적 조건을 총칭하는 개념이다.
- 스펙경쟁시대에 학생들은 극심한 성적 스트레스를 호소한다.
- 치열한 스펙경쟁으로 어린이-청소년 행복도가 낮아지고, 성공증후군과 학교폭력이라는 병리적인 결과가 나타났다.

: 학교폭력 문제

오늘날 학교문화 속에 팽배한 학교폭력 문제는 그 이면에 스펙경쟁시대에 살고 있는 학생들의 심리적인 부담감과 성공증후군의 영향에서 비롯된 것이라고 볼 수 있다.

: 행복한 학교문화

성품교육을 통해 학생과 교사, 학부모가 하나 되어 행복한 학교문화를 만듦으로써, 학교폭력과 왕따 문제를 해결할 수 있는 힘을 얻게 된다.

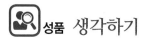

제1장
제2장
제3장
제4장
제5장
제6장
제7장
+
제8장
제9장
제10장
+
제11장
제12장
+
제13장

제 11 장

연령별 성품교육의 모형

45강 태내기 특징과 성품교육

성품 생각하기

: 임신 중 스트레스가 왕따 아이를 만든다?

영국 워릭대 개발심리학과 디터 볼케 박사 연구팀은 출산한 어머니 1만 4,000명과 자녀들에 대해 부모-자녀 종단연구 자료를 분석한 결과 임신 중 심한 스트레스를 받은 여성이 출산한 아이는 나중에 학교에서 집단 괴롭힘의 피해자가 될 가능성이 높은 것으로 나타났다. 즉 임신 중 겪은 심한 스트레스와 정신건강 문제가 출산한 아이의 성장에 영향을 미쳐 나중에 집단 괴롭힘의 대상이 될 가능성을 높이는 직접적인 요인이 된다는 것이다.

그 이유를 볼케 박사는 이렇게 말한다.

"임신 중 스트레스가 신경호르몬을 대량 혈류에 방출해 자라는 아기의 스트레스 반응 시스템에 변화를 일으키기 때문이다. 스트레스 반응 시스템의 변화는 괴롭힘을 당했을 때 스트레스에 감정적으로 반응하는 방법에 영향을 미쳐 아이가 쉽게 울어 버리거나 도망치는 행동을 보이게 된다."

이 연구 결과는 아동심리학·정신의학저널(*Journal of Child Psychology and Psychiatry*)에 발표되었고, 메디컬 뉴스 투데이를 인용해 연합뉴스가 2012년 11월 14일 자로 보도했다.[1]

---

1   연합뉴스. 2012. "임신 중 스트레스, 왕따 아이 만든다". 11월 14일.
     http://news.naver.com/main/hotissue/read.nhn?mid=hot&sid1=103&cid=3118&iid=547900&oid=001&aid=0005932804&ptype=021

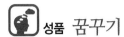 성품 **꿈꾸기**

1. 태내기 교육의 중요성을 설명할 수 있다.
2. 태내기의 발달특성을 이해할 수 있다.
3. 태내기를 위한 성품교육의 특징을 설명할 수 있다.

 성품 **빚기**

: 01. 태내기 교육의 중요성

태아에서부터 노인에 이르기까지 삶의 연속선상에서 일어나는 다양한 사건과 희로애락의 체험들이 모여서 성품이 형성되기 때문에 성품교육은 연계성을 가질 수밖에 없다. 따라서 성품교육은 삶 속에서 순간순간 다가오는 크고 작은 갈등에 직면하여 이를 극복함으로써 더 좋은 가치들을 창조해 내는 데 이바지한다.

이번 장부터는 연령별 성품교육의 특징과 적용 등에 대해 알아본다. 그러나 이 과정에서 각 연령의 실제적인 모든 실천내용을 담기에는 강의 시간과 지면의 특징으로 볼 때 여러모로 부족하다. 이에 따라 실제적인 적용 부분에서는 중요한 키포인트를 중심으로 설명하기로 한다.[2]

성품교육의 시작은 어릴수록 좋다. 그래서 가장 어린 시기인 '태아기'의 성품교육부터 시작해야 한다. 12성품교육의 첫 단계 역시 태아기부터 시작해서 영유아기, 유아기, 아동기, 청소년기, 성인기, 노년기에 이르기까지 이 시기의 특징을 포착해 열두 가지 성품에 대한 실천 프로그램들을 마련했다. 그리고 각 프로그램마다 도구, 교재, 동화, 노래, 영상과 미디어 자료들을 준비했다.

'태아기'는 '태내기'라고도 부르는데, 수정과 착상이 일어나는 배란기, 수정란이 자궁벽에 착상하기까지의 기간인 배아기, 태아의 급속한 성장이 일어나는 태아기로 구분된다. 그렇다면 첫 성품교육의 시기는 언제일까? 부부가 만나서 합방을 하기 전부터 시작해야 한다. 왜냐하면 부부의 정신적, 육체적, 심리적 상태가 배란기에 영향을 미치기 때문이다. 물론 그 이전, 즉 결혼 전부터 인성교육을 받으면서 결혼을 준비하면 더욱 좋다.

그래서 과거 우리 조상들은 부부가 합방하는 날을 정하는 데 이런저런 요인들을 꼼꼼히 따졌고, 부부는 몸과 마음을 정결하게 하고 그날을 맞았다. 부부는 이날을 기대하고 준비하며 부모

---

2 더 자세한 내용은 각 연령대에 해당하는 워크북 및 교육계획안, 부모-교사용 패키지가 별도로 구비되어 있다.

가 될 자리로 들어섰다. 이것이 그야말로 과학적이면서 합리적이다. 반면 요즘은 결혼 후 알코올을 섭취한 채 깊은 준비 없이 합방하는 경우가 흔하다. 엄마가 알코올을 섭취하지 않아도 갓난아기가 높은 알코올 수치 상태로 태어나는 경우가 생기는 것은 아빠의 알코올 영향이다. 그러므로 육체적으로, 정신적으로 가장 맑고 건강한 상태에서 자녀를 맞으려는 노력이야말로 성품교육의 처음으로 볼 수 있다.

그래서 태교는 이미 오래전부터 중요시되었으며, 임신한 딸과 며느리를 위해 책을 만들어 주기도 하고 교육도 시켰다. 태교는 곧 엄마의 자궁 속에서 받는 교육이므로 영어로는 'antenatal training'이라고 말한다. 여기서 'training'이라는 단어를 사용한 점이 주목을 끈다. 자궁 속의 트레이닝이란 의미이다.

02. 태내기의 발달특성

배란기를 통해 수정된 후 2~8주까지의 기간을 배아기라 한다. 이 시기에는 신체의 주요 기관과 조직이 형성되고 분화된다. 수정 후 3주경부터 심장이 형성되고 8주 말에는 손, 발, 귀 등의 기관들이 모두 형성된다.

태아기는 배아기에 형성된 기관들이 급속하게 성장하는 시기로, 4개월 말부터 임부는 태아의 움직임을 감지할 수 있다. 5개월 말에는 태아의 뇌의 반구에서 새로운 분화가 발생하고 새로운 신경 세포가 나타난다. 우리 눈에 보이지 않는다고 해서 생명이 없다는 생각은 그러므로 금물이다.

태아기 성품에 영향을 주는 가장 결정적인 요인은 무엇일까? 바로 어머니의 상태이다. 수정란이 착상하고 태아의 모습으로 성장하는 데는 태내환경을 조성하는 모체의 상태가 결정적인 영향을 미친다. 임부로부터 받는 올바른 영양 공급을 비롯해 약물, 흡연, 음주와 같은 위험 요인에 대한 실제적인 주의도 중요하지만, 모체의 정서 상태 또한 태내 환경을 조성하는 요인이 되어 태아에게 직접적인 영향을 끼친다.[3]

엄마의 성품이 태아의 성품이 된다고 보면 된다. 예를 들어 모체가 공포감을 느끼면 아드레날린이 분비되어 자궁으로 피가 유입되는 것을 막음으로써 태아에게 공급되는 산소의 양이 줄어드는 결과를 초래한다. 따라서 우리 사회가 좋은 성품을 가진 아이들을 출산하려면 무엇보다 임산부들을 공동체가 함께 보호해 주기 위해 노력해야 한다.

이 사실은 다음의 임신한 쥐의 실험에서도 잘 드러난다.

3 이영숙 (2014). 한국형 12성품교육론. 서울: (도)좋은나무성품학교. pp.189-191, 209-210.

임신한 쥐들을 세 집단으로 나누어 다음과 같은 실험을 한 뒤 태중의 새끼들이 어떤 반응을 일으키는지 조사했다.

A집단 : 95데시벨의 전기톱 소음에 하루 한 시간 동안 노출시킨다.
B집단 : 아무 소리도 들려주지 않는다.
C집단 : 모차르트의 음악을 하루 한 시간 동안 들려준다.

결과는 놀랍게도 소음에 노출되어 스트레스를 받은 A집단에 비해 아무 소리도 안 들려준 B집단이 3배 높은 기억력을 갖는 것으로 나타났다. 또 B집단에 비해 모차르트 음악을 들으며 자란 C집단은 2배 높은 기억력을 가졌다. 즉 태아에게 태교를 잘할 경우 그렇지 않은 태아보다 더 활발한 두뇌 발달이 이뤄진다는 사실을 알 수 있다.

: 03. 태내기를 위한 성품교육의 실제

성품태교란 "임산부가 임신 기간 동안 성품교육을 통해 자신의 생각, 감정, 행동을 더 좋은 가치로 변화시키고 태아에게도 좋은 성품을 갖게 하는 일거양득을 추구하는 태중교육"이다.[4]

이영숙 박사의 12성품교육은 태아기 성품교육을 통해, 임신한 엄마와 또한 엄마에게 정서적으로 많은 영향을 끼치는 아빠를 대상으로 한다. 태아기 성품교육은 성품 좋은 아이로 키우는 태아교육과 이영숙 박사가 들려주는 태교를 위한 성품동화[5] 등을 교재로 활용할 수 있다.

- **임신준비기** : 임신 전 2개월 동안 임신을 계획하는 예비부모를 위한 성품교육이다. 첫 1개월은 지혜의 성품을 강조한다. 즉 내가 알고 있는 지식을 나와 다른 사람, 즉 아기에게 유익하도록 준비하는 시간이다. 다음 1개월은 창의성의 성품, 즉 모든 생각과 행동을 새로운 방법, 곧 나만의 독특한 태아기를 보내야겠다는 마음의 준비를 하는 시간이다.
- **임신초기** : 임신 후 4개월까지이다. 예비엄마인 임산부를 대상으로 기쁨, 책임감, 순종의 성품들을 교육한다.
- **임신중기** : 임신 후 5개월째부터 7개월까지이다. 5개월째는 태아의 청각능력이 발달하여 듣기 시작하는 때이다. 이때는 경청의 성품을 교육한다. 부부의 목소리를 태아에게 들려주면서 경청의 성품이 자라나도록 돕는다. 6개월째는 정직의 성품을 강조하고, 7개월째는 절

---

4 이영숙 (2012). 태교를 위한 성품동화. 서울: 프리미엄북스.
5 이영숙. op.cit.

제의 성품을 강조한다. 특히 임산부의 경우 7개월째가 되면 몸이 불어서 체중관리를 잘해줘야 하는 시기이기도 하다.

- **임신후기** : 임신 후 8개월째부터 출산 때까지로, 긍정적인 태도의 성품을 통해 아기를 맞을 준비를 한다. 임신후기에 산후우울증이 오는 경우도 있어서 출산에 대한 두려움을 극복하기 위해 긍정적인 태도, 인내 등의 성품교육이 이뤄진다. 또 마지막 10개월째는 감사의 성품을 배우며 태어날 아기를 환영하고 사랑하는 마음을 갖도록 돕는다. 출산을 위해서는 배려의 성품교육을 통해 아기의 입장에서 배려하면서 태어날 아기를 맞이한다.[6]

이 밖에도 태아기 성품교육을 위해 '좋은성품 태교학교'를 연다. 좋은성품 태교학교는 '좋은 성품으로 행복한 출산문화 만들기'를 목표로 엄마와 태아가 좋은 성품으로 행복한 만남을 준비하도록 돕는 태아성품 교육과정이다. 내용은 위에서 소개한 시기별 주제성품을 성품태교동화마사지, 성품태교일기, 성품태담편지, 오가닉 신생아용품 만들기 등으로 재미있게 배우면서, 건강한 출산을 위해 미리 준비해야 할 성품푸드테라피, 라마즈호흡법, 모유수유법을 함께 익히도록 구성돼 있다.

성품 연습하기

: 임신 5개월(17~20주)을 위한 경청 성품태교 팁

- 경청의 성품으로 사랑을 나누자. 경청이란 상대방의 말과 행동을 잘 집중하여 들어 상대방이 얼마나 소중한지 인정해 주는 것(좋은나무성품학교 정의)이다.
- 뱃속 아기에게 엄마의 따뜻하고 풍부한 감성이 전달되도록 성품태교 동화를 들려주자. 아기가 잘 들을 수 있도록 배에 손을 얹고 천천히 또박또박 재미나게 들려주면 더욱 좋다.

> 사랑하는 아기야, 난 네가 참 좋단다.
> 내가 지은 모든 것들 중에서 가장 아름답게,
> 가장 정성을 들여,
> 깊은 사랑을 쏟아 지금의 너를 만들었단다.

제1장
제2장
제3장
제4장
제5장
제6장
제7장
+
제8장
제9장
제10장
+
제11장
제12장
+
제13장

그리고 난 너에 대한 생각이 얼마나 많은지...

네 삶에 대한 놀라운 계획과 목적을 가지고 있단다.

비록 지금의 네 모습이 작고 연약해 보여도

기대하렴! 너를 통해 심히 크고 창대한 일을 이룰 거란다.

그리고 말이야.

만일 내 뜻을 네가 저버린다 할지라도

걱정하지 않아도 된단다.

나는 변함없이 너를 사랑할 거니까.

〈사랑하는 아이야, 난 네가 참 좋단다〉[7] 중 일부

성품 빛내기

: 성품태교로 가족이 하나 되는 기쁨을 누려요

한 포털 사이트에 후기를 올린 어느 엄마의 이야기이다. 보통 태교라 하면 바른 몸가짐부터 먹는 것, 생활태도, 습관 등을 주로 들었는데 '태담'이라는 말은 신기했던 모양이다. 좋은 성품의 말로써 성품태교를 시작하자, 태중의 아이뿐 아니라 큰아이에게도 긍정적인 말을 들려주게 되어서 1석 2조 효과를 얻었다고 한다. 임신을 하고 나서 좋은 성품으로 몸가짐을 바르게 하고, 아이에게 태담을 들려주면서 가족들과 성품을 실천한 이야기를 나누는 것은 매우 좋은 태교이다. 재잘재잘 오늘 실천한 좋은 성품의 내용들을 이야기하고, 칭찬하고, 격려하면서 행복한 하루의 마침표를 '10분 해피타임'으로 찍을 수 있기 때문이다. 또 좋은 성품을 뱃속에서부터 배운 아이는 뭔가 달라도 다를 것이라는 자신감과 기대감 덕분에 부모가 되면서 갖게 되는 불안감도 사라지게 됐다고 후기를 전했다. 그래서 이 엄마는 모든 임신부들이 성품태교를 통해 가족이 하나 되는 기쁨을 누려 보라며 추천했다.[8]

7　이영숙 (2013). 사랑하는 아이야, 난 네가 참 좋단다. 서울: (도)좋은나무성품학교.

8　이영숙 (2012). 태교를 위한 성품동화. 서울: 프리미엄북스.; 독자 blue***** 후기

**성품 다듬기**

: '태내기'

- 태내기는 수정부터 착상까지 태아의 급속한 성장이 일어나는 배란기, 배아기, 태아기를 총칭하며, 태교를 통해 엄마의 인성이 아기의 신체적, 정신적, 심리적 발달에 직접적인 영향을 준다.
- '배아기'에는 신체 주요 기관이 형성되고, '태아기'에는 배아기에 형성된 기관들이 급속히 성장하는 발달특성이 나타난다.
- 태내기를 위한 성품교육인 성품태교는 "임산부가 임신 기간 동안 성품교육을 통해 자신의 생각, 감정, 행동을 더 좋은 가치로 변화시키고 태아에게도 좋은 성품을 갖게 하는 일거양득을 추구하는 태중교육"이다.[9]

46강 **영아기 특징과 성품교육**

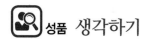**성품 생각하기**

: 세 살 버릇이 서른까지 간다?

영국 킹스칼리지런던의 테리에 모핏 박사와 미국 듀크대 공동연구팀이 1972년부터 1973년 4월 사이에 뉴질랜드에서 태어난 어린이 1,000명의 3살 때 행동을 관찰한 자료와 이들이 30대 초반이 된 30년 후의 건강 상태, 경제력, 범죄 기록 등의 자료를 비교하여 분석한 결과 놀라운 사실들이 드러났다.

무엇보다 주목을 끄는 부분은 3살 때 자기통제력 점수가 낮은 아이일수록 성인이 되어 고혈압, 비만, 성병 등의 위험이 높게 나타났고, 담배, 술, 약에 의존하는 사람이 많았다. 또 경제적으로도 풍요롭지 못하며, 심지어 범죄율도 높게 나타났다.

또 영국에서 태어난 500쌍의 쌍둥이들을 상대로 한 다른 연구에서도 비슷한 결과가 나왔는데, 5살 무렵 자기통제력 점수가 낮은 아이들일수록 담배 피우는 시기가 빨랐고 중학교로 옮겨갈 무렵 반사회적인 행동을 보이는 비율도 높았다.

이 연구 결과는 미국학술지국립과학원회보(*Proceedings of the National Academy of Sciences*)에 소개

되었고, 영국의 일간지 데일리메일 등을 인용해 코리아메디컬닷컴이 2011년 1월 26일 자 기사로 보도했다.

결국 3살 무렵 다른 아이와 자주 다투거나 부모에게 일상적으로 투정을 부리는 등 자기통제력이 낮은 아이들은 훗날 건강과 경제적인 문제를 겪을 확률이 있으므로 어린 시절부터 아이들의 올바른 성격 형성을 위해 노력해야 한다는 의미이다.[10]

성품 꿈꾸기

1. 영아기 교육의 중요성을 설명할 수 있다.
2. 영아기의 발달특성을 이해할 수 있다.
3. 영아기를 위한 성품교육의 특징을 설명할 수 있다.

성품 빚기

01. 영아기 교육의 중요성

영아기 성품교육은 신생아기와 영유아기를 아우르는 시기의 성품교육을 의미한다. 이 시기에 대한 분류는 학자마다 다르지만, 대개 0~1살까지를 신생아기, 신생아기 이후부터 3살 미만을 영아기로 본다. 이 시기는 아이의 인생에서 매우 중요한 바탕을 형성하므로 가장 중요한 시기로 볼 수 있다. 특히 10살 이전의 교육은 매우 중요한데, 평생의 교육보다 이때의 교육이 나머지 인생 전체를 좌우할 수 있는 교육이라는 점을 인식해야 한다. 물론 모든 연령대에는 그 시기의 특별한 비밀들이 감춰져 있어서 소홀하게 다룰 수 없다.

출산 후 엄마들은 우선 모유를 먹이는 데 중요성을 둔다. 모유 수유와 더불어 영아기에 중요하게 생각해야 하는 것이 애착의 정서를 키워 주는 일이다. 애착의 정서는 친밀한 정서적 유대 관계를 맺도록 해 주는데, 이때 애착의 정서를 형성하지 못하면 우울한 어린 시절을 보내게 되고 이때의 대인관계 패턴이 성장한 이후의 대인관계 패턴으로 굳어지기도 하므로 매우 중요한 시기이다.

의부증이나 의처증 증상을 갖는 사람들의 경우 특징이 나타나는데, 가령 생후 0~3살 때 엄마 아빠가 많은 일에 매달리느라 아이를 직접 양육하지 않은 경우가 많다는 사실이다. 의처증

---

10 코리아메디컬닷컴. 2011. "'세 살 버릇 서른까지 간다' 입증". 1월 26일.
http://news.naver.com/main/hotissue/read.nhn?mid=hot&sid1=103&cid=3118&iid=303216&oid=296&aid=0000008599&ptype=021

을 앓는 어느 남편의 경우에는 0~3살 때 부모가 농사를 짓느라 새벽에 나가면서 아이를 혼자 두었는데, 밖으로 나가지 못하도록 기둥에 묶어 두었다고 한다. 이때의 대인관계 패턴이 결국 의처증 증세로 나타난 셈이었다. 실제로 많은 연구 결과를 보면 90%의 사람들이 영아기 때에 고착된 애착패턴을 지니고 성장한다. 에릭슨은 신생아 시절 부모와 친밀하게 애착이 형성될 경우 신뢰감을 갖는 사람으로 자라는 반면 그렇지 않을 경우 불신을 갖게 된다고 한다.

: 02. 영아기의 발달특성

영아기의 특성 하나는 자율성이다. 보통 '미운 3살'이라는 말을 하는데 이때 아이들이 비로소 자율성에 눈을 뜨기 때문이다. 그래서 고집이 강해지는가 하면, 무슨 일이든 스스로 하려는 의욕을 보이지만 쉽지 않으니 물을 쏟거나 밥을 흘리게 된다. 엄마들은 이때 아기를 돌보는 게 너무 힘들어서 고통을 호소하지만 오히려 아이의 이런 특징을 알고 나면 즐길 수도 있다. 그래서 아이가 문제를 일으키거나 물건을 깨더라도 여러 차례 다시 시도해 보도록 해 줌으로써 자율성을 키울 수 있다. 이때 자율성을 보장받지 못할 경우 수치심, 의심, 좌절감 등을 느끼게 된다. 이런 감정을 품고 성장할 경우 열등감과 죄의식 등에 시달리게 된다.

마가렛 말러(Margaret S. Mahler)는 유아의 심리적 탄생과정을 자폐단계-공생단계-분리와 개별화의 단계로 분류했다. 여기서 생후 2개월 이후의 영아는 공생단계(symbiosis)의 자아인식이 시작되어 자신과 주위 환경을 일체로 인식하게 되는데, 이때는 자신을 양육하는 사람과 일체감을 느끼는 것이다. 즉 양육자인 부모의 성품에 큰 영향을 받는 시기이다.

그러므로 부모가 양육하지 않을 경우 아이는 부모의 그림자를 갖고 살게 된다. 다음과 같은 사례가 이에 해당한다.

전문직을 가진, 그래서 바쁜 엄마를 둔 영아기 아이가 있다. 이제 아장아장 걸으면서 좋은 성품을 키우려는 시기이다. 바쁜 엄마는 대신 양육도우미에게 아기를 키우도록 부탁했는데 양육도우미는 엄마와 양육 방식이 너무 달랐다. 엄마는 적극적으로 유대관계를 맺으려고 하는 반면 양육도우미는 귀찮아서 아이를 혼자 내버려 두는 경우가 잦았다. 아이는 버려지고 방치된 느낌을 받게 되고, 결국 심각한 대인관계의 문제점을 안은 채 성장하는 경우가 많아졌다.

또 말러의 이론에 따르면 공생단계를 지나 분리(separation)와 개별화(individuation)의 단계로 이어지는데, 영아는 스스로 신체를 조절하기 시작하면서 분리 개별화가 진행된다. 독립된 개인으로서의 자신을 인식하게 되면 자아 형성이 시작된다. 고집을 부리고 떼도 쓰는 까닭은 이 때문이다. 부모는 이때 아이를 보면서 기뻐해야 한다. 건강한 자아의 형성을 위해 여러 차례 시도해 보도록 인내하면서 지원하고 칭찬해야 한다.

그래서 이 시기 성품교육을 위해 시스템을 마련하고 아이와 부모가 함께 건강하게 성장하고 발달할 수 있는 교육환경을 만들어 주어야 한다.

: 03. 영아기를 위한 성품교육의 실제

자신에 대한 인식이 확고해지는 영아기의 성품교육은 가정에서 가르치는 영유아 홈스쿨성품놀이교육인 '캐비홈(Caby Home-Character Baby Homeschool)'과 영유아 성품놀이교육인 '캐비스쿨(Caby School-Character Baby School)'의 교육과정으로 진행한다.

이 시기에는 영아의 신체, 곧 오감을 활용하여 기쁨·긍정적인 태도·배려를 주제로 하는 '하하하 행복해요' 프로그램, 경청·순종·책임감을 주제로 하는 '네네네 사랑해요' 프로그램, 절제·인내·정직을 주제로 하는 '꼭꼭꼭 약속해요' 프로그램, 창의성·감사·지혜를 주제로 하는 '통통통 축복해요' 프로그램을 통해 교육한다.

즉 자기표현이 중시되고 명확해지는 영아기에 자신의 신체를 활용하는 교육방법을 통해 올바른 성품을 접하는 경험은 신체 활용뿐만 아니라 자아 인식의 측면에서도 의의가 있다. 또 자아가 확고해지는 영아기에 '올바른' 성품을 접하는 경험은 옳고 그름에 대한 인지적 측면뿐만 아니라 정의적 측면에서 옳은 가치를 선호하도록 돕는 데도 긍정적인 영향을 미친다.[11]

✚ 교육과정 1 : 캐비홈(Caby home : Character baby homeschool)

캐비홈은 열두 가지 주제성품을 가정에서 가르치는 성품홈스쿨로서, 영유아의 발달에 맞는 맞춤형 성품교육을 통해 어릴 때부터 더 좋은 생각, 더 좋은 감정, 더 좋은 행동을 하도록 훈련하는 영유아 홈스쿨 성품놀이교육과정이다.[12]

- **프로그램 개요** : 부모가 열두 가지 주제성품을 가정에서 자녀에게 가르치면서 부모-자녀 간의 건강한 애착을 형성하고 자녀의 좋은 성품을 계발하도록 돕는 프로그램이다.
- **교육목표** : 첫째, 영유아의 정신적·심리적·행동적 발달을 고려한 맞춤형 성품놀이교육을 통해 공감인지능력과 분별력을 기르는 열두 가지 주제성품을 균형 있게 발달시킨다. 둘째, 부모가 홈스쿨링 성품교육 전문교사가 되어 자녀의 좋은 성품을 실생활에서 구체적으로 계발한다. 셋째, 좋은 성품의 부모가 되는 성품양육법을 훈련하여 부모의 열두 가지 주제성품을 계발한다. 넷째, 친근한 캐릭터와 함께하는 성품교재, 성품교구를 활용해 자녀의 오감을 자극하고 학습능력, 언어능력, 재능과 감수성을 키운다. 다섯째, 부모와의 행복한

---

11 이영숙 (2014). 한국형 12성품교육론. 서울: (도)좋은나무성품학교. 191-193, 211-215.

12 이영숙 (2010). 성품저널 VOL.1. (사)한국성품협회 한국성품학회. pp.52-53.

경험을 통해 건강한 애착과 친밀감을 형성하고, 부모-자녀 간의 좋은 관계를 맺음으로써 자신감 있는 아이로 양육한다.

- **교육기간** : 열두 가지 주제성품을 한 성품당 2개월 과정(8주 혹은 60일)으로 교육한다.
- **교육과정** : 영유아 홈스쿨 성품놀이교육인 캐비홈의 교육과정 내용은 다음 〈표 1〉과 같다.
- **교재** : 캐비홈 영유아용 워크북[13], 캐비홈 동화책, 캐비홈 성품교육용 CD & DVD, 좋은성품 부모 매거진

◀ **표 1. 영유아 홈스쿨 성품놀이교육 '캐비홈'의 교육과정**

구분	주제성품	부모	영유아
1	기쁨	기쁨의 성품으로 자존감 있는 자녀 키우기	소중한 나를 기뻐해요
2	인내	인내의 성품으로 성공하는 자녀 키우기	잘 참고 잘 기다릴 수 있어요
3	경청	경청의 성품으로 좋은 성품의 자녀 키우기	잘 보고 잘 들을 수 있어요
4	책임감	책임감의 성품으로 리더십 있는 자녀 키우기	내가 할 일을 잘할 수 있어요
5	긍정적인 태도	긍정적인 태도의 성품으로 좋은 관계를 맺는 자녀 키우기	좋은 생각, 좋은 행동, 좋은 말을 선택할래요
6	절제	절제의 성품으로 내 자녀 감성 계발하기	Stop! 좋은 행동을 할 수 있어요
7	배려	배려의 성품으로 사랑받는 자녀 키우기	나와 다른 사람을 사랑할래요
8	창의성	창의성의 성품으로 개성 있는 특별한 자녀 키우기	새롭게 생각하고 행동해요
9	감사	감사의 성품으로 행복한 자녀 키우기	고마운 마음을 잘 표현할래요
10	정직	정직의 성품으로 믿음직한 자녀 키우기	솔직하게 내 마음을 표현할래요
11	순종	순종의 성품으로 좋은 부모-자녀 관계 회복하기	엄마 아빠의 말을 잘 따를래요
12	지혜	지혜의 성품으로 행복한 부모-자녀 관계 맺기의 비밀	나와 다른 사람에게 기쁨을 줄래요

╋ 교육과정 2 : 캐비스쿨(Caby school : Character baby school)

캐비스쿨은 일생을 좌우하는 영유아기에 열두 가지 주제성품으로 부모와 교사·자녀가 하나 되어 행복한 성품놀이교육을 경험하도록 돕는 영유아 성품놀이 교육과정이다. 인격형성의 뼈

13 이영숙 (2013~). 영유아성품홈스쿨-경청, 긍정적인 태도, 기쁨, 배려, 감사, 순종, 인내, 책임감, 절제, 창의성, 정직, 지혜 편. 서울: (도)좋은나무성품학교.

대가 되는 5살 미만의 0~3살 영유아 발달 시기에 맞춰 감성지수, 학습능력, 행동변화를 계발하도록 탁월하고 재미있는 맞춤형 성품놀이교육을 체계적으로 진행한다.[14]

- **프로그램 개요** : 영유아기에 맞는 성품놀이교육을 통해 가정과 기관에서 열두 가지 주제성품을 통해 공감인지능력과 분별력을 계발하도록 돕는 프로그램이다.
- **교육목표** : 첫째, 영유아의 발달과정을 고려한 맞춤형 성품놀이교육 프로그램을 통해 재미있고 탁월하게 좋은 성품을 계발한다. 둘째, 좋은나무성품학교 1단계 정의와 즐거운 활동들을 통해 열두 가지 주제성품을 배우고, 생활 속에서 캐비 약속을 통해 언어습득과 사고력 확장을 강화시킨다. 셋째, 재미있는 스토리와 오감을 자극하는 음률, 놀이, 신체, 조작활동을 통해 좋은 성품의 태도를 배우고 감성지능을 계발한다. 넷째, 충분한 스킨십과 적절한 상호작용을 통해 자녀와 부모, 아이와 교사 간의 신뢰와 애착관계를 형성한다. 다섯째, 캐비스쿨 부모-교사용 가이드북, 오리고 뜯고 붙여 쓸 수 있는 캐비스쿨 영유아용 워크북, 즐겁고 신나는 캐비 음악 CD, 10분 캐비타임을 통해 온 가족이 창의적인 활동으로 행복한 경험을 한다.
- **교육기간** : 열두 가지 주제성품을 한 성품당 2개월 과정(8주 혹은 60일)으로 교육한다.
- **교육과정** : 영유아 성품놀이교육인 캐비스쿨의 교육과정 내용은 다음 〈표 2〉와 같다.
- **교재** : 캐비스쿨 영유아용 워크북[15], 캐비스쿨 부모-교사용 가이드북, 캐비음악 CD
- **실천적 적용** : 좋은나무평생교육원에서는 영유아 성품전문지도자과정(유아성품놀이지도사 자격증과정, 제2014-4709호)을 매 분기 개설하여, 0~3살 아이들의 좋은 성품을 키우는 역량 있는 지도자를 양성한다. 캐비문화센터에서는 캐비스쿨 엄마랑반, 캐비스쿨 쿠킹, 캐비스쿨 아트, 캐비스쿨 부모교육과정을 진행하여 일찍부터 가르치는 좋은 성품의 효과를 극대화한다.

◁ 표 2. 영유아 성품놀이교육 '캐비스쿨'의 교육과정

교육주제	열두 가지 주제성품
하하하 행복해요	기쁨, 긍정적인 태도, 배려
네네네 사랑해요	경청, 순종, 책임감
꼭꼭꼭 약속해요	절제, 인내, 정직
통통통 축복해요	창의성, 감사, 지혜

14 이영숙 (2010). 성품저널 VOL.1. (사)한국성품협회 한국성품학회. pp.52~53.
15 이영숙 (2011~). 영유아성품리더십-경청, 긍정적인 태도, 기쁨, 배려, 감사, 순종, 인내, 책임감, 절제, 창의성, 정직, 지혜 편. 서울: (도)좋은나무성품학교.

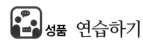 **성품 연습하기**

: 영아기 아이를 위한 긍정적인 태도 성품교육 팁

● 긍정적인 태도의 성품으로 아이와 행복한 관계를 맺어 보자. 긍정적인 태도란 언제나 좋은 생각, 언제나 좋은 행동, 언제나 좋은 말을 선택하는 것(좋은나무성품학교 1단계 정의)이다.

● 아이와 눈을 맞추면서 긍정적인 태도의 정의를 재미있는 모션으로 보여 주자. 좋은 생각, 좋은 행동, 좋은 말을 선택하는 긍정적인 태도의 성품을 더 잘 배울 수 있다.

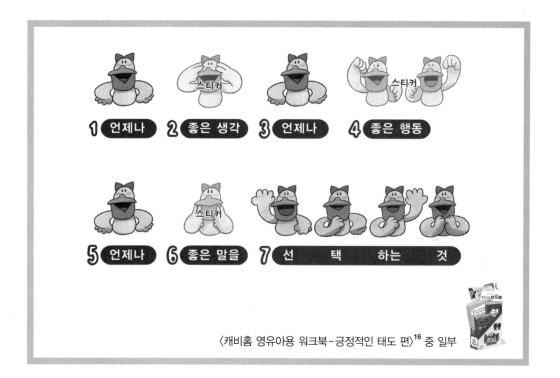

〈캐비홈 영유아용 워크북-긍정적인 태도 편〉[16] 중 일부

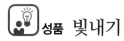 **성품 빛내기**

: 3살짜리 아이의 좋은 성품

3살짜리 아이에게도 성품교육이 얼마나 중요한지를 알 수 있는 사례가 우진이 이야기이다. 우진이는 수원 좋은나무성품놀이학교에 다니는 아이다. 어느 날 우진이 엄마는 갑자기 발가락에 마비 증상이 와서 서 있기조차 힘들었다. 부랴부랴 찜질도 하고 마사지도 했지만 차도가 없이 점

16 이영숙 (2013). 캐비홈 영유아용 워크북-긍정적인 태도. 서울: (도)좋은나무성품학교.

점 더 아프기만 했다. 병원을 가야 하는데 남편도 퇴근 전이라 3살 된 우진이를 데리고 혼자 병원에 가려니 엄두가 나지 않아 고통을 참아 가며 찜질만 하고 있는데 우진이가 "엄마, 뭐해?" 하고 물었다. "응, 엄마 발가락이 아파." "그럼 병원 가야지!" "응…. 그런데 엄마 병원 가기 싫다." "엄마, 병원이 무서워? 그래도 아플 땐 병원 가야 해. '병원 가면 안 아플 거다'라고 긍정적인 태도로 생각하고 가야 해." 순간 3살밖에 안 된 아들이 맞나 싶을 정도로 야무지게 말하는 아들을 보며 엄마의 입이 딱 벌어졌다고 한다. 다른 아이들보다 말을 빨리 배우고 잘하기는 했지만 무엇보다 긍정적인 태도를 잘 이해하고 말하는 아들이 마냥 신기했다. 사실 아이들에게도 성품교육을 시키지만 사람들은 "3살짜리가 뭘 알겠어?" 하고 기대하는 경우가 많다. 하지만 실제로 자녀를 통해 성품교육의 힘을 직접 마주하게 되니 놀랍고 신기했다는 것이다. 우진이가 심지어 무슨 말을 했냐 하면 "엄마는 소중하니까 내일 기쁜 마음으로 병원 가세요. 내가 손잡고 같이 가 줄게."라고 말하는 통에 우진이 엄마는 아들을 꼭 안아 줄 수밖에 없었다고 한다.[17]

성품 다듬기

: 영아기

- 신생아기 이후와 유아기 이전의 발달 시기로, 부모와의 친밀한 상호작용, 즉 애착의 경험들이 모여 좋은 인성을 만든다.
- 에릭슨이 주장한 영아기 주요 발달과업은 자율성으로, 자율성을 수행하지 못한 경우에는 수치심과 회의감을 갖게 된다.
- 영아기를 위한 성품교육은 영아의 신체, 곧 오감을 활용하여 가정과 학교에서 놀이를 통해 인성을 배우도록 한다.

---

17 이영숙 (2014). 한국형 12성품교육론. 서울: 좋은나무성품학교. 247-248.

제1장
제2장
제3장
제4장
제5장
제6장
제7장
＋
제8장
제9장
제10장
＋
11
제12장
＋
제13장

47강 유아기 특징과 성품교육

성품 생각하기

: 어릴 적 부모의 사랑이 자녀의 건강에 미치는 영향!

미국 캘리포니아대 연구팀이 756명의 성인을 상대로 고혈압, 심장박동, 스트레스 호르몬 수치, 콜레스테롤, 허리둘레, 체내 염증, 혈당량 등 건강상의 위험을 보여 주는 18개의 생물학적 지표들을 조사했다. 그리고 인체의 불균형으로 항상성이 깨진 상태를 보여 주는 '알로스타틱 부하(allostatic load)' 지수를 측정한 뒤 어린 시절에 가족생활이 어떠했는지도 알아보았다.

결과적으로는 어린 시절 가족생활이 원만하고 부모로부터 많은 애정과 관심을 받은 사람들일수록 질병의 위험요인 수준도 낮게 나타났다. 연구팀은 이 연구를 통해 어린 시절의 경험이 거의 평생에 걸쳐 건강에 영향을 미친다는 사실이 증명됐다고 말했다.

이 연구 결과는 미국국립과학협회보(*Proceedings of the National Academy of Sciences*)에 게재되었으며, UPI 기사를 인용해 코리아메디컬닷컴이 2013년 10월 1일 자로 보도했다.[18]

성품 꿈꾸기

1. 유아기 교육의 중요성을 설명할 수 있다.
2. 유아기의 발달특성을 이해할 수 있다.
3. 유아기를 위한 성품교육의 특징을 설명할 수 있다.

성품 빚기

: 01. 유아기 교육의 중요성

유아기는 만 3~6살 사이로, 초등학교 취학 전까지를 일컫는 시기이다. 피아제의 인지발달이론에 따르면 전조작단계인데, 논리적인 파악은 힘들지만 직관을 통해 행동하고, 대상을 은유화하는 단계이다.

주 양육자로부터 자신을 분리시키고 개별화하는 영아기 이후의 유아기 아동은 독립심이 강

---

18 코리아메디컬닷컴. 2013. "어릴적 부모 사랑, 자녀 건강에 평생 영향". 10월 1일.
http://news.naver.com/main/hotissue/read.nhn?mid=hot&sid1=103&cid=3118&iid=807430&oid=296&aid=0000016406&ptype=021

해진다. 영아기에 양육자와 형성했던 애착감정은 강도가 약해지면서 유아기에 이르러 의존심으로 발전한다. 영아기 아동이 자신의 의도대로 행동하고자 했다면, 유아기 아동은 타인의 도움 없이 스스로 목표한 바를 성취하려는 시도를 하게 된다.

에릭슨은 이렇게 목표를 스스로 성취하려는 욕구를 '주도성'이라고 부르고, 유아기 아동이 주도성을 획득하는 발달과업에 실패할 경우, 주도성을 나타내던 유아의 행동들에서 죄책감을 갖게 된다고 설명한다.

: 02. 유아기의 발달특성

유아기 아동은 사회화 과정을 통해 성장하는데, 이때의 사회화 과정에는 개인적 요인, 미시적 환경, 거시적 환경이 영향을 미친다.[19]

즉 개인적 요인은 기질, 인성, 지능 등이고, 미시적 환경은 가족, 친구 등이며, 거시적 환경은 국가, 문화와 같은 요인으로 개인의 사회화에 근본적인 영향을 미친다. 사회화 과정을 통해 유아는 사회에 필요한 가치관이나 행동방식을 습득하게 되는데, 성역할에 대한 인식, 도덕적 기준, 친사회적 행동의 발달 등이 사회화를 통해 습득되는 구체적인 가치관들이다.[20]

유아는 사회화를 통해 가치관을 습득하는 과정에서 도덕성 즉 옳고 그름을 구별할 수 있는 능력이 발달한다. 도덕성 발달은 개인이 속한 문화의 도덕적 가치에 따라 행동하도록 배울 뿐만 아니라 그 가치를 내재화하여 자신의 가치로 받아들이는 과정이다.

유아기는 영아기 때의 자기중심적이던 아이가 점점 타인을 이해하는 능력을 갖게 되고 공감의 언어들이 성장하는 시기이다. 정서규제능력들이 발달해서 정서를 통제하는 능력이 생기는데 이 때문에 참아 낼 줄도 안다. 점점 사회화되기 시작하는 셈이다. 그래서 마음에 들지 않는 선물을 받을 때라도 자신의 실망한 감정을 감출 줄 안다.

유아기를 거치면서 자신에게만 국한되어 있던 인식이 외부로 확장되며, 유아기 이전에는 개인의 필요와 내적 욕구를 기준으로 행동을 선택하던 것이 유아기에 사회화를 거치면서 판단의 기준이 개인의 내적 욕구에만 국한되지 않는다는 사실을 인식하게 된다.

: 03. 유아기를 위한 성품교육의 실제

자아가 확고해지고 주도성을 발휘하며, 옳고 그름을 판단하는 기준을 습득하게 되는 이 시기에는 유아성품교육인 '좋은나무 키즈스쿨'을 통해 경청, 긍정적인 태도, 기쁨, 배려, 감사, 순종,

---

19 조복희 (1999). 아동발달. 서울: 교육과학사.
20 Zimmermann & Witnov, (1990). 재인용.

인내, 책임감, 절제, 창의성, 정직, 지혜 등 12성품교육의 열두 가지 성품을 훈련한다.[21]

유아성품교육은 아동이 적절한 범위에서 주도성을 발휘하고 타인을 공감할 줄 아는 능력과 올바른 판단의 기준을 접하도록 한다는 데 교육적 의의가 있다.[22]

+ 좋은나무 키즈스쿨(GKS : Goodtree Character Kids School)

좋은나무 키즈스쿨은 5~7살 유아를 대상으로 열두 가지 좋은 성품을 다양한 프로그램과 유아용 성품리더십 워크북을 활용하여 재미있게 배우도록 고안한 유아 성품리더십교육과정이다. 특별히 유아기부터 성품교육을 통해 좋은 생각·좋은 감정·좋은 행동을 습관화함으로써 행복한 성공자로 자라도록 돕는다.[23]

- **프로그램 개요** : 유아기에 맞는 단계별 인성교육을 통해 기관에서 열두 가지 주제성품을 통해 공감인지능력과 분별력을 계발하도록 돕는 프로그램이다.
- **교육목표** : 첫째, 유아의 연령별 발달과정을 고려한 단계별 인성교육 프로그램을 통해 좋은 성품을 재미있고 탁월하게 배운다. 둘째, 좋은나무성품학교 2단계 정의와 즐거운 활동을 통해 열두 가지 주제성품을 배우고 공감인지능력과 분별력을 조화롭게 발달시킨다. 셋째, 누리교육과정과의 통합교육을 재미있는 스토리와 오감을 자극하는 음악, 놀이, 신체, 조작활동으로 전개하여 학습능력 및 감성지능을 계발한다. 넷째, 관계 맺기 연습을 통해 적절한 상호작용을 훈련하고 생활 속에서 성품법칙을 통해 좋은 성품의 태도를 연습한다. 다섯째, 가정과 연계된 유아용 성품리더십 워크북, 10분 해피타임을 통해 온 가족이 창의적인 활동으로 행복한 경험을 한다.
- **교육대상** : 8살 미만의 5~7살 유아
- **교육기간** : 열두 가지 주제성품을 한 성품당 2개월(8주 혹은 60일) 과정으로 진행한다.
- **교육과정** : 유아 성품리더십교육인 좋은나무 키즈스쿨의 교육과정 내용은 다음 〈표 3〉과 같다.
- **교재** : 유아용 성품리더십 워크북[24], 성품음악 CD, 좋은성품 기본생활습관 놀이판
- **실천적 적용** : 좋은나무성품학교에서는 성공적인 유아 성품리더십교육을 위해 격월로 서울·경기·대전·전주·부산·제주 등 전국 6개 시도에서 1,500여 명의 교사들을 대상으로 '교사들을 위한 성품실기세미나'를 개최하여 이영숙 박사의 12성품교육을 효과적으로 실천하도록 돕는다.

21 이영숙 (2014). 한국형 12성품교육론. 서울: (도)좋은나무성품학교. 193-194, 216-218.
22 이영숙 (2006). 03세 교육 평생 간다. 서울: 아름다운 열매.
23 이영숙 (2010). 성품저널 VOL.1. (사)한국성품협회 한국성품학회. 54-57.
24 이영숙 (2006~). 유아성품리더십-경청, 긍정적인 태도, 기쁨, 배려, 감사, 순종, 인내, 책임감, 절제, 창의성, 정직, 지혜 편. 서울: (도)좋은나무성품학교.

제1장
제2장
제3장
제4장
제5장
제6장
제7장
+
제8장
제9장
제10장
+
제11장
제12장
+
제13장

< 표 3. 유아 성품리더십교육 '좋은나무 키즈스쿨'의 교육과정

교육주제		교육 프로그램
공감인지능력	분별력	
경청	인내	
긍정적인 태도	책임감	
기쁨	절제	유아 성품리더십교육(Character Leadership) 성품을 키우는 음악(Character Music) 성품을 키우는 영어(GIS Character English)
배려	창의성	
감사	정직	
순종	지혜	

 성품 연습하기

: 유아기 아이를 위한 기쁨 성품교육 팁

- 내가 얼마나 소중한지 아는 기쁨의 성품으로 자존감을 키워 주자. 기쁨이란 어려운 상황이나 형편 속에서도 불평하지 않고 즐거운 마음을 유지하는 태도(좋은나무성품학교 정의)이다.
- 기쁨의 성품정의 노래를 아이와 불러 보자. 불평하지 않고 즐거운 마음을 유지하는 기쁨의 성품을 신나게 배울 수 있다.

 기쁨

어려운 상황이나 형편 속에서도 불평하지 않고
즐거운 마음을 유지해요
어려운 상황이나 형편 속에서도 불평하지 않고
즐거운 마음을 유지하는 태도 라~라

〈성품노래CD 3집 : 12가지 주제성품 한글정의 노래〉[25] 중

---

25 이영숙 (2009). 성품노래CD 3집 : 좋은나무성품학교 12가지 주제성품 한글정의 노래. 서울: 좋은나무성품학교.

 **성품 빛내기**

: 좋은 성품으로 인내했어요

서울 송파의 좋은나무성품학교에서 성품교육을 받은 준영이 이야기이다. 준영이가 열감기로 입원을 해서 링거를 맞는데, 간호사 선생님이 준영이 혈관을 잘 못 찾아서 두 번씩이나 바늘을 꽂았다가 뺐다. 수간호사 선생님이 와서도 세 번씩 시도하고 나서 겨우 혈관을 찾았다. 어른도 통증을 참기 힘든데 어린 준영이는 눈물도 흘리지 않고 자세도 바로 하여 견뎌 내자 소아병동 간호사 선생님들이 모두 놀라워했다. 엄마도 마음이 아파서 불편하던 차에, 준영이가 이렇게 말했다. "엄마, 저 인내한 거예요." "응? 뭐라고?" "주사 맞을 때 제가 인내했어요. 많이 아팠지만 참았어요. 좋은나무성품학교에서 배웠어요. 인내란 좋은 일이 이루어질 때까지 불평 없이 참고 기다리는 것이라고요. 엄마, 아파도 참고 기다리면 감기 낫는 거죠?" "응, 그럼~ 준영이 말이 맞아. 준영이도 감기 나아서 곧 좋은나무성품학교에 갈 수 있을 거야." 엄마는 겉으로 표현하지 않았지만 준영이에게 무척 감동을 받았다. 어린아이인데 인내의 성품을 알다니 신기했고 좋은 성품을 키워 준 좋은나무성품학교에 고마운 마음이 들었다고 한다.[26]

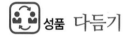 **성품 다듬기**

: 유아기

- 만 3살부터 초등학교 취학 전까지의 시기로, 사회화의 과정에서 도덕성 즉 옳고 그름을 구별하는 능력이 발달한다.
- 에릭슨이 주장한 유아기 주요 발달과업은 주도성으로, 주도성을 수행하지 못한 경우에는 유아가 자신의 행동에 대한 죄책감을 갖게 된다.
- 유아기를 위한 성품교육은 유아가 적절한 범위에서 주도성을 발휘하고 타인을 공감할 줄 아는 능력과 올바른 판단의 기준을 접하도록 함으로써 좋은 인성을 배우게 한다.

26 이영숙 (2011). 한국형 12성품교육론. 서울: 좋은나무성품학교. 195-196.

제1장
제2장
제3장
제4장
제5장
제6장
제7장
＋
제8장
제9장
제10장
＋
제11장
제12장
＋
제13장

48강 아동기 특징과 성품교육

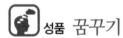 성품 생각하기

: 자해행위, 초등학교 저학년 때부터 시작된다?

뉴시스 2012년 6월 12일 자 기사는 소아의학계의 여러 보고서들을 인용해, 어린이라도 자해행위를 한다는 사실을 보도했다. 심지어 자기 몸을 때리거나, 칼로 베거나 하는 등의 정신과적 증상도 초등학교 저학년 때부터 시작된다고 한다. 이 같은 내용은 어린이는 그저 행복하고 아무 걱정 없이 산다고 생각하는 일반적인 편견을 깨는 것이어서 주목을 끈다.

덴버대 벤자민 핸킨 교수가 이끄는 정신분석팀이 665명을 대상으로 조사한 결과를 보면 어린이 12명 중 1명꼴로 한 번 이상 자신의 신체에 해를 입힌 경험이 있다고 한다. 이런 경험은 7살 때부터 나타나는데, 3학년의 8%, 6학년의 4%, 9학년의 13%는 적어도 한 번 이상 일부러 자기 몸을 때리거나 베거나 화상을 입힌 경험을 가지고 있을 정도이다. 자해 방식은 나이가 어릴수록 몸을 때리는 경우가 많았고, 연령이 높아지면 도구를 써서 피부를 베거나 찌르는 일이 많았다.[27]

 성품 꿈꾸기

1. 아동기 교육의 중요성을 설명할 수 있다.
2. 아동기의 발달특성을 이해할 수 있다.
3. 아동기를 위한 성품교육의 특징을 설명할 수 있다.

성품 빚기

: 01. 아동기 교육의 중요성

학교라는 새로운 환경을 접하게 되면서 시작되는 아동기는 학동기라고도 부른다. 초등학교에 입학한 아동은 또래관계, 학교생활규칙 준수, 과제수행과 같은 새로운 과업에 당면하게 된다.

특히 또래관계가 중요해지는 아동기는 사회와 다른 사람을 이롭게 하는 행동인 친사회적 행

---

27 뉴시스. 2012. "'어린이들 행복하지 않다. 아동 청소년 20%가 자해행위. 이르면 7세부터'…의학계보고". 6월 12일.
http://news.naver.com/main/hotissue/read.nhn?mid=hot&sid1=103&cid=3118&iid=468616&oid=003&aid=0004548943&ptype=021

동이 나타난다. 따라서 이 시기의 성품교육은 친사회적 아동으로 성장하도록 지원하는 시스템이 구축돼야 한다.

인성교육진흥법은 '시민정신'의 덕목을 강조한다. 이런 점에서 성품교육의 전반적인 요소들이 지향하는 친사회적인 요소들을 통해 아이들의 좋은 성품이 형성되고, 다양한 규칙과 규범을 준수하면서 성장하게 될 때 시민정신의 덕목이 성취되는 셈이다. 즉 아이들이 학교생활 속에서 교사 및 또래관계를 익히고 성품교육을 통해서 배운 덕목들이 자라면서 건강한 시민정신으로 키우는 원동력으로 작용하게 되는 것이다.

: 02. 아동기의 발달특성

에릭슨은 학동기 아동의 주요 발달과업을 '근면성'이라 규정한다. 근면성은 학업과제수행이나 또래관계에서 필요한 인내력을 바탕으로 획득된다. 즉 학교생활과 또래관계를 잘 수행하려면 인내하고 다른 사람들과 더불어 지내기 위해 규칙을 잘 지켜야 한다. 반면 학업이나 또래관계 등에서 끈기 있게 과제를 수행하는 경험이 부족한 아동은 결국 열등감을 가지게 된다.

다음 두 가지 사례를 보자.

> **사례 1** 초등학교 1학년 때부터 왕따를 경험한 아이가 27살의 청년으로 자랐다. 그러나 아직 초등학교 1학년 때 경험한 왕따의 수치감과 열등감에서 벗어나질 못했다. 그는 27살의 청년이었으나 초등학교 1학년의 시간으로부터 벗어나지 못해 대화를 나누면 늘 그때로 빠져들었다. "네가 가장 힘든 게 뭐니?" "제 얼굴이요." "왜?" "내 얼굴만 보면 사람들이 재수 없대요." "왜?" "나는 눈도 못생겼고, 코도 못생겼고, 입도 못생겼어요." "아니야, 너 잘생겼어." "아니에요. 초등학교 1학년 때부터 친구들이 나랑 안 놀아 주었어요."

> **사례 2** 또 한 여학생의 경우 19살인데, 먹기만 하면 자기 손가락을 넣어서 토했다. 상담을 해보니 뚱뚱해지면 사람들이 자기를 싫어하기 때문이라고 말했다. 이 여학생은 초등학교 3학년 때 몸무게가 70kg이었는데, 다른 친구들이 뚱뚱하다는 이유로 안 놀아 주었다. 또 다시 뚱뚱해지면 친구들이 떠날 것 같아 밥을 안 먹는 것이었다. 그녀는 초등학교 3학년 때의 경험을 19살인 지금까지 열등감으로 갖고 있는 셈이다.

이런 점에서 보면 아이들이 초등학교에 다닐 때 또래들 사이에서 실패의 경험을 갖지 않도록 교사와 부모들이 관찰하고 또 돌보는 학교 분위기를 만들어 주는 것이 매우 중요하다.

또한 아동기에는 언어 발달이 두드러지는데 유아기 때 사용하던 어휘의 2배 이상을 사용한다. 기억력도 8~10살경에 가장 높은 수준에 이른다. 이때 상당한 추리능력이 발달하면서 객관적 견해가 생겨난다. 또 비판력이 생기면서 교사나 부모의 강압적인 지시나 억압에 항의하기도 한다. 이때 아이들과 자유롭게 의사를 주고받고 낮은 목소리로 대화를 하면서 친사회적 태도를 키워 주는 것이 중요하다.

또한 또래관계가 중요해지는 아동기는 반사회적 행동(antisocial behavior)의 반대 개념으로 사회와 다른 사람을 이롭게 하는 행동인 친사회적 행동(prosocial behavior)을 형성하는 시기이다. 따라서 12성품교육의 두 가지 기본 덕목, 곧 공감인지능력과 분별력의 계발이 필수적이다.

또래관계에 몰입하게 되면 친밀한 사이가 되면서 은어를 사용하기도 하고, 때로는 집단을 이뤄서 유유상종 관계를 맺거나, 다른 친구를 따돌리기도 한다. 성품교육이 꼭 필요한 때인데, 이때 주의할 것은 아이들 가운데 톡톡 튀는 행동을 하거나, 예상하지 못한 말을 하더라도 경계하기보다 오히려 창의성을 키워 주면서 다른 사람을 배려할 수 있도록 이끌어 줘야 한다는 점이다.

아동기는 이런 점에서 국민의 성품을 형성하는 교육으로 인식할 필요가 있다. 아동기에 성품교육이 잘 이뤄질 경우 청소년기에 사춘기를 건강하게 보냄으로써 공감인지능력과 분별력을 고루 갖춘 균형 잡힌 사회인으로 성장할 수 있다. 특별히 타인과 더불어 지내기 위해 필요한 규칙들을 접하고 실천하며 학교생활규칙을 준수하는 경험들은 아동이 사회적 존재로서 타인과 더불어 살아가는 삶의 바탕이 된다.

: 03. 아동기를 위한 성품교육의 실제

아동기 성품교육은 초등성품교육인 '좋은나무 차일드스쿨'을 통해 12성품교육의 열두가지 주제성품을 가르친다.

학교마다 학년별로 주제를 선정하여 초등학교 기간인 6년 동안 열두 가지 주제성품을 나누어 교육할 수도 있고, 다른 연령의 교육처럼 한 주제성품을 8주 동안 집중적으로 교육하여 성품을 더 좋은 생각, 감정, 행동의 습관으로 옮길 수 있도록 교육하는 방법도 있다. 8주라는 기간이 소요되는 까닭은 성품교육의 특징상 생각과 감정이 영그는 데 시간이 필요하기 때문이다.[28]

✚ 좋은나무 차일드스쿨(GCS : Goodtree Character Child School)

좋은나무 차일드스쿨은 초등학생을 위한 성품리더십교육을 통해 행복한 학교, 행복한 공동체,

---

28 이영숙 (2014). 한국형 12성품교육론. 서울: (도)좋은나무성품학교. 194-195, 219-221.

행복한 문화를 만들고 미래 사회의 탁월한 인재를 양성하도록 고안된 초등 성품리더십교육과 정이다.[29]

- **프로그램 개요** : 아동기의 발달 및 성장과정을 고려하여 초등학교와 지역아동센터, 방과 후 교실 등의 기관에서 열두 가지 주제성품을 통해 공감인지능력과 분별력을 계발하도록 돕는 프로그램이다.

- **교육목표** : 첫째, 아동기의 발달과업과 정신적·심리적·행동적 특성을 고려한 인성교육 프로그램을 통해 좋은 성품을 재미있고 탁월하게 배운다. 둘째, 좋은나무성품학교 2단계 정의와 조별활동, 프로젝트 수업 등을 통해 열두 가지 주제성품을 배우고 공감인지능력과 분별력을 조화롭게 발달시킨다. 셋째, 아동에게 잠재되어 있는 성품을 발견하고 계발하여 나와 다른 사람을 비롯한 가정과 사회에서 긍정적인 영향력으로 리더십을 발휘한다. 넷째, 관계 맺기 연습을 통해 적절한 상호작용을 훈련하고 생활 속에서 성품법칙을 통해 좋은 성품의 태도를 연습한다. 다섯째, 학습능력 및 감성지능을 계발하여 자기계발과 역량을 강화한다.

- **교육기간** : 열두 가지 주제성품을 한 성품당 40분씩 8차시 수업으로 진행한다.

- **교육과정** : 좋은나무 차일드스쿨 교육과정은 아래 〈표 4〉와 같다.

< 표 4. 초등 성품리더십교육 '좋은나무 차일드스쿨'의 교육과정

교육주제		주제성품별 특성화 교육	교육형태
공감인지능력	분별력		
경청	인내	기쁨을 통한 나의 진로 찾기 (진로교육 프로그램), 학교폭력 예방을 위한 배려 성품교육 (학교폭력 예방교육) 등	정규 성품수업 또는 강의·워크숍·공연·공동체 활동·자기성찰 활동 등의 다양한 프로그램이 연계된 성품캠프
긍정적인 태도	책임감		
기쁨	절제		
배려	창의성		
감사	정직		
순종	지혜		

- **교재** : 서울특별시교육청 승인 인정도서(교육과정과-1505호) 등[30]

29 이영숙 (2010). 성품저널 VOL.1. (사)한국성품협회 한국성품학회. pp.54~57.
30 이영숙 (2006~). 어린이성품리더십-경청, 긍정적인 태도, 기쁨, 배려, 감사, 순종, 인내, 책임감, 절제, 창의성, 정직, 지혜 편. 서울: (도)좋은나무성품학교.
   이영숙 (2012~). 초등성품리더십 인성교과서-경청, 긍정적인 태도, 기쁨, 배려, 감사, 순종, 인내, 책임감, 절제, 창의성, 정직, 지혜 편. (사)한국성품협회.
   이영숙 (2013). 바른말, 고운 말을 사용하는 어린이 인성언어프로그램. (도)좋은나무성품학교. * 우수인성교육프로그램 제 0007호 교육부장관상 수상

● **실천적 적용** : 좋은나무평생교육원에서는 초등 성품전문지도자과정(초등성품전문지도사 1, 2급 자격증과정, 제2013-1245호)을 매 분기 개설하여, 아동기 아이들의 좋은 성품을 키우는 역량 있는 지도자를 양성하고, 초등학교 · 지역아동센터 · 방과 후 초등교실을 통해 좋은성품교육 확산에 앞장서고 있다. 또한 사단법인 한국성품협회에서는 서울특별시 교육청이 지정한 초 · 중 · 고 교원 성품직무연수를 통해 국공립 · 사립 교원들을 대상으로 연 2회 교사 인성교육을 실시하고 있다.

 성품 연습하기

: 아동기 아이를 위한 배려 성품교육 팁

● 배려를 잘하는 사람은 '잘 관찰하고 잘 듣는' 특징이 있다. 배려란 나와 다른 사람 그리고 환경에 대하여 사랑과 관심을 갖고 잘 관찰하여 보살펴 주는 것(좋은나무성품학교 정의)이다.
● 〈좋은성품 위인카드〉 속의 성품위인들을 찾아보고 카드게임을 통해 좋은 성품을 가르쳐 주자. 잘 관찰하여 보살펴 주는 배려의 성품을 성품카드로 재미있게 배운다.

위인에게 배우는 성품

① 〈좋은성품 위인 카드〉에서 배려 카드를 찾아 정의를 읽어 본다.
② 아이들과 함께 마더 테레사가 어떤 인물인지 이야기해 본다. 위인전이나 인터넷 자료를 참고해도 좋다.
③ 마더 테레사가 어떤 면에서 배려의 성품을 지닌 위인인지 아이들과 이야기해 본다.
④ 마더 테레사처럼 내가 다른 사람을 위해 무엇을 배려해야 하는지 이야기해 본다.
⑤ 〈좋은성품 위인 카드〉로 '성품 찾기' 놀이를 하면서 배려의 성품을 지닌 또 다른 위인이 누구인지 찾아본다.

〈좋은성품 위인카드〉[31] 중

성품 빛내기

: 초등학교에서 빛나는 성품우등생

좋은 성품을 가진 어린이들이 학교에서 좋은 성적을 낸다는 사실은 상식적으로도 충분히 짐작할 수 있다. 대전 동구의 한 초등학교를 다니는 지원이의 사례를 통해 우리는 이 사실을 잘 알게 된다. 지원이의 엄마가 어느 날 지원이 학교 짝꿍인 성훈이 엄마와 시장에서 만났는데, 성훈이 엄마 이야기가 "우리 아이는 머리가 좋은데도 지원이를 앞서지 못하네요." 하며 아쉬움을 드러냈다. 실제로 지원이는 늘 1등을 도맡아 했다고 한다. 지원이 엄마는 "아니에요. 성훈이가 워낙 똑똑해서 앞으로는 잘할 거예요." 하고 돌아섰지만 집에 오는 길 내내 왠지 마음이 무거웠다. 그래서 그날 저녁에 지원이에게 "혹시 성훈이가 너보다 앞설 때도 있니?" 하고 물었더니 뜻밖에 지원이로부터 재미있는 대답을 들었다. "아니요. 성훈이는, 나보다 머리는 좋지만 경청을 잘 안 해요. 나는 유치원 때 좋은나무성품학교에서 성품교육을 받아서 경청에 대해 잘 아는데 성훈이는 성품을 안 배웠거든요. 제 생각엔 성훈이도 수업시간에 선생님 말씀을 잘 경청하면 공부를 더 잘할 수 있을 거예요." 지원이는 공부를 잘하려면 무엇보다 경청의 태도가 뒷받침돼야 한다는 것을 알고 있었던 것이다. 엄마는 지원이 이야기를 들으면서 좋은 성품이 학습태도에 중요한 영향을 준다는 사실을 확신할 수 있게 되었다고 전했다.[32]

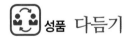

성품 다듬기

: 아동기

- 일반적으로 초등학생 시기를 일컬으며, 또래와의 관계가 아동의 도덕성 발달에 중대한 영향을 준다.
- 에릭슨이 주장한 아동기 주요 발달과업은 근면성으로, 근면성을 수행하지 못한 경우에는 자신이 다른 사람들보다 뒤떨어졌다고 생각하는 열등감을 느끼게 된다.
- 아동기를 위한 성품교육은 공감인지능력과 분별력의 계발을 통해 좋은 성품을 습관화하고 친사회적인 행동을 형성하게 함으로써 좋은 인성을 배우게 한다.

31 이영숙 (2015). 좋은성품 위인카드. 서울: (도)좋은나무성품학교.
32 이영숙 (2012). 성품, 향기 되어 날다. 서울: 좋은나무성품학교. 149-150.

49강 청소년기 특징과 성품교육

성품 생각하기

청소년, 어른 같아도 생각은 아직?

미국 필라델피아 템플대 더스킨 알버트 박사팀은 다양한 그룹에서 선택한 10~30세 남녀 890명에게 전략적으로 계획을 세워 문제를 해결하는 이른바 '타워 오브 런던' 테스트를 수행하게 했다. 이 테스트는 참가자들이 세 가지 색깔의 공이 정렬된 그림을 보면서 자기가 가진 공을 그림과 똑같이 정렬하는 것이다. 공을 옮기는 횟수는 최소한이어야 하는데, 연구팀은 이때의 행동 패턴을 통해 추론능력, 기억력, 자제력 등을 테스트했다.

이 테스트 결과 연령이 높을수록 전략을 잘 세워서 문제를 풀었고 실제로 난이도가 최상급인 문제는 22세 이하에서는 손도 못 댄 것으로 나타났다. 결국 22세 전까지는 문제해결 전에 신중히 계획을 세우는 전략적 능력이 부족하다는 사실이 확인됐다. 그 까닭은 청소년들이 아무리 어른스러워도 뇌의 전두엽이 아직 완전히 발달된 상태가 아니어서 기억력, 추론능력, 충동조절 능력 등이 미숙하다는 것이다.

이 연구 결과는 아동발달저널(*Journal of Child Development*)에 게재되었고, 과학논문 사이트 '유레칼러트'와 과학뉴스 사이트 '사이언스데일리' 등을 인용해 코리아메디컬닷컴이 2011년 6월 19일 자에 보도했다.[33]

성품 꿈꾸기

1. 청소년기 교육의 중요성을 설명할 수 있다.
2. 청소년기의 발달특성을 이해할 수 있다.
3. 청소년기를 위한 성품교육의 특징을 설명할 수 있다.

---

[33] 코리아메디컬닷컴. 2011. "'청소년, 수염 낳어도 생각은 아직…' 입증", 6월 19일.
http://news.naver.com/main/hotissue/read.nhn?mid=hot&sid1=103&cid=3118&iid=350109&oid=296&aid=0000010106&ptype=021

성품 빚기

: 01. 청소년기 교육의 중요성

우리나라 청소년들의 자살률은 10년 넘게 OECD국가 중 최상위권을 차지하고 있다. 이 문제는 이제 교육 관계자뿐 아니라 사회, 정치, 문화계에서도 해결을 위해 심각하게 고민하고 있을 정도이다. 청소년기의 인성교육은 이런 점에서 매우 중요하다.

에릭슨은 청소년기의 주요 발달과업을 자아정체감으로 규정한다. 사춘기에 접어들면서 청소년은 자신의 '존재'의 의미를 탐색하는 시간을 갖는다. 실제로 사춘기에 접어든 청소년들은 자신의 존재 의미에 대해 고민하기 시작하는데, 이 시기에는 말수가 줄어들고, 고집이 세지고, 짜증을 부리는가 하면, 혼자 있고 싶어 한다. 자기만의 탐색이 시작된 것이다. 성숙한 자아정체감의 기반이 되는 내적 핵심들을 획득하기 위해서 고민하는 단계이다.

버크는 청소년기에 자아정체감을 형성하는 과정은 청소년이 "내적 영혼을 찾아가는 과정"이라고 강조했다. 아동기 때 정의한 자아의 특성을 가려내어 그것을 새로 출현하는 특질과 능력, 갈등을 해결하려는 시도와 결합시키게 되며, 이 과정에서 "성숙한 자아정체감의 기반이 되는 내적인 핵심"을 획득하게 된다는 것이다.[34] 이때야말로 의미 있는 타인들의 역할이 중요한데, 유아기 때 부모로부터 적절한 개입을 받지 못한 사람들은 사춘기 때 마지막 기회를 얻는 셈이다. 그러므로 방황하고 혼란스러워하는 청소년들을 사랑으로 돕고 원조하면서 정체성을 찾을 수 있도록 돕는 멘토가 필요하다. 그러나 이 경우에도 부모의 지나친 간섭이나, 부모가 이상적인 교육목표를 가지고 모든 것을 조정하려고 한다면 과업 달성은 실패하고 만다.

따라서 청소년 성품교육은 자기 역할 정체성을 확립함으로써 내가 어떤 사람인지, 그리고 내가 앞으로 어떻게 살아야 하는지를 알게 하는 교육이다. 그래서 이 시기에 가장 중요한 성품교육은 가치관 교육이며, 자아정체성을 확립한 청소년들이 안정감을 갖고 성인기를 맞이할 수 있게 된다.

이처럼 청소년성품교육은 학생들에게 현실 너머에 있는 가치들을 바라보게 하고, 현실 속 나와의 가교를 가짐으로써 지금보다 행복하고 더 나은 삶을 살 수 있도록 기회를 제공한다. 그런 점에서 청소년기의 자아정체감 형성은 과거, 현재, 미래에 대한 총체적이고 함축적이며 일관적인 믿음과 느낌을 갖게 해 준다.

34 Berk, L. E. (2007). Development Trough the Lifespan. 이옥경 외 역. 생애발달2: 청소년기에서 후기 성인기까지. 서울: 시그마프레스.

제1장 제2장 제3장 제4장 제5장 제6장 제7장 제8장 제9장 제10장 **제11장** 제12장 제13장

: 02. 청소년기의 발달특성

청소년들은 이 시기에 자신의 장점과 단점을 파악하고, 그 장점과 단점이 구체적인 상황에서 어떻게 작용하는지를 이해하면서 자기의 개념을 형성해 나간다. 버크는 청소년의 경우 "우호적이며 사려 깊고 친절하며 협력적인 것과 같은 사회적 미덕을 더 중요하게 여기는 경향이 있다"고 강조한다. 이러한 사회적 미덕을 중시하는 경향은 청소년들이 타인의 시선과, 타인과의 관계 속에서의 자기에 초점을 두는 현상을 반영한 것이다.

버크가 말했듯이 자아정체감을 형성하는 과정에서의 핵심은 '탐색'과 '해결을 위한 시도'이다. 자아정체감은 추구하고자 하는 가치와 목표를 탐색하고, 그 가치와 목표를 추구하기 위한 다양한 시도를 통해 형성된다. 특히 청소년기의 발달과업인 자아정체감 확립은 추상적인 개념인 가치 혹은 목표를 핵심주제로 삼는 과정으로, 가시적인 현상이나 물질을 다루지 않기 때문에 가치와 목표에서의 '올바른' 기준이 필요하다.

하지만 우리나라 청소년들의 경우 현실적으로 자아정체성의 정립보다 더 급하게 발등에 떨어진 불이 바로 '대학 입학시험'이다. 마땅히 수행해야 할 과제를 미룬 상태이다 보니 우리 청소년들이 불행할 수밖에 없다. 만약 자아정체감을 찾지 못하고 자신의 내면에서 통합되지 않을 경우에는 정체성의 역할혼미가 일어나는데, 자신이 마땅히 해야 할 일을 구체적으로 알지 못하게 되니 불안감을 갖게 되고 우울증에 빠진다.

특히 자기 역할에 대한 정체성이 형성되지 않으면 자기 자신에 대해 신체적으로나 정신적으로 친밀함이 낮아지므로 자학하거나 비하하는 경우가 많다. 여기에다 자살 충동을 일으키는 인터넷 환경까지 있어서 청소년들은 더욱 위험한 상황에 내몰리게 된다.

청소년기에는 심리적으로 자기 자신을 기성세대와 다르다고 생각함으로써 자아에 대한 확신을 갖고 싶어 하는 경향이 있다. 가령 옷이나 헤어스타일, 화장, 장신구 착용 등에서 그런 경향이 드러난다. 때로는 권위에 도전하는 경향도 보인다. 불만으로 가득 찬 표정과 말투 때문에 오해도 받는다. 내면의 불안감을 이런 형태로 감추려는 것인데, 어른들이 이러한 점들을 이해하면 큰 갈등 없이 지켜볼 수도 있다. 오히려 부드럽게 대함으로써 공격성을 무디게 만들어 주는 편이 효과적이다.

: 03. 청소년기를 위한 성품교육의 실제

그렇다면 이 시기의 성품교육은 어떻게 해야 할까? 물론 성품교육을 통해 긍정적인 자아정체성을 형성하도록 해 주어야 한다. 내가 어떤 가치로 살아갈 것인지에 대해 구체적으로 확립해 주어야 한다.

이때의 성품교육은 무엇보다 나를 행복하게 만드는 가치가 무엇인지를 건강하게 가르쳐 줄 수 있는 통로 역할을 한다. 공감인지능력과 분별력을 통해 세상과 공감하고 소통하는 방법을 배우고, 해야 할 일과 하지 말아야 할 일을 배울 수 있고, 열두 가지 좋은 성품을 꽃피울 수 있도록 도와야 한다.

지난 10여 년 동안 청소년들을 대상으로 성품교육을 해 오면서 우리는 학교폭력 및 왕따 문제 등을 어떻게 해결해야 할지 깊이 고민했다. 청소년들이 기쁨의 성품을 배우고, 배려의 성품을 배우고, 감사의 성품을 배우면서 큰 변화가 일어났는데, 8주 과정의 성품교육을 받은 뒤 다양한 소감을 내놓았다.

구체적으로 청소년성품교육은 '좋은나무 틴틴스쿨'을 통해 진행한다. 청소년을 대상으로 하는 12성품교육의 모형은 올바른 가치를 탐색하고 그 가치를 추구하여 실천하는 데 필요한 태도와 행동을 적용하도록 한다. 이 과정을 통해 긍정적인 자기 이해의 핵심이 되는 생각, 감정, 행동의 표현으로서의 좋은 성품을 형성하고, 긍정적인 자기 이해를 바탕으로 자아정체감을 형성하도록 한다는 데 발달적 · 교육적 의의를 가진다.[35]

✚ 좋은나무 틴틴스쿨(Teen-teen School : Goodtree Character Teen-teen School)

좋은나무 틴틴스쿨은 청소년기에 자아정체성을 확립하고 좋은 인성을 계발하여 행복한 학교문화를 창조하고, 사회와 국가에 필요한 지도자들을 세우도록 고안된 청소년 성품리더십교육과정이다.[36]

- **프로그램 개요** : 청소년기의 발달 및 성장과정을 고려하여 중 · 고등학교와 청소년문화센터, 방과 후 교실 등의 기관에서 열두 가지 주제성품을 통해 공감인지능력과 분별력을 계발하도록 돕는 프로그램이다.

- **교육목표** : 첫째, 청소년기의 발달과업과 정신적 · 심리적 · 행동적 특성을 고려한 인성교육 프로그램을 통해 좋은 성품을 재미있고 탁월하게 배운다. 둘째, 좋은나무성품학교 2단계 정의와 조별활동, 프로젝트 수업 등을 통해 열두 가지 주제성품을 배우고 공감인지능력과 분별력을 조화롭게 발달시킨다. 셋째, 학생에게 잠재되어 있는 성품을 발견하고 계발하여 나와 다른 사람을 비롯한 가정과 사회에서 긍정적인 영향력으로 리더십을 발휘한다. 넷째, 관계 맺기 연습을 통해 적절한 상호작용을 훈련하고 생활 속에서 성품법칙을 통해 좋은 성품의 태도를 연습한다. 다섯째, 학습능력 및 감성지능을 계발하여 자기계발과 역량을 강화

제1장
제2장
제3장
제4장
제5장
제6장
제7장
✚
제8장
제9장
제10장
✚
제11장
제12장
✚
제13장

35 이영숙 (2010). 성품저널 VOL.1. (사)한국성품협회 한국성품학회. 60-61.
36 이영숙 (2014). 한국형 12성품교육론. 서울: (도)좋은나무성품학교. 196-197, 221-224.

한다.

- **교육기간** : 열두 가지 주제성품을 한 성품당 45~50분씩 8차시 수업으로 진행한다.
- **교육과정** : 좋은나무 틴틴스쿨의 교육과정 내용은 다음 〈표 5〉와 같다.

< **표 5. 청소년 성품리더십교육 '좋은나무 틴틴스쿨'의 교육과정**

교육주제		주제성품별 특성화 교육	교육형태
공감인지능력	분별력		
경청 긍정적인 태도 기쁨 배려 감사 순종	인내 책임감 절제 창의성 정직 지혜	기쁨을 통한 나의 진로 찾기 (진로교육 프로그램), 학교폭력 예방을 위한 배려 성품교육 (학교폭력 예방교육) 등	정규 성품수업 또는 강의 · 워크숍 · 공연 · 공동체 활동 · 자기성찰 활동 등의 다양한 프로그램이 연계된 성품캠프

- **교재** : (사)한국성품협회 청소년성품리더십 교재 '틴틴스쿨'[37]
- **실천적 적용** : 사단법인 한국성품협회에서는 학교폭력 · 왕따 문화 · 인터넷 중독 · 교단의 권위 훼손과 같은 공교육의 일상화된 문제들을 해결하기 위해, 열두 가지 좋은 성품으로 지속가능한 성품교육을 교육부–시도교육청–일선 학교들과 유기적으로 펼쳐 나가고 있다. 좋은나무평생교육원에서는 청소년 성품전문지도자과정(성품교육지도사 자격증과정 2, 3급, 제2014-0488호)을 매분기 개설하여, 청소년들의 좋은 성품을 키우는 역량 있는 지도자를 양성하는 일에 주력한다.

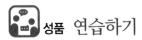 **성품 연습하기**

: 청소년기 학생을 위한 감사의 성품교육 팁

- 행복은 감사의 성품으로부터 시작된다. 감사란 다른 사람이 나에게 어떤 도움이 되었는지 인정하고 말과 행동으로 고마움을 표현하는 것(좋은나무성품학교 정의)이다.
- 성품교육을 시작하기 전에 10분씩 다음의 지시대로 말하고 행동하면서 해피타임을 가져 보자. 감사의 얼굴, 감사의 말을 연습하면서 감사하는 태도를 배운다.

감사의 얼굴

밝은 표정, 명랑한 목소리로!

상대방의 눈을 바라보며/"감사합니다"

감사의 말

자신의 이름을 부르면서/"○○야, 고마워. 사랑해"

친구의 이름을 부르면서/"○○야, 고마워. 사랑해"

선생님을 바라보며/"선생님 항상 감사합니다" "선생님 항상 감사합니다"

선생님이 학생들에게/"얘들아, 고맙다! 사랑한다" "얘들아, 고맙다! 사랑한다"

친구들과 손을 잡고/"오늘 하루가 감사하고 즐거워"

"오늘 하루가 감사하고 즐거워"

〈청소년성품리더십-감사〉[38] 중

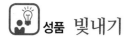 성품 빛내기

: 청소년 성품리더십교육으로 배려하는 학교가 됐어요!

12성품교육의 청소년들을 위한 과정인 청소년 성품리더십교육은 많은 청소년들을 좋은 성품의 소유자로 변화시키는 프로그램으로 유명하다. 서울의 한 중학교 1학년 청소년들을 대상으로 한 배려의 성품교육이 끝난 뒤에 소감을 물었더니 한 학생이 이렇게 대답했다. "배려의 성품을 배운 뒤로는 친구의 입장을 한 번 더 생각해 보게 되고, 작은 배려부터 실천해 보려고 노력하다 보니 친구도 좋아하고 나도 기쁘다. 모두가 이렇게 배려한다면 학교폭력은 줄어들 것 같다." 어떤가. 참 밝아지지 않았는가? 또 한 친구는 이렇게 말했다. "나의 배려가 누군가에게는 행복이 될 수 있다고 생각하니 정신이 번쩍 들었다. 배려 성품수업을 받고 나서 내 도움이 필요한 친구들을 관찰해 보게 되었고, 친구들과 이야기할 때 더 집중하게 되었다. 성품교육이 나의 생각, 말, 행동을 하나 둘 바꾸는 것 같아 나 스스로도 놀랍다." 무엇보다 친구와의 관계가 어느 때보다 중요한 때인데 배려의 성품이 좋은 관계를 맺어 주는 역할을 톡톡히 하고 있다. 다음 친구들의 이야기를 들어 보자. "아직은 누구를 배려한다는 것이 좀 어색하기도 한데 습관이 된다면 더 자연스럽고, 진심으로 대할 수 있을 것 같다. 친구 사이에 오해나 다툼이

38 이영숙 (2011). 청소년성품리더십-감사. 서울: (도)좋은나무성품학교.

생길 때 배려의 태도가 발휘되기를 기대한다." "배려의 기본은 다른 사람을 존중하는 태도가 아 닐까 생각했다. 그러다 보니 말을 함부로 하지 않게 되었고, 이런 습관이 오래갔으면 좋겠다고 생각했다." "작은 배려가 세상을 변화시킨다는 사실을 깨달았다. 나의 배려하는 행동 하나로 친 구를 이해하게 되니 다툼도 줄어들었다. 참 신기하다." 문득 모든 청소년들이 이처럼 성품교육 의 혜택을 누린다면 우리나라의 미래가 얼마나 밝을까 하는 생각이 든다.[39]

성품 다듬기

: 청소년기

- 만 13~19살 미만의 시기로, 세상을 바라보고 이해하는 패러다임 즉 가치관의 형성이 학생 의 도덕성 발달에 중대한 영향을 준다.
- 에릭슨이 주장한 청소년기 주요 발달과업은 자아정체감의 통합으로, 자아정체감을 통합하 지 못한 경우에는 정체성 혼미로 인한 역할 혼돈이 일어난다.
- 청소년기를 위한 성품교육은 인생의 가치와 목표에서의 '올바른' 기준을 갖게 하고, 긍정적 인 자기 이해를 바탕으로 자아정체감을 형성하게 함으로써 좋은 인성을 배우게 한다.

---

39 좋은성품신문. 2013. "청소년성품리더십교육으로 배려하는 학교가 됐어요!". (사)한국성품협회, 59호, 5면.

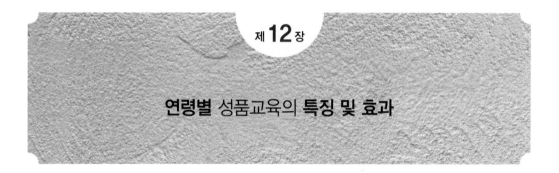

제**12**장

연령별 성품교육의 **특징 및 효과**

제**1**장

제**2**장

제**3**장

제**4**장

제**5**장

제**6**장

제**7**장

＋

제**8**장

제**9**장

제**10**장

＋

제**11**장

제**12**장

＋

제**13**장

50강 청년기 특징과 성품교육

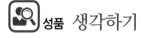 성품 생각하기

: 팍팍한 삶, '욱!'하는 청년 늘었다

우리나라 청년들의 경우 세계 그 어느 청년들보다 고통스럽게 청년의 때를 보내고 있다. 무엇보다 취직의 문이 좁다 보니 경쟁으로 인한 스트레스가 상상을 초월한다. 이들은 특히 학교나 가정에서 인성교육을 거의 받지 못한 연령대로 디지털 문화의 피해 또한 고스란히 떠안고 있다.

최근 청년들 중에는 인격적, 행동적 장애로 고통을 받는 경우도 늘어났는데, 이들은 사소한 일에 쉽게 분노하고 방화와 도벽 등 이상 증세를 보인다. 건강보험심사평가원에 따르면 2014년 인격·행동장애 진단을 받은 인원은 1만 3,000명이며, 이 중 28%는 20대의 청년으로 나타났다. 특히 이들은 최근 5년 동안 꾸준히 증가해서, 20대 남성의 인격·행동장애 진료비율의 경우 2010년 17.2%에서 지난해 20.1%로 5년 새 2.9%나 뛰었다. 환자 5명 중 1명이 20대 남성인 것이다.

한국일보 2015년 3월 13일 자 보도에 따르면 20대에서 인격·행동장애 질환이 증가하는 까닭은 대학만 졸업하면 모든 것을 이룰 수 있다고 생각했지만 취업난에 시달리고, 취업을 해도 경제적·사회적으로 보상받을 수 없기 때문에 자신이 꿈꿔 온 미래를 보장받지 못한 데 따른 분노와 허탈감이 축적되어 온 까닭이라고 진단했다. 또 모든 문제를 빨리, 즉각적으로 해결하려고 하다 보니 고통과 좌절에 반응을 일으키는 '역치(threshold)'가 낮아지고, 고통과 아픔을 참는 능력이 떨어지면서, 사소한 일에도 분노와 폭력이 나타난다는 것이다. 특히 이 기사는 김의정 이대목동병원 정신건강의학과 교수의 말을 인용하며 다음과 같이 분석하고 있다.

"평소 부모가 화를 많이 내거나 폭력적이면 아이가 성장해 충동조절장애에 노출될 수 있다.

부모들은 한 번 아이들에게 화를 낸 것이라 여길지 모르지만 부모가 습관적으로 화를 내거나 폭력을 행사하면 아이들은 분노를 표출하지 않고 쌓아 두었다가 사회적 · 경제적으로 부모에게서 독립이 가능한 나이가 되면 어릴 적부터 축적된 분노가 자신도 모르게 표출돼 사회적으로 문제를 일으킬 수 있다. 아이들의 경우 자신이 닮고 싶어 하는 사람에게 칭찬과 벌을 받으면서 감정을 조절하고 인내심을 배우는데, 과거에는 이런 인성교육을 아버지가 담당했다면, 지금의 아버지들은 학원비를 벌어 오는 사람으로 추락함으로써 가정과 학교에서 아이들의 인성을 함양할 존재가 사라진 것도 큰 문제이다."[1]

 성품 **꿈꾸기**

1. 청년기 교육의 중요성을 설명할 수 있다.
2. 청년기의 발달특성을 이해할 수 있다.
3. 청년기를 위한 성품교육의 특징을 설명할 수 있다.

 성품 **빚기**

01. 청년기 교육의 중요성

일반적으로 청년기란 20대까지의 연령으로 구성된 만 18세부터 29세를 말한다.[2] 우리나라의 경우 고등학교를 졸업하는 시기를 시작으로, 직업을 갖고 결혼생활을 통해 부모로부터 독립하는 시기까지를 청년기로 보는데, 보통은 대학교 시기의 젊은이들을 '청년'이라고 명명한다.[3]

따라서 청년기는 청소년기를 지난 이후 약 20~30세까지, 그러니까 결혼 전의 연령대를 지칭하는데, 물론 결혼 연령이 늦어지면서 청년기가 늘어나는 현상도 나타난다. 이 시기 우리나라 청년들은 고등학교를 졸업하고 대학, 대학원으로 진학하기도 한다.

청년기에는 학업과 더불어 다양한 취미생활을 통해 결혼과 직장생활을 준비하게 되는데, 이런 준비가 잘 갖춰지지 않을 경우 불안감을 갖게 된다. 지금까지는 자기 자신만 생각하면 되었으나 이후로는 가족을 생각해야 하므로 목표를 세우고 자기계발에 나서야 한다.

1 한국일보. 2015. "대학 가도 취업해도 팍팍한 삶… 욱~ 하는 청년 늘었다". 3월 13일.
   http://www.hankookilbo.com/v/83dd7e7250f4460baee764d8ea8a6d17
2 Zastrow, C., & Kirst-Ashman, K. K. (2001). Understanding human behavior & the social environment (5th ed.). 김규수 역. 인간행동과 사회환경. 서울: 나눔의 집.
3 장휘숙 (2004). 청년심리학. 서울: 박영사.

교육학자이자 정신의학자인 몬테소리(Maria Montessori)는 18세가 되기 전에 반드시 갖춰야 될 과업으로 '전공'을 들었다. 즉 어떤 전공을 가지고 어떤 직업을 가질 것인가에 대해 뚜렷한 방향을 설정해야 하며, 이에 따른 위기와 갈등을 다스리는 채널이 있어야 한다고 말했다.

또 청년기에는 이성에 대한 친밀감을 형성해야 하므로 이를 위해 건강한 만남의 장을 열어 줘야 한다. 결혼을 위해 한 사람과 만나야 한다는 부담감을 벗어나 어떤 이성을 만나야 행복한 지를 체험해 보는, 건강한 만남의 시간도 가져야 한다. 이런 친밀감을 형성하지 못하면 고립감을 경험하게 된다.

02. 청년기의 발달특성

청년기의 발달과업을 정리한 학자로 허비거스트(R. J. Havighurst)가 눈길을 끈다.

1. 남성과 여성으로서의 역할 수용
2. 동성 및 이성 친구와 성숙한 관계 형성
3. 부모 및 다른 성인들로부터 정서적 독립
4. 직업의 선택과 준비
5. 결혼과 가정생활의 준비
6. 사회적으로 책임 있는 행동 수행
7. 시민적 자질과 지적 기능의 발달
8. 행동지표로서의 가치관과 윤리체계 습득

청년기는 발달단계상 인생을 준비하는 중요한 시기이다. 이 시기의 젊은이들은 교육과 직업의 선택, 사회적 독립과 같은 다양한 사회적 요구에 직면하게 되고, 발달과업을 성취하기 위해 개인적으로 많은 변화를 경험한다. 그래서 사회학자들은 일생 중 스트레스가 가장 많은 시기로 청년기를 꼽기도 한다.

이 기간 동안 청년은 나와 다른 사람, 그리고 자신이 속한 공동체를 잘 이해함으로써 깊이 있는 내면의 성찰과 도덕적 판단능력을 갖추어야 한다.[4] 또한 성취단계(achieving stage)에 접어듦으로써 다양한 선택의 결과를 고려하여 의사결정을 할 수 있는 역량도 계발해야 한다.[5]

---

4   박창호 (1996). 현대심리학 입문. 서울: 정민사.
5   K. W. Schaie. (1996). Intellectual Development in Adulthood. Cambridge University Press.

：03. 청년기를 위한 성품교육의 실제

이 시기의 청년들을 위한 성품교육은 좋은 성품으로 자신의 발달과업을 수행하고, 역량을 개발하는 한편, 개인의 인생뿐 아니라 더 나아가 사회와 국가를 이끌어 가는 미래 지도자의 역할을 담당하도록 돕기 위해 좋은나무성품학교의 열두 가지 주제성품을 기반으로 교육과정을 펼친다.

한 대학의 신입생 450명을 대상으로 설문조사를 했는데, 그중 50% 이상의 신입생들이 자살을 결심한 적이 있거나, 시도한 적이 있었던 것으로 나타났다. 그만큼 우리나라의 경우 청년으로 성장하기까지 수많은 고비가 닥쳐온다. 결국 우리나라 청년기의 성품교육은 이러한 특수성을 반영해야 하는데, 무엇보다 청년기에는 자존감을 높여 줌으로써 자기 자신에 대한 자각이 일어나야 한다. 그 다음으로 가정생활과 직장생활을 준비해야 한다.

이를 위해 이영숙 박사의 12성품교육은 특히 대학생을 대상으로 하는 '자아발견 청년성품리더십캠프'와 청년취업연계프로그램인 '성성매너스쿨(성공하는 사람들을 위한 성품매너스쿨)', 청년들의 좋은 성품 계발을 위한 '청년성품 베이직 세미나', 결혼을 준비하는 청년들을 위한 '예비부부성품학교' 등의 교육과정들을 개설하여 더 좋은 생각, 더 좋은 감정, 더 좋은 행동을 구체적으로 훈련하게 한다.[6]

✚ 자아발견 청년성품리더십캠프

자아발견 청년성품리더십캠프는, 좋은 인성을 계발하여 행복하고 보람찬 대학생활을 할 수 있도록 강의 · 워크숍 · 공연 · 공동체 활동 · 자기성찰 활동 등의 체계적이고 다양한 프로그램이 연계되어 있다.[7]

- **프로그램 개요** : 청년기의 발달과업을 고려하여 자신의 성품을 변화시키고 역량을 개발하며, 사회와 국가를 이끌어 나가는 미래 지도자를 양성하는 성품리더십을 계발하도록 돕는 프로그램이다.
- **교육목표** : 첫째, 성품리더십을 통해 자신에 대한 정확한 인지능력을 키우고, 자기존중감을 발전시켜 행복한 정체성을 갖게 한다. 둘째, 자신 안의 갈등 문제들을 해결하고 자신의 지난 삶 속에서의 아픔을 치유하여 극복하는 능력을 키워 자신감 있는 대학생활을 시작하게 한다. 셋째, 자신의 장단점을 발견하여 강점을 키우는 대학생활이 되게 하고, 건강한 직장인으로서의 준비와 좋은 성품으로 타인과의 관계를 성숙시키는 사회성을 발달시킨다.
- **교육대상** : 대학 신입생 및 재학생, 청년

6 　이영숙 (2014). 한국형 12성품교육론. 서울: (도)좋은나무성품학교. 197-198, 224-229.
7 　이영숙 (2010). 성품저널 VOL.1. (사)한국성품협회 한국성품학회. 64-66.

- **교육기간** : 3일 과정으로 진행한다.
- **교육과정** : 자아발견 청년성품리더십캠프의 교육과정은 다음 〈표 1〉과 같다.

< **표 1. 청년 성품리더십교육 '자아발견 청년성품리더십캠프'의 교육과정**

구분	교육주제	교육내용	기쁨의 단계	교육형태
1일차	I'm Special	있는 그대로의 나를 사랑하는 기쁨	기쁨의 1단계 정의. 내가 얼마나 소중한지 알고 즐거워하는 것 (좋은나무성품학교 정의)	대그룹 및 소그룹
2일차	You're Special	관계 회복을 위한 소통의 기쁨	기쁨의 2단계 정의. 어려운 상황이나 형편 속에서도 불평하지 않고 즐거운 마음을 유지하는 태도 (좋은나무성품학교 정의)	
3일차	We're Special	세상을 기뻐하는 행복 찾기		

- **교재** : (사)한국성품협회 청년성품리더십 교재 '청년 성품리더십-기쁨'[8]

✚ 청년취업연계프로그램-성성매너스쿨

성성매너스쿨은 '성공하는 사람들을 위한 성품매너' 프로그램으로, 대학생들을 위한 청년취업연계프로그램이다. 좋은 성품으로 자신을 비롯한 다른 사람과 좋은 관계를 맺도록 예의와 몸가짐을 연습하고, 열두 가지 주제성품에 따라 구체적이고 실제적인 상황별 태도와 자세를 배운다.[9]

- **프로그램 개요** : 열두 가지 주제성품을 바탕으로 한 성품매너를 훈련하는 프로그램이다.
- **교육목표** : 첫째, 좋은 성품의 정의와 중요성을 이해한다. 둘째, 좋은 성품의 얼굴, 미소, 자세를 훈련한다. 셋째, 관계 회복을 위한 성품매너를 익힌다. 넷째, 성공하는 사람들을 위한 성품매너 법칙을 실생활에 적용하고 습관화한다.
- **교육대상** : 대학생, 취업준비생 및 좋은 성품매너를 연습하기 원하는 청년
- **교육과정** : 성성매너스쿨의 교육과정은 다음 〈표 2〉와 같다.
- **교재** : (사)한국성품협회 청년성품리더십 교재 '성성매너스쿨'

8 이영숙 (2013). 청년성품리더십-기쁨. (사)한국성품협회.
9 이영숙 (2010). 성품저널 VOL.1. (사)한국성품협회 한국성품학회. 64-66.

◀ 표 2. 청년 성품리더십교육 '청년취업연계프로그램 - 성성매너스쿨'의 교육과정

단원	교육주제	교육내용	교육형태
I	성품이 성공이다	좋은 성품의 정의와 중요성	대그룹 및 소그룹
II	성품은 매너이다	관계 회복을 위한 성품매너	
III	성품은 행복이다	행복을 만드는 성성법칙	

✛ 청년성품 베이직 세미나

청년성품 베이직 세미나는 12성품교육의 이론적 배경과 성품교육 기초 실기를 대학에서 가르치는 성품교육 입문과정이다.[10]

- **프로그램 개요** : 12성품교육의 이론적 배경과 열두 가지 주제성품 실기교육을 통해 12성품교육의 기초적인 이해와 적용을 돕는 프로그램이다.
- **교육목표** : 첫째, 12성품교육의 중요성과 교육원리를 알고 두 가지 기본 덕목인 공감인지능력과 분별력의 교육내용을 이해한다. 둘째, 이영숙 박사의 12성품교육에서 가르치는 열두 가지 주제성품의 구체적인 교육방법을 이해한다. 셋째, 이영숙 박사의 12성품교육을 이론적 배경으로 하는 성품음악교육을 통해 재미있고 탁월하게 주제성품을 배우는 원리를 이해한다.
- **교육대상** : 대학생, 12성품교육의 기초를 배우기 원하는 청년
- **교육과정** : 청년성품 베이직 세미나의 교육과정은 다음 〈표 3〉과 같다.

◀ 표 3. 청년 성품리더십교육 '청년성품 베이직 세미나'의 교육과정

단원	교육주제	교육내용
1	12성품교육의 이론	12성품교육의 중요성
2		12성품교육의 교육원리
3		12성품교육의 기본 덕목 - 공감인지능력
4		12성품교육의 기본 덕목 - 분별력
5		12성품교육의 교육방법 및 특성
6	12성품교육의 실제	12성품교육의 주제성품별 교육모형(1)
7		12성품교육의 주제성품별 교육모형(2)
8		12성품교육의 주제성품별 교육모형(3)

---

10 이영숙 (2010). 성품저널 VOL.1. (사)한국성품협회 한국성품학회. 64-66.

9	12성품교육의 실제	12성품교육의 주제성품별 교육모형(4)
10		12성품교육의 실제-성품음악교육
11		12성품교육의 주제성품별 교육모형(5)
12		12성품교육의 주제성품별 교육모형(6)
13		12성품교육의 주제성품별 교육모형(7)
14		12성품교육의 주제성품별 교육모형(8)
15	평가 및 시험	

● **교재** : (사)한국성품협회 청년성품리더십 교재 '청년성품 베이직'

성품 빛내기

: 청년성품리더십교육을 통한 변화

청년성품리더십교육을 통해 좋은 성품의 가치를 발견한 몇몇 청년들의 소감을 들어 보자. 이 소감들은 모두 한 대학교 학생들을 대상으로 실시한 성품교육 캠프에 참가한 청년들의 이야기이다. "일주일 전까지만 해도 내 삶은 정말 불행했다. 너무나 절망스럽고 죽을 만큼 힘들었다. 항상 과정보다 결과를 중요시했기 때문에 나는 스스로에게 부끄럽지 않도록 열심을 내는 편이었는데, 결과가 좋지 않으면 스스로를 용서하지 못했다. 그런데 이번 자아발견 청년성품리더십 캠프를 통해 나에게 가장 믿음을 주고 진정한 나를 기뻐하는 내가 되기로 새롭게 다짐했다. 맘속에 가득했던 절망들을 버리고 이제는 기쁨과 행복을 채워 나가는 삶을 살 것이다.""내 삶을 너무 비하하며 살아왔다는 것을 깨달았다. 나보다 더 어려운 환경을 이겨 내며 살고 있는 사람들이 많은데 나에게 주어진 삶을 감사하지 못하며 살았다는 생각을 했다. 앞으로 더 긍정적으로 다른 사람에게 힘을 실어 주고 희망을 전해 주는 사람이 되겠다는 새로운 꿈을 꾼다." 두 사람의 소감을 들었는데도 마음이 짠하다. 우리 청년들의 현실이다. 성품교육이 이들에게 위로와 격려와 꿈을 줄 수 있어야 할 것이다. "나와 다른 사람을 비교하며 살았다. 나 자신을 아끼지 않고 스스로에 대해 알려고도 하지 않았다. 캠프를 통해 나 자신을 용납하고 더 이해할 수 있게 되었다. 예전보다 더 잘 살 수 있는 용기가 생겼고 진정한 기쁨의 삶이 무엇인지 알게 됐다.""자아발견 청년성품리더십 캠프에 참여하면서 나와 너에 대해 다시 한 번 생각하고 이해하게 되었다. 다양한 사람, 다양한 경험 속에 지금까지 이런 캠프가 없었다는 것이 아쉽다." "앞으로 나는 나의 존재 자체만으로도 기뻐하며 살 것이다. 살아 있음에 감사하고 나를 사랑해 주시는 분들이 많다는 것에 감사할 것이다. 다른 사람과 비교하며 위축되는 삶이 아닌 나의 존재만으로도 감사하는 삶을 살아갈 것이다." 경쟁의 사회에 지쳐 버린 우리 청년들이 성품교육을 통해 비로소 자신의 가치를 발견하고 있다. 청년들을 위한 성품교육이 더욱 중요하고 또 필요한 까닭이다.[11]

성품 다듬기

: 청년기

- 우리나라의 경우 고등학교를 졸업하는 시기를 시작으로, 직업을 갖고 결혼생활을 통해 부모로부터 독립하는 시기까지를 지칭한다. 청년기에는 교육과 직업의 선택, 사회적 독립과 같이 인생을 준비하는 과정에서의 역량 계발을 통해 좋은 인성을 키울 수 있다.
- 청년기 주요 발달과업은 성취단계에 접어듦으로써 다양한 선택의 결과를 고려하여 의사결정을 하도록 역량을 계발하는 것이다.
- 청년기를 위한 성품교육은 다방면의 역량을 계발하여 인생을 준비하도록 12성품교육의 열두 가지 주제성품을 기반으로 하는 매너교육, 역할교육 등을 통해 좋은 인성을 배우게 한다.

51강 성인기 특징과 성품교육 – 성품대화

성품 생각하기

: 넘어지는 것보다 말 한마디가 더 상처가 된다?

미국 퍼듀대, 호주 뉴사우스웨일스대, 그리고 매쿼리대 연구팀은, 사람들이 정신적 고통이나 물리적 고통을 당했을 때 우리 뇌가 이를 어떻게 극복하는지 알아내기 위한 실험을 실시했다. 실험 참가자들은 과거 5년 이내에 벌어진 일들 가운데 고통스러웠던 경험을 떠올리고 이를 상세히 기록했다.

그 결과 물리적 고통을 겪은 참가자보다 정신적 고통을 겪은 참가자들의 고통수치가 더 높았으며, 기억을 구체적으로 기록하는 것을 회상하는 것보다 더 고통스러워했다. 심리적 고통이

51강 성인기 특징과 성품교육－성품대화 ： **313**

제1장
제2장
제3장
제4장
제5장
제6장
제7장
＋
제8장
제9장
제10장
＋
제11장
제12장
＋
제13장

더 깊고 오래가는 까닭은 복잡한 생각이나 언어기능을 담당하는 '대뇌피질'이 현대인에게는 더 발달하면서 그 부작용으로 감정적 고통을 더 잘 느끼기 때문이라는 게 연구팀의 분석이다.

연구에 참여한 퍼듀대 잔셍 박사는 현대인들이 겪는 정신적 고통에 대해 "대뇌피질의 발달로 창조, 습득, 집단 내 의사소통을 하는 능력이 향상됐지만, 고통스런 상황을 재경험함으로써 심리적으로 심한 고통을 겪는 부작용도 같이 발생하게 됐다"고 설명했다.[12]

성품 꿈꾸기

1. 성인기 교육의 중요성을 설명할 수 있다.
2. 성인기의 발달특성을 이해할 수 있다.
3. 성인기를 위한 성품교육－성품대화의 특징을 설명할 수 있다.

성품 빚기

:01. 성인기 교육의 중요성

이영숙 박사의 12성품교육은 인성교육을 평생교육과정으로 구축하여 각 시기의 특징에 맞는 성품교육을 하고 있다. 성인기는 신체적 성장이 끝나면서 사회적인 위치가 드러나고, 책임감이 요구되는 시기이다. 연령대로 보면 18~60세로 보는 편이 일반적인데, 이를 전기, 중기, 후기로 나눌 수도 있다.

성인기의 중요한 특징은 대인관계가 왕성한 시기로 공동체에서의 관계가 그 사람의 심리적 안정감에 큰 영향을 끼친다는 것이다.

사례 1　가령 한 청년의 경우 이른바 가장 공부를 잘하는 학생들이 입학하는 대학에서 우수한 성적으로 공부한 뒤 많은 청년들이 취직하고 싶어 하는 기업에 입사했다. 문제는 대인관계였다. 사람들과 눈을 마주치지 못할 정도로 인간관계의 형성에 어려움을 겪으면서 결국 정신과 치료를 받는 상황에까지 이르렀다. 결국 이 청년은 그동안 열심히 공부하고 나름 이뤄 놓은 많은 이력들이 물거품이 되어 버렸다. 정신과 치료를 받을 때 자신은 7살 때가 가장 행복했다면서, 부모로부터 공부를 하도록 강제된 이후 자신의 모든 행복이 사라졌고, 사람들과의 관계도

---

12 서울신문. 2008. "말 한마디가 넘어지는 것보다 상처되는 이유". 8월 30일.
http://news.naver.com/main/hotissue/read.nhn?mid=hot&sid1=103&cid=3118&iid=46788&oid=081&aid=0001969998&ptype=021

끊어졌다고 했다. 결국 성인으로 무엇보다 중요한 것은 인간관계인데, 이 청년은 가장 중요한 인간관계에 대한 공부는 낙제였던 셈이다.

결국 건강한 성인기를 보내기 위해서는 다양한 사회 곧 가정, 직장 등에서 책임감을 잘 수행해야 하는데 인간관계의 기반 없이는 이런 책임감 수행이 불가능하다.

02. 성인기의 발달특성

에릭슨은 성인기의 사회적 과업으로 사람들과의 친밀감을 강조했다. 친밀감이란 다른 사람들과 나의 생각, 감정, 행동을 나누는 데 있어서 갖는 친화적인 감정이라고 볼 때 성품교육의 중요성이 곧 성인기의 건강을 담보한다고 볼 수 있다.

친밀감의 부재는 결혼 시기까지 늦추게 마련이어서 중기 이후의 성인기를 성숙하게 이어 가기가 어렵게 된다. 실제로 결혼을 하지 않거나, 포기한 독신자의 수가 늘어난 데는 성인기의 기반이 되는 인간관계의 미숙에 기인한 측면도 크다. 즉 누군가와 친밀감을 누리면서 자신의 생각과 감정을 나누고 행동하는 데 어려움을 느끼기 때문이다. 그 원인은 청소년기에 겪는 입시 문화의 압박과 청년기에서조차 취직 준비로 인간관계의 훈련을 하지 못한 데 따른 결과로 분석할 수 있다. 이런 경우 다양한 사회적 참여를 통해 친밀감을 누리기보다 참여를 회피하고 지나치게 자기에게 열중하거나 피상적인 관계에 머물게 되어 심각한 고립감에 빠지게 마련이다.

최근 결혼 초기의 여성들로부터 듣는 고민 사례들 가운데는 남편이 아내와 가정을 함께 꾸려가는 데 무관심하다는 이야기가 적지 않다. 가령 아내가 아기를 키우면서 집안 살림을 살아내느라 진땀을 흘리는데도 남편은 직장에서 퇴근하자마자 PC방에 가서 게임에 심취해 귀가하는 시간이 늦다는 등 평범한 사고로는 이해할 수 없는 사례들이 나타난다. 그야말로 심각한 책임감 부재의 모습이다. 물론 그 원인은 성장과정에서 각 연령대의 핵심과제들을 잘 수행하지 않은 결과이다. 인성교육을 통한 인간관계 훈련이 얼마나 절실한지를 잘 보여 준다.

성인기에서 사회적 친밀감을 통해 다양한 책임을 수행함으로써 나타나는 결과를 '생산성'이라 할 때 인간관계의 부재는 생산성 부재로 연결될 수밖에 없다. 생산성이 낮을수록 자기 침체 속에 빠지게 되고, 독립적인 존재로 생활하기가 어려워진다. 이것이 성인기에 볼 수 있는 비극이다.

생산성이 발달하지 못할 경우 자신의 의무는 물론 권리 행사조차 불가능해진다. 관계의 단절은 개인으로 하여금 자기침체에 빠지게 하고, 자기 자신에게 몰두함으로써 자기집착에 빠지게 된다. 그 결과 인생에 대한 공허감과 지루함이 찾아오면서 이른바 '은둔형 외톨이'라는 '히키코

모리(引き籠もり)' 현상을 가져온다. 1990년대 초 일본의 경기침체가 시작되면서 더욱 급증하기 시작해 심각한 사회문제로 나타난 히키코모리 증상은 짧게는 6개월에서 심하게는 10년 넘게 외출도 하지 않고 가족과의 의사소통도 거의 없이 방 안에서 텔레비전이나 인터넷 게임에 빠진 채 밤낮이 뒤바뀐 생활을 하는 것을 일컫는다. 물론 이런 증상이 심해지면 우울증에 빠지거나 폭력성을 드러낸다. 히키코모리 증상을 보이는 사람들이 일본에서뿐만 아니라 우리나라에서도 늘어나고 있어 심각한 사회문제로 대두되고 있다.

：03. 성인기를 위한 성품교육의 실제-성품대화

성품대화란, "대화를 통하여 한 사람의 생각, 감정, 행동에 영향을 끼쳐 더 좋은 성품으로 표현되도록 돕는 대화"이다.[13] 성인기는 그런 점에서 친밀감을 통해 가족을 형성하고, 동료애로써 직장 업무를 수행함으로써 대인관계를 확장해 나가는 시기이다. 따라서 성인기의 성품교육은 곧 이를 지원하고 이끌어 주는 데 기여해야 하는데, 좋은 인성으로 새로운 인간관계를 맺도록 도와주는 프로그램이 성품대화법이다.

성품대화법은 대화를 통해 인간관계를 활성화하는 프로그램이다. 인간관계의 미숙 원인은 대화의 미숙으로부터 온다. 실제로 어떤 대화를 통해 친밀감을 형성해야 하는지에 대해 무지한 성인들이 적지 않다. 성품대화법은 대화를 통해 좋은 성품을 갖게 만들고, 생각의 변화, 감정의 변화, 행동의 변화를 통해 다른 사람들과 친밀감을 형성시킬 수 있도록 돕는 프로그램이다.[14]

성품대화법을 통해 친밀감을 형성하게 된 사례들은 매우 다양하다.

> **사례 2** 25세가 될 때까지 은둔형 외톨이로 살아온 한 여성은, 심지어 엄마로부터 "우리 집에 괴물이 산다"는 말을 들을 정도로 집 밖에 나가지 않았다. 교통사고로 남편까지 잃은 엄마는 이렇게 살아가는 딸을 보기가 너무 힘들어서 때로는 머리채를 잡고 싸우기도 했다. 너무 낙심한 나머지 인생을 포기하고 싶은 생각까지 들 때 '성품대화법'이라는 프로그램에 참여했다. 엄마는 강의를 통해 배운 대로 딸과 조금씩 마음을 열어 갔다. 싸움이 날 만하면 폭언을 피하면서 개선하고자 노력했다. 딸은 엄마가 권해 준 성품대화법에 대한 책을 읽기 시작했고, 엄마는 딸에게 쪽지로 말을 걸기 시작했다. "그동안 엄마가 대화하는 법을 몰라서 너에게 잘못한 게 많았다"면서 용서를 구하는 메시지를 보낸 것이다. 그리고 어느 날 딸에게서 "엄마 나를 위해 애써 줘서 고마워"라는 문자를 받기에 이르렀다. 그렇게 엄마와 딸이 대화를 하기 시작했는데, 어느 날 딸이 엄마에게 어릴 때 이야기를 꺼냈다고 한다. 그것도 머리를 감다 말고 물이 뚝뚝 흐르는

13　이영숙 (2009). 성품 좋은 아이로 키우는 부모의 말 한마디. 서울: 위즈덤하우스.
14　이영숙 (2005). 날마다 행복한 자녀대화법. 다은.

데 엄마를 쳐다보면서 "엄마, 4학년 때 나한테 뭐라고 했는 줄 알아?" 하고 물었다. 아버지가 교통사고를 당해 세상을 떠난 지 얼마 안 되었을 때, 엄마가 어린 딸에게 "이X아, 너 그 따위로 살 거면 차라리 네 아버지 무덤가에 가서 살아!"라고 말했는데, 딸은 그 말을 14년 가까이 기억하고 있었던 것이다. 어린 딸은 그 말에 큰 충격을 받아 그때부터는 엄마를 괴롭히는 생각과 말과 행동을 하기 시작했다. 엄마는 그 말을 듣고 강의에서 배운 대로 무릎을 꿇고 딸에게 용서를 구했다. 딸은 그날부터 명랑해지기 시작했고, 엄마와 함께 성품대화법 강의에 나왔다. 엄마는 딸이 고등학교를 졸업한 이후 처음으로 외출을 한 날이라며 기뻐했다.

성인이 되어도 타인과 친밀한 관계를 맺지 못하는 까닭은 말하는 법을 배우지 못했기 때문이다. "공부해라." 하는 말은 쉽게 내뱉고 또 듣지만, 정작 가족 간에 대화의 공통 주제가 사라지면서 몸만 성장한 사람들이 적지 않다. 우리나라 가정의 71% 정도는 엄마와 아빠 중 한 사람이 자녀교육에 참여하지 못하는 것으로 나타났다. 이런 가정의 자녀들은 고등학생 때가 되면 부모와의 대화가 더 닫히고, 성인이 되면 어른들과 대화하는 데 장애를 느끼게 된다.

성품대화법은 성인기의 중요한 과업인 친밀감 형성을 위해 대화의 문을 열어 준다는 측면에서 꼭 필요한 성품교육인 셈이다.[15]

➕ 성품대화학교(SCC : School of Character Communication)

성품대화학교는 좋은 성품의 대화를 실제적으로 가르치고 훈련하는 부모 · 교사를 위한 성품교육과정으로, 일반과정은 온라인과 오프라인 과정으로 나누어 진행된다.[16]

- **프로그램 개요** : 다른 사람의 생각, 마음, 행동을 수용하여 마음을 열고 친밀한 관계를 유지하도록 좋은 성품의 대화를 실제적으로 가르치고 훈련하는 프로그램이다.
- **교육목표** : 첫째, 가정이 성품을 가르치는 최초의 학교임을 이해하고 성품대화로 자녀의 좋은 성품을 계발한다. 둘째, 성품대화를 통해 발달 수준에 맞는 좋은 성품의 정의와 태도를 학생과 자녀에게 일깨운다. 셋째, 좋은 성품을 계발하여 가정과 공동체 안에서 건강하고 성공적인 관계를 맺게 한다. 넷째, 자신과 학생(자녀), 가정, 이웃과 사회를 좋은 성품으로 변화시키도록 훈련한다.
- **교육대상** : 좋은 성품의 학생과 자녀로 키우기 원하는 전국의 유 · 초 · 중 · 고 교사와 학부모(학교폭력에 노출된 가해자 및 피해자 교사와 학부모를 우대하는 것을 원칙으로 함)

---

15 이영숙 (2014). 한국형 12성품교육론. 서울: (도)좋은나무성품학교. 198-199, 230-232.
16 이영숙 (2010). 성품저널 VOL.1. (사)한국성품협회 한국성품학회. 68.

● **교육과정** : 성품대화학교(SCC)의 온라인 및 오프라인 교육과정은 각각 다음 〈표 4〉, 〈표 5〉와 같다.

◁ **표 4. 성품대화학교(SCC)의 온라인 교육과정**

단원	교육주제	교육내용
1	인성은 어떻게 만들어지는가?	인성은 어떻게 만들어지는가?
2		성품대화로 좋은 인성 키우기
3		이타적 인성의 결정적 요인
4		성품대화가 뭐지?
5		언어 인성교육의 시작(1)-공감인지능력을 높여라
6		언어 인성교육의 시작(2)-분별력을 높여라
7	존중으로 여는 성품대화	성품대화의 조건-존중하는 마음
8		성품대화의 조건-관찰하는 마음
9		성품대화의 조건-숨겨진 욕구를 찾는 마음
10		성품대화의 조건-요청하는 마음
11	성품대화로 소통하기	생각을 바꾸는 소통법-질문법
12		감정을 바꾸는 소통법-경청법
13		행동을 바꾸는 소통법(1)-긍정적인 피드백
14		행동을 바꾸는 소통법(2)-성품칭찬법
15		행동을 바꾸는 소통법(3)-성품훈계법
16	성품대화, 연령에 따라 다르게 적용하기	영유아기를 위한 성품대화, 어떻게 할까?
17		영유아기를 위한 성품대화 적용하기-이기적인 아이, 배려하는 아이로 바꾸는 성품대화
18		초등학생을 위한 성품대화, 어떻게 할까?
19		초등학생을 위한 성품대화 적용하기-무책임한 아이, 책임감 있는 아이로 바꾸는 성품대화
20		중학생을 위한 성품대화, 어떻게 할까?
21		중학생을 위한 성품대화 적용하기-우울한 학생, 협동하는 학생으로 바꾸는 성품대화
22		고등학생을 위한 성품대화, 어떻게 할까?
23		고등학생을 위한 성품대화 적용하기-폭발하는 학생, 예의 있는 학생으로 바꾸는 성품대화
24	가정에서 실천하는 성품대화	가정을 변화시키는 남편의 말 한마디
25		가정을 변화시키는 아내의 말 한마디
26	학교에서 실천하는 성품대화	동료 교사와의 관계를 변화시키는 교사의 말 한마디
27		학부모와의 관계를 변화시키는 교사의 말 한마디(1)

28	학교에서 실천하는 성품대화	학부모와의 관계를 변화시키는 교사의 말 한마디(2)
29	행복한 학교문화를 만드는 성품대화 핵심전략	성품대화의 10계명
30		행복한 교실을 만드는 10분 해피타임

〈 표 5. 성품대화학교(SCC)의 오프라인 교육과정

단원	교육주제	교육내용
1	성품교육이란 무엇인가?	• 성공의 뿌리가 되는 좋은 성품 • 성품의 정의와 특징 및 중요성 • 성품대화의 필요성
2	성품대화의 준비(1)	• 성품대화의 준비(존중하는 마음, 관찰하는 태도) • 익숙하게 사용하는 언어 유형 인식
3	성품대화의 준비(2)	• 성품대화의 준비(느낌과 욕구를 표현하는 마음, 요청하는 마음) • 언어를 통한 관계 맺기의 비밀(자녀에게 사랑의 편지 쓰기)
4	성품대화의 기술	• 성품대화의 기술(성품대화의 특별한 네 가지 기술) • 성품대화의 기술을 적용하여 자녀와 대화하기
5	성품대화를 통한 성품계발	• 좋은 인성을 키우는 좋은나무성품학교의 기본 덕목(공감인지능력/분별력)과 열두 가지 주제성품 • 좋은 성품으로 자녀와 대화하는 방법(경청, 긍정적인 태도, 배려, 책임감의 성품으로 대화하기)
6	연령별 발달수준에 맞는 성품대화법	• 연령별 특징의 이해와 연령에 따른 성품대화법 • 자녀에 대한 긍정적인 인식으로 자녀와 친밀한 관계 회복하기

- **교재** : 이영숙 박사의 성품대화법[17] 및 성품대화학교 워크북
- **실천적 적용** : (사)한국성품협회 및 좋은나무성품학교에서는 2010년부터 성품대화학교를 시작하여 2016년 현재까지 1,821명의 수료생들을 배출했다. 좋은나무평생교육원은 성품대화학교 지도자과정(성품대화전문가 1, 2급 자격증과정, 제2014-3848호)을 매 분기 개설하여, 소그룹에서 성품대화를 통해 좋은 인성을 키우도록 역량 있는 지도자를 양성하는 한편, 교육청 및 초중고 학부모-교원연수를 통해 좋은성품교육 확산에 앞장서고 있다.

---

17 이영숙 (2014). 이영숙 박사의 성품대화법. 서울: (도)좋은나무성품학교.

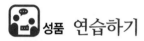

성품 연습하기

: 성품칭찬으로 대화하기 팁

- 말이 곧 그 사람의 인성이다. 성품대화란 "대화를 통하여 한 사람의 생각, 감정, 행동에 영향을 끼쳐 더 좋은 성품으로 표현되도록 돕는 대화"[18]이다.
- 성품칭찬은 행동을 바꾸는 성품대화의 기술이다. 아래와 같이 성품칭찬법을 사용해 보자.

성품칭찬법 1단계

칭찬할 성품의 정의를 말해 줍니다.

➡ "배려란 나와 다른 사람 그리고 환경에 대하여 사랑과 관심을 갖고 잘 관찰하여 보살펴 주는 것인데"

성품칭찬법 2단계

칭찬하고 싶은 행동을 구체적으로 설명해 줍니다.

➡ "네가 환경을 배려하는 마음으로 쓰레기를 분리해 버렸구나."

성품칭찬법 3단계

그 성품으로 인해 어떤 유익이 있었는지를 설명해 줍니다.

➡ "너의 그 배려하는 마음 덕분에 선생님 마음까지 깨끗해졌어. 참 고맙구나."

〈성품대화법〉[19] 중

성품 빛내기

: 배운 대로 적용만 했을 뿐인데!

성품대화학교를 수료한 어느 어머니의 이야기이다. 이 어머니는 아이들이 성장하면서 자기주장이 강해지고, 때로는 대들기도 하니 대화가 점점 더 어렵다는 생각을 했다. 이 때문에 성품대화학교를 수강했고, 강의에서 배운 성품대화법을 집에서 하나씩 적용하기만 했는데 효과가 나

---

18 이영숙 (2009). 성품 좋은 아이로 키우는 부모의 말 한마디. 서울: 위즈덤하우스.
19 이영숙 (2014). 이영숙 박사의 성품대화법. 서울: (도)좋은나무성품학교.

타나서 신기하고 좋았다고 한다. 물론 처음엔 많이 어색했다. 하지만 용기를 내어 조금씩 실천했더니 아이들도 "엄마가 원래 이렇지 않았는데, 달라졌네?" 하며 변화된 엄마의 모습을 좋아하게 되었다. 그런 아이들을 보면서 가는 말이 고우면 오는 말은 더 곱다는 걸 절감했다고 한다. 큰아이가 둘째를 괴롭힐 때 전에는 습관적으로 "너는 도대체 왜 그러니? 왜 동생을 괴롭히니?" 하고 말했는데, 성품대화법을 배운 뒤로는 "네 속상한 감정을 표현하기 위해서 꼭 동생을 때리는 방법을 선택해야 했을까?" 하고 아이 스스로 더 좋은 방법을 찾도록 질문했더니, 아이가 정말 더 좋은 생각, 감정, 행동을 선택하려고 하는 모습들이 늘어 가기 시작했다는 것이다. 성품대화학교에서 배운 대로 적용만 했을 뿐인데, 아이의 반응이 단번에 놀랍게 바뀌는 것을 경험하고 감사하고 뿌듯하고 기뻤다고 소감을 전했다.[20]

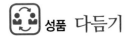 **성품 다듬기**

: 성인기

- 성장·발달을 완수하고 사회적 위치와 책임을 수행하는 시기로, 일반적으로 성인 전기(18~40세), 성인 중기(40~60세), 성인 후기(노년기, 60세~사망)로 구분한다.

- 성인기에는 가족, 직장, 지역사회에서의 고정적인 인간관계가 형성되며 이러한 대인관계에서 오는 심리적 안정감을 통해 좋은 인성을 키울 수 있다.

- 에릭슨이 주장한 성인기 주요 발달과업은 친밀감 유지로, 친밀감을 유지하지 못할 경우에는 주변인들과 어울리지 못하는 고립감을 갖게 된다. 또한 중년기 주요 발달과업은 생산성의 발달로, 생산성을 발달시키지 못할 경우 개인의 차원에만 머무는 자기 침체에 빠짐으로 인해 인생의 공허감을 느끼게 된다.

: 성인기를 위한 성품교육 중 성품대화는

다른 사람의 생각, 감정, 행동을 수용하여 마음을 열고 친밀한 관계를 유지하게 함으로써 좋은 인성을 계발하도록 한다.

---

20 좋은성품신문, 2014, "배운 대로 적용만 했을 뿐인데", (사)한국성품협회, 68호, 4면.

52강 성인기 특징과 성품교육-성품훈계

성품 생각하기

: 잔소리는 '나르시즘'의 분출이다?

코리아메디컬닷컴은 추석 명절을 앞둔 2009년 10월 2일 자 기사에서 '잔소리'의 무용론과 본질에 대해 다뤘다. 한 취업포털 사이트가 직장인 1,394명을 대상으로 설문 조사를 한 결과 명절 스트레스 요인 중에 결혼과 취업 등에 대한 잔소리가 32.3%로 3위에 뽑혔다. "꼭 아들 낳아라.", "올해에는 꼭 결혼해야지.", "얼마 번다고 맞벌이, 애나 잘 키우지." 이런 잔소리들이 정작 듣는 당사자들에게는 심각한 스트레스가 된다는 사실이다.

이 기사는 몇몇 전문가들의 코멘트를 인용했다. "사람은 흔히 충고라고 생각하면서 잔소리를 하지만 듣는 사람의 무의식을 건드려 갈등으로 빚어지곤 한다. 정신분석학과 뇌과학을 알면 잔소리와 이로 인한 갈등을 줄이는 데 도움이 될 것이다"(권준수, 서울대병원 신경정신과 교수).

"잔소리는 일종의 나르시시즘으로 '모든 사람은 내 생각에 맞춰야 한다'는 무의식의 결과이다. 옛 집단사회에서는 가깝다고 생각하면 남의 생활에 침투해도 된다는 의식이 있어 남과 나의 경계가 불분명했다. 그러나 현대사회는 개인주의 성향 때문에 자신의 경계를 지키고 싶어 하는 욕구가 강하므로 잔소리가 상대방의 방어본능을 촉발하는 것이다"(김혜남, 신경정신과 전문의).

특히 가족의 경우 '내 편'이라는 생각 때문에 쉽게 잔소리하는 경향이 크지만, 알고 보면 어릴 적 부모에 의해 자극이나 억압을 받은 것이 무의식의 세계에 저장되어 있으므로 부모의 한마디는 자칫 이것을 건드리게 되어 갈등으로 증폭될 가능성이 큰 셈이다.[21]

성품 꿈꾸기

1. 성품훈계의 의미를 이해할 수 있다.
2. 성품훈계의 중요성을 설명할 수 있다.
3. 성품훈계교육의 목표를 설명할 수 있다.

---

[21] 코리아메디컬닷컴. 2009. "잔소리는 나르시시즘의 분출?". 10월 2일.
http://news.naver.com/main/hotissue/read.nhn?mid=hot&sid1=103&cid=3118&iid=141889&oid=296&aid=0000004043&ptype=021

 성품 빚기

01. 성품훈계란

성품훈계란 "학생과 자녀가 좋은 성품으로 성공하는 삶을 살 수 있도록 가르치고 교정하고 훈련하는 교사와 부모로서의 노력"을 말한다.[22] 취직과 직장생활의 시작, 이성교제와 결혼 등이 성인기 중에서도 전기의 특징이라면 중기에 들어서면서부터는 부모로서 자녀양육에 대한 문제가 크게 대두된다. 그리고 이 문제는 자녀들이 실제로 가장 많은 시간을 보내고 가장 중요하게 생각하는 학교생활과 연계되어 있어서 교사와 학부모의 공동과제이기도 하다.

이영숙 박사의 12성품교육론은 자녀양육의 문제를 성품훈계법으로 접근한다. 과거에는 체벌 등으로 훈계할 수 있었으나 이제는 체벌을 훈계의 수단으로 사용할 수도 없고, 사용해서도 안 되는 문화로 사회가 변화되었다.

02. 성품훈계의 중요성

부모와 교사를 대상으로 바른 훈계법을 제시하는 성품훈계학교(SCD)는 자녀(학생)의 기질과 특성을 파악하여 자녀(학생)에 대한 바른 인식과 가치관을 갖게 하고, 훈계에 대한 구체적인 방법의 제시를 통해 부모와 자녀 간, 교사와 학생 간 올바른 관계를 형성하는 것을 목표로 한다. 많은 부모들은 아이의 감정이나 기분을 배려하지 않은 채 간섭하고, 잔소리하고, 지적해서 꾸짖는다. 문제는 이런 행동들을 좋은 엄마가 되기 위해, 내 아이가 혹시 세상에 나가 욕먹을까 봐, 좋은 의도로 하고 있다는 사실이다. 그러나 아이에게 비친 이런 엄마의 모습은 무섭고, 사납고, 엄할 뿐이다. 징계보다는 사랑받고 있다는 생각을 심어 줄 때 아이는 엄마의 훈계를 받아들이게 되고 상처도 덧나지 않는다.

특히 교사들에게 '훈계'라는 단어는 얼핏 징벌, 그러니까 징계와 처벌의 의미로 연결되기도 한다. 학교문화가 그동안 징벌위주의 교육시스템으로 운영되었기 때문인데, 학교의 본래 의미를 생각하면 시행착오가 허용되어야 한다는 점에서 처벌을 통한 훈계는 모순이라 볼 수도 있다.

성품훈계법은 이런 교육문화에 대한 일종의 대안인데, 교사와 학생 사이에 친밀감을 유지하면서 학생들을 가르치고, 교정하고, 훈련하기 위한 방법인 셈이다. 훈계의 책임은 가정의 영역이라고 생각할 수도 있지만 넓은 의미에서 훈계는 가정과 학교의 경계를 초월한다고 볼 수 있다. 동양의 전통적인 교육관으로 보더라도 학교는 가정의 연장선에 있고, 교사도 부모의 연장선에 있다. 게다가 학교의 위기로 여겨지는 다양한 문제점들 역시 이런 시각으로 접근할 때 해

---

22 이영숙 (2008). 성품 좋은 아이로 키우는 자녀훈계법. 서울: 두란노.

결될 가능성이 크다. 훈계는 틀림없이 처벌 또는 징계와 다른 선택으로 볼 수 있다. 훈계의 관심은 '어떻게 관심을 가지고 사랑할 수 있을까?'에 있다.

나쁜 습관이 나쁜 결과를 만든다는 점에서 훈계의 목적은 좋은 습관을 갖도록 돕는 데 있다. 지각 습관, 폭력 습관 등 모든 부정적인 습관에 대해 성품훈계법은 좋은 생각을 갖게 해 주고, 좋은 행동을 하도록 격려함으로써 좋은 습관을 형성해 주는 데 초점을 맞춘다. 좋은 습관은 좋은 성품으로 발전한다.

우리는 아이들이 문제를 일으킬 경우 대개 그 행위에 초점을 맞춰서 말한다. 또 아이들이 그 행위를 하게 된 동기나 변명은 묵살해 버린 채 다그치는 경우가 많다.

"네가 애를 때렸니?"

"네, 그런데 애가 먼저…."

"글쎄 때렸어? 안 때렸어? 그것만 말해!"

"때렸어요."

"때렸지? 그러면 네가 잘했니? 잘못했니?"

"잘못했어요."

"그러면 몇 대 맞아야겠니?"

이런 식의 대화가 이어진다. '왜 아이가 이런 행동을 했을까'를 알아보려고 하지 않는다. 아이들이 행동을 할 때는 분명히 그 뒤에 어떤 생각이 있고, 감정이 있다. 그것까지 알아야만 공평하게 훈계도 할 수 있고, 징계도 할 수 있다.

훈계는 바로 이 지점에서 아이의 생각과 감정을 끌어내 주고, 그것을 가지고 훈계한다. 훈계는 재발을 방지할 수 있는 계기를 마련하지만 훈계 없이 처벌에 무게중심을 둘 경우 또 다른 문제를 일으키게 되고 악순환을 일으킬 가능성이 크다.

훈계와 징벌의 차이점을 구체적으로 알아보면, 먼저 훈계는 교정과 성숙을 위해 학생과 자녀들의 바른 행동을 돕는 것이다. 사랑받고 있다는 안정감으로 세상을 자신 있게 살게 할 수 있도록 지원해 주는 방식이 훈계이다. 그러므로 훈계의 동기는 사랑이다. 훈계란 그러므로 이렇게 말하는 것이다.

"네가 어떻게 살아야 하는지에 대한 가이드라인을 내가 가르쳐 줄게."

가이드라인이란 사랑의 감정으로 내려 주는 일종의 지침으로, 말하자면 '이럴 때는 이렇게 해'라고 알려 주는 것이다. 가이드라인을 가진 사람은 훨씬 안정감이 있고 자신감을 갖는다. 그래서 가이드라인이 있는 사람과 없는 사람의 차이는 크다. 어떤 측면에서 징벌은 가이드라인을 만들어 주지 못함으로써 두려움과 죄책감을 갖게 한다.

: 03. 성품훈계교육의 실제

좋은나무성품학교가 청소년들과 함께 펼치는 '넌 특별해' 프로그램은 좋은 성품으로 학교문화를 바꾸기 위한 성품 캠페인의 일종이다.

'넌 특별해' 운동은 아이들에게 '어떻게 훈계를 할 것인가'에 대한 지침들을 줌으로써 아이들이 실수나 잘못을 통해 좋은 성품을 키울 수 있는 계기를 마련하려는 취지를 가지고 있다. 아이들은 이런 과정을 통해 자신의 실수를 뉘우치고, 책임감을 배우면서 변화되므로 성품훈계의 특별한 효과를 가져온다.

잘못된 훈계가 얼마나 큰 상처를 남기는지는 다음 사례를 통해서 잘 알 수 있다.

> **사례**　공황장애를 가진 여성인데 정신과 치료를 받던 중에 잊어버렸던 오래된 기억을 찾았다. 그녀에게 큰 상처를 준 기억은 초등학교 다닐 때였다. 하루는 선생님이 자신의 지갑을 도둑맞았다면서 학급 아이들에게 "모두 책상 위로 올라가!"라고 한 뒤 가방을 뒤졌다. 선생님은 자기 지갑을 아이들 중 누군가 훔쳤다고 확신했으나, 가방을 뒤져도 나오지 않자 갑자기 그녀를 지적하더니 "네가 훔쳐 갔잖아, 바른 대로 말해!"라고 말했다. 그녀는 훔치지 않았으므로 "선생님, 저는 안 가지고 갔어요."라고 말했지만 소용없었다. 그녀는 교탁 앞으로 불려 나갔고, "바른 대로 말할 때까지 밖을 보고 서 있어!"라는 지시에 따라 억울하게 서 있었다. 그때 그녀는 너무 억울하고 답답해서 죽고 싶은 심정이었다. 아이들은 의심의 눈초리로 그녀를 쳐다보았다. 자존심은 상할 대로 상했고, 그날 하루 종일 그녀는 운동장을 바라보며 서 있어야 했다. 쉬는 시간에 다른 친구들이 밖에 나가서 노는 모습을 바라보면서 교실에 서 있었던 것이다. 수업이 다 끝날 때까지도 "안 가져갔다"고 말하니 선생님은 "안되겠다"면서 이제 매질을 했다. 매질이 너무 고통스러워서 그녀는 "제가 훔쳤어요."라며 거짓말을 했다. 그녀는 여기까지 말하다가 의사 앞에서 통곡을 하면서 뒹굴었다고 한다. 그런데 이 일이 결국 자기 자신을 증오하게 만들었다. 훔치지 않았는데, 매질이 무서워 훔쳤다고 거짓말을 한 사실이 너무 고통스러웠다. 게다가 이 사실을 엄마에게 이야기했더니 엄마도 "선생님이 너를 괜히 의심했겠니? 이유가 있으니 그렇겠지."라고 말했고, 그렇게 말하는 엄마까지 미워졌다. 이런 고통이 상처가 되어 결국 공황장애로 이어졌던 것이다.

교사와 부모의 잘못된 훈계가 한 사람의 인생을 부정적으로 만들어 버린 셈이었다. 그러므로 부모와 교사들은 아주 작은 실수도 저지르지 않기 위해 아이들을 훈계하는 방법을 철저히 배워야 한다. 훈계는 기술이다. 다음과 같이 훈계의 단계를 알아야 한다.

훈계의 1단계 : 가르치는 단계

훈계의 2단계 : 가르침을 연습하는 단계

훈계의 3단계 : 교정과 보상의 단계

물론 교정방법도 연령에 따라 다르다. 성장단계에 따라 적절한 교정방법을 사용해야 아이들이 공정하게 대접받고, 적절한 교정을 할 수 있다. 잘된 교정은 오히려 잘못을 통해 더 좋은 생각, 감정, 행동을 할 수 있도록 이끌어 준다.[23]

✛ 성품훈계학교(SCD : School of Character Discipline)

성품훈계학교는 성품 좋은 학생과 자녀로 키우기 위한 바른 훈계법을 배우고, 교사와 부모가 학생과 자녀의 진로를 행복하게 열어 주도록 하는 역할 효능감 증진 교육이다. 일반과정은 온라인과 오프라인 과정으로 나누어 진행된다.[24]

- **프로그램 개요** : 학생과 자녀에 대한 바른 가치관과 인식을 심어 주고 훈계에 대한 구체적인 방법을 제시하여 부모 · 자녀, 교사 · 학생 간의 올바른 관계를 형성하도록 돕는 프로그램이다.
- **교육목표** : 첫째, 학생(자녀)의 기질과 특성을 파악하여 학생(자녀)에 대한 바른 가치관을 갖는다. 둘째, 학생(자녀)에 대한 바람직한 훈계법을 통해 관계를 회복하고 성공적인 학생(자녀)으로 가르칠 수 있도록 훈련한다. 셋째, 바람직한 훈계를 통하여 학생(자녀)을 좋은 성품으로 가르치도록 한다. 넷째, 자신과 학생(자녀), 가정, 이웃과 사회를 좋은 성품으로 변화시키도록 훈련한다.
- **교육대상** : 좋은 성품의 학생과 자녀로 키우기 원하는 전국의 유 · 초 · 중 · 고 교사와 학부모(학교폭력에 노출된 가해자 및 피해자 교사와 학부모를 우대하는 것을 원칙으로 함)
- **교육과정** : 성품훈계학교(SCD)의 온라인 및 오프라인 교육과정은 다음 〈표 6〉과 같다.

〈 표 6. 성품훈계학교(SCD)의 온라인 및 오프라인 교육과정

단원	교육주제
1	자녀란 누구입니까?
2	훈계란 무엇입니까?
3	훈계의 구체적인 기술

---

23 이영숙 (2014). 한국형 12성품교육론. 서울: (도)좋은나무성품학교. 199-200, 232-233.
24 이영숙 (2010). 성품저널 VOL.1. (사)한국성품협회 한국성품학회. 70.

4	교정과 보상에 대하여
5	좋은 성품으로 키우기 위한 다양한 자녀훈계법
6	훈계를 통한 관계 맺기의 행복

- **교재** : 성품 좋은 자녀로 키우는 자녀훈계법[25] 및 성품훈계학교 워크북
- **실천적 적용** : (사)한국성품협회 및 좋은나무성품학교에서는 2011년부터 성품훈계학교를 시작하여 2016년 현재까지 3,810명의 수료생들을 배출했다. 좋은나무평생교육원은 성품훈계학교 지도자과정(성품훈계전문가 1, 2급 자격증과정, 제2014-3850호)을 매 분기 개설하여, 소그룹에서 성품훈계를 통해 좋은 인성을 키우도록 역량 있는 지도자를 양성하는 한편, 교육청 및 초중고 학부모-교원연수를 통해 좋은성품교육 확산에 앞장서고 있다.

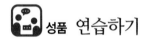 **성품 연습하기**

: 성품으로 훈계하기 팁

- 잘못된 훈계는 평생 상처가 된다. 성품훈계란 "학생과 자녀가 좋은 성품으로 성공하는 삶을 살 수 있도록 가르치고 교정하고 훈련하는 교사와 부모로서의 노력"[26]이다.
- 은연중에 우리는 자라면서 보아 왔고 받아 온 잘못된 훈계를 나의 학생과 자녀들에게 되풀이한다. 아래의 질문에 대한 자신의 경험을 적어 보고, 이야기를 나눠 보자.

> **나의 부모(스승)는**
>
> 내게 어떤 훈계를 했나요?
>
> **나는 지금**
>
> 어떻게 자녀(학생)를 훈계하고 있나요?
>
> **'잘못된 훈계'에**
>
> 대해 기억나는 이미지를 적어 보세요.
>
>
>
> 〈성품훈계학교 워크북〉[27] 중

25 이영숙 (2008). 성품 좋은 아이로 키우는 자녀훈계법. 서울: 두란노.

26 이영숙. op.cit.

27 이영숙 (2012). 성품훈계학교 워크북. 좋은나무평생교육원.

 **성품 빛내기**

: 경청만 잘해도 잔소리가 줄어듭니다

이영숙 박사의 12성품교육은 다양한 대상들에게 적용한 결과 다양하고, 재미있고, 효과적인 사례들이 많이 나타나는 데서 보람을 느낀다. 특별히 이 학부모 인성교육은 더욱 그렇다. 엄마 아빠들에게 성품교육을 하면 가정 분위기 자체가 바뀌는 모습들을 볼 수 있는데, 성품훈계학교를 수료한 한 어머니의 이야기도 그중 하나이다. 이분은 성품훈계학교가 있는 날은 설레는 마음으로 아침 시간을 준비한다. 오늘은 어떤 것을 배울까, 생각하면 기쁘고 기대가 된다고 했다. 이런 마음으로 강의를 들으니 결과도 좋았다. 실제로 강의 시간에 잘 경청하여 들은 내용을 집에 와서 남편과 아이들에게 적용했다. 칭찬해 주고, 관계 맺기 대화법을 사용하고, 잘 경청해 주니 어느새 가족들의 대화가 즐겁고, 잔소리는 줄었다. 신기한 것은 '성품'을 배우지 않은 남편이 '성품'을 배운 어머니보다 먼저 변화되기 시작한 것이다. 그저 좋은 성품의 말을 몇 마디 했을 뿐인데 남편은 말과 행동이 동시에 변했다. 아내가 남편의 말을 잘 경청하여 듣고, 반응해 주고, 마음을 알아주니 남편도 아내의 말은 물론이고 아이들의 말도 경청해 주면서 "그랬구나", "그래서 화가 많이 났구나" 하며 공감해 주고 위로해 주더라는 것이다. 이 어머니는 성품훈계학교에 참석하면서 내가 개선해야 할 점들이 뭘까, 생각해 봤다고 한다. 그랬더니 첫째, 자녀에게 "너 이거 하면 엄마가 저거 하게 해 줄게" 하고 조건을 달아 아이들을 교육한 것을 반성하며 고치자 다짐했고, 둘째는 "이러면 돼, 안 돼!"라고 윽박지르며 하는 말들을 더 이상 사용하지 말자고 다짐했다고 한다. 셋째는 부모의 긍정적이고 희망적인 가치관을 자주 들려주기로 다짐했다. 아이들이 어리니까 좀 더 크면 해야지 하고 미루어 온 것들을 이제 기회라는 생각이 들어 바로 실천하게 된 것이다. 이분의 소감을 접하니 이 가정이 앞으로도 더 좋은 성품의 행복한 가정이 될 것이라는 확신이 들었다.[28]

 성품 다듬기

: 성인기를 위한 성품교육 중 성품훈계는

- 학생과 자녀가 좋은 성품으로 성공하는 삶을 살 수 있도록 가르치고 교정하고 훈련하는 교사와 부모로서의 노력이다.[29]

---

28 이영숙 (2012). 성품, 향기 되어 날다. 서울: 좋은나무성품학교. 117-118.
29 이영숙 (2008). 성품 좋은 아이로 키우는 자녀훈계법. 서울: 두란노.

- 성품훈계를 통해 교사와 부모는 학생과 자녀들이 좋은 습관을 형성하게 함으로써 좋은 성품을 키우고 성품 좋은 지도자로 세울 수 있다.
- 성품훈계교육은 기질과 특성을 파악하여 학생과 자녀에 대한 올바른 가치관을 갖고, 바람직한 훈계법을 통해 관계를 회복하는 것을 목표로 한다.

53강 성인기 특징과 성품교육-성품이노베이션

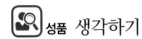 **성품 생각하기**

: '부부불화' 잦으면 자녀 얼굴에도 부정적이다?

영국 세인트앤드루스대 린다 부스로이드 박사 연구팀은 12세 이전에 부모가 이혼한 여성 90명과 부모가 헤어지지는 않았지만 불화가 계속된 가정에서 자란 여성 90명, 그리고 부모의 관계가 화목한 가정에서 성장한 여성 90명을 대상으로 사진을 찍고 그 사진을 특수 컴퓨터에 입력시켜 얼굴 색조와 뼈의 구조 등을 분석해 각 그룹별로 평균얼굴을 추출했다.

분석 결과는 놀랍게도 성장기에 부모 사이의 불화가 지속되는 가정에서 자란 여성의 얼굴은 여성적 매력이 없고 남성적 느낌을 주는 모습으로 변해 갔다. 특히 부모가 이혼한 경우보다, 헤어지지는 않으면서 불화가 지속되는 경우가 더욱 두드러진다는 사실이었다. 그러나 세 가지 조건 중 부모가 화목한 가정에서 자란 여성의 얼굴 모습이 가장 여성적일 뿐만 아니라 가장 매력적인 것으로 나타났다.

결국 이 연구의 결과는 부모의 불화와 이혼이 자녀들에게 주는 충격과 상처는 심리적 불안감이나 위축은 물론 외모에까지 영향을 미친다는 사실을 보여 준다.

이 연구 결과는 영국왕립학회회보에 게재된 내용을 매일경제가 2013년 8월 7일 자로 인용 보도했다.[30]

성품 꿈꾸기

1. 성품이노베이션의 의미를 이해할 수 있다.

---

30 매일경제. 2013. "부부불화 잦으면 자녀의 얼굴에 부정적인 영향?". 8월 7일.
http://news.naver.com/main/hotissue/read.nhn?mid=hot&sid1=103&cid=3118&iid=779277&oid=009&aid=0003010968&ptype=021

2. 성품이노베이션의 중요성을 설명할 수 있다.

3. 성품이노베이션교육의 목표를 설명할 수 있다.

성품 빚기

01. 성품이노베이션이란

성품이노베이션이란 "성품 좋은 성인이 되도록 개인의 성품을 진단하고 성품 상담 및 치유와 회복을 통해 좋은 생각, 감정, 행동을 선택하도록 성품을 변화시키는 것"이다.[31] 성인이 되면 배움으로부터 해방되었다는 생각을 하는 경우가 많다. 그래서 성인교육의 가장 어려운 점은 배움의 필요성을 깨닫게 하는 데 있다. 성인기의 성품교육 프로그램 가운데 하나인 '성품이노베이션'은 배움의 필요성을 깨닫지 못한 이에게 성품개혁, 성품변화, 성품변혁의 의미로 다가가는 교육프로그램이다. 새로운 배움에는 무관심하지만 이미 알고 있는 지식을 새롭게 바꾸고, 보완하고, 개혁하려는 데는 관심을 보인다.

8주 과정의 성품이노베이션 프로그램을 개발하면서 쓴 책이 나를 찾아 떠나는 여행, 성품[32]이다. 그래서 많은 독자들은 이 책을 통해 성품이노베이션 프로그램을 접하고 있다.

성품이노베이션 프로그램에는 무엇보다 자신의 성품을 진단하는 과정이 있고, 진단 결과에 따라 좋은 성품에 대한 기대감이 높아지는 모습이 나타난다. 자신의 생활과 환경을 좋은 성품으로 변화시켜 보려는 기대인 셈인데, 이런 측면에서 성품이노베이션 프로그램은 자기 자신뿐 아니라 주위의 많은 사람들에게까지 좋은 영향을 미치는 결과를 가져온다.

02. 성품이노베이션의 중요성

좋은 성품을 가진다는 것은 곧 나 자신의 본래 모습을 회복한다는 의미이다. 이에 대한 설명은 또 다른 측면이므로 생략하지만 중요한 것은 성품교육이 결국 자기 자신의 본래 모습을 찾기 위한 과정이어야 한다는 점에서 '나를 찾아 떠나는 여행'인 셈이다. 나쁜 기억과 아픈 상처로 인해 고약한 성품으로 바뀌게 된 나를 새롭게 회복하려는 노력이 성품이노베이션의 목적이다.

우리는 누구나 과거에 받은 거절의 경험으로 열등감이 생기고, 열등감이 심해지면 우울증세로 나타난다. 따라서 이런 과거의 경험들을 어떻게 통합시키느냐가 매우 중요하다. 좋은 멘토가 있어서 자신의 경험과 기질에 맞게 잘 통합시켜 줄 수 있으면 자기 자신은 물론 공동체를 위

---

31 이영숙 (2007). 나를 찾아 떠나는 여행, 성품. 서울: 두란노.

32 이영숙. op.cit.

해 기여하는 성품으로 재탄생할 수 있다.

그러나 이런 통합 과정이 잘 이뤄지지 않을 경우, 성인이 되었을 때 타인을 괴롭히거나 자기 자신을 괴롭히는 쪽으로 열등감이 표출된다. 타인을 괴롭히는 쪽은 누군가를 조종하려고 하거나, 반항하거나, 누군가의 영향력이나 심지어 목숨까지 해하려고 하는 등 반사회적 행동으로 나타난다. 자기 자신을 괴롭히는 쪽은 극단적으로 자살을 선택하기도 한다.

어린이들의 행복지수가 유난히 낮다든지, 청소년들의 자살률이 높게 나타나는 점, 또는 이혼율이 비정상적으로 높게 나타나는 현상은 지금 우리 사회가 앓고 있는 심각한 이상증후들이다. 그런데 이런 현상들은 따지고 보면 과거의 경험을 올바로 통합하는 데 실패하고 있을 뿐 아니라 그런 시도들을 엄두도 못 내고 있는 문제에 기인한다.

: 03. 성품이노베이션의 실제

성품이노베이션은 8주 또는 6주 프로그램으로 진행한다. 먼저 성품 진단을 통해 내가 어떤 사람인지를 확인한 뒤 어린 시절에 내가 겪은 상처를 발견함으로써 내적 치유의 과정을 밟으면서 좋은 성품을 갖는 단계로 나아간다.

우리 내면에는 자기 자신도 모르는 깊은 상처들이 자리하고 있는 경우가 많다. 이런 상처들은 억눌려 있거나 숨어 있지만 비슷한 사건들을 접하면 어렴풋이 과거의 기억들이 되살아나기도 한다. 우리는 내적 치유를 통해 이 상처들을 치유하고, 내가 어떤 사람인지 정확하게 인식함으로써 더 좋은 성품을 선택할 수 있게 된다. 또 부정적인 경험을 긍정의 경험으로 의식적으로 바꾸는 연습을 계속 해 나갈 수 있다. 성품이노베이션은 바로 이를 돕는 프로그램이다.[33]

다음 사례를 주목해 보자.

사례 1 　어느 날 초등학교에 다니는 아이를 둔 엄마가 상담을 요청했다. 이 엄마는 아이가 초등학교에 입학하던 날 이야기를 했다. 입학식을 마치고 나서 아들의 입학을 축하하기 위해 함께 어울려 다니는 또래 아이들의 엄마 몇 사람과 동네 분식점에 갔다. 입학식을 마친 아이들이 함께 테이블 하나를 가득 채우고, 엄마들끼리 또 테이블 하나를 채워 앉았다. 음식을 주문한 뒤 주방에서 요리를 하는 사이에 엄마들은 엄마들끼리, 아이들은 아이들끼리 서로의 테이블에서 왁자지껄 대화가 이어졌다. 그런데 이 엄마가 유난히 신경이 거슬리는 상황이 발생했다. 자기 아이가 또래 한 친구로부터 괴롭힘을 당하고 있었다. 말로 깐죽거리는가 하면 손찌검을 툭툭 해 대기도 했다. 그런데도 자기 아이는 아무 말도 못한 채 당하기만 했다. 계속 화를 참다가 무

---

33 이영숙 (2014). 한국형 12성품교육론. 서울: (도)좋은나무성품학교. 200, 233-234.

슨 생각이 불현듯 들자 이 엄마는 벌떡 일어나서 아이들의 테이블로 가서는 자기 아들의 **뺨**을 때리면서 "너 같은 애는 밥 안 먹어도 돼!" 하고는 손목을 잡고 식당을 나와 집으로 와 버렸다. 엄마로부터 **뺨**을 맞고, 식당에서 끌려 나온 아이는 충격을 받았는지 말도 못한 채 울었다고 한다. 겨우 7살이었다. 이 엄마는 아들의 **뺨**을 때릴 때 대체 무슨 생각을 한 것일까. 어릴 때 기억이 떠올랐다고 한다. 엄마는 어릴 때 동네 아이들로부터 왕따를 당했다. 아이들이 자기를 놀리는데 아무도 편을 들어 주는 사람이 없었다. 엄마 아빠는 아침 일찍 일터로 나갔고, 언니나 오빠도 없었다. 그때 기억이 떠올라 제 아들의 편을 들어 주겠다고 한 게 오히려 아들의 **뺨**을 때린 것이었다. 자신의 아픈 상처 때문에 7살짜리 아들을 때리면서 아이들의 싸움에 개입한 셈이었는데, 그때 아들이 상처를 받았을지, 엄마의 개입을 이해하고 상처를 안 받았을지 엄마는 도무지 알 수 없었다. 상처를 받은 게 틀림없으니 아이에게 용서를 구하라는 필자의 조언을 듣고, 엄마는 아들에게 용서를 구했다. 그러나 아들은 엄마의 이야기를 듣고도 그때 일을 모른다고 했다. 엄마는 아무래도 아들이 상처를 받지 않았구나, 생각이 되었으나, 필자는 다시 더 진심을 다해 용서를 구해 보라고 했다. 큰 충격을 받으면 우리 뇌는 오히려 방어기제가 작용해서 망각을 선택하기 때문이다. 엄마는 아들에게 다시 한 번 정중하게 용서를 구했다. "애야, 입학식 날… 너 기억나지? 엄마가 사실은 그때 너무 몰랐다. 엄마도 어릴 때 그런 일이 있었는데 아무도 엄마 편을 들어 주는 사람이 없었거든. 그래서 엄마는 네 편을 들어 주고 싶었는데… 그게 너에게 상처를 줄 줄 몰랐어. 엄마가 잘못했어. 용서해 다오." 그러자 아이가 벌떡 일어나 마포걸레자루를 가져오더니 땅바닥에다 마구 두들겨 패면서 엉엉 울었다. 아이는 큰 상처를 받았던 것이고, 충격에서 벗어나고자 잊어버린 셈이었다. 그런 아이를 안고 엄마도 엉엉 울면서 용서를 빌었다.

우리 뇌는 큰 충격을 받으면 이 정서가 사라지는 게 아니라 뇌 깊숙한 곳에 평생 저장한다. 문제는 이렇게 저장된 상처들이 인간관계에 걸림돌이 되어 사람들을 피하거나, 두려움을 느끼는 식으로 자기를 방어하는데, 이것이 이상성격으로 나타난다는 점이다. 좋은 성품을 선택하기 위해서는 이런 부정의 경험을 긍정의 경험으로 바꾸는 작업을 꾸준히 해 나가야 한다. 실제로 이런 노력을 통해 내적 치유를 경험하게 되면 더 좋은 성품의 사람으로 우뚝 설 수 있다.

또 하나의 사례를 살펴보자.

사례 2　　그는 박사과정에서 공부하던 중에 다음과 같이 어릴 때의 기억을 떠올렸다. "나는 어릴 때 외롭게 자랐습니다. 초등학교 졸업식 날이 잊히지 않아요. 다른 친구들은 엄마 아빠로부터 꽃다발을 받아 들고 사진을 찍는데 나는 아무도 와 주지 않았어요. 다들 점심식사를 하기 위해 식당으로 가는데 나는 빈 학교에 덩그러니 혼자 남았습니다. 너무 외롭고 쓸쓸하고 고독하던 기억이 아직도 느껴지는 것 같아요." 그는 지금도 여러 사람들이 와글와글 모이는 곳에는 가고 싶어 하지 않는다. 오히려 혼자 있을 때가 편안하여 다른 사람과의 만남을 피하게 된다고 말했다. 그때의 부정적인 경험을 긍정적인 경험들로 바꿔 보면 어떻겠느냐, 제안하여 의도적으로 그런 자리를 만들었다. 그를 위해 축복의 노래를 불러 주고, 함께 음식점으로 가서 식사를 하고, 그를 가운데 세워 사진도 찍었다. 이런 시간을 보낸 뒤 소감을 물었더니 이렇게 대답했다. "어둡던 기억이 밝아진 것 같아요. 고독하거나 외롭지 않아요. 나도 환영받을 수 있구나 하는 생각이 들어 놀랐습니다. 자신감이 생기고 많은 사람들이 모이는 곳에 가도 두렵지 않아요."

우리는 사실 누구랄 것도 없이 얼마나 소중한 사람들인가. 그런데 소중하다는 느낌을 주는 사람들은 주변 사람들이니, 우리가 함께 도움을 줘야 한다.

"너는 참 소중하고, 사랑받을 만하고, 우리는 너를 축하해 주고 싶어."

이렇게 말하고 섬겨 줄 때 그는 비로소 자신이 소중하다는 느낌으로 충만해진다. 자신에 대한 인식이 달라지면서 '내가 소중한 사람이구나! 나도 꼭 필요한 사람이구나!' 하고 느끼게 된다. 이런 자기인식을 통해 비로소 좋은 성품을 선택하게 된다.

하지만 누군가 이렇게 다가오도록 기다릴 수만은 없으니 스스로 자기 자신을 존중하고, 사랑스런 존재로 바라보아야 한다. 다른 사람이 알아 주기 전에 나를 향해 이렇게 말해 줘야 한다.

"너는 참 기특하고, 대견하단다. 지금까지도 참 잘해 왔고, 앞으로도 잘할 수 있을 거야."

이렇게 나의 생각, 감정, 행동을 더 좋은 것으로 바꿔 가야 한다.

부정적인 경험이 가져다준 상처로 인해 고집스럽고, 융통성 없는 사람이 되어 버리면 내가 경험한 것만이 전부라고 생각한다. 쉽게 이상향에 치우치고, 편협적이며, 현실을 긍정하지 못한다. 다른 사람으로부터 사랑받지 못한 경험이 다른 사람에게 고통을 주게 만든다. 좋은 성품을 가진 사람이 다른 사람에게 행복감을 주는 것과는 정반대이다. 이들은 중독에 빠지기 쉬워서 마약, 폭행, 게임, 도박, 알코올 등에 빠진다.

성품교육은 우선 자가진단을 통해 이것을 풀어내는 작업을 한다. 또 좋은 행동으로 대체하기 위해 노력한다. 적지 않은 시간이 걸리지만 성품교육을 통해 좋은 생각, 좋은 감정, 좋은 행동을 꾸준히 선택함으로써 삶의 변화에 이를 수 있다.

불평과 불만에 가득 찬 성품을 감사의 성품으로 대체하고, 기쁨의 성품으로 내가 어떤 사람인지 발견해 나간다. 긍정적인 태도의 성품으로 내가 얼마나 소중한 사람인지를 알고 나를 사랑하기 시작한다. 책임감과 절제의 성품으로 배우자, 자녀와 좋은 관계를 맺고, 지혜와 창의성의 성품으로 하나뿐인 독특한 자녀의 성장을 위해 양육의 시간을 보낸다. 또 배려와 경청의 성품으로 세상을 향해 친절하고 따뜻한 마음을 펼쳐 보인다.

그래서 성품이노베이션은 나를 찾아 떠나는 여행이다.

✚ 성품이노베이션(SCI : School of Character Innovation)

성품이노베이션은 스스로의 성품을 진단하고 힐링 집중교육을 통해 인성을 계발하는 자가진단 –힐링 프로그램이다.[34]

- **프로그램 개요** : 나와 자녀, 가정과 이웃을 행복하게 만들어 갈 좋은 성품의 성인이 되도록 나를 찾아 여행을 떠나는 치유와 회복의 프로그램이다.
- **교육목표** : 첫째, 성품치유 프로그램을 통해 나쁜 성품의 원인을 찾고 자신 안에 있는 좋은 성품을 발견한다. 둘째, 내면의 상처를 치유하고 건강한 삶을 세워 간다. 셋째, 좋은 성품을 계발하여 가정과 공동체 안에서 건강하고 성공적인 관계를 맺게 한다. 넷째, 자신과 학생(자녀), 가정, 이웃과 사회를 좋은 성품으로 변화시키도록 훈련한다.
- **교육대상** : 좋은 인성의 교사(부모)가 되기 원하는 유ㆍ초ㆍ중ㆍ고 교사와 학부모(학교폭력에 노출된 가해자 및 피해자 교사와 학부모를 우대하는 것을 원칙으로 함)
- **교육과정** : 성품이노베이션(SCI)의 오프라인 교육과정은 다음 〈표 7〉과 같다.

< 표 7. 성품이노베이션(SCI)의 오프라인 교육과정

단원	교육주제
1	성품으로 새롭게 시작하기-감사
2	성품으로 나를 찾아 떠나기-기쁨
3	성품으로 나를 사랑하기-긍정적인 태도
4	성품으로 배우자 사랑하기-인내, 책임감, 절제
5	성품으로 자녀 사랑하기-순종, 지혜, 창의성
6	성품으로 세상을 향해 나아가기-배려, 경청

- **교재** : 나를 찾아 떠나는 여행, 성품[35] 및 성품이노베이션 워크북
- **실천적 적용** : (사)한국성품협회 및 좋은나무성품학교에서는 2007년부터 성품이노베이션을 시작하여 2016년 현재까지 2,217명의 수료생들을 배출했다. 좋은나무평생교육원은 성품이노베이션 지도자과정(성품이노베이션전문가 1, 2급 자격증과정, 제2014-3822호)을 매 분기 개설하여, 소그룹에서 성품이노베이션을 통해 좋은 인성을 키우도록 역량 있는 지도자를 양성하는 한편, 교육청 및 초중고 학부모-교원연수를 통해 좋은성품교육 확산에 앞장서고 있다.

---

[34] 이영숙 (2010). 성품저널 VOL.1. (사)한국성품협회 한국성품학회. 69.
[35] 이영숙 (2007). 나를 찾아 떠나는 여행. 성품. 서울: 두란노.

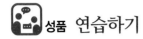성품 연습하기

: 성품으로 나를 찾아 떠나는 기쁨의 여행 팁

- 습관이 이미 굳어진 어른이 자신의 성품을 변화시키고 좋은 성품을 소유하려면 뼈를 깎는 노력, 즉 '개혁'이 필요하다. 성품이노베이션이란 "성품 좋은 성인이 되도록 개인의 성품을 진단하고 성품 상담 및 치유와 회복을 통해 좋은 생각, 감정, 행동을 선택하도록 성품을 변화시키는 것"[36]이다.
- 나 자신을 사랑하는 것이 가장 큰 기쁨이다. 나의 장점 다섯 가지를 적고, 내 성품을 발견해 보자.

OO의 첫 번째 장점은,

➡

OO의 두 번째 장점은,

➡

OO의 세 번째 장점은,

➡

OO의 네 번째 장점은,

➡

OO의 다섯 번째 장점은,

➡

〈성품이노베이션 워크북〉[37] 중

---

36 이영숙 (2007). 나를 찾아 떠나는 여행, 성품. 서울: 두란노.
37 이영숙 (2008). 성품이노베이션 워크북. 좋은나무평생교육원.

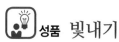 성품 **빛내기**

: 포기하고 싶었던 순간을 행복으로 바꿔 준 부모성품이노베이션

자녀를 키우면서 고생하지 않은 부모가 어디 있을까. 누구나 그러하듯 지금 소개하는 한 어머니 역시 중학교 아이들을 키우면서 답답한 순간들이 많았다고 한다. '왜 내 자녀만 유독 이렇게 엇나가고 힘들게 할까?' 이런 생각을 참 많이 하고 키웠단다. 내 자녀인데, 자식을 향해 원망하고 불평하는 부모의 마음이 오죽하겠는가. 그런데 이분이 성품이노베이션 과정에 참가하면서 이런 불평 또한 결국은 부모인 자신의 나쁜 성품 때문이라는 사실을 발견했다고 한다. 내 안의 상처들이 아이들을 얼마나 힘들고 지치게 했는지 순간순간을 돌아보게 된 것이다. 부모의 성품이 자녀에게 흘러간다는 사실을 알고 난 뒤로 이분은 말썽만 부린다며 몰아세운 아이들을 거울삼아 부모로서의 성품을 생각해 볼 수 있었다. 감사하게도 성품이노베이션에 참여하는 분들은 대개 지금까지의 많은 문제들이 사실은 '내 탓'이라는 사실에 눈을 뜨게 된다. 그리고 나면 남편과 특히 포기하고 싶었던 아이들에 대해 사랑하고 감사하는 마음이 생긴다. 가정이 변화되고 본인의 삶도 치유되는 것이다. 이분은 소감문의 마지막을 이렇게 마무리했다. "아이들이 나를 보며 함박웃음을 짓고 있는 지금 가장 행복하다."[38]

 성품 **다듬기**

: 성인기를 위한 성품교육 중 성품이노베이션은

- 성품 좋은 성인이 되도록 개인의 성품을 진단하고 성품 상담 및 치유와 회복을 통해 좋은 생각, 감정, 행동을 선택하도록 성품을 변화시키는 것이다.[39]
- 성품이노베이션을 통해 상처받은 내면 아이의 모습을 치유하고 인간관계에서 나타나는 문제의 근본 원인을 해결할 수 있다.
- 성품이노베이션교육은 자신의 나쁜 성품의 원인을 찾고 좋은 성품을 계발함으로써 가정과 공동체 안에서 건강하고 성공적인 관계를 맺는 것을 목표로 한다.

---

38 이영숙 (2011). 한국형 12성품교육론. 서울: 좋은나무성품학교. 213.
39 이영숙 (2007). 나를 찾아 떠나는 여행. 성품. 서울: 두란노.

제1장
제2장
제3장
제4장
제5장
제6장
제7장
+
제8장
제9장
제10장
+
제11장
제12장
+
제13장

54강 성인기 특징과 성품교육 - 아버지 성품교육

성품 생각하기

: '가정적인 남성'이 진짜 남자!

성균관대 삼성서울병원 비뇨기과 이성원 교수팀은 25~75세 남성 1,998명을 대상으로 남자를 남자답게 만드는 것과 삶의 질을 더 낮게 하는 요소 등에 대한 설문조사를 실시했다.

그 결과는 다음과 같았다.

남자를 남자답게 만드는 요소	삶의 질을 더 낮게 만드는 요소
가정적인 사람이 되기 : 19.3% 자신의 삶 잘 조절하기 : 18.4% 좋은 여성을 만나기 : 14.2%	화목한 가정 : 49.2% 좋은 건강 유지 : 28.3%

이 연구 결과는 대한비뇨기과학회지(*Korean Journal of Urology*) 11월호에 발표됐고, 코리아메디컬닷컴이 2009년 11월 23일 자로 보도했다.

이 기사는 유럽과 다른 아시아 국가에서 생각하는 남성다움의 요소가 우리나라의 경우와 차이가 있는데, 유럽의 남성은 명예로운 남성으로 보이는 것, 자신의 삶을 잘 조절하는 것이 남성다움에 가장 많이 필요하다고 생각했고, 다른 아시아 남성은 좋은 직업을 가지는 것, 명예로운 남성으로 보이는 것이 중요하다고 생각했다. 반면 한국 남성은 유럽과 다른 아시아 남성에 비해 가정의 생활을 남성다움과 삶의 질에서 가장 중요하게 생각했다고 연구진은 밝혔다.[40]

한편 동아일보 2013년 4월 26일 자 기사는 아이를 훌륭하게 키우려면 '프렌디'가 될 것을 제안하고 있다. 즉 아이를 잘 키우려면 아빠의 역할이 중요한데, '프렌디' 곧 친구 같은 아빠가 돼야 아이들을 훌륭하게 키울 수 있다는 것이다. 여기서 '프렌디(Friendy = Friend+Daddy)'라는 단어는 친구와 아빠의 합성어인 셈이다.

브루스 엘리스 미국 밴더빌트대 연구팀이 여자아이 173명을 대상으로 유치원 입학 전부터 중학교 1학년까지 추적 조사를 했더니 초기 5년 동안 아빠와 사이가 좋고 친하게 지내는 여자아이일수록 사춘기가 늦었고, 아빠가 없거나 양육에 참여하지 않는 가정의 여자아이는 사춘기

---

40 코리아메디컬닷컴. 2009. "가정 잘 챙기는 사람이 진짜 남자". 11월 23일.
    http://news.naver.com/main/hotissue/read.nhn?mid=hot&sid1=103&cid=3118&iid=153982&oid=296&aid=0000004580&ptype=021

가 빨랐다고 한다. 즉 아빠와 많은 시간을 보낸 아이일수록 지능지수도 높고 사회적으로 출세할 가능성이 크다는 것이다.[41]

성품 꿈꾸기

1. 아버지 성품교육의 의미를 이해할 수 있다.
2. 아버지 성품교육의 중요성을 설명할 수 있다.
3. 아버지 성품교육의 목표를 설명할 수 있다.

성품 빚기

:01. 아버지 성품교육이란

아버지 역할의 부재 시대라고 말한다. 아버지가 우리 사회의 중요한 구성원이라는 점에서 좋은 성품의 아버지는 가정, 직장, 지역사회 등에서 좋은 성품의 세계를 펼쳐 내는 주인공으로 기여한다. 그러므로 아버지 성품교육이 곧 대한민국 인성교육인 셈이다.

그러나 현실은 대부분 여성들 곧 어머니를 대상으로 한 성품교육이 이뤄지고 있다. 이런 점을 감안해서 사단법인 한국성품협회는 아버지들을 위한 '파파스쿨' 프로그램을 별도로 운영하면서 아버지들의 참여를 유도하고 있다.

아버지 성품교육이란, "좋은 성품의 아버지상을 정립하고 역할을 회복하여, 가정 내에서 신뢰받는 남편, 존경받는 아버지로 거듭날 수 있도록 지원하는 교육"이다.[42] 아버지 성품교육-파파스쿨을 운영하면서 느끼는 점은 아버지의 변화가 가져오는 파급력이 매우 크다는 사실이다. 이혼하거나 분가한 가정이 결합하는 일이 일어났다. 이처럼 '파파스쿨'은 부모인성교육 프로그램으로 매우 효과적이면서도 중요하다.

현대사회의 특징 하나가 아버지의 설 자리가 사라진 점이다. 아버지와 어머니의 역할 분담이 뚜렷했을 때는 아버지가 생계를 위해 일하느라 자리를 비웠으나 가정으로 돌아오면 아버지의 자리가 보장되었다. 그러나 지금은 맞벌이 부부의 수가 늘어나면서 아버지의 자리는 더욱 좁아졌다. 특히 평생직장 또는 정년퇴직 등의 개념이 희미해지면서 아버지의 직장생활이 가족의 생계를 책임지던 시대도 옛말이 되어 버렸다. 이에 따라 고용 불안에 시달리는 아버지, 정년 이전

---

41 동아일보. 2013년. "'친빠' … 아버지가 달라졌다". 4월 26일.http://news.joins.com/article/17056166
42 이영숙 (2010). 성품저널 VOL.1. (사)한국성품협회 한국성품학회. 71.

에 퇴직한 아버지가 늘어나면서 아버지의 자리는 더욱 코너로 몰리는 형편이다.

그러다 보니 가부장적 권위주의에 둘러싸여 보호받던 아버지의 자리는 점점 사라지고, 아버지의 역할을 수행하기 어려운 가정문화로 흘러가고 있다. 오히려 가장으로서의 무능함이 자기학대, 자기멸시 등으로 나타나면서 아버지의 우울증도 증가하는 추세다.

이에 따라 자살, 약물, 범죄 등에 노출되는 역기능현상들이 나타나고 있다. 결국 자기 기능을 건강하게 수행하지 못함으로써 가정의 위기를 부채질하고 있다. 아버지의 성품 위기가 자녀의 성품 위기로 나타난 것이 그런 사례이다. 아버지를 위한 성품교육은 이런 현실적인 요청에 따른 대안이기도 하다.

: 02. 아버지 성품교육의 중요성

아버지에 대한 이미지는 어떻게 그려질까?

어떤 사람에게는 아버지의 이미지가 성실하고 든든한 산처럼 보이기도 하고, 또 누군가에게는 외롭고 무기력한 섬처럼 보이기도 한다. 아버지에 대한 이미지는 아버지와 어머니, 또는 아버지와 자녀의 친밀감 형성에도 영향을 끼친다.

아버지에 대한 이미지가 어떻게 영향을 끼치는지 다음 사례를 통해 살펴볼 수 있다.

사례 1 "나는 막내가 중학교 2학년이 되면 이혼할 거야." A교수는 자주 필자에게 이런 말을 했다. 대체 이혼할 때를 정해 놓고 사는 데 무슨 사연이 있지 싶어서 하루는 작정을 하고 그 까닭을 물어보았다. "왜 그때 이혼하려고 해요?" "막내한테 너무 큰 충격을 주지 않으려고요. 중2쯤 되면 현실을 받아들일 수 있을 것 같아서요. 그때까지만 참고 남편에게 기회를 줘 볼 생각이에요." 필자는 A교수의 남편이 성실하고, 아내를 사랑하는 사람이라는 걸 잘 알고 있었다. "기회라뇨? 남편에게 뭔가 부족한 게 있어요?" "술을 마시니까요." 직장생활하다 보면 술을 마실 수도 있을 텐데 대체 남편이 술을 얼마나 마시기에 이혼까지 생각하나 의아했다. 그렇게 질문을 하기 시작했더니 결국 A교수는 자신의 어린 시절 이야기로 이어졌다. "6살, 7살 때 저는 날마다 술 취한 아버지를 찾아 술집으로 가야 했어요. 어머니는 해가 질 무렵이면 여지없이 아버지를 불러오라고 시켰거든요. 전 술집에서 얼큰하게 취한 아버지를 설득해서 술자리에서 일어서게 하려면 한참 동안을 기다려야 했죠. 그 왁자지껄한 술집의 풍경이 지겨웠어요. 더 괴로운 건 취한 아버지를 질질 끌다시피 해서 집으로 모셔오는 일인데 꼭 중간쯤 오면 길가에 대자로 뻗어 버리는 거예요. 그런 아버지를 보면서 얼마나 좌절을 했던지 전 결심하고 또 결심했어요. 나는 절대 엄마처럼 살지 않겠다. 대체 왜 이런 남자와 살아야 하는지 이해할 수 없었어요. 자식들에게 '얘들아 밥 먹자' 하고 말할 줄 아는, 책임감 있는 남자와 결혼하겠다고 생각한 거죠." 그러니까 A교수에게는 아버지의 이미지가 곧 남편의 이미지와 겹친 셈이었다. 남편이 술을 마시고 들어오면 자기도 모르게 남편을 발로 차서 고꾸라지게 만들기도 했다. 어디서 그런 힘이 나오는지 알 수 없었으나, 그녀는 술에 취한 남편이 너무 미웠다. 필자는 A교수와 여러 차례 상담을 했다. 문제는 그녀의 아버지에 대한 이미지이지, 남편이 아니었다. 어린 시절에 겪은 아버지의 이미지가 그녀에겐 결혼한 뒤까지 남아서 남편에게까지 아버지의 이미지로 대하게 되었던 것이다.

이처럼 우리는 나름의 '아버지상'이 있다. 아버지에 대한 이미지는 나와 직접 관계를 가진 이미지이기 때문에 다른 사람과 인간관계를 맺는 데 기초가 된다. 특히 A교수처럼 딸인 경우에는 아버지의 이미지가 남편에 대한 상으로 연결된다. 아들이라면 어머니와의 관계가 아내와 연결되는 것과 마찬가지다. 결국 이렇게 형성된 성품은 나 개인으로부터 비롯된 것이 아니라 가족 관계에서 만들어진 것이다.

이런 '아버지 됨' 곧 '파더링(fathering)'에 대해 인식함으로써 아버지를 어떻게 지원하고, 성품교육을 어떻게 해야 할지 도움을 받을 수 있다. 파더링은 가정에서 아버지의 역할과 기능 등을 의미하며, 이런 모든 것이 어우러져 형성된다. 그런데 우리 사회의 경우 이 파더링이 제 기능을 못함으로써 긍정적인 영향을 끼치지 못한 측면이 컸다.[43]

왜 우리 아버지들의 경우 이렇게 파더링 부재의 상황을 만들었을까? 문제는 파더링 부재가 악순환할 가능성이 크다는 것이다. 즉 아버지와 친밀감을 형성하지 못한 아들은, 다시 아버지가 되었을 때 아들과 어떻게 친밀감을 형성해야 할지 몰라서 다시 파더링 부재를 대물림하기 십상이다. 그러므로 이런 악순환의 고리를 끊어 내기 위해서라도 아버지 성품교육의 필요성이 시급하다.

03. 아버지 성품교육의 실제

다행히 파더링 곧 '아버지 됨'은 학습될 수 있다. 그런 점에서 아버지의 존재 자체가 파더링의 기초이자 전부일 수 있다는 희망이 생긴다. 아버지가 우리와 함께 있다는 사실만으로도 실은 중요한 아버지의 기능이 나타날 수 있는 셈이다.

다음 이야기 속에서 우리는 아버지의 존재가 주는 힘을 발견할 수 있다.

사례 2　B씨는 8살 때 아버지를 여의었다. 그가 성장하여 결혼한 뒤 아들을 낳았는데, 무척 곤란한 문제가 생겼다. B씨의 아내는 남편에게 "아이들과 좀 놀아 줘" 하고 말하는데 B씨는 아버지와 놀아 본 경험이 없으니 어떻게 놀아야 할지 몰랐다. B씨에게 아버지 역할을 해 준 사람

---

43 공진수 (2006). 아버지됨에 관한 연구. 장로회신학대학교 석사학위논문.

은 큰형이었다. 큰형은 동생에게 잘못을 발견하면 매질을 했다. 그러니 B씨가 아들에게 '놀아주는' 방식은 잘못을 발견하고 때리는 식이었다. 가족관계에 빨간불이 켜진 셈이다. 그러다가 B씨는 필자가 쓴 〈자녀훈계법〉을 읽으면서 아버지 수업을 받기 시작했다. 책에 나오는 대로 하나씩 실천했다. 그러던 어느 날 중2인 아들에게 "아빠에 대해 어떻게 생각해?" 하고 물었더니 "별로 좋은 아빠 아니죠! 그런데 요즘 좀 나아졌어요. 아빠가 이상한 책을 읽은 뒤로요"라고 말했다. B씨는 아들로부터 그 말을 듣고는 몇 시간씩 걸려서 직접 성품세미나에 참여하기 시작했다. 그러면서 아버지 됨의 성품을 하나씩 체득해 나가고 있다.

    아버지 성품교육은 파더링 부재의 악순환을 끊을 수 있는 대안이다. 아버지 됨의 기능은 자녀양육을 통해 나타난다. 아버지는 가정에서 인도자의 기능을 담당하면 유익하다. 때로 엄마에게 이 기능을 양도하는 경우도 있으나 보호자로서 아버지의 역할을 지킬 수 있도록 지원할 필요가 있다. 아버지로부터 안전하게 보호받지 못한 자녀들은 성장 후 인간관계의 어려움을 느끼는 경우가 많기 때문이다.

    아들의 경우 아버지를 통해 성역할정체감을 갖기도 한다. 즉 아버지 됨이 발현될수록 자녀들이 발달단계에 따라 핵심과제들을 잘 수행할 수 있으며, 건강한 성적 기능들도 익힐 수 있고, 인지발달과 학습능력 향상으로 이어짐으로써 긍정적인 성장이 이뤄진다.

    따라서 자녀양육에 있어서 아버지의 자리를 확보하고 아버지 됨을 발현하도록 해야 한다. 이를 위해 아버지를 위한 성품교육은 곧 자녀와의 친밀감을 회복시켜 주는 역할을 한다.[44]

✚ 성품파파스쿨(CPS : Character Papa School)

성품파파스쿨은 좋은 성품의 아버지상을 정립하고 역할을 회복하여, 가정 내에서 신뢰받는 남편, 존경받는 아버지로 거듭날 수 있도록 지원하는 아버지 성품교육프로그램이다.[45]

- **프로그램 개요** : 가정 안에서 성품 좋은 아버지의 영향력을 극대화하도록 정체성과 긍정적인 역할을 회복시키고, 좋은 성품으로 가정 내의 행복한 관계 맺기를 실현하도록 돕는 프로그램이다.
- **교육목표** : 첫째, 성품 좋은 아버지의 영향력을 알고, 올바른 아버지상을 정립할 수 있다. 둘째, 아버지와 함께하는 다양한 활동을 통해 좋은 성품의 의미와 중요성을 알고, 활동 속에서 실천할 수 있다. 셋째, 아버지와 자녀가 주제성품을 경험하는 활동을 통해 서로의 존재에 대해 감사하고, 좋은 성품으로 가족 간의 관계를 회복한다.

---

44 이영숙 (2014). 한국형 12성품교육론. 서울: (도)좋은나무성품학교. 200, 235-236.

45 이영숙 (2010). 성품저널 VOL.1. (사)한국성품협회 한국성품학회. 71.

- **교육대상** : 전국의 아버지 또는 아버지 역할을 담당하는 조부모와, 좋은 인성의 학생과 자녀로 키우기 원하는 유 · 초 · 중 · 고 교사와 학부모(학교폭력에 노출된 가해자 및 피해자 교사와 학부모를 우대하는 것을 원칙으로 함)
- **교육과정** : 3회 차 또는 1회 차의 두 가지 모형으로 진행되는 성품파파스쿨(CPS)의 오프라인 교육과정은 다음 〈표 8〉과 같다.

< 표 8. 성품파파스쿨(CPS)의 오프라인 교육과정

구분	교육주제
1회 차	인내의 성품으로 자녀 사랑하기
3회 차	감사의 성품으로 자녀관계 회복하기 책임감의 성품으로 부부관계 회복하기 기쁨으로 배려하는 행복한 가족 축제

- **교재** : 주제성품별 성품파파스쿨-아버지성품학교 워크북[46]
- **실천적 적용** : (사)한국성품협회 및 좋은나무성품학교에서는 2008년부터 성품파파스쿨을 시작하여 2016년 현재까지 2,834명의 수료생들을 배출하는 한편, 교육청 및 유초중고 학부모-교원연수를 통해 좋은성품교육 확산에 앞장서고 있다.

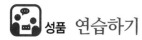 성품 연습하기

: 성품 좋은 아버지의 말 한마디 팁

- 아버지와의 친밀감이 자녀를 행복한 아이로 만든다. 아버지 성품교육이란 "좋은 성품의 아버지상을 정립하고 역할을 회복하여, 가정 내에서 신뢰받는 남편, 존경받는 아버지로 거듭날 수 있도록 지원하는 교육"[47]이다.
- 자녀에게 부성을 표현하는 연습을 해 보자. 매일, 짧은 시간이라도 자녀와 눈을 마주하고 웃어 주면서 좋은 성품을 표현해 보자.

46 이영숙 (2011~). 아버지 성품교육-파파스쿨 기쁨, 감사, 인내, 책임감 편. (도)좋은나무성품학교.
47 이영숙 (2010). 성품저널 VOL.1. (사)한국성품협회 한국성품학회. 71.

좋은 성품을 심어 주는 아빠의 말 한마디

"네가 아빠 아들이라는 사실만으로도 아빠는 무지 감사해!"

"네가 웃는 모습만 봐도 아빠는 온 세상을 다 얻은 기분이야!"

"너는 아빠의 힘이야! 너만 보면 아빠는 힘이 솟아나! 알지?"

"오전에 아빠가 정신없이 바빴지만 제시간에 일을 끝냈단다.

인내의 성품 덕분이야."

"우리 아들딸! 학교 다녀오느라 수고했다!

그게 책임감의 성품이란다. 사랑해!"

〈성품놀이〉[48] 중

 성품 빛내기

: 가정의 행복을 위해 아빠도 배웁니다

성품파파스쿨에 참가한 아빠들은 대개 자기 자신을 좋은 아빠, 좋은 남편으로 생각하고 왔다가 '아, 내가 잘못했구나'라는 사실을 비로소 깨닫는 경우가 많다. 다음 이야기도 성품파파스쿨을 수료한 어느 아빠의 이야기인데, 이분 역시 스스로 좋은 남편과 아빠였다고 생각한 모양이다. 그런데 강의를 들으면서 아내와 아이들에게 그동안 많은 상처를 준 것 같아 무척 미안하고 마음이 아팠다고 한다. 그는 결국 참회하는 마음으로 과정을 마쳤다. 물론 지금은 성품파파스쿨을 통해 알게 된 좋은 성품의 말을 가족들과 함께 사용하고 있고, 아내와의 관계에서 좋은 성품의 태도들을 하나하나 실천하고 있는데, 놀랍게도 가족 분위기가 예전과 완전히 달라졌다고 한다. 특히 경청의 태도를 공부하면서 상대가 누구든, 또 어떤 말이든 경청하는 습관을 가지게 되어서 상대방의 마음을 더 잘 이해할 수 있게 되었고, 존중하는 마음까지 생겼다는 것이다. 실제로 아내는 남편이 눈을 바라보며 웃는 얼굴로 고개를 끄덕이며 경청해 주니, 자신을 더 신뢰하는 남편으로 바라보게 되었고, 이렇게 온몸으로 경청을 하니 아내와 아이들, 직장 동료들과도 더 깊은 대화를 나눌 수 있어 대화가 즐거워졌다고 한다. 특히 이 집의 아이들은 성품교육을 받았는데, 아빠까지 성품교육을 받게 되면서 아이들과 대화가 더 잘 통하게 되었다. 성품 정의를 함께 나누며 일상의 소소한 감동을 나누다 보니 아이들도 아빠와 대화하는 것이 어

---

48 이영숙 (2016). 성품놀이. 서울: (도)좋은나무성품학교.

느새 무척 즐거워졌다고 한다. 그래서 자녀들이 좀 더 어렸을 때 성품교육을 받았더라면 얼마나 좋았을까 후회하기도 한다고, 다른 아빠들을 위해 당부 아닌 당부를 전했다.[49]

성품 다듬기

: 성인기를 위한 성품교육 중 아버지 성품교육은

- 좋은 성품의 아버지상을 정립하고 역할을 회복하여 가정 내에서 신뢰받는 남편, 존경받는 아버지로 거듭날 수 있도록 지원하는 교육이다.
- 아버지는 양육자, 보호자, 교육자, 정신적 지지자의 역할을 하며, 이러한 부성은 자녀의 인성발달에 직접적인 영향을 준다.
- 아버지 성품교육은 성품 좋은 아버지의 영향력을 알고, 올바른 아버지상을 정립하여 좋은 성품으로 가족 간의 관계를 회복하는 것을 목표로 한다.

55강 성인기 특징과 성품교육 – 여성성품리더십

성품 생각하기

: '웃는 여성'이 3년 더 젊게 보인다?

독일 베를린에 있는 막스플랑크 연구소 연구팀은 150명의 성인을 대상으로 1,000장의 사진을 보여 준 뒤 얼굴에서 나이를 추측해 보도록 했다. 그랬더니 무표정한 얼굴 표정을 한 사진에 대해서는 대개 정확하게 나이를 알아맞힌 반면, 행복한 표정을 한 얼굴에 대해서는 나이를 더 어리게 보았다.

실험 결과는 뚜렷했다. 웃는 얼굴, 곧 행복해 보이는 사람들의 얼굴은 그렇지 않은 사람들보다 어려 보인다는 사실이다. 연구팀은 표정이 나이를 젊게 한다고 결론을 내렸다. 특히 여성들의 웃는 얼굴은 효과가 더 커서 남성보다 3년 정도 젊어 보이는 것으로 나타났다. 또 깊고 진심 어린 웃음, 쾌활하고 얼굴 가득한 웃음일수록 효과는 더 크다고 밝혔다.

이 같은 사실은 심리와 노화(*Psychology and Aging*)지에 실렸고, 미국의 뉴스 전문 케이블 TV

49 이영숙 (2012). 성품, 향기 되어 날다. 서울: 좋은나무성품학교. 119-120.

MSNBC의 보도를 인용해 코리아메디컬닷컴이 2011년 11월 11일 자로 보도했다.[50]

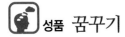 **성품 꿈꾸기**

1. 여성성품리더십교육의 의미를 이해할 수 있다.
2. 여성성품리더십교육의 중요성을 설명할 수 있다.
3. 여성성품리더십교육의 목표를 설명할 수 있다.

성품 빚기

01. 여성성품리더십교육이란

여성성품리더십교육이란 "좋은 성품으로 여성의 정체성과 비전을 회복하고, 행복한 세상으로 변화시키도록 돕는 여성을 위한 힐링과 행복의 치유 과정"이다. 세계적으로 명성이 자자한 한 외과의사의 이야기를 소개해 본다. 존스홉킨스대학병원 소아신경외과 과장인 벤 카슨(Ben Carson)은 '신의 손'으로 불리는 의사이다. 그에게 '신의 손'이라는 찬사를 붙여 준 일은 세계 최초의 샴쌍둥이 수술이었다. 샴쌍둥이는 몸이 붙어 있는 쌍둥이로 머리는 둘인데 몸은 하나인 경우이다. 1987년 벤 카슨은 22시간 동안 의사들을 이끌고 세계 최초로 샴쌍둥이 분리수술에 성공했고, 그 덕분에 파트릭 빈더와 벤저민 빈더 형제는 새로운 인생을 시작할 수 있었다.

벤 카슨은 예일의과대학을 졸업한 뒤 존스홉킨스대학병원의 과장이 되기까지 남다른 비결이 있었다. 그에게는 재산이 많거나 명예가 화려한 부모가 있었던 것도 아니어서 부모의 지원을 받지도 못했다. 오히려 벤은 홀어머니 슬하에서 자랐다. 벤의 아버지는 범죄를 저지르고 감옥에 수감되어 있었고, 벤의 엄마는 글씨조차 모르는 여인으로 파출부 생활을 하면서 두 아들을 양육했다. 어린 벤은 흑인빈민가의 가난한 불량소년에 불과했다.

존스홉킨스의 벤 카슨에게 기자들이 "선생님의 성공 비결은 무엇입니까?" 하고 물었을 때 그는 주저하지 않고 "저의 어머니 소냐 카슨 덕분입니다."라고 대답했다.

소냐 카슨은 고아원에서 외롭게 성장했다. 나이 많은 아저씨와 사랑하여 두 아이를 낳았으나 알고 보니 남편은 범죄자였고, 곧 수감되었다. 소냐는 파출부로 일하면서 아들을 키웠다. 엄마가 글씨를 몰랐으므로 벤은 5학년 때까지 책을 잘 읽지 못했다. 답답하게 여긴 담임선생님이 소녀에게 쪽지를 써서 벤이 학습지진아이니 대책을 마련하라고 다그쳤다. 소녀는 방법이 없었으므로 눈물과 한숨 속에서 시간만 보낼 뿐이었다. 아들은 흑인빈민굴에 살았고, 집 밖에선 총기사고가 끊이지 않았으므로 문을 잠그고 집 안에서만 지내게 했다. 그러니 학교에서 돌아온 아이들은 늘 TV만 보면서 온갖 좋지 않은 행동들을 배웠다.

소녀는 결심을 하고 아들이 더 이상 TV를 보지 못하게 했다. 그리고 학교 수업을 마친 뒤에는 무조건 도서관으로 갈 것을 명령했다. 그러나 글을 읽을 줄 모르는 아이들은 도서관에서 빈둥거릴 뿐이었다. 그 모습을 본 도서관의 사서가 책을 읽어 주기 시작했다. 그렇게 책을 읽기 시작하면서 벤의 학습태도는 일취월장했다.

하루는 선생님의 질문에 학급 아이들이 아무도 대답하지 못했지만 벤이 정확하게 대답했다. 도서관에서 읽은 책의 내용이었다. 선생님이 벤을 칭찬했고, 벤은 이 일로 자신감을 얻었다. 이때부터 벤은 공부에 몰두하였고, 결국 예일대를 졸업하고 존스홉킨스대학병원 과장에까지 올랐으며, 누구도 할 수 없을 것 같은 수술을 성공함으로써 고통 가운데 살던 사람들에게 희망을 선사했다. 벤의 어머니는 두 아들에게 언제나 이렇게 말했다고 한다. "크-게 생각하렴. 다른 사람이 할 수 있으면 너는 더 잘할 수 있단다!" 두 아들은 비록 물려받은 유산도 없었고, 교육환경도 불리했지만 어머니의 좋은 성품 덕분에 세상이 부러워하는 인물이 되었다.[51]

우리는 몇 년 전 두 아들과 함께 16층 아파트로 올라가서 투신자살한 비정한 어머니의 뉴스를 접했다. 이 동반자살 소식이 매스컴을 타고 전달되던 날 대한민국은 온통 집단 우울증을 앓는 것 같았다.

똑같이 절망적인 상황이었지만 한 어머니는 '크게 생각하라'며 그 환경을 뚫고 두 자녀를 훌륭하게 키웠으며, 또 다른 어머니는 두 아들의 미래가 어떻게 펼쳐질지 아직 아무것도 결정되지 않은 상황에서 비정한 동반자살을 선택했다. 두 어머니의 결정적인 차이는 무엇일까? 무엇이 '크게 생각하라'고 말하게 하고, 무엇이 동반자살의 길로 가게 했을까?

환경이 아니라 성품이다. 이 모든 차이의 답은 성품이다.

02. 여성성품리더십교육의 중요성

성품이 자녀를 성공으로 이끄는 어머니를 만들기도 하고, 죽음으로 이끄는 어머니를 만들기도 한다. 그리고 두 사례 모두 어머니의 영향력이 얼마나 지대한지를 알려 준다. 우리는 이를 여성성품리더십이라고 일컫는다.

---

51 Benjamin S. Carson. (2002). 크게 생각하라. 박인규 역. 알돌기획.

우리는 모두 자신만의 성품이 있다. 그리고 성품은 싫든 좋든 타인에게 영향을 준다. 특히 자녀들에게 끼치는 영향력은 그야말로 지대하다. 직장에도 영향력을 주고, 엘리베이터에서 만나는 사람에게도 영향력을 준다. 활짝 웃고 인사하면 기분이 좋아지고, 내가 뚱하게 찌푸리고 있으면 다른 사람도 우울해진다.

월터 C. 라이트는 리더십을 "한 사람이 다른 사람의 태도, 비전, 가치에 영향을 미칠 때 그들 사이에 형성되는 관계"라고 말한다. 같은 맥락에서 성품리더십이란 "한 사람의 성품이 다른 사람과의 관계 속에서 영향을 끼쳐 그 사람의 생각, 감정, 행동을 긍정적으로 변화시키는 영향력"이다. 그것은 한 사람의 탁월함이 아니라 관계 속에서 내가 어떤 영향력을 맺느냐의 문제이다. 리더십은 영향력을 갖기 때문에 어떤 리더십은 생명으로 이끌어 많은 사람들에게 행복을 선사하는가 하면, 어떤 리더십은 집단 우울증으로 세상을 몰아간다. 전자를 긍정의 리더십이라 하고 후자를 부정의 리더십이라 한다. 그리고 관계에서 형성되는 리더십의 성격상 어머니라는 존재의 중요성이 무엇보다 부각되며, 어머니의 리더십이야말로 가장 중요한 리더십이다.

우리는 소냐 카슨의 이야기를 통해 어떤 어머니를 가졌느냐에 따라 한 사회가 누리는 기쁨의 총량이 달라진다는 사실을 확인했다. 심지어 여성이 어떤 성품을 갖느냐에 따라 국가관도 달라진다. 왜냐하면 모든 여성은 어머니이기 때문이다. 생명을 낳고, 생명을 양육하는 사람이 어머니이다. 그리고 어머니의 인성이 곧 그 국가의 인성이라 해도 과언이 아니다.

소냐 카슨의 성품리더십은 이 말로 요약된다. "크-게 생각하렴. 다른 사람이 할 수 있으면 너는 더 잘할 수 있단다!" 그렇게 격려하면서 자녀들의 인성에 크게 기여한 것이다. 소냐 카슨처럼 자신의 삶을 창의성 있게 바라보고, 여성이라는 자기의 존재에 대한 가치를 깨달으며, 어머니의 사명에 반응하여 세상을 바라보기 시작하면 세상은 달라진다.

: 03. 여성성품리더십교육의 실제

이처럼 여성이 세상에 주는 영향력을 강조한 책이 **여성성품리더십**이다. 그리고 이영숙 박사의 12성품교육론에서는 어머니를 그 대상으로 하는 학부모 인성교육을 '여성성품리더십스쿨'이라는 프로그램으로 모두 12주 동안 진행된다. 그중 6주는 힐링코스이고, 6주는 행복코스이다.[52]

특히 6주 동안의 힐링코스는 성품치유과정이 포함되어 있어서 우울하던 감정에서 빠져나와 비로소 행복감을 느끼기 시작하는 단계이다. 이때 다루는 성품은 창의성의 리더십, 기쁨의 리더십, 순종의 리더십, 긍정적인 태도의 리더십, 감사의 리더십, 인내의 리더십 등이다.

---

52 이영숙 (2014). 한국형 12성품교육론. 서울: (도)좋은나무성품학교. 200-201, 236-238.

여성들이 자기용납을 하게 되면 '내가 엄마구나', '내가 여성이구나', '내가 참 중요한 사람이구나' 하는 인식이 생기고, 자기수용이 가능해진다. 그렇지 않을 경우 여성의 가치를 하락시키고, 부정적으로 생각하며, 스스로 여성이라는 제한을 두게 되어 피해의식 속에서 자녀를 양육할 수밖에 없다. 이렇게 자란 자녀들은 열등의식과 수치감 속에서 성장하게 되는 것이다.

행복코스 6주 동안에는 배려의 리더십, 지혜의 리더십, 절제의 리더십, 정직의 리더십, 책임감의 리더십, 경청의 리더십 등을 통해 자신의 삶을 어떻게 행복하게 가꿀 것인지, 나 자신뿐 아니라 주변 사람들을 어떻게 행복하게 만들 수 있을 것인지를 배우게 된다. 그럼으로써 좋은 성품을 가지게 되고, 좋은 성품으로 좋은 세상을 만들어 가는 기적이 일어난다.

✛ 여성성품리더십스쿨

여성성품리더십스쿨은 좋은 성품으로 여성의 정체성과 비전을 회복하고, 행복한 세상으로 변화시키도록 돕는 여성을 위한 힐링과 행복의 치유 프로그램이다.[53]

- **프로그램 개요** : 열두 가지 주제성품으로 여성의 정체성과 역할, 비전을 회복하고 가정과 세상에 여성으로서의 행복한 영향력을 끼치도록 돕는 프로그램이다.
- **교육목표** : 첫째, 여성의 근원적인 비전을 회복하고 여성으로서의 긍정적인 이미지를 발견한다. 둘째, 자기용납을 통해 억눌리고 부정적이었던 생각, 감정, 행동을 창조적으로 변화시킨다. 셋째, 열두 가지 주제성품의 긍정적인 영향력을 이해하고, 공감의 리더십, 분별의 리더십을 발휘한다. 넷째, 나와 가정, 세상을 행복하게 만드는 여성으로서의 역할을 이해하고 실천한다.
- **교육대상** : 성품리더십을 함양하고 싶은 전국의 모든 여성 교사 및 학부모
- **교육과정** : 여성성품리더십스쿨 힐링코스와 행복코스의 오프라인 교육과정은 다음 〈표 9〉와 같다.

〈 **표 9. 여성성품리더십스쿨의 힐링코스, 행복코스 오프라인 교육과정**

구분	단원	교육주제	교육내용
힐링코스	1	창의성의 리더십	여성의 탄생
	2	기쁨의 리더십	여성의 정체성과 리더십
	3	순종의 리더십	

제1장
제2장
제3장
제4장
제5장
제6장
제7장
✛
제8장
제9장
제10장
✛
제11장
제12장
✛
제13장

힐링코스	4	긍정적인 태도의 리더십	여성의 비밀
	5	감사의 리더십	
	6	인내의 리더십	여성의 역할
행복코스	1	배려의 리더십	
	2	지혜의 리더십	여성의 태도
	3	절제의 리더십	
	4	정직의 리더십	여성의 사명과 비전
	5	경청의 리더십	
	6	책임감의 리더십	세상을 향한 여성의 사랑

- **교재** : 여성성품리더십[54] 및 여성성품리더십스쿨 힐링코스 워크북, 행복코스 워크북
- **실천적 적용** : (사)한국성품협회 및 좋은나무성품학교에서는 2012년부터 여성성품리더십 스쿨을 시작하여 2016년 현재까지 203명의 수료생들을 배출하였고, 교육청 및 유·초· 중·고 학부모–교원연수를 통해 여성성품리더십교육을 통한 좋은성품 문화 확산에 앞장 서고 있다.

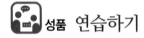 성품 연습하기

: 절제로 세우는 아름다운 가정 가꾸기 팁

- 여성에게는 관계를 파괴하기도 하고 풍성하게도 하는 영향력이 있다. 여성성품리더십교육 이란 "좋은 성품으로 여성의 정체성과 비전을 회복하고, 행복한 세상으로 변화시키도록 돕 는 여성을 위한 힐링과 행복의 치유 과정"[55]이다.
- 행복은 지금 나의 선택이다. 절제란 내가 하고 싶은 대로 하지 않고 꼭 해야 할 일을 하는 것 (좋은나무성품학교 정의)이다. 행복을 위해 어떤 선택을 하고 있는지 아래의 질문에 답해 보자.

> **당신은**
>
> ➡ 삶의 위기를 만났을 때 어떻게 반응하나요? '위기'라고 생각했을 때 내가 취한 행동들을 적 어 보세요.

---

54 이영숙 (2013). 여성성품리더십. 서울: 두란노.
55 이영숙. op.cit.

생활 속에서

➡ 절제하지 못해 가족들의 마음을 아프게 했던 일은 무엇인가요?

위기 속에서

➡ 내가 적용하고 싶은 좋은 성품의 모습은 무엇인가요?

〈여성성품리더십스쿨 행복코스 워크북〉[56] 중

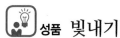 성품 **빛내기**

: 행복은 좋은 성품을 선택하는 것!

행복은 좋은 성품을 선택하는 것이다. 여성성품리더십스쿨을 수료한 한 분의 이야기는 그 사실을 잘 보여 준다. 이분은 30년 동안 '착한 아이', '잘 참는 아이', '거절하지 못하는 아이'라는 소리를 들으면서 살았다고 한다. 어린 시절을 어려운 형편에서 살다 보니 나까지 가정에 어려움이 되어선 안 된다는 생각을 해서 자기 자신은 잃어버린 채 남에게 '보이는 나'로 살았던 것이다. 힘들어도 힘들다고 말하지 않았다. 자신의 생각이나 의견은 말하지 않고 다른 가족의 의견을 따르는 게 배려라고 생각했다. 그리고 부모님 말씀을 무조건 순종하는 것이 자신이 해야 할 마땅한 일이라고 여겼다. 그런데 결혼을 하고, 아이를 낳고, 육아를 하면서 비로소 자기 내면의 어린아이와 현실의 내 아이가 갈등하는 문제를 마주하게 되었다. 성품교육을 받은 아이는 자신의 생각이 분명하고, 자신이 얼마나 소중한 존재인지 잘 알고 있었는데, 엄마는 그런 아이에게 순종하지 못한다고 혼내고, 이기적이라고 미워하고, 사소한 실수에도 화를 낸 것이다. 시간이 흐를수록 관계는 더욱 악화됐고, 온순하던 자신이 유독 아이에게만은 차갑고 무서운 사람으로 변하는 것을 보았다. 이분이 여성성품리더십스쿨 강의에 나왔고, 강의를 들으면서 그동안 자신이 스스로 한계를 정하고 나를 너무 쉽게 포기하며 살았다는 것을 알게 되었다. 그리고 자신을 가장 아프게 한 상처들에 대해, 그것은 결코 '내 잘못'이 아니므로 후회할 필요도, 더 이상 아파할 필요도 없다는 사실에 크게 위로를 받았다. 그리고 중요한 한 가지는, 자기를 용납하고 진정한 인격체로 자신의 삶을 사는 것이란 내용을 들으면서 이분도 드디어 자기를 용서하고 사랑해야겠다는 결심을 하게 된 것이다. 그렇다. 행복은 결국 지금의 내 선택에 달려 있다. 여성성품

56 이영숙 (2014). 여성성품리더십스쿨 행복코스 워크북. 좋은나무평생교육원.

리더십스쿨은 이분에게 바로 행복해질 수 있는 비결, '좋은 성품'을 깨닫게 해 준 것이다.[57]

🙂 성품 다듬기

: 성인기를 위한 성품교육 중 여성성품리더십 교육은

- 좋은 성품으로 여성의 정체성과 비전을 회복하고, 행복한 세상으로 변화시키도록 돕는 여성을 위한 힐링과 행복의 치유 과정이다.[58]
- 성품리더십이란 "한 사람의 성품이 다른 사람과의 관계 속에서 영향을 끼쳐 그 사람의 생각, 감정, 행동을 긍정적으로 변화시키는 영향력"으로,[59] 여성의 성품은 가정과 학교, 사회에 리더십을 발휘한다.
- 여성성품리더십교육은 여성으로서의 긍정적인 이미지를 발견하고, 열두 가지 좋은 성품을 통해 공감의 리더십과 분별의 리더십을 발휘함으로써 나와 가정, 세상을 행복하게 만드는 여성으로서의 역할을 이해하고 실천하는 것을 목표로 한다.

56강 노년기를 위한 성품교육

🔍 성품 생각하기

: 불필요한 정보 선별능력, '노인'들이 훨씬 뛰어나다?

미국 브라운대 타케오 와타나베 박사의 연구팀은 67~79세 사이의 실험참가자 10명, 19~30세 사이 실험참가자 10명을 대상으로 총 9일 동안 간단한 시각훈련을 시켰다. 연구팀은 4개의 글자와 2개의 숫자로 구성된 부호를 재빨리 연속적으로 보여 준 뒤 참가자들에게 해당 부호를 기록하도록 했다. 또 기호들 중에서 숫자 2개만을 골라 내게 했다. 이때 각 기호 뒤에는 움직이는 점을 배치해서 숫자를 분별해 내기 어렵도록 교란시켰다. 연구팀은 실험을 마친 뒤 그들이 숫자를 골라 내고 있을 때 배경의 점들은 어떤 방향으로 움직이고 있었는지 물었다.

연구팀이 훈련을 시작했을 때의 첫 점수와 훈련 마지막 점수를 비교한 결과, 나이가 든 사람

57 이영숙 (2014). 한국형 12성품교육론. 서울: 좋은나무성품학교. 297-298.
58 이영숙 (2013). 여성성품리더십. 서울: 두란노.
59 이영숙. op.cit.

과 젊은 사람 모두 실험기간 동안 숫자 2개를 구별해 내는 능력이 향상된 것으로 나타났다. 그리고 숫자와는 무관한 점들의 움직임 방향은 오히려 젊은 사람들보다 나이 든 사람들이 더 잘 분별해 냈다.

연구팀은 이 결과에 대해 이런 설명을 덧붙였다. 즉 사람의 뇌는 일반적으로 우리가 현재 하고 있는 작업과 관련이 없다고 판단되는 정보를 무시하고 걸러 내는 능력이 있다. 젊은 사람들은 숫자 2개를 가려내라는 명령에 집중했으므로 이와 무관한 점의 방향을 무시했다. 반면 나이가 든 사람들은 불필요한 정보를 선별하는 능력이 감퇴했으므로 오히려 점의 움직임까지 정보로 흡수해서 점의 방향을 기억했다.

결국 이 실험은 나이 든 사람들이 젊은 사람들보다 뛰어난 학습능력을 보이는 부분이 있다는 사실이다. 사실상 이런 결과는 노인이 시각적·지각적 학습능력 감퇴로 한꺼번에 많은 정보를 받아들이는 결과가 되어서 나타나는 현상이다. 대개 우리는 새로운 것을 배울 때 뇌에 이미 저장된 정보가 새로운 정보나 덜 중요한 정보로 교체될 위험이 있는데 노인의 경우 이러한 위험률이 적기 때문이다.

그러나 이 실험은 한편으로 시각적 정보를 통한 학습능력에 있어서 노인들이 젊은 사람들보다 오히려 뛰어난 인지능력을 보이는 부분도 있음을 보여 주는 것이다.

이 연구의 내용은 현대생물학(*Current Biology*)에 발표됐고, 코리아메디컬닷컴이 2014년 12월 2일 자로 인용 보도했다.[60]

성품 꿈꾸기

1. 노년기 교육의 중요성을 이해할 수 있다.
2. 노년기의 발달특성을 이해할 수 있다.
3. 노년기를 위한 성품교육의 특징을 설명할 수 있다.

성품 빚기

: 01. 노년기 교육의 중요성

고령사회로 들어서면서 노인복지 및 노년기의 삶에 대한 관심이 과거 어느 때보다 높아지고 있

---

60 코리아메디컬닷컴. 2014. "노인들 불필요한 정보 선별능력 훨씬 뛰어나". 12월 2일.
http://news.naver.com/main/hotissue/read.nhn?mid=hot&sid1=103&cid=3118&iid=997701&oid=296&aid=0000021295&ptype=021

다. 노년기 성품교육은 이런 시대적 관심사와 더불어 그 중요성도 커졌다.

노년기는 성인기 이후로 노화가 시작되는 50세 이후부터 죽음에 이르기까지의 시기를 말했으나 수명 연장과 더불어 노년시의 시작 시점을 60세 이후로 보는 시각이 많아졌다. 에릭슨은 54세 이후를 노년기로 잡았다.

노년기의 특징에 대해 말할 때 "국제노년학회 보고서(Report on 2nd International Conference of Gerontology)"가 1951년에 내놓은 다섯 가지 노인의 특징이 주로 언급된다.[61]

1. 환경 변화에 적절히 적응할 수 있는 자체조직의 결손으로 환경에 적응하지 못하며,
2. 자신을 통합하는 능력이 감퇴되고,
3. 인체기관 및 조직기능의 쇠퇴현상이 일어나며,
4. 생활에 적응력이 떨어져 정신적인 결손으로 이어지고,
5. 조직 및 기능 저하의 소모로 적응감퇴능력이 있는 사람

노인의 특징을 이렇게 볼 때 노년기의 연령은 유동적이며 과거에 비해 현재는 더욱 높아질 게 틀림없다.

⋮ 02. 노년기의 발달특성

에릭슨의 경우 노년기는 인생을 돌아보며 정리하는 시기라고 보았다. 즉 삶의 의미를 음미하고 이해하는 과제가 노년기에 잘 수행될 경우 삶의 통찰과 지혜를 얻게 되며, 따라서 이 시기에 수행해야 할 사회적 통합 과업은 '자아통합'이라고 규정했다. 즉 자기가 살아온 인생을 있는 그대로 받아들이고, 수용하고, 감사하는 시기인 셈이다. 이에 따르면 노년기의 핵심 성품은 감사일 것이다. 감사에 대한 12성품론의 정의 곧 "감사는 다른 사람이 나에게 어떤 도움이 되었는지 인정하고 말과 행동으로 고마움을 표현하는 것이다"와 의미상 잘 맞닿아 있다.

만약 자아통합을 이루는 데 실패하여, 살아온 인생에 대해 불만과 불평으로 바라보게 된다면 노년기의 고립으로 연결될 가능성이 크다. 자신이 살아온 인생을 스스로 수용하거나 용납할 수 없을 때 깊은 절망감이 오게 되고, 무력감에서 억울함까지 고통스러운 감정에서 헤어나기 어려워진다. 이렇게 될 때 노년기의 문제를 사회문제로 인식하여 공동의 관심사로 이끌어 낼 필요가 있다. 이 경우 사회는 노인들에 대해 오히려 한 시대를 살아오며 오늘을 있게 한 데 대한 존

---

61 한국노년학회 (2002). 노년학의 이해. 대영문화사.

재론적 감사를 보내야 할 것이다. 이러한 감사는 일종의 사회적 '오마주(hommage)'의 형태로 성숙한 사회의 단면을 이룰 수 있게 된다.

03. 노년기를 위한 성품교육의 실제

12성품교육론의 경우 노년기 성품교육을 '어르신 성품학교' 과정으로 두고 있다.

이 프로그램에 참석하는 노인들의 경우 가정과 사회에서 형성된 다양한 경험을 손자와 후세들을 위해 긍정적으로 활용할 수 있도록 돕는 내용이 포함되어 있다. 할아버지가 손자, 할머니가 손녀를 맡아 잠자리를 함께하면서 교육한다는 의미의 '격대교육(隔代敎育)'을 위해 '조부모 성품 격대교육' 프로그램을 마련하고 있다. 실제로 '조부모 성품 격대교육'을 통해 확인할 수 있는 사실은 조부모와 손자손녀 사이에는 성격과 기질 등에서 교육적 가능성이 매우 높다는 점이다. 조부모의 스토리텔링 방식 교육은 손자손녀에게 무엇보다 효과적인 교육기능을 갖는 것으로 나타났다.[62]

사단법인 한국성품협회가 보건복지부와 함께 진행한 '손자손녀 잘 키우기 프로젝트'의 경우 조부모들이 손자손녀의 좋은 버릇 만들기에 매우 깊은 관심을 가지고 있어서 '성품훈계법'을 통한 조부모 대상 성품교육의 필요성을 증대시켰다. 또한 사단법인 한국성품협회가 경북도청의 '할매할배의 날'[63] 정식 프로그램으로 진행한 '할매할배와 함께하는 행복通! 성품通! 소통通!' 및 '요요스쿨(소통해YO~! 할매할매YO~!)'은 어르신들의 건강과 웃음을 찾아드리고, 조부모들이 손자손녀와 즐겁게 소통하도록 다양한 문화 체험과 활동내용으로 구성돼 있다. 이 중 '할매할배와 함께하는 행복通! 성품通! 소통通!' 프로그램은 어르신들과 가정 및 지역공동체에 시니어 성품교육을 통한 긍정적 효과를 가져온 공로가 인정되어 2015 경상북도 도지사 표창장을 수상했다.

조부모가 자녀양육에 참여하게 될 때 가져올 유익은 다양하고 또 실제적이다. 맞벌이 부부의 증가로 말미암아 생겨난 자녀 돌봄의 빈자리를 메울 수 있다는 현실적인 부분 외에도 핵가족화로 나타나는 부작용을 줄일 수 있고, 노인들의 신체적, 정신적 건강에도 기여할 수 있는 측면이 크다.[64]

---

62 이영숙 (2014). 한국형 12성품교육론. 서울: (도)좋은나무성품학교. 201-203, 240-241.

63 '할매할배의 날'은 손자와 조부모 사이에 소통과 공감을 통해 가족공동체를 회복하려는 의도로 경북도청이 매월 마지막 토요일에 경북 내 경로당의 어르신들을 대상으로 개최한 사업이다.

64 이영숙 (2013). 성품저널 VOL.3. (사)한국성품협회 한국성품학회. 127.

✛ 할매할배와 함께하는 행복通! 성품通! 소통通!

할매할배와 함께하는 행복通! 성품通! 소통通!은 가정의 모범이 되는 조부모를 대상으로 성품교육을 통해 손주와의 소통 및 가족 간의 좋은 관계를 맺게 하는 시니어성품리더십 프로그램이다.

- **프로그램 개요** : '행복通'프로그램을 통해 조부모의 연령 특성에 맞는 활동으로 마음을 열게 하고, '성품通'프로그램을 통해 자신이 살아온 인생을 있는 그대로 의미 있게 받아들이며, 자신과 손주, 가족에게 좋은 성품을 표현하게 한다. '소통通'프로그램을 통해 감사의 성품과 성품대화를 실제적으로 체험하는 그룹별 활동을 진행한다.
- **교육목표** : 첫째, 조부모-손주와의 관계를 회복하고 소통에 필요한 방법과 기술을 익힌다. 둘째, 생활 속에서 건강과 웃음을 찾을 수 있는 실제적인 방법을 습득한다. 셋째, 좋은 성품으로 노년을 맞이하고, 손주에게 좋은 성품 및 바른 인성 함양을 도모한다. 넷째, 손주 세대를 이해함으로써 세대 격차를 해소한다.
- **교육대상** : 시니어성품리더십을 함양하고 싶은 전국의 모든 조부모
- **교육과정** : 할매할배와 함께하는 행복通! 성품通! 소통通!의 오프라인 교육과정은 다음 〈표 10〉과 같다.

< 표 10. 할매할배와 함께하는 행복通! 성품通! 소통通! 오프라인 교육과정

단원	교육주제	단원	교육주제
1	새로운 만남	9	손주와 통하는 기쁨 Talk
2	행복한 노년 즐기기	10	손주와 하는 통하는 배려 Talk
3	인생 되돌아보기	11	손주와 통하는 절제 Talk
4	관계 회복의 시작	12	손주와 통하는 순종 Talk
5	감사로 행복한 할매할배, 그리고 행복한 손주	13	손주와 통하는 지혜 Talk
6	할매할배가 전하는 감사의 메아리	14	손주의 마음을 사로잡는 특급 노하우(1)
7	행복한 손주를 키우는 말, 말, 말	15	손주의 마음을 사로잡는 특급 노하우(2)
8	행복한 손주를 위한 성품 칭찬	16	通! 通! 通! 페스티벌

- **교재** : 성품양아록[65]-할매할배와 함께하는 행복通! 성품通! 소통通! 워크북
- **실천적 적용** : (사)한국성품협회 및 좋은나무성품학교에서는 2015년 5월부터 10월까지 5개

---

[65] '성품양아록-손주에게 들려주는 할매할배의 이야기'는 (사)한국성품협회가 손주맞이 조부모 성품교육을 위해, 할매할배가 손주 세대 문화를 체험하고 이해하며 소통함으로써, 손주세대에 좋은 성품을 계승할 수 있도록 구성한 성품육아일기이다.

월 동안 경상북도와 협력하여 경상북도 관내 4개 마을 경로당에서 총 450여 명의 조부모들에게 할매할배와 함께하는 행복通! 성품通! 소통通! 프로그램을 실시했다.

✚ 요요스쿨(소통해YO~! 할매할배YO~!)

요요스쿨은 어르신과 손자녀 간의 소통을 위해 어르신 대상으로 손주세대의 문화 등을 교육하는 '손주맞이 조부모교육'프로그램이다.

- **프로그램 개요** : '소통해YO!'프로그램을 통해 할매할배 건강증진 및 손주와의 소통을 위한 성품행복체조, 힙합댄스 및 손자녀와의 휴대전화 소통법을 배운다. '할매할배YO!'프로그램을 통해 손주세대의 문화를 이해하고 소통하기 위한 놀이, 언어, 마술, 미술, 패션, 요리, 동화구연 등의 체험을 한다. 'YOYO미션!'프로그램을 통해 양아록을 활용하여 손주맞이 교육을 미션으로 수행하도록 전개한다.
- **교육목표** : 첫째, 할매할배가 손주세대의 문화를 이해하고 손주세대에 조부모세대의 문화를 거부감 없이 전달할 수 있도록 소통실천방안을 습득하여 세대 간 소통과 공감을 통해 가족공동체를 회복한다. 둘째, 할매할배 세대와 손주세대가 행복한 관계 맺기 및 자신 있는 소통을 통해 축적된 지혜와 인생 경험으로 가족 내 할매할배의 위치를 다지고 역할을 수행한다. 셋째, 감사의 태도로 자신이 살아온 삶을 돌아보며 삶의 의미를 찾아보고, 앞으로 건강한 미래를 설계하는 기회를 통해 자아존중감 및 성취감을 고취한다.
- **교육대상** : 시니어 시기의 좋은 성품을 함양하고 싶은 전국의 모든 조부모
- **교육과정** : 요요스쿨의 오프라인 교육과정은 다음 〈표 11〉과 같다.

< 표 11. 요요스쿨 오프라인 교육과정

단원	주제성품	교육주제
1	기쁨	소통해YO! 할매할배YO!
2		손주야 어서 와!(미술)
3		손주야 함께 놀자!(놀이)
4		손주랑 통하네!(언어)
5		손주야 신기하지!(마술)
6	감사	손주야 신나지!(음악)

7	감사	손주야 예쁘지!(패션)
8		우리 손주 최고!(미술)
9		손주야 힘내!(언어)
10		손주야 들어 봐!(동화구연)
11		졸업식 및 소통해YO! 할매할배YO! 페스티벌

- **교재** : 성품양아록 – 요요스쿨(소통해YO~! 할매할배YO~!) 워크북
- **실천적 적용** : (사)한국성품협회 및 좋은나무성품학교에서는 2016년 5월부터 12월까지 7개월 동안 경상북도와 협력하여 경상북도 관내 18개 마을 경로당에서 총 760여 명의 조부모들에게 할매할배와 함께하는 요요스쿨을 실시한다. 또한 좋은나무평생교육원은 시니어성품교육지도사과정(시니어character교육지도사 1, 2급 자격증과정, 제2015-006168호)을 매 분기 개설하여, 소그룹에서 시니어성품교육과정을 통해 좋은 인성을 키우도록 역량 있는 지도자를 양성하고 있다.

04. 인성교육의 한 축(軸) '어르신'

노년기 성품교육은 이처럼 노인들을 사회의 한 영역으로 초대함으로써 좋은 성품의 세상을 열어 가는 조력자로 함께 고민하며 부담을 나누려는 방향으로 전개할 수 있다. 특히 인성교육을 통한 노년기의 핵심과제, 곧 삶을 통합하고 감사할 수 있도록 도울 수 있는 사회적 분위기 형성이 가능할 것이다.

다음 사례는 인성교육을 통한 조부모의 역할 증대 효과를 잘 보여 준다.

사례 초등학생을 키우는 40대의 엄마가 성품이노베이션 과정에 참여하고 있었다. 그녀는 다른 참여자들과 달리 조별 모임을 가지면서 마음을 나누는 시간에는 자리에서 일어나 버렸다. 수료할 시간이 가까워도 계속 그런 식이어서 하루는 그녀와 일대일로 만나 무슨 어려움이 있느냐고 물었다. 그녀는 초등학교 6학년인 큰딸을 키우는 일이 너무 어렵다고 말했다. 무엇보다 이유 없이 밉다면서 수업 참관한 이야기를 했다. "학부모를 초청해서 수업하는 거 있잖아요. 거기 갔는데, 제 딸이 다른 아이들에 비해 키도 작고, 발표도 안 하고 마치 꿰다 놓은 보릿자루 같았어요. 그걸 보는데 너무 열이 나서 더 미운 거예요." "따님과 엄마 사이에 문제가 있어 보이네요. 제가 숙제를 하나 내드릴 테니 해 보실래요?" "그러면 우리 딸하고 사이가 좋아지나요?"

"어쨌든 숙제를 한번 해 보세요." 필자는 이 엄마에게 딸이 먹고 싶어 하는 걸 사 주면서 '엄마가 미안하다. 너한테 잘못한 게 많은 것 같아. 네가 이렇게 학교생활에 적응을 못하는 건 아마 엄마가 너를 잘 못 도와줘서 그런 것 같아'라고 말하도록 했다. 그다음 날 이 엄마가 숙제를 한 이야기를 보고했다. 학교 앞에서 딸을 기다리고 있었더니 아이가 깜짝 놀라며 "엄마, 여기 어떻게 왔어?" 하고 반겼다고 한다. 맛있는 것 사 주고 싶어 왔다면서 뭘 먹고 싶으냐고 물었더니, 스파게티가 먹고 싶다 해서 스파게티를 사 주면서 엄마가 잘못했다는 이야기를 꺼냈다고 한다. "엄마를 용서해 줄래?"하고 말할 때 갑자기 딸이 심각해지더니 포크를 내려놓았다. 엄마는 고민이 되어서 "더 안 먹을래?" 물었고 "응!" 해서 결국 집으로 돌아오는데 딸이 입을 꾹 다물고 따라오다가 집 앞에 다 와서는 "엄마가 용서해 달라고 그랬으니까 용서해 줘야 되겠지?" 하는데 엄마는 그 말을 들으며 소름이 돋았다고 한다. 딸은 다시 한숨을 푹 쉬고는 "용서해 줄게."라고 말했다. "그래서 제가 용서를 받았어요. 그런데 용서를 받으면 딸이 사랑스러워질 줄 알았는데 마찬가지예요. 아니 더 사랑이 안 가고 골치만 아파요." 필자는 이 엄마 이야기를 듣고 나서 아마도 더 큰 상처가 있지 싶은 생각에 어렸을 때 이야기를 들려 달라고 했다. 그랬더니 이 엄마가 필자를 쳐다보면서 "그러면 저를 책임져 주실 거예요?"라고 말했다. 이야기해 보라고 했더니 5살 때로 돌아가서 기억을 더듬으며 이야기했다. 그 어린아이가 아침에 잠에서 깨면 아무도 없는 집에 혼자 덩그러니 남아 있었다고 한다. 문을 열고 밖으로 나가서 아이들과 놀았고, 놀다 보면 어느새 아이들의 엄마, 언니, 할머니가 '아무개야 들어오너라' 하고 불러서 하나둘 사라지는데, 이 아이는 혼자 남을 때까지 아무도 부르는 사람이 없었다. 뉘엿뉘엿 지는 해를 보면서 다시 방으로 들어가면 윗목에 대접이 놓여 있고, 대접을 덮은 보자기를 열면 찐빵 몇 개가 있었는데, 아이 혼자서 그걸 우적우적 먹다가 또 잠이 들었다. 그러다가 또 눈을 뜨면 아침이고, 아빠 없이 홀로 딸을 키우는 엄마는 어느새 일하러 나간 뒤였다. 언니 오빠도 없는 집에서 5살 아이는 또 외로운 하루를 보내야 했다. 아무도 자신을 돌봐 주거나 사랑해 주지 않았다. 그런 어린 시절을 보낸 뒤 자라서 결혼을 했고, 딸을 낳았는데, 자신이 어릴 때 돌봄을 받지 못했으므로 딸을 어떻게 돌봐야 할지 몰랐다. "그때, 5살인 그때, 꼭 듣고 싶었던 말이 있지요? 무슨 말이에요?" 이 엄마는 잠시 뭔가를 생각하더니 갑자기 울음을 터트렸다. 그러면서 말했다. "아무개야 들어와서 밥 먹자, 아무개야 엄마하고 놀자, 엄마는 오늘 너하고만 놀 거야…" 그런데 바로 그 순간, 저 뒤에서 이야기를 듣고 있던 할머니 한 분이 벌떡 일어나더니 이쪽으로 걸어왔다. 이 할머니는 65세쯤 되는 분인데 딸의 부탁으로 성품교육을 받고 있었다. 특히 외손자들을 딸 대신 양육해 주면서, 성품교육을 받으면 그 효과가 손자들에게 나타난다는 말에 성품대화학교 등 몇 가지 프로그램을 이미 수료한 분이었다. 아무튼 이분이 우리 쪽으로 다가와서 울고 있는 젊은 엄마를 덥석 껴안으면서 마치 엄마처럼 말해 주었다. "내가 잘못했다. 다 이 엄마가 잘못한 거야. 엄마가 잘못했다. 이제 엄마랑 놀자. 이제 엄마가 너 밥해 줄게. 이제 엄마가 해 준 밥만 먹어." 그러자 순간 놀라운 일이 일어나기 시작했다. 울고 있던, 마흔이 훌쩍 넘은 이 엄마에게서 애기목소리가 나오더니 "엄마, 엄마, 엄마, 엄마…" 하면서 할머니를 꼬옥 껴

안았다. 두 사람은 이렇게 부둥켜안고는 오랫동안 울었고, 엄마 엄마를 불렀고, 또 엄마가 잘못했다고 말해 주었다. 그렇게 한참을 울고 난 뒤로 이 엄마의 표정이 완전히 달라졌다. 그 뒤로 엄마는 초등학교 6학년 딸이 비로소 사랑스럽다고 말했다. 그리고 딸에게, 자신이 듣고 싶었던 말들을 해 줄 수 있다며 기뻐했다.

필자는 무엇보다 이 일을 통해 필자가 할 수 있는 역할과 달리 노년기에 이르도록 오랜 세월을 살아온 분들이 꼭 해 주셔야 할 일이 무엇인지 깨달았다. 몸으로 품어 줄 수 있는 일은 결코 아무나 할 수 없는 일이다. 세월을 오래 산 분들이 계실 때 비로소 온전한 성품 치유가 일어날 수 있다는 사실이다. 필자는 이것이 '어르신의 존재 이유'일 것이라고 생각한다. 다음 세대의 인성교육에 이분들의 참여가 절실한 까닭이다. 핵가족시대 이전, 우리 사회는 이처럼 풍부한 인성교육의 자원을 가지고 있었고, 그 덕을 톡톡히 본 셈이었다. 오늘날 우리 사회의 인성 붕괴의 한 축이 어디에서 비롯되었는지도 잘 알 수 있다.

 성품 빛내기

: 앞으로 남은 삶을, 좋은 성품으로 채울 거예요

요즘 우리 사회가 초고령화 사회가 되었다. 점점 연세 드신 어르신들이 많은 활동들을 하고 있다. 이분들이 그냥 물러나 있으면 너무 아까운 사회적 낭비다. 이분들이 양육에 참여하시게 되면 손자손녀들의 성품이 좋아질 수 있기 때문이다. 그래서 어르신들이 이른바 '어르신성품대화학교' 과정에 많이들 참석하신다. 다음 사례는 이 과정에 참석하신 65세의 송금자 할머니가 "아, 내가 진작 배웠으면 조금 더 질 좋은 교육 그리고 조금 더 행복한 가정생활을 할 수 있었을 텐데 너무 아쉽다"는 내용으로 쓴 소감이다. 이분은 그동안 엄마로서, 아내로서, 할머니로서, 좋은 성품이 참 부족했다고 깨달았다. 자녀들에게 "사랑한다"고 말하지 못했고, 아내로서 남편에게 칭찬 한마디 안 한 무뚝뚝한 아내였던 것이다. 그리고 보니 자신을 엄마로, 아내로 여기며 감싸 준 가족들이 감사했다. 이분은 이제 앞으로 남은 삶을 어떻게 살 것인가에 대해 행복한 고민을 시작했고, 성품의 중요성을 잘 기억하여 좋은 성품을 실천하고 시도해 보자, 이렇게 마음을 먹었다고 한다. 자녀들에게는 자주 들려주지 못했던 좋은 말들을 하면서 좋은 성품의 태도로 대화하자 생각한 것이다. 그동안 남편이 자신으로 말미암아 많은 상처를 받았을 것을 생각하며, 용기를 내어 용서를 구하고 싶다는 말도 남겼다. 그리고 이분이 소감문 말미에 자녀들에게 짧은 메모 하나를 남겼다. "사랑하는 우리 애들아, 엄마가 그동안 너희들에게 좋은 말을 해 주지 못했다는 것을 잘 안다. 앞으로는 어떤 문제든지 엄마하고 이야기하면서 서로 오해가 쌓이는 일이 없도록 하자. 엄마가 더 많이 노력할게."[66]

성품 다듬기

: 노년기

- 일반적으로 50세 이후부터 죽음에 이르기까지의 시기를 말한다.
  국제 노년학회에 따르면 '노인'은 첫째, 환경의 변화에 적절히 적응할 수 있는 자체 조직에 결손이 있고, 둘째, 자신을 통합하려는 능력이 감퇴되어 가며, 셋째, 인체기관 및 조직, 기능에 쇠퇴현상이 일어나고, 넷째, 생활체 적응성이 정신적으로 결손되어 가고, 다섯째, 조직 및 기능 저장의 소모로 적응 감퇴현상을 겪는다고 정의한다.
- 에릭슨이 주장한 노년기 주요 발달과업은 자아통합으로, 자아통합을 이루지 못한 경우에는 인생 전반에 대한 절망감과 무력감을 느낀다.
- 노년기를 위한 성품교육은 조부모 성품격대교육의 형태로, 특히 손자녀를 양육하면서 축적된 지혜와 인생 경험을 가족에게 제공하고, 조부모 스스로 삶의 의미를 찾아 성취감을 느끼게 함으로써 좋은 인성을 계발할 수 있다.

66 이영숙 (2013). 인성을 가르치는 학교 만들기. 서울: 좋은나무성품학교. 435-436.

성품 특강

제1장
제2장
제3장
제4장
제5장
제6장
제7장
＋
제8장
제9장
제10장
＋
제11장
제12장
＋
제13장

57강 잠재적 가능성을 찾아 탁월한 성공 만들기

성품 생각하기

: 인정받는 순간, '잠재력'이 꽃핀다!

중앙일보가 2015년 4월 29일 자에 세계 수재들의 모임 '멘사'의 빅터 세리브리아코프 회장의 삶을 바탕으로 제작한 뮤지컬 "빅터"의 연출자 최종찬 씨를 만나 인터뷰한 내용을 실었다. 인터뷰 내용 중에서 우리의 관심을 끄는 부분이 보였다.

이 뮤지컬은 소설 바보 빅터를 원작으로 한 작품이다. 주인공 빅터는 아이큐가 173인 천재이지만 청년이 될 때까지 그는 자신을 바보라고 여기면서 살아간다. 나중에 자신의 아이큐를 알고 나서 누구보다 자신이 더 놀랄 정도였다. 최 감독은 뮤지컬에서 자신의 잠재력을 스스로 인정하지 않았던 시기엔 바보라 불렸다는 데 초점을 맞췄다고 한다. 즉 아이큐는 모든 사람이 갖고 있는 잠재력을 상징하는 도구일 뿐이며, 스스로 자신의 능력을 인정하느냐, 무시하느냐에 따라 발현될 수도 있고 사라져 버릴 수도 있음을 강조한 것이다.

최 감독은 자신의 잠재력을 스스로 인정하기 위해서 계기가 필요한데 친구야말로 그런 존재라고 말했다. 그의 이야기를 직접 들어 보자.

"빅터는 학창시절 아이큐 검사에서 '73'을 받았다. 돌고래의 아이큐와 같은 수치라 반 아이들에게 엄청난 놀림을 당한다. 그때 빅터의 가능성을 본 친구가 로라다. 로라 역시 별 볼 일 없는 아이지만 빅터의 공책에 적힌 발명품 아이디어를 보고는 '대단하다'며 그를 치켜세워 준다. 빅터 역시 작가를 꿈꾸는 로라의 습작 노트를 보고 '정말 아름다운 작품'이라고 칭찬한다. 누군가에게 인정받는 순간, 자신의 가능성에 대해 자각하고 '작은 기적'이 시작된다. 빅터는 타고난 아이큐가 173이어서가 아니라, 그를 알아봐 준 로라라는 친구가 있었기에 성공할 수 있었던 셈이다."

최 감독에게도 개인적으로 이러한 경험이 있었다고 한다. 중학교 1학년 수학시간에 선생님이 어려운 문제를 칠판에 내고는 그에게 나와서 풀어 보라고 했다. 최 감독은 본래 수줍음이 많아서 떨고 쭈뼛쭈뼛 문제를 풀고 있는데, 그때 선생님이 평생 잊지 못할 칭찬 한마디를 해 주셨다. "오! 수학 천재!" 그 순간이 지금도 잊히지 않는다고 말한다. 그날 이후 뭔지 모를 자신감에 수학 공부를 열심히 했고 중학교 3학년 때까지 수학만큼은 100점을 놓치지 않았다고 한다. 그는 빅터와 로라가 서로에게 인정받을 때의 느낌이 아마 그러했을 것이라며 연출했다고 말했다.

최 감독은 이 뮤지컬의 주 관객이 사춘기의 학생들이면 좋겠다고 전했다. 그들을 위해 어른들이 특별한 행동을 하는 게 아니라 '오늘 무슨 일 있었니' 하고 관심을 가져 주고 '뭐든 잘할 수 있을 거야'라고 든든한 믿음을 보내 준다면 그들은 훨씬 나은 인생을 살아갈 것이기 때문이다.[1]

성품 꿈꾸기

1. 잠재적 가능성을 키운 인물이야기를 통해 잠재적 가능성의 중요성을 이해할 수 있다.
2. 잠재적 가능성을 키워 주는 사람의 특징을 설명할 수 있다.
3. 잠재적 가능성을 찾아 탁월한 성공을 만드는 세 가지 전략이 무엇인지 설명할 수 있다.

성품 빚기

: 01. 잠재적 가능성을 키운 성품 이야기

우리는 누구나 자신의 영역에서 탁월하게 성공하려는 욕구가 있다. 이런 성공의 욕구를 충족하는 데 무엇보다 바탕이 되는 요소가 바로 좋은 성품이다.

시각장애인으로 미국 피츠버그대에서 철학박사를 받은 뒤 한국인으로서는 최초로 미국 백악관 국가장애위원회 정책차관보로 활동한 분이 강영우 박사이다. 그는 자신의 장애를 극복하고 많은 장애우들에게, 또 절망에 빠져 고통스러워하는 사람들에게 큰 희망이 되어 준 인물로 우리 기억 속에 남았다.

그에게 고통과 절망은 한꺼번에 찾아왔다. 15살 때 축구공에 눈을 맞아 실명을 했고, 아들의

---

1   중앙일보. 2015. "누군가에게 인정받는 순간, 아이의 잠재력이 눈뜬다". 4월 29일.
     http://article.joins.com/news/article/article.asp?total_id=17693561&cloc=olink|article|default

실명 소식을 들은 어머니가 충격으로 돌아가셨다. 이미 아버지를 여읜 뒤였으므로 남은 가족은 누나와 동생들뿐이었다. 그러나 안타깝게도 누나까지 동생들을 돌보느라 과로하여 일찍 떠나 버렸다. 비참한 인생이었고, 원망스럽고, 자기 자신이 미웠다. 대체 무엇을 할 수 있을까, 까마 득했다. 그에게 절망을 희망으로 바꿔 준 것이 점자로 기록된 책의 한 구절이었다고 한다.

"가지지 못한 한 가지에 불평하기보다 가지고 있는 열 가지에 감사하라!"

그는 이 구절에 감동을 받고 이렇게 결심했다. '더 이상 불평하지 말자, 아무리 불평해도 내 환경은 바뀌지 않는다. 내가 가진 하나, 내가 할 수 있는 것 하나, 나만의 목표를 갖고 내 인생을 다시 시작하자!' 그렇게 결심하는 순간 그의 결심은 '성품'이 되기 시작했다.

실제로 좋은 인성교육의 시작은 바로 결심의 순간부터이다. '절망하지 말자!', '화내지 말자!', '지금부터 실천하자!' 이렇게 결단하는 순간 우리는 위대해지기 시작한다. 그리고 그 결심의 연장선에서 그는 자신이 할 수 있는 일에 최선을 다했고, 세상은 그를 칭송했다. 미국 루스벨트재단이 선정한 127인의 공로자에 뽑혔으며, 국제로터리 인권상, 국민훈장 무궁화장, 적십자 인도장을 받았다. 무엇보다 유엔 세계장애위원회 부의장을 지내며 장애우를 위해 크게 기여했다.[2]

강영우 박사의 엄청난 잠재능력을 끌어낸 힘은 그의 좋은 성품이었다. 만약 불평하고만 있었다면 그의 능력은 세상에 드러나지 않았을 것이다. 그런데 우리는 누구나 엄청난 잠재능력을 가진 사람들이다. 단지 그 능력을 이끌어 낼 좋은 성품을 가지고 있느냐가 우리 인생의 성공과 실패를 가른다.

:02. 잠재적 가능성을 키워 주는 사람의 특징

이제부터는 나의 가능성 곧 나의 잠재능력을 찾아야 한다. 적어도 분명한 사실 하나는, 세상에 가능성이 없는 사람은 아무도 없다는 것이다. 단지 그 가능성을 꺼내 주지 않을 뿐이다. 즉 잠재되어 있는 우리의 가능성을 좋은 성품 곧 좋은 생각과 좋은 감정과 좋은 행동으로 꺼내어 탁월한 성공의 출발점으로 삼아야 하는 것이 우리 인생의 사명이다. 우리에게 잠재된 이 가능성을 꺼내어 키우는 비결 하나가 좋은 멘토를 갖는 것이다. 나 홀로 불가능하지만 내 옆에서 멘토의 도움을 받을 때 가능해진다.

강용우 박사의 탁월한 멘토 한 사람이 있었는데, 그가 바로 아내인 석은옥 여사이다. 그가 남편에게 끊임없이 격려해 준 말이 "당신의 이 고난은 반드시 성공으로 바뀔 거예요. 그러니 아무

2 강영우 (2006). 꿈이 있으면 미래가 있다. 라이프북.

제1장 제2장 제3장 제4장 제5장 제6장 제7장 제8장 제9장 제10장 제11장 제12장 제13장

걱정 말고 연구에만 몰두하세요."였다. 강 박사는 나중에 아내에게 감사하며 이렇게 고백했다.

"내가 절망하려고 할 때마다 내 아내의 끝없는 조언이 절망의 끈을 놓아 버리게 하고 희망의 끈을 붙들게 만들었다."

멘토란 곧 조언하는 사람이다. 그래서 훌륭한 멘토를 가진 사람은 자신의 가능성을 이끌어 낼 조력자를 가진 것이다. 이 때문에 세계적인 다국적기업 GE에는 멘토링 프로그램이 있다. 잭 웰치는 GE의 CEO로 일할 때 직원들과 점심식사를 하면서 그 사람이 가진 잠재능력을 찾기 위한 대화를 했다. 그러면서 직원들에게 멘토를 배정했다. 덕분에 평범한 직원도 어느 순간 유능하고 탁월한 직원으로 성장할 수 있었고, 이런 인재 경영을 통해 GE를 훌륭한 기업으로 성장시켰다. 한 사람의 가능성을 신뢰하고, 지지해 주는 기업문화가 결국 최고의 기업을 만든 셈이었다.[3]

즉 잠재능력을 발견하고 키워 내는 비결은 모든 사람이 나름의 가능성을 가진 존재라고 신뢰하는 믿음이다. 다시 말하면 누구나 '나는 참 소중해!'라고 생각하고, 또 그렇게 지지해 주는 것이야말로 최고의 비결인 것이다. 이런 믿음과 지지가 결국 어떠한 상황이나 형편 속에서도 불평하지 않고 즐거움을 유지할 수 있는 기쁨의 원천이다.

그러므로 우리 청소년들이 극단적인 선택을 하는 것 역시 그들에게서 기쁨의 성품이 발현될 수 있도록 그들의 가능성을 믿고 지지해 주지 않은 탓이다. 누구나 '나에겐 나만의 가능성이 있어'라고 믿을 수 있다면 자신만의 독특한 잠재능력을 이끌어 내고 즐겁게 발현해 나갈 수 있다.

또 다른 사례를 살펴보자.

> **사례**　2살이 지나도 말을 못하는 아이를 향해 '너는 자폐아이다'라는 인식을 심어 주면서 절망하는 부모였다면 알버트는 그렇게 위대한 인생을 살 수 없었을 것이다. "왜요? 왜요?" 그렇게 끝도 없이 질문하는 어린 알버트에게 지치지 않고 웃으며 대답을 해 준 사람은 바로 알버트의 어머니 파울리네 여사이다. "알버트는 더 이상 학교공부를 따라갈 수 없습니다."라며 퇴학 조치를 내린 학교를 뒤로하고 교문을 나오면서 그녀는 아들에게 말했다. "다른 사람들과 똑같으면 어떻게 큰일을 할 수 있겠니?" 이런 멘토를 어머니로 둔 알버트는 자신 안에 꽁꽁 숨어 있던 모든 가능성을 세상 밖으로 펼쳐낼 수 있었다. 어느 날 또래들과 함께 산책을 나간 알버트는, 다른 아이들이 함께 어울려서 즐겁게 뛰어놀고 있을 때 혼자서 흘러가는 강물만 쳐다보고 있었다. 함께 간 엄마들이 파울리네 여사에게 알버트는 아무래도 이상하니 병원에 데려가 보는 게 좋겠다며 혀를 찼다. 그러나 파울리네 여사는 오히려 아무렇지 않다는 듯 이렇게 말했다. "우리 아이는 지금 골똘히 생각하는 중이에요. 지극히 정상인 거죠." 어머니의 믿음과 지지 속

3　Jack Welch. (2005). Winning Intl. 김주현 역. 청림출판.

에서 알버트는 결국 세계 물리학의 모든 패러다임을 뒤바꾼 놀라운 업적을 이뤄 냈다. 1905년 특수상대성이론을 완성한 알버트 아인슈타인은 그의 어머니 파울리네 여사로 말미암아 기쁨의 삶을 누릴 수 있었고, 세계는 그를 통해 한 걸음 더 진보할 수 있었다.[4]

파울리네 여사에게서 우리가 찾아야 할 비결이 바로 좋은 성품이다. 좋은 성품이란 "갈등과 위기의 상황에서 더 좋은 생각, 더 좋은 감정, 더 좋은 행동으로 문제를 해결하는 능력"이다.[5] 부정적인 생각에 갇히지 않고 더 좋은 생각을 선택한 결과가 아인슈타인의 가능성을 이끌어 내 주었다. 누군가의 가능성을 믿고 지지해 주려면 그 사람만의 특별함을 바라볼 줄 알아야 하는 데, 좋은 성품이야말로 우리에게 그런 시각과 사고를 가능하게 해 준다.

부정적인 시각을 남과 다르게 생각함으로써 꽁꽁 숨은 한 사람의 가능성을 찾아내어 꽃피게 할 수 있다. 그러나 안타깝게도 많은 부모들은 자신의 아이가 톡톡 튀는 행동을 하거나, 남과 다르게 생각하고 행동하면 우선 불안감부터 갖는다. 이런 불안감이 끝내 우리 아이를 아인슈 타인으로 키울 수 없도록 만든다는 사실을 기억하자.[6]

: 03. 잠재적 가능성으로 탁월한 성공을 만드는 세 가지 전략

아이들에게 숨어 있는 잠재능력을 찾아서 탁월한 성공을 이루도록 하는 전략을 정리해 보면 다음 세 가지이다.

첫째, 경청의 성품으로 아이들의 세계를 믿고 지지해 주는 멘토가 되어 주는 것이다. 아이의 질문을 경청하고, 충분히 격려하는 멘토가 될 때 잠재적 가능성을 키울 수 있다. 경청이란 '상대방의 말과 행동을 잘 집중하여 들어 상대방이 얼마나 소중한지 인정해 주는 것'(좋은나무성품학교 정의)이다. 아인슈타인, 피카소처럼 잠재능력을 찾은 영재들에게는 그들의 질문과 생각을 인정해 주는 부모와 교사가 있었다. 특히 교사는 학생들에게 멘토의 기능을 해 줄 때 가장 큰 보람을 느낀다. 아이들의 가능성을 믿고 지지해 주는 일이야말로 학교가 학생들에게 줄 수 있는 최선의 교육적 내용이기 때문이다. 잠재력을 길러 줄 스승을 찾은 사람은 성공에 훨씬 가까이 다가서 있다. 그런 의미에서 교사는 아이들의 작은 질문도 존중하여 적극적으로 개입해 주고 경청해 주어야 한다.

둘째, 기쁨의 성품으로 자신의 생각을 자신감 있게 펼치도록 도와주는 것이다. 잠재능력을 이끌어 내어 실현시키는 좋은 성품이 바로 불평하지 않는 기쁨의 성품이다. '기쁨이란 어려운

4 이영숙 (2010). 행복을 만드는 성품. 서울: 두란노.
5 이영숙 (2005). 부모·교사를 위한 성품교육 지도서-경청. 서울: 아름다운 열매.
6 이영숙 (2014). 한국형 12성품교육론. 서울: (도)좋은나무성품학교, 304-307.

제1장 제2장 제3장 제4장 제5장 제6장 제7장 + 제8장 제9장 제10장 제11장 제12장 + 제13장

상황이나 형편 속에서도 불평하지 않고 즐거운 마음을 유지하는 태도'(좋은나무성품학교 정의)이며, 나만의 독특한 강점으로 내 안의 가능성을 펼치게 하는 자신감의 근원이다. 나 자신에 대해 열등감을 가지고 불평하면서 '대체 내가 무엇을 할 수 있을까' 절망하기보다 내가 얼마나 소중한지 알아 가는 일이 중요하며, 이것이 기쁨의 성품이 시작되는 출발점이다. 자신이 소중하고 위대하다는 사실을 아는 사람만이 어떠한 상황이나 형편 속에서도 불평하지 않고 즐거운 마음을 유지할 수 있다. 그러므로 학생과 자녀들에게 이렇게 말해 보자.

"넌 너무나 소중해!", "너는 참 위대한 사람이야!"

잠재능력을 발견하고 키워 내는 비결은 모든 사람들이 나름의 가능성을 가진 존재라고 신뢰하는 믿음이다. 다시 말하면 누구나 '나는 참 소중해!'라고 생각하고, 또 그렇게 지지해 주는 것이야말로 최고의 비결인 것이다. 이런 믿음과 지지가 결국 어떠한 상황이나 형편 속에서도 불평하지 않고 즐거움을 유지할 수 있는 기쁨의 원천이다.

그러므로 우리 청소년들이 극단적인 선택을 하는 것 역시 그들에게서 기쁨의 성품이 발현될 수 있도록 그들의 가능성을 믿고 지지해 주지 않은 탓이다. 누구나 '나에겐 나만의 가능성이 있어'라고 믿을 수 있다면 자신만의 독특한 잠재능력을 이끌어 내고 즐겁게 발현해 나갈 수 있다.

셋째, 인내의 성품으로 혁신적인 도약을 이루기까지 꾸준히 노력하도록 격려하는 것이다. 잠재능력을 발전시켜 갈 때 끈질기게 꾸준히 인내하는 성품이 뒷받침되어야 비로소 열매를 맛볼 수 있다. 우리가 이미 알고 있듯이 이영숙 박사의 12성품교육론은 '인내란 좋은 일이 이루어질 때까지 불평 없이 참고 기다리는 것'이라고 정의했다. 결국 훌륭한 영재가 된다는 말은 좋은 성품의 사람이 된다는 말과 다르지 않다.

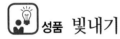 **성품 빛내기**

: 혼돈과 좌절의 끝에서 성품으로 다시 일어서다!

한때 자살을 생각할 정도로 힘든 시간을 보내다가 성품교육을 받으며 '기쁨의 성품'을 되찾은 청소년이 있다. 이 친구는 고3이었는데, 여기서는 가명으로 현수라고 부르기로 한다. 현수는 고등학생이 된 후 자취를 했다. 가난한 부모님이 학비를 제때 송금해 주시지 못해서 학교에 못 간 적도 있었고, 2학년 때는 학비로 여기저기 나가는 돈이 많아지다 보니 '내가 왜 이렇게 돈이 많이 드는 예술을 하고 있지? 그냥 자퇴하고 아르바이트로 돈을 벌어 집에 보탬이 될까' 하는 생각도 들었다고 한다. 그런데 성품수업을 들으면서 '나는 왜 이렇게 불평만 하고 있지?'라는 생각이 들었고, 다른 사람과 비교하지 말고, 자신을 돌아보며 지금의 현실에 감사하는 성품을 가져야겠다는 좋은 생각을 떠올리게 됐다. 현수는 기쁨의 성품 정의를 좋아한다. '어려운 상황이나 형편 속에서도 불평하지 않고 즐거운 마음을 유지하는 태도'(좋은나무성품학교 2단계 정의)와 '내가 얼마나 소중한지 알고 즐거워하는 것'(좋은나무성품학교 1단계 정의)이 바로 기쁨의 성품 정의이다. 현수는 예전에는 '내가 그렇게 소중하고 가치가 있는 사람인가' 생각하면 부정적인 대답만 생각났는데, 성품 수업을 들으면서 '나는 소중하다'는 것을 인식하게 되고, 자존감을 되찾고, 자신감도 생기니 소심하던 모습이 사라지게 됐다고 말했다. 그래서 현수는 이런 말을 친구들에게 해 주고 싶다고 한다. "나도 부정적인 생각들을 해 봤지만 생각과 감정을 변화시켜 좋은 성품으로 이겨 낼 수 있다"고. 자살과 같은 부정적인 생각에서 나의 소중함, 나의 가치와 같은 긍정적인 생각으로 돌이켜 보라고 말하고 싶다는 것이다. 또 자살의 유혹을 이겨 내면, 그 경험이 앞으로 어떠한 상황이 생기더라도 그것을 이겨 낼 수 있는 발판과 밑거름이 된다면서, 정말 어른처럼 소감을 말했다. 현수는 성품수업을 받으면서 친구들과 친밀해졌다고 한다. 다른 사람의 험담을 많이 했었는데 성품수업에서 '나는 소중하다'는 이야기를 듣다 보니 '내가 소중하면, 다른 사람도 소중한 거구나'라고 깨달았다는 것이다. 그 뒤로는 상대방을 배려하면서 말하게 되었는데, 말하기 전에 한 번 더 생각해 보고, '다른 애가 나를 험담하면 내 기분은 어땠을까?' 생각하며 상대방의 감정을 공감해 주게 되었다고 한다. 그런데 이렇게 변한 현수를 보면서 친구들이 먼저 놀랐다. 자연스럽게 친구관계가 좋아지게 됐고, 현수는 더 많은 학생들이 성품수업을 통해 자기처럼 변화를 경험하기를 바란다고 소감을 전했다.[7]

성품 다듬기

: 잠재적 가능성

- 기쁨이란 내가 얼마나 소중한지 알고 즐거워하는 것(좋은나무성품학교 정의)이다.
- 강영우 박사는 기쁨의 성품으로 자신이 처한 상황을 불평하기보다, 자기 자신을 기뻐하고 자신이 가지고 있는 것을 즐거워함으로써 잠재적 가능성을 끌어올릴 수 있었다.
- 가능성은 특별한 사람에게만 있는 것이 아니다. 누구나 자신만의 특별한 잠재력이 있다.
- 잠재적 가능성은 자신을 믿어 주고 격려해 주는 주위의 조언자나 멘토가 있을 때 훨씬 더 잘 계발된다.

7 좋은성품신문. 2015. "혼돈과 좌절의 끝에서 성품으로 다시 일어서다!", (사)한국성품협회, 77호, 5면.

: 잠재적 가능성으로 탁월한 성공을 만드는 세 가지 전략

첫째, 경청의 성품으로 학생의 세계를 지지하는 멘토가 되어 주고, 둘째, 기쁨의 성품으로 자신의 생각을 자신감 있게 펼치도록 도와주며, 셋째, 인내의 성품으로 혁신적인 도약을 이루기까지 꾸준히 노력하도록 격려해 주는 것이다.

제1장
제2장
제3장
제4장
제5장
제6장
제7장
＋
제8장
제9장
제10장
＋
제11장
제12장
＋
제13장

제**13**장

통일을 위한 **인성교육**

58강 통일한국을 위한 인성교육

성품 생각하기

∴ 초 · 중 · 고 학생들이 생각하는 '통일'

통일부와 교육부는 매년 '학교통일교육 실태조사'를 실시하고 있다. 2014년 10월과 11월에 전국 초 · 중 · 고 704개 학교의 학생 11만 9,551명과 교사 4,673명 등을 대상으로 조사한 설문조사 결과 나온 응답내용 중 통일에 대한 인식을 보면 다음과 같다.[1]

통일 예측 시기는?	통일의 필요성은?	통일의 장애요인은?
10~20년 이내 : 29.5% 20년 이후 : 27.3% 10년 이내 : 25.3%	필요하다 : 63.1%	북한의 군사적 위협 : 28.7% 변하지 않는 북한 체제 : 23.3% 남북한의 차이 : 20.2% 경제적 부담 : 12.7% 인식 부족 : 7.4%

성품 꿈꾸기

1. 통일의 의미와 필요성이 무엇인지 설명할 수 있다.

2. 통일한국을 위한 준비가 중요한 이유를 설명할 수 있다.

---

1 통일신문. 2014. "[통일부 · 교육부, 학교통일교육 실태조사 결과 분석] 북한=50%, 주민＝40% 협력과 지원 대상", 9월 15일.
  http://www.unityinfo.co.kr/sub_read.html?uid＝17388&section＝sc4

성품 빚기

:01. 통일의 의미와 필요성

분단의 장기화가 가져온 동질성의 파괴로 말미암아 통일 거부감 또는 통일 피로감 등이 나타나고 있다. 통일의 결과 빚어질지 모를 갈등과 혼란을 우려하는 젊은이들은 이미 통일이 꼭 필요한지 묻고 있다.

통일은 국토, 제도, 생활이 통일되어 지리, 정치, 경제, 사회, 문화 등 모든 면에서의 '하나됨'을 뜻한다. 통일의 문제는 우리 민족과 국가의 정체성이 담보되어 있으므로, 결코 가볍게 판단해 버릴 수 없는 매우 중차대한 과제이다. 이 때문에 어떤 고통과 수고를 감내하더라도 통일은 당위성을 지니고 있다.[2]

분단 상황이 가져온 전쟁의 위협과 이로 인한 남북 젊은이들의 군사적 대치, 무기 구입 및 제조에 따르는 경제적 손실 등은 총체적인 국가 역량의 낭비인 셈이다. 이런 분단의 부정적 상황을 긍정적 상황으로 대체하고 보다 항구적 국가공동체의 발전을 위해서도 통일의 요청은 거부할 수 없는 과제이다. 통일이 가져다줄 긍정적 효과 역시 매력적인 부분이다. 통합된 국가의 역량은 강화될 것이고, 한반도의 평화가 가져올 다양한 효과 역시 상상할 수 없을 만큼 클 것이다.

무엇보다 다음 세대가 살아갈 세상을 생각하면 더 이상 분단의 이 위기상황은 서둘러 멈춰야 할 현실이다. 우리 후세는 더 이상 좁은 한반도에 갇혀 살게 해서는 안 된다. 통일은 이들의 활동무대와 시야를 유라시아 대륙으로 펼쳐 줄 것이다. 즉 경제적 유익과 국제적 영향력은 말할 나위 없고, 태평양과 유라시아 대륙을 연결하는 웅대한 세계가 새롭게 펼쳐지는 것이다. 그러므로 통일은 단순히 감정적 차원에서만 바라볼 문제가 아닌, 국가적 대계의 문제이다.[3]

남북의 통일 문제는 인성교육의 측면에서도 중요한 관심사이다. 특히 이영숙 박사의 12성품교육이 문화를 기반으로 하고 있다는 점에서 오랫동안 지속되어 온 분단 상황은 '국민성'에 지대한 영향을 끼쳐 온 것으로 보인다. 통일은 이러한 집단적 스트레스와 바닥 수준의 행복지수로부터 벗어나기 위한 새로운 돌파구 역할을 해 줄 것이다.

실제로 분단으로 말미암아 나타나는 심리적 압박감은 사회, 정치, 교육, 문화 등 모든 분야에 걸쳐 적지 않은 영향을 끼쳐 왔다. 분단된 지 70년이 지나면서 장기화함에 따라 비록 역사, 언어, 문자, 문화 등을 공유해 온 같은 민족이지만 지금은 이념, 가치관, 생활양식, 언어, 문화 등에서 동질성이 거의 파괴되었을 정도로 큰 변화를 겪어 왔다. 비록 정치적 통일이 이뤄지더라

2　이영숙 (2014). 한국형 12성품교육론. 서울: (도)좋은나무성품학교. 311-317.

3　통일교육원 교육개발과 (2013). 통일문제 이해. 통일부 통일교육원.

도 이런 변화들을 통합하는 데 많은 시간이 소요될 것이고, 그 과정에서 혼란과 고통이 수반될 것이다. 이런 사실은 통일 독일의 경우를 보더라도 증명된다. 독일과 달리 남북한은 동족상잔의 경험으로 말미암아 매우 적대적 감정의 앙금까지 남아 있으므로 국민 통합의 과제는 그 무엇보다 난관이 예상된다.

그러므로 통일 한국을 바라보면서 국민 통합의 문제를 고려할 때 인성교육적 차원에서 통일에 관련한 논의들은 필요하고 또 지속되어야 할 사안이다. 물론 통일의 전제는 하나의 국가체제하에 형성된 하나의 국가공동체를 지향해야 하고, 서로 적대적이거나 상이한 정치, 사회, 경제적 체제에 놓인 분단 현실을 극복해야 한다.[4] 그러나 정치적 통일을 넘어서서 사회문화적 통일로 이어져야 하는 점을 감안하면 다른 체제에서 오랜 세월 분리되어 살아온 구성원들이 서로의 다름을 조화롭게 통합해 나가기 위한 인성교육적 노력은 매우 중요하다.

동족 사이에서 마땅히 가져야 할 인간적 의무 역시 간과할 수 없는 부분이다. 북한의 심각한 경제상황과, 인권문제, 비인간적 정치현실 등의 현실은 남한에 끊임없는 부담으로 작용할 수밖에 없다. 이는 동족이라는 특수성에 기인하는 바, 공존과 공영을 지향할 수밖에 없는 형제관계임을 부인할 수가 없다.

이런 점에서 통일은 더 미룰 수 없는 우리 세대의 과제인 셈이다. 게다가 유엔 미래보고서에는 "미리 가본 2018년"에 한반도의 분단이 종식될 것이라는 전망도 나타난다. 이 보고서는 2020년을 한반도의 통일 시기로 전망한다.[5]

북한이 후기정보화시대에 접어들면서 휴대전화와 PC 등의 보급률이 확대되고 정보의 단절로부터 벗어날 가능성이 커졌다. 개인의 정보량이 늘어나면 그동안 분단체제 강화의 요인이었던 정보의 차단 효과가 점차 그 힘을 잃게 될 것이다. 결국 북한 체제의 붕괴가 통일로 이어질 가능성이 제기된다.

: 02. 통일한국을 위한 준비

이처럼 한반도의 통일을 예측하는 시나리오들을 분석하면 통일한국의 모습을 그려 볼 수 있다.

첫째, 북한이 중국식 경제개혁과 개방정책을 선택하고, 남북한이 연방체제 형태로 통일되는 모습이다. 체제의 진화와 통합에 의한 통일모형으로 가능성은 희박하지만 평화통일의 방안으로 바람직한 측면이 많은 형태이다.

둘째, 북한의 경제 위기가 심화되어 군대를 유지할 능력이 약화되고 정권이 붕괴되어 남한에

---

4 이종석 (1998). 분단시대의 통일학. 서울: 한울아카데미.
5 박영숙, Glenn, Jerome., Gordon, Ted. (2008). 유엔미래보고서: 미리 가본 2018년. 서울: 교보문고.

제1장
제2장
제3장
제4장
제5장
제6장
제7장
＋
제8장
제9장
제10장
＋
제11장
제12장
＋
제13장

의한 흡수통일이 되는 상황이다. 실제로 한반도의 통일을 예측하는 많은 보고서들이 이런 유형의 통일 가능성이 가장 높다고 본다. 그러나 독일 통일의 경험을 통해 보듯 그 후유증이 매우 우려된다.

셋째, 무력충돌 및 분쟁에 의한 통일인데, 그 가능성 여부를 떠나 결코 받아들일 수 없는 상황이다. 특히 이 경우 최악의 통일을 막기 위한 성품리더십의 중요성이 제기된다. 즉 성품교육의 두 축인 공감인지능력과 분별력을 통해 상대방에게 정서적으로 충격을 주지 않고 적대감을 감소시키는 한편 배려를 통해 성숙한 통일 여건을 만들어 갈 수 있다고 본다.

그러나 문제는 남북한 모두 통일에 대한 준비가 거의 이뤄져 있지 않다는 사실이다. 국가 차원의 예방시스템이 마련되어 있지 않으면 오히려 통일의 상황이 위기로 몰아갈 우려도 없지 않다. 2010년 우리나라를 방문한 호르스트 쾰러 독일 대통령은 한 비공식 모임에서 다음과 같이 말했다. "통일은 반드시 옵니다. 그리고 생각보다 빨리 옵니다. 그러므로 통일에 대한 준비는 빠를수록 좋습니다."

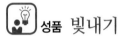

성품 빛내기

: 소외계층, 새터민 청소년을 위한 인성교육

이영숙 박사의 12성품교육은 다양한 연령과 대상을 중심으로 진행하고 있는데, 특히 경기도와 함께 새터민 아이들을 대상으로 한 성품교육 프로그램을 진행했다. 새터민 아이들은 우리 사회의 어떤 아이들보다도 더 많은 상처를 간직한 채 살고 있다. 북한을 떠나오는 과정에서 엄마 아빠를 잃고 고아가 되는 경우가 많기 때문에, 수업을 준비하면서 실제로 많은 우려를 하기도 했다. 이 아이들은 따로 국가에서 지어 준 아파트에서 살고 있었는데, 상처가 너무 커서 남한에 와서도 잘 적응하지 못하는 경우가 대부분이었다. 아이들에게 자존감 캠프를 통해 기쁨의 성품을 심어 주도록 계속적으로 고민하면서 조심스럽게 접근했다. 그런데 놀랍게도 1박 2일 프로그램을 마치고 나서 아이들의 소감문을 읽어 보니 한 문장, 한 문장 감사의 고백들이 이어져 왈칵 눈물이 났다. 그렇게 상처 많은 아이들의 입에서 "내가 얼마나 소중한지 알았다."라고 말할 때 그들이 이렇게 말하기까지 얼마나 많은 아픔이 있었는지를 짐작할 수 있었다. 자유와 행복을 찾아 떠나온 길인데 그 과정에서 엄청난 고난을 겪고, 또 끝내 홀로되어 버린 아픔 속에서 얼마나 좌절하며 아팠겠는가. 상처가 채 치유되기 전에 학교생활에서도 온갖 어려움을 겪었을 텐데, 이 아이들이 성품캠프에 와서 이런 말을 하는 것이다. "내가 여기 와서 참 많이 아팠는데. 이 성품캠프를 통해서 내가 얼마나 소중한지 알게 되었다. 기쁨의 성품을 갖게 되었다." 새터민 청소년 성품캠프를 통해 우리는 매우 큰 보람을 느꼈다. 그래서 이렇게 하면 되겠구나, 우리가 이런 인성교육을 통해서 새터민 가정과 통일 이후의 가정들을 도울 수 있겠구나, 통일된 나라의 다양한 사회문제들에 대해 해답이 어디에 있는지 보게 된 것이다. 12성품교육의 힘을 그렇게 확인할 수 있었다.[6]

성품 다듬기

: 진정한 의미의 통일

통일은 국토, 제도, 생활이 통일되어 지리, 정치, 경제, 사회, 문화 등 모든 면에서의 '하나 됨'을 뜻한다. 분단의 장기화로 인해 남북한의 생각, 감정, 행동의 기초적인 이념, 가치관, 생활양식 등이 점점 이질화되고 있어 통일이 시급하다.

: 통일한국을 위한 준비

유엔미래보고서와 미국의 랜드국방연구소의 보고에 따르면 한반도의 통일은 예기치 않게 올 가능성이 있으므로, 이영숙 박사의 12성품교육을 통한 문화적 접근으로의 통일한국을 위한 준비가 필요하다.

59강 통일교육을 위한 인성교육의 특징

성품 생각하기

: 학생들이 생각하는 '북한'은?

통일부와 교육부가 공동으로 2014년 10~11월 사이 전국 704개 초·중·고 학생 11만 9,551명을 대상으로 '학교통일교육 실태조사'를 실시했다.

북한에 대한 학생들의 인식을 살펴보면 다음과 같다.[7]

6 좋은성품신문. 2014. "소외계층, 새터민 청소년을 위한 인성교육", (사)한국성품협회, 70호, 2면.
7 통일신문. 2014. "[통일부·교육부, 학교통일교육 실태조사 결과 분석] 북한=50%, 주민=40% 협력과 지원 대상", 9월 15일.
   http://www.unityinfo.co.kr/sub_read.html?uid=17388&section=sc4

북한에 대한 인식은?	북한주민에 대한 인식은?	북한의 평소 이미지는?	우리의 안보에 대해서는?
협력 대상 : 50.5% 적대시 대상 : 31.8% 지원 대상 : 11.7%	지원 대상 : 43.2% 협력 대상 : 28.4% 적대시 대상 : 7.7%	독재자 : 40.9% 전쟁과 군사 : 24.5% 가난과 빈곤 : 10.7% 한민족과 통일 : 10.6%	위협을 준다 : 75.5% 위협하지 않는다 : 3.8%

 성품 꿈꾸기

1. 통일교육의 의미가 무엇인지 설명할 수 있다.
2. 통일교육의 변천과 한계를 설명할 수 있다.
3. '한마음 품기' 통일교육의 의미와 필요성이 무엇인지 설명할 수 있다.

 성품 빚기

: 01. 통일교육의 의미와 인성교육

1993년에 발간한 통일교육 지도 자료에는 "통일국가를 준비하고, 완성시키고, 통일 이후에 바람직한 생활을 가능하게 하는 지식 및 가치관, 태도, 규범, 절차 등을 이해하고 적용시키는 교육이 필요하다"고 강조하고, 1999년에 제정된 '통일교육법'에서 통일교육에 대해 다음과 같이 정의한다.

"통일교육은 자유민주주의에 대한 신념과 민족공동체 의식 및 건전한 안보관을 바탕으로 통일을 이룩하는 데 필요한 가치관과 태도를 기르기 위한 교육이다."

이에 따르면 통일교육은 가치관 교육인 동시에 강력한 태도 교육이라 볼 수 있다. 그리고 성품교육이야말로 가치관 교육과 태도 교육의 전형이다. 결국 이영숙 박사의 12성품교육론이 개인, 가족, 학교, 직장에서 우리가 어떤 공동체를 이루고 살 것인가를 고민한다는 점에서, 통일된 이후의 국가에서 어떤 공동체를 이룰지에 대해 고민할 수밖에 없다.

그동안 남북한의 교육정책을 살펴보면, 우선 의무교육 기간에서 남한이 초등 6년과 중등 3년을 포함해 9년인 데 비해, 북한은 입학 전 1년, 소학 5년, 초급중학 3년, 고급중학 3년 등 모두 12년이다. 이는 북한이 국가 정책에 필요한 인간의 양성을 위해 더 많은 투자를 해 온 것을 의미한다. 교육 목적을 보면, 남한의 경우 자아실현 곧 인본주의에 입각한 성취주의 교육인 반면, 북한은 주체사상과 사회주의 사상교육에 맞춰져 있다.

그렇다면 통일 후 우리 교육의 목적은 어디에 맞춰야 할까? 북한의 교육목표는 논외로 하더라도 남한의 교육 역시 지나친 성취주의로 자녀들의 인성을 피폐하게 만들고 있는 점을 고려할 때 경계할 수밖에 없다. 결국 새로운 교육 목적이 정립돼야 할 것으로 보이며, 이런 준비는 빠르면 빠를수록 유리하다. 인성교육진흥법으로 교육의 방향을 바꾸듯이 통일교육 역시 가치관과 태도 교육으로서 사람을 존중하고, 인간으로서의 행복을 보장하는 덕목들이 중심이 된 교육으로 전환하는 것이 필요한 시점이다.

이런 점에서 이영숙 박사의 12성품교육론이 통일교육의 주자로 아주 필요한 교육이 될 것이라고 예상하고 있는 이유도 바로 이러한 점들 때문이다.[8]

: 02. 통일교육의 변천과 한계

현재 남한의 통일교육은 학교와 사회로 나뉘어 있는데, 학교통일교육은 통일부가 통일교육정책을 수립하고 정비하며, 공공사회교육기관의 통일교육은 통일교육지원법에 의해 통일교육원 등이 교육부와 상호 연계하여 관장하고 있다. 우리의 통일교육은 폐쇄적 성격이 강하거나, 또 정권의 특징에 따라 때로는 반공교육이 통일교육으로 오해되기도 했다.

그동안 통일교육에 대해 교육과정에 규정된 명칭도 다양했다. 제4차 교육과정에서는 '반공교육', 제5차 교육과정에서는 '통일안보교육', 제6차 교육과정에서는 '통일교육'으로 불렸다. 이때까지의 교육내용을 보면 북한 체제에 대한 비판과 분단, 대치상황 강조에 초점을 맞췄다. 그러다가 1999년에 통일교육지원법이 제정되어 새로운 통일교육법이 만들어지면서 기존의 통일교육이 가진 문제점을 개선하려는 움직임이 일어나고 새로운 접근 방향을 모색했다. 그 결과 제7차 교육과정은 이전의 관점들을 많은 부분 탈피하여 성숙한 통일교육의 내용과 목적들이 첨가됐다. 특히 2000년 6월 남북정상회담을 계기로 화해와 평화라는 패러다임이 강조되기 시작했다. 그러다가 2008년부터는 국가안보와 남북한 상호주의를 강조하는 방향으로 또 바뀌었다.

통일교육지원법에 따라 매년 통일부와 통일교육원이 내놓는 '통일교육 지침서'에 따라 교육적 차원의 접근보다 정부의 정책방침이 반영되고 있는 실정은 현재 통일교육의 큰 한계로 지적된다. 이에 따라 일관성이 없으며, 인성교육 차원에서 통일교육에 접근하기가 쉽지 않은 상황이다. 여기에다 교사와 부모들의 인식 부족 역시 중요한 한계점으로 지적되고 있다.

8　이영숙 (2014). 한국형 12성품교육론. 서울: (도)좋은나무성품학교. 319-323.

03. '한마음 품기' 통일교육이란

인성교육, 구체적으로 이영숙 박사의 12성품교육은 인간의 존엄성 회복을 지향한다. 우리는 12성품교육의 두 기둥인 공감인지능력과 분별력을 세워 나가기 위해 열두 가지 성품을 교육하고, 이를 통해 인간의 존엄성 회복이라는 궁극적 목표에 다가간다. 인성교육 차원에서 진행하는 통일교육 역시 인간의 존엄성 회복이라는 평화통일의 목적에 이바지하려는 것이다.

그리고 이영숙 박사의 12성품교육은 통일교육의 방법으로 문화적 접근법을 지향한다. 이는 곧 70년 동안 남과 북으로 분단되어 살아온 결과 나타난 서로 다른 문화를 통합해 나가려는 노력이다. '한마음 품기 통일교육'이 그것이다.

이영숙 박사의 12성품교육을 바탕으로 한 '한마음 품기' 통일교육이란 "인간의 존엄성을 중시하는 평화교육을 지향하면서, 인성을 회복시키기 위해 남과 북의 70년 격리된 문화적 차이를 좋은 성품의 문화로 접근하는 통일교육의 방법"이다.[9]

문화적 통합의 중요성에 대해서는, 분단과 통일을 함께 경험한 독일의 사례를 살펴볼 필요가 있다. 동독과 서독의 경우 이미 1972년 양국 간의 기본조약이 체결되었고, 이를 기반으로 통일이 될 때까지 18년 동안 민족의 동질화를 위한 교류가 꾸준히 진행되었다. 물론 동서독은 문화적 통합을 위한 교류에도 많은 노력을 기울였지만 통일 후 20년이 훨씬 지난 지금까지도 옛 동서독 주민들 사이에 여전히 해소되지 않은 문화적 이질감이 해소되지 않은 실정이다. 그리고 이 문제는 현재 통일독일의 사회적 혼란과 갈등의 원인이자 숙제로 남아 있다.

이렇게 볼 때, 18년 동안 노력을 기울였음에도 불구하고 쉽게 해결되지 않은 동서독의 고민은 한반도의 통일 이후에도 발목을 잡게 될 가능성이 크다. 따라서 우리는 지금부터라도 늦었다는 생각을 가지고, 보다 올바른 방향을 잡아 치밀하면서도 꾸준하게 이 과제들을 풀어 나가야 한다는 결론이 나온다.

우선 분단 70년의 결과 남북 주민들은 가장 기본적인 생활문화인 의식주에서조차 서로 이질적인 모습을 지니게 되었고, 서로 다른 가치관을 형성하기에 이르렀다. '한마음 품기 통일교육'은 이처럼 이질적으로 변해 버린 문화를 통합하기 위한 방안으로 좋은 성품이 가져다줄 다채로운 문화적 변화를 기대한다. 이것은 좋은 성품의 문화운동으로, 지역사회와 학교, 직장, 가정 등에 실제적인 변화를 가져다준다. 특히 같은 뿌리를 가진 남북한의 동포들이 한국인의 역사적, 정서적, 심리적, 행동적 공통점들을 바탕으로 한 인성교육을 통해 동질성을 회복하도록 돕는다. 즉 정이 많고, 한을 가진 우리 민족의 정서로 볼 때 이성적 성향보다 감정적 논리에 훨씬

---

9   이영숙 (2014). 한국형 12성품교육론. 서울: (도)좋은나무성품학교. pp.311-317.

크게 반응한다는 사실도 이영숙 박사의 12성품교육이 통일교육에 유익한 부분이다.

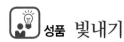 성품 **빛내기**

: 일본이 아닌 한국에서 만난 전문 인성교육

이영숙 박사의 12성품교육은 2013년부터 다문화교육 차원에서 통일 인성교육을 해 오고 있다. 통일 인성교육은 다문화교육의 영역에서 생각해 볼 필요가 있다. 지금 소개할 한 다문화 가정의 이야기를 들어 보면 이해가 될 것이다. 이분은 일본인으로 우리나라 사람과 결혼해서 살고 있는데, 공부하고 싶은 욕구는 있어도 경제적으로 어려워서 선뜻 나서지 못했다고 한다. 그러다가 지방정부의 지원으로 성품교육에 참여하게 되었다. '좋은성품 다문화교육'은 시작부터 열린 마음과 긍정적인 태도로 임할 수 있었고, 또 함께 공부하는 결혼이주 여성들이 공통적으로 가지고 있는 어려움, 기쁨, 감사에 대해 소통할 수 있어서 유익했다고 한다. 많은 성품수업의 참가자들처럼 이분 역시 자신의 좋은 성품을 계발하고 발전시킬 수 있어서 유익했다고 전했다. 남편과 아이에게 대하는 태도가 눈에 띄게 달라졌는데, 또한 아이를 키울 때나 자신이 활동하고 있는 분야에서 어디서든 실천할 수 있는 구체적인 내용이어서 유익했다고 말했다.[10]

 성품 **다듬기**

: 통일교육은

통일을 이루는 데 필요한 가치관과 태도를 기르도록 하는 교육이다.

: 통일교육의 한계점

그동안의 통일교육은 이데올로기를 정당화하는 내용과 정치적 목적이 주를 이루거나, 도덕과목에 한정하여 추상적이고 제한적으로 다뤄짐에 따라 한계점이 나타났다.

: 이영숙 박사의 12성품교육을 바탕으로 한 '한마음 품기' 통일교육이란

인간의 존엄성을 중시하는 평화교육을 지향하면서, 인성을 회복시키기 위해 남과 북의 70년 격리된 문화적 차이를 좋은 성품의 문화로 접근하는 통일교육의 방법이다.[11]

---

10 이영숙. op.cit. 326-328.
11 이영숙. op.cit. 311-317.

: 통일한국의 문화적 통합을 위해서는

이영숙 박사의 12성품교육을 바탕으로 한 '한마음 품기' 통일교육을 통해 남북한이 하나 된 좋은 성품의 문화를 만드는 것이 필수적이다.

60강 통일교육을 위한 인성교육 방향

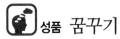 성품 생각하기

: 교사들이 생각하는 '학교통일교육'은?

통일부와 교육부는 지난 10~11월 사이 전국 704개 초·중·고 교사 4,672명을 대상으로 2015년 '학교통일교육 실태조사'를 실시했다. 교사들의 통일 인식 또는 통일교육 인식에 대해 살펴보면, 중·고등학교에서 통일단원이 실제 시험에 출제된다는 응답이 전년대비 15.2% 상승된 63.2%로 나타났다.

또 교사들은 통일교육 활성화를 위해 다음 몇 가지를 요구하고 있다.[12]

통일교육 자료의 개발 및 보급 : 59.4%

교사의 전문성 및 통일교육 의지 향상 : 40.1%

통일교육 시간 확보 : 30.8%

학생 및 학부모들의 의식 : 27.3%

관련 기관과 정부의 지원 : 26.2%

성품 꿈꾸기

1. '한마음 품기' 통일교육의 네 가지 의미가 무엇인지 설명할 수 있다.
2. '한마음 품기' 통일교육의 다섯 가지 기본방향이 무엇인지 설명할 수 있다.

---

12 통일신문. 2014. "[통일부·교육부, 학교통일교육 실태조사 결과 분석] 북한=50%, 주민=40% 협력과 지원 대상". 9월 15일.
http://www.unityinfo.co.kr/sub_read.html?uid=17388&section=sc4

 성품 빚기

: 01. '한마음 품기' 통일교육의 네 가지 의미

'한마음 품기' 통일교육은 문화적 접근으로의 통일교육으로서, 남북한이 당면한 상황에 대해 다음의 네 가지 의미를 지닌다.[13]

첫째, 기쁨의 성품으로 통일 이후에 예상되는 갈등상황을 이겨 내야 한다. 기쁨이란 '어려운 상황이나 형편 속에서도 불평하지 않고 즐거운 마음을 유지하는 태도'(좋은나무성품학교 정의)이므로 통일 후의 갈등과 혼란 상황에서 이를 극복하는 성품이라 볼 수 있다. 우리는 누구나 소중하기 때문에 존재 자체만으로도 기뻐할 만한 사람이라는 사실을 서로에게 말해 주어야 한다. 우리가 같은 역사와 언어와 문화 속에서 살아온 동족이라는 점에서 통일이란 민족의 소망을 이루기 위해 비록 고통스러운 통합의 과정을 겪더라도 이를 기쁨의 성품으로 잘 이겨 나가야 하기 때문이다. 그래서 기쁨의 성품은 남북의 조화와 융화를 통해 한마음을 만들어 내는 핵심 가치이다.

둘째, 감사의 성품을 통해 경쟁과 분열을 넘어 미래를 향한 이해와 통합을 추구해야 한다. 우리는 분단의 시기에 서로 경쟁하고 분열했던 아픔을 안고 있다. 더욱이 동족상잔의 비극을 맛본 슬픈 역사가 있다. 그러나 남과 북이 공존하고 공영하기 위해서는 남과 북이 서로에게 감사의 성품으로 통일의 희망을 강조해야 한다. 비록 분단이 되어 서로 다른 길을 걸어왔으나, 그 길이 통일된 한국을 위해서 도리어 감사할 시간이었음을 발견해야 한다.

감사란 '다른 사람이 나에게 어떤 도움이 되었는지 인정하고 말과 행동으로 고마움을 표현하는'(좋은나무성품학교 정의) 성품이다. 감사를 통해 이해의 폭을 넓힘으로써 과거 국제사회에서 이데올로기 전쟁의 희생양으로 살아야 했던 시간을 털어 버리고, 감사의 성품을 통일 시대의 새로운 국민 성품으로 이끌어 내는 인성교육이 필요하다.

셋째, 배려의 성품으로 새로운 통일 국가의 시민정신을 세워야 한다. 분단으로 인한 갈등을 최소화하기 위해서는 이제 사랑으로 서로를 격려하고, 살펴 주고, 채워 주는 시민의식이 자라야 한다. 배려란 '나와 다른 사람 그리고 환경에 대하여 사랑과 관심을 갖고 잘 관찰하여 보살펴 주는 것'(좋은나무성품학교 정의)이다. 즉 배려의 성품을 비롯해 좋은 성품들로 통일교육의 내용을 채울 때 우리는 통일 후의 시민의식을 한 차원 높일 수 있을 것이다.

넷째, 책임감의 성품으로 통일 국가의 리더십을 키워야 한다. 책임감이란 '내가 해야 할 일들

13 이영숙 (2014). 한국형 12성품교육론. 서울: (도)좋은나무성품학교. 323-341.

이 무엇인지 알고 끝까지 맡아서 잘 수행하는 태도'(좋은나무성품학교 정의)이므로 통일이라는 중차대한 현실 앞에서 국민들이 통일의 책임의식을 발견하고, 또 좋은 성품의 인재들을 키워내야 한다. 분단의 시대를 뛰어넘어 통일의 시대에 적합한 인재들은 갈등, 분열, 대결의 리더십이 아니라 이해와 통합의 리더십을 지녀야 하기 때문이다.

12성품교육의 다양한 성품 중 기쁨, 감사, 배려, 책임감 등 네 가지 성품을 통일교육의 주요 가치로 제시했다. 우리는 적어도 이 네 가지의 성품을 교육함으로써 통일 국가의 화합과 통합 및 발전을 준비할 수 있다. 그리고 통일 시대의 시민은 무엇보다 좋은 성품의 시민정신을 지녀야 한다.

02. '한마음 품기' 통일교육의 다섯 가지 기본방향

우리가 역사적으로, 정치적으로, 경제적으로, 문화적으로 통일의 당위성에 대해 말하지만 통일을 위해 구체적으로 무엇을 어떻게 해야 할지에 대해서는 여전히 희미하고 요원해 보인다. 그러다 보니 통일에 대한 논의는 오히려 사회를 갈등과 혼란 속으로 밀어 넣는 결과를 낳고 있다. 이런 점을 고려할 때 인성교육을 통해 통일에 접근하는 방식은 갈등을 줄이고 공감대를 확산시켜 나갈 좋은 방안으로 여겨진다.

이영숙 박사의 12성품교육이 통일교육의 대안으로 삼고 있는 '한마음 품기 통일교육'은 다음 다섯 가지 기본방향을 가지고 있다.

1. 인권과 생명의 토대
2. 감정의 공감대 마련
3. 공감하고 분별하는 평화교육 지향
4. 인간관계 개선
5. 평생교육

첫째, 인간의 존엄성과 생명의 중요성을 강조하는 토대에서 이뤄져야 한다. 통일교육은 단순히 정치적 당위성에 따라 형식적으로 진행되어서는 안 된다. 통일된 국가의 주인은 통일된 영토에서 주권을 가지고 일상의 생활을 해 나가야 할 국민들이기 때문에 국민의 행복과 풍요를 위한 통일이어야 한다. 그러므로 통일교육은 무엇보다 국민의 인권을 존중하고 생명을 중시하는 내용으로 그 바탕을 삼아야 한다.

이영숙 박사의 12성품교육을 바탕으로 하는 '한마음 품기 통일교육'은 통일된 국가의 국민들이 더 좋은 생각, 더 좋은 감정, 더 좋은 행동을 선택하기 위해 좋은 성품의 가치관을 갖추는 데 기여하는 통일교육이다.

둘째, 감정적 공감대 위에서 진행해야 한다. 통일의 당위성은 동기를 충족시킴으로써 자발적인 참여를 불러일으켜야 한다. 분단으로 인한 긴장감을 완화시키기 위해서도 먼저 좋은 감정을 통해 통일국가의 토대를 다지는 작업이 우선돼야 한다. 감정의 공감대가 형성되지 않을 경우 통일교육의 분위기 형성도 쉽지 않기 때문이다.

사단법인 한국성품협회는 그동안 결혼이주여성들의 인성교육을 진행해 왔다. 이들은 한국의 이질적인 문화에 잘 적응하지 못한 채 쉽지 않은 결혼생활을 해 온 분들이었다. 이들에게 성품대화법을 통해 다른 문화를 가진 사람들에게 내 생각과 감정, 행동을 어떻게 표현하고 전달할 수 있을지를 이야기하면서 서서히 접촉점이 마련되었다. 그런데 이처럼 소통이 시작되자 감정적인 변화들이 나타났다. 즉 조국을 떠나 타국에 와서 힘들게 살아온 경험이 울음으로 표출되었고, 자연스럽게 감정적인 교감이 일어났다. 그러자 타 문화에 대한 이해와 학습의 효과가 매우 높아졌다.

마찬가지로 통일교육 역시 감정적인 교감을 통해 정서적인 벽을 허무는 일이 우선돼야 한다. 그러자면 '관계 맺기의 비밀-TAPE(Thankyou-Apologize-Please-Express) 요법' 등을 활용함으로써 감정의 변화를 도모할 수 있다.

매너교육도 중요하다. 통일 이후를 예상해 보자. 남북이 단절되어 서로 다른 체제에서 살아왔기 때문에 행동 하나에도 오해가 발생하고, 갈등으로 이어질 가능성이 높다. 행동을 변화시키는 성품교육 프로그램인 매너교육은 이런 상황을 완화해 줄 수 있다. 즉 내면의 심리가 외면의 행동양식으로 잘 표출될 때 불필요한 오해를 줄일 수 있으므로 상호 예의를 지키면서 존중하는 가운데 통합의 길로 나아가도록 돕는다.

또 상충하는 문화를 조화롭게 통합하기 위해 다문화 사회의 가치들이 존중되어야 할 것이다. 같은 민족, 같은 언어, 같은 역사를 가졌더라도 통일은 서로 다른 국가 또는 서로 다른 문화를 가진 두 집단의 하나 됨과 다르지 않다. 따라서 서로 다른 문화를 존중하고, 어느 한쪽이 다른 쪽에 대해 우월적인 인식을 갖지 않도록 교육해야 한다. 다문화가정의 인성교육을 다양한 형태로 전개해 온 12성품교육의 경험을 잘 활용할 수 있을 것이다.

셋째, 공감하고 분별하는 평화교육을 지향해야 한다. 통일의 근본적인 목적 중 하나는 항구적인 평화의 유지에 있다. 그러므로 통일국가의 시민이 품어야 할 시민정신의 근간 역시 평화를 지향할 수밖에 없고, 통일교육도 평화교육을 지향해야 한다.

이영숙 박사의 12성품교육은 공감인지능력으로 사랑의 성품을 키우고, 분별력으로 공의의

제1장
제2장
제3장
제4장
제5장
제6장
제7장
＋
제8장
제9장
제10장
＋
제11장
제12장
＋
제13장

성품을 키워 결국 평화로운 세상을 만드는 데 교육의 목표를 두고 있어 평화교육으로서의 통일교육에 효과적이다.

넷째, 치유와 회복을 통해 인간관계를 개선해야 한다. 새터민들의 경우 무엇보다 그들이 안고 있는 심리적 상처들을 어떻게 치유할 것이냐가 중요하다. 상처의 치유 없이 건강한 시민으로 살아가기가 어렵기 때문이다. 이 문제는 통일 이후에도 그대로 적용될 가능성이 크다. 그러므로 통일교육의 중요한 이슈가 될 것이다. 이영숙 박사의 12성품교육은 성품이노베이션 등의 프로그램을 통해 개인의 상처를 치유함으로써 인간관계를 개선하는 작업을 꾸준히 펼쳐 왔다. 통일교육에도 그 경험이 적극 활용될 수 있다.

다섯째, 평생교육이어야 한다. 이영숙 박사의 12성품교육은 태내기에서 노인기에 이르기까지의 다양한 성장 스펙트럼마다 그 시기의 핵심과제들을 수행하기 위해 평생교육 체계를 갖는다. 통일교육 또한 이러한 평생교육 시스템을 갖춰야 한다. 그래서 연령 또는 성장 단계에 따라 통일교육의 중요성과 필요성을 교육해야 한다. 12성품교육의 경우 부모와 교사들을 통해 배우고 성장하듯이 통일교육 역시 이러한 시스템이 갖춰져야 한다. 그럼으로써 부모와 교사 세대에서 다음 세대로 자연스럽게 흘러가도록 해야 한다.

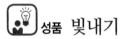성품 빛내기

: '이영숙 박사의 12성품교육'은 모든 나라의 기초!

대만을 떠나 한국에 온 지 8년이 지난 C씨는 그 사이 결혼도 하고, 아이도 낳아 벌써 6살 된 아이를 키우는 다문화가정의 엄마이다. 아이를 키우면서 타국에서 엄마의 입장이 되다 보니 상황에 맞게 어떻게 행동해야 하는지, 과연 내가 교육하는 방법이 한국인 특유의 정서에 맞는지 여러 가지로 혼란스러울 때가 많았다고 한다. 그러다가 마침 사단법인 한국성품협회가 경기도 평생교육진흥원과 실시한 '좋은성품 다문화교육'을 접하게 된 것이다. C씨는 3개월 동안 꾸준히 성품수업에 참여하면서 앞서 고민했던 어려움과 두려움이 조금씩 해소가 되었다. 집에서 아이와 중국어로 대화를 하면서 아이에게 '12성품교육'의 정의를 가르쳤는데, 아이들은 물론 대만에 있는 친구들도 계속 더 알려 달라고 요청하는 등 반응이 좋았다는 것이다. 자신의 성품을 진단하고 좋은 성품을 연습하는 과제들을 통해 다시 한 번 삶을 자세히 들여다보는 시간이 가장 보람이 있었다는 C씨는 무엇보다 좋은 성품은 아이뿐만 아니라 부모가 먼저 배워야 한다고 강조하며 소감을 전했다.[14]

---

14 이영숙 (2014). 한국형 12성품교육론. 서울: 좋은나무성품학교. 328-329.

성품 다듬기

: '한마음 품기' 통일교육의 네 가지 의미

첫째, 기쁨의 성품으로 새로운 민족적 정체성을 회복하여 통일 이후에 예상되는 갈등상황을 이겨 내고, 둘째, 감사의 성품으로 평화와 협력을 도모하며, 셋째, 배려의 성품으로 갈등을 해결함으로써 새로운 통일국가의 시민정신을 세우고, 넷째, 책임감의 성품으로 통일국가의 리더십을 키우도록 한다.

: '한마음 품기' 통일교육의 다섯 가지 기본방향

첫째, 인간의 존엄성과 생명의 중요성을 강조하고, 둘째, 감정적 공감대 위에서 진행하도록 하며, 셋째, 공감하고 분별하는 평화교육을 지향하고, 넷째, 치유와 회복을 통해 인간관계를 개선해 나가며, 다섯째, 평생교육으로 전개되는 통일교육이다.

: '좋은 성품'이라는 보편가치를 통해

학생과 부모, 교사 모두 '한마음 품기'가 실현되는 통일교육이 되도록 하자.

제1장
제2장
제3장
제4장
제5장
제6장
제7장
＋
제8장
제9장
제10장
＋
제11장
제12장
＋
제13장

제1부 이영숙 박사의 12성품(이론)

제 1 장 성품교육이란 무엇일까요?

강상진(2007). 아리스토텔레스의 덕론. 가톨릭철학, 9, 11-39.

서강식(1996). 도덕교육목표로서의 도덕성에 관한 연구. 한국교육, 23(1), 61-84.

이영숙(2005). 부모·교사를 위한 성품교육 지도서-경청. 서울: 아름다운 열매.

이영숙(2007). 이제는 성품입니다. 서울: 아름다운 열매.

이영숙(2011). 한국형 12성품교육론. 서울: (도)좋은나무성품학교.

이영숙(2012). 성품, 향기 되어 날다. 서울: (도)좋은나무성품학교. 159-161, 192-193.

이영숙(2014). 한국형 12성품교육론. 서울: (도)좋은나무성품학교.

이영숙(2015). 좋은성품 부모-인내 매거진, Vol.11. (사)한국성품협회. 8-9.

장성모(1996). 인성의 개념과 인성교육. 초등교육연구, 10(1), 119-134.

최신일(2008). 인간, 인격 그리고 인격교육. 초등도덕교육, 27, 185-206.

Lapsley, D. K., & Narvaez, D. (2006). Character Education. In Vol. 4(A Renninger & I. Slegel, volume eds.). Handbook of Child Psychology(W. Damon & R. Lerner, Series Eds.), New York: Wiley, 248-296.

연합뉴스. 2008. "문화가 두뇌를 바꾼다", 1월 19일. http://news.naver.com/main/hotissue/read.nhn?mid=hot&sid1=103&cid=3118&iid=14860&oid=001&aid=0001929662&ptype=021

연합뉴스. 2010. "아이들의 반사회적 행동, 유전 아니다", 12월 6일. http://news.naver.com/main/read.nhn?mode=LSD&mid=sec&sid1=103&oid=001&aid=0004804189

코리아메디컬닷컴. 2012. "성격 안 바뀐다고?…4년만 지나도 달라져", 3월 7일. http://www.kormedi. com/news/article/1203059_2892.html

코리아메디컬닷컴. 2014. "새로운 습관 3주면 적응? 최소 2달 걸린다!", 4월 16일. http://news.naver. com/main/hotissue/read.nhn?mid=hot&sid1=103&cid=3118&iid=900576&oid=296&aid=00000187 37&ptype=021

제 **2** 장 성품 특성에 따른 인성문제

고건영 · 김진영(2005). 한국인의 정서적 지혜: 한의 삭힘. 정신문화연구, 28(3), 225-290.

이승환(1999). 유가 사상의 사회철학적 재조명. 서울: 고려대학교 출판부.

이영숙(2005). 부모 · 교사를 위한 성품교육 지도서-경청. 서울: 아름다운 열매.

이영숙(2011). 한국형 12성품교육론. 서울: (도)좋은나무성품학교.

이영숙(2013). 인성을 가르치는 학교 만들기. 서울: (도)좋은나무성품학교. 407-408.

이영숙(2014). 좋은성품 부모-감사 매거진, Vol.9. (사)한국성품협회. 12-13.

이영숙(2014). 좋은성품 부모-배려 매거진, Vol.8. (사)한국성품협회. 12-13.

이영숙(2014). 한국형 12성품교육론. 서울: (도)좋은나무성품학교.

장성숙(2004). 한국문화에서 상담자의 초점: '개인중심' 또는 '역할중심'. 한국심리학회지: 사회 및 성격, 18(3), 15-27.

최봉영(1994). 한국인의 사회적 성격(Ⅰ)-일반 이론의 구성. 서울: 느티나무.

최봉영(1998). '사회' 개념에 전제된 개체와 전체의 관계와 유형. 사회사상과 문화, 1, 79-104.

최상진 · 김기범(1999). 한국인의 심정심리(心情心理) : 심정의 성격, 발생과정, 교류양식 및 형태. 한국 심리학회지: 일반, 18(1), 1-16.

최상진 · 김지영 · 김기범(2000). 정(情)(미운정 고운정)의 심리적 구조, 행위 및 기능간의 구조적 관계 분석. 한국심리학회지: 사회 및 성격, 14(1), 203-222.

최인재 · 최상진(2002). 한국인의 문화 심리적 특성이 문제대응방식, 스트레스, 생활만족도에 미치는 영향: 정(情), 우리성을 중심으로. 한국심리학회지: 상담 및 심리치료, 14(1), 55-71.

홍경완(2009). 사회적 고난체험으로서의 한. 신학과 철학, 15, 119-145.

Hofstede, G. (1991). Cultures and Organizations: Software of the mind. London: McGraw-Hill. 나은영, 차재호 역. 세계의 문화와 조직. 서울: 학지사.

Markus, H. R., & Kitayama, S. (1991). Culture and the Self: Implication for cognition and emotion and motivation. Psychological Review, 98(2), 224-253.

Miller, J. G. (2002). Bringing culture to basic psychological theory-Beyond individualism and collectivism: Comment to Oyserman et al. (2002). Psychological Bulletin, 128, 97-109.: Oyserman, D., Coon, H. M., & Kemmelmeier, M. (2002). Rethinking individualism and collectivism: Evaluation of theoretical assumptions and meta-analyses. Psychological Bulletin, 128, 3-72.

Peng, K., & Nisbett, R. E. (1999). Culture, dialectics, and reasoning about contradiction. American Psychologist, 54, 741-754.

Triandis, H. C. (1989). The self and social behavior in differing cultural contexts. Psychological Review, 96, 506-520.

국민일보. 2014. "한국인의 '화병', 풀어야 산다", 7월 3일. http://news.kukinews.com/article/view.asp ?arcid=0008474488&code=46111301&cp=nv

동아일보. 2014. "'한국학' 연구하는 외국인 학자들", 5월 27일. http://news.donga.com/3/all /20140523/63718367/1

아시아경제. 2013. "한국, '경제발전-민주화' 동시달성은 유교전통 덕", 11월 26일. http://view.asiae. co.kr/news/view.htm?idxno=2013112607405705373

연합뉴스. 2009. "한국인 74% 자아정체감' 취약", 10월 8일. http://news.naver.com/main/hotissue/read .nhn?mid=hot&sid1=103&cid=3118&iid=142652&oid=001&aid=0002905458&ptype=021

코리아메디컬닷컴. 2013. "행복은 전염되고, 전이된 행복엔 면역도", 11월 9일. http://news.naver.com /main/hotissue/read.nhn?mid=hot&sid1=103&cid=3118&iid=828495&oid=296&aid=0000016866& ptype=021

제 **3** 장 행복한 관계 맺기의 비밀-TAPE 요법

이영숙(2005). 부모·교사를 위한 성품교육 지도서-경청. 서울: 아름다운 열매.

이영숙(2011). 한국형 12성품교육론. 서울: (도)좋은나무성품학교.

이영숙(2012). 성품, 향기 되어 날다. 서울: (도)좋은나무성품학교. 91-93, 199-200, 113-116.

이영숙(2014). 한국형 12성품교육론. 서울: (도)좋은나무성품학교.

Harrington, Anne (2008). Cure Within A History of Mind-Body Medicine. 조윤경 역. 마음은 몸으로 말을 한다. 살림.

Vaillant G. E. (1977). Adaptation to Life. 이덕남 역. 행복의 조건. 서울: 프런티어.

서울신문. 2014. "'Sorry' 사과 한 마디가 큰 변화를 만든다", 7월 15일. http://news.naver.com/main/ hotissue/read.nhn?mid=hot&sid1=103&cid=3118&iid=941582&oid=081&aid=0002442496&pty pe=021

한겨레. 2012. "개와 고양이는 정말 앙숙일까", 9월 26일. http://www.hani.co.kr/arti/society/

environment/549665.html

YTN. 2010. "건강하게 오래 살려면 좋은 인간관계 맺기". 7월 28일. http://www.ytn.co.kr/search/search_view.php?s_mcd=0104&key=201007281128228329

제 **4** 장   인성교육의 역사와 이영숙 박사의 12성품교육

김명진(2010). 도덕교과 교육을 통한 인성교육의 활성화 방안 연구. 공주대학교 대학원. 박사학위논문.

문용린(1997). 인성 및 시민교육교육내용과 방법적 원리의 재개발. 한국교육개발원 창립25주년 학술대회자료집. 403-425.

박균섭(2008). 학교 인성교육론 비판. 교육철학, 35, 35-69.

이영숙(2005). 부모·교사를 위한 성품교육 지도서-경청. 서울: 아름다운 열매.

이영숙(2011). 한국형 12성품교육론. 서울: (도)좋은나무성품학교.

이영숙(2012). 성품, 향기 되어 날다. 서울: (도)좋은나무성품학교. 207-208.

이영숙(2012). 초등성품리더십 인성교과서-기쁨. (사)한국성품협회. *서울특별시교육감 인정도서(교육과정과-1505호).

이영숙(2012). 초등성품리더십 인성교과서-배려. (사)한국성품협회. *서울특별시교육감 인정도서(교육과정과-1505호).

이영숙(2012). 초등성품리더십 인성교과서-인내. (사)한국성품협회. *서울특별시교육감 인정도서(교육과정과-1505호).

이영숙(2013). 인성을 가르치는 학교 만들기. 서울: (도)좋은나무성품학교. 384.

이영숙(2014). 한국형 12성품교육론. 서울: (도)좋은나무성품학교.

Benninga, J. S., Berkowitz, M. W., Kuehn, P., & Smith, K. (2003). The relationship of character education implementation and academic achievement in elementary schools. Journal of Research in Character Education, 1(1), 19-32.

Benson, P. L., Roehlkepartatin, E. C., & Sesma, A. (2004). Tapping the power of community. Search Institute Insights and Evidence, 2(1), 1-14.

Berkowitz, M. W., & Bier, M. C. (2005). What Works in Character Education: A Research-Driven Guide for Educators. Washington, D. C.: Character Education Partnership.

Fahrenbruck, K. & Alspaugh, A. (1999-2003). Two Studies on the Effectiveness of Character First Education in the Public Schools of Oklahoma City. Oklahoma City.

Josephson, M. S. (2002). Making Ethical Decisions. Los Angeles, CA: Josephson Institute of Ethics, 65-81.

Latzke, J. (2003). Study suggests character education boosts academics, too. The Associated Press State & Local Wire.

Lickona, T. (1991a). Educating for Character: How Our Schools Can Teach Respect and Responsibility. New York: Bantam Books, 43-46.

McClellan, B. E. (1992). Schools and the Shaping of Character: Moral Education in America, 1607-Present. Bloomington, IN: ERIC Clearinghouse for Social Studies/Social Science Education.

Payne, A. A., Gottfredson, D. C., & Gottfredson, G. D. (2003). Schools as communities : The relationship among communal school organization, student bonding and school disorder. Criminology, 41(3), 749-778.

Sheppard, R. R. (2002). The Utility of A School-Intilated Character Education Program. The Doctoral Dissertation. The Graduate School of the University of Maryland.

Shriver, T. P., & Weissberg, R. P. (2005). No emotion left behind. New York Times OP-ED. A15.

Vincent, P. F. (1991). The Teaching of Ethics as a Means to Facilitate Moral Development in Gifted Adolescents. Ed. D. dissertation, North Carolina State University, Raleigh, N. C.

경향신문. 2015. "교육부, 대학입시에 '인성 평가' 반영···교대·사범대부터", 1월 22일. http://news.khan.co.kr/kh_news/khan_art_view.html?artid=201501221144001&code=940401

코리아메디컬닷컴. 2014. "아주 오랜만에 자전거 타도 왜 안 넘어질까", 12월 19일. http://www.kormedi.com/news/article/1213094_2892.html

한국교육신문. 2015. "선진국의 인성교육은", 5월 25일. http://www.hangyo.com/APP/news/article.asp?idx=45070

제 5 장 이영숙 박사의 12성품교육-이론 탐구

강선보·김정환(2006). 교육철학. 서울: 박영사.

고재식(2005). 기독교윤리의 유형론적 연구. 서울: 대한기독교서회.

金田康正 외(2007). 뇌와 마음의 구조. 뉴턴프레스 역. 서울: 뉴턴코리아.

김태경(2001). 플라톤에서 사람됨과 훌륭한 삶. 철학, 68, 107-130.

유원기(2009). 아리스토텔레스의 "탁월한 행동". 철학연구, 111, 25-49.

이영숙(2005). 부모·교사를 위한 성품교육 지도서-경청. 서울: 아름다운 열매.

이영숙(2010). 성품양육 바이블. 경기: 물푸레. 97.

이영숙(2011). 한국형 12성품교육론. 서울: (도)좋은나무성품학교.

이영숙(2012). 성품, 향기 되어 날다. 서울: (도)좋은나무성품학교. 282-285.

이영숙(2013). 인성을 가르치는 학교 만들기. 서울: (도)좋은나무성품학교. 417-418.

이영숙(2014). 한국형 12성품교육론. 서울: (도)좋은나무성품학교.

이용남(2007). 학교, 정초주의, 반 정초주의, 그리고 교육. 교육원리연구, 12(1), 125-143.

장상호(2000). 학문과 교육(하): 교육적 인식론이란 무엇인가. 서울: 서울대학교 출판부.

정석환(2008). 포스트모더니즘의 합리성에 근거한 한국교육의 재개념화. 비교교육연구, 18(3), 231-249.

정호범(2008). 가치교육에 있어서 가치판단의 정당화. 사회과교육연구, 15(4), 25-44.

추정훈(2005). 가치화의 과정과 가치교육의 문제. 사회과교육연구, 12(2), 237-261.

홍은숙(2003). 지식교육에 관한 논의의 유형 분석. 아시아교육연구, 4(2), 141-168.

교육학용어사전, 1995.

Albert E. Greene. (1998). Reclaiming The Fure Of Christian Education. 현은자 역. 기독교 세계관으로 가르치기. 서울: CUP.

Bloom, A. (1987). The Closing of the American Mind. 이원희 역. 미국 정신의 종말. 서울: 범양사.

Childress, J. F. (1986). "Situation ethics" in The Westminster Dictionary of Christian Ethics, ed. by Childress, J. F. and Macquarrie, J.. Philadelphia: The Westminster Press, 586-588.

Dispenza, J. (2007). Evolve Your Brain: The Science of Changing Your Mind. 김재일 · 윤혜영 역. 꿈을 이룬 사람들의 뇌. 한언.

Guthrie, W. K. C. (1960). The Greek Philosophers: From Thales to Aristotle. 박종현 역. 희랍 철학 입문. 서울: 서광사.

Kagan, J. (2010). The Temperamental Thread. 김병화 역. 성격의 발견. 서울: 시공사.

Lickona, T., Schaps, E., & Lewis, C. (2002). Eleven Principles of Effective Character Education. Washington, D. C.: Character Education Partnership.

Nettleship. R. L. (1969). The Theory of Education in Ploto's Republic. 김안중 역. 플라톤의 교육론. 서울: 서광사.

Polanyi, M. Tacit Dimension. Garden City, N.Y.: Doubleday & Company. 1966.

Richard J. Edlin. (1998). (The) cause of christian education. 기독교학문연구회 교육학분과 역. 기독교 교육의 기초. 서울: 그리심.

Rousas John Rushdoony. (2007). (The) philosophy of the Christian curriculum. 정선희 역. 기독교 교육, 무엇이 다른가. 디씨티와이 꿈을 이루는 사람들.

Taylor, C. (1992). The Ethics of Authenticity. 송영배 역. 불안한 현대사회. 서울: 이학사.

Urmson, J. O. (1988). Aristotle's Ethics. 장영란 역. 아리스토텔레스의 윤리학. 서울: 서광사.

Vincent, P. F. (1999). Developing Character In STUDENTS. Character Development Group Inc.

William Van Til. (1974), Education: a beginning. Boston: Houghton Mifflin School.

국민일보. 2014. "근거 있는 '중2병'··· 중학생, 인성 수준 꼴찌", 8월 20일. http://news.kmib.co.kr/article/view.asp?arcid=0922766585&code=11131300&cp=nv

독서신문. 2015. "자율적 도덕성, 인격의 존엄성", 3월 16일. http://www.readersnews.com/news/articleView.html?idxno=53205

씨네21. 2015. "제 기능을 상실한 언론과 도덕성을 상실한 한 인간 〈나이트 크롤러〉", 2월 25일. http://www.cine21.com/news/view/mag_id/79186

연합뉴스. 2009. "정보 홍수에 도덕관념 희박해진다", 4월 15일. http://news.naver.com/main/hotissue/read.nhn?mid=hot&sid1=103&cid=3118&iid=84905&oid=001&aid=0002609353&ptype=021

전자신문. 2015. "애플의 도덕성=미국의 도덕성, "앱스토어, 마리화나 묘사는 되지만 총은 안 된다", 2월 16일. http://www.etnews.com/20150216000222

중앙일보. 2014. "교만한 A 에게 하버드 문은 열리지 않는다", 8월 7일. http://article.joins.com/news/article/article.asp?total_id=15466604&cloc=olink|article|default

코리아메디컬닷컴. 2009. "폭력적 청소년은 뇌 구조가 다르다?", 1월 15일. http://www.kormedi.com/news/article/1187061_2892.html

한국경제. 2009. "② 아리스토텔레스의 「정치학」", 1월 9일. http://www.hankyung.com/news/app/newsview.php?aid=2009010813861

제 **6** 장   이영숙 박사의 12성품교육-특색

오인탁(1996). 기독교와 인격교육. 종교교육학연구, 2(1), 61-72.

이영숙(2005). 부모·교사를 위한 성품교육 지도서-경청. 서울: 아름다운 열매.

이영숙(2011). 한국형 12성품교육론. 서울: (도)좋은나무성품학교.

이영숙(2012). 성품, 향기 되어 날다. 서울: (도)좋은나무성품학교. 205-206, 209-210.

이영숙(2014). 한국형 12성품교육론. 서울: (도)좋은나무성품학교.

이영숙(2015). 이영숙 박사의 한국형 12성품 척도 개발 연구. (사)한국성품협회 한국성품학회.

Palmer, P. J. (1993). To Know As We Are Known. 이종태 역. 가르침과 배움의 영성. IVP.

시사저널. 2014. "리더 되려면 도덕성부터 갖춰라", 10월 23일. http://www.sisapress.com/news/articleView.html?idxno=63412

중앙일보. 2015. "도덕성·겸손·배려···新존경층이 뜬다", 2월 16일. http://news.heraldcorp.com/view.php?ud=20150216000631&md=20150216113030_BL

제 **7** 장   이영숙 박사의 12성품교육-기본 덕목

김계현(2002). 카운셀리의 실제. 서울: 학지사.

류청산 · 진흥섭(2006). 인성교육을 위한 인성덕목의 요인분석. 경인교육대학교 교육논총. 146.

안범희(2005). 미국 학교에서의 인성교육 내용 및 특성연구. 인문과학연구, 13, 133-169.

엄기영(2003). 한국 전통사회 유년기 아동의 인성교육 고찰. 미래유아교육학회지, 10(4), 349-374.

이영숙(2005). 부모 · 교사를 위한 성품교육 지도서-경청. 서울: 아름다운 열매.

이영숙(2009). 성품 좋은 아이로 키우는 부모의 말 한마디. 서울: 위즈덤하우스.

이영숙(2011). 한국형 12성품교육론. 서울: (도)좋은나무성품학교.

이영숙(2012). 성품, 향기 되어 날다. 서울: (도)좋은나무성품학교. 211-214, 217-218.

이영숙(2014). 한국형 12성품교육론. 서울: (도)좋은나무성품학교.

정창우 · 손경원 · 김남준 · 신호재 · 한혜민(2013). 학교급별 인성교육 실태 및 활성화 방안. 교육부.

한규석(2009). 사회심리학의 이해. 서울: 학지사.; Segerstrom, S. C.(2001). Optimism, goal conflict, and stress-related immune change. Journal of Behavioral Medicine, 24(5), 441-67.

Adler, A. (1964). Superiority and social interest: A collection of later writings. Edited by H. L. Ansbacher and R. R. Ansbacher. Evanston, Ill., Northwestern University Press.

Boden, M. A. (2003). The Creative Mind: Myths And Mechanisms. Routledge.

Fredrickson, B. (2005). Positive emotions. In C. Snyder & S. Lopez (Eds.), Handbook of positive psychology, pp. 120-134. Lndon: Oxford University Press.

Wynne, E., & Ryan, K. (1993). Reclaiming Our School: A Handbook on Teaching Character, Academics, and Discipline. New York: Merrill Press.

Graziano, W.G., & Eisenberg, N. (1997). Agreeableness; A dimension of personality. In R. Hogan, S. Briggs, & J. Johnson, (1997). Handbook of Personality Psychology. San Diego, CA: Academic Press.; Hunter, J. D. (2000). 2000 First Things 103, 36-42.

Hyten, C., Madden, G. J., & Field, D. P. (1994). Exchange delays and impulsive choice in adult humans. Journal of the Experimental Analysis of Behavior, 62, 225-233.

Josephson, M. (2002). Making Ethical Decisions. CA: Josephson Institute of Ethics, 65-81.; Lickona, T. (1991b). Education for character: Does character education make a difference?; Vincent, P. F. (1999). Developing Character In STUDENTS. Character Development Group Inc.

Kenrick, D. T., Li, N. P., & Butner, J. (2003). Dynamical evolutionary psychology: Individual decision rules and emergent social norms. Psychological Review, 110, 3-28.

Lickona, T. (1991a). Educating for Character: How Our Schools Can Teach Respect and Responsibility. New York: Bantam Books, 43-46.

Max Scheler. (2006). Wesen und formen der sympathie. 조정옥 역. 동감의 본질과 형태들. 서울: 아카넷.

Michele Borba. (2004). Building moral intelligence. 현혜진 역. 한언.

Orwoll, L., & Perlmutter, M. (1990). The study of wise persons: Integrating a personality perspective. In R. J. Sternberg (Ed.), Wisdom: Its nature, origins, and development. New York: Cambridge University Press.; Sternberg, R. J. (1985). Implicit theories of intelligence, creativity, and wisdom. Journal of Personality and Social Psychology, 49, 607-627.

Robert Coles. (1996). Moral Intelligence of Children. 정홍섭 역. 해냄출판사.

Scotter, R. D., John, D. H., Richard, J. K., & James, C. S. (1991). Social Foundations of Education(3rd). NJ: Prentice Hall.

Stevens, J. R., Hallinan, E. V., & Hauser, M. D. (2005). The ecology and evolution of patience in two new world monkeys. Biol Lett. 1(2), 223-226.

Wynne, E., & Ryan, K. (1993). Reclaiming Our School: A Handbook on Teaching Character, Academics, and Discipline. New York: Merrill Press.

나우뉴스. 2015. "아이는 태초부터 착하다? '이타심은 후천적 결과'", 1월 7일. http://nownews.seoul.co.kr/news/newsView.php?id=20150107601012

매일경제. 2015. "스마트폰 중독 심각성, 연구결과 '깜짝'…인간관계에 치명적", 3월 10일. http://www.mbn.co.kr/pages/news/newsView.php?news_seq_no=2244730

코리아메디컬닷컴. 2010. "가족규칙 정하면 아이 TV 덜 본다", 6월 15일. http://news.naver.com/main/hotissue/read.nhn?mid=hot&sid1=103&cid=3118&iid=224569&oid=296&aid=0000006695&ptype=021

파이낸셜뉴스. 2014. "사람마다 느끼는 '고통의 크기' 다르다", 1월 17일. http://news.naver.com/main/hotissue/read.nhn?mid=hot&sid1=103&cid=3118&iid=864853&oid=014&aid=0003073182&ptype=021

✚ 성품 특강

이영숙(2014). 한국형 12성품교육론. 서울: (도)좋은나무성품학교.

중앙일보. 2014. "세계 첫 인성교육 의무화 … 정부·지자체서 예산 집행", 12월 30일. http://article.joins.com/news/article/article.asp?total_id=16812100&cloc=olink|article|default

제2부 이영숙 박사의 12성품(실제)

제 **8** 장 이영숙 박사의 12성품교육 – 내용

이영숙(2005). 부모·교사를 위한 성품교육 지도서 – 경청. 서울: 아름다운 열매.

이영숙(2007). 이제는 성품입니다. 서울: 아름다운 열매.

이영숙(2011). 한국형 12성품교육론. 서울: (도)좋은나무성품학교.

이영숙(2013). 인성을 가르치는 학교 만들기. 서울: (도)좋은나무성품학교. 424-425.

이영숙(2014). 한국형 12성품교육론. 서울: (도)좋은나무성품학교.

인성교육진흥법. 법률 제13004호.

코리아메디컬닷컴. 2009. "생각 바꾸면 행복감 30% 높아져", 6월 24일. http://news.naver.com/main/
   hotissue/read.nhn?mid=hot&sid1=103&cid=3118&iid=112024&oid=296&aid=0000003042&pty
   pe=021

제 **9** 장 공감인지능력을 키우는 여섯 가지 좋은 성품의 실제

김기열(2012). 성품경영 자료집 – '긍정성품경영'. 좋은나무성품경영연구소.

김기열(2012). 성품경영 자료집 – '소통성품경영'. 좋은나무성품경영연구소.

김기열(2012). 성품경영 자료집 – '책임성품경영'. 좋은나무성품경영연구소.

배우리(2012). 신드롬을 읽다. 미래를소유한사람들.

이영숙(2006). 어린이성품리더십 – 감사 1,2,3. 서울: (도)좋은나무성품학교.

이영숙(2006). 어린이성품리더십 – 경청 1,2,3. 서울: (도)좋은나무성품학교.

이영숙(2006). 어린이성품리더십 – 긍정적인 태도 1,2,3. 서울: (도)좋은나무성품학교.

이영숙(2006). 어린이성품리더십 – 기쁨 1,2,3. 서울: (도)좋은나무성품학교.

이영숙(2006). 어린이성품리더십 – 배려 1,2,3. 서울: (도)좋은나무성품학교.

이영숙(2007). 나를 찾아 떠나는 여행, 성품. 서울: 두란노.

이영숙(2007). 어린이성품리더십 – 순종 1,2,3. 서울: (도)좋은나무성품학교.

이영숙(2007). 이제는 성품입니다. 서울: 아름다운 열매.

이영숙(2011). 청소년성품리더십 – 감사. 서울: (도)좋은나무성품학교.

이영숙(2011). 청소년성품리더십 – 기쁨. 서울: (도)좋은나무성품학교.

이영숙(2011). 한국형 12성품교육론. 서울: (도)좋은나무성품학교.

이영숙(2012). 성품, 향기 되어 날다. 서울: (도)좋은나무성품학교. 201-202.

이영숙(2012). 초등성품리더십 인성교과서-감사. (사)한국성품협회.

이영숙(2012). 초등성품리더십 인성교과서-경청. (사)한국성품협회.

이영숙(2012). 초등성품리더십 인성교과서-기쁨. (사)한국성품협회. *서울특별시교육감 인정도서(교육과정과-1505호)

이영숙(2012). 초등성품리더십 인성교과서-배려. (사)한국성품협회. *서울특별시교육감 인정도서(교육과정과-1505호)

이영숙(2013). 청소년성품리더십-배려. 서울: (도)좋은나무성품학교.

이영숙(2013). 초등성품리더십 인성교과서-긍정적인 태도. (사)한국성품협회.

이영숙(2013). 초등성품리더십 인성교과서-순종. (사)한국성품협회.

이영숙(2014). 좋은성품 부모-긍정적인 태도 매거진, Vol.5. (사)한국성품협회. 14-15.

이영숙(2014). 좋은성품 부모-기쁨 매거진, Vol.7. (사)한국성품협회. 14-15.

이영숙(2014). 한국형 12성품교육론. 서울: (도)좋은나무성품학교.

이영숙(2015). 좋은성품 부모-순종 매거진, Vol.10. (사)한국성품협회. 16-17.

이해인, 도종환 외. (2009). 날마다 감동 날마다 행복. 율도국.

전광. (2003). 백악관을 기도실로 만든 대통령 링컨. 라이프북.

Anton Gill. (2003). Il Gigante: Michelangelo, Florence, and the David, 1492-1504. 이명혜 역. 생각의나무.

Robert Rosenthal. (2003). Pygmalion in the classroom. 심재관 역. 이글리오.

Stephen M. Pollan. (2001). Lifescripts: What to Say to Get What You Want in Life's Toughest Situations, Completely Revised and Updated. 서율택 역. 스테디북.

라이프사전. (2006). 라이프북.

좋은성품신문. 2012. "배려하는 학급 만들기", (사)한국성품협회, 41호, 11면.

좋은성품신문. 2012. "장애를 이기는 경청의 성품", (사)한국성품협회, 45호, 8면.

코리아메디컬닷컴. 2012. "'하하하' 웃음소리, 어떤 진통제보다 좋다", 11월 20일. http://news.naver.com/main/hotissue/read.nhn?mid=hot&sid1=103&cid=3118&iid=550647&oid=296&aid=0000013503&ptype=021

코리아메디컬닷컴. 2012. "감사해하는 태도, 정신건강에 직결된다", 8월 8일. http://news.naver.com/main/hotissue/read.nhn?mid=hot&sid1=103&cid=3118&iid=495805&oid=296&aid=0000012601&ptype=021

코리아메디컬닷컴. 2014. "밝고 긍정적일수록 면역력도 강해진다", 8월 26일. http://news.naver.com/main/hotissue/read.nhn?mid=hot&sid1=103&cid=3118&iid=958685&oid=296&aid=0000020276&ptype=021

코리아메디컬닷컴. 2015. "관용과 배려는 타고난 성격보다 교육이 좌우", 1월 2일. http://news.naver.
　　com/main/hotissue/read.nhn?mid=hot&sid1=103&cid=3118&iid=24940760&oid=296&aid=000002
　　1617&ptype=011

한겨레. 2014. "세종은 경청 잘해 성공⋯지금 정치인들 '여민정신' 닮길", 7월 16일. http://www.hani.
　　co.kr/arti/society/society_general/647208.html

헤럴드경제. 2015. "자녀 4명 중 1명⋯효도란, 부모에게 '순종'하는 것", 5월 8일. http://news.
　　heraldcorp.com/view.php?ud=20150508000877&md=20150508154206_BL

제 **10** 장　분별력을 키우는 여섯 가지 좋은 성품의 실제

김기열(2012). 성품경영 자료집-'긍정성품경영'. 좋은나무성품경영연구소.

김기열(2012). 성품경영 자료집-'소통성품경영'. 좋은나무성품경영연구소.

김기열(2012). 성품경영 자료집-'책임성품경영'. 좋은나무성품경영연구소.

김선양(2004). 현대한국교육사상사. 한국학술정보.

이영숙(2005). 부모・교사를 위한 성품교육 지도서-경청. 서울: 아름다운 열매.

이영숙(2006). 어린이성품리더십-인내 1,2,3. 서울: (도)좋은나무성품학교.

이영숙(2006). 어린이성품리더십-절제 1,2,3. 서울: (도)좋은나무성품학교.

이영숙(2007). 나를 찾아 떠나는 여행, 성품. 서울: 두란노.

이영숙(2007). 어린이성품리더십-정직 1,2,3. 서울: (도)좋은나무성품학교.

이영숙(2007). 어린이성품리더십-지혜 1,2,3. 서울: (도)좋은나무성품학교.

이영숙(2007). 어린이성품리더십-창의성 1,2,3. 서울: (도)좋은나무성품학교.

이영숙(2007). 어린이성품리더십-책임감 1,2,3. 서울: (도)좋은나무성품학교.

이영숙(2011). 한국형 12성품교육론. 서울: (도)좋은나무성품학교.

이영숙(2012). 성품, 향기 되어 날다. 서울: (도)좋은나무성품학교. 144-145.

이영숙(2012). 초등성품리더십 인성교과서-인내. (사)한국성품협회. *서울특별시교육감 인정도서(교육
　　과정과-1505호)

이영숙(2012). 초등성품리더십 인성교과서-책임감. (사)한국성품협회.

이영숙(2013). 성품교육 사례집. 서울: 좋은나무성품학교.

이영숙(2013). 초등성품리더십 인성교과서-절제. (사)한국성품협회.

이영숙(2013). 초등성품리더십 인성교과서-정직. (사)한국성품협회.

이영숙(2013). 초등성품리더십 인성교과서-지혜. (사)한국성품협회.

이영숙(2013). 초등성품리더십 인성교과서-창의성. (사)한국성품협회.

이영숙(2014). 한국형 12성품교육론. 서울: (도)좋은나무성품학교.

이영숙(2015). 좋은성품 부모-인내 매거진, Vol.11. (사)한국성품협회. 16-17.

전광(2003). 백악관을 기도실로 만든 대통령 링컨. 라이프북.

포스코특수강 6시그마연구회(2008). 6시그마 전략과 프로젝트. 리드리드출판.

Anton Gill. (2003). Il Gigante: Michelangelo, Florence, and the David, 1492-1504. 이명혜 역. 생각의나무.

Ken Blanchard. (2005). The heart of a leader. 최종옥, 이현수 역. 큰나무.

Lynberg. (2002). Make each day your masterpiece. 유혜경 역. 한언출판사.

Michele Borba. (2004). Building moral intelligence. 현혜진 역. 한언.

경향신문. 2014. "기업 81%, 스펙 안 본다···인성이 더 중요", 7월 29일. http://bizn.khan.co.kr/khan_art_view.html?artid=201407291000401&code=920100&med=khan

국민일보. 2015. "직장상사들 실력보다 인내심 깊은 후배 더 좋아해", 4월 20일. http://news.kmib.co.kr/article/view.asp?arcid=0009356773&code=61121111&cp=nv

뉴시스. 2009. "'화병으로 죽을 수 있다'-美 예일대 연구진", 2월 24일. http://news.naver.com/main/hotissue/read.nhn?mid=hot&sid1=103&cid=3118&iid=76321&oid=003&aid=0002541388&ptype=021

대구일보. 2014. "독서는 삶의 지혜를 꽃 피운다", 12월 3일. http://www.idaegu.com/?c=15&uid=306492

좋은성품신문. 2012. "인내의 땀방울이 아름답게 보여요", (사)한국성품협회, 41호, 13면.

중앙일보. 2015. "로봇, 일자리 47% 위협 … 사람의 창의·통찰 영역은 침범 못해". 9월 23일. http://news.joins.com/article/18725486

중앙일보. 2015. "혼잣말 자제력 향상 도움, "2인칭 효과↑, 난 할 수 있어" 효과 얼마나?". 4월 17일. http://news.joins.com/article/17611880

코리아메디컬닷컴. 2009. "노력해서 이룬 행복이 오래 간다", 11월 1일. http://news.naver.com/main/hotissue/read.nhn?mid=hot&sid1=103&cid=3118&iid=148424&oid=296&aid=0000004356&ptype=021

코리아메디컬닷컴. 2010. "행복한 사람, 낯설고 새로운 것에 도전한다", 2월 24일. http://news.naver.com/main/hotissue/read.nhn?mid=hot&sid1=103&cid=3118&iid=187446&oid=296&aid=0000005501&ptype=021

파이낸셜뉴스. 2015. "'빗나간 의리' 법정 거짓말 늘어 골치", 5월 5일. http://www.fnnews.com/news/201505051744381347

✚ 성품 특강

서울특별시교육청(2013). 학교폭력의 특징과 대책 자료집. 서울특별시교육청.

연세대학교 사회발전연구소(2010). 한국 어린이-청소년 행복구축과 국제비교연구조사 결과보고서. 연세대학교 사회발전연구소.

이영숙(2013). 인성을 가르치는 학교 만들기. 서울: (도)좋은나무성품학교. 388-389.

이영숙(2014). 한국형 12성품교육론. 서울: (도)좋은나무성품학교.

John C. Maxwell. (2003). The 21 Irrefutable Laws of Leadership. 전형철 역. 청우.

매일경제용어사전. http://terms.naver.com/entry.nhn?docId=15219&cid=43659&categoryId=43659.

코리아메디컬닷컴. 2012. "'행복은 성적순이 아니라 인간관계 순' 입증돼", 8월 7일. http://news.naver.com/main/hotissue/read.nhn?mid=hot&sid1=103&cid=3118&iid=494885&oid=296&aid=0000012595&ptype=021

제 11 장 연령별 성품교육의 모형

이영숙(2006). 03세 교육 평생 간다. 서울: 아름다운 열매.

이영숙(2006~). 어린이성품리더십-경청, 긍정적인 태도, 기쁨, 배려, 감사, 순종, 인내, 책임감, 절제, 창의성, 정직, 지혜 편. 서울: (도)좋은나무성품학교.

이영숙(2006~). 유아성품리더십-경청, 긍정적인 태도, 기쁨, 배려, 감사, 순종, 인내, 책임감, 절제, 창의성, 정직, 지혜 편. 서울: (도)좋은나무성품학교.

이영숙(2009). 성품노래CD 3집 : 좋은나무성품학교 12가지 주제성품 한글정의 노래. 서울: 좋은나무성품학교.

이영숙(2010). 성품저널 VOL.1. (사)한국성품협회 한국성품학회.

이영숙(2011). 청소년성품리더십-감사. 서울: (도)좋은나무성품학교.

이영숙(2011). 한국형 12성품교육론. 서울: (도)좋은나무성품학교.

이영숙(2011~). 영유아성품리더십-경청, 긍정적인 태도, 기쁨, 배려, 감사, 순종, 인내, 책임감, 절제, 창의성, 정직, 지혜 편. 서울: (도)좋은나무성품학교.

이영숙(2011~). 청소년성품리더십-기쁨, 배려, 감사 편. 서울: (도)좋은나무성품학교.

이영숙(2012). 성품, 향기 되어 날다. 서울: (도)좋은나무성품학교. 149-150.

이영숙(2012). 태교를 위한 성품동화. 서울: 프리미엄북스.

이영숙(2012~). 초등성품리더십 인성교과서-경청, 긍정적인 태도, 기쁨, 배려, 감사, 순종, 인내, 책임감, 절제, 창의성, 정직, 지혜 편. (사)한국성품협회.

이영숙(2013). 바른말, 고운 말을 사용하는 어린이 인성언어프로젝트. (도)좋은나무성품학교. * 우수인
성교육프로그램 제 0007호 교육부장관상 수상.

이영숙(2013). 사랑하는 아이야, 난 네가 참 좋단다. 서울: (도)좋은나무성품학교.

이영숙(2013). 캐비홈 영유아용 워크북–긍정적인 태도. 서울: (도)좋은나무성품학교.

이영숙(2013~). 영유아성품홈스쿨–경청, 긍정적인 태도, 기쁨, 배려, 감사, 순종, 인내, 책임감, 절제,
창의성, 정직, 지혜 편. 서울: (도)좋은나무성품학교.

이영숙(2014). 한국형 12성품교육론. 서울: (도)좋은나무성품학교.

이영숙(2015). 좋은성품 위인카드. 서울: (도)좋은나무성품학교.

조복희(1999). 아동발달. 서울: 교육과학사.

Berk, L. E. (2007). Development Trough the Lifespan. 이옥경 외 역. 생애발달2: 청소년기에서 후기
성인기까지. 서울: 시그마프레스.

뉴시스. 2012. "'어린이들 행복하지 않다. 아동 청소년 20%가 자해행위, 이르면 7세부터'…의학계보
고", 6월 12일. http://news.naver.com/main/hotissue/read.nhn?mid=hot&sid1=103&cid=3118&iid=
468616&oid=003&aid=0004548943&ptype=021

연합뉴스. 2012. "임신 중 스트레스, 왕따 아이 만든다", 11월 14일. http://news.naver.com/main/
hotissue/read.nhn?mid=hot&sid1=103&cid=3118&iid=547900&oid=001&aid=0005932804&pty
pe=021

좋은성품신문. 2013. "청소년성품리더십교육으로 배려하는 학교가 됐어요!", (사)한국성품협회, 59호,
5면.

코리아메디컬닷컴. 2011. "'세 살 버릇 서른까지 간다' 입증", 1월 26일. http://news.naver.com/main/
hotissue/read.nhn?mid=hot&sid1=103&cid=3118&iid=303216&oid=296&aid=0000008599&pty
pe=021

코리아메디컬닷컴. 2011. "'청소년, 수염 났어도 생각은 아직…' 입증", 6월 19일. http://news.naver.
com/main/hotissue/read.nhn?mid=hot&sid1=103&cid=3118&iid=350109&oid=296&aid=00000101
06&ptype=021

코리아메디컬닷컴. 2013. "어릴적 부모 사랑, 자녀 건강에 평생 영향", 10월 1일. http://news.naver.
com/main/hotissue/read.nhn?mid=hot&sid1=103&cid=3118&iid=807430&oid=296&aid=00000164
06&ptype=021

제 **12** 장 연령별 성품교육의 특징 및 효과

공진수(2006). 아버지됨에 관한 연구. 장로회신학대학교 석사학위논문.

박창호(1996). 현대심리학 입문. 서울: 정민사.

이영숙(2005). 날마다 행복한 자녀대화법. 다은.

이영숙(2007). 나를 찾아 떠나는 여행, 성품. 서울: 두란노.

이영숙(2008). 성품 좋은 아이로 키우는 자녀훈계법. 서울: 두란노.

이영숙(2008). 성품이노베이션 워크북. 좋은나무평생교육원.

이영숙(2009). 성품 좋은 아이로 키우는 부모의 말 한마디. 서울: 위즈덤하우스.

이영숙(2010). 성품저널 VOL.1. (사)한국성품협회 한국성품학회.

이영숙(2011~). 아버지 성품교육-파파스쿨 기쁨, 감사, 인내, 책임감 편. (도)좋은나무성품학교.

이영숙(2012). 성품, 향기 되어 날다. 서울: (도)좋은나무성품학교.

이영숙(2012). 성품훈계학교 워크북. 좋은나무평생교육원.

이영숙(2013). 성품저널 VOL.3. (사)한국성품협회 한국성품학회.

이영숙(2013). 여성성품리더십. 서울: 두란노.

이영숙(2013). 인성을 가르치는 학교 만들기. 서울: (도)좋은나무성품학교. 435-436.

이영숙(2013). 청년성품리더십-기쁨. (사)한국성품협회.

이영숙(2014). 여성성품리더십스쿨 행복코스 워크북. 좋은나무평생교육원.

이영숙(2014). 이영숙 박사의 성품대화법. 서울: (도)좋은나무성품학교.

이영숙(2014). 한국형 12성품교육론. 서울: (도)좋은나무성품학교.

이영숙(2015). 성품양아록-손주에게 들려주는 할매할배의 이야기. (사)한국성품협회.

이영숙(2016). 성품놀이. 서울: (도)좋은나무성품학교.

장휘숙(2004). 청년심리학. 서울: 박영사.

한국노년학회. (2002). 노년학의 이해. 대영문화사.

Benjamin S. Carson. (2002). 크게 생각하라. 박인규 역. 알돌기획.

K. W. Schaie. (1996). Intellectual Development in Adulthood. Cambridge University Press.

Zastrow, C., & Kirst-Ashman, K. K. (2001). Understanding human behavior & the social environment (5th ed.). 김규수 역. 인간행동과 사회환경. 서울: 나눔의 집.

동아일보. 2013년. "'친빠' … 아버지가 달라졌다". 4월 26일. http://news.joins.com/article/17056166

매일경제. 2013. "부부불화 잦으면 자녀의 얼굴에 부정적인 영향?", 8월 7일. http://news.naver.com/main/hotissue/read.nhn?mid=hot&sid1=103&cid=3118&iid=779277&oid=009&aid=0003010968&ptype=021

서울신문. 2008. "말 한마디가 넘어지는 것보다 상처되는 이유", 8월 30일. http://news.naver.com/

main/hotissue/read.nhn?mid=hot&sid1=103&cid=3118&iid=46788&oid=081&aid=0001969998&pty
pe=021

좋은성품신문. 2014. "배운 대로 적용만 했을 뿐인데!", (사)한국성품협회, 68호, 4면.

코리아메디컬닷컴. 2009. "가정 잘 챙기는 사람이 진짜 남자", 11월 23일. http://news.naver.com/
main/hotissue/read.nhn?mid=hot&sid1=103&cid=3118&iid=153982&oid=296&aid=0000004580&pt
ype=021

코리아메디컬닷컴. 2009. "잔소리는 나르시즘의 분출?", 10월 2일. http://news.naver.com/main/
hotissue/read.nhn?mid=hot&sid1=103&cid=3118&iid=141889&oid=296&aid=0000004043&pty
pe=021

코리아메디컬닷컴. 2011. "'여성이여, 웃어라'…3년은 젊게 보인다", 11월 11일. http://news.naver.
com/main/hotissue/read.nhn?mid=hot&sid1=103&cid=3118&iid=393199&oid=296&aid=00000109
52&ptype=021

코리아메디컬닷컴. 2014. "노인들 불필요한 정보 선별능력 훨씬 뛰어나", 12월 2일. http://news.
naver.com/main/hotissue/read.nhn?mid=hot&sid1=103&cid=3118&iid=997701&oid=296&aid=0000
021295&ptype=021

한국일보. 2015. "대학 가도 취업해도 팍팍한 삶… 욱~ 하는 청년 늘었다", 3월 13일. http://www.
hankookilbo.com/v/83dd7e7250f4460baee764d8ea8a6d17

✚ 성품 특강

강영우(2006). 꿈이 있으면 미래가 있다. 라이프북.

이영숙(2005). 부모·교사를 위한 성품교육 지도서-경청. 서울: 아름다운 열매.

이영숙(2010). 행복을 만드는 성품. 서울: 두란노.

이영숙(2014). 한국형 12성품교육론. 서울: (도)좋은나무성품학교.

Jack Welch. (2005). Winning Intl. 김주현 역. 청림출판.

좋은성품신문. 2015. "혼돈과 좌절의 끝에서 성품으로 다시 일어서다!", (사)한국성품협회, 77호, 5면.

중앙일보. 2015. "누군가에게 인정받는 순간, 아이의 잠재력이 눈뜬다", 4월 29일. http://article.joins.
com/news/article/article.asp?total_id=17693561&cloc=olink|article|default

제 13 장 통일을 위한 인성교육

박영숙. Glenn, Jerome., Gordon, Ted. (2008). 유엔미래보고서: 미리 가본 2018년. 서울: 교보문고.

이영숙(2011). 한국형 12성품교육론. 서울: (도)좋은나무성품학교.

이종석(1998). 분단시대의 통일학. 서울: 한울아카데미.

통일교육원 교육개발과(2013). 통일문제 이해. 통일부 통일교육원.

좋은성품신문. 2014. "소외계층, 새터민 청소년을 위한 인성교육", (사)한국성품협회, 70호, 2면.

통일신문. 2014. "[통일부·교육부, 학교통일교육 실태조사 결과 분석] 북한=50%, 주민=40% 협력과 지원 대상", 9월 15일. http://www.unityinfo.co.kr/sub_read.html?uid=17388&section=sc4

찾아보기